宋 太 祖 传

王育济 范学辉 著

人民出版社

目 录

第一章 家世、时代与成长 (1)
- 第一节 涿州与保州：赵匡胤的祖籍 (1)
- 第二节 风雪杜家庄 (10)
- 第三节 洛阳少年与汴京乱局："香孩儿"的成长 (16)
- 第四节 漫游无所遇与千里送京娘 (35)

第二章 军旅生涯 (48)
- 第一节 投奔后周二主 (48)
- 第二节 高平之战 (57)
- 第三节 殿前都虞候与义社十兄弟 (63)
- 第四节 三征南唐：三军瞩目新统帅 (69)

第三章 "陈桥兵变"与"杯酒释兵权" (89)
- 第一节 三封节度使与"点检作" (89)
- 第二节 是谁废匿了世宗遗诏？ (105)
- 第三节 兵变陈桥驿 (114)
- 第四节 "一著黄袍便罢兵" (126)
- 第五节 平定二李 (140)
- 第六节 杯酒释兵权 (158)

第四章 统一战争 (172)
- 第一节 先南后北的统一战略 (172)
- 第二节 风雨下荆湖 (192)
- 第三节 攻取后蜀与战后失误 (202)
- 第四节 谋北汉：谍战与歧途 (229)
- 第五节 平南汉 (249)
- 第六节 得南唐：最漫长最成功的战争 (260)

第五章　朝廷与地方 (287)
第一节　根除藩镇动乱的"三大纲领" (287)
第二节　如何"稍夺其权" (294)
第三节　如何"制其钱谷" (306)
第四节　如何"收其精兵" (323)
第五节　靖宁：京城、州府与边圉 (336)

第六章　皇帝与文臣武将 (355)
第一节　二府与一日罢三相 (355)
第二节　独相十年：赵普的任免 (361)
第三节　三司使与封桩库 (374)
第四节　翰林学士的选任 (381)
第五节　三衙与枢密院：统兵体制 (394)
第六节　殿前司将帅的选任 (403)
第七节　侍卫司与武德司的将领 (415)

第七章　国计民生 (423)
第一节　"不抑兼并" (423)
第二节　税制的调整 (436)
第三节　募兵制——百代之利？ (449)
第四节　漕运、水利与治黄 (465)
第五节　救荒与农业生产 (474)
第六节　"艺祖"：手工业与军工技艺 (483)
第七节　货币、城市与商业政策 (500)
第八节　医药：皇帝的兴趣与官方的推动 (519)

第八章　铁衣士：文治与法制 (531)
第一节　铁衣士与半部《论语》 (531)
第二节　崇文重教与武臣读书 (543)
第三节　科举改革与文官政治 (553)
第四节　《宋刑统》 (569)
第五节　武人秉法到文人执法 (579)
第六节　严肃司法程序与吏治 (586)

第七节　碑誓:不杀士大夫 ……………………………… (597)
第九章　文伟:文化的成就与土壤 ……………………………… (610)
　　第一节　史学与散文 ……………………………………… (610)
　　第二节　词与小说 ………………………………………… (620)
　　第三节　"气运兴隆"的画苑 …………………………… (628)
　　第四节　"香孩儿"与建隆观:宗教 …………………… (635)
第十章　金匮之盟与烛影斧声 ………………………………… (656)
　　第一节　宋太祖和他的家人 …………………………… (656)
　　第二节　皇亲:兄妹与外戚 ……………………………… (668)
　　第三节　皇位传立:时代习尚与家族利益 ……………… (677)
　　第四节　皇帝、宰相与储君 ……………………………… (688)
　　第五节　烛影摇红,雪落人去 …………………………… (703)
　　第六节　"金匮之盟"的余波及意义 …………………… (715)
第十一章　"官家"时代的宋太祖 ……………………………… (728)
　　第一节　官家与皇权的理性定位 ……………………… (728)
　　第二节　祖宗家法:官家时代的规制 …………………… (737)
　　第三节　宋太祖与宋朝政治 …………………………… (748)
　　第四节　宋太祖与宋代经济文化 ……………………… (765)
　　第五节　囫囵官家:宋代的军事困局与机运 …………… (780)
后　记 …………………………………………………………… (800)

第一章 家世、时代与成长

第一节 涿州与保州:赵匡胤的祖籍

从认祖归宗的角度说,甘肃天水是天下赵姓公认的郡望。因为这个缘故,宋太祖赵匡胤开创的宋朝一经建立,就与"天水"连在了一起①,被称作"天水朝"②。

开创"天水朝"的这支赵姓的家族世系,曾被追溯至上古大禹时代的伯益,如"唐宋八大家"之一的苏辙就很肯定地讲,"国朝世系,实出于伯益"。③ 史载伯益辅佐大禹治水有功,禹遂"以天下授益"。但伯益即位不久就被禹的儿子启杀害了,"赵家"痛失天下数千年,直到赵匡胤建立了宋王朝,故苏辙慨叹说:"天之报益,其在我朝乎?"宋神宗时,又有人依据《史记·赵世家》,把皇家世系

---

① 把"天水"与宋朝关联在一起的最早典故是"天水碧"。宋初,南唐都城金陵开始流行一种名为"天水碧"的高档丝织品。其成品染色后要在露水天晾放,经天上的露水浸润后会形成各种奇幻的纹理,故称"天水碧"。这款丝织品是南唐的"专利",曾风靡一时,当时金陵商家争相高榜"天水碧"。据《宋史》卷478《南唐李氏世家》记载:"先是,江南自后汉以来,民间有服玩侈靡者,人诃之,必对曰:'此物属赵宝子。'又煜之妓妾尝染碧,经夕未收,会露下,其色愈鲜明,煜爱之。自是宫中竞收露水,染碧以衣之,谓之'天水碧'。及江南(南唐)灭,方悟'赵',国姓也;'宝',年号也(宋灭南唐为开宝九年);'天水',赵之望也。"

② "天水朝"的说法最早见载于明朝,清朝和民国时期学人喜用这一称谓,如陈寅恪对宋朝的一句最著名的评价就是:"天水一朝之文化,竟为我民族遗留之瑰宝。"又如清末藏书家叶德辉在《书林清话》言:"书籍自唐时镂版以来,至天水一朝,号为极盛。"参见赵耀文:《宋代"郡望"的消亡与"姓望"的始兴——以赵宋得名"天水朝"为视角》,《天水师范学院学报》2016年第1期。

③ (宋)林駉:《古今源流至论》后集卷7"历代世谱",北京图书馆出版社2004年版。

上推至春秋末晋国著名的"赵氏孤儿"赵武,并请封祀保护赵氏孤儿的程婴和杵臼。神宗皇帝当然乐成其事,遂封二人为成信侯和忠智侯,并在绛州立庙。①

然而,从伯益到赵武再到赵匡胤,赵氏家族是怎样一步步走过来的?实在没有任何人可以说得明白。所以,苏辙等人的推断在宋朝并无多大反响。相比之下,另一种说法倒是得到了广泛的认可。这种说法比苏辙等人的推断更为实际一些,认为"本朝,广汉之后也",即把赵匡胤家族的远祖上溯到西汉的名臣赵广汉。宋代官修的《会要》和《国史》都记载并认可了这种说法。据说,在宋代臣民的奏章中,也是不能直接提"赵广汉"之名的②。

其实,赵广汉与赵匡胤家族的关系之所以能被宋代朝野广泛认可,倒也并不是因为有多少史实为证,这其中可能的原因只有一个,即赵广汉是西汉涿郡人,而赵匡胤家族也曾数代居住涿郡,彼此之间有一种地缘上的关联。

涿郡,是西汉初年设郡时的名称,唐初曾改称范阳,唐中期又称涿州,其治所在今天河北省的涿州市。就目前所能查到的史料看,赵匡胤家族的历史是从其高祖赵朓才开始有较确切的记载,其家族世系为:高祖父赵朓→曾祖父赵珽→祖父赵敬→父亲赵弘殷。北宋建国后,分别追封他们为僖祖、顺祖、翼祖和宣祖。

宋代文献中关于赵朓的记载虽有几处,但大都是重复性记载。从这些记载中可以知道,赵朓曾娶崔姓女子为妻,担任过唐朝的永清、文安、幽都县令(这三县都在涿州附近)。赵匡胤建宋后,赵朓

---

① (宋)魏泰:《东轩笔录》卷12,朱易安等主编:《全宋笔记》第2编第8册,大象出版社2003年版。
② (宋)邵博:《邵氏闻见后录》卷7,中华书局1983年版。

被追封为"文献皇帝"。另外,还有个别史料记载赵朓"生于涿,长于燕"①,"以儒学显"②,其祭日为"十二月七日"③。这三点虽然未为研究者所重视,却无疑为我们提供了一些很有价值的信息。"生于涿,长于燕",说明赵家至少在赵朓之前已定居于河北了;"以儒学显",据此大致可以断定赵朓是一个读书人,暗示了赵家的文化素养;"十二月七日"的祭日,同样可以折射出赵家的文化背景和传统④,否则,这一具体的祭日是很难下传四代却仍能被子孙准确获知的。

赵匡胤的曾祖为赵珽,娶桑氏女子为妻。史书中对他仕宦生涯的记载极为简略,只有"历藩镇从事兼御史中丞"一句。不少学者曾据此推断赵珽是"朝廷高级监察官员",赵氏家族此时的发展已经迈出了关键的一步。不过,唐末五代官制混乱,藩镇的一般幕僚,甚至于军队中的小头目,都可以兼领御史中丞、御史大夫之虚名,称之为"宪衔"⑤,赵珽的"历藩镇从事兼御史中丞",也很可能是属于后一种情况。

涿州赵氏传到赵匡胤的祖父赵敬时,有关记载变得丰富起来。

---

① 《宋会要辑稿》帝系一之一,中华书局1957年版。另,《古今姓氏书辩证》卷25载:"至汉京兆尹广汉之后,居涿郡,代踊千祀,而僖祖皇帝生焉。臣闻之太史氏曰:僖祖立道肇基积德起功懿文宪武睿和至孝皇帝生于涿,长于燕,历永清、文安、幽都三县令"(文渊阁四库全书本)。
② 北宋曾巩的《隆平集》卷1"圣绪"载:"燕蓟之俗尚武,时有僖祖,以儒学显";《太平宝训政事纪年》卷1"太祖皇帝"亦曰其"以儒学显";《太平治迹统类》卷1引《圣宋仙源积庆符瑞》则曰其:"以儒学为业。"
③ (宋)李攸:《宋朝事实》卷1"祖宗世次",中华书局1955年版。另,南宋王明清《挥麈前录》卷1亦曰:"哲宗十二月七日生,避僖祖忌辰,以次日为兴龙节"(《全宋笔记》第6编第1册)。
④ 《太平治迹统类》卷1引《圣宋仙源积庆符瑞》记载,不仅赵朓"以儒学为业",赵珽"亦儒学世其业"。《隆平集》卷1"圣绪"、《东都事略》卷1"太祖本纪一"等多种史书则载宋太祖的父亲赵弘殷"雅尚儒术。所谓"业儒"、"尚儒"之说,或有宋臣缘饰的成分,但赵氏有重视文化的传统是无疑的。宋太祖、太宗兄弟和宋朝历代皇帝皆嗜读书,以"惟学读书最为本事"(《宋会要辑稿》帝系四之二),可谓门风有自。
⑤ (宋)洪迈:《容斋续笔》卷5"银青阶",《全宋笔记》第5编第5册。

3

赵敬历任营州、蓟州、涿州三州刺史,属于地方高级行政官员。赵敬的发迹可能源于他的婚姻,他娶的是平州刺史兼幽蓟垦田使刘昌之女。刘昌是河北保州保塞人,大概懂得一些相术,他认定赵敬"非常人",遂招为婿。① 史书中多称赵敬"少有大志"、"慷慨有大志"②,少年时的赵匡胤在这一点上很像他的爷爷。赵敬这一代,应是涿州赵氏在河北最兴旺的时期。

但这时却是中国,尤其是河北地区最动荡的时期。乱世中的兴旺是没有多少保障的。

动乱始于唐朝的安史之乱,而涿州赵氏所在的河北地区,又恰恰是安史之乱的发源地和重灾区。唐玄宗天宝十四年(755)的冬天,身兼唐朝平卢、范阳、河东三镇节度使的安禄山,在范阳,也就是涿州赵氏的家乡(涿州,唐初称范阳,安史之乱后改称涿州)起兵叛乱。"渔阳鼙鼓动地来",安军由河北南下,一路势如破竹,下洛阳,入长安,唐玄宗逃亡四川,安禄山自立为大燕皇帝,但不久即被其子安庆绪谋杀。与此同时,安禄山的部将史思明占据了河北十三州的土地,两年后,史思明又杀掉安庆绪,在范阳称帝……安史之乱前后达七年之久,战祸波及北方大部分地区,最严重的地区甚至出现了"人烟断绝,千里萧条"的惨烈景况③。

安史之乱时期,唐朝的军队大多被调集到内地平叛,边防空虚,西域、河陇地区相继被吐蕃占领,南方也受到南诏的骚扰。由于河北是"安史之乱"的策源地,故唐王朝对河北以北的整个东北边疆的少数民族更是完全失去了控制。后来,赵匡胤建立的宋王朝曾长时期与辽(东北地区)、西夏(西北河陇地区)、大理(南诏地

---

① (宋)苏舜钦:《苏学士集》卷14《内园使连州刺史知代州刘公墓志》,中华书局1966年版。刘昌,《宋会要辑稿》后妃一之一记其名为"刘正"。
② (宋)曾巩:《隆平集》卷1"圣绪";(宋)王偁:《东都事略》卷1《太祖本纪一》;(宋)彭百川:《太平治迹统类》卷1引《圣宋仙源积庆符瑞》。
③ (后晋)刘昫等:《旧唐书》卷170《郭子仪传》,中华书局1975年版。

区)等少数民族政权对峙并存,这种格局也是始于"安史之乱"。

内地各州郡节度使的势力也在"平叛"的过程中急剧膨胀。他们各自控制了不同的势力范围,成为割据一方的大小藩镇(又称方镇),史书记载当时的情形是,"方镇相望于内地,大者连州十余,小者犹兼三四"①。藩镇与藩镇之间,藩镇与中央之间,以及藩镇内部,战乱频起,天下兵连祸结,陷入了长达百余年的战乱时期。从时间上推算,涿州赵家有文字记载的历史也正是从这样一个战乱的时期开始的,更为不幸的是,赵家所居住的河北涿州一带,又是战乱最严重的中心地区。

安史之乱被平定后,安史余部还保持着相当大的势力,他们表面上服从唐王朝的统治,而作为一种妥协,唐王朝则"瓜分河北地,付授叛将"②,由安史余部瓜分和控制了河北地区,形成了一批几乎完全独立于唐中央政府之外的藩镇。这其中最为桀骜不驯的是成德、魏博、卢龙三大藩镇,史称"河朔三镇"。成德镇主要控制现在河北的中部和南部地区;魏博镇控制河北、山东、河南交界地区;卢龙镇在最北端,控制河北北部和辽宁西部。三镇在政治上自行任命下属州县的刺史、县令,节度使的职务也基本是自行决定:或父死子继,或兄终弟及,或由部将推立,三镇前后有五十七名节度使,而为朝廷所任命者仅有四人。③ 财政上,三镇税赋不入中央,恣意征敛;军事上则屯大兵以自重,以此要挟中央或威胁他镇。陈寅恪对此曾有总结性的描述:

> 唐代中国疆土之内,自安史乱后,除拥护李氏皇室之区域,即以东南财富及汉化文化维持长安为中心之集团外,尚别有一河北藩镇独立之团体,其政治、军事、财政等与长安中央

---

① (宋)宋祁、欧阳修等:《新唐书》卷50《兵志》,中华书局1975年版。
② 《新唐书》卷210《藩镇魏博传》序,中华书局1975年版。
③ 这四位由朝廷所任命者分别为:张弘靖、田弘正、李愬、田布。参见岑仲勉:《隋唐史》第28节《藩镇之祸》,中华书局1982年版。

政府实际上固无隶属之关系,其民间社会亦未深受汉族文化之影响,即不以长安、洛阳之周孔名教及科举仕进为其安身立命之归宿。①

赵氏的家乡涿州,隶属于"河朔三镇"中的卢龙镇,与卢龙节度使的驻地幽州毗邻。从时间上推断,赵匡胤的高祖赵朓在家乡为官时,正是"河朔三镇"兴盛之际。据记载,当时曾大规模撤换清洗所属州县官吏。而赵家从赵朓开始,中经赵珽,传至赵敬,祖孙三代都能安保其位,"累代仕宦",赵朓甚至在卢龙节度使的驻地幽州出任"幽都令",表明赵家与卢龙藩镇的关系是十分紧密的,可以说是卢龙节度使的嫡系或亲信。涿州赵氏百余年间走的正是一条紧密攀附军阀藩镇,而"不以长安、洛阳之周孔名教及科举仕进为其安身立命之归宿"的道路②。

然而,无论在乱世中如何周旋,祸患还是落到了赵家头上。

大约在赵敬任"营、蓟、涿三州刺史"前夕,北方地区又发生了更大的动荡——875—885年,黄巢领导的六十余万人的暴动席卷了大半个中国。在黄巢军的冲击下,唐王朝元气尽丧,"王室日卑,号令不出国门"③,只剩下一个空壳;与此同时,遍布全国的大大小小的旧藩镇也受到黄巢军的猛烈打击,"所在雄藩,望风瓦解"④,著名的"河朔三镇"中,只有赵敬所在的卢龙镇尚称强藩。

---

① 陈寅恪:《隋唐制度渊源略论稿 唐代政治史述论稿》,生活·读书·新知三联书店2004年版,第208—209页。近年荣新江的研究进一步表明,"由于安禄山的经营,河北地区成为胡人向往之地,安史乱后,唐朝出现排斥蕃人的情绪,大量粟特人迁居河北,加重了河北的胡化倾向"(荣新江:《中古中国与外来文明》修订版,生活·读书·新知三联书店2014年版,第105页)。
② 赵氏数代虽有"以儒学为业"、"儒学世其业"之称,然皆未见其有科举仕进的记载,正与陈寅恪所言"不以长安、洛阳之周孔名教及科举仕进为其安身立命之归宿"相符合。
③ 《旧唐书》卷19下《僖宗纪》。
④ (宋)司马光:《资治通鉴考异》卷24广明元年七月条,国家图书馆出版社2003年版。

与旧藩镇的瓦解相反,在平定黄巢暴动的过程中又崛起了一批新的藩镇军阀,其中势力最强大的,就是控制河南地区的宣武节度使朱温和控制山西一带的河东节度使李克用。朱温本是黄巢军的大将,他的倒戈降唐,导致了黄巢军的彻底失败,也成就了朱氏在北方的霸业;李克用则是应唐朝之邀进入中原的沙陀族军事首领,他率领的四万余众凶悍善战的沙陀劲旅,是绞杀黄巢军的主力。

此后的二十几年间,北方就成了朱、李两家的天下,其余藩镇,包括"河朔三镇",只能依违于朱、李之间,饥附饱飏。而朱、李双方为了扩充地盘和制服对方,更是连年征战,制造了更大的战祸。902年,朱温利用李克用的疏漏,大败李军,"自是,李克用不敢与全忠(即朱温)争者累年"①。

907年,朱温废掉了唐朝最后的一个皇帝,自立为帝,建国号为梁,史称"后梁"。历时二百八十九年的唐王朝灭亡。此后的五十四年间(907—960),中原地区先后出现了后梁、后唐、后晋、后汉、后周五个王朝;大致在同一时间段里,江淮以南和北方的山西则先后出现了十个割据政权,历史进入了"五代十国"时期。

涿州赵氏在剧烈的政局动乱中备受煎熬和磨难。

五代初年,赵敬是卢龙节度使刘仁恭的属下。刘仁恭出身于河北武将世家,他的父亲本为卢龙节度使李可举的部下,刘仁恭却暗中与李克用联络,在李克用的支持下,夺取了卢龙节度使一职。不久,朱温、李克用交战,刘仁恭乘机反攻李克用,遂跃居"河朔三镇"之冠,成为北方仅次于朱、李的第三大强藩。此后不久,刘氏内讧,刘仁恭次子刘守光囚父杀兄,自任卢龙节度使,并于911年自立为大燕皇帝。但皇位尚未坐热,就被李克用之子李存勖击败,

---

① (宋)司马光:《资治通鉴》卷263天复二年三月条,中华书局1956年版。

913年,刘氏家族结束了在卢龙镇的统治。

赵敬"事刘仁恭父子"①,出任过数州刺史,显然是刘氏的亲信。还有一件事实可以说明刘、赵两家的关系:刘仁恭的曾孙刘廷让是赵匡胤的"义社十兄弟"之一,也是宋太祖、太宗两朝最受重用的将领之一。刘廷让的九个儿子则全部在宫廷任皇帝的贴身近卫②。刘廷让建隆二年(961)出任侍卫马军都指挥使,任此要职近13年,这种情况在宋代武将中是十分少见的。这应该说是刘、赵两家早年交情的延续。

刘、赵两家的关系既然如此密切,赵家也就不能不因刘氏家族的败亡而遭受劫难。《资治通鉴》中曾记载说,李存勖消灭刘守光后,派大将周德威镇守卢龙镇,于是刘氏旧臣,尽遭排斥,甚至"旧将有名者,往往杀之"③。在这种血腥的氛围中,赵氏家族自然在劫难逃,面临着覆巢之卵的危险。

关于赵家是如何逃脱劫难、化险为夷的,史书中没有留下直接记载。但有一个似乎尚未引起当代史家注意的细节,却透露出值得重视的信息。这就是赵家由世代居住的涿州,迁到了百里之外的保州保塞县丰归乡东安村。这一次迁徙应该是在赵敬时发生的,因为他的儿子赵弘殷就是在这里长大的④。估计赵家采取了古代最常见的"避难他乡"的方式摆脱了险境。至于为何选择保州保塞县避难,最可能的原因,就是因为赵匡胤的奶奶,即赵敬的

---

① (宋)彭百川:《太平治迹统类》卷1引《圣宋仙源积庆符瑞》。《东都事略》、《宋史》等则仅称其历任数州刺史,未明言其事刘氏父子。
② 《宋史》卷259《刘廷让传》。
③ 《资治通鉴》卷269贞明三年二月条。
④ (宋)李焘:《续资治通鉴长编》卷47真宗咸平三年五月条记载:"保州民赵加超者,国之疏属,居保塞县丰归乡东安村,乃宣祖(赵弘殷)旧里也"(中华书局1979年版,以下均按学术界习惯,简称为《长编》)。(宋)苏舜钦:《苏学士集》卷14《内园使连州刺史知代州刘公墓志》则曰:"保塞,皇家之故乡也。"四部备要本。

夫人刘氏为保州保塞县人①。

至此,赵家结束了在涿州的历史,转而定居于保州。

赵家在保州的情况和在涿州时一样,也没有留下多少文献记载。综合现存的宋人记载,可以知道三点:第一,保州保塞县丰归乡东安村,是"宣祖之旧里"、"皇家之故乡"。宣祖,是赵匡胤作了皇帝后对父亲赵弘殷的追封。第二,赵家在保州的后裔不只赵敬—赵弘殷这一支,还有赵敬的其他子孙一直留居保州保塞县,直到宋朝建立三十多年后,真宗皇帝才想到这支宗亲,曾特别下诏旨,对这支"久安地著"的"天潢宗室"加以优待②。第三,赵弘殷后来由保州南下,死在河南,葬在开封,是有明文记载的。但他的父亲,即后来被追封为"翼祖"的赵敬,其葬地却没有明确记录,宋代就有不少人推测赵敬应葬在保州,"真宗即位,有言顺祖、翼祖葬保州者"③。但也有"落叶归根"的说法,认为赵敬的陵墓应在涿州赵氏的老家涿州、幽州一带。当时赵氏后人对此已然弄不清楚了,宋真宗即位之初,曾专门派人实地"询访",但最终也无法得出明确的结论④。从这三点,尤其是第二、第三点可以看出,经历了一次较大的变难和迁徙之后,赵家在保州时已是仓皇潦倒,家道中落,完全沦为一般的民庶之家。

---

① 《宋史》卷324《刘文质传》记载:"刘文质,字士彬,保州保塞人,简穆皇后(赵敬夫人刘氏的谥号)从孙也……幼从母入禁中……帝(宋太宗)颇亲信之,数访以外事。尝谓内侍窦神兴曰:'文质,朕之近亲,又忠谨,其赐白金百斤。'……真宗尝问保塞之旧,文质上宣祖、太祖赐书五函。"《苏学士集》卷14《内园使连州刺史知代州刘公墓志》亦曰:"公讳文质,字士彬,世占数于保州保塞县。……父审奇,太祖创业之始,倚以机事,辟署氾水关令,未几卒,今赠左千牛卫大将军。母张氏,封清河郡太夫人。夫人出入中闱,太宗尝以乡党之旧,赐予颇众。"

② 《长编》卷52咸平五年八月条。又,赵令畤《侯鲭录》记真宗咸平三年六月诏:"保州保塞县丰归乡东安村,乃宣祖(赵弘殷)之旧里……实派天潢,久安地著"(《全宋笔记》第2编第6册)。

③ (宋)李攸:《宋朝事实》卷1"祖宗世次",中华书局1955年版。

④ (宋)李攸:《宋朝事实》卷1"祖宗世次"注引景德元年真宗手诏。

日本学者竺沙雅章在《宋太祖与宋太宗》一书中说："涿州赵氏世代都没有离开本乡,并一直担任涿州这一带的地方官,是这一地区很有名望的家族"①,此说未必成立,因为涿州赵氏既有过迁徙,也有过沦落。

另外,在宋代史籍中,同时保存有赵宋皇族祖籍在涿州(幽州)和保州的两种原始记载,迄今为止的研究者大多只肯定其中一种记载,而怀疑另一种记载的真实性,进而在赵宋皇族祖籍问题上形成了"涿州说"和"保州说"两种对立的见解②。其实,若是放弃"赵氏世代都没有离开本乡"这一前提,便不难发现这些源自宋人的大量原始记载都是有各自依据的,也并不矛盾,只不过"涿州说"的是赵朓—赵珽—赵敬三代的情况,而"保州说"的是赵敬—赵弘殷两代的情况。事实上,涿州、保州两种记载的同时存在,恰恰是赵家经历过由涿州而迁徙保州的最好证据。

第二节　风雪杜家庄

赵匡胤的父亲赵弘殷是在保州保塞东安村长大的。史书中没有记载他出生的时间,只说他少年时为人"勤谨",据说相貌也很英伟。生年的失载,说明了赵家的败落潦倒,而"勤谨"也正是贫寒子弟常见的性格。

一场风雪中的婚姻奇遇,给赵弘殷"勤谨"的生命抹上了传奇色彩;也正是这场风雪中的姻缘,为他的家族带来了"天潢"之尊的荣耀。

---

① [日]竺沙雅章:《宋太祖与宋太宗》,方建新译,三秦出版社1988年版,第25页。欧美学者对此书评价甚高,如美国学者贾志扬即说:"这目前仍是关于两位皇帝最公允和最丰富的成果"([美]贾志扬:《天潢贵胄:宋代宗室史》,赵冬梅译,江苏人民出版社2005年版,第20页)。
② 2003年4月由河北大学宋史研究中心主办的"宋太祖赵匡胤的祖籍问题学术研讨会",仍是"涿州"、"保州"二说,"聚讼纷纭,莫衷一是",其详细情况见《"宋太祖赵匡胤祖籍问题学术研讨会"综述》,姜锡东主编:《宋史研究论丛》第五辑,河北大学出版社2003年版。

那是中国北方尤其寒冷和多雪的一段时期,翻开当时的历史记载,不经意间就会发现,常常有"大风雪","平地雪深五尺","冻死者相望于道"的记载。而赵家所在的河朔地区,每年一入冬,更是一派朔风劲吹,"雪降长空"的北国风光。某一个冬日,赵弘殷冒雪南行,来到保州邻近的定州安喜。雪愈下愈大,愈下愈急,赶路已经是不可能的了,透过迷漫的风雪,不远处的一座庄园引起了他的注意。他踏着积雪,深一脚浅一脚地来到庄园的门檐下。一桩婚姻奇遇由此发生了:

> 宣祖初自河朔南来,至杜家庄院,雪甚,避于门下,久之,看庄院人私窃饭之。数日,见其状貌奇伟兼勤谨,乃白主人,主人出见,而亦爱之,遂留于庄院。累月,家人商议,欲以为四娘子舍居之婿。四娘子,即昭宪皇太后也,其后生两天子,为天下之母。定宗庙大计,其兆盖发于避雪之时。圣人之生,必有其符,信哉!

这是北宋中期的名臣范镇在《东斋记事》卷一中的记载。据范镇说,这则轶事得自"刘尚书涣"之口。这个刘涣并非一般的达官显贵,他的父亲叫刘文质,而刘文质的祖姑母正是赵匡胤的祖母刘氏。刘文质的父亲在宋初的平叛战争中战死。其时,刘文质尚年幼,故赵匡胤将刘文质母子接入宫中,刘文质遂得以在皇宫中长大,①过了多年之后,刘家依然还藏有赵弘殷和赵匡胤的五函书信,后被刘文质献给了宋真宗。刘家与皇家关系如此之亲密,自然有条件知道一些宫廷秘辛。刘涣是刘文质的长子,以工部尚书致仕。另据《长编》记载,范镇在知谏院的任上,曾上书推荐过时任恩州刺史的刘涣,称其"有材勇智虑"。② 可见范镇与刘涣两人的关系也是密切的。将这些情况综合起来,就可以肯定,范镇得自于

---

① 参见《宋史》卷324《刘文质传》、《刘涣传》;(宋)苏舜钦:《苏学士集》卷14《内园使连州刺史知代州刘公墓志》。
② 《长编》卷178,至和二年二月乙卯条。

"刘尚书涣"之口的这桩婚姻轶事，应是宋朝宗亲内部口耳相传的一段私秘，其真实性是可以得到保证的。

除《东斋记事》外，南宋史学家王偁的《东都事略》、元代徐大焯的《烬余录》对此事也都有大同小异的记载。《烬余录》中还具体点明，赵弘殷避雪的庄园为"杜家庄"，庄前有一湾水塘，人称"双龙潭"，恰好与杜家的女儿后来所生的宋太祖、宋太宗相"验合"①。

与赵弘殷成亲的杜家"四娘子"，其实是长女，只是按当时兄弟姐妹可以一并排行的称谓习惯，生在三位哥哥之后的她，才被称为"四娘子"②。这位后来生育过宋太祖、太宗两位天子，成为宋朝

---

① （宋）王偁：《东都事略》卷119《外戚·杜审琦传》曰："初，宣祖自北南来，天大寒，因避雪于爽之庄院，爽见其状貌，甚爱之，家人曰：'当以为四娘子舍居婿。'四娘子，即昭宪也。"丁传靖《宋人轶事汇编》卷1所收录的则出自《烬余录》："宣祖微时，道出杜家庄，避雪门外。庄丁见状貌英伟，延款饮食。久之，主人爱其勤谨，赘为第四女婿，遂生太祖、太宗。庄前旧有洼，名双龙潭，至是乃验。"对宋太祖父母的结缘问题，以往国内研究者较少论及，国外学者如日本竺沙雅章的《宋太祖与宋太宗》、美国贾志扬的《天潢贵胄：宋代宗室史》等虽有所涉及，但他们使用的都是《宋人轶事汇编》的这则材料，未能引用更可靠、也更详尽的《东斋记事》和《东都事略》，如贾志扬《天潢贵胄：宋代宗室史》第20页叙述道："一个广为人知的故事说，弘殷年轻时，被大雪困在路上，只好躲到杜姓豪族的大门底下。这户人家对他非常友好。这家的家长、节度使杜让十分欣赏这个年轻人，将自己的第四个女儿嫁给了他。这就是未来的杜太后（902—961）。"并在同页注2中说："见竺沙氏的《宋の太祖と太宗》，44页。至于该故事的英文版本，见丁传靖《宋人轶事汇编》英文版 Compliation of Anecdotes of Sung Personalities，2页。"按：贾氏所述有三个明显的错误，一是杜太后父亲名杜爽，而非杜让；二是史书中并无杜父担任节度使的记载；三是杜太后乃长女，而非"第四个女儿"，详见下注。

② 《宋史》卷242《后妃上》记载："太祖母昭宪杜太后，定州安喜人也。父爽，赠太师。母范氏，生五子三女，太后居长。既笄，归于宣祖。"这里的"生五子三女，太后居长"的说法，很容易使人误以为杜太后是五子三女中最年长者。其实不然，杜太后生于公元902年，而她的五位兄弟的生卒年，据《宋史》卷463《外戚传上》所载推算，则分别为：杜审琦（893—927）、杜审玉（895—926）、杜审琼（897—966）、杜审肇（903—974）、杜审进（910—988）。以各人生年序齿，显然，杜太后排行第四，上有杜审琦、杜审玉、杜审琼等三位兄长。因此，《宋史》卷242《后妃上》云"太后居长"只能是就其在三女中的年龄而言的。而《东斋记事》中称其为"四娘子"，《烬余录》称其为"第四女"，则是依照宋代兄妹大排行的习惯而言的，二者不但不矛盾，而且恰恰可以相互佐证。关于宋代兄妹大排行的习惯，参见朱瑞熙：《宋代官民的称谓》，《上海师范大学学报》1990年第3期。

开国母后的四娘子,在历史上的口碑一直很好。《宋史》卷二四二《后妃上》称赞她"治家严毅有礼法";大史学家司马光则推崇她"为人聪明有智度"①。宋太祖称帝前的许多政治活动的安排,包括"陈桥兵变",她都参与过策划。虽然宋朝建立后的第二年她就去世了,但临死之前主持制定的"金匮之盟",对宋初皇位的继承和整个两宋的政治走向,都产生了积极而深远的影响。所以范镇的《东斋记事》在叙述风雪杜家庄的那段姻缘时,特别地加注了这样几句话:"定宗庙大计,其兆盖发于避雪之时。圣人之生,必有其符,信哉!"

杜家当时家境明显强于赵家。一个很有意味的细节是:在宋人的记载中查不到赵弘殷的生年,但其妻子杜氏的生年,甚至杜氏五位兄弟的生年都历历有载,这多少可以反衬出赵家当时的潦倒和破落。但《宋大诏令集》中称杜家"汉晋后族,唐梁相门"②则多半是一种文字上的夸耀,因为在史料中找不到杜家早年出将入相,甚至贵为皇后族裔的具体记载。《宋史》卷四六三《杜审琦传》(杜审琦为杜太后之兄)称杜家"世居常山,以积善闻",这种乐善好施的地方望族形象,比较接近于真实。

"风雪杜家庄"这桩并非门当户对的姻缘,对赵、杜两家来说,当然都有些偶然,但在当时却也算不上特别的奇缘。因为五代十国时期,正是门阀门第观念最为淡薄的年代,表现在婚姻上,就是打破了魏晋隋唐以来"家之婚姻必由于谱系"的重门第传统,转变为"取士不问家世,婚姻不问阀阅"③。女家和女方在择婿的时候,更多考虑的是男子个人的能力、前途,"凡议婚姻……勿苟慕其富

---

① (宋)司马光:《涑水记闻》卷1,《全宋笔记》第1编第7册,大象出版社2003年版。
② 《宋大诏令集》卷16《皇太后四·哀册·明宪皇太后哀册》,中华书局1962年版。
③ (宋)郑樵:《通志》卷25《氏族略一·氏族序》,中华书局1987年版。

贵,婿苟贤矣,今虽贫贱,安知异时不富贵乎?苟为不肖,今虽富盛,安知异日不贫贱乎?"①"男女议亲,不可贪其阀阅之高、资产之厚"②等等,开始成为新的社会观念。再加上无休止的战乱,一方面的确给社会各阶层带来了灾难,但另一方面,"乱世英雄"的道路,又会不按常规地造就许许多多平民跃居显位的真实故事,同时也会相应地衍生出若干"慧眼识英雄"的婚姻传奇。当时的许多知名人物,如后汉开国皇帝刘知远、大将史弘肇,后周开国皇帝郭威等,都在穷困潦倒中获得了传奇般的婚姻③。甚至在宋元人创作的"传奇小说"中,赵匡胤本人也差一点在流浪的途中成就一段浪漫的姻缘。

应该说,五代十国时期,除了战乱和灾难,也是一个可以给人们提供许多机遇的时代。凭借着机遇,有些人成就了婚姻,有些人成就了事业。赵弘殷避雪杜家庄是如此,后来其子的"发迹变泰"也同样是如此。这是同一历史场景中的两幕喜剧。

《东斋记事》当中刘涣所言,还揭橥出一个细节:赵弘殷"舍居之婿"的身份。"舍居之婿"是宋代的法律习语,也就是汉唐的"赘婿",即俗称的"上门女婿",如北宋人任广所撰《书叙指南》卷三即曰:"舍居婿曰赘。"④按当时的习俗,上门女婿分为"入舍婿"和"舍居婿"两种,前一种本人和子女都要改从女姓,后一种则不必改姓,唯需以一子继嗣女方,赵弘殷当属于后一种情况。不论"入舍婿"还是"舍居婿",都要在女家居住,承担赡养女方父母的义务,社会地位也都是比较低的。这一细节,以往史家多未加措意,

---

① (宋)司马光:《温公书仪》卷3《昏仪》,学津讨原本。
② (宋)袁采:《袁氏世范》卷1《睦亲》,中华书局1985年版。
③ 刘知远事见(宋)佚名:《五代史平话·汉史平话》,上海古籍出版社1994年版。史弘肇事见(明)冯梦龙:《喻世明言》卷12《史弘肇龙虎君臣会》,人民文学出版社1989年版。郭威事见(宋)苏辙:《龙川别志》卷上,郭威事与赵弘殷颇为类似,详见后文。
④ (宋)任广:《书叙指南》,商务印书馆1937年版。

但却值得重视,它一则对赵家的沦落程度有着极为直观地揭示;二则对杜氏在赵宋皇室及宋初政治中的重要地位,提供一个更合逻辑的解释。

赵、杜成亲的具体时间已无文献可查,估计应在917年到921年之间①。赵弘殷并没有在杜家庄久留,而是继续南下,在镇州节度使王镕处效力,然后由镇州,投入了当时的河东节度使、后来的后唐庄宗李存勖的麾下。这一段经历,《宋史》和《东都事略》记载说:

> 宣祖少骁勇,善骑射,事赵王王镕,为镕将五百骑援唐庄宗于河上,有功。庄宗爱其勇,留典禁军。②

> 时梁、晋争天下,晋求援于镕,镕命宣祖以五百骑赴之,庄宗嘉其勇敢,因留之,命掌禁军,为飞捷指挥使。③

"梁、晋",指的是后梁朱氏和占据山西的李克用、李存勖父子,双方一个在黄河之南,一个在黄河之北,"夹河苦战二十余年",大致的情形是前十年朱氏占上风,后十年李氏占上风。而决定他们命运的战略决战发生在918年到923年之间。918年,李存勖曾有一次惨败,损失了近三分之二的兵员,不得不多次征调各镇的兵力补充。赵弘殷受王镕之命率五百骑增援,因其作战勇敢而被李存勖留在了麾下。

上述赵弘殷的辗转经历,史书记载得十分简略,但对赵家来说,却具有决定性的意义。众所周知,安史乱后称雄一时的幽、定、镇、魏博等河朔军阀,在进入五代之后却愈来愈被边缘化,真正有

---

① 《宋史》卷242《后妃上》称杜氏"既笄,归于宣祖"。杜氏生于902年,"既笄之年"为十五岁,故不会早于917年成婚;赵弘殷曾为王镕部将,王镕死于921年,而赵弘殷在王镕死前,至少是统领五百骑兵的将领了,亦无避雪杜家庄时"微贱"。另,杜氏生有一子一女,均早夭,后生赵匡胤于927年初。由此亦可推算出杜氏成婚的大致年限。
② 《宋史》卷1《太祖本纪一》。
③ (宋)王偁:《东都事略》卷1《太祖本纪一》。

能力决定全国政局走向的,是以开封为中心的朱氏集团和以太原为中心的河东沙陀集团两大新兴军阀势力,河朔诸方镇只能是周旋于开封和河东两大集团之间,仅仅自保而已,都不可能有大的作为。特别是到李存勖执掌河东大权之后,河东集团的势力突飞猛进,几乎成为五代政局唯一的主宰力量,后唐、后晋、后汉、后周以及北汉等政权,无一例外都是由河东集团建立的。赵弘殷在此时进入了李存勖的军中,由此脱离了河朔军阀转投河东集团,可谓适逢其时。

923年初冬,李存勖的军队终于取得了战略性的胜利,一举灭亡了后梁王朝,建立了五代时期第二个王朝——后唐。同年十二月,后唐庄宗李存勖迁都洛阳,赵弘殷所在的部队也被调往洛阳驻防。赵弘殷还把分别多年的妻子杜氏从定州安喜接到了洛阳,从此,赵氏全家就在洛阳城东的夹马营定居下来,直至后晋天福三年(938)重新迁都开封,他们在洛阳生活了近十四年。

在这近十四年中,赵弘殷的官职始终未变,一直担任着"飞捷指挥使",属于禁军中的中下层军官。清初学者王夫之在《宋论》中对赵氏父子的评价:"赵氏起家什伍,两世为神将,与乱世相浮沉,姓字且不闻于人间"[①],如果用在此时的赵弘殷身上,是非常恰切的。仕途不得志的同时,赵弘殷的家庭生活也并不如意。他和妻子杜氏养育的长子和长女都不幸夭折了。但在洛阳的这近十四年中,他们也有一个最大的收获,就是在夹马营中生下了他们的第二个儿子:"香孩儿"——后来给他们带来无尽荣耀的宋太祖赵匡胤。

第三节 洛阳少年与汴京乱局:"香孩儿"的成长

童年赵匡胤曾被父母唤作"香孩儿"。

---

① (清)王夫之:《宋论》卷1,中华书局1964年版。

"香孩儿"出生于后唐天成二年(927)二月十六日的夜晚。据宋代史家记载,在这天夜里,伴随着孩子的出生,位于洛阳城东北夹马营中的赵家①,"赤光绕室,异香经宿不散"②。另一种记载说,孩子出生的天成二年,正是后唐明宗李嗣源在位的次年。这位沙陀族出身的皇帝总认为自己统治中原的名分不正,也没有才能来制止当时那种分裂战乱的局面,所以即位后每天晚上都要在宫中"烧香祷天,愿早生圣人,为中国主"③。而据北宋名臣范仲淹解释,正是在异香缭绕的祷告声中,"香孩儿"赵匡胤"应期而生"了④。还有一种更具体入微的记载说,孩子出生时,其胎衣不但没有惯常的血腥气,反而散发出"菡萏"般的香气⑤。据说,上述种种记载都是"香孩儿"一名的来由。

断定上述记载之真伪是很容易的,甚至推断出作伪的轨迹也不是太难——"香孩儿"开始不过是一个小男孩的普通乳名或绰号,后来男孩成了宋朝的一代开国皇帝,于是才有了"异香经宿不散"之类的美化性的附会,以符合所谓"凡帝王之将兴也,天必先见祥乎下民"⑥的规律。在中国历史上,围绕着每一位帝王的诞生,几乎都有诸如此类的编造性记载。有关"香孩儿"的种种传说,也不过是重复了千遍后的再版而已,所以,这类编造性的记载

---

① 夹马营,位于河南洛阳东北,因宋太祖的缘故又被称为"香孩儿营"。宋真宗即位后,为了纪念宋太祖,把原为传舍的夹马营改建为应天寺,旋更名为发祥寺,明代改称"火烧街"。清代学者钱大昕有诗曰:"香孩营里气葱茏,宅汴何如卜洛雄。"见《潜研堂诗集》续集卷2《汴中咏古》。
② (宋)王偁:《东都事略》卷1《太祖本纪一》。
③ (清)李渔:《笠翁别集》卷2《论晋以冯道守司徒》。
④ 《太平宝训政事纪年》卷1:"后唐明宗即位,改元天成,每夕烧香祷天,愿早生圣人为中国主。二年二月十八日,帝生于洛阳"(二月十八日当系误记,太祖生日应为二月十六日)。《旧五代史》卷44《明宗纪十》记明宗祷告语更详:"某,藩人也,遇乱世为众推戴,事不获已,愿上天早生圣人,与百姓为主。"《资治通鉴》卷278注引范仲淹等人之言称:"我太祖皇帝应期而生。"
⑤ (宋)杨亿:《杨文公谈苑》(上海古籍出版社1993年版):"太祖生洛阳夹马营。生之夕,光照一室,胞衣如菡萏,营前三日香。"
⑥ (战国)吕不韦:《吕氏春秋·应同篇》,上海书店出版社1986年版。

往往为现代史家所不屑。但是,细绎之下,有关"香孩儿"的编造,似乎还有一些待揭之底蕴。

例如,有关"香孩儿"的传说当然是一种"美化",但也仅仅是"美化"而已,而不是"神化",或者说,"神化"的色彩不多。"香孩儿"再"香",也还是人间的娃娃,而不是像汉唐时期的那些皇帝,直是以"龙"的模样诞临人间①。相对于那些"颜貌似龙,长颈而高鼻"、"头上角起,遍体生鳞"之类的"编造"而言,有关"香孩儿"的种种"编造",显然更为接近人间的真实,更人性、更理性一些。其实,"香孩儿"做皇帝后,言谈话语中也总以为自己是"人间皇帝",而不是"真龙天子"。而"香孩儿"的传说,透露出来的也是"人间皇帝"的气息。

在历史上,有些"编造性的记载"还是很有认识价值的。例如上述一类的"神化"或"美化"性的编造附会,往往可以折射出那个时代的特征。周天子之母"践巨人之迹而孕",清朝爱新觉罗氏祖先是"感朱果而孕"等等传奇式的编造,正反映了母系氏族社会的某些特征。而刘邦之母与蛟龙交合而孕的"编造",既是上古原始蒙昧观念的一种延续,又与西汉那种粗陋直观的天人感应学说有关,带有明显的时代底色;东汉刘秀的"大口、隆准、日角",也自有谶纬流行的"东汉特色"。还有一些未必全属虚构的"编造",如成吉思汗出世时,"手握凝血如赤石",更是那个血腥征战岁月的象征。

那么,"香孩儿"呢?

---

① 《史记》卷8《高祖本纪》记载汉高祖刘邦的诞生过程为:刘邦之母刘媪"尝息大泽之陂,梦与神遇。是时雷电晦冥,太公(刘邦父亲)往视之,则见蛟龙于其上。已而有身,遂产高祖"。正因为刘邦"感龙而生,故其颜貌似龙,长颈而高鼻"(《史记索隐》引文颖曰)。东汉光武帝刘秀也是颜貌似龙:"大口、隆准、日角"。隋文帝生而异相,"为人龙颜",其始生之夜,紫气充庭;在其母怀,忽然"头上角出,遍体鳞起"、"额上有五柱入顶,目光外射,有文在手曰王"(《隋书》卷一《高祖上》)。唐太宗出生时,"有二龙戏于馆门之外,三日而去"(《旧唐书》卷2《太宗本纪上》)。

这不是一个狞厉的象征,也没有多少威武,倒真像个宁馨儿一般的温和、宁静,带着几缕淡淡的清香。这与他后来开创的那个经济、文化极度繁荣但却又"国力不武"的王朝,与他开启的那个和平安定的时代,甚至与宋代皇权的特点以及宋代政治的特征等等,都有几分相合。无疑,这也是一种象征,一个新时代的象征。

"香孩儿"的正名为赵匡胤。匡者,匡扶、保佑;胤者,胤嗣,后代。看来,这也是一个很有讲究的名字,赵家长辈们似乎把家族兴旺的期望都包含在这一名字当中。

赵匡胤十二岁之前,是在洛阳度过的。

洛阳在唐朝为陪都,是仅次于首都长安的全国性的政治、文化中心。"安史之乱"时,洛阳遭受过兵火的洗劫,大诗人李白曾描写过当时洛阳城郊"茫茫走胡兵"、"流血涂野草"的惨烈景象。但相对于后来长安城所遭受的毁灭性破坏而言,洛阳则又幸运得多。

那是赵匡胤出生的二十四年前,宣武节度使朱温给长安城中的"皇上"唐昭宗下了一道必须迁都的死命令:不仅皇帝和百官要迁,而且长安城中的士民百姓都在迁徙之列。于是,本已饱受战火蹂躏的长安城被全部拆毁,遂为丘墟。拆下来的材木等全部由水路搬运到洛阳。朱温要在洛阳缮治新的首都。当时,有数万名工匠被征集到洛阳,南方各方镇也大都进输财货以相资助。藉此机缘,洛阳城得到了一次大的修治①。后来朱温的后梁虽然又由洛阳迁都开封,但洛阳的帝都规模并不在开封之下。到了923年,后梁被后唐所灭,后唐建都洛阳,洛阳再度成为政治中心。

赵匡胤是在后唐建都洛阳后的第四年出生的。这时的洛阳,经过后梁、后唐近三十年的整治,尤其是经过后唐对"洛阳景观的整修",已初见承平时节的繁华景象了。② 更幸运的是,此时洛阳

---

① 史念海:《中国古都和文化》,中华书局1998年版,第540页。
② [日]久保和田男:《五代宋初的洛阳和国都问题》,赵望秦、黄新华译,载《中国历史地理论丛》2001年第3辑。

皇宫中的后唐明宗李嗣源,又很有见识。这是一位年届六十高龄才登基的老皇帝,政治经验丰富,头脑冷静,心态淡泊。所以他在位的天成、长兴年间(926—933),基本以"休兵息民"为国策,从而出现了五代时期罕见的"小康"局面:

> 天成、长兴间,比岁丰登,中原无事,言于五代,粗为小康。①

> 年谷屡丰,兵戈罕用,校于五代,粗为小康。②

赵匡胤就是在"粗为小康"的环境中长到了读书的年龄。

父母是孩子的第一任老师。由于这是一段"兵戈罕用"的和平时期,赵弘殷也就有了足够的时间教育和培养孩子。史书记载说赵弘殷"好儒事"③,有"访求书籍"的习惯④,又有"文武为立身之本"的认识⑤,这些都在对儿子的培养中发挥了作用。母亲杜氏也有一定的文化修养,如后来宋朝开国时,她就对儿子讲过:"吾闻为君难,天子置身兆庶之上,若治得其道,即此位可尊;苟或失驭,求为匹夫不可得。"⑥说明她对前代的治乱兴衰有相当的了解。她对孩子的生活要求也很严格,以至于在儿子成了皇帝后,对当年洛阳夹马营中的俭朴生活仍有很深的记忆。

夹马营在洛阳城的东郊。"洛阳城东桃李花,飞来飞去落谁家",唐人刘希夷的这首名诗,不知儿时的赵匡胤是否学过。不过,这并不重要。重要的是洛阳的文化氛围对赵家和他的影响。

洛阳不单单是一个政治性的都城。从文化的角度看,洛阳曾长期处于中华文化的核心地带。这一核心地带就是黄河中下游沿

---

① (宋)王禹偁:《五代史阙文·明宗》,傅璇琮等主编:《五代史书汇编》第12册,杭州出版社2004年版。
② 《资治通鉴》卷278长兴四年十一月条。
③ 《太平宝训政事纪年》卷1,《宋史资料萃编》第四辑,文海出版社1981年版。
④ 《宋史》卷4《太宗本纪一》,《东都事略》卷3。
⑤ (宋)王偁:《东都事略》卷3。
⑥ 《宋史》卷242《后妃上》。

着黄河最大支流渭河东西铺开的河谷一带,洛阳、长安、开封就东西走向地分布在一条线上。"洛阳自为都,二千有余年。举步图籍中,开目今古间"①,二千多年的文明积淀,使洛阳具备了深厚的文化底蕴,成为中国传统衣冠礼仪的根基和历劫不灭的文化魂魄。有一个很著名的例子——南北朝时期,在所谓"五胡乱华"的兵燹逼迫下,中原士人大量南迁,江南人文盛极一时。然而,当南朝大臣陈庆之出使洛阳后,竟发出了这样的慨叹:

> 自(东)晋、(刘)宋以来,号洛阳为荒土,此中谓长江以北,尽是夷狄。昨至洛阳,始知衣冠士族,并在中原。礼仪富盛,人物殷阜,目所不识,口不能传。所谓帝京翼翼,四方之则。如登泰山者卑培塿,涉江海者小湘沅。②

这就是洛阳的文化底气。这种底气可以山水不显地融入和平的绿野中,也可以凭借野火春风般的韧性,在战乱和兵燹中垦殖和生发文化的绿洲。南北朝时的洛阳是如此,五代时的洛阳也是如此。

稍加注意,就会发现五代时期的洛阳在文化氛围上的优势地位。著名词人和凝家居山东,因天下扰攘,戎马生郊,故其蕴藉婉媚的词作在山东和其他地方少有反响,但却能独独"布于汴洛间"。以洛阳为首都的后唐王朝,其最高统治者都是沙陀族的胡人,惯以弓马征战相矜夸,然而在入洛建国后,也不能不为洛阳衣冠礼乐所感染,不再专以弯弓盘马为荣耀了。如那位把赵弘殷和他的五百名骑兵带进洛阳的李存勖,本是素不习文的起起武夫,做了后唐的开国皇帝后,最喜欢吹嘘的两件事是:"对勋臣夸手抄《春秋》;又竖手指头云:'我于手指头上得天下。'"③他在位不到

---

① (宋)邵雍:《击壤集》卷1《寄谢三城太守韩子华舍人》,《邵雍全集》,上海古籍出版社2015年版。
② (北魏)杨衒之著,周祖谟校释:《洛阳伽蓝记校释》卷2《景宁寺》,中华书局1963年版。
③ 《旧五代史》卷133《世袭列传二》。

三年,但已染就衣冠士人的诗书风雅,"喜作诗词"。继李存勖继位的明宗李嗣源,原是一个连姓名都没有的沙陀族流浪儿,十三岁从军,没有受到一点文化教育,但在入洛后,也开始请人讲史诵诗。有一次,宰相冯道言及民间疾苦,以聂夷中的诗"二月卖新丝,五月粜新谷,医得眼前疮,剜却心头肉"为例,明宗听了很受感动,"命左右录其诗,常讽诵之"。他曾深有感触地对儿子说:

> 吾少钟丧乱,马上取功名,不暇留心经籍。在藩邸时,见判官论说经义,虽不能达其旨,大约令人开悟……吾见先皇(指李存勖)爱自作歌诗,将家子文非素习,未能尽妙,讽于人口,恐被诸儒窃笑。吾老矣,不能勉强于此,唯书义尚欲耳里频闻。①

夹马营中的赵家是随着后唐的建都而入洛的。赵匡胤的诞生,据说是李嗣源夜中焚香祈祷的结果。这两桩事情之间,自然不会有任何因果关系。但洛阳的文化氛围既然对李存勖、李嗣源之辈都产生了如此大的影响,由此则不难想象其对"有儿初长成"的赵家,又该会有着怎样的作用了。

夹马营的门口,有一所读书的学馆。学馆的主人姓陈,人称"陈学究"。

"学究"是唐代科举取士的科目之一。唐代科举,"有秀才,有明经,有俊士,有进士,有明法,有明字……"②等科,其中最重要的是两科,即"明经"科和"进士"科。"明经"科考的是"学究一经"的硬功夫,主要测验考生对十多部儒学经书死记硬背的功夫,不涉及对精神义理的理解和发挥,所以"明经"科在社会上就被简称为"学究",再进一步,凡是只会死记硬背,读书迂腐浅陋的书呆子,也被讥讽为"村学究"、"学究气"。

---

① (宋)孙光宪:《北梦琐言》卷19,《全宋笔记》第1编第1册,大象出版社2003年版。
② 《新唐书》卷44《选举志上》。

那么,夹马营前开学馆的这位"陈学究"是一位有科举功名的"学究",还是一位有着"学究气"的陈先生呢?史书中没有明确的交代。但从情理上推断,似乎应该属于前一种情况。退而言之,即便这位陈先生没有获得"学究"的功名,这个称呼也断然不会含有讽刺意味,因为"陈学究"是人们当面对他的称谓,显然是带有尊敬的意思。另外,"村学究"、"学究气"也是后世逐渐形成的贬义,唐末五代时期未必有此类贬称。

就是这位"陈学究",做了赵匡胤的老师。关于此事,只有《孙公谈圃》中的一段记载,虽然简略,但不乏曲折动人之处:

> 艺祖生西京夹马营,营前陈学究聚生徒为学,宣祖遣艺祖从之。上微时尤嫉恶,不容人过,陈时时开谕。后得赵学究,即馆于汴第。杜(太)后录陈之旧,召至门下,与赵俱为门客,然艺祖独与赵计事,陈不与也。其后,艺祖践祚,而陈居陈州村舍,聚生徒如故。逮太宗判南衙,使人召之。居无何,有言开封之政皆出于陈。艺祖怒问状,太宗惧,遂遣之,且以白金赠行。①

这是一条有些令人沮丧的记载。在宋朝这个极其尊师重教的国度,开国皇帝与他的启蒙老师之间却如此这般的冤家路窄。但就是这样的记载,可能更多地反映出某种历史的真实。他们师生之间的冲突,一是由于学生的个性太强;另外一层原因,可能与"学究"出身的老师讲授的内容和方式有关。"学究"靠的是对儒家的十余部经典死记硬背的功夫起家的,但若将这种死记硬背的方式用在教学上,可以肯定地讲,会遭到绝大多数学童的厌恶。如果学生资质一般,或性情随和,或许不至于因此引起师生之间的冲突,但是赵匡胤显然不是这样的孩子,因此师生之间的冲突和对立就是难以避免的了。

---

① (宋)孙升:《孙公谈圃》卷上,中华书局1991年版。

好在洛阳是个人文荟萃之地,开馆授学的秀才、学究比比皆是。据记载,"陈学究"之外,赵家还为赵匡胤聘请了一位"赵学究"为师,这也是在《孙公谈圃》中提到的。这位"赵学究"与学生的关系就很融洽,在赵匡胤成为后周大将时,还经常与之计谋。①

史书中记载的赵匡胤的第三位老师是辛文悦,是三位当中唯一在正史有传的老师。《宋史》卷四三一《辛文悦传》中记载:

> 辛文悦者,不知何许人。以《五经》教授,太祖幼时从其肄业。周显德中,太祖历禁卫为殿前都点检,节制方面。文悦久不获接见,一日,梦邀车驾请见,既拜,乃太祖也。太祖亦梦其来谒,因令左右寻访,文悦果自至,太祖异之。及登位,召见,授太子中允,判太府事。开宝三年,出知房州。时(后)周郑王出居是州,上以文悦长者,故命焉。文悦后累迁至员外郎。

宋代中叶的僧人释文莹在《玉壶清话》中对辛文悦则有更为传奇的一段记载:在赵匡胤发动陈桥兵变、黄袍加身的前夜,"久不相见"的师生二人突然在梦中相会,辛文悦在梦中看到自己的学生已经乘上了皇帝的銮舆。关于辛文悦的学问,《玉壶清话》记载为"后周通经史里儒"②,由此看来,他的确是一位饱学的宿儒。

"陈学究"、"赵学究"都是"明经"科班出身,有着对儒家经典背诵如流的功底;辛文悦也是"通经史里儒"。他们带给少年赵匡胤的正是一种比较纯粹、正统的儒家教育。至于赵匡胤到底学得如何,已无法查考。但从他成年以后,能够阅读诸如《尧典》等较深奥的儒家经典著作来看,这种功底应该是在少年读书时,甚至也可以说是在"学究"的严格督促下练就的。在他当了皇帝之后,还曾对皇子的老师讲过这样的话:

---

① 《孙公谈圃》中称:"赵学究即赵普也",当为不确,赵普与赵匡胤相识于显德三年的滁州之战后。
② (宋)释文莹:《玉壶清话》卷3,《全宋笔记》第1编第6册。

> 帝王之子,当务读经书,知治乱之大体,不必学作文章,无所用也。①

重经书而轻文章,这是典型"学究"教育对他的影响;但学习儒家经书的目的是为了"知治乱之大体",这与"学究"教育中的死记硬背又有明显不同,是赵匡胤作为一个政治家对儒家要义的阐发。

在中国历史上,宋代是儒家文化全面复兴和发展的一个时期,儒家经典受到空前的重视,儒学的精华义理也得以空前的自由阐发,并因此而形成了影响深远的宋代新儒学——理学。这样一个空前的文化潮流,当然不可能发源于某一具体的年代,更不可能肇始于某一具体的人物,或某一具体的事件。唯其如此,我们倒也不妨以尽量开阔的目光,将有可能成为这一潮流源头的所有涓涓细流皆纳入视野。由此说来,赵匡胤少年读书时的种种情况,似乎都不可淡然视之,因为这之中的确含蕴了后来些许儒学复兴的某种契机,具有相当的象征意义。

与此相表里的另一层重要关联是,赵匡胤少年时所受的儒家教育对宋代政治,尤其是宋初政治的影响。南宋理学大师朱熹在谈到宋初政治时有一句名言:

> 国初人便已崇礼义,尊经术,欲复二帝三代,已自胜如唐人。②

这句名言也是宋代士人很普遍的一种认识,包括范仲淹、程颐、程颢、张载、苏轼、司马光、王安石等人在内,几乎所有的文化名人都曾讲过类似的话。至于国初之所以如此,宋人也有解释:

> 太祖皇帝抱帝王雄伟之姿,殆出于生知天纵,其所注措,初不与《六经》谋,而自然相合。③

---

① (宋)司马光:《涑水记闻》卷1。
② (宋)黎靖德编:《朱子语类》卷129《本朝三·自国初至熙宁人物》,中华书局1986年版。
③ (宋)朱弁:《曲洧旧闻》卷1,学津讨原本。

"生知天纵"自然是"臣子"对"皇上"的夸谀之词，真正的原因只能是他少年时代对《六经》的接触以及日后的勤学深思。

洛阳读书生涯对赵匡胤的成长来说，还有一层特殊的意义。赵家本来是世居河朔的武将世家，河朔与洛阳在文化气质上大相径庭，河朔地区正如前引陈寅恪所言：自安史之乱后，"其政治、军事、财政等与长安中央政府实际上固无隶属之关系，其民间社会亦未深受汉族文化之影响，即不以长安、洛阳之周孔名教及科举仕进为其安身立命之归宿"。从前面的叙述中我们已经知道，赵家在河朔的历史至少有百年之上，赵匡胤的四世祖赵朓之前，赵家尚有"尚儒学"的记载，自赵朓以后，赵珽、赵敬已经成为地道的武将世家。自入洛后，受"洛阳之周孔名教"的熏陶，赵家门风开始改变：赵弘殷"好儒学"，好书籍；赵匡胤更是受到了正规的儒学教育。从某种意义上说，河朔文化和洛阳之周孔名教的交汇，正是赵家的一个优势，对下一代的成长是非常有益的。

然而毕竟是河朔的武将世家，再加上战乱频繁的社会现实，马背上获取功名要比周孔名教下的科举仕途更为现实和更具有吸引力。所以在"文教"的同时，赵家对儿子的"武教"从未懈怠，而少年时的赵匡胤对习武也有着更浓厚的兴趣。同父亲的"自少骁勇，善骑射"一样，赵匡胤在习武方面也表现出非凡天赋："学骑射，辄出人上"，几年下来，已是一个弓马娴熟的骑手了。《宋史》中就记载过他制服恶马的一次冒险经历：

> 尝试恶马，不施衔勒，马逸上城斜道，额触门楣坠地，人以为首必碎。太祖徐起，更追马腾上，一无所伤。①

赵匡胤成年后常常能手抱马头冲入敌阵，直取敌将于千军万马之中，这都赖于他在少年时代练就的过硬功夫。

骑射以外，赵匡胤还练就了在马上熟练使用各种兵器的本事。

---

① 《宋史》卷1《太祖本纪一》。

其中,他最喜欢摆弄的,是一根纯铁打就的铁杆棒。

杆棒,是"十八般兵器"中的一种。在十八般兵器中,刀、枪、剑、戟等都流行得较早,而棍(木制)、棒(金属制)流行使用得较晚。唐末五代是"棒"的流行时期。流行的程度,反映在宋代的话本小说当中。当时的话本小说除了有"烟粉"、"灵怪"、"公案"、"说经"、"讲史"等类别外,竟然还有专门的"杆棒"类。划归在杆棒类中的流行故事有十几个,故事中的主人公都是使用杆棒作兵器的。其中一个叫《飞龙记》的故事,就是写赵匡胤青少年时的故事[①],还有一个杆棒类的故事叫《史弘肇龙虎君臣会》,写的是后汉名将史弘肇发迹变泰的故事。

杆棒在唐末五代的流行,明显带有时代的特点。刀、剑等兵器是高贵身份的象征,价格不菲,如《建炎以来朝野杂记》记载一把战刀的造价就是铜钱三千三百文[②]。相比之下,杆棒是最朴实,也最廉价的兵器,处处可得。五代时期的豪杰大多出身贫寒,多数曾有过浪迹天涯的落魄经历,要他们去置办刀、剑,不是很容易的事情。何况,杆棒既能卫身,又可在风尘仆仆的旅途中充当挑担、拐杖和用来过河探水等,自然是五代好汉们的首选武器。

赵匡胤少年习武时的杆棒是纯铁打制的,乌黑油亮,是他最喜欢使用的兵器。无论是漫游天下,还是军中征战,这条铁棒始终陪伴着他。明代的话本小说中描写青年赵匡胤行路时,是"绰了浑铁齐眉短棒,往前先走";描写他使用铁棒时则说,"抡起浑铁齐眉棒,横着身子,向那殿上朱红槅子,打个东倒西歪";路遇匪徒时,

---

① 宋代流行的《飞龙记》有两种。一种是赵普撰写的史书,记载赵匡胤是如何废周建宋、黄袍加身的;另一种是市井中流传的话本小说,是写赵匡胤青少年时期的故事。前一种在宋代已经失传,后一种在元末明初还是一本畅销小说,但后来也失传了。现存的另一种《飞龙记》,则是清人重新编著的一本章回体小说,同样也是讲宋太祖青少年时期的故事。

② (宋)李心传:《建炎以来朝野杂记》甲集卷18御前军器所条,中华书局2000年版。

先大喝一声"强贼看棒",然后"举棒望脑后劈下,打做个肉饼"。这些倒并非全为小说家言。宋人的史书记载说,赵匡胤做皇帝后,他使用的铁棒就被供奉起来了,作为镇国的法器。北宋末年,一位姓蔡的大臣目睹了这根铁棒后,留下了这样的记载:

> 铁杆棒者,乃艺祖仄微时以至受命后所持铁杆棒也。棒纯铁尔,生平持握既久,而爪痕宛然。恭惟神武,得之艰难,一至斯乎?①

舞枪弄棒之外,少年时的赵匡胤似乎还初步学习了一点兵法。有史料记载说:赵匡胤每天放学的时候,往往把小伙伴们按照战阵的模式编制成整齐的队伍,做操演打仗的练习,赵匡胤自己则像个威风凛凛的大将军,在队伍的后部压阵。这虽然只是儿童们的游戏,但由于少年赵匡胤"指挥"有方,倒颇有几分真事似的,以至于"路人往往避之"②。在这群少年伙伴中,赵匡胤同邻家的孩子李谦升关系最好。他们两家同住在夹马营中,李家妈妈特别喜欢赵匡胤,给他很多关照。史书记载说,赵匡胤做皇帝后,多次接李家妈妈入宫,"使左右掖之,不令拜。命坐饮食,话及旧故,赐赉优厚"③。李谦升的哥哥李谦溥,后来成为宋初的名将。

比赵匡胤大四岁的韩令坤,也是他少年时"同好亲密"④的朋友。韩令坤的父亲和赵匡胤的父亲赵弘殷一样,也曾经是王镕的部下,两家人早有通家之好。韩令坤也非等闲之辈,在后周及北宋初年他都是手握重兵的大将,在禁军中有很高的地位和威信。二人早年结下的友谊,在"陈桥兵变"中发挥过关键作用。

少年时的赵匡胤也有军营子弟的那些通病。一是好赌,二是强横。在赌博方面,赵匡胤是个中高手。传说有一次,他和韩令坤

---

① (宋)蔡絛:《铁围山丛谈》卷1,《全宋笔记》第3编第3册。
② (宋)王偁:《东都事略》卷1《太祖本纪一》。
③ 《宋史》卷273《李谦溥传》。
④ 《宋史》卷251《韩令坤传》。

耐不住手痒,偷偷地躲藏进一间破房中,聚精会神地开起赌来。其实兄弟二人皆钱囊羞涩,这也不过是解解赌瘾而已。正当两人"大战"之际,屋外飞来两群麻雀,叽叽喳喳地叫个不停。二人毕竟是少年心性,遂出门"掩雀",结果刚出门,房子就轰的一声倒塌了。少年好玩的天性挽救了两个小"赌徒"的生命。

除了赌博,那时赵匡胤的性子也十分强横,"尤嫉恶,不容人过",惹过不少麻烦。在后世的戏曲话本中,青少年时代的赵匡胤大多被塑造为强横无赖,又好打抱不平的形象,是个"撞祸的太岁"、"惹事的怨家"。这一方面固然是因为说书唱戏者喜欢选择和夸大类似情节,以强化演出效果;另一方面,戏曲话本中的形象也是有本而来的,不会全属编造。可以这样说,少年赵匡胤虽然曾接受过相当严格的儒学教育,但他绝非一个安分守己、唯唯诺诺的孩子。他争强好胜喜斗,甚至于沾染了不少毛病。不过,有些毛病,如好赌,也多少练就了他捕捉时机的眼光和敢于冒险的胆识;性格刚烈强横,又与侠肝义胆的气质相通。两者相结合,又适逢五代乱世,无形中成就了赵匡胤这位"时势英雄"的领袖魅力。

洛阳的少年时光,是赵匡胤一生最为留恋的一段岁月。开宝九年(976)初春三月,在开封做了十六年皇帝的赵匡胤前往洛阳祭祖。故地重游,引发无限感慨。年届五十的他,尚能清晰地记得儿时与伙伴们偷埋石马的地点,侍卫们按照他的指点,果然挖出了一匹栩栩如生的小石马。在洛阳时,他选好了自己的墓址,就在这年的十月他离开了人间。在洛阳下葬时,人们又发现了他儿时偷埋的那匹小石马,那是七个月前他选好墓址后又亲手埋下的……

十二岁那年,赵匡胤跟随父母由洛阳迁居开封。

此前两年,即936年,建都洛阳的后唐王朝已被石敬瑭推翻,历史由此进入了五代时期的第三个王朝——石敬瑭的后晋时期。从907年朱温废唐建梁,到现在的后晋,短短三十年间,北方中原地区已经历了三个王朝六个皇帝,若再加上三十年间南方出现的吴国(南唐)、前蜀、后蜀、闽、楚、吴越、南汉以及东北地区的辽国，为帝王者不下数十人，正是一个"天下之称帝称王者如春雨之蒸菌，不择地而发"①的年代。

据传赵家此时也有了某种"帝王"的征兆。

一则传说与赵弘殷的"弘"字有关。

从唐代的安史之乱到朱温废唐建梁，再从后梁、后唐到此时后晋，天下分裂动乱的时期已长达一百五十余年。这一期间，军阀混战，武人称雄，自立为帝为王者的确如雨后春菌，于是社会上便流传了许多描述这种现象的民谣。其中就有这样两句："闭口张弓左右边，子子孙孙万万年"，大意不外是说只有靠武力才能保证子孙的富贵长远。不知什么原因，这两句民谣在流传的过程当中，却渐渐地被当成了预示未来的谶语，特别是"闭口张弓"四字，被认为是暗含了一个"弘"字，预示着名"弘"的统治者可以富贵长久。所以当时南唐的皇帝李璟就把自己的儿子起名为"弘冀"，吴越国王也将所有儿子的名字都加上一个"弘"字。自然，这些人都是枉费了心思，正如记载这则传说的《杨文公谈苑》中最后所点明的，这首民谣不过是赵弘殷家龙飞九五的预兆②。

另一些传说则起因于赵匡胤和他的弟弟赵匡义。

赵家迁居开封后的第三年生下了赵匡义。匡义与哥哥匡胤正好相差十二岁，都是亥年出生，都属猪。据传，弟弟诞生时，也像哥哥十二年前那一刻相似，"赤光上腾如火，闾巷闻有异香"③。更奇的传说是：一日发生兵士哗变，母亲杜氏用一担箩筐挑着赵匡胤、

---

① （清）王夫之：《读通鉴论》卷29，中华书局1975年版。
② 北宋杨亿的《杨文公谈苑》载："梁宝志铜牌记云：'有一真人在冀州，闭口张弓左右边，子子孙孙万万年。'江南主名其子曰弘冀，吴越钱镠诸子皆连'弘'字，期以应之，而宣祖(赵弘殷)讳正当之。"南宋岳珂的《桯史》卷1也有相关记载："开口张弓之谶，吴越至以遍名其子，而不知兆昭武(赵弘殷)基命之烈也。"
③ 《宋史》卷4《太宗本纪一》。

赵匡义兄弟两个外出避乱,路上遇到世外高道陈抟。陈抟一见这箩筐中的兄弟俩,随口就吟出两句歌谣:

莫道当今无天子,都将天子上担挑。①

其实,这几则传说,都是在赵匡胤、赵匡义先后做了皇帝之后的附会。试想,母亲杜氏如何能用扁担挑得动一个至少十二岁的半大小伙子呢?不过,民间流行的这些歌谣倒是那个时代的真实写照,当时的确是一个"闭口张弓"、武人横行的时代,更是一个"天子"多如牛毛、车载担挑的时代。

十二岁的赵匡胤在洛阳时,就已经目睹过一幕幕变易天子如同儿戏的军事政变:李嗣源(后唐明宗)死于兵变之中,靠兵变上台的李从厚(后唐闵帝)又被自己的手下出卖;收买禁军的李从珂(后唐末帝)入主洛阳后,却又无法兑现给将士们的许诺,于是放任士兵洗劫市民,甚至连皇后的耳环、首饰都要捐出来慰劳军队。这样的政权又怎么可能长久呢?果然,两年之后,李从珂在乱兵中自焚而死。政局的混乱,骄兵悍将的丑恶,都给少年赵匡胤留下了很深的印象。但对他触动最大的,是迁居开封前后发生的一系列更为严重的变乱。

先是936年,后唐河东节度使、李从珂的姑父石敬瑭在契丹铁骑的支援下,从山西太原起兵南进,后唐禁军将领们纷纷带兵投降,真是叛将如潮,叛兵如毛。结果石敬瑭轻而易举地推翻了已经成为孤家寡人的后唐末帝,堂而皇之地于洛阳登上帝位,建立了后晋政权。天福三年(938),后晋迁都开封。不过,石敬瑭的皇帝宝座是用拜契丹皇帝为父(其实石敬瑭的年龄比契丹皇帝耶律德光大九岁)、每年缴纳岁币三十万和割让"燕云十六州"之地换来的:

帝(石敬瑭)事契丹甚谨,奉表称臣,谓契丹主为"父皇

---

① 《古谣谚》引《神仙传》,见丁传靖辑:《宋人轶事汇编》卷1,中华书局1981年版。

帝";每契丹使至,帝于别殿拜受诏敕。岁输金帛三十万之外,吉凶庆吊,岁时赠遗,玩好珍异,相继于道。乃至应天太后、元帅太子、伟王、南北二王、韩延徽、赵延寿等诸大臣皆有赂。小不如意,辄来责让,帝常卑辞谢之。晋使者至契丹,契丹骄倨,多不逊语。使者还,以闻,朝野咸以为耻,而帝事之曾无倦意,以是终帝之世,与契丹无隙。①

这种卑躬屈膝的奴颜媚态,创造了"父皇帝"、"儿皇帝"的无耻典故,当时就遭到了许多人的耻笑和反对。如成德节度使安重荣就频繁地上表章"指斥"②,即使是石敬瑭的亲信刘知远也反对割让燕云十六州:"不必许以土田(十六州领土),恐异日大为中国之患,悔之无及。"③

确实,燕云十六州的割让,不仅使中原王朝丧失了十六州土地和人民,更重要的是使中原失去了险要的关隘。因为幽(今北京)、蓟(今天津蓟县)、瀛(今河北河间)、莫(今河北任丘)、涿(今河北涿州)、檀(今北京密云)、顺(今北京顺义)、新(今河北涿鹿)、妫(今河北怀来)、儒(今北京延庆)、武(今河北宣化)、云(今山西大同)、应(今山西应县)、寰(今山西朔县马邑镇)、朔(今山西朔州)、蔚(今河北蔚县)这十六州正是从北京至山西的沿线险要之地,"关山险峻,川泽通流,据天下之脊"。将这一战略要地割让给契丹,使中原地区无险可恃,而契丹则可以居高临下,俯视华北,从而给中原王朝带来无穷的祸患④。

对赵家来说,燕云十六州的割让,或许还意味着更深一层的伤

---

① 《资治通鉴》卷281天福三年八月条。
② 《旧五代史》卷98《安重荣传》记载:"其(安重荣)表数千言,大抵指斥高祖称臣奉表,馨中国珍异,贡献契丹,凌虐汉人,竟无厌足。"
③ 《资治通鉴》卷280天福元年七月条。
④ 北宋张洎就曾指出:"自飞狐以东,重关复岭,塞垣巨险,皆为契丹所有。燕蓟以南,平壤千里,无名山大川之阻,蕃汉共之。此所以失地利,而困中国也"(《长编》卷30端拱二年正月条)。

害:故乡涿州沦入契丹之手,从此再难踏上回乡之路了①。故乡,那是有着祖宗庐陵的家园啊!故乡的沦丧,对任何家族来说,都是一种精神灾难。

好在赵家此时在洛阳的生活比原先有了起色。虽然父亲赵弘殷仍官居旧职②,但家中却是人丁兴旺,在后晋的这十几年中,儿子赵匡义、赵匡美和一个女儿相继出生,给他带来了不少喜悦。更令人欣慰的是,赵匡胤这时也长成了大人。十八岁那年(后晋开运元年,944),赵匡胤和父亲在禁军中的老战友贺景思的长女贺小姐结了婚。贺氏性格温柔,孝顺公婆,体贴丈夫,夫妻二人感情深厚。③

然而,身逢乱世,温馨平静的家庭,也不过是风雨飘摇中一只小舟而已。此时的中原大地,兵连祸结,一桩对青年赵匡胤心灵造成极大震撼的祸事发生了。

石敬瑭在位七年,死后他的侄子继位为少帝。少帝对契丹只称孙而不肯称臣。于是,契丹与后晋这一对"爷孙"之间开始了连绵三年的残酷战争,因为战争是在开运元年至开运三年(944—946),故史称"开运之祸"。

"开运之祸"的酷烈,为五代之最,"千里之间,暴骨如莽,村落殆尽"④。契丹攻陷相州后,"悉杀城中男子,驱其妇女而北,胡人掷婴孩于空中,举刃接之以为乐。留高唐英守相州。唐英阅城中,

---

① 赵匡胤虽然生在洛阳,但他同样视原籍幽、蓟之人为同乡,如《东斋记事》卷1说:"太祖一日御后殿虑囚,内有一囚告:'念臣是官家邻人。'太祖以为燕、蓟邻人,遣问之……"
② 《东都事略》卷1《太祖本纪一》记载:赵弘殷在后唐庄宗朝任飞捷指挥使后,"自同光至开运,逾二十年不迁"。《太平宝训政事纪年》卷1记载:赵弘殷的官职是护圣指挥使,但这只是军号的变动,与《东都事略》并不矛盾。后唐明宗时对混乱的军号进行了整顿,其中马军被改为捧圣(奉圣);后唐末帝时,马军又改为彰圣,而后晋时则改为护圣。赵弘殷作为骑将,头衔因而随之改为护圣指挥使,但职位没有任何实际的提升。
③ 贺氏于后周显德五年(958),即赵匡胤当皇帝的前两年去世。赵匡胤登基后,于建隆三年(962)正式追封贺氏为皇后,并在诏书中称赞她"流芳闺壶,逮事舅姑"。
④ 《资治通鉴》卷284开运二年五月条。

遗民男女得七百余人。其后节度使王继弘敛城中髑髅瘗之,凡得十余万"①。

后晋开运三年(946)十二月,杜重威、李守贞等后晋将领,在皇袍的诱惑下,率禁军主力十余万人在栾城投降契丹,躲在开封城里的晋少帝转眼间成为光杆司令,灭亡的命运不可避免地降临了。紧接着,是降将张彦泽的狐假虎威,他打着一面不伦不类的"赤心为主"的旗子,率二千骑兵抢先进入开封,囚禁了晋少帝,然后大肆抢劫:"彦泽纵兵大掠,贫民乘之,亦争入富室,杀人取其货,二日方止,都城为之一空"②。次年正月,耶律德光率契丹军队攻占开封,把后晋皇室、宫女、宦官、财宝以及方技、百工、图籍、历象、太常乐谱等悉数运往北方。三月,耶律德光穿着汉族皇帝的服装,接受百官的朝贺,堂而皇之地当上了中原皇帝,"晋之藩镇争上表称臣,被召者无不奔驰而至"③。

但是,被胜利冲昏头脑的他没有处理好错综复杂的民族关系,各地军民蜂起反抗,时任河东节度使的刘知远乘机在太原称帝起兵。耶律德光不得不于当年三月仓皇北归,于途中病故在栾城杀胡林。

赵匡胤是"开运之祸"的亲历者。幸运的是,由于父亲赵弘殷是禁军护圣营中的中级军官,又跟随杜重威等归顺契丹,因而在张彦泽洗劫开封和契丹统治期间,赵家都没有受到太大的冲击。但是,契丹铁骑的凶残,骄兵悍将的趁火打劫,成千上万的汉民惨遭掳掠,妻离子散,都深深地刺激了年轻的赵匡胤。三十年后的开宝八年(975),当宋、辽正式建立外交关系,互通使节时,已年近半百的赵匡胤追忆往事,感慨地说道:

> 自五代以来,北敌强盛,盖由中原衰弱,遂至晋帝蒙尘,亦

---

① 《资治通鉴》卷286天福十二年四月条。
② 《资治通鉴》卷285开运三年十二月条。
③ 《资治通鉴》卷286天福十二年正月条。

否之极也。今景慕而至,乃时运使然,非凉德所能致。①

对被掳去的同胞,赵匡胤也始终牵挂在心:"帝痛恨开运之祸,华人百万,皆没于契丹。自即位,专务节俭,乘舆服用,一皆简素,别作私藏,以贮供御羡余之物。谓左右曰:'俟及三百万贯,我当移书契丹,用赎晋朝陷没百姓。'"②可以说,后晋时期的"开运之祸"是青年赵匡胤印象最深刻的事件之一。经过这一灾难性的变故,他变得成熟了。

"开运之祸"结束之后,开封城在一年之中又迎来了它的第三位主人——五代时期第四个王朝的开创者,后汉高祖刘知远。刘知远于称帝后的第二年就死去了,其子刘承祐继承了帝位,真可谓"皇帝轮流做,明年到我家"。赵匡胤是成熟了,但也更为困惑和苦恼了——政局如此混乱,自己的前途又在哪里呢?

第四节 漫游无所遇与千里送京娘

据明代一篇著名话本小说的描述,是一个突发事件把赵匡胤逼出开封,开始了长达三年浪迹天涯的生活。正是在这三年的流浪中,他确立了自己的奋斗目标。这篇叫作《赵太祖千里送京娘》的小说是这样开讲的:

> 当初,未曾发迹变泰的时节,因他父亲赵洪(弘)殷,曾仕汉为岳州防御使,人都称匡胤为赵公子,又称赵大郎。生得面如噀血,目若曙星;力敌万人,气吞四海。专好交结天下豪杰,任侠任气,路见不平,拔刀相助,是个管闲事的祖宗,撞没头祸的太岁。先在汴京城打了御勾栏,闹了御花园,触犯了汉末帝,逃难天涯。③

---

① 《长编》卷16开宝八年三月条。
② 《宋朝事实》卷20"经略幽燕"。
③ (明)冯梦龙:《警世通言》卷21《赵太祖千里送京娘》,华夏出版社2013年版。

这是小说家言,又是明代人的作品,自然不可全作信史看待。但是,明代人的许多小说本来就是直接取材于宋人的话本和记载,多少存留了一些我们今天难以寻觅的宋代史料痕迹,所以不但有相当的参考价值,而且可以"成为研究宋史的重要史料"①。具体到本篇小说,大抵是综合了宋人笔记和宋元时期《赵太祖飞龙记》一类的话本小说敷衍而成的,其中怒打御花园的情节反映出宋太祖性格上的刚烈,这与宋人笔记中"尤嫉恶,不容人过"的记载倒是相符的。另外,史载赵匡胤在流浪之际,曾屡遭冷遇,甚至连父亲的故旧战友也不愿收留他,这背后的隐情与小说中的怒打御花园似乎也有所关联。更重要的是,赵匡胤在后周时期的确有一段外出漫游的经历。只是这段经历在《宋史·太祖本纪》中记载得十分简略:

> 汉初,漫游无所遇。

赵匡胤在"开运之祸"的尾声,即后汉初年离家出走,漫游四方,可能还有更深层的动机:寻求建功立业的机遇。或许,在他看来,走遍天涯海角,总有一天能够找到"风云际会"的立足点②。

离开东京开封府,赵匡胤一路南下。到达河南商丘城时,他走进城内的高辛庙,忐忑不安地为自己吉凶未卜的前程占了一卦。他先是祈祷,此次外出是否可以谋取一个军队中的小校,然后又祈祷做节度使,结果都不应。这使他大为失落,愤懑地自言自语道:难道能做天子不成?说着,将手中占卜用的竹杯筊一掷,眼见着竹杯筊"一俯一仰",竟然得了个上上大吉的"圣筊"③。求得了一个如此"大吉"之象,赵匡胤反倒不觉得唐突和惊慌。毕竟生活在一

---

① 漆侠:《知困集》,河北教育出版社1992年版,第283页。
② 在已有的研究成果中,包括几本著名的宋太祖传记中,基本上都有类似的提法。最早有这一提法者,为张家驹的《赵匡胤传》(江苏人民出版社1959年版)。
③ (宋)叶梦得:《石林燕语》卷1,《全宋笔记》第2编第10册。宋人把此事视为"天命岂不素定乎"的大吉之兆,北宋中期文学家晏殊在担任南京(今商丘)留守时,还曾专门在此题诗"庚庚大横兆,謦咳如有闻",纪念的就是此事。

个"称帝称王者如春雨之蒸菌"的时代,生活在一个"皇帝轮流做,明年到我家"的时代,他已耳闻目睹了太多的改朝换代,他人可为,自己为何就不可为呢? 不管怎么说,在前途迷惘之际得到的这个吉兆,对赵匡胤无疑是一种激励,冥冥之中,一个光明灿烂的前程似乎已经在向自己招手了。

然而现实却并不似掷竹杯筊那样简单。

赵匡胤此行的第一个目标,是汉水流域的复州(今湖北天门附近)。复州防御使王彦超是父亲的老战友,在后晋末年担任护圣左厢都指挥使、领岳州防御使。后汉开国后,王彦超被解除了禁军军职,撵到了偏远的复州担任防御使。王彦超对此耿耿于怀,所以对后汉想必是有些离心离德;再加上复州地处南方,天高皇帝远,倒是一个既可避难,又可发展的理想去处。

然而,当赵匡胤跋山涉水来到复州时,王彦超可能是担心受到牵连,并不想收留这位故人之子,他"慷慨"地拿出几贯钱来①,客客气气地打发赵匡胤上路了。十余年后,已经登上帝位的赵匡胤与群臣宴饮时,曾谈起此事。

> 酒酣,(太祖)顾前凤翔节度使、兼中书令临清王彦超曰:"卿曩在复州,朕往依卿,卿何不纳我?"彦超降阶顿首曰:"当时臣一刺史耳,勺水岂可容神龙乎? 使臣纳陛下,陛下安有今日!"②

王彦超的回答巧妙,引得皇上"大笑而罢",不再追究往日的不快了。实际上王彦超的回答倒也不无道理,因为,赵匡胤如果长期僻处南边,脱离当时以开封为中心的政治舞台,再想有一番大作为殊非易事。况且,当时王彦超只是一个小小的防御使,即使到后周时也只是升至节度使,赵匡胤跟随他,虽然不难谋得一官半职,但要风云际会地跃居最高位,几乎是不可能的。此正是"塞翁失马,焉知非福"?

---

① (宋)庄绰:《鸡肋编》卷上,中华书局1983年版。
② 《长编》卷2建隆二年二月条。

被王彦超"礼送"出复州后,赵匡胤想起自己来时曾经路过随州(今湖北随州市附近),时任刺史是涿州人董宗本,和自己有同乡情谊,于是他转道前往随州。董宗本原是契丹大将,后因政治变故而"举族南奔",投奔后汉皇帝刘知远。但未得到刘知远的信任,只是让他到随州担任刺史。董宗本来到人地生疏的南方,生活很不习惯,时常想念北方的家乡,所以面对同乡赵匡胤的投奔倒是相当热情,让他在衙署中住了下来。董宗本的儿子董遵海,与赵匡胤同岁,也喜欢舞枪弄棒,史书中对他的评价是:"遵海不知书,豁达无崖岸,多方略,能挽强命中,武艺皆绝人"①,其脾气与赵匡胤倒也相投。两人经常在一起切磋武艺,相处得还算融洽。但公子哥出身的董遵海,那时已经有了"随州牙校"的官衔,少年得志加上父亲在当地的权势,养成了盛气凌人的毛病。在穷乡亲赵匡胤面前,他时时摆出阔少架子。有一次,董遵海颐指气使地问赵匡胤:"每见城上紫云如盖,又梦登高台,遇黑蛇约长百尺余,俄化龙飞腾东北去,雷电随之,是何祥也?"②他当然是希望赵匡胤借此吹捧他几句。但赵匡胤却不知如何回答这类问题,令董遵海十分扫兴。又一次,两个青年人因为兵略见解不同而争执得面红耳赤,董遵海毕竟读书少,见识逊赵匡胤一等,因而被驳得无话可说,恼羞成怒的他竟拂袖而去,把赵匡胤一个人怔怔地晾在那儿。

在随州也待不下去了。

连续两次不愉快的经历,并没有使赵匡胤意志消沉,生活的历练反而使这个性格卞急的年轻人变得从容和稳重了。

随州城西北不远,是重镇襄阳(今湖北襄樊附近)。襄阳,为东汉、三国时的荆州首府,夹汉江而建,"西、南皆山,东、北皆水"③,地势险要而且扼南北战略要冲,是自古以来南北交战的必

---

① 《宋史》卷273《董遵海传》。
② 《宋史》卷273《董遵海传》。
③ (明)王士性:《广志绎》卷4,中华书局1984年版。

争之地。三国时,这里曾经是魏、蜀、吴全力争夺的地方,刘备三顾茅庐寻访诸葛亮,关羽水淹七军,都发生在襄阳附近。东晋时,襄阳更是屏障荆州和进取中原的要塞,常驻重兵把守。

离开随州后,赵匡胤来到襄阳。这座壮丽的雄关,想必使他产生了许多感慨。他多么希望自己能够像关羽一样在战场上叱咤风云,建立名垂青史的显赫功业!

晚上,赵匡胤借宿于襄阳的一座寺院中,一位擅长"术数"的老僧接待了他。

"术数",是传统社会中流行的一种预测术。天文、地理,人生命运,乃至一国之运、天下之变等等,都是"术数"预测的内容。这种预测术有时可以表现出惊人的智慧和准确度,却往往以神秘的面目示人,具有"拟似科学"或"准科学"的性质。在中国历史上,精通"术数"者在各阶层中都不乏其人,但以老僧和高道居多。一方面是因为老僧和高道的寿命普遍较长,历经沧桑,阅人知世颇深;另一方面是因为僧、道与尘世保持着一定的距离,因而对尘世中的成败得失、穷达存亡等始终持有一种旁观者的清醒,所以他们对问题的分析和预测更为准确和透彻,时常有指点迷津的作用。

襄阳寺院中这位擅长"术数"的老僧,大概就是这类人物。他指点赵匡胤说:

吾厚赠汝,北往则有遇矣。①

大概这位老僧是向赵匡胤分析了南北不同的局势:南方一则都是一些小国,不会有很大的发展前途;二则南方各国的内部政局稳定,不会给赵匡胤这样的外来者提供太多的机遇。而北方则是一个政局动荡的乱世,乱世出英雄,所以应该北上寻求发展机遇。也可能老僧并没有作任何的分析,只是高深莫测地讲了一句"北往则有遇",至于"北"至何处?会有何等机遇?只能靠赵匡胤自

---

① 《宋史》卷1《太祖本纪一》。

己去领悟和琢磨了。在这段漫游生活中,赵匡胤曾多次得到寺院僧人在物质上的帮助,使他摆脱了困厄。这一次,他在得到指点的同时,也得到了老僧"厚赠"的一笔路费。按照老僧的指点,赵匡胤毅然结束了在湖北一带的漫游,揣上路费踏上了北返的路程。

在北上途中,赵匡胤不断遇见南下逃难的百姓,询问方得知北方后汉三大节度使同时叛乱,进而爆发了后汉、后蜀、契丹同时卷入其中的大混战。

后汉朝廷方面起用枢密使郭威,全权节制出征各军。战争持续了将近两年。赵匡胤是在战争快要结束时抵达前线的。因为当时郭威和他的养子柴荣都在前线,他们父子二人后来又先后做了后周的皇帝,所以赵匡胤到达时,后人就传说:当时阵地上"有三天子气,谓郭祖、柴世宗、太祖也"[1]。

其实,赵匡胤此番可能未与郭威、柴荣正式接触,也没有应募参军,投靠郭威[2]。因为父亲赵弘殷在此次跟随郭威出征的战争中左眼负伤[3],他听到消息后,临时改道探视。见父亲并无大碍,

---

[1] (宋)张舜民:《画墁录》,《全宋笔记》第2编第1册。
[2] 《宋史》卷1《太祖本纪一》云:"会周祖以枢密使征李守贞,应募居(郭威)帐下。"认为赵匡胤此时已经投奔郭威。但《东都事略》卷1《太祖本纪》则曰:"(赵匡胤)尝游复州,干王彦超,不为所礼,去依随州董宗本。郁郁不得志,又舍去。乃从周太祖于邺。"认为赵匡胤是在郭威守邺都时投奔入伍的。二者记载不一。在这一问题上,张家驹在《赵匡胤传》中的考证是正确的:"匡胤投郭威,宋史太祖纪以为在征李守贞时代,但一方面又说匡胤汉初漫游无所遇,而宋人笔记记载匡胤漫游的佚事颇多,其中虽有许多不足置信的地方,却足以说明匡胤漫游确实经过相当一段时期。郭威讨李守贞,在乾祐元年,离汉初只有一年。今从《东都事略》"(江苏人民出版社1959年版,第6页)。另外,还可以补充一条极为关键的史料,《宋大诏令集》卷225收录赵匡胤在建隆元年(960)正月的《赐江南国主书》,其中谈道:"辅翊前朝,惟坚金石之心,用保河山之誓。历事三主,于兹十年。"说明他是在乾祐三年(950)投奔郭威的,这正好与《东都事略》的记载相符合,因为郭威就是在当年五月正式抵达邺都的。
[3] 《宋史》卷1《太祖本纪一》云:"(赵弘殷)汉乾祐中,讨王景于凤翔,会蜀兵来援,战于陈仓。始合,矢集左目,气弥盛,奋击,大败之,以功迁护圣都指挥使。"《东都事略》卷1《太祖本纪一》记其事,止言"面中流矢"。

就又继续北上了。

"北往则有遇",襄阳老僧的指点迷津,使赵匡胤一路向北,直至后汉国土的最北端——河东,即今天的山西省[1]。

山西自古就有"尧都平阳"、"舜都蒲坂"、"禹都安邑"的传说,是一片神奇和神圣的土地。尤其是山西的太原,更是一座军事、政治重镇,素有"龙城"之称。北齐的高欢、唐代的李渊都是从太原起兵而夺取天下,成为"真龙"天子的。唐、五代时期,太原加号为"北京",成为京城之一。五代时期,北方五个政权中竟有三个由太原起家而称帝中原的(后唐、后晋、后汉),所以当时有一种说法:太原城北边的系舟山为"龙角",西南方一线排开的天龙山和龙山为"龙尾",太原正当蟠龙之中,故常有"真龙天子"出现[2]。正是因为这个传说,使得后来宋太宗在攻下太原后,决定切断"龙脉",防止再有"真龙天子"出现,于是将太原城从原来的所在地晋阳,移至今天的太原,然后放火焚毁了原太原城,次年又引汾水、晋水冲垮太原旧城废墟,彻底摧毁了太原古城。

诚然,此时的赵匡胤并不知晓上述太原的这段历史,但李存勖、石敬瑭、刘知远三人连续从太原起兵,建立起后唐、后晋、后汉政权,却正是他耳闻目睹的;有关"龙城"出"真龙天子"的传说,他也应知悉。对他来说,当时已有"北京"之称的太原[3],正是一个充满发展机遇的地方,偏偏这个地方又是位居国土的最北端。"北往则有遇"——年轻的赵匡胤在太原停下了漫游的脚步,开始了

---

[1] 山西省在秦汉时曾设河东郡。唐五代时期,河东一名最盛。《日知录》卷31称:"河东、山西,一地也。唐之京师在关中,而其东则河,故谓之河东;元之京师在蓟门,而其西则山,故谓之山西"[(清)顾炎武著,栾保群、吕宗力校点:《日知录集释》,上海古籍出版社2006年版]。

[2] (金)元好问:《过晋阳故城书事》,参见郝树侯:《太原史话》,山西人民出版社1961年版,第25页。

[3] 后汉时,太原为北京,开封为东京,洛阳为西京。

一段至今尚未被史家所关注的军队生涯①。

他在山西的这段军队生活,记载在北宋著名学者陈师道的《后山谈丛》中:

> 太祖(赵匡胤)为太原镇将,舍县人李媪家,媪事之谨。他日访其家,媪则死矣,得其子,以为御厨使。久之不迁,求去。太祖曰:"以尔才地,御厨使其可得邪?爵禄以待贤能,而私故人,使我愧见士大夫,而尔意犹不满邪?"②

"镇将"其实就是节度使派往各县的特使,"节度使补署亲随为镇将,与县令抗礼,凡公事专达于州"③。镇将只对节度使负责(而不是像县令那样对朝廷负责),是节度使割据专权的基层力量。当时在太原任职的节度使是后汉宗室刘崇,他以河东节度使兼北京留守的身份控制着太原周围十一州,是当时北方势力最大的地方藩镇。刘崇与郭威素来不睦,积怨甚深。郭威在后汉中央掌握实权后,刘崇忧惧交加,不能自安,于是,从乾祐元年(948)开始,在太原"选募勇士,招纳亡命,缮甲兵,实府库,罢上供财赋,皆以备契丹为名。朝廷诏令,多不禀承"④,赵匡胤此时仍在流浪途中,正好被"招纳亡命"的刘崇收留为镇将,倒也是恰逢其时。

十分巧合,前面提到过的那篇著名的《赵太祖千里送京娘》的故事,也正是发生在山西太原。这也可与上述记载稍作互证。

按故事里的说法,赵匡胤在开封闯祸后,一路风尘,行侠仗义来到山西太原。他的叔叔赵景清在太原的清油观当道士,于是赵匡胤就在那里住了下来。一天,他偶然发现观中一座紧闭的殿房

---

① 赵匡胤在山西的漫游生活,《宋史》和《东都事略》的《太祖本纪》均未载;近人丁传靖的《宋人轶事汇编》中汇集野史笔记中有关赵匡胤漫游的资料多达十余条,涉及地区近二十处,但也未汇集到与山西有关的这两条重要史料。今人的研究成果,包括几部重要的宋太祖传记,也都没有注意到赵匡胤在山西的活动。
② (宋)陈师道:《后山谈丛》卷5,中华书局2007年版。
③ 《长编》卷3建隆三年十二月条。
④ 《资治通鉴》卷288乾祐元年八月条。

里关着一位美丽的姑娘,经打听得知这位叫京娘的少女是蒲州(今山西蒲县)人,被强盗掳至此处。年轻的赵匡胤顿生"英雄救美"之心,杀退前来追袭的强盗,将京娘安然送回蒲州家乡。京娘的父母感激之余,要将女儿嫁给他。但赵匡胤怎能挟恩苟且呢?他的严词拒绝使姑娘的父母十分尴尬:一对青年男女伴行千里,怎会没有亲密的关系?如若最终不成夫妇,女儿的清白和贞节怎么办?父母的怀疑和盘问使京娘倍感悲愤和绝望,引发了一个令人悲恸的结局:京娘悬梁自缢,以死为自己和赵公子正名。赵匡胤称帝以后,感念此事,追封她为贞义夫人,还在当地立祠纪念。

这篇故事的主旨是为褒扬宋代开国皇帝的不贪女色,以反衬汉唐诸帝在男女问题上的混乱——"脏唐臭汉",至于其故事情节的真伪,就不可考究了。但故事所描写的关于赵匡胤的山西太原之行,倒是可与《后山谈丛》中有关赵匡胤做过太原镇将的记载稍为互证,这是迄今为止尚未为研究者所注意过的一个细节。

甚至,故事中提到的京娘的家乡——山西蒲州,也有一条尚未为人所注意到的史料:

> 内中酒,盖用蒲中酒法也,太祖微时喜饮之。即位后,令蒲中进其方,至今用而不改。①

这也就是说,年轻的赵匡胤很可能到过蒲州,喝过那里的酒,所以才会念念不忘。

青年时代的这段漫游生活,是赵匡胤一生中非常重要的一段经历。漫游的艰辛,人情世故的历练,风土山川的了解,眼界胸襟的开阔等等,大多与他这段经历有一些关系。他后来的南征北战,也在一定程度上受益于漫游中对山川地貌的熟知。但这毕

---

① (宋)朱弁:《曲洧旧闻》卷1。

竟是他发迹之前的经历,所以当宋人记载"太祖皇帝践祚前之行迹"时,歧义、矛盾乃至时空的错置等,也就不足为奇了。综合各种记载,现在基本可以肯定的是,湖北汉水一带的复州、随州、襄阳等地,是他的第一个漫游区;由襄阳北上后,他途经河中到达山西太原、蒲县一带,即"千里送京娘"一线,可能是他的第二个漫游区。

但赵匡胤并没有在山西待下去。原因可能与他在太原军队中未受重用有关;也可能是经过实地考察,对方政治前景的黯淡使他心生去意:虽然"北往则有遇",但这"北",倒也并不一定是指"北京"(太原)吧?

离开山西,赵匡胤踏上了他的第三个漫游区——三秦(关中)大地。在这一地区,他的足迹更是辽远。至西北,他曾涉足原州(今甘肃镇原)、潘原(今甘肃平凉)一带,并在这些地方留下了一些真假参半的传闻:

> 太祖微时,往凤翔谒节度使王彦才,得钱数千。遂过原州,卧于田间,而树阴覆之不移,至今尤存,谓之"龙潜木"。至潘原,与市人博,大胜。邑人欺其客也,殴而夺之。及即位亡几,欲迁废此县。①

在泾州(今陕西泾川附近),他曾经寄宿在长武的一座寺庙中。庙中的老和尚,对这位青年流浪汉的气质十分欣赏:"寺僧严老常周之,往来无倦。阴异其骨气,使工人貌之。绘事本褐衫青巾,后易靴袍。"②

---

① (宋)庄绰:《鸡肋编》卷上,《全宋笔记》第4编第7册。按,王彦才当为王彦超。《邵氏闻见录》卷1记载:"(赵匡胤)自长武至凤翔,节度使王彦超不留。"王彦超任凤翔节度使,据《宋史》卷255《王彦超传》的记载是在后周显德六年(959)。赵匡胤漫游关中时的凤翔节度使是赵晖,见《旧五代史》卷125《赵晖传》。应该说赵匡胤到过凤翔,也投奔过王彦超,只是王彦超当时还不是节度使。以一个人后来的官职指称其年轻时的事迹,是古籍中常有的现象。

② (清)方濬师:《蕉轩随录》卷1,中华书局1997年版。

另外,像长安①、凤翔等著名的州府,华山等名山大川,都留有他漫游的足迹。据传,西安的名吃羊肉泡馍,就是由赵匡胤漫游长安时首创的。这一时期,赵匡胤的生活费用,除了别人资助外,赌博也是来源之一:

> 太祖微时,多游关中,虽甚窘乏,未尝干投。人或周之,必择而后纳。有百钱之余,必有与人,人颇异之。②

看来,他虽然精于赌术,常有胜局,但并无一般赌徒的贪婪。

宋人邵伯温的《邵氏闻见录》曾记载了赵匡胤在三秦漫游的大致路线:"游渭川潘原县,过泾州长武镇……自长武至凤翔……不留,复入洛(洛阳)。"③赵匡胤自己则曾经回忆说:"吾微时自秦中归,道华(山)下。"④看来,他是从凤翔经华山回到洛阳的。

在华山的山道间,他曾醉倒在路边。醉梦中醒来,已是夜幕将退,东方欲晓之时,但见一轮红日冉冉升起,曾在夜幕中骄傲闪烁的流星和月亮,都在朝阳的照耀下黯然失色,天地间所有的黑暗更在刹那间被一扫而空。如此壮观的景象,令赵匡胤激动不已,他不禁脱口吟出了四句诗:

> 欲出未出光辣挞,千山万山如火发。须臾走向天上来,逐却残星赶却月。

后人曾盛赞这首诗"有帝王气度"、"有包举天下之意",这是因人设论。不过,这首诗虽然文字不太工雅,但从意境气魄上看,可谓

---

① (宋)释文莹:《湘山野录》中记载:"祖宗居潜日,与赵韩王(普)游长安市。时陈抟乘一驴遇之,下驴大笑。"其中赵匡胤是否在长安即与赵普会面,是否曾得识陈抟,都需要详细考证,但说明赵匡胤在长安漫游过是没有问题的(《全宋笔记》第1编第6册)。

② (宋)张舜民:《画墁录》。

③ (宋)邵伯温:《邵氏闻见录》卷1。

④ (宋)陈师道:《后山居士诗话》,中华书局1985年版。

上乘,多少反映出赵匡胤青年时期的胸襟和气度。①

大约就在赵匡胤风尘仆仆于华山道上的时候,后汉的政局再度动荡。此时,后汉枢密使郭威经过三年的努力,尤其是平定了三大藩镇的联兵叛乱后,威望大增,其个人的军事势力已达到了无人可以控制的地步。乾祐三年(950),他以朝廷枢密使的头衔进驻河北邺都(今河北大名),任天雄军节度使兼邺都留守,河北全境"兵甲钱谷,但见郭威文书立皆禀应"②,完全具备了控制朝廷、取而代之的势力。

赵匡胤由秦中返回洛阳后,敏锐地捕捉到了其中的信息和机遇。

当时,他借居在洛阳城内的长寿寺中,白天,他躺在寺内大佛殿的柱子下,头枕着柱础,闭目思忖如何前往邺都。据传此时又是一位老僧看出了赵匡胤不同凡俗的异相,慷慨地拿出一笔路费,资助这位青年人上路了。

与其他几位僧人的资助、指点稍有不同的是,此次老僧不但提供了路费,而且特意把自己的一头小毛驴赠予了赵匡胤。按宋代文人邵伯温所记载,赵匡胤就是骑着这头小毛驴,颠颠嗒嗒地投奔

---

① 关于赵匡胤的这首《咏日诗》,文献记载略有差异。北宋末年陈岩肖《庚溪诗话》卷1记载:"上(赵匡胤)微时,客有咏初日诗者,语虽工而意浅陋,上所不喜,其人请上咏之,即应声曰:'太阳初出光赫赫,千山万山如火发。一轮顷刻上天衢,逐退群星与残月。'盖本朝以火德王天下,及上登极,僭窃之国以次削平,混一之志,先形于言,规模宏远矣。"南宋陈郁《藏一话腴》卷1则记载为:"艺祖微时,《日诗》云:'欲出未出光辣挞,千山万山如火发。须臾走向天上来,逐却残星赶却月。'《国史》润饰之,乃云:'未离海峤千山黑,才到天心万国明。'文气卑弱,大不如原作辞意慷慨,规模远大,凛凛乎已有万世帝王气象也。"前一则记载中的《咏日诗》显然更文气一些,不如后一则中的粗犷豪迈。估计"欲出未出光辣挞"一首为赵匡胤最初脱口而出的"创作",而"太阳初出光赫赫"一首乃是与客同咏时做了一些修饰加工。至于"《国史》润饰之"的"未离海峤千山黑,才到天心万国明",则并非赵匡胤的《咏日诗》,而是出自他的另一首《咏月诗》,《藏一话腴》误将其混在一起了。

② 《资治通鉴》卷289乾祐三年四月条。

了郭威和柴荣的①。

这也是一个颇具意味的场景:英雄落难,难免气短,但卖刀当马,倒亦不失本色,何曾见过"路长人困蹇驴嘶"的从军英雄?

可当时的景象偏偏就是如此:一头小毛驴而不是一匹高头骏马,驴上驮着一位"漫游无所遇"的流浪汉,流浪汉佩带的既非"五陵少年三尺剑",又非"黄金错玉八宝刀",而是"十八般兵器"中最为简陋的黑铁棒——这就是赵匡胤,也是那个时代最具典型意义的表征。就是以这些不经意间集合而成的典型表征,赵匡胤开始了由士兵而将军而天子的军中生涯,踏上了那个时代诸多平民"发迹变泰"的梦想之路。

---

① (宋)邵伯温:《邵氏闻见录》卷1。但其中言"帝(指匡胤)曰:'欲见柴太尉(指柴荣)于澶州'"是错误的。当时柴荣随郭威在邺都,其镇守澶州是在后周建立之后。赵匡胤此行是前往邺都投奔郭威的,并非是欲往澶州。

第二章　军旅生涯

第一节　投奔后周二主

投奔郭威,是赵匡胤政治生涯中迈出的有决定意义的一步。

郭威(904—954),邢州尧山人,出身寒微,有记载说他原来姓常,幼年时随母亲改嫁到尧山郭氏,于是改从郭姓①。少年时,母亲又去世,成为孤儿的郭威,虽有姨母的抚养,但仍成为一个野性十足,"椎埋无赖,靡所不至"的恶少年,人送绰号"郭雀儿"②。《旧五代史·周太祖本纪》说,郭威少时"趣向奇崛,爱兵好勇,不事田产"、"负气用刚,好斗多力"。他的家乡邢州,与赵匡胤的家乡涿州同属河朔地区,本是一个"击毬饮酒,马射走兔,语言习尚,无非攻守战斗之事"③的区域,当然,也是自古多慷慨悲歌之士的地方。

同赵家的经历几乎完全一样,郭威也是由河北而山西最后定居在洛阳的:十八岁那年,为了逃避职役,他在山西应募为兵。三年后,他同赵弘殷一样参加了李存勖攻灭后梁的战役,后唐建立后,他留在洛阳禁军中当兵。甚至同赵弘殷的"避雪杜家庄"相似,他也是在窘困时被一个家私巨万的富家女子相中,成就了一段

---

① (宋)薛居正等:《旧五代史》卷110《周太祖本纪一》,中华书局1976年版。
② (宋)张舜民:《画墁录》。
③ (唐)杜牧:《唐故范阳卢秀才墓志》,《樊川集》卷9,文渊阁四库全书本;又见《全唐文》卷755。

奇缘。只是这女子的来头更大些,曾在后唐庄宗宫中做过嫔妃①。

郭威本粗通文墨,入洛后,对读书产生兴趣,"喜笔札"、"多阅簿书",又拜李琼为师,专攻《阃外春秋》②,"常袖以自随,遇暇辄读"③。《阃外春秋》是一部讲求"以正守国,以奇用兵"的兵书,郭威从中学到了不少东西,眼界大为开阔,平日谈论起军政大事头头是道,周围的人都很佩服他。所以,郭威在军中,也称得上是一个文武兼备的难得人才,先后受到后唐两任河东节度使石敬瑭、刘知远的重用,十几年下来,成为刘知远最为亲信的将佐。刘知远建汉称帝后,郭威出任枢密使,主持军政。

后汉王朝仅存四年,是中国历代"正统"王朝中最短命的政权。赵匡胤投奔郭威时,刘知远已死,刘知远的四个顾命大臣郭威、杨邠、史弘肇和苏逢吉分为文武两派,互相倾轧,甚至在朝宴上拔刀相向,内部矛盾达到了白热化的程度。后汉乾祐三年(950),汉隐帝在苏逢吉的策划下,任命郭威为邺都(河北大名府)留守,令其前往河北,节度各个藩镇,以抗击辽兵的入侵。然而河北诸藩镇跋扈已久,从不把朝廷放在眼里,郭威又如何可以"节度"得了?苏逢吉不过是欲借此举免去郭威的枢密使职务而已。最后,在史弘肇的坚持下,郭威枢密使的职务虽得以保留,但还是被排挤到了邺都。当时许多在朝人士都预感到后汉王朝内部必将发生一场大乱,究竟鹿死谁手殊难预料,因此干脆辞官隐居,待形势明朗之后

---

① 《宋史》卷255《张永德传》记载:"初,魏人柴翁以经义教里中,有女,后唐庄宗时备掖庭,明宗入洛,遣出宫。柴翁夫妻往迎之,至鸿沟,遇雨甚,逾旬不能前。女悉取装具,计直千万,分其半以与父母。令归魏,曰:'儿见沟旁邮舍队长,项黶黑为雀形者,极贵人也,愿事之。'问之,乃周祖(指郭威)也。父母大愧,然终不能夺。他日,语周祖曰:'君贵不可言,妾有缗钱五百万资君,时不可失。'周祖因其资,得为军司。"北宋僧人释文莹的《玉壶清话》卷6、苏辙的《龙川别志》卷上,对此事也有绘声绘色的记载。

② 《阃外春秋》,中国传统兵书之一,唐代道家学者李筌著。《宋史·艺文志》载为10卷,今存有敦煌文书残卷本。李筌,号达观子,陇西(今甘肃境内)人。

③ 《宋史》卷261《李琼传》。

再做打算。

而赵匡胤就是在这个时候来到邺都,投奔当时看来正处于劣势中的郭威。

其实,郭威虽然被排挤出了朝廷,失去了在朝的势力,但他也借此跳出了权臣斗争的旋涡,这反而给了他一个左右逢源、便于营身的机缘:朝廷方面,可以利用与自己交情甚厚的侍卫亲军都指挥使史弘肇等人打头阵,让他们为自己争夺权益;河北方面,各藩镇纵然跋扈,但无非是"喧噪邀利"而已,他们贪得无厌,对朝廷早就心怀不满,只要以更大的利益相诱,不愁无可乘之势。一旦朝廷内部政治斗争爆发,他便可随时起兵,夺取帝位。①

所以,赵匡胤此时投奔郭威,不失为明智之举。三年前,离家出走的赵匡胤虽然抱有一腔壮志,但却四顾茫然,拿捏不准哪里才是自己风云际会的立足点,所投奔的也大多是一些庸凡之辈。经过两三年的磨炼,他已由一个不识高卑的鲁莽青年变得成熟起来。当然,他投奔郭威,也可能像《宋史·太祖本纪》所说,是得益于襄阳老僧"北往则有遇"的指点,即便是这样,也不能低估赵匡胤本人的判断力。

当时的邺都,堪称是群雄毕集。后来和赵匡胤一起开创北宋帝业的石守信、王审琦、韩重赟等人,都已经先他而投奔于郭威帐下,像王审琦此时已经是郭威卫队的左班副将了。赵匡胤投军的时间虽然有晚,但升迁却很快,入伍后即当上了军中小校,半年后升为下级军官,和王、石等人一起成为年轻的禁军将领。个中原因,一是因为赵匡胤的父亲赵弘殷时任护圣军都指挥使,已经是禁军的中级将领了。二是赵弘殷的好友赵晁,当时正是郭威幕府中

---

① 赵匡胤的弟弟宋太宗后来曾点明此中奥秘,称郭威为"奸雄",他说:"周太祖为人多任权诈……将赴大名,乃谓肇(史弘肇)曰:'兄处于内,余处于外,则朝廷安如泰山矣。'朝廷密议,肇一一录报,以此窥伺汉室,可谓奸雄。"《长编》卷34淳化四年十二月条。

的头面人物之一,想必会对赵匡胤多有提携①。但最关键的还是赵匡胤的个人因素,年方二十四岁的他不但武艺出众,而且经过了三年多寄人篱下的流浪生活后,已经完全成熟,表现出超越同龄人的见识和心志,更容易在军中脱颖而出。

赵匡胤投奔郭威后不久,就发生了汉隐帝殿门伏兵,捕杀权臣史弘肇、杨邠、王章等人的事件,凡与这三人稍有关联的人也尽遭株连,郭威在京的亲属全部被害。消息传到邺都,郭威遂即起兵,河北藩镇纷纷响应,很快就攻陷了汴京,汉隐帝、苏逢吉等被乱兵杀死。郭威纵兵大掠,"杀人争物者不可胜数"②。

当夜,士兵的疯狂劫掠达到了高潮,京城烟火四起,火光冲天,一颗极大极长的彗星掠过天际,"芒气四出"。识认天文的人一看就知道,这是彗星中最凶险的彗孛(孛星),"主大乱,主大兵,灾甚于彗"③。在劫难逃的开封城堕入地狱般的煎熬之中。次日清晨,原本繁华的都城,几乎成为废墟。

赵家兄弟都是这场战祸的亲历者。当时赵匡胤就在郭威军中,弟弟赵匡义还是一个十来岁的少年,同母亲一起住在开封。多

---

① 《长编》卷1建隆元年七月条载:"河阳节度使真定赵晁以疾归京师,是月卒。上甚悼焉,初赠太子太师,再赠侍中。晁历方镇,好聚敛,无他勋劳,但以周初与宣祖同掌禁军,有宗盟之分,故蒙优礼,再加赠典,非常例也。"之所以破格优礼这样一位无才无能的老军人,最可能的原因是赵匡胤投奔郭威之初,得到了赵晁的提携。另按照《宋史》卷254《赵晁传》的记载,赵晁"逮事霸府(郭威),复有军功"。可见,赵晁在郭威幕府中有相当地位,提携赵匡胤是有可能的。

② 《旧五代史》卷113《周太祖本纪四》注引《五代史补》云:"高祖(郭威)之入京师也,三军纷扰,杀人争物者不可胜数。时有赵童子者,知书善射,至防御使,睹其纷扰,窃愤之,乃大呼于众中曰:'枢密太尉,志在除君侧以安国,所谓兵以义举;鼠辈敢而尔,乃贼也,岂太尉意耶!'于是持弓矢,于所居巷口据床坐,凡军人之来侵犯者,皆杀之,由是居人赖以保全仅数千家。其间亦有致金帛于门下,用为报答,已堆集如丘陵焉。童子见而笑曰:'吾岂求利者耶!'于是尽归其主。高祖闻而异之,阴谓世宗曰:'吾闻人间谶云,赵氏合当为天子,观此人才略度量近之矣,不早除去,吾与汝其可保乎!'使人诬告,收付御史府,劾而诛之。"

③ 《宋史》卷52《天文志五》。

年后，当赵匡胤、赵匡义相继成为皇帝后，对这种惨烈的景象仍然是记忆犹新：

> 周祖自邺南归，京城士庶，皆罹掠夺，下则火光，上则彗孛，观者恐栗，当时谓无复太平日矣①。

郭威任枢密使时，本以体察民情、宽厚仁爱而著称，与一般嗜杀成性、残忍暴虐的军阀大不相同。赵匡胤虽然跟他的时间不长，但每次看见他时，他都是一副恂恂儒雅的和善样子，而且无论是谁找他，他也都是"温颜以接"。现在看到郭威为了换取士兵们的支持，不惜纵兵"夯市"②的残暴行为时，赵匡胤的心中受到极大的震动，他感受到了政治的残酷。当然，郭威权谋机变的政治手腕，更给他留下了很深的印象。

郭威攻克汴京后，曾装模作样地请后汉皇后临朝听政，并迎立汉隐帝之侄刘赟继位。但刘赟还未到达汴京，他就谎称辽兵南犯，将禁军带出京城，北上"迎敌"。就在行军的途中，郭威被士兵们拥立为天子。《旧五代史·周太祖本纪一》是这样记载的：

> 镇、定州驰奏，契丹入寇，河北诸州告急，太后命帝（指郭威）北征。十二月一日，帝发，离京师。四日，至滑州，驻马数日。会湘阴公（指刘赟）遣使慰劳诸将，受宣之际，相顾不拜，皆窃言曰："我辈陷京师，各各负罪，若刘氏复立，则无种矣。"或有以其言告帝者，帝愕然，即时进途。十六日，至澶州。是日旭旦，日边有紫气来，当帝之马首。十九日，下令诸军进发。二十日，诸军将士大噪趋驿，如墙而进，帝闭门拒之。军士登墙越屋而入，请帝为天子。乱军山积，登阶匝陛，扶抱拥迫，或有裂黄旗以被帝体，以代赭袍，山呼震地。帝在万众之中，声

---

① 《长编》卷35淳化五年正月条记宋太宗语。另，《长编》卷1记太祖言"近世帝王，初入京城，皆纵兵大掠，擅劫府库"，也是指郭威入京事。

② （宋）司马光：《涑水记闻》卷1："太祖曰：'近世帝王，初举兵入京城，皆纵兵大掠，谓之夯市。汝曹今毋得夯市及犯府库。'"

气沮丧,闷绝数四,左右亲卫,星散窜匿。帝即登城楼,稍得安息,诸军遂拥帝南行。

如果我们将后来赵匡胤陈桥兵变、黄袍加身的过程与郭威的这一次"拥立"比较一下的话,就会发现二者在细节上的诸多一致。由此也可以看出,郭威对赵匡胤的影响是多么直接。

赵匡胤与郭威不仅家庭背景相似,而且个人经历也极为相似(郭威从军前后也有过一段流浪生活),在他们身上,都可以看出河朔文化和汴洛文化相交融的特质,所以赵匡胤很容易对郭威产生一种认同感,甚至会不自觉地将郭威作为自己学习模仿的对象。在以后有关赵匡胤活动的章节中我们就会发现,不仅仅是陈桥兵变,赵匡胤的许多活动都与后周太祖郭威当年的措置相似。

在郭威废汉建周的过程中,赵匡胤的具体表现缺乏明确的记载,但从郭威即位后他被提拔为禁军的"东西班行首"这一点来看,当时的赵匡胤一定是有一些不同凡响之处。东西班行首这个职务从级别上看并不高,属于禁军中的低级将领,但它所统辖的"东西班"却隶属于专门充当皇帝宿卫的"班直"中的一支,肩负保护皇帝安全的特殊使命,地位十分重要。赵匡胤称帝后曾说:诸班卫士都是经过他亲自考察培训的,"无不一当百,所以备肘腋,同休戚也"①,十分准确地道出了"班直"的重要。

后周是五代时期局面相对安定的一个王朝。周太祖郭威和后来继位的周世宗柴荣,即"后周二主",在历史上都有英主的美誉。郭威称帝后以俭朴治国,他将后汉宫中所藏数十件珍宝玉器碎之于庭,还告诫左右,"自今珍华悦目之物,无得入宫"。他吸取了唐末五代以来武将专权的教训,留心搜罗人才,重用进士出身的文臣范质、王溥等参与机务,用李穀管理财政;同时发展生产、惩治贪官污吏、废除苛捐杂税,特别是废除了自后梁以来一直存留的牛租

---

① 《长编》卷10开宝二年闰五月条。

等,从而使社会生产得到恢复和发展①。清初思想家王夫之曾有这样的评价:

> 自唐宣宗以后……逆臣盗贼,纷纭割据,天子救死不遑,大臣立身不固,天下之无法,至于郭氏称周,几百年矣。唐之善政,无一存者,其下流之蠹政,则相沿而日以增……及郭氏之有国也,始有制法之令焉。②

王夫之把郭威建周,看成是天下由乱而治的转机。赵匡胤就是这一转机的亲历者,作为后周太祖的卫士,他有较多的机会观察和思考后周治理天下的种种举措。

后周广顺三年(953)初,郭威的养子柴荣被封为晋王,由澶州节度使调任开封府尹。

柴荣,邢州(今河北邢台)人,本为郭威夫人的侄子,自幼生活在郭威家中。郭威外出闯荡时,曾将家业托付于柴荣。柴荣对经商有兴趣,曾外出经商游历,足迹远至江陵,这与赵匡胤"漫游天下"颇为相似。郭威任后汉枢密使后,柴荣也随之成为其亲信将佐,"主亲兵,参谋议",是郭威的得力助手。郭威起兵灭汉时柴荣留守邺都,替郭威据守大本营。后周建国后,柴荣得授澶州节度使:"为政清肃,盗不犯境","吏民赖之",表现出不凡的政治才能。

郭威这次将柴荣调为开封府尹,按五代惯例,实际上是明确了他的储君地位。郭威本有两个亲生儿子,但都在称帝前遇害了。不过,他称帝时才四十多岁,为早得麟儿,以奉宗祀,又娶了正当生育年龄的寡妇杨氏为皇妃,本可不必早早将柴荣立为储君,但当时政局复杂,王峻、王殷等嚣张跋扈,"不逊之语,随事辄发"③。为不

---

① 郭威治理后周的政绩,可参见陶懋炳:《五代史略》,人民出版社1985年版,第313—329页。
② (清)王夫之:《读通鉴论》卷30"五代下",中华书局1975年版。
③ 《资治通鉴》卷291广顺三年二月条记载郭威曾向冯道说过:"王峻陵朕太甚,欲尽逐大臣,翦朕羽翼。朕惟一子(指柴荣),务令间阻,暂令诣阙,已怀怨望。"

使自己刚刚建立的后周政权为外族旁人所颠覆,郭威几经踌躇,最后决定先将年富力强,又有丰富政治经验的柴荣立为储君。

赵匡胤当时虽然官职卑小,但东西班行首的职位却给了他接触上层的机会。他耳闻目睹了当时像枢密使王峻那样的权臣是怎样的专横跋扈,也知道周太祖曾哭着说"(王峻)陵朕太甚,无礼太过"、"如此无君,谁能甘忍?"[①]因此他对周太祖选立柴荣为储君的举动十分理解。十年后,赵匡胤也如法炮制,称帝后第二年就把弟弟立为储君。

柴荣被立为储君后不久,郭威病重。此时,另一权臣王殷乘机要求入宫,王殷的职务是侍卫亲军都指挥使、邺都留守、天雄军节度使,"出入部从,不下数百人,又以仪形魁伟,观者无不耸然",他甚至公然要求"量给甲仗,以备非常"[②]。周太祖带病调动诸班卫士,将王殷逮捕赐死,避免了一场动乱。赵匡胤身为东西班行首,即便没有参与逮捕行动,但对这次事件的来龙去脉也必然知之甚详,因而对周太祖早立储君的重要性有了进一步的认识。

广顺三年(953)三月,赵匡胤被提升为兴顺副指挥使。兴顺,是驻滑州的一支地方部队,但他并没有前往滑州赴任。原来,柴荣新近入京,幕府急需人手,而赵匡胤曾与柴荣同在周太祖帐下共事,可能柴荣对其印象不错,所以柴荣进京不久,就求得周太祖同意,将赵匡胤转调到自己手下,做了开封府的骑兵指挥官(开封府马直军使)[③]。次年,周太祖死,柴荣即位,是为周世宗,赵匡胤也随之成为后周禁军中的一名中级将领。

[①] 《旧五代史》卷130《王峻传》。
[②] 《旧五代史》卷124《王殷传》。
[③] 《东都事略》卷1《太祖本纪一》的记载是:"会世宗自澶州入为开封尹,以太祖为马直军使。"赵匡胤正是于此时进入柴荣幕府。《宋史》卷1《太祖本纪一》也说:"世宗尹京,转开封府马直军使。"但《涑水记闻》卷1则有另外的说法:"太祖始事周世宗于澶州,曹彬为世宗亲吏,掌茶酒,太祖尝从之求酒。"今从《东都事略》。

柴荣喜欢任用幕府旧人,像最得其信任的宰相、枢密使王朴,"先事上于潜藩,其君臣相得亦有素矣"①;翰林学士王著,"世宗以幕府旧僚,眷待尤厚,常召见与语,命皇子出拜,每呼学士而不名"②。赵匡胤后来在军中的升迁速度之快是空前的,这其中除了他本人才能卓越之外,周世宗视其为相对可靠的"藩府旧僚"而有意识地加以培养,也是不能忽视的因素。

　　柴荣在澶州节度使任上就十分重视网罗人才,成为储君后,更是广纳才智之士于幕府,形成了一个人数更多、能量更大的政治集团。除赵匡胤外,曾居于柴荣帐下的文臣武将,仅据《旧五代史》和《宋史》统计,就有二十余人③。

　　这些人都是赵匡胤观察和学习的榜样,其中有几位成了私交很深的朋友,如昝居润"与太祖同事世宗,情好款洽"④,李崇矩"与太祖同府厚善,每太祖诞辰,必遣继昌(李崇矩之子)奉币为寿"⑤,

---

① 《资治通鉴》卷292显德二年五月条胡三省注。
② 《宋史》卷269《王著传》。
③ 这二十余人分别为:王朴,"世宗镇澶渊,朝廷以朴为记室,及世宗为开封尹,拜右拾遗,充开封府推官";高防,"世宗尹京,判官崔颂忤旨,简求僚佐,宰相首以防荐";王著,"世宗镇澶州,辟观察支使";杨廷璋,"世宗自澶渊还京,言廷璋(时任澶州巡检使)有干材";张美,"为澶州粮料使,周世宗在澶渊,每有求取,美必曲为供给";曹翰,"世宗镇澶渊,署为牙校,入尹开封,留翰在镇";袁彦,"世宗在澶渊,迁为亲事都校,世宗尹京,改开封府步直指挥使";尹崇珂,"初事周世宗于藩邸,以谨厚称,及即位,补东西班都知";崔彦进,"世宗镇澶渊,令领禁兵以从";刘廷翰,"周世宗镇澶渊,廷翰以膂力隶帐下";昝居润,"时世宗尹京,诏以补府中要职";魏丕,"周世宗镇澶渊,辟司法参军";王晋卿,"周世宗在澶渊,晋卿以武艺求见,得隶帐下,及即位,补东头供奉官";李汉超,"会周世宗镇澶渊,汉超遂委质焉,即位,补殿前都指挥使";贺惟忠,"洎开国,得隶世宗帐下,奏补供奉官";王赞,"周世宗镇澶渊,每旬决囚,赞引律令辨析中理,问之,知其尝事学问,即署右职";梁迥,"周世宗在藩邸日,得给事左右,及嗣位,补殿直";谭延美,"周世宗镇澶渊,募置帐下,即位,补殿前散都头";马全义,"世宗镇澶渊,全义往事之";李崇矩,"以崇矩隶世宗帐下,显德初补供奉官";曹彬,"隶世宗帐下,从镇澶渊,补供奉官";潘美,"会周世宗为开封府尹,美以中涓事世宗"。分见《旧五代史》《宋史》各人本传。
④ 《宋史》卷262《昝居润传》。
⑤ 《宋史》卷257《李崇矩传》。

潘美"太祖遇美素厚"①,等等。他们都与赵匡胤过从甚密,在北宋皆位至将相。赵匡胤后来回忆说,在周世宗的幕僚中,除曹彬以外,几乎都与他有些私人情谊②。

投奔郭威后的五年当中,赵匡胤虽然得到了后周二主的赏识,从士兵晋升至禁军中级将领,但基本上还是一个默默无闻的人。可以说,这是赵匡胤一生中最为平淡的岁月,甚至在历史记载中,除了他所担任的几个简略官职外,几乎再也找不到其他方面的行踪。然而就是在这看似平淡的五年中,他却获得了一个政治家所能得到的最好的学习环境。后周二主是整个五代时期最为杰出的君主,围绕在后周二主身边的王朴、王溥、范质、李穀等,或"沉毅有器略",或"刚而敏锐"、"独当世之务"。赵匡胤在这些杰出人物身旁度过了五年。这五年,对别人来说或许并不重要,但对于二十三岁到二十七岁之间的赵匡胤来说,却是人生中一个至为重要的时期,是包括兴趣、能力、气质、性格等因素在内的系统个性逐渐成熟的时期。这一时期对人影响最大的已经不是家庭和长辈,而是同事、上级,以及当时、当地的英雄人物等等。赵匡胤也正是在他的同事、上级的影响下,迅速成长起来。

第二节 高平之战

"五季至周之世宗,天下将定之时也。"③

后周显德元年(954)正月,五十一岁的郭威病逝,三十四岁的柴荣即位。确实,这不是一次普通意义的君权更迭,而是五代历史

---

① 《宋史》卷258《潘美传》。
② 《涑水记闻》卷1记载,在澶州时,"曹彬为世宗亲吏,掌茶酒,太祖(赵匡胤)尝从之求酒,彬曰:'此官酒,不敢相与。'自沽酒以饮太祖。及即位,常语及世宗旧吏,曰:'不欺其主者,独曹彬耳。'由是委以腹心"。
③ 《宋史》卷249"赞曰"。

由乱趋治的转折点。一方面,在久乱思治的社会大背景下,经过郭威三年的励精图治,后周政局逐渐清明,国力大增,初步具备了开疆拓土的客观条件。另一方面,以周世宗柴荣为主要代表的,出身于五代中叶的新生代力量从此开始大批跃居政坛高位。他们作为一股有别于刘知远、郭威、冯道等老一代军阀显宦的新鲜政治血液,更富有建功立业、平治天下的激情,随着他们踏上政治舞台,因循沉闷的五代政局开始有了明显的起色。

中枢文臣方面的人事变动十分明显,也比较顺利,诸如冯道、苏禹珪、窦贞固等年迈老臣在周太祖末期已逐渐淡出权力中心,取而代之的范质、李穀、魏仁浦、王朴、王溥等人,皆为年富力强的才智之士。其中王溥是状元出身,周太祖临终前将其提拔为宰相,时年三十二岁,为数百年间最年轻的宰相。[1]

高层兵权的调整则要困难一些。尽管郭威在临终前清除了有可能威胁柴荣皇位的枢密使王峻、侍卫亲军都指挥使王殷,把原侍卫马军都指挥使郭崇、侍卫步军都指挥使曹英等拥戴自己上台的功臣宿将外调为节度使,但军权的转移毕竟是大事,特别是在骄兵悍将的五代,稍有不慎便易激成兵变。所以周世宗执政初期,对高层兵权的调整相当谨慎,他要等待机会———一个除旧布新的机会。

"高平之战"给了周世宗机会,赵匡胤也凭借这次机会跻身于禁军统帅的行列。

高平之战发生在后周显德元年(954)二月。当时北汉皇帝刘崇闻知周太祖郭威去世,以为有机可乘,遂请求辽军为后援,自己则亲率北汉主力向后周发起进攻,并在潞州击败后周地方部队的阻击,一时声势大振。

---

[1] (宋)王偁:《东都事略》卷18《王溥传》载:"(后周)太祖(郭威)将大渐,促召学士草制,以(王)溥为中书侍郎、同中书门下平章事。已宣制,太祖曰:'吾无恨矣!'"王溥在宋初继续担任了四年宰相,"罢相时父母皆在,人以为荣",宋人论曰:"国朝宰相,最少年者惟王溥。"

北汉,是郭威兵变造成的遗留问题。当年赵匡胤投奔太原时,素与郭威不和的后汉皇族刘崇(后汉太祖刘知远之弟)就在积极扩军备战。郭威灭汉建周后,刘崇即以报仇复国相号召,在太原称帝,仍沿用后汉国号,史称"北汉"。北汉据有以太原为中心的并、汾、忻、代、岚等"十二州之地"①,"地瘠民贫",势力有限,但其视后周为"世仇"②,并在辽朝的支持下,不断向后周用兵,成为后周的一大威胁。

北汉来犯的战报传到开封,周世宗决计亲征。在这次军事行动中,赵匡胤是以周世宗帐下亲兵(牙军)副将的身份,与主将张永德各率马军两千,担负扈驾的重任③。副将的级别虽不太高,但位置却相当重要,这说明,赵匡胤开战前已是一个引人注目的人物了。④

当时,后周朝廷中怯懦惧敌的情绪很严重。在周世宗是否应该亲征的问题上,老臣冯道还与周世宗发生了一场激烈争执。周世宗表示:"昔唐太宗定天下,未尝不自行,朕何敢偷安!""以吾兵力之强,破刘崇如山压卵耳!"冯道却坚持说:"未审陛下能为唐太宗否?""未审陛下能为山否?"⑤虽然赵匡胤还没有资格公开对这

---

① 《旧五代史》卷135《刘崇传》。
② 《长编》卷1建隆元年五月条记载:"北汉主与(后)周,世仇也。"同书卷9开宝元年七月条记赵匡胤致北汉主书信也说:"君家与周氏世仇,宜不屈。"朱熹认为:"郭威乘其主幼而夺之,刘氏遂据有并州。若使柴氏得天下,则刘氏不服。"见《朱子语类》卷127。
③ 《宋史》卷1《太祖本纪一》记载:"世宗即位,复典禁兵。"这显然是夸张的饰词,因为其时后周侍卫司统帅为侍卫马步都虞候李重进,殿前军都指挥使为张永德,赵匡胤的地位尚无法同他们相比。参见《东都事略》卷1《太祖本纪一》"显德元年,世宗命太祖掌卫兵",《资治通鉴》卷291"太祖皇帝时为宿卫将"。
④ 据说,周世宗即位时,南唐派使臣韩熙载前来朝贺,回国后称:"惟见殿前典亲兵赵点检(即太祖也)龙角虎威,凛然有异,举目顾视,电日随转,公卿满廷,为气焰所射,尽夺其色。新帝(指周世宗)虽富威武,其厚重之态负山河之固,但恐不及"(《玉壶清话》卷9)。此语肯定有所渲染,但所反映的赵匡胤于"殿前典亲兵"任上开始崭露头角应该是一个基本事实。
⑤ 《资治通鉴》卷291显德元年二月条。

次军事行动发表意见,但从周世宗与冯道的激烈争论中,他应该感受到了自己这次扈驾的分量。

周世宗率军至高平(今山西晋城东北),与北汉军队展开会战。后周将领中本来就有一股怯懦畏敌以及对周世宗的不满情绪,战斗一打响,右军主将樊爱能、何徽所率领的骑兵即溃败,步军千余人来不及逃跑,竟投降了北汉。周世宗震怒异常,派人严令樊、何回军迎敌,樊、何不但不听,反而杀了来使,并沿路造谣说:"契丹大至,官军败绩,余众已降虏矣。"①连宰相李穀也被乱军所迫,"匿山谷中"②,一时间周军阵脚大乱,陷入全线崩溃的边缘。

在战局千钧一发的紧急关头,赵匡胤和张永德率领各自的二千亲兵屹立不动,护卫在周世宗身旁。周世宗采纳枢密副使魏仁浦的建议③,决定以这一部分亲兵为主力,以攻为守,力压强敌。为挽救危局,"世宗赫然跃马入阵,引五十人直冲崇(后汉皇帝刘崇)之牙帐。崇方张乐饮酒,以示闲暇,及其奄至,莫不惊骇失次,世宗因以奋击"④。周世宗一马当先的壮举,重新振作了全军的士气,成为扭转不利战局的关键⑤。

与此同时,赵匡胤、马仁瑀、马全义等周世宗身边的一批青年将领纷纷挺身而出,率兵向敌军发起猛烈的反击。

二十二岁的内殿直马仁瑀,"谓众曰:'主辱臣死,安用我辈!'乃控弦跃马,挺身出阵射贼,毙者数十人,士气益振"⑥;三十一岁的殿前右番行首马全义"引百骑进陷阵";而二十八岁的赵匡胤,

---

① 《资治通鉴》卷291显德元年三月条。
② 《宋史》卷262《李穀传》。
③ 见《宋史》卷249《魏仁浦传》:"从征高平,周师不利,东偏已溃,仁浦劝世宗出阵西死战,遂克之。"
④ 《旧五代史》卷119《周世宗本纪六》注引《五代史补》。
⑤ 《旧五代史》卷114《周世宗本纪一》:"是日,危急之势顷刻莫保,赖帝英武果敢,亲临寇敌,不然则社稷几若缀旒矣。"
⑥ 《宋史》卷273《马仁瑀传》。

更是表现得智勇兼备。赵匡胤指着西面的山坡对张永德说:"敌军士气骄盛,公麾下多能左射者,可迅速占领西面高地,我则从左翼率骑兵包抄过来,两面夹攻,必能取胜。国家安危,在此一举!"这一番话,讲得既缜密自信,又慷慨激昂。身为主将的张永德为赵匡胤临危不乱的气势所折服,更为其把危险留给自己的做法所感动(两人的友谊也由此结下),马上依言领兵冲上了制高点。接着,赵匡胤对自己部下两千精兵大声喊道:"今皇上处境危急,正是我辈武人效命之时!"说罢,跃马带头冲入敌阵,奋力拼杀。①

应该指出的是,周世宗、赵匡胤、马仁瑀、张永德等人在高平之战前都没有多少参与、指挥大战的经验,但建功立业的渴望,促使他们奋不顾身地冲锋陷阵,而赵匡胤能够在错综复杂、瞬息万变的大战中冷静分析战争态势,独立提出事关全局的战斗部署,确实表现出高人一筹的军事才华。

后周军队的猛烈反攻,令北汉措手不及。双方激战至当天夜晚,北汉先锋万余人终于被后周军队驱退至山涧边。这时,后周的后续部队在河阳节度使刘词的率领下赶到,与赵匡胤等部会合,最终将北汉全军击溃:汉兵"僵尸满山谷",其大将张晖、枢密使王延嗣均被杀,辎重、器械等难以数计的军事物资都成了后周的战利品。刘崇带亲信十余人连夜狂奔,结果迷失方向,天明后只好披着破毡子,戴着草帽,化装成难民才逃到自己的地盘,狼狈不堪地奔回太原。

刘崇惊魂未定,赵匡胤所率的后周先锋部队就已来到了太原城下。

太原城地处太行山麓,临关(雁门关)傍险,民素习战,自古就是一座军事重镇。自唐李克用为河东节度使而驻节太原后,其地

---

① 《资治通鉴》卷291显德元年三月条。

位更为重要。当时,那些"少提一剑去乡里,四十年间取将相"的人①,大多非投奔汴梁即投奔太原。赵匡胤的父亲赵弘殷、周太祖郭威就都是由河北投奔太原后又随太原起兵而入居汴洛,成为后唐王朝的开国将领。后唐以后,太原几乎左右了当时的政局,后晋的石敬瑭、后汉的刘知远都是依靠太原的兵力财赋而夺取帝位的。刘崇据山西称帝后,太原又成了北汉的首都,其兵力防备较之往昔更为森严,自然就更加不易攻克了。

但是周世宗和赵匡胤都为高平之战的胜利所鼓舞,意欲一鼓作气,攻陷太原,灭亡北汉。攻城战斗开始后,赵匡胤一马当先,率兵攻至城门下,放火焚烧了城门。但太原城显然不是仓促之间就可以攻下的,在北汉军队的严防死守下,后周攻城部队伤亡惨重,赵匡胤自己也被流矢射中,左臂负伤。周世宗担心爱将有失,又见强攻不成,只得下令撤兵。

尽管有一个不圆满的结尾,但高平之战还是一场具有转折意义的大胜仗,赵匡胤也因表现突出得以脱颖而出。元代学者胡三省就曾明确地说:

  太祖皇帝(赵匡胤)自此(高平之战)肇基皇业。②

战后,赵匡胤不但受到了周世宗的赏识和重用,也获得了张永德等禁军将领和刘词等地方节度使的认可。在此后几年中,他之所以能在风云多变的政局中扶摇直上,除了因才干、战功而受到周世宗的奖赏外,张永德、刘词对他的帮助也是很大的③。这些在后面的

---

① 《旧五代史》卷56《符存审传》载符存审"常戒诸子曰:'予本寒家,少小携一剑而违乡里,四十年间,位极将相'"。
② 《资治通鉴》卷291胡三省注。
③ 邓广铭在《赵匡胤的得国及其与张永德、李重进的关系》一文中对此有细致探讨:"赵匡胤在高平的一次战役中颇卖了一些力气,为郭威的驸马爷张永德所赏识,在世宗面前盛称其智勇,遂被拔擢为殿前都虞候领严州刺史,这算是赵匡胤的第一次崭露头角……自此以后,便见(赵、张)两人日益亲密,并且共同树立派系、排斥异己。这于后来赵匡胤得国是有极大关系的"(《东方杂志》1945年第41卷第21期,《邓广铭全集》卷7,河北教育出版社2005年版)。

章节里都会有所反映。

但高平之战的胜利,也使赵匡胤对北汉政权产生了一种不切实际的蔑视。他在太原城下的躁进莽攻就是这种情绪的反映。虽然这在当时就给他留下了"左臂中流矢"这样一个"血"的教训,但以后的事实表明,这一教训并没有对他产生深刻的影响。

第三节　殿前都虞候与义社十兄弟

据《资治通鉴》记载,赵匡胤在高平之战刚刚结束的显德元年(954)三月庚子(26日),被破格提拔为殿前都虞候,领严州刺史。当年十月,又升为永州防御使、依前殿前都虞候。赵匡胤开始成为后周禁军的高级将领①。

禁军,是五代时期由朝廷所掌握的正规军。如果当时地方各个节度使掌握的"镇兵"可称为地方军的话,那么禁军就是中央军了。后周初年,禁军的正式名称是"侍卫亲军司",简称"侍卫司"。侍卫司统帅为"侍卫亲军都指挥使",但自原任侍卫亲军都指挥使王殷被杀后,后周禁军一度无帅,只是以柴荣"判内外兵马事"。显德元年正月,李重进出任"侍卫亲军马步军都虞候",是当时的最高级军职。马步军都虞候以下,又设"侍卫马军都指挥使"和"侍卫步军都指挥使"分统马步军。高平之战时临战脱逃的樊爱能、何徽就分别是侍卫司的马军都指挥使、步军都指挥使。他们的临阵脱逃,无异于后周整个中央军的崩溃,所以当时造成的局面非常严峻。但赵匡胤、张永德所部为什么没有随着樊、何溃逃呢?除了他们临危不惧的品格外,也有隶属关系上的原因。他们统领的"殿前诸班"虽然也是禁军中的一支,但属于皇帝的近卫,带有皇

---

① 对赵匡胤出任殿前都虞候的具体时间,存在不同的看法。此据《资治通鉴》卷291显德元年三月庚子条。

帝私人卫队的性质,由"殿前都指挥使"统领,不直接受命于侍卫司的马军、步军都指挥使。正如元代胡三省所说,当时是"殿前都指挥使总殿前诸班,马军都指挥使总侍卫司马军,步军都指挥使总侍卫司步军"①。不过,"殿前诸班"属于皇帝的私人卫队,人数当然不会很多,所以不能与侍卫司的马军、步军并列,也称不上正规战斗部队。

高平之战中樊爱能、何徽率兵不战而逃,暴露出侍卫司诸军将骄兵惰、军纪涣散、战斗力低下的积弊,确实已经到了非整顿不可的地步;而赵匡胤、张永德的奋勇争先,则显示了"殿前诸班"较强的战斗力。因而在高平之战后,周世宗决心整顿侍卫司,他下令处死了樊、何二人及所部侍卫司军使以上将校七十余②人,同时,扩充"殿前诸班"的兵力,使之成为一支能与侍卫司并列的正规战斗部队——殿前军③。赵匡胤就是在这种情况下被任命为"殿前都虞候",其具体任务就是整顿侍卫司,扩建"殿前诸班"。周世宗对赵匡胤等人说:

> 侍卫兵士,累朝以来,老少相半,强懦不分,盖徇人情,不能选练。今春朕在高平与刘崇及蕃军相遇,临敌有指使不前者。苟非朕亲当坚阵,几至丧败。况百户农夫,未能赡一甲士,且兵在精不在众,宜令一一点选。精锐者升在上军,怯懦者任从安便。庶期可用,又不虚费。④

---

① 《资治通鉴》卷291显德元年正月条胡三省注。
② (宋)王巩:《闻见近录》记为:"牵奔将七十二人斩藟下。"《全宋笔记》第2编第6册。
③ 《石林燕语》卷6记载:"殿前军起于周世宗。"但《宋史》卷484《李重进传》记载,后周太祖郭威时就任命李重进为"殿前都指挥使",张其凡据此认为,殿前军早已存在,其考证甚精。周世宗命赵匡胤扩充"殿前诸班"主要是把殿前军提升成为与侍卫司并列的两大正规禁军主力。参见张其凡:《五代禁军初探》,暨南大学出版社1993年版,第32页;齐勇锋:《后周的军制改革》,《文史哲》1989年第5期。
④ (宋)王溥:《五代会要》卷12引周世宗语,中华书局1998年版。

按照这一指示精神,赵匡胤对侍卫司马步军进行了汰除老弱和点选精锐的工作。由于当时士兵大多出身于家园田产一无所有的破产失业农民,军队是他们安身立命的唯一归宿,强行汰除必然会引起反抗,所以当时对侍卫司"怯懦者"的汰除工作效果不佳。好在周世宗事先有"怯懦者任从安便"的活话,表明并非一定要将他们清除出军队。唯一切实可行的还是"点选精锐者升上军",这样既可以在禁军中保持几支像样的战斗力量,又可压低不够"上军"资格士兵的军饷,减少军费开支。

与整顿侍卫司诸军收效甚微不同,扩充"殿前诸班"兵力的工作成绩斐然。这一工作大约是分两步来做的。一是"诏诸道募山林亡命之徒有勇力者送于阙下","帝以趫捷勇猛之士,多出于群盗中,故令所在招纳,有应命者,即贷其罪,以禁卫处之。至有朝行杀夺,暮升军籍,仇人遇之,不敢仰视"[①]。也就是说,身强力壮,武艺超群者,即便是落草为寇也可募其入伍。二是对所有应诏入京的人员进行选拔。这选拔工作,据《五代会要》卷十二《京城诸军》条记载,是由周世宗"躬亲试阅"的,而据叶梦得《石林燕语》卷六记载,则是由赵匡胤具体负责进行的。总之,选拔殿前诸班的工作除了周世宗和赵匡胤外,是没有容别人插手的,而大量的实际工作则必定是由赵匡胤承担完成。经过这次选拔,殿前诸班的兵力大为充实,虽然兵员数量尚不及侍卫司,但战斗素质远胜侍卫司诸军。"殿前诸班"就此成为一支与"侍卫司诸军"相平行的正式禁军部队了。显德三年(956),张永德被任命为殿前都点检,殿前诸班正式独立为一司,后周禁军中形成了"侍卫司"和"殿前司"两大系统。

经过上述措施,后周军队的战斗力大大提高,"由是士卒精强,近代无比,征伐四方,所向皆捷,选练之力也"[②]。在此后的两

---

① 《旧五代史》卷114《周世宗本纪一》。
② 《资治通鉴》卷292 显德元年十月条。

三年里,周世宗利用这支部队,西取四州,南割淮甸,北收瀛、莫,南北用兵,顺利地开始了武力统一中国的事业。这其中,也包含着赵匡胤在整顿禁军,尤其是扩充殿前司诸军的功劳。

对赵匡胤个人来说,在这次整军活动中最大的收获,就是开始在禁军中形成自己的势力。利用整顿禁军的机会,他广泛地同各级将领接触。像高级将领张永德、李继勋、高怀德,中级将领石守信、韩令坤、慕容延钊、王审琦、刘廷让、韩重赟、尹崇珂、张光翰等等,都与赵匡胤建立了很密切的关系。这些人大都是高平之战崭露头角的少壮派将领。尤其值得注意的是,赵匡胤还以这些交往为基础,在军中结拜了"义社十兄弟"。除赵匡胤外,"十兄弟"其余九人分别为:

> 石守信、王审琦、李继勋、刘廷让、杨光义(即杨美)、韩重赟、刘庆义、刘守忠(或安守忠)、王政忠①。

---

① 对赵氏的"义社十兄弟",以南宋初学者李攸所撰《宋朝事实》的记载最为明确,该书卷9"勋臣"条说:"太祖义社十兄弟:保静军节度使杨光义,天平军节度使、同平章事、兼侍中石守信,昭武军节度使兼侍中李继勋,忠武军节度使、同平章事、中书令、秦王王审琦,忠远军节度使观察留后刘庆义,左骁卫上将军刘守忠,右骁卫上将军刘廷让,彰德军节度使韩重赟,解州刺史王政忠。"此前,北宋中期王巩在所著《闻见近录》中也较早地提到了"十兄弟"的说法,"太祖即位,方镇多偃蹇,所谓十兄弟者是也",但没有具体指明"十兄弟"究竟为谁。略晚于《宋朝事实》的几部南宋史学名著中对此也有所涉及,例如《建炎以来系年要录》卷61绍兴二年十二月癸巳条,记宋高宗对宰臣吕颐浩称:"唐末五季藩镇之乱,普(赵普)能消于谈笑间,如国初十节度,非普谋亦孰能制。""国初十节度"显然与"十兄弟"有关,因为十兄弟在北宋初年多至多位节度使。《长编》卷16开宝八年五月条载:"以解州刺史王政忠权知晋州、兼兵马钤辖""世言太祖义社十兄弟,政忠盖其一人也……"《宋史》中虽然都没有"义社十兄弟"之号,但《宋史》主要撰稿人袁桷也有《书艺祖皇帝十节度风云图》传世。另外,四库馆臣在《宋朝事实》按语中有简短考证:"此九人中,如杨光义、刘庆义、刘守忠、王政忠四人,《东都事略》及《宋史》俱无传。"今人论著也大多沿用该说。其实,第一,杨光义在《宋史》中有传,但为了避宋太宗赵光义的讳而改称杨美,见《宋史》卷273《杨美传》。第二,刘守忠或为安守忠的误写。刘守忠其人不见于史籍,但查《宋史》卷275《安守忠传》的相关记载为:"宋初,入为左卫将军"、"太祖居藩日,素相厚善,及受禅后,每优任之"。从官职以及他与赵匡胤关系看,刘守忠、安守忠应是同一人,很可能是在传写过程中把安守忠误写成刘守忠了。

"十兄弟"在《宋史》有传的七人,其中以李继勋最为年长,当时任侍卫步军都指挥使、领昭武军节度使,地位在赵匡胤之上。其他众人的年龄大多和赵匡胤相仿,地位则要略低于赵匡胤,详见下表:

"义社十兄弟"情况简表

姓　名	显德二年年龄	籍贯、生地	显德二年职位	建隆元年职位
赵匡胤	二十九	原籍涿州,生于洛阳	殿前都虞候、永州防御使	皇帝
李继勋	四　十	大名元城	侍卫步军都指挥使、昭武军节度使	昭义军节度使、加检校太尉
石守信	二十七	开封浚仪	铁骑左右都指挥使	侍卫马步军副都指挥使、领归德军节度使
王审琦	三　十	其先辽西人,后徙家洛阳	铁骑第二军都校	殿前都指挥使、领泰宁军节度使
韩重赟	不　详	磁州武安	铁骑指挥使	龙捷左厢都校、代张光翰为侍卫马军都指挥使、领江宁军节度使
杨　美	二十四	并州文水	累迁禁军大校	内殿直都知
安守忠	二十三	并州晋阳	山南东道牙内都指挥使	左卫将军
刘廷让	二十七	涿州范阳	内殿直押班、迁龙捷都校	龙捷右厢都指挥使
王政忠	不　详	不　详	不　详	解州刺史
刘庆义	不　详	不　详	不　详	安远军节度观察留后①

---

① 《宋朝事实》卷9《勋臣·太祖义社兄弟》载刘庆义为"忠远军节度使、观察留后",稍有误。北宋初未设忠远军,而有安远军(驻安州,今湖北安陆);节度使、观察留后,可能是"节度观察留后"之误,他的官衔可能是安远军节度观察留后。参见白寿彝总主编、陈振主编:《中国通史》第7卷,上海人民出版社2015年版,第1115页。

赵匡胤等人结拜义社的宗旨,史书中没有相关记载。据日本学者谷川道雄研究,从北朝末期到五代时期约四百年间,在社会的各阶层中,都很盛行结义社兄弟的风气。尤其是在军队当中,生死与共的战斗经历使得结义之风更盛。这种带有小集团化倾向的结义行为,是军中强人控制军队的惯用手法。① 后周太祖郭威在军中就曾结拜过"十军主",在结义时,由年长的李琼宣读誓词:"凡我十人,龙蛇混合,异日富贵无相忘,苟渝此言,神降之罚。"②然后再依次"刺臂出血"盟誓。赵匡胤的"十兄弟",结拜宗旨和程序想必也是如此。

义社十兄弟中,石守信、王审琦、韩重赟、杨美、刘廷让等人和赵匡胤的关系最为密切。一是他们的经历和赵匡胤大致类似,都是在后汉末年投身军伍,高平之战后崭露头角,彼此之间更容易沟通、交流。二是当时都在殿前司任职,日后的晋升也主要在殿前同系统内部,始终是赵匡胤的下属。长期的上下级关系,使得众人自然奉赵氏为盟主。他们的升迁,离不开赵匡胤的提携,而赵匡胤有了这些下属的支持,更是会在军力强大的殿前司中形成了难以动摇的势力。

除了义社兄弟外,赵匡胤还利用点选禁军和选募殿前军的机会,在禁军的基层军官和士兵中扶植了一大批亲信。例如:

> 杨信,瀛州人。显德中隶太祖麾下,为裨校;
>
> 李怀忠,涿州范阳人……太祖掌禁兵,时隶帐下,为散都头;
>
> 崔翰少有大志,风姿伟秀,太祖见而奇之,以隶麾下;
>
> 田重进……形质奇伟,有武力。周显德中应募为卒,隶太

---

① [日]谷川道雄:《关于北朝末期到五代的义兄弟结合》,《东洋史研究》39卷2号,1980年9月,中译本载《中国古代史论丛·第二辑》,福建人民出版社1982年版。
② 《宋史》卷261《李琼传》。

祖麾下；

太祖领禁卫,以(史)珪给事左右;

太祖领禁兵,留谭延美督牙队;

张琼……少有勇力,善射,隶太祖帐下。①

诸如此类的记载颇多,说明通过负责扩充殿前诸班,赵匡胤已经在"殿前司"系统中打下了自下而上的坚实根基。《长编》卷一在追述"陈桥兵变"的背景时称:

(太祖)掌军政凡六年,士卒服其恩威……人望固已归之。

"六年"云云,正是从赵氏负责组建殿前司开始的。所以在殿前司系统中,张永德虽然是最高统帅,长期位居赵匡胤之上,但他并不具备"群众基础"。这也是赵匡胤能够在"陈桥兵变"的前半年取代张永德,并最终以殿前都点检的身份发动兵变、黄袍加身的缘由之一。

第四节　三征南唐:三军瞩目新统帅

周世宗时期的中国,大约呈现出北方的中原王朝与南方的南唐、后蜀"三国鼎立"的趋势。

中原王朝在后梁、后唐时期,原本具有地盘广大的优势。但后晋向契丹屈膝称臣,割让了燕云十六州。随之而来的晋、汉、周政权的更迭又进一步造成中原地区的分裂:后汉宗室刘崇建立的"北汉"政权,占据了山西十一州。这样一来,北方中原王朝先后丧失了近三十州的土地,加上历年的战乱不休,总体实力大为削弱。

南方的情况有所不同。由于政局相对稳定,南唐、后蜀两个江

---

① 以上分见《宋史》各人本传。

南大国的国力都有了长足的进步。如后蜀即乘晋、汉更迭的机会夺占了秦、凤、成、阶四州,兵锋迫近关中。南唐时值烈祖李昪和中主李璟国力鼎盛之际,地跨江、淮,国富兵众,"耕织岁滋,文物彬焕,渐有中朝之风采"①,"隐然大邦也"②。当时南唐烈祖李昪颇有抱负,以唐高祖李渊的"后人"自居,"思复(唐)高祖、太宗之基绪",是"五代十国"时期最早萌生统一天下之志的君主。中主李璟也有意逐鹿中原,他即位后数年未尝亲祀郊庙,他的理想是"俟天下一家,然后告谢。"③950—952年间,即周世宗即位前夕,南唐又出兵吞并闽、楚等南方国家,一时声威大震。

后周显德二年(955),周世宗派兵收复了为后蜀所夺占的秦、凤、成、阶四州,赵匡胤作为周世宗的特使,参与了收复四州的战役规划,为遏制后蜀入侵中原作出了贡献。收复四州之后的当年,周世宗就发动了征讨南唐的战争,当时的政治格局遂因之而发生了改变。

征讨南唐的动议起自显德二年四月王朴的《平边策》。王朴的动议,得到了后周朝野的广泛赞同④。关于赵匡胤对此事的态度,史书中没有记载。这时,赵匡胤还只是一名军人,他的精力主要集中在如何具体执行周世宗的决策、打赢这场战争上。不过,王朴的《平边策》对他的影响很大,在后面的章节我们就会看到,赵匡胤登基之后,就是参考了王朴的方案,反复斟酌后才确定了更为切合实际的战略安排。

战前,后周进行了充分的准备工作,包括集训军队,拆散契丹

---

① (宋)史温:《钓矶立谈》,《全宋笔记》第1编第4册。
② (宋)陆游:《南唐书》卷2《元宗本纪》,南京出版社2010年版。
③ 《资治通鉴》卷290广顺元年十月条。
④ 早在周世宗即位之初,左补阙董枢就上《平吴策》。而在中枢宰相当中,以李榖对南伐的态度最为积极和乐观,在他看来,统一天下应首先自江淮始,"取江淮如探囊中物耳"。陶穀、窦仪、杨昭俭等人纷纷主张先伐南唐。此外,大将张永德因刺杀其父亲的凶手逃奔南唐,也积极要求征南唐,"请行自效"。以上分见《宋史》各人本传。

与南唐的同盟,动员吴越等南方小国助战等。其中,最出色的是后周大将荆罕儒以刺杀契丹外交使者的"连环计",成功离间了契丹与南唐的同盟关系,①使后周征伐南唐免去了后顾之忧。

显德二年(955)十一月,后周组建了南征的指挥机构,以宰相李榖为统帅,以忠武军节度使王彦超副之,督领韩令坤等"十二将"大举伐唐。十一月底,周世宗《征淮南敕》正式发布,诏书写得气势恢宏,但其中的"东西合势,水陆齐攻。吴孙皓之计穷,自当归命;陈叔宝之数尽,何处偷生"②等语句,却反映了周世宗轻敌的苗头。赵匡胤这次虽然不在"十二将"之列,但他的父亲赵弘殷,以龙捷右厢都指挥使担任前军马军副都指挥使,是首批南征的"十二将"之一,他十八岁的弟弟赵匡义也随从父亲一同出征③。赵匡胤牵挂他们的安全,密切关注战局的发展。

后周攻势的突破口选择在淮北军事重镇寿州(今安徽寿县)。战事起初进展得颇为顺利,十二月初,周军连获小胜,直抵寿州城

---

① 南宋陆游的《南唐书》卷18《契丹列传》载:(契丹主)述律遣其舅来(南唐),夜宴清风驿,起更衣,忽仆于地。视之,失其首矣。厚赏捕贼不得。久,乃知周大将荆罕儒知契丹使至,思遣客刺之间唐。乃下令:"能得吾枕者赏三百缣。"俄有剑客田英得之,即给赏如约。屏人语之曰:"能得江南番使头,赏三千缣。"英果得之。自是唐与契丹遂绝。
② 《旧五代史》卷115《周世宗本纪二》,又见《全唐文》卷125。
③ 事见《宋朝事实》卷3《诏书》引宋太宗戒陈王元僖等手诏:"朕周显德中,年十六,时江淮未宾,从昭武皇帝(赵弘殷)南征战,屯于扬、泰等州,数于交战,朕虽年少,擐甲胄、习弓马,屡与贼军交锋,应弦而踣者甚众,行伍皆见。太祖驻兵六合,得知其事,拊髀大喜。"又见《长编》卷29端拱元年二月条。张其凡在《宋太宗》中对其时赵匡义"实为18岁"的考证相当准确,可从(吉林文史出版社1997年版,第10页)。但他仅据"年龄上的不合",即认定"匡义并未亲历其事,一时造为其言,为表明其少年高才",却似需再斟酌。赵匡义虽然自我吹嘘战功,但他确实参加过征淮南之役,当无多大问题。如《东轩笔录》卷1即记载:"周世宗寿春之役,太祖为将,太宗亦在军中。"淳化三年,当大臣王沔谈到"周世宗以宰相招讨淮南,卒无显效"时,宋太宗回答:"朕当时在兵间,备观之矣。榖但深居高处,列校稀见其面,苟见之,则直省吏揖而进,以介胄之士为趋揖之容,甚疏阔也。当拔寨之际,非李重进以劲卒援之,几狼狈矣。"事见《长编》卷32。这显然是亲历其事者的耳闻目睹,非信口作伪者所能及。

下。但寿州城的防御在名将刘仁赡的悉心经营下极为坚固。刘仁赡,彭城(今江苏徐州)人,出身武将世家,"轻财重士,法令严肃,少略通兵书"①,是南唐军中最负盛名的战将,实战经验丰富,尤其是擅长防御,史称:"唐人闻周兵将至而惧;刘仁赡神气自若,部分守御,无异平日,众情稍安"②。周军数度猛攻寿州,皆不能克。

后周军队的主帅李穀,是文人出身的宰相,长于谋议,"为人厚重刚毅,深沉有城府,雅善谈论,议政事能近取譬,言多诣理,辞气明畅,人主为之耸然"③,对讨伐南唐的态度最为积极,素有平定江南的大志。但他毕竟是位文官,并无实际指挥作战的经验,周世宗用他为帅,却是用其所短了。

与此同时,南唐方面也有较大的反击动作,他们利用水上优势,派遣战舰数百艘从水路攻向正阳(今安徽寿县西南)浮桥,欲切断周军退路,然后内外夹击,歼灭屯兵坚城之下的李穀所部。

一时间,战场风云突变。

消息传到开封,赵匡胤明白该是自己参战的时候了。果然,周世宗在派兵增援正阳浮桥的同时,在赵匡胤等禁军大将的护卫下,立即亲自赶往淮南前线督战。后周首征南唐的大战正式开幕。

此时的李穀却慑于南唐援军的声势,在没有得到周世宗批准的情况下,就擅自决定撤寿州之围,退保正阳浮桥,结果挫动了全军锐气,使得战局更加被动④。敌前退军,本来就是兵家大忌,周世宗当然无法答应。他在强令李穀坚守正阳的同时,断定"吾军却,唐兵必追之",遂派人督促另一支正在向正阳进发的部队全速前进,终于赶在唐军到达之前渡过了淮河,于正阳桥东同追赶而至

---

① (宋)欧阳修:《新五代史》卷32《死节传》,中华书局1974年版。
② 《资治通鉴》卷292显德二年十一月条。
③ 《宋史》卷262《李穀传》。
④ 《宋史》卷262《李穀传》记载:"仍焚刍粮,回军之际,递相掠夺,淮北役夫数百悉陷于寿春。"

的南唐刘彦贞部展开激战。

南唐援军虽然声势浩大,旌旗辎重达数百里,但其主将刘彦贞却是一个"无才略、不习兵"的庸才,"惟贪惏聚敛为务,莫知兵法,莫经战斗"①,只是因以重金贿赂唐主身边的佞臣而获得重用,被吹捧为"用兵如韩、彭"的江南长城。周军渡淮后,他怯于迎战,只是忙于在阵前布置拒马牌、铁蒺藜,暴露了临战胆怯的面目。"周师见而笑其怯,锐气已增"②。赵匡胤的父亲赵弘殷率前军铁骑首先冲锋③,后周两支大军随后掩杀,数万唐军瞬间就歼,斩首级万余,伏尸三十里。刘彦贞当场阵亡,周军缴获军资器械三十万,战马五百匹。

正阳大捷,震动大江南北,"唐人大恐"④,后周军队则大受鼓舞,赵匡胤也因父亲率兵斩获正阳大捷的首功,心中格外兴奋。

显德三年(956)正月初,周世宗率赵匡胤等部抵达正阳大营。他果断地调整了指挥人员,以宿将侍卫亲军都指挥使李重进为淮南道行营都招讨使,代李穀为帅。随即亲临寿州城下,督促全军昼夜攻城。

赵匡胤也投入了攻城战斗,他配合自己的上级张永德,统率周军前锋首攻寿州城外的唐军外围营寨。按照两人的事前分工,张永德预先于寨西的高地埋伏强弓劲弩,然后由赵匡胤麾兵直攻第一寨,并佯装败退。待唐军中计,倾巢而出后,张永德指挥伏兵突入敌寨,赵匡胤再乘势回军掩杀,前后夹击,遂大获全胜。其他各寨的敌军慑于张、赵二人的兵威,纷纷弃寨而遁,逃回城中⑤。

此时,在以寿州为中心的战区,南唐方面除了命刘仁赡部坚守

---

① (清)吴任臣撰:《十国春秋》卷16《元宗本纪》注引《江南野史》,中华书局2010年版。
② (宋)陆游:《南唐书》卷9《刘彦贞传》。
③ 《宋史》卷484《李重进传》及卷251《韩令坤传》。
④ 《资治通鉴》卷292显德三年正月条。
⑤ 据《宋史》卷255《张永德传》。

寿州外,又在下游的涡口(今安徽怀远县附近)、涂山等要塞设兵扎寨,与寿州成掎角之势,并与沿淮另一军事重镇滁州连成一线,这不但加强了寿州的力量,而且随时都有内外包抄后周军队的可能。为了打破这种局面,周世宗决定分一路兵马,由赵匡胤率领,前往攻占下游涡口等要塞。

赵匡胤统率袁彦①、石守信等部人马,疾速杀向涡口。这是他第一次作为独当一面的统帅率兵行动,自感关系重大。对他来说,这一战不但要取胜,还要打出自己的威风,如战事胶着反复,即便最终取胜,意义也不会太大。涡口守军以水军为主,赵匡胤当时尚不擅水战,因而战斗一开始,他亲自率百余精骑直逼敌人陆上大营,以引诱对方弃舟追赶。这是一场恶战,赵匡胤曾经被蜂拥而上的敌军紧紧包围,在这危急时刻,赵匡胤的贴身卫士张琼一箭射倒敌将,方转危为安②。当尾追的唐军进入预先设好的伏击圈后,后周伏兵四起,全歼守敌万余人,缴获战舰五十余艘。

涡口告捷后,赵匡胤奉命率兵沿淮南下,直取滁州(今安徽滁县附近)。这又是一项极为艰巨的任务。因为滁州地势险要,"环滁皆山",易守难攻,这里是控扼淮南的战略重镇,是南唐必守之地③。想要破城,势必要经历一场激战。

滁州的守将皇甫晖是一员行伍出身的猛将。他是北方人,本为河北魏博节度使"银枪效节都"的士兵,屡经战阵。契丹灭后晋,他于密州刺史任上率众投奔南唐,仕至节度使。此人用兵持重,"部分甚整,士亦乐为用,周人颇惮之。"④此次据守滁州,他把主力一万五千人布防在滁州城北的清流关,显然是为了据险固守,

---

① 《宋史》卷261《袁彦传》:"从征淮南,为先锋,下六合,入涡口,克扬州。"
② 《宋史》卷259《张琼传》。
③ (宋)王铚:《默记》卷上:"淮南无山,惟滁州边淮,有高山大川,江淮相近处,为淮南屏蔽,去金陵才一水隔耳。"
④ 《十国春秋》卷24《皇甫晖传》。

以逸待劳。

赵匡胤南驱数百里,率五千兵马抵达清流关后,求胜心切,马上挥师强攻。皇甫晖指挥守军依托险要地形反击,赵匡胤攻势受挫,折损大量人马,只能暂时收兵。双方约定明日再战。

当晚,赵匡胤在数名亲兵的护卫下,寻访附近的居民以搞清楚清流关周围的地形。听说附近的一个小村里,有一位从河北镇州来的教书先生,人称"赵学究"①,为人足智多谋,赵匡胤马上登门拜访。赵学究告诉赵匡胤,在清流关的背后有条很少有人知道的小路直通西涧,过了西涧就可绕过清流关敌军的正面防御,直抵滁州城下。赵匡胤闻言大喜,决定关前依然分兵佯攻,以吸引皇甫晖的主力;他本人则亲率精锐,在向导的带领下,乘月色连夜由小路进军,绕道清流关后,打皇甫晖一个措手不及。

第二天天明,清流关前的激战再度打响。当皇甫晖正全力与关前佯攻的周军交锋之际,绕到关后的赵匡胤一声令下,数千铁骑似神兵天降,向南唐军阵地席卷而来。唐兵腹背受敌,顿时大乱。皇甫晖眼见大势已去,只得放弃清流关,率兵夺路突围,退守滁州城。

赵匡胤一马当先,紧追不舍。

此时,南唐兵拆断了西涧上的浮桥,试图迟滞追兵的步伐。当时正值雨后,涧水大涨,而后周的士兵又都为北方人,大多不识水性,无法通过。赵匡胤急中生智,传令将战马集中起来,让士兵们趴在马背上,跨马涉水渡过了西涧。结果,南唐军队刚刚撤回城

---

① 《默记》卷上认定这位"赵学究"就是后来北宋的开国宰相赵普:"其赵学究,即韩王普也。"但据张其凡《赵普早年事迹考辨》考证:"赵普既在村中教学,村民又知其'多智计','有争讼,多诣以决曲直',那么他在村中应该居住不止一两年了。但是,赵普在954年至955年为永兴军节度使刘词的从事,到956年初才到滁州任判官,这都是史有明文的。因此,称赵普教书滁州城外,且包揽词讼,根本是不可能的。"(《安徽师范大学学报》1981年第3期)不过,《默记》关于赵匡胤能够顺利地破清流关而得滁州,主要得益于当地人赵学究指点路径的说法应当是比较可信的,只是不应该将此人同战后才抵达滁州的赵普混淆。

中,喘息未定,赵匡胤就率兵追到了城下的东门外①。

皇甫晖在城上观察了一下,发现赵匡胤所率人马不多,不由得松了一口气。他站在城墙上,指名道姓地嘲讽赵匡胤凭借偷袭的手段取胜,不能算是真正的英雄好汉,并向赵匡胤大声喊道:"人各为其主,愿容成列而战。"城外的赵匡胤笑着答应了,下令部队暂停进攻,从城门后撤,暗中却吩咐士兵随时做好向前冲杀的准备。皇甫晖见赵匡胤撤离城门,马上命令放下吊桥,率兵拥出城门。

机不可失!赵匡胤纵马出阵,厉声喝道:"我单取皇甫晖,别人都不是我的仇敌!"随即以罕见的神勇,一手抱马头,一手挥剑,伏在马背上突然向敌阵冲去,于千军万马中直取敌将皇甫晖。南唐士兵本以为双方要列阵而战的,怎么也想不到赵匡胤敢单人独骑直冲过来,一时间手足无措,竟容得赵匡胤闯至皇甫晖面前。皇甫晖虽然也是著名的猛将,但毕竟已年近五旬,怎是赵匡胤的对手?恶斗中,他被赵匡胤击中头部,身负重伤,只得向城东落荒而逃。皇甫晖的坐骑是号称"千里电"的良驹,但赵匡胤策马疾追,还是在东郊河桥上把身负重伤的皇甫晖打落马下,将其活捉。后来该桥被当地人称为"落马桥"。主将遭擒,南唐军队乱成一团,顷刻间土崩瓦解,副将姚凤只好率余部投降,重镇滁州遂被赵匡胤顺利攻下②。当两军激战正酣时,当地寺院曾鸣钟为唐军助威,但却无济于事③。

---

① (宋)欧阳修:《丰乐亭记》云:"昔太祖皇帝,尝以周师破李璟兵十五万于清流山下,生擒其将皇甫晖、姚凤于滁东门外"。
② 此段叙事主要依据王铚《默记》卷上,并综合了《资治通鉴》卷292、《挥麈后录》卷1、《国老谈苑》卷1等相关记载。
③ (宋)夷门君玉:《国老谈苑》卷1引《滁州午钟记》曰:"是时,环滁僧寺皆鸣钟而应之。既平,鸣钟因为定制。"《挥麈后录》卷1亦曰:"凤之投降,时正午刻,击诸寺钟以应之,至今不改。"今人往往据此认为寺院鸣钟是为了欢庆后周的胜利,这是不准确的。《默记》卷上即指出:"至今滁人一日午时鸣钟,以资荐晖云。"四库馆臣在《国老谈苑》提要中对此也进行了考证:"案滁人一日五时鸣钟,乃后人感晖之意以资追荐,亦非为太祖助战而起,此则传闻之讹异。"可从。况且,其时周世宗正厉行灭佛政策,而南唐中主李璟却优待佛教,当地寺僧倒向后周也不合情理。

赵匡胤攻克滁州,是继正阳战役后对南唐的又一次沉重打击,事关伐唐大战的全局。滁州,"于五代干戈之际,用武之地也"①,这里不但是控制南下长江的一个重要门户,而且群山环绕,实为南唐首都金陵的一道天然屏障。赵匡胤部占据滁州,"不惟中断寿州援,则淮南尽为平地"②,既能阻拦江南增援寿州,又打开了进军金陵的通道,使南唐整个防线全线告急。

南唐皇帝李璟在滁州失陷后惊恐不安,急忙派使者到滁州,向周世宗转交求和书,表示"愿陈兄事,永奉邻欢",随后又以自去帝号、割让淮南寿、濠、泗、楚、光、海六州,岁输金帛百万为条件,请求后周撤出滁州,停战休兵。周世宗不为所动,回书坚决要求尽割江北诸州,划长江为界。

滁州一战使本来即以勇猛著称的赵匡胤名声大噪。特别是以少胜多,纵横驰骋于万马军中,力擒骁将皇甫晖的壮举,使得赵匡胤当之无愧地成为万众瞩目的军中英雄。连败将皇甫晖在周世宗面前都盛赞这位后起之秀的神勇:"臣向日屡与契丹战,未尝见兵精如此"③,并慨叹道:

> 我自贝州卒伍起兵,佐李嗣源,遂成唐庄宗之祸。后率众投江南,位兼将相,前后南北二朝,大小数十战,未尝败。而今日见擒于赵某者,乃天赞赵某(赵匡胤),岂臣所能及!④

赵匡胤虽然连获大捷,但由周世宗亲自指挥的寿州攻坚战却毫无进展。淮南的枢纽,仍掌握在南唐手中。为打破僵局,这年三月,周世宗抽调爱将赵匡胤回师寿州,集中力量攻城。寿州之战打得极为艰苦,赵匡胤一如既往,身先士卒。有一次,他率先乘一皮船攻入寿州的护城壕沟,城上敌兵认出他就是周军名将赵匡胤,立

---

① (宋)欧阳修:《丰乐亭记》。
② (宋)王铚:《默记》卷上。
③ 《资治通鉴》卷292显德三年二月条。
④ (宋)王铚:《默记》卷上。

即弩箭齐发,甚至动用了"矢大如屋椽"的新式强弩。在危急关头,赵匡胤的贴身侍卫张琼拼死保护,不惜以身体来掩护。结果张琼连中数箭,死而复苏,"镞着骨不可出,琼饮酒一大卮,令人破骨出之。流血数升,神色自若",①堪称强将手下无弱兵。

正当赵匡胤于寿州城下浴血奋战的时候,战局又有了新的变化。

南唐毕竟是当时大国,力量不容小视,四月初,南唐大将李景达、陆孟俊率三万余大军开始新一轮的反攻,先后收复了常州、泰州,又乘胜进迫扬州。扬州守将韩令坤以为敌众我寡,难与争锋,欲弃城避敌。周世宗闻讯后,速调赵匡胤领步骑二千人进驻六合,与扬州成掎角之势,以挽救危局。

赵匡胤与韩令坤本为总角故交,二人私下关系一直很好,但对韩令坤这次弃城避敌的做法,他却颇不以为然。进驻六合后,他不顾尚在韩令坤军中的父亲赵弘殷、弟弟赵光义,坚决执行周世宗的命令,马上派兵守住各个要道,并传言给韩令坤说:"扬州兵敢有过六合者,断其足!"②经赵匡胤一激,韩令坤也觉惭愧,又见退路已被切断,只得返回扬州,决心固守。结果,不但将南唐进攻扬州的先锋部队打败退,还俘获了南唐主将陆孟俊。在战斗中,赵匡胤年轻的弟弟赵光义也荣立战功,赵匡胤闻讯后喜不自胜。

南唐军队判断出本已弃城的韩令坤之所以敢回师扬州,固守不动,全在有六合的赵匡胤部为其掎角,于是在李景达的指挥下,又转而对六合发动了进攻。李景达是南唐皇帝李璟的弟弟,封齐王,当时不但以南唐诸道兵马元帅的身份总领诸军,他自己手下直

---

① 事见《资治通鉴》卷293显德三年三月条。(宋)魏泰:《东轩笔录》卷1也记载:"周世宗寿春之役,太祖为将,太宗亦在军中,是时寿春久不下,世宗决淮水灌其城。一日,艺祖、太宗及节度使武行德共乘小艇,游于城下,艇中惟有一卒司镣炉,世谓之茶酒司,一矢而毙,太祖、太宗安座以至回舟,矢石终不能及。"可以参照。

② 《宋史》卷1《太祖本纪一》。

接指挥的军队亦有二万多人,是赵匡胤军队的十倍,可以说占有绝对优势。但李景达也了解赵匡胤在滁州之战中的批亢捣虚的手段,担心他又来个出奇制胜,因而采取了稳扎稳打、安营自固的战略,在离六合二十多里时,就掘壕设栅,固守不动。

赵匡胤面对十倍于己的强敌,冷静地对诸将说:"李景达设栅自固,说明他对我们心中无底。我们兵只两千,若前往出击,反易被他识破虚实,不如等他们前来,再相机行事。"

这是一场心理上的较量,赵匡胤越是按兵不动,李景达心中越是惴惴不安,不知对方葫芦里卖的是什么药。双方相持数日之后,李景达终于忍不住了,以为赵匡胤也不过如此,于是试探着向赵匡胤发起了进攻。李景达的这种犹豫不决的状态,正是赵匡胤所希望的。他见时机已到,当机立断,跃马出击,早已跃跃欲试的二千精兵,在他的带领下,士气旺盛,人人奋勇。双方经过了一场激烈的白刃血战,南唐军队阵亡五千余人,余部在争渡长江逃跑时,又溺死甚众,"于是唐之精卒尽矣"。在这场战斗中,赵匡胤不仅指挥有方,而且铁腕治军、军令如山:

> 是战也,士卒有不致力者。太祖皇帝阳为督战,以剑斫其皮笠。明日,遍阅其皮笠,有剑迹者数十人,皆斩之,由是部兵莫敢不尽死。[①]

他统率的人马遂成为军纪严明的铁军。

经过扬州、六合之战,南唐六万精兵损失大半,但此时天气已是盛夏,大雨连绵,军营中水深数尺,粮饷供应越来越困难。更为严重的是,南唐治下的淮南民众反抗后周军的占领,"相聚山泽,立堡壁自固,操农器为兵,积纸为甲,时人谓之白甲军"[②]。后周先前攻取的很多州县又陆续被南唐夺回。在这种情形下,周世宗决

---

① 《资治通鉴》卷293 显德三年四月条。
② 《宋史》卷255《向拱传》。

定暂缓对南唐的用兵,陆续撤兵北上休整。

进军易,退军难。周兵北撤前后延续了一个多月,在这段时间南唐又调集了五万多兵马,仍由李景达率领,乘机尾追反攻。寿州守将刘仁赡也采取行动,出兵偷袭城南后周大营,后周军队伤亡惨重。此时,奉命北上的赵匡胤率军经过寿州,他立即改变计划投入战斗,并在寿州一带"驻留旬日",事实上是主动地承担起了殿后的任务。赵匡胤所部是一支威名卓著的生力军,它的及时到达,对重振周军士气发挥了重要作用。而李景达慑于赵匡胤的威名,终于没敢发兵来攻。十余天后,赵匡胤见局势缓和,方率部起程回京。

"一征南唐"胜利结束,赵匡胤以战功升任殿前都指挥使,官拜定国军节度使。

显德四年(957)春,经过半年多休整,赵匡胤再次随同周世宗出征南唐。"二征南唐"的战略重点是集中兵力攻打久围不下的寿州城。

三月初,赵匡胤随同周世宗连夜渡过淮河,直抵寿州城下。次日凌晨,赵匡胤首先奉命攻打紫金山上号为"连珠寨"的几个连在一起的军事据点。他率领殿前司精锐,首战即夺取了唐军先锋营和山北第一寨,歼敌三千余人,并把援军同寿州的联络完全切断,"由是唐兵首尾不能相救"。

在周军强大的军事压力下,南唐方面发生内讧,"刘仁赡请以边镐守城,自帅众决战;齐王景达不许,仁赡愤邑成疾";大将朱元不服齐王李景达调遣,率本部万余人马投降了后周。南唐沿淮诸寨闻知前方战败,亦纷纷溃逃,周世宗乘机指挥各路周军全线总攻,激战一直持续到黄昏,后周获得空前大捷,除李景达及少数残兵漏网外,"唐兵战溺死及降者殆四万人,获船舰粮仗以十万数"。寿州守军眼见援军尽败,刘仁赡又病重不治,只得开门迎降。①

---

① 以上均见《资治通鉴》卷293显德四年正月、三月条。

寿州既克,淮南门户洞开,至此,淮南战事大局已定。得知寿州失守的唐主李璟,急忙向朱匡业等统兵大将问以守御方略,但朱匡业竟口诵罗隐诗答道:"时来天地皆同力,运去英雄不自由。"已是毫无斗志了。李璟自己也只能是每日"独坐垂泪"。

四月末,周世宗率军返回京城。五月,对立功众将再次进行封赏。赵匡胤继去年十月位致定国军节度使之后,又晋升为义成节度使、检校太保,仍兼殿前都指挥使。"检校太保"虽是虚衔,但位列"三公",是人臣的最高荣享。在此次荣升"三公"的六位高级将领中,赵匡胤仅次于李重进、张永德、向训,位居第四,十分引人注目。这是他浴血奋战应得的回馈。

至年底,周世宗又发动了对南唐的第三次战争。这次征伐南唐,赵匡胤再次担负先锋重任①,实际负责前线指挥。

十一月初,周世宗和赵匡胤领兵进逼濠州。濠州原为南唐诸路兵马元帅李景达的大本营,城防部署森严,特别是城东北的十八里滩上,四面阻水,南唐在这里扎下了大寨,成为濠州城一道坚固的屏障。后周当时缺乏战船,正在计议如何渡水时,赵匡胤却早已成竹在胸。他采取骑马渡涧的经验,"跃马截流先渡,麾下骑随之,遂破其砦"。同时缴获了南唐的大量战船。

于是,后周大军水陆并进,"循淮而下"。赵匡胤的部队作为大军的先锋,先破唐军于洞口,斩首级五千,俘虏二千余人,又夺得战船三百艘,"遂鼓行而东,以追奔寇,昼夜不息,沿淮城栅,所至皆下"。当月底,大军攻抵泗州(今江苏泗县)。赵匡胤马不停蹄,"乘势麾军焚廓门,夺月城",第二天就攻克了这座军事重镇。濠、泗既下,周军再无后顾之忧。

十二月初,周世宗兵分二路,一路由他本人领亲军沿淮河北岸前进,另一路由赵匡胤统步骑沿南岸前进,两路大军"夹河而行",

---

① 《宋史》卷1《太祖本纪一》云:"冬,从征濠、泗,为前锋。"

共同追赶逃跑的唐兵。当时淮河两岸因久无行人,芦苇丛生、沟壑纵横,但周军上下士气高昂,奋勇向前,"军行鼓噪之声,闻数十里"①。行至楚州附近,又生擒南唐军七千余人,夺得战舰三百多艘。战斗快结束时,发现前有数艘南唐的大船正在"顺流而逸",北岸的周世宗与南岸的赵匡胤几乎同时冲出队伍,率骁骑数匹,穷追数十里,最后终于由赵匡胤赶在前头,生擒了躲在船上的南唐保义军节度使、江北濠、泗、楚、海诸州都应援使陈承昭。这是第三次攻伐南唐所俘获的职衔最高的将领。自此以后,后周军队"势如雷震烈焰",赵匡胤在麾下骑兵们高唱蕃歌"檀来也"②的欢呼声中,连下楚、海、扬、泰等七八州军。

显德五年(958)春,周世宗亲临江边的迎銮镇(今江苏仪征附近),摆开了渡江的架势。赵匡胤依然是先锋,弃马上船,直抵长江南岸,焚烧了南唐兵营栅栏。这是五代以来中原王朝的大将第一次领兵登上江南的土地,赵匡胤率水军彻底控制了长江江面。南唐皇帝李璟困蹙无路,只能同意周世宗第一次南征时所提出的条件:把江北十四州的土地全部割让给后周,双方划长江为界,南唐并奉周正朔,每年输贡物十万。三月初,和议正式签订。

至此,前后持续达二年零四个月的"三征南唐",终于以后周的全面胜利而宣告结束。

三征南唐,是一场硬仗,也是决定五代十国历史走向的分水岭,彻底改变了后周、南唐、后蜀"三国鼎立"的政治格局。是役,南唐丧师失地,版图缩小三分之一,士卒损失高达十万,将领被俘者近百人。南唐从此一蹶不振。中原王朝则一扫晋、汉以来的颓势,不仅夺取了江淮间十四州、六十四县的富庶土地,以及二十二

---

① 《旧五代史》卷117《周世宗本纪四》。
② 《五国故事》卷上云:"周师未南征,而淮南市井小儿普唱曰:'檀来也。'众颇怪之。及扬州建春门有鼋出于水次,众以为应矣。未几,王师入,先锋骑兵皆唱蕃歌,其首句曰'檀来也',方明其兆。"

万六千五百七十四户人口,而且重新掌握了统一战争的战略主动权。① 这是周世宗和后周将士齐心协力的结果,作为其中战绩卓著的一员,赵匡胤的贡献自不待言。

对赵匡胤的个人事业来说,三征南唐,也有着不容忽视的重要影响。

第一,赵匡胤在军中的地位和威信都上了一个大台阶。赵匡胤虽然在"高平之战"和"西征秦凤四州"中已崭露头角,但依旧受限于没有独立指挥作战的机会。在三征南唐中,赵匡胤统领的部队是后周战斗力最强的王牌部队,始终是独当一面,随时投入到战局最激烈的关键战场。赵匡胤在涡口、滁州、六合、泰州、寿州、紫金山等战役中,攻无不克、战无不胜:"淮南之役,今上(赵匡胤)之功居最"。② 在这些激烈的战斗中,他或是攻如猛虎,以少胜多;或是示弱诱敌,不动如山;或是料敌如神,巧妙设伏;其军事才华发挥得淋漓尽致。经过战争的洗礼,赵匡胤已经成长为当时最优秀的军事家之一。

战争是英雄的主舞台,同时战争也不断地推出新的英雄。一征南唐后,意气风发的赵匡胤三十岁建节(定国军节度使),升任殿前都指挥使,成为后周禁军实力派人物之一。二征南唐后,他由定国军节度使平调为义成军节度使。三征南唐后,他平调为忠武军节度使,"及是命之降,虽云酬勋,止于移镇而已,赏典太轻,物议不以为允"③,反映了军中将士对赵匡胤的支持已形成了较大气候。

与此同时,赵匡胤还凭借诸如"单骑力擒皇甫晖"、"二千大破二万"、"拥马颈突阵而入"等武术传奇,博得了"所向无敌"的美

---

① 参见李明:《后周与南唐淮南之战述评》,《江西社会科学》2001年第4期;朱寅:《后周南唐寿州之战及其历史地位》,《皖西学院学报》2008年第4期。
② 《旧五代史》卷118《周世宗本纪五》。
③ 《旧五代史》卷118《周世宗本纪五》。

名,成为三军崇拜的英雄将帅。

战争中的两军拼杀与武术的小范围格斗既有区别,又有联系,如古人所言:

> 开大阵,对大敌,比场中较艺、擒捕小贼不同。堂堂之阵,千百人列队而前,勇者不得先,怯者不得后。丛枪戳来,丛枪戳去,乱刀砍来,乱杀还他,只是一齐拥进,转手皆难,焉能容得左右动跳?一人回头,大众同疑;一人转移寸步,大众亦要夺心,焉能容得或进或退?平日十分武艺,临时如用得五分出,亦可成功;用得八分,天下无敌;未有临阵用尽平日十分本事,而能从容活泼者也。①

所以,在冷兵器时代,个人的武功高强若能与军队战斗力相互结合,"用得五分出,亦可成功;用得八分,天下无敌",可足以对一场战役的结果起到决定性的作用,也足以使他在三军中成为"传奇"和"偶像"②。

第二,随着军中威望的提高,赵匡胤已有条件并有意识的结交文臣谋士。其中有两件事情对他后来的事业影响深远。一是结交到著名文臣窦仪,二是初会"佐命元勋"的赵普。

---

① (明)戚继光:《纪效新书》卷1《纪效或问》,中华书局1996年版。
② 赵匡胤的"武术"功底,宋代史书中有明确记载。例如,他的箭术就非一般军人可比,《长编》卷2建隆二年十一月条、《宋史》卷1《太祖本纪一》、《长编》卷16开宝八年八月条,均有"上亲射走兽,矢无虚发"的具体记载。宋太祖本人还著有《射法》,并曾经亲自把它传授给枢密使李崇矩之子李继昌。直到北宋后期,《射法》仍是与军中的《剑诀》并称的著名骑射著作,宋徽宗朝的官员张舜民在《画墁录》中记载说,按《射法》练习,就能够"搦折弓弝,绝力断弦,踏翻地面,射倒箭垛",显然这也是一种经过武术修炼得来的功夫。另据武术史专家研究,能够体现赵匡胤武术造诣的还有他的棍术和拳术。棍术方面,据传赵匡胤创有"腾蛇棍",也称为"太祖棍"、"蟠龙棍"、"九龙棍"等,"古今棍法,以'赵太祖腾蛇棍为第一'"。"自宋艺祖皇帝留棍法三十六路于少室山少林寺,遂以棒法开山,知棒法始赵太祖也。"元末施耐庵《水浒传》楔子曰:宋太祖"英雄勇猛,智量宽洪。自古帝王,都不及这朝天子。一条杆棒等身齐,打四百座军州都姓赵。"拳术方面,据传有三十二式的"太祖长拳"。参见马明达:《武术史上的宋太祖》,《文史知识》2000年第7期。

窦仪,蓟州渔阳(今天津蓟县)人,算是赵匡胤的同乡。当时官至知制诰、翰林学士,并判行在三司事。赵匡胤攻下滁州后,他奉世宗之命前来"籍其府库",即清点封存滁州官府原有的各种物资储备。赵匡胤作为驻军统帅,曾派亲兵支取过府库中的绢帛,遭到窦仪的批评:

> 太祖皇帝(赵匡胤)遣亲吏取藏中绢。仪曰:"公初克城时,虽倾藏取之,无伤也。今既籍为官物,非有诏书,不可得也。"太祖皇帝(赵匡胤)由是重仪。①

窦仪当时已进入后周大臣的行列,赵匡胤尽管是军中大将,但官位、资历尚都在窦氏之下。所以,滁州相会时,所谓"太祖皇帝由是重仪",对窦仪并无多大意义,倒是对赵匡胤来说,能够结交到窦仪意义更大。因为,尽管赵匡胤在军中已有深厚根基,但同中枢文臣们的联系机会却并不很多。而窦仪不仅个人以"学问优博,风度峻整"享誉士林,窦氏家族也是首屈一指的文人世家,其弟俨、侃、偁等皆相继登科,"当时号为窦氏五龙"②。窦仪与后周宰相范质相交素厚。从后面的章节中我们可以看出,这一点对赵匡胤最终能够"黄袍加身"起到了十分关键的作用。

赵普(922—992),幽州蓟(今北京市)人,同赵匡胤有同乡之谊,他大赵匡胤五岁,此前已有十年藩镇幕府游幕的生活,精于吏道,多谋善断。关于两人的初识,《资治通鉴》卷二百九十二记载:

> 初,永兴节度使刘词遗表荐其幕僚蓟人赵普有才可用。会滁州平,范质荐普为滁州军事判官,太祖皇帝(赵匡胤)与语,悦之。时获盗百余人,皆应死,普请先讯鞫然后决,所活十

---

① 《资治通鉴》卷292显德三年二月条。胡三省在注中曾有如下评价:"窦仪有守"、"太祖之识度,岂一时将帅所能及哉!"、"太祖重窦仪,奇赵普,皆在潜跃之时。普自此为佐命元功,仪乃为普所忌而不至相位。"又见《东都事略》、《宋史》窦仪本传。
② 《宋史》卷263《窦仪传》。

七八。太祖皇帝益奇之。①

由于后来赵普成为辅助赵匡胤开创北宋王朝的最核心人物,因而在宋人文献中对其二人的早期交往有许多传奇性的描述,如《默记》卷上记赵普献策赵匡胤而破滁州;《孙公谈圃》卷上载赵普曾在赵匡胤家为教书先生;《续湘山野录》说赵匡胤、赵普、赵光义三人同游长安而巧遇陈抟;《丁晋公谈录》云赵匡胤四处流浪时,赵普曾从之游;等等。这些记载中演义成分居多,不能完全当作信史。不过,赵普在刘词幕府时的同僚楚昭辅、王仁赡等都先他归于赵匡胤,如楚昭辅,"词卒,事太祖,隶麾下,以才干称,甚信任之";王仁赡,"词将卒,遗表荐仁赡材可用。太祖素知其名,请于世宗,以隶帐下",皆已成为赵匡胤幕府中的心腹。他们向赵匡胤介绍、推荐赵普,赵匡胤对赵普的才干已早有所耳闻,都是很有可能的。②

赵普得遇于赵匡胤,还有一件偶然的机缘,《东都事略》卷二十六《赵普传》云:

> 时宣祖(赵弘殷)将兵抵滁上,得疾,普躬视药饵,朝夕无倦。宣祖愧其情,与讲同家之好。③

通过服侍赵弘殷,赵普同赵匡胤及其家人的感情上了一个大台阶。赵匡胤当年十月升任匡国军节度使,遂表荐赵普为节度推

---

① 事又见《东都事略》、《宋史》赵普本传、《五朝名臣言行录》卷1、《厚德录》卷3,等等。宋太宗御制《太师魏国公尚书令真定王神道碑》记其事云:"顷自我太祖从周世宗南平淮甸,水陆兼行,龙虎震感;号令始发,捷如影响,冥契神人。是时,擒其伪将皇甫晖于滁上,王时为郡之参佐,断事明敏,狱无冤者。太祖闻名,召见与语,深器之。"见《宋朝事实》卷3。

② 参见张其凡:《赵普评传》,北京出版社1991年版,第24页。

③ 《宋史》卷256《赵普传》载:"宣祖卧疾滁州,普朝夕奉药饵,宣祖由是待以宗分。"赵普本人后来在《谏太宗皇帝伐燕札子》中回忆当时情形是:"伏自宣祖皇帝滁州不安之时,臣蒙召入卧内;昭宪太后在宅寝疾之日,陛下唤至床前。念以倾心,皆曾执手,温存抚谕,不异家人"、"礼虽限于君臣,恩实同于骨肉"(《邵氏闻见录》卷6)。

官,开始了两人亲密合作、"化家为国"的历程。

第三,与主动交结文臣谋士相一致,赵匡胤在三征南唐的过程中还养成了喜欢读书的习惯。这又使他成为那个时代文化素养最高的优秀将帅。《长编》卷七乾德四年五月条曾记载了这样一则故事:

> 上性严重寡言。独喜观书,虽在军中,手不释卷。闻人间有奇书,不吝千金购之。显德中,从世宗平淮甸,或谮上于世宗曰:"赵某下寿州,私所载凡数车,皆重货也。"世宗遣使验之,尽发笼箧,唯书数千卷,无他物。世宗亟召上,谕曰:"卿方为朕作将帅,辟封疆,当务坚甲利兵,何用书为!"

故事的结尾很精彩,是赵匡胤对周世宗疑虑的回答:

> 臣无奇谋上赞圣德,滥膺寄任,常恐不逮,所以聚书,欲广闻见,增智虑也。

此番对话中,周世宗的"何用书为"与赵匡胤的"独喜观书",展现了两人之间的差距。赵匡胤比周世宗更有深谋远略,他能在军务繁忙之中,收购书册达"数千卷",这是一个惊人的数量,说明读书、藏书已经成为他生活中不可分割的一部分,与同时代的武将相比,赵匡胤表现出了作为优秀军事家的更高境界。

第四,赵匡胤虽然在战争中起家,但经过两年多的大战,他对战争的残酷性以及给民众带来的苦难,反而有了较深刻的认识。尤其是南唐楚州遭到屠城时的惨状,深深地刺痛了赵匡胤。《曲洧旧闻》卷一记载说:

> 太祖皇帝从周世宗取楚州,州人力抗周师,逾时不下。既克,世宗命屠其城。太祖至此巷,适见一妇人断首在道卧,而身下儿犹持其乳吮之。太祖恻然,为返命,收其儿,置乳媪鞠养巷中。

在北宋开国后的南征北战当中,赵匡胤始终注意约束众将,严禁肆意杀戮,与他的这段经历不无关系。这也从一个侧面说明,经过了战争的洗礼,赵匡胤不但成为万人瞩目的军事统帅,同时,他也学会了从政治家的角度思考战争。

总之,三征南唐是赵匡胤人生的一个重要转折点,也是他后来帝王功业的一个重要起点。正是为了纪念这一起点,赵匡胤的侄子,北宋第三位皇帝宋真宗特别在首征南唐的主战场滁州盖起了一座庙宇,并将其大殿命名为"端命"。宋人王铚在《默记》卷上解释说:

> 太祖历试于周,功业自此而成,王业自此而始,故号端命。

第三章 "陈桥兵变"与"杯酒释兵权"

第一节 三封节度使与"点检作"

三征南唐后,赵匡胤改任忠武军节度使①。初征南唐因战功被提升为定国军节度使,二征南唐胜利后被授为义成军节度使,这已是赵匡胤第三次获授节度使了。

节度使初设于唐睿宗景云二年(711),是掌管某些边关重镇的最高军事长官,以后逐渐推广,至唐玄宗开元年间(713—741),"朔方、陇右、河东、河西诸镇,皆置节度使"。这些节度使不但掌握了唐朝的主要兵力,而且还把所在驻地的民政、财赋之权抓到手里:既有其土地,又有其人民,又有其甲兵,又有其财赋,很快发展成为强大的地方割据势力。天宝十四年(755),惊天动地的"安史之乱"就是由身兼范阳、平卢、河东三镇节度使的安禄山发起的。而当时的唐中央政府兵力寡弱,只好依靠其他节度使的兵力来平定这场叛乱。结果安史之乱虽被平定了,但节度使的势力却更为膨胀,其地位也愈加显赫,"武夫战将,以功起行阵为王侯者,皆除

---

① 忠武军,前身为唐乾元二年(759)所建郑陈节度使,领郑、陈、亳、颍四州,贞元二年(786),以陈州和许州新建陈许节度,治许州,贞元二十年(804),赐军名为忠武军。忠武军建镇后,颇得朝廷重用,《资治通鉴》卷 247 会昌三年(843)八月条载李德裕言"忠武累战有功,军声颇振";卷 255 中和三年(883)六月条载黄巢困陈州,陈州刺史赵犨在鼓舞守军士气时也说:"忠武素著义勇,陈州号为劲兵。"张国刚将忠武军列为唐代藩镇中的"中原防遏型"藩镇,具有重要的战略地位。黄巢兵败之后,忠武军势力受挫,地位有所下降,但在整个五代时期,仍是中原地区举足轻重的力量(参见张国刚:《唐代藩镇研究》增订版,中国人民大学出版社 2010 年版)。

节度使"①。节度使遂成为武臣的最高官衔。所以获封节度使,也就意味着位极人臣,再进一步,就只能是做天子了。故唐末五代,凡称王称帝者,无论成功与否,无一例外都是节度使出身。

显德五年(958)的忠武军节度使赵匡胤,正是处于这样一个历史大环境之下,在离皇位不过一步之遥的节度使位置上坐了两年多了。以贡献而论,他自以为无愧于获致这样的位秩;环顾朝中文武同僚的才干器识,似乎也少有与自己相侔者。可自己一而再,再而三,已经是三度官拜节度使了,难道前程就到此为止了吗?赵匡胤内心已隐然有所不足了。

他自然不会忘记十年前商丘高辛庙内求神问卜的情形。那种事情,对他来说固然不会全信,恐怕也不会不信。无论如何,既然已经做了节度使,离当年"圣筊"上的"大吉之象"不也只有一步之遥吗?赵匡胤做了皇帝以后曾经说过:

> 帝王之兴,自有天命,求之亦不可得,拒之亦不能止,周世宗见诸将方面大耳者皆杀之,然我亦终日侍侧,不能害我。②

这番话若不是事后吹牛的话,那就是说,他早就将自己划为应为天下主的"方面大耳"之列了。

其实,这也没有什么奇怪的。五代时期,终究是一个"天下之称帝称王者,如春雨之蒸菌,不择地而发"的年代,"主无恒尊,臣无恒卑","旦北面(早上北面称臣),而夕黼扆(晚上黄袍加身)",一切都以势力和机遇的转移而转移。清人赵翼在《廿二史札记》中专立"五代诸帝多由军士拥立"一节,指出五代时期,依靠武力而政变成功者:

> 至宋朝已第四帝矣。宋祖之前有周太祖郭威,郭威之前有(后)唐废帝潞王从珂,从珂之前有(唐)明宗李嗣源,如一辙也。

---

① 《新唐书》卷50《兵志》。
② 《长编》卷1建隆元年十二月条。

至于"拥立而未成者",则达数十起之多。赵翼因而感叹说:

> 古来僭乱之极,未有如五代者,开辟以来一大劫运也。①

总之,当时是一个"五帝三王之衣冠礼乐,驱以入于狂流"的时代,君臣伦理观念极为淡薄,人们一旦有了一定的地位、一定的势力和适当的机会,就会变生异图。赵匡胤生逢乱世,出身于"不以周礼名教为归宿"的河朔武将世家,他本人又是一个不安现状的人,当年一文不名时,尚敢祈祷可否做天子,难道现在做了离天子不过一步之遥的节度使后,反而会安分守己,甘居人下了吗?

这种心态其实还有着更深刻的社会历史背景。唐末五代时期,魏晋以来影响中国长达数百年之久的门阀政治彻底终结,关于这一点,学术界已有较为一致的认识,史料中所谓"五代以还,不崇门阀"②,"自五季以来,取士不问家世,婚姻不问阀阅"③等等,也都准确地反映了上述变化。随着门阀政治的终结,以往那种"上品无寒门,下品无世族"、"士庶天隔",即由世家大族世代垄断政权的局面完全改变,封建政权的开放程度大大提高。这就为一般的庶族阶层,甚至更为贫寒的社会底层成员提供了风云际会的机缘。

所以,与汉魏之际和隋唐之际的"乱世英雄"多为名门豪强不同,唐宋之际的"乱世英雄",则几乎全是出身贫寒、"起家低微"的社会底层成员,如后周太祖郭威出身贫寒,绰号"郭雀儿",他从普通士兵做起,十余年后,竟成为后周的开国皇帝。再如后梁太祖朱温,后唐明宗李嗣源,后晋高祖石敬瑭,后汉高祖刘知远等五代帝王,或出身于"牧猪"之家,或从小就为战争流浪儿,不但"素无家世",有的甚至于连姓氏都不知道。"十国"的皇帝国主亦大致如

---

① (清)赵翼著,王树民校证:《廿二史札记校证》卷21,中华书局1984年版。其实后梁末帝朱友贞也是通过兵变夺取帝位的。

② (明)胡应麟:《少室山房笔丛》庚部卷30,中华书局1958年版。

③ (宋)郑樵:《通志》卷25《氏族略第一》,中华书局1987年版。

此。至于将相大臣,也几乎是清一色来自寒门贫贱之家。如赵匡胤的亲家魏仁浦,"幼孤贫",后晋末才谋得"枢密院小吏"之职,由于他敏于政事,善待机遇,十几年间,即由小吏而升为宰相兼枢密使,实现了其"贵达"的梦想。这一批新时代的帝王将相,在其发迹变泰之前,家世背景、宗族凭依可谓一片空白,但他们活跃、进取、冒险、投机,渴求富贵,不甘寂寞,也乐于和善于乱中图变,进而创造出大大小小白手起家的"奇迹"。

与此相呼应,五代时期的社会心理和价值观念也发生了一些新的变化:推崇白手起家、自我奋斗(少提一剑去乡里,四十年后将相还),看重个人的才干、功业,而门第、血缘、家世观念则甚为淡漠。这又直接冲击了"真命天子"、"君权神授"之类的观念:

> 天子,兵强马壮者当为之,宁有种耶!①

五代军阀安重荣这句颇为豪横跋扈的名言,其实也从另一个角度表述了一个比"王侯将相宁有种乎"更为激进的观念。南汉皇帝刘岩虽偏居两广"洪荒之地",但也明确宣称:

> 中原纷纷,孰为天子?

在刘岩看来,本无"真命天子",皇帝人人可做,自己又为何不可?这正是五代十国时期一种较为流行的心态。在这种心态的驱使下,"天下之称帝称王者,如春雨之蒸菌,不择地而发……延及石、刘(石敬瑭、刘知远)之际,无人不思为天子矣"。

这种情形固然与"乱世"有关,但却又不完全是"乱世"的产物。同为"乱世"的汉魏之际,飞扬跋扈、兵众将广者夥矣,而敢贸然称帝者却少见其人。奸雄豪横如曹操,亦视称帝为畏途,不敢"踞于火炉之上",至曹丕篡汉,则是积父子两代之功方敢为之。反观唐末五代,"苟有万人之众,万金之蓄,一旦蹶起,而即褎然南

---

① 《旧五代史》卷98《安重荣传》。

面"①,表现出的正是挣脱了血缘门第观念之后的一种社会性亢奋。

中唐以来,节度使所以能"专地以抗上令,喜怒叛服于晷刻",一方面是因为他们本身"既有其土地,又有其人民,又有其甲兵,又有其财赋",另一方面则是因为中央王朝本身的力量,特别是军事力量过于薄弱,内外失去平衡。五代朱温以宣武节度使的身份废唐建梁后,原属于宣武镇的兵力就很自然地跟随他进驻京城,成为中央禁军的一部分。同时,为了巩固皇位,防止其他节度使仿效自己,依样画葫芦地起兵称帝,他也大力扩充中央禁军,使其兵力骤增至二十余万人。这就使得原来比较薄弱的中央禁军得到了加强。随着五代政局的频繁更替,一个接一个的节度使做了皇帝,他们不但继承了前一位皇帝留下的禁军遗产,还带来了自己做藩镇时的嫡系部队。这样,中央禁军"累朝相积",兵力逐渐扩大,到五代后期,已有不下三四十万之多,力量远远在各地方藩镇之上。这就意味着节度使们一旦掌握或利用了中央禁军,其活动能量则可能成倍增长。刘知远的废晋建汉、郭威的废汉建周,就是在这种情况下发生的。②

赵匡胤当时就处在这样一个有利的位置上。

滁州之战后不久,他被授为定国军节度使,同时也由禁军中的殿前都虞候被提拔为殿前都指挥使。此后他虽然又被拜为义成军节度使、忠武军节度使,但殿前都指挥使的职务一直未免,始终在禁军殿前司中任职。前面已经讲过,后周的禁军分为侍卫司和殿前司两大系统。侍卫司是老牌禁军,战斗力不强;而殿前司则是在高平之战后正式组建的,兵员虽然不如侍卫亲军司多,但由于赵匡胤的精心选练,"精壮则过于侍卫亲军司"。因此,掌握了殿前司,

---

① (清)王夫之:《读通鉴论》卷30。
② 聂崇岐:《论宋太祖收兵权》,《宋史丛考》上册,中华书局1980年版,第268页;张其凡:《五代禁军初探》,第91—94页。

实际上就掌握了后周禁军的主力。殿前司的最高长官为"殿前都点检",其次为"殿前副都点检",再次为"殿前都指挥使"、"殿前副都指挥使"及"殿前都虞候"。滁州之战后,赵匡胤由"殿前都虞候"破格越过"殿前副都指挥使"而被提拔为"殿前都指挥使",成为殿前司的第三统帅。不过,当时由于"殿前副都点检"缺员①,所以赵匡胤实际上是殿前司中地位仅次于"殿前都点检"张永德的第二号人物。

张永德出生于山西的一个富豪世家。五代时期,战事频繁,军费筹措是一件大事,许多"家世饶财"的豪强就被选调到军中负责此事。这其中有些人由于"调给不及"而倾家荡产,但也有"长于"调度者,不但使军队"府财有余",而且还使本身的势力渗透到军队之中,在军中占有特殊的地位。张永德的父亲就是后一种人。由于这种关系,张永德在军队中一直有着特殊的影响。在郭威称帝前,他父亲就同郭威结为姻亲,郭威将女儿嫁给了张永德。郭威称帝后,张永德也随之飞黄腾达,以当朝驸马的身份兼任殿前都指挥使,当时他不过二十四岁。三年后,他又因高平之战时与赵匡胤"励兵分进"而获封武信军节度使(而赵匡胤却要等三年后才得到节度使的头衔)。滁州之战后,赵匡胤被提升为殿前都指挥使,两个月后,张永德就被提升为殿前都点检,成为后周殿前司的第一任最高统帅。由此可见,张永德主要是凭借着上层关系而在禁军中占据高位的,虽然他也有一些才能和功绩,但并不突出,相应的,在

---

① 张荫麟《宋朝的开国和开国规模》一文根据《旧五代史》卷120《恭帝纪》的记载,认为周世宗在世时,殿前副都点检为慕容延钊(《张荫麟文集》,教育科学出版社1993年版,第542—555页)。其实,《旧五代史》中的记载是错误的。周世宗初期,殿前司虽然设有殿前都点检、殿前副都点检之职,但长期缺员。当时的最高长官是殿前都指挥使张永德。显德三年(956)十月,赵匡胤以战功升任殿前都指挥使,遂与张永德并为殿前司诸军最高统帅;十二月,张永德升为殿前都点检,至此后周才有任殿前都点检者,至于殿前副都点检则仍然空缺。慕容延钊为殿前副都点检是在周恭帝即位以后,当时赵匡胤已升任殿前都点检。

后周禁军中的威望也并不是很高,其根系也没有扎到基层。

一般说来,出身富贵而又一帆风顺的人,在官场的作风上或表现为狂妄蛮横,自高自大,纨绔气十足;或表现为安然自信,宽缓优游,世家风范俨然。张永德就比较偏重于后一方面。他自己并无赵匡胤的那种勃勃雄心,但对赵匡胤的奋发有为却也并不嫉妒。高平之战后,他虽然也立了战功,但在周世宗面前却极力称赞赵匡胤的才干。自此以后,赵、张二人结下了很亲密的友谊。滁州之战后,二人作为殿前司的正副统帅,不仅彼此敬重,而且配合默契。论地位,张永德自然是高于赵匡胤的,但论才干和业绩,张永德则要略逊一筹。在许多合兵进击的场合,起决策者作用的往往是赵匡胤,对此,张永德并不介意。《宋史》卷二五五《张永德传》中说,张永德在淮南曾结识了一个善于预言未来吉凶的书生,这个书生预言赵匡胤将来要做皇帝,"以故永德潜意拱向",对赵格外尊敬[①]。这一记载虽有野史色彩,但也可以大致反映出张、赵二人早期的密切关系。其实,并不是每一个置身官场中的人都是政治动物,张永德对赵匡胤的友好也不一定有"潜意拱向"的政治目的,有可能只是缘自对其才能的欣赏。

与张永德不同,赵匡胤在禁军中的统帅地位则主要是靠才能和战功确立的。三征南唐中,赵匡胤之功"居最",但战事结束后,他依旧为殿前都指挥使,"赏典太轻",将士们都为此而不平,认为有欠公允。军队毕竟是一个受过血与火考验的团体,才干在这里比其他地方能够受到更为公正的评价。这也意味着赵匡胤在军中

[①] (宋)王曾《王文正公笔录》则详细记载为:"周朝驸马都尉张永德,轻财好施,喜延接方士。尝遇一异人,言及时事,且曰:'天下将太平,真主已出。'永德曰:'其谁乎?'答曰:'天意所造,安能识诸?然而有一事庶几可验。公或睹紫黑色属猪人,善战果于杀伐者,善待之。'永德尝阴自求访。及太祖皇帝勋位渐隆,永德因潜识帝之英表,问其岁在亥,永德叹骇其事,倾身亲附,相得甚欢。凡己之所玩好资用,子女、玉帛,必先恣帝择取,有余乃以自奉"(《全宋笔记》第1编第3册)。《龙川别志》卷上也有类似的描述。

的威望远远超过了张永德。

赵匡胤是从普通小校一步步升上去的,再加上高平之战后,他又主持了禁军的整顿和殿前司的创建,所以在禁军中的根基扎得很深,特别是在殿前司系统中,从上到下都有他的至交、心腹,这一点更是张永德所不及的。

总之,无论是从才干、威望,还是从实力上看,身为殿前司第二统帅的赵匡胤都超过了第一统帅张永德。三征南唐后,赵匡胤实际上已经基本控制了殿前诸军。

这样,赵匡胤一方面是"位秩崇高"的节度使,一方面又掌握了后周禁军的实权,集威望、权力、实力于一身,成为后周朝廷举足轻重的人物。

前面已经说过,三征南唐后,赵匡胤还特别注意交结与网罗谋士。除赵普外,王仁赡、楚昭辅、李处耘等也都是在这一时期被他罗致在麾下,并很快成为他的亲信幕僚。这四人当中有三人是原永兴军节度使刘词的幕僚。刘词于显德二年(955)病逝,次年赵匡胤受封为节度使,马上就把刘词留下的三个能干的幕僚握到了手中,可见他当时罗致幕僚的心情是多么的急切。

自然,赵普等人也是看中了赵匡胤那非同小可的势力和未可限量的政治前程,才投奔在他的幕下。如赵普,本来就是一个热衷于荣华富贵的人:

> 韩王普初罢陇州巡官到京,至日者王勋卜肆问命,次帘下,看范鲁公(宰相范质)驺殿稍盛,叹曰:"似此大官,修个甚福,来得到此?"[1]

滁州之战后,赵匡胤"威名日盛",成为内外瞩目的人物,恰好赵普由范质推荐至滁州任军事判官,他抓住这一时机,极力向赵匡胤靠拢。而赵匡胤这时对自己的前途也有了新的考虑,《资治通鉴》在

---

[1] (宋)丁谓:《丁晋公谈录》,《全宋笔记》第1编第4册。

叙述完滁州之战后,曾大有深意地插入了这样一段记载:

> 太祖皇帝(指赵匡胤)威名日盛,每临阵,必以繁缨饰马,铠仗鲜明。或曰:"如此,为敌所识。"太祖皇帝曰:"吾固欲其识之耳!"①

如此耀武扬威,活画出了赵匡胤此时高调、自信的心态。于是,一个大旗招展,一个热衷赴势,在赵匡胤被提升为定国军节度使后,赵普就以节度使掌书记②的身份正式成为他的幕僚。赵匡胤做皇帝后曾把他们的这种结合称之为"风尘中识得天子、宰相"③,这倒也颇为点睛地道出了当年他们那种幕主、幕僚关系的实质。再看《宋史》卷二五七《楚昭辅传》的记载,对这一点就更清楚了:

> 初,词卒,昭辅来京师,问卜于瞽者刘悟。悟为筮卜,曰:"汝遇贵人,见奇表丰下者即汝主也。宜谨事之,汝当贵矣。"
>
> 及见太祖(赵匡胤),状貌如悟言,遂委质焉。

显而易见,楚昭辅也是经过一番选择后才"委质"于赵匡胤幕下的,而选择的标准,或者说是主要的标准,自然不会是赵匡胤的"奇表丰下",而只能是他那左右政局的势力和未来那"贵"不可言的地位。

自从将赵普等人罗致为幕僚后,赵匡胤的势力在他们的"参谋集议"下又有了进一步的发展。

赵普为人"厚重有识",平素不轻为言,但言必有中,"能断大事",对繁纷复杂的政治形势有很强的洞悉力。赵匡胤对他的见解常常赞叹不已,称为奇言。更重要的是,赵普与当朝宰相范质有着密切的联系,这使赵匡胤可以更准确地了解到朝廷上层文臣的动向。

与赵普的"沉厚寡言"不同,王仁赡则是一个慷慨莅事,风头

---

① 《资治通鉴》卷292显德三年二月条。
② 掌书记,从八品,掌藩镇军政、民政。
③ 《宋史》卷256《赵普传》,又见《丁晋公谈录》。

颇健的人物。他"少倜傥,不事生产",对政治有着特殊的兴趣,当时名气就很大。赵匡胤"素知其名"①,刘词死后,马上就将他罗致在幕下,虽然从以后的政绩看,这个人有些志大才疏,难任繁剧,但他当时那种激昂的热情却是旁人无法比拟的,他的入幕,使得赵匡胤集团更添了几分朝气。

楚昭辅的名气虽然远不如王仁赡,但其才干却不在王仁赡之下。他虑密思周,办事细致妥帖,赵匡胤"甚信任之"。难得的是,楚昭辅对天文星象还有些研究,口才又很好,讲起"天人之际"来头头是道,颇具宣传鼓动的才能。他的这方面才能在"陈桥兵变"时就得到了充分的发挥,当时许多"天命当归"之类的舆论,就是他加工或制造的。

与赵普等三人只做过刘词的幕僚不同,李处耘则是一位"数入幕府"的老资格,有着极为丰富的经验。五代时期,政治活动的中心在于军事,李处耘久居幕职,参营军务,其弓马娴熟,深通韬略自不必说,更难得的是他与军队将领那种感情上的交融,这使得他在辑和将佐、鼓噪兵士方面有着他人难以企及的才能。后来"陈桥兵变"时,士兵鼓噪拥立赵匡胤的好戏,就是由他与王彦昇、马仁瑀、李汉超几个中下级军官商定后导演的②。

除上述四人以外,赵匡胤的主要幕僚还有刘熙古、吕余庆、沈义伦等人,都是能力很强的精干人才。

总之,三征南唐后,赵匡胤羽翼已成。一方面,他掌握了后周禁军主力——殿前司的领导权,纠集了一批执鞭随蹬、听任驱策、甘效犬马之劳的亲信将校;另一方面又罗致了赵普、王仁赡、楚昭辅、李处耘等一批将自家前途荣辱全系于幕主成败之上的心腹幕僚。虽然他们本身并没有多少政治和军事上的势力,但他们都有

---

① 《宋史》卷257《王仁赡传》。
② 《宋史》卷257《李处耘传》。

着比常人更为实际的价值取向和行为标准,即以幕主的既定目标为趋,而不管这一目标是否与正统观念相悖离。在他们的积极活动下,赵匡胤"由节度使而天子"的野心迅速膨胀起来。

赵匡胤要实现他的雄心,也不是没有障碍。

首先,在位的周世宗并不是一个平庸之主,他的才识和气魄在五代诸帝中罕有匹敌者。高平之战中"违众议破北汉"后,周世宗"自是政事无大小皆亲决,百官受成于上而已"[①]。随着西取后蜀四州和三征南唐的胜利,他的威望更是达到了鼎盛。客观地讲,他是赵匡胤通往权力顶峰之路上一个几乎无法逾越的障碍。

其次,赵匡胤的势力主要在军队。他手下的文职幕僚,并非正式文官,在朝廷中没有地位。虽然因赵普的关系,宰相范质对赵匡胤势力的发展无意中还能起到一些保护甚至是促进作用,但这种作用却很有限,因为当时后周朝廷中掌握实权的文臣是王朴而不是范质。王朴是周世宗称帝前的幕僚之一,周世宗即位后,他又因上《平边策》而受到周世宗的重用,三征南唐时,王朴留守东京,"京邑事务,悉以便宜处之"[②],成为周世宗最为信任和倚重的大臣,周世宗甚至把后周的命运与王朴联系在一起,说"朴在则周在"。王朴不但才识过人,而且政治嗅觉敏锐,洞察力极强,宋初文学家王禹偁写诗称赞王朴说:

> 凭案读古书,箕踞视太祖……马前拜侯伯,阶下列椹斧。
> 叱咤气生风,将校汗如雨……世岂乏贤良,才难具文武。[③]

他居于"本兵之地"的枢密院,对武将具有较强的控制力。"叱咤

[①] 《资治通鉴》卷292显德元年五月条。
[②] 《默记》卷上引《闲谈录》云:"朴植性刚烈,大臣藩镇皆惮之。世宗收淮南,卑朴留守。时以街巷隘狭,例从展拓,怒厢校驰慢,于通衢中鞭背数十。其人忿然叹云:'宣补厢虞候,岂得便从决!'朴微闻之,命左右擒至,立毙于马前。世宗闻之,笑谓近臣云:'此是大愚人,去王朴面前夸宣补厢虞候,宜其死矣。'"
[③] (宋)王禹偁:《小畜集》卷4《怀贤诗之王枢密朴》,文渊阁四库全书本;又见《全宋诗》第24部。

气生风,将校汗如雨",写出了他在军队中的威望与威风,而"箕踞视太祖"则生动刻画出他在赵匡胤面前的颐指气使,因此赵匡胤对他是又敬又畏。

最后,从军事方面看,赵匡胤的势力主要在殿前司系统中,而后周禁军的另一系统侍卫,则由他的政敌李重进、韩通等人把持。李重进是周太祖郭威的外甥,而且还年长于柴荣。周太祖晚年无子,故李重进一度也有继承郭威之位的可能。周太祖临终前夕,招李重进入宫,命他以顾命大臣的身份跪拜柴荣,至此,才最后定下了柴荣、李重进二人的"君臣之分"。由于有了这一段纠葛,周世宗即位后对李重进的心理是微妙的,一方面不得不对他表示必要的尊崇,另一方面又对他存有戒心。高平之战后,张永德、赵匡胤出任殿前司的统帅,掌握了后周禁军的主力,而同样立有战功的李重进虽然也被提拔为侍卫司的最高统帅——侍卫亲军马步军都指挥使,地位要高于张永德,但因侍卫司是老牌禁军,"累朝以来,老少相半,强弱不分",其军力远不能同殿前司相比。这样,周世宗就利用对张永德和赵匡胤的提拔,巧妙地清除了可能存在的威胁。对周世宗的这种安排,李重进真实态度如何,历史上并没有留下明确记载,看来他并没有(或暂时不敢)公开对周世宗表示不满,但因此而迁怒于张永德、赵匡胤则是极有可能的。张、赵二人对李重进的迁怒,自然也不会示弱,双方于是各树派系,互相攻讦,渐成水火之势。①

在权力世界中,除了实力以外,机会往往也起着极为重要的作用。赵匡胤后来之所以没有为上述种种障碍所阻挡,如愿以偿地

---

① 由于张、赵控制了殿前司系统,而李重进则为侍卫司的统帅,双方的势力范围大体上也必然是以殿前司和侍卫司为限。所以我们说赵匡胤军事方面的势力主要是在殿前司系统内。关于这两大派系相互"不协"的情形,可参见邓广铭:《赵匡胤的得国及其与张永德、李重进的关系》,《东方杂志》1945年第41卷第21期。

登上了权力顶峰,正是实力、机会等因素综合作用的结果。

机会,出现在显德六年(959)。

这年三月,赵匡胤最为敬畏的王朴突发脑溢血而死。① 不久之前,赵匡胤还因处事不当而被王朴训斥得"耸然而出"②,现在他可以大大地松一口气了。王朴之死,无疑去掉了赵匡胤登上权力顶峰的一大障碍。

就在王朴去世后的一个月,周世宗决定向契丹所占领的北方燕云十六州用兵。这次北征,除张永德、赵匡胤率殿前司诸军随同周世宗一起行动外,一直远在淮南的李重进也被调往前线,统领侍卫司诸军。但李重进尚未赶到前线,周世宗就在赵匡胤、张永德统帅的几万轻骑的保卫下③,突袭辽兵,连下瀛、莫二州和莫州以北的淤口关、益津关二关,李重进只赶上了攻取瓦桥关(在今河北省雄县西南)的战役。

瓦桥关被攻克后,关南悉平,"凡得州三,县十七,户一万八千三百六十"④,北伐取得了初步胜利。五月初,周世宗在瓦桥关齐集诸军,大会众将,拟乘胜北上,攻取幽州城。幽州,是燕山脚下的第一军事重镇,城高池深,有重兵把守。后周军队此前虽然连下"三州三关"之地,但主要是因为这些地方的守将大多是汉人,他们望风迎降,后周军队基本上没有与契丹的主力部队交战。所以,此时攻打幽州是否可行,诸将心有疑虑,特别是殿前司诸军,将此前连下"三州三关"之地的功绩,看作为"不世之功",不愿再冒险,

---

① 《旧五代史》卷128《王朴传》载,"是日,朴(王朴)方过前司空李榖之第,交谈之顷,疾作而仆于座,遽以肩舆归第,一夕而卒,时年四十五",显系脑血管病而死。

② 《默记》卷上记载:"(王)朴在(枢)密院,太祖(赵匡胤)时为殿前点检(实为殿前都指挥使)。一日,有殿直冲节者,诉于密院。朴曰:'殿直虽官小,然与太祖比肩事主,且太尉方典禁兵,不宜如此。'太祖耸然而出。"

③ 《旧五代史》卷119《周世宗本纪六》:"时帝(周世宗)先期而至,大军未集,随驾之士,不及一旅,赖今上(赵匡胤)率材官骑士以卫乘舆。"

④ 《旧五代史》卷119《周世宗本纪六》。

以免前功尽弃。张永德作为殿前司的最高统帅,自然成了这种意见的代言人,这引起了周世宗对张永德的"不悦"。周世宗执意一战,急令先锋部队先进固安(今河北固安县),兵锋已迫近幽州近郊。

然而,就在这关键的时刻,周世宗于瓦桥关行营突然双乳间毒疮病发作。这应是带状疱疹之类的重疾,已经无法继续指挥作战,北伐遂就此半途而废。五月底,后周改益津关为霸州,瓦桥关为雄州,并征调丁夫构筑城堡,留兵戍守新得的关南之地。周世宗自己则率大军怅然班师。

周世宗病重,不得不考虑后事的问题了。在北伐期间,他曾莫名其妙地捡到一块长约二三尺的木牌,像求神问卜的器具一样被砍削成蚌壳形,上面写着"点检作"三个大字①。点检,是一般人对殿前司最高统帅殿前都点检的简称,自然是指张永德了。不过,木牌从何而来,"点检作"三字究竟是什么意思?由于当时忙于战事,他并没有深思。现在,病危中的世宗担心自己死后禁军会发动政变,推翻后周王朝,很自然地又想到"点检作"的木牌,对张永德也就不能不产生几分猜忌,以至于很快撤了张永德的职。

有关这一木牌的神秘出现,历来说法纷纭。有学者推测是殿前司系统的对手李重进等人干的,如邓广铭、李裕民都认为"显然是李重进一伙搞的鬼",意在陷害殿前司统帅张永德。但也有学者认为可能是赵匡胤派系所为,如蒋复璁说:"三尺木之来,实属可怪,代者为太祖,不是有很大的嫌疑吗?"张其凡说:"仔细分析起来,更有可能是赵匡胤派系干的。"顾吉辰则更加肯定地说:

---

① 《旧五代史》卷119《周世宗本纪六》载:"帝之北征也,凡供军之物,皆令自京递送行在。一日,忽于地中得一木,长二三尺,如人之揭物者,其上卦全题云'点检作',观者莫测何物也。"又见《宋史》卷1《太祖本纪一》:"世宗在道,阅四方文书,得韦囊,中有木三尺余,题云'点检作天子',异之。"

"'点检作'的木牌是赵匡胤一伙别有用心的人故意造谣惑众的伎俩。"①

但"点检作"的出现也有第三种可能。

周世宗从木牌出现到决心撤换张永德,中间有一个变化的过程。对此,《却扫编》卷上有一段非常重要的记载:

> 王铚言:周世宗既定三关,遇疾而还,至澶渊迟留不行,虽宰辅近臣问疾者,皆莫得见,中外恟惧。时张永德为澶州节度使,永德尚周太祖之女,以亲故,独得至卧内。于是群臣因永德言曰:"天下未定,根本空虚,四方诸侯惟幸京师之有变。今澶、汴相去甚迩,不速归以安人情,顾惮朝夕之劳,而迟回于此,如有不可讳,奈宗庙何?"永德然之,承间为世宗言,如群臣旨。世宗问曰:"谁使汝为此言?"永德对:"群臣之意皆愿如此。"世宗熟视久之,叹曰:"吾固知汝必为人所教,独不喻吾意哉?然吾观汝之穷薄,恶足当此!"即日趣驾归京师。

周世宗病重却逗留澶渊,个中存有深意自不待言。从世宗、张永德两人的谈话内容来看,最大的可能是世宗在考虑后事之际,联想到"点检作"的木牌,他的最初本意是干脆把皇位传给张永德。只是因群臣委婉地表示反对,再加上张永德在关键时刻表现得魄力不足,故而作罢。如此说来,则木牌的直接作用并非不利于张永德,反而起码曾经对其极为有利。

张永德、赵匡胤本属同一派系,若赵匡胤用"点检作"来陷害张永德,两人关系势必会急剧恶化,然而事实却并非如此。赵匡胤接任殿前都点检后,"将聘孝明皇后也,永德出缗钱金帛数千以助

---

① 分别参见邓广铭:《赵匡胤的得国及其与张永德、李重进的关系》;李裕民:《赵匡胤是怎样夺取政权和巩固政权的》,《山西大学学报》1991年第1期;蒋复璁:《宋代一个国策的检讨》,《珍帚斋文集》卷3《宋史新探》,台湾商务印书馆1985年版;张其凡:《赵普评传》,北京出版社1991年版,第33页;顾吉辰:《论后周末年的一场政治谣言——兼论赵匡胤上台》,《学术月刊》1994年第4期。

纳采,上(赵匡胤)甚德之",甚至"显德末,有方士私为永德言上(赵匡胤)受命之符者,永德在军中潜意推奉",对"陈桥兵变"的发动起了推波助澜的作用,邓广铭据此把张永德列为"平素预闻其事的参佐人物"之一是很有道理的。① 可见,张永德、赵匡胤的友谊在木牌事件后不但没有破裂,反而又有进一步的发展。

如此说来,木牌事件的真相也可以作另外一种推测:真正的主谋应该是张永德本人,赵匡胤等人是实际的执行者。周世宗尽管是在瓦桥关病倒的,但从北伐中极为急躁的表现来看,其身体状况欠佳已经有相当一段时间,张永德、赵匡胤等最亲信的大将对此想必也早有耳闻。而五代十国时期,皇位传承习尚本来就变化很大,上层统治集团在考虑其政权的交接传承时,常常能在一定程度上突破血缘亲疏的局限,而更多地着眼于继承人的功业和才干、经验及阅历。此时,周世宗是否传位幼子尚在两可之间,而一旦不传幼子,既是皇亲又为大将的张永德实在是最合适的人选。张永德自己对皇位也不会完全没有想法,寄望于神秘木牌以影响世宗的决策②,也属顺理成章之举。

当然,事情的最终结局对张永德来说确是不利的。不管出于何种考虑,周世宗还是决定传位于七岁的幼子,位高权重的张永德遂成为不得不加以罢免的人物。

显德六年(959)六月,周世宗在回京途中,罢免了张永德的殿前都点检之职,改由他自认为更加可靠的赵匡胤担任,并加赵匡胤检校太傅,依旧兼任忠武军节度使。此时,李重进虽然仍保留侍卫亲军都指挥使的军职,但却只能带职出守淮南,京城中的侍卫

---

① 邓广铭:《赵匡胤的得国及其与张永德、李重进的关系》。
② 张永德和道士交往素来密切,本人也精于方术、谶纬之道,赵匡胤就曾经称他是"张道人","永德旧喜与方士游,家赀为之罄乏,上故以道人目焉"(《宋史》卷255《张永德传》)。"点检作"的木牌类似于道教的令牌,这些都是应该加以考虑的因素。

司诸军则由副都指挥使韩通指挥。韩通出身行伍,也颇有战功,但"性刚而寡谋",平日对部下十分蛮横,一说话就瞪眼,肆威恣虐,士兵私下里都叫他"韩瞪眼",是一名不得军心的指挥官。他不但在职务上低于赵匡胤,而且在军中的威望也无法与赵匡胤相比。

赵匡胤名副其实地成为后周驻京禁军中的最高统帅。同月,一代名君周世宗去世,享年仅三十九岁。

这样,自显德六年三月王朴病逝,到六月周世宗去世,短短的三个月间,所有可能阻挡赵匡胤"由节度使而天子"的障碍都不复存在了。形势变化之大,机遇得来之易,大概连赵匡胤自己也没有想到。

第二节 是谁废匿了世宗遗诏?

周世宗死后,其七岁的儿子柴宗训继位,是为周恭帝。后周王朝随即出现了"主少国疑"的局面,一时间,人心惶惶,流言四起,"时人咸谓天下无主"。人们的疑虑并不是没有根据的。从中唐安史之乱以后,中原地区一直处于动荡不安的状态,到五代时期,更是演化为全国性的割据战乱,从朱温废唐建梁(907)开始,至后周柴宗训即位(959),短短五十三年时,仅北方中原地区就先后经历了五个王朝的更迭,换了八姓十三位君主。在这种大气候下,一旦出现"主少国疑"的情况,那么,人心不安,乃至于争抢皇位也就是必然的了。当然,皇位并非人人都能得到,只有拥有相当军事实力的人,才能获登大宝。"天子,兵强马壮者当为之",正是那一时期人们的共识。

周恭帝继位后,改授赵匡胤为归德节度使,并加检校太尉的荣衔,这已几乎是当时武将能获得的最高荣誉了。一些忠于后周的官吏,敏锐地意识到手握兵权又"有人望"的赵匡胤十有八九将成为动乱的根源,因而主张早点采取防范措施,以杜绝隐患①。还有一些同样目光"敏锐"、思路清晰的后周官吏则加快向赵匡胤靠拢。

澶州节度使张永德的殿前都点检职务虽然被赵匡胤取代,但他认定赵匡胤具有左右时局的力量,"常事之,则富贵可保",因而不惜降尊纡贵,"倾身事之"。他出身富门,又是周太祖郭威的驸马,显贵多年,虽然在政治上已经失势,但论家财,自是当朝首富;相比之下,像赵匡胤这种政治上的新贵,家境就要寒酸得多了。张永德看准了这一点,对赵匡胤"倾家"相助,仅显德六年(959)九月赵匡胤续娶王氏为妻一项,他就"出缗钱金帛数千助之"。张永德后来能够"尽太祖朝而恩渥不替",也是因为此时投下了足够的"本钱"。

翰林学士陶穀平日就是一个"附世希荣"、"奔竞务进"之人,常拍着自己的脑袋说:"吾头骨法相非常,当戴貂蝉冠尔。"②他是文人出身,十来岁时就能写得一手工整的好文章,历仕后晋、后汉、后周三朝,以"强记嗜学,博通经史"而名噪一时,是五代时期为数不多的几个才士之一。所以,舞文弄墨就成了他投靠赵匡胤的资本。这时的陶穀已开始精心构撰赵匡胤将来登基为帝时的各种诏书文告了。

在李重进、韩通等人所控制的侍卫司系统中,也有不少中高级将领,如虎捷左厢都指挥使张光翰、右厢都指挥使赵彦徽等与赵匡

---

① 如《长编》卷4乾德四年十二月条记载:"显德末,(郑起)为殿中侍御史,见上(赵匡胤)握禁兵,有人望,乃贻书范质,极言其事,质不听。尝遇上于路,横绝前导而过,上初不问……右拾遗浦城杨徽之,亦尝言于世宗,以为上有人望,不宜典禁兵。上即位,将因事诛之,皇弟光义曰:'此周室忠臣也,不宜深罪。'于是亦出为天兴令。"事又见《涑水记闻》卷2、《邵氏闻见录》卷1等。

② 《宋史》卷269《陶穀传》。貂蝉冠,源于汉代,为装饰貂尾与蝉羽之官冠,初为侍中等近臣的冠饰,后发展为高级官员的礼冠。宋代貂蝉冠为朝服标准配饰,如《宋史》卷152《舆服志四》言"朝服:一曰进贤冠,二曰貂蝉冠,三曰獬豸冠,皆朱衣朱裳"。

胤打得火热。①

不过,赵匡胤并没有马上采取行动。世宗之死,毕竟事出突然,在许多关节尚未认真部署的情况下仓促行事,难免拖泥带水,遗留后患;再者,作为殿前司刚上任的最高统帅,赵匡胤当时并未完全控制全部禁军,在这种形势下匆忙夺权,最终虽然也会取得胜利,但却可能引发兵连祸结、相持难下的局面,是赵匡胤不能不考虑的问题。

这样,就产生了周世宗去世后持续半年多的"相安无事"的状态。但在"相安无事"的背后,赵匡胤及其幕下文武也在加紧布置和活动。由于这些活动大都是在隐蔽状态下进行的,再加上宋代人对赵匡胤篡权野心的掩饰,如将其篡周建宋说成是"无可奈何"之事,是"天与之,人与之,而太祖则不知也"②,所以事情的真相变得扑朔迷离。不过,检索史籍,还是有一些蛛丝马迹可寻。如《龙川别志》卷上:

> 周显德中,以太祖(指赵匡胤)为殿前点检,功业日隆,而谦下愈甚,老将大校多归心者;虽宰相王溥,亦阴效诚款。今淮南都园,则溥所献也。

看来,身为宰相的王溥已经基本倒向了赵匡胤,成为他的内应。

又《宋史》卷二四九《魏仁浦传》言:

> 初太祖在潜邸,昭宪太后(指赵匡胤母亲杜氏)尝至仁浦第,咸信(魏仁浦之子)方幼,侍母侧,俨如成人。太后奇之,欲结姻好。

魏仁浦时任宰相兼枢密使,长期主持"本兵之地"的枢密院,赵匡胤在军中安插亲信、排斥异己,都要经过枢密院和魏仁浦的同意。

---

① 赵彦徽为赵匡胤母亲杜氏的同乡,《宋史》卷250《韩重赟传》附赵彦徽事迹:"彦徽,真定安喜人,与太祖同事世宗,太祖兄事之。"《长编》卷9开宝元年五月条云:"与上同事周世宗,上尝拜为兄。及即位,宠顾甚厚。"

② 《长编》卷1注引苏轼语。

赵匡胤母亲杜氏此时许婚,使赵、魏两家结成利益攸关的姻亲,对"陈桥兵变"得以顺利发动的重要意义不言而喻。

《宋史》卷二五八《曹彬传》载:

> 初,太祖(指赵匡胤)典禁旅,彬中立不倚,非公事未尝造门,群居燕会,亦所罕预,由是器重焉。建隆二年,自平阳召归,谓曰:"我畴昔常欲亲汝,汝何故疏我?"彬顿首谢曰:"臣为周室近亲,复忝内职,靖恭守位,犹恐获过,安敢妄有交结?"

《长编》卷六十八大中祥符元年(1008)二月丁丑条言:

> 太祖(指赵匡胤)在周朝,以忠勇竭节,常务矜畏。任殿前点检,与同列习射,既中的,有以金带鞍勒马为赠者,太祖却之,曰:"人臣宴集,以此为礼,能不避嫌乎?"遽揽辔不挥而去。①

字里行间,我们既不难想象当时赵匡胤门前车水马龙、人语喧阗,迎势赴利者趋之若鹜的情形,也不难看出赵匡胤当时是怎样地忙于拉拢权贵、遍邀文武扩大影响的。而这种交结,显然已经超过了一般交往的性质,无论赵匡胤怎样注意"避嫌",其意在皇位的真正目的,在当时也可以说是路人皆知了。

以"群居燕会"的方式拉拢满朝文武,其实还并不是赵匡胤活动的全部,也不是最重要的手段。在周世宗去世后的半年内,他最主要的,也是最具成效的活动,则是以废匿周世宗临终遗诏为契机,控制了以第一宰相范质为首的后周中枢机构,并在他们的"支持"与"庇护"下,完全控制了禁军。

原来,周世宗临终前,曾深感朝廷文臣中缺乏一个像以前王朴那样"神气劲峻,刚决有断"的核心人物②,遂决定提拔王著为宰

---

① 此事为真宗朝枢密使马知节所述,其父马全义,后周末任铁骑左第二军都指挥使,是赵匡胤的亲信将领之一,此事当是马知节闻于其父。
② 《资治通鉴》卷294记载,周世宗在显德六年六月病重时,曾问大臣可为相者于兵部尚书张昭,张昭荐李涛,理由是"夫国家安危未形而能见之,此真宰相器也"。周世宗的问,张昭的答,实际上都是在间接批评现任三相范质、王溥、魏仁浦缺乏"国家安危未形而能见之"的能力。

相,《资治通鉴》记载此事为:

> 上(周世宗)以翰林学士单父王著幕府旧僚,屡欲相之,以其嗜酒无检而罢。癸巳,大渐,召范质等入受顾命。上曰:"王著藩邸故人,朕若不起,当相之。"质等出,相谓曰:"著终日游醉乡,岂堪为相!慎勿泄此言。"是日,上殂。①

这段记载,历来未曾为治史者所注意,其实它包含了周、宋禅代之际的绝大信息。因为,与范质共同废匿周世宗遗诏的不是别人,正是半年后通过"陈桥兵变"而黄袍加身的宋太祖赵匡胤。

司马光和北宋其他史家所修的史书,如《资治通鉴》、《旧五代史》、《新五代史》等对此事均闪烁其词,只言"范质等",而不及于赵匡胤,盖秉笔不能不有所避忌;至元人修《宋史》时,方才道出此事的底蕴:

> 著少有俊才,世宗以幕府旧僚,眷待尤厚,常召见与语,命皇子出拜,每呼学士而不名。屡欲相之,以其嗜酒,故迟留久之。及世宗疾大渐,太祖(赵匡胤)与范质入受顾命,谓质等曰:"王著藩邸旧人,我若不讳,当命为相。"世宗崩,乃止。著善与人交,好延誉后进,当世士大夫称之。②

看来,王著嗜酒是实,但却绝非寻常的酒徒。周世宗之所以对他十分器重,除了他是"藩邸旧人"——即自己的老部下这一原因以外,恐怕更重要的还是看中了他的"俊才"和在士大夫中的威望。周世宗对臣下素以要求严格著称,在旧史家看来,像周世宗这样的英明君主,如果说还有什么缺点的话,那就是"用法太严,群臣职事小有不举,往往置之极刑,虽素有才干声名,无所开宥"③。所以,像王著这种"嗜酒不检"者,若非另有十分明显的长处,恐怕是不会得到世宗如此器重的,更何况这种器重还包含有庄重的

---

① 《资治通鉴》卷294显德六年六月条。
② 《宋史》卷269《王著传》。
③ 《资治通鉴》卷294显德六年六月条。

"托孤"意味!

赵匡胤也是周世宗的"藩邸旧人",自然明白王著的为人、才干和他在世宗心目中的地位。如果让这样的人出任宰相,辅佐后周幼主,无疑是为自己通向权力顶峰的道路设置障碍。赵匡胤当时虽然兵权在握,但却从来不轻视文臣的力量,特别是那些"国家安危未形而能见之"的优秀文臣,总是使他感到有一种无形的压力。比如,在后周宰相王朴面前,他就一直恭恭敬敬,唯唯诺诺。甚至在他已经做了皇帝以后,看到王朴的画像,竟也"整御袍襟带,磬折鞠躬",并对左右人说:"此人在,朕不得著此黄袍。"由此,也就不难推知赵匡胤为什么要与范质联手废匿周世宗的遗诏了。

至于范质,可以相信的是,其废匿周世宗遗诏的动机与赵匡胤意在篡周的目的,当有所不同,但如果说他完全是因王著"嗜酒不检"而没有掺杂进任何的个人想法也是不大可信的。作为当时三位宰相(范质、王溥、魏仁浦)中唯一的"顾命大臣",范质自然深晓王著出任宰相后自己的地位将会有何种变化。这种考虑,很容易驱使他与赵匡胤站到一起,使这位平常尚能"以廉介自持"①的人,在关键时刻主动扮演了一个不甚光彩的角色。

废匿周世宗以王著为宰相的遗诏,对赵匡胤来说,其意义又远不止于排除了一个有可能成为自己迈向皇位的障碍。更重要的是,以此为机缘,他与宰相范质结成了利益同盟,进而也取得了以范质为首的宰执大臣们的认同、关照和支持,而在一定的情况下,这种认同和关照等又会变成对赵匡胤篡国阴谋的庇护。《长编》卷四乾德元年十二月己亥条记载:

(郑)起显德末为殿中侍御史,见上(指赵匡胤)握禁兵,有人望,乃贻书范质,极言其事,质不听。

后来,宋初文学家王禹偁赋诗咏此事曰:"太祖(赵匡胤)方历

---

① 《宋史》卷249《范质传》。

试,握兵权亦重。上书范鲁公(范质),先见不能用。历数不在周,讴谣卒归宋。"①郑起的"先见"之所以不能为范质所用,范质之所以对郑起的"极言其事"置若罔闻,应该不是偶然的疏忽,更不会是"历数"的问题,而只能从范质对赵匡胤的庇护上寻找原因。

最值得注意的是,在周世宗去世后的半年中,禁军高级将领的任命、安排,也发生了如以下两张表格中所显示的,对赵匡胤绝对有利的变化②。

周世宗去世前的殿前司		周恭帝时的殿前司
殿前都点检	赵匡胤	赵匡胤
殿前副都点检	空　缺	慕容延钊
殿前都指挥使	石守信	石守信
殿前都虞候	不详何人	王审琦

周世宗去世前的侍卫司		周恭帝时的侍卫司
侍卫亲军都指挥使	李重进	李重进
侍卫亲军马步军副都指挥使	韩　通	韩　通
侍卫亲军马步军都虞候	空　缺	韩令坤
侍卫马军都指挥使	韩令坤	高怀德
侍卫步军都指挥使	袁　彦	张令铎

从表中我们可以看到,原本空缺的殿前副都点检一职由淮南节度使慕容延钊出任,而慕容是赵匡胤素所"兄事"的故交。原来

---

① (宋)王禹偁:《小畜集》卷4《五哀诗之故殿中侍御史荥阳郑公起》。
② 该表主要依据《宋史》各本传,参考《资治通鉴》、新旧《五代史》和近人邓广铭、聂崇岐等人的相关研究而制成,其中的某些记载差异,恕不一一指出。

空缺或不详何人担任的殿前都虞候则由王审琦出任,王是赵匡胤的"布衣故交",又是赵匡胤的"义社十兄弟"之一,他与石守信一样,均属赵匡胤势力圈子中的核心成员。这样,整个殿前司系统中的所有高级将领全由赵匡胤的心腹担任了。在原来的侍卫司系统中,李重进、韩通是赵匡胤的政敌,袁彦则与赵匡胤素无往来,且有嫌隙,只有韩令坤一人同赵匡胤有兄弟之谊。但现在经过调整,韩令坤升任空缺的都虞候一职,空出的职务由高怀德接任;袁彦的职务则被张令铎取代。而高、张二人与赵匡胤极为密切,且一年后均与赵匡胤结为姻亲,前者娶了赵匡胤的妹妹,后者把女儿嫁给了赵匡胤的弟弟赵匡义。这样,在侍卫司系统中的所有五个高级职务中,赵匡胤的亲朋好友占了三位。而且,由于李重进一直领兵驻在淮南,实际上京城中只剩下侍卫马军都指挥使韩通一人不属于赵匡胤一派。殿前司与侍卫司是后周禁军中平行的两大系统,彼此间存在着一种相互制衡的关系。赵匡胤是从殿前司发迹起家的,其根基本来也全在殿前司系统中,这就为他完全控制禁军,夺取皇位造成了一定的困难,但在世宗去世后的半年间,他显然也迅速控制了侍卫司系统。世宗生前对禁军"互为制衡"的诸多努力,完全都化为了泡影。

即位的周恭帝不过是一个七岁的孩子,故后周的一应军国大事自然只能是由大臣代理。范质作为宰相和顾命大臣,地位和作用至为重要。因此,我们也就不难理解在禁军高级将领的安排上,为何会发生对赵匡胤如此绝对有利的变化了。赵匡胤本人作为当时殿前军的最高首长,对禁军将校的任命当也会有一定的发言权。而事实上,上述局面的出现,应当说是范质、赵匡胤二人"合作"的结果。

这样,一方面是诸如张永德、陶榖等一类人热衷赴势,极力向赵匡胤靠拢,另一方面又以范、赵二人联手废匿周世宗遗诏为契机,赵匡胤取得了以范质为首的后周中枢机构的支持,其势力急剧膨胀,直接或间接地控制和操纵了后周所有主要军政部门,具备了发动政变的条件。

经过近半年的布置准备,赵匡胤认为可以选择适当的时机和场合动手了。

显德七年(960)正月初一,后周君臣正在朝贺新年,突然接到镇、定二州送来的契丹与北汉联兵入侵的边报。小皇帝在征求了宰相范质、王溥同意后,令赵匡胤率领禁军前往迎敌。

其实,所谓契丹、北汉连兵入侵的情报本身就是赵匡胤编造的。赵匡胤不过是想把部队集结起来,迅速进入战备状态,为兵变做好准备。这也是十年前郭威在澶州兵变时的故智,赵匡胤当年亲历其事,现在重演起来,那是非常得心应手的。赵匡胤也是看准了范质必定会同意他率兵出征,才令人谎报军情,而率兵出征的命令一下,赵匡胤的兵变计划也就实现了一半。

赵匡胤领兵出征的消息传出后,京城里顿时流言四起,到处哄传着"出军之日,当立点检为天子"。市民们想起十年前"郭威兵变"入汴时纵兵劫掠的惨象,恐慌不安,纷纷准备外出避难。

然而令人多少有些奇怪的是,事情已经到了这一地步,后周朝廷上却仍然是"晏然不知"。小皇帝年仅七岁,后妃们又深居简出,对宫外局势一无所知,倒情有可原,可身为执政辅佐大臣的范质怎么也会对局势懵然到如此程度,以至于嗅不到一丝异常呢?

当然,这并不是说范质也是赵匡胤兵变中的同谋,无论从哪一方面看,这一点都是完全可以排除的,真正的缘由仍在废匿周世宗遗诏一事上。范质既然伙同赵匡胤废匿了世宗的遗诏,并在"慎无泄此"这一点上有求于甚至受制于赵匡胤,事实上也就使自己陷进了一个除了对赵匡胤予以支持、扶植(无论这种支持、扶植是自愿的,还是违心的)以外别无选择的泥坑之中了。范质未必不知道赵匡胤完全控制禁军会产生怎样危险的结果,也不会不知

"主少国疑"之际,匆忙派赵匡胤出兵会引发怎样危险的结局,但只要赵匡胤有心要去,他也只能签署命令了。

这是一个越陷越深的泥坑。

可悲的是,这个泥坑又偏偏是范质自己"精心"设下的。对此,范质不但已完全无力自拔,甚至于在本能和感情上,他还要拒绝承认这一点,直到没顶之灾真正到来的时候,他才痛悔和承认自己半年来的所作所为完全是有负国家的"罪行"。据《龙川别志》卷上记载,当"陈桥兵变"的消息传来时:

> 早朝未退而闻乱,(范)质下殿执(王)溥手曰:"仓卒遣将,吾侪之罪也。"爪入溥手,几血出。

足见范质的悔恨之意是多么深重,而"仓卒遣将"背后更多的关节又不可告人,只有靠"爪入溥手"来发泄了。

第三节　兵变陈桥驿

面对已经是箭在弦上的兵变,百姓的心态是复杂的。周世宗在世时,是后周的黄金时期,他改革弊政,用兵南北,重现和平统一的态势已经很明显了。但他的英年早逝,又使得这种希望变得渺茫了,一个七岁的小皇帝,当然无法担当起统一的大业。"时人咸谓天下无主"的说法,一方面,反映了百姓对这位七岁小皇帝的失望,同时,也未尝不包含对某一位"新主"的企盼。但经验告诉人们,伴随着"新主"出现的,却并非全是福音,在五代十国时期,尤其是如此。当时,一位新的皇帝为军队所拥立,自恃有功的士兵们在新皇帝的允诺或默许下,往往公开对百姓进行洗劫,谓之"夯市"。至于随之而来的内乱与对峙、屠杀与镇压,则更会加重民众的苦难……

难道新主的出现,非要以此为代价吗?难道非要在前朝的废墟上才能开始新朝的事业吗?

后周显德七年(960)正月初一,自镇、定二州传来契丹与北汉联军大举南侵的消息,赵匡胤受命率军北征。

临出发前,赵匡胤就军队调动作了进一步布置。他将殿前都指挥使石守信、殿前都虞候王审琦留在京城,把守殿前都点检公署,以为内应。这两个人是赵匡胤"义社十兄弟"中的骨干分子,由他们率兵留守京城,自然是再稳妥不过了。其余在京禁军的中高级将领,除了韩通以外,像殿前司的韩令坤、罗彦瓌、王彦昇、马仁瑀、李汉超、潘美,侍卫司的马军都指挥使高怀德、步军都指挥使张令铎等,皆率本部随同赵匡胤出征。赵匡胤的弟弟赵匡义,幕僚赵普、李处耘、楚昭辅也都在大军之中。这是一个颇具匠心的安排,一方面,侍卫司马步军主力都随同出征,归赵匡胤直接指挥,独自在京的侍卫司统帅韩通手中无兵无将,完全成了孤家寡人,根本就不是石守信和王审琦的对手了;另一方面,侍卫司各部夹在赵匡胤的嫡系殿前司大军当中,也便于赵匡胤就近加以控制①。

为防万一,赵匡胤在出发前还以"降香还愿"的名义,秘密地把家人转移到开封城的封禅寺中。该寺主守能本为五代时期有名的江湖大盗,绰号"明马儿",后来隐姓埋名,出家为僧,是一个"放下屠刀,立地成佛"式的传奇人物,其经历和胆识,并非一般佛门弟子可比,赵匡胤将家中老少托付于他,也是很放心的。

按当时的惯例,大将出征前要到朝廷重臣的府上辞行,因此赵匡胤也曾到过韩通的府上。韩通有个叫韩钧②的儿子,因自幼驼背,绰号"韩橐驼"。这位二十二岁的青年人很有头脑,对赵匡胤

---

① 张其凡:《赵普评传》,北京出版社1991年版,第37页。
② 今人的多种论著皆将韩通长子写成"韩微",这实际上是对《长编》卷1"其(韩通)子微有智略"的误读。当以北宋初人陈保衡作《韩通墓志》中的"长子钧,二十二终"为准,见《全宋文》第1册卷40,巴蜀书社1988年版。

筹划兵变的活动有所觉察,多次劝韩通及早下手,制止赵匡胤的篡权活动。此时,他见形势危急,遂谋划排摆"鸿门宴",准备借赵匡胤前来辞行饮宴的机会行刺。赵匡胤前来赴宴时,韩通却并无下手的勇气,反而极力阻拦"韩橐驼"的冒险计划①,使赵匡胤安然离府而去。赵匡胤本来就视韩通为最大的政敌,消息泄露后,对韩氏父子就更加仇恨了,这也埋下了韩氏父子在"陈桥兵变"中被杀的伏笔。

正月初二,殿前副都点检慕容延钊奉赵匡胤之命,"率前军先行",直奔河北。一个月前,即显德六年(959)的十二月,赵匡胤已派韩令坤率禁军出巡河北,并屯戍于成德军(驻真定,今河北正定)。这两次向河北的发兵,似乎与"陈桥兵变"本身无关,一般也很少为人们所重视。其实,这一部署,恰恰体现出了赵匡胤纵观全局的战略眼光和缜密切实的战术谋划,是"陈桥兵变"得以顺利实现的一个关键性步骤。

考察五代政局,需要注意一个很大的时代变化,这就是政治中心由陕西关中转移到了河南汴洛:后梁都汴京开封,后唐都洛阳,后晋、后汉、后周复都开封。随着政治中心的变迁,河北对京城的影响力陡增。清代顾祖禹《读史方舆纪要》云:

> 朱温篡窃于汴梁,延及五季,皆以河南为归重之地。以宋太祖之雄略,而不能改其辙也,从而都汴。都汴而肩背之虑实在河北……夫河北,足以制河南者也,自昔为然矣。②

对这种军事地理,宋人也早有认识,如岳飞云:"国家都汴,恃河北为固。"③章如愚在著名的《三都论》中,对长安、洛阳、开封三都的

---

① (宋)王巩:《闻见近录》记载:"太祖(指赵匡胤)将北征,过韩通饮,通子欲弑之,通力止,乃止。"
② (清)顾祖禹:《读史方舆纪要·河南方舆纪要序》,中华书局2005年版。
③ 《宋史》卷365《岳飞传》。

地理形胜更有透彻之论：

> 长安之制以陕西为畿辅,而屏蔽实在河东;大梁之制以河南为畿辅,而屏蔽实在河北。故由古以来,洛京之祸常起于并汾,汴都之变常起于燕赵……燕赵未服,则大梁(开封)未易宅。①

明乎此,对赵匡胤"陈桥兵变"时的军事部署就会豁然开朗了:要确保京城政变成功,就必须先派禁兵控制河北,故显德六年(959)十二月,赵匡胤先派韩令坤、张令铎"领兵巡北边"②。韩令坤"与太祖(赵匡胤)同事周室,情好亲密";张令铎则是赵匡胤一手提拔起来的心腹将领,亲如家人(后结为姻亲)。这一军事部署,显然加强了赵匡胤对河北的控制。此次慕容延钊率禁军"先行",进军目标是河北真定。真定为河北枢纽,"谋河北,舍真定无议矣"③。这样,他就与先期到达河北的韩令坤一起,控制了河北局势,为"陈桥兵变"的发动,提供了切实的保障。另一个值得重视的细节是,当时统领河北地方军队驻守大名府的是后周太后符氏的父亲、天雄军节度使符彦卿。这位后周的国丈,出身于武将世家,父祖三代封王,他本人也是战功赫赫,后周初年即封淮阳王,周世宗病重时,"拜彦卿太傅,改封魏王",有点"托孤"的意味。这也是赵匡胤必须提前控制好河北的重要缘由。④ 事实上,赵匡胤正是得到慕容延钊的前军已经渡河进入河北真定的情报后,才在陈桥驿正式发动兵变的。《长编》载:

> 先是,镇安节度使、侍卫马步军都虞候武安韩令坤领兵巡北边,慕容延钊复率前军至真定。上既受禅,遣使谕延钊与令

---

① (宋)章如愚:《三都论》,《群书考索续集》卷50《舆地门·历代》。
② 《宋史》各人本传,又见《长编》卷1。
③ 《宋史》卷284《宋祁传》。
④ 仝相卿:《建隆初年政局与赵宋政权应对补论》,《商丘师范学院学报》2015年第2期。

坤,各以便宜从事。

  初,成德节度使金城郭崇(成德军节度使驻真定,按韩令坤、慕容延钊当时正领兵屯真定),闻上(赵匡胤)受禅,时或涕泣……忧懑失据。①

《宋史》卷二五一《慕容延钊传》载:

  太祖即位,延钊方握重兵,屯真定。帝遣使谕旨,许以便宜从事。延钊与(韩令)坤率所部兵按治边境,以镇静闻。太祖嘉之。

将这三条材料结合起来,即可看出赵匡胤纵观全局的眼光。"都汴而肩背之虑实在河北"、"燕赵未服,则大梁未易宅",控制稳定河北,对"陈桥兵变"的发动和成功具有特殊的意义。"陈桥兵变"时之所以能"四方宁谧",没有出现兵连祸结、狼烟四起的局面,与赵匡胤在军事上的这种周密部署有直接关系。

正月初三,赵匡胤按计划亲率三军出城。

行军途中,殿前司军校苗训突然惊呼,说是天边有两个太阳,"日下复有一日,黑光久相磨荡"。按星相的说法,这是"一日尅一日"的预兆,他马上对赵匡胤的幕僚楚昭辅说:"此天意也。"言外之意是,天无二日,地无二主,如今两日相争,必有一亡,寓意改朝换代即将发生。偏偏楚昭辅又最精于此道,他当年就曾问卜于盲者刘悟,然后才决意投靠到"贵不可言"的赵匡胤门下。于是二人一问一答,谈天论人,全不顾"天机不可泄露"的戒条了。他们煞有介事的样子,很快引起了周围士兵的注意。大家一传十,十传百,军中都知道"一日尅一日"这件事了。据北宋一名僧人记载,当时不少士兵都往太阳的方向看:"众皆谓目眩。以油盆俯窥,果有两日相磨荡。"②天命如此! 全军上下更加坚信拥戴赵匡胤是顺

---

① 分见《长编》卷1建隆元年正月条、七月条。
② (宋)释文莹:《玉壶清话》卷1。

天应命。

傍晚,正是"几点寒星现,一钩新月皎"的时刻,大军到达了开封城郊的陈桥驿。这是赵匡胤特意选好的兵变地点。陈桥驿,唐代称板桥,旅行远游者一般在此处与家人话别。五代时期,陈桥驿曾屯集过重兵,有现成的营地设施①。把兵变的地点选定于此,不会引起后周方面的猜疑,又可防止安营扎寨时的混乱无序。从距离上看,陈桥驿在开封东北不过四十里,可以避免长途行军的兵烦马乱、军心焦躁,使赵匡胤在军队鼓噪哗变之后马上就可以控制住局面。后一点尤其重要,当年郭威兵变时,由于军队北上南下,数百里奔波,导致军心焦躁,局面难以控制,结果整个京城被洗劫一空。赵匡胤亲身经历过郭威兵变,当然不会再重蹈覆辙了。

当夜,赵匡胤成竹在胸,在大帐中开怀畅饮后,早早地就休息了。正当赵匡胤鼾声如雷的时候,各营的兵将却不顾行军劳累,三五成群,纷纷议论开来:"主上幼弱,未能亲政。今我辈出死力,为国家破贼,谁则知之,不如先立点检为天子,然后北征,未晚也。"②

赵匡胤的幕僚李处耘密切注视着事态的发展。见火候已到,

---

① (宋)王明清:《玉照新志》卷4记载:"陈桥驿,在京师陈桥、封丘二门之间。唐为上元驿,朱全忠纵火欲害李克用之所,艺祖凤运立极之地也……后来以陈桥驿为班荆馆,为夷使迎饯之所。至宣和五年,因曾觌建言,遂命羽流居之,锡号曰鸿烈观"(《全宋笔记》第6编第2册)。(宋)吴曾:《能改斋漫录》卷12"以太祖陈桥传舍为显烈观":"崇宁四年,徽宗以太祖启运践祚之初,实自陈桥。其地今有传舍,往来践履,非所以称朕显扬祖烈之意。遂以其地建立道观,以'显烈'为额。"同书卷9"陈桥":"陈桥距旧城二十里,即古之板桥。太祖北征,次陈桥,军士推戴,即其地也。白居易《板桥路》诗曰:'梁苑城西二十里,一渠春水柳千条。若为此路今重过,十五年前旧板桥。曾共玉颜桥上别,不知消息到今朝。'李商隐《板桥晓别》诗曰:'回望高城落晓河,长亭窗户压微波。水仙欲上鲤鱼去,一夜芙蓉红泪多。'王荆公《陈桥》诗云:'走马黄昏渡水,夜争归路春风里。指点韦城太白高,投鞭日午陈桥市。杨柳初回陌上尘,胭脂洗出杏花匀。纷纷塞路堪追惜,失却新年一半春'"(《全宋笔记》第5编第3册)。
② 《长编》卷1《涑水记闻》卷1。

他马上召集马仁瑀、李汉超、王彦昇等赵匡胤的亲信将校定议,随即就将情况汇总到等候在赵匡胤身旁的赵匡义(赵匡胤的弟弟)和幕府的核心人物赵普那里……

一切都在按计划进行。

军校郭延赟受命连夜返回京城①,把相关消息通知京城内的石守信、王审琦等,让他们做好准备。正在焦急等待着陈桥驿方面消息的石、王二人,冒着寒夜出动部队,当即加强了对殿前都点检公署的保护力量,在出入皇宫的必经之地左掖门附近埋伏下大批弓弩手②,同时接管了各主要城门的防守,准备迎接赵匡胤大军回城。

次日拂晓,赵匡胤刚刚起身,还没有披上外衣,拥戴心切的众将就闯进门来,七手八脚地把他拥出帐外。赵匡胤未及说话,他的大将罗彦瓌带领众将快步向前,把一件早已准备妥当的黄袍披在了赵匡胤的身上——与当年郭威兵变时部将撕下"黄旗"披在郭威身上不同,此次赵匡胤披的是真正的"中央之服"③。众将校统统跪倒,高呼"万岁"。赵匡胤环顾四周,镇静地宣布:

> 汝等自贪富贵,立我为天子,能从我命则可;不然,我不能为若主矣。

众将闻听,慌忙答道:"唯命是听!"赵匡胤随后严肃传令:

> (后周)少帝及太后,我皆北面事之;公卿大臣,皆我比肩之人也,汝等毋得辄加凌暴。近世帝王,初入京城,皆纵兵大

---

① 郭延赟时任赵匡胤的衙队军使,《长编》卷1建隆元年正月条李焘注说:"延赟,不详何许人。建隆二年七月,铁骑左厢第二都指挥使郭延赟领信州刺史。"

② (宋)王巩:《闻见近录》。

③ (宋)邵伯温:《邵氏闻见录》卷7引《建隆遗事》曰:"上(赵匡胤)北征之夕,次陈桥驿,罗彦瓌等献中央之服(黄袍),立上为天子。"

掠,擅劫府库,汝等毋得复然。事定,当厚赏汝。不然,当族诛汝。①

当然,除了以军纪约束、管制军队外,赵匡胤也慷慨地允诺:事成之后,每名士兵赏钱二百贯②。

为防万一,赵匡胤先派心腹幕僚楚昭辅火速返京,给自己的家人送信;又命亲信潘美先行一步,向执掌朝政的宰相范质等人通报兵变情况,以求合作。

一切分派停当,赵匡胤方才整军回师开封。早已等候在京城的石守信打开城门,军队列队而入,井然有序。此时,街市两旁的店铺照常经营,市面上依旧人来人往。"革命之日,市不易肆",赵匡胤由此而创造了一项改朝换代的政治奇迹。③

后周宫廷此时也终于得到了"陈桥兵变"的消息,但木已成舟,一切都难以挽回了。当时,早朝尚未散去,首相范质紧紧抓住另一宰相王溥的手,喃喃自责道:"仓卒遣将,吾辈之

---

① 《长编》卷1建隆元年正月条。同卷还记"匡义(即赵光义)立于(赵匡胤)马前,请以剽劫为戒",赵匡胤遂宣布军纪;并有注说:"《旧录》(即太宗朝所修《太祖实录》)禁剽劫都城,实太祖自行约束,初无纳说者,今从《新录》(即真宗朝所重修的《太祖实录》)。"(元)袁桷:《清容居士集》卷41《修辽金宋史搜访遗书条列事状》认为:"前录(《旧录》)无太宗叩马一段,《后录》增入,显为迎合"(浙江古籍出版社2015年版)。邓广铭《陈桥兵变黄袍加身故事考释》更明确认为这是出于赵光义或其臣僚的编造。

② (宋)程颢、程颐:《二程遗书》卷22下:"太祖(赵匡胤)初有天下,士卒人许赏二百缗。及即位,以无钱,久不赐。士卒至有题诗于后苑。太祖一日游后苑,见诗,乃曰:'好诗。'遂索笔和之。以故每于郊时各赐赏给,至今因以为例"(上海古籍出版社2000年版)。

③ 当时也发生了小规模的骚乱,但马上就被控制住了:"闾巷奸民往往乘便攘夺,于是索得数辈斩于市,被掠者官偿其赀"(《长编》卷1建隆元年正月条)。故总的说来,"陈桥兵变"还是一次纪律严明、秩序稳定的政变。正如周宝珠所言,赵匡胤发动"陈桥兵变"时的做法,"获得了极大的成功,从而把他自己和五代其他帝王的改朝换代区别开来。他们顺应了时代的要求,从长治久安考虑了政策问题,奠定了北宋政权稳定的基础。邵康节所谓'革命(指陈桥兵变入开封事)之日,市不易肆',言虽夸大,但大体符合事实"(周宝珠:《关于北宋建立和统一的几个问题》,《河南大学学报》1992年第4期)。

罪也。"

朝臣中只有韩通试图反抗,他乘人不备,从朝堂飞马回家。行至途中,遇到赵匡胤的亲信王彦昇。王彦昇见韩通神色匆忙地跑过,"跃马逐之",一直追到韩家,将韩通夫妇和他们的三个年长的儿子杀死①。这是兵变入城后发生的唯一一次流血事件②。"太祖皇帝,不驰一马,不遗一矢,雍容达节而有天下"③。"陈桥兵变"由此而创造了又一项改朝换代的政治奇迹,即:"不流血而建立一个大王朝的奇迹。"④

与此同时,包括宰相范质、王溥、魏仁浦等在内的后周百官,在兵变将士的拥逼下,由政事堂奔左掖门,来到殿前都点检公署。赵匡胤见百官俱至,站起来"呜咽流涕"道:

> 吾受世宗厚恩,为六军所迫,一旦至此,惭负天地,将若之何?

这当然不是赵匡胤的真心话,却也不是毫无作用的逢场作戏。与历代军事政变之际常常出现的情况不同,"陈桥兵变"成功后,赵匡胤从来没有在公开场合强调过此次政变有多么"合理",多么"正义",更没有对后周王朝做过一句谴责。这是很明智的。

---

① 《长编》卷1说,王彦昇杀韩通,"并其妻、子"。因"并其妻、子"一语比较含混,故《宋史》卷484《韩通传》即据此称韩通"妻、子皆死",私史稗乘和今人的一些论著,亦称"王彦昇杀韩通全家"。然而,据北宋初年陈保衡所作《韩通墓志》(《全宋文》卷40)记载,当时遇害的为韩通夫妇及其长子、二子和三子,其幼子(三岁)及四个女儿俱未被害。陈保衡是韩通的好友,此墓志作于建隆二年(961)二月二日韩通下葬之际,"直笔直言",所记自是真实可信。从墓志所记事实看,王彦昇杀韩通似乎是一次有计划的清除个别政敌的活动,事先已有安排(如杀子不杀女,杀子亦是杀长不杀幼),与军队失控后的肆意劫杀自是不同。参见王育济:《论"陈桥兵变"》,《文史哲》1997年第1期。

② 关于韩通之死,可参见惠冬、张其凡:《"失败者"的历史:陈桥兵变新探》,《南昌大学学报》2012年第5期;惠冬:《韩通死事考》,《商丘师范学院学报》2012年第7期。

③ (宋)晁补之:《鸡肋集》卷34《何龙图奏议序》。

④ [美]黄仁宇:《赫逊河畔谈中国历史》,生活·读书·新知三联书店1992年版,第147页。

后周王朝毕竟是五代时期最有作为的一个朝代,而后周二主,尤其是周世宗,雄才大略,更是远出五代诸君之上,在群臣心目中有着极高的威望。在这种情况下,如赵匡胤以"正义"一方自居,对后周大加鞭挞,反不如对后周王朝作出某些应有的尊重更能占据政治上的主动。果然,当赵匡胤"呜咽流涕"地发了一通"受世宗厚恩"的表白后,后周群臣们竟有些尴尬地不知如何表示好了。

范质是一个"性卞急,好面折人"的人,对赵匡胤的兵变又带着一股上当受骗后的愤懑,在质问了赵匡胤几句后,虽然明知已无力挽回局面,但还是想再当面数落赵匡胤一番,以减轻一些内心的愧疚。可在赵匡胤痛哭流涕的表演面前,一时间也"不知所为",怔怔地说不出一句有力的话来。

这时,赵匡胤的心腹军校罗彦瓌早已是急不可耐,他箭步上前,拔出宝剑指着范质、王溥等人,厉声咆哮道:"我辈无主,今日必得天子!"王彦昇等武将们也随声附和,不顾赵匡胤的呵斥,纷纷按剑鼓噪。次相王溥见范质此时仍然矜持着"不肯先拜",只得越序先退至阶下,率先向赵匡胤倒身跪拜。事已至此,范质这位身居首相,领袖百僚,又是周世宗临终前的顾命大臣,并代七岁的后周幼主决理天下的关键人物,也只得跪下了标志着后周王朝存亡的双膝,口呼"万岁"。赵匡胤的天子地位得到了后周群臣的认可。但范质的屈服是有条件的,他还要为后周皇室力争优待:"事已尔,无太仓卒,自古帝王有禅让之礼,今可行也","太尉(指赵匡胤)既以礼受禅,则事太后当如母,养少主当如子,慎无负先帝(周世宗)旧恩。"赵匡胤"挥涕许诺"①。

---

① (宋)苏辙:《龙川别志》卷上。对范质、王溥在"陈桥兵变"中的表现,宋太宗赵光义后来对他们的态度很有代表性,《涑水记闻》卷1记载:"及太宗即位,先命(王)溥致仕,盖薄其为人也。又尝称(范)质之贤,曰:'惜也,但欠世宗一死耳。'"

此时,已是正午时分,剩下的就是到天清寺通知后周皇太后和七岁的小皇帝①,并召集所有在京文武百官,准备举行禅代仪式。待百官齐集,班次排定,赵匡胤准备登上崇元殿时,才发现还缺少一纸周恭帝的"禅位制书"。这时该翰林学士陶穀一显身手了,只见他从袖管里拿出一份早已拟好的制书,洋洋得意地炫耀道:"制书成矣。"他自以为目光过人,办了一件讨好赵匡胤的大事,岂不知任何一位高明的统治者都不希望有人把他的想法、举措揣摩得过于真切,过于贴近。所以对陶穀这样自以为洞悉一切,长着"一双鬼眼"②的人物,赵匡胤不但不欣赏,反而颇为反感③,后来一直不肯对他委以重任。

好在当时赵匡胤确实需要一篇禅代制书,仓促之间又难以拿出第二份,也就郑重其事地令人将陶穀这篇制书以后周小皇帝柴宗训的名义宣读了。制书称"归德军节度使、殿前都点检赵某禀上圣之姿,有神武之略","予末小子(柴宗训),遭家不造,人心已去,国命有归",因而"应天顺民,法尧禅舜",将帝位禅让给这个"赵某",并为此而感到"如释重负"④。

赵匡胤在宣徽使昝居润的导引下,仍以大臣之礼,伏俯于大殿的龙墀(台阶)之下,数番"谦让"后,方北面拜受禅位制书,随即在宰相的扶掖下升崇元殿。这时赵匡胤尚不能马上面南而坐即皇帝位,而要先换上皇帝的冕旒衮服。天子戴在头上的冕旒亦称"平天冠","广一尺二寸,长二尺四寸,前后十二旒,二纩,并贯真珠;又有翠旒十二,碧凤御之,在珠旒外。冕版以龙鳞锦表,上缀玉为七星,旁施琥珀瓶、犀瓶各二十四,周缀金丝网,钿以真珠、杂宝玉,

---

① 此时后周太后和幼主已经悄悄搬出皇宫,在天清寺暂住。《默记》卷上言:"艺祖初自陈桥推戴入城,周恭帝即衣白襕,乘轿子出居天清寺。"
② (宋)张舜民:《画墁录》卷1记载:"太祖常谓陶穀一双鬼眼。"
③ (宋)司马光:《涑水记闻》卷1记载:"太祖将受禅,未有禅文,翰林学士承旨在旁,出诸怀中而进之,曰:'已成矣。'太祖由是薄其为人。"
④ 《旧五代史》卷120《周恭帝本纪》,又见《东都事略》卷1《太祖本纪一》。

加紫云白鹤锦里。四柱饰以七宝,红绫里。金饰玉簪导,红丝条组带"。与冕旒相配套的是衮服,"衮服青色,日、月、星、山、龙、雉、虎蜼七章"。衮服之外另有红裙、红蔽膝、红罗襦裙。外饰六色绶带一条,小绶带三条,结玉环三个,以及各色大带、抹带、红罗勒帛,脚穿"红袜赤舄",上嵌金花,四神玉鼻,以金龙凤革带系之。从头到脚穿戴停当后,还要佩鹿卢玉具剑,玉镖首,镂白玉双佩,金饰贯真珠①。要把所有这些行头披挂好,是相当费时费力的,但事关皇帝的尊严和威仪,却一点也马虎不得。具冠加冕需要在崇元殿的东偏殿进行。当身着冕旒、衮服的赵匡胤重新出现在崇元殿时,人们已往心目中殿前都点检的形象完全不见了,代之而来的是一位华贵尊严,"天表神伟"的人物,那胖大的身材虽因披挂重叠略显臃肿,但却透出一股常人难具的雍容气派,尤其是头戴"平天冠"之后,因冠板前后两端垂下的三十六颗宝珠轻微地晃动,遮掩了面部,再也不像平日那样看得真切了,朦朦胧胧中平添了一种神圣色彩。带着这一身华贵、威严、神圣的装束,赵匡胤在崇元殿上"面南而坐",接受"群臣拜贺",正式即了皇帝位。

崇元殿受贺即位后,周恭帝退居臣位,赵匡胤改封他为"郑王",仍尊周世宗皇后为"周太后"。随即定国号,改元,大赦天下,命官分告天地、社稷,遣中使乘快车将禅代一事诏谕天下。所有这些工作,都在登基之后一周内迅速完成。这其中,最有实际意义的是定国号、改元和大赦天下三项。

赵匡胤是以归德军节度使而即皇帝位的。归德军节度使驻节宋州(今河南商丘),故宋州名义上可称得上是他的发迹之地,所以崇元殿受贺后的次日,赵匡胤就按照秦、汉、隋、唐这些统一王朝均以初起之地或封邑之名为国号的惯例,将国号定为"宋"。同时改元(建年号)为"建隆",取其新朝始建,万象昌隆之意。赵匡胤

---

① 《宋史》卷151《舆服志三》。

以皇帝身份颁行的第一份正式文件《即位大赦天下诏书》①也同时公布，一个面目全新的王朝就这样建立起来了。此时的赵匡胤刚过"而立之年"，再有四十几天，就是他三十四岁的生日。

第四节 "一著黄袍便罢兵"

建隆元年（960）正月，登基后的宋太祖"车驾初出"。随行的仪仗队（当时称之为卤簿）较为简略，排在仪仗队前面的是由禁军组成的"驾头"，随后就是皇帝乘坐的步辇，步辇之后是擎着伞扇的方队。方队后面是公卿百官——他们本来都是后周旧臣，与端坐在步辇之上的"皇帝"是比肩多年的同事，想不到现在却要毕恭毕敬地跟在他的步辇之后做臣民，心中难免有些不自在，所以仪仗队就有些杂乱了。虽然跟在公卿百官后面还有一支训练有素的"劲骑扈卫"，跨着饰有璎珞流苏的骏马，应着军乐的节奏，走出很整齐的骑兵方队，但仍矫正不了前面公卿百官"杂行道中"的情形。站在街道两旁观望车驾的"士庶百姓"的秩序更为混乱，不少人竟随着车驾的前行"夹道驰走"，前挤后拥，喧闹不已②。

更糟糕的是，沿途所有的楼台亭阁不但挤满了居高临下的看客，而且这些楼阁大多挂着帘子，总让人感到这些帘子后面藏着些什么。

坐在步辇上的宋太祖面目平和，似乎对这种混乱并不介意——据说，正是由于他的不介意，结果使这种"威令驰阙"、"殊

---

① （宋）李攸：《宋朝事实》卷2《登极赦》中有这份文件的全文。四库馆臣在下有注曰："《永乐大典》独佚此诏，今从赵普《飞龙记》所载补入。"又见《宋大诏令集》卷1《帝统》，但所录不全。
② 《宋史》卷144《仪卫志二》引宋庠语。

无典礼"的行幸仪仗形式沿袭了近百年①。其实,他的内心并不平静。"天下新定,人心未安","为君难,天子置身兆庶之上,若治得其道,则此位可尊;苟或失驭,求为匹夫亦不可得"②。如何措置是好? 自登基以来,他几乎天天晚上睡不着觉③,脑海里反复考虑这一问题。所以,他对眼下的混乱情况是有些准备的,国家新造,万机待理,诸如此类的"混乱",又何必着急处理,说不定还会有更严重的事情发生!

果然,当銮驾缓缓地通过御街,跨上大溪桥时,空中忽然飞过一只利箭,紧擦着步辇射到了后面的伞扇上。护驾的卫士大惊失色,纷纷亮出武器。因为有些思想准备,宋太祖显得比卫士们镇定多了。他从步辇中探出身子,指着胸膛说:"教射,教射"④,又笑道:"射死我,这皇位也轮不到你!"这话,笑中含刺,大概不单单是讲给刺客听的(事实上,那躲得远远的刺客也未必听得见),步辇的后面还跟着一大批后周旧臣哩!

的确,不能把这种谋杀事件看作是毫无背景的孤立活动。"陈桥兵变",以迅雷不及掩耳之势,仅花费一两天的时间就取得了成功,对后周大部分文武百官来说,不要说反抗,甚至于还没有反应过来是怎么回事,就已经无可选择地成为新天子的臣民。事变过后,面对既成之局,难得糊涂者听之任之,随波逐流,识时务者"稽颡称臣,骏奔鹄立,洋洋自得",但也有一些不甘任人摆布者,尝试着把兵变时他们未来得及或不敢公开进行的反抗,放到这时进行。在宋太祖即位之初的日子里,曾连续发生过几起类似的谋杀事件,这正是后周旧臣对新王朝的反抗方式之一。

有时,这种反抗还会以思念后周故君的方式表达出来。《国

---

① 《宋史》卷144《仪卫志二》。
② 《宋史》卷242《昭宪杜太后传》。
③ 《长编》卷2宋太祖对石守信等人语。
④ (宋)朱弁:《曲洧旧闻》卷1。

老谈苑》卷一中的一条记载就十分典型:

> 太祖尝曲宴翰林学士王著,御宴既罢,著乘醉喧哗。太祖以前朝学士,优容之,令扶以出。著不肯退,即趋近屏风,掩袂恸哭,左右拽之而去。明日,或奏曰:"王著逼宫门大恸,思念世宗。"太祖曰:"此酒徒也,在世宗幕府吾所素谙。况一书生,虽哭世宗,何能为也?"

"书生报国无长物,唯有手中笔如刀",所以"书生哭世宗"的社会影响未必不值得重视。更何况这个王著又受周世宗临终遗命欲委以宰相的重任,其才干、影响,尤其是在青年官员和士人中的号召力①,恐怕又决非一般书生可比。宋太祖虽口称"何能为也",实际上却不无担忧,否则,他也就不必一直处心积虑地对王著加以防范和监视了②。

另一位名气更大的翰林学士李昉,也明显表达出不合作的态度。《后山谈丛》卷五记载:

> 李相昉在周朝知开封府,人望已归太祖,而昉独不附。王师入京,昉又独不朝,贬道州司马。昉步行日十数里,监者中人问其故,曰:"须后命尔"。上闻之,诏乘马,乃买驴而去。三岁,徙延州别驾,在延州为生业以老。三岁又徙,昉不愿内徙。后二年,宰相荐其可大用,召判兵部。昉五辞,行至长安,移疾六十日。中使促之。行至洛阳,又移疾三十日而后行。既至,上劳之。昉曰:"臣前日知事周而已,今以事周之心事陛下。"上大喜曰:"宰相不谬荐人。"

这段记载中有关李昉在宋朝的仕宦履历并不准确,但"王师入京,昉又独不朝"的行止是真实的。这种态度还表现在"诏乘马,乃买驴而去"——太祖是要派官马,他偏偏自己买驴。这种极端不合

---

① 《宋史》卷269《王著传》记载:"著善于人交,好延誉后进,当世士大夫称之。"
② 《长编》卷4乾德元年二月条载:"(王)著嗜酒,不拘细行,尝乘醉夜宿娼家,为巡吏所执,既知而释之,密以事闻,上置不问。"可见对其暗中有监视。

作,大致坚持了七八年,宋太祖也表现出超常的耐心,最终李昉还是被新朝所感化。

敌视新政权的人,也不仅限于文臣——成德节度使郭崇听到宋太祖废周建宋的消息后,"忧懑失据",痛哭流涕;昭义节度使李筠在新王朝派人向他赐册时,竟当着使者的面挂起周太祖郭威的画像,"涕泣不已";保义节度使袁彦"及闻禅代,日夜缮甲治兵";义武节度使、同平章事孙行友在新政权建立后"不自安,累表乞解官归山,上不许。行友惧,乃缮治甲兵"……

当然,这些人也很难说都是后周的"忠臣"。五代时期,本就是一个军阀混战、势力角逐的年代,怀有帝王野心的人的确是"如春雨之蒸菌"。而周世宗去世后所出现的那种"主少国疑"的局面,无疑又大大刺激了这种野心。所以,在"陈桥兵变"之前,像赵匡胤一样积极扩充个人势力,缮甲治兵,准备问鼎者也是大有人在。如上面提到的李筠、郭崇,以及保义军节度使(驻陕州,今河南陕县)袁彦、忠正军节度使(驻蒲州,今山西永济)杨承信、淮南节度使(驻扬州,今江苏扬州)李重进、义成节度使(驻定州,今河北定县)孙行友等等,都是一些"挟争心以逐柴氏之鹿"的人[1]。赵匡胤的捷足先登只不过使他们失去了一次实现野心的机会,却并没有打消他们的野心,他们有的等待观望,希冀再起;有的则妒恨满胸,以思念旧朝的方式公开对新王朝表示敌视,更甚而"日夜缮甲治兵"[2],准备与新王朝来一番真刀真枪的较量。

所以,摆在宋太祖面前的局面并不乐观。

如何处置这种局面呢?农历二月十六日,是宋太祖的生日"长春节"。这开国后的第一个"长春节",宋太祖格外重视,他把祝寿的主要活动安排在大相国寺进行。

---

[1] (清)王夫之:《宋论》卷1。
[2] 《长编》卷1建隆元年八月条。

大相国寺,是东京开封第一大佛教寺院,东京人称之为"相蓝"。它的历史可以追溯到战国时期,当时大名鼎鼎的魏国信陵君的住宅就修建于此。北齐天保六年(555),在此创"建国寺"。唐代时,曾被封为相王的唐睿宗重建寺院,改名为"大相国寺",从此成为开封的头号大寺院。自五代朱温建都于开封后,随着开封政治地位的提高,大相国寺也成为天下闻名的佛教名刹。大相国寺在当时不但是佛家的圣地,也是士农工商三教九流聚合的场所,每当开放之际,拈香拜佛、夜市买卖、听书看戏、赌博弈棋,各种活动一应俱全[①]。所以这里是东京真正的社会活动中心。

　　宋太祖把长春节祝寿的主要活动安排在这里,显然是有用意的。

　　早在"陈桥兵变"前夕,宋太祖和赵普等人就曾对政变之后的局势做过分析:"节度使各据方面,京城若乱,不惟外寇愈深,四方必转生变","都城人心不摇,则四方自然宁谧。"[②]这已经把政变之后稳定京城局势的重要性给提了出来。就对新王朝的威胁程度而言,那些"各据方面"、"日夜缮甲治兵"的节度使,自然是最值得注意和加以防范的。但兵变发生后,他们之所以迟迟没有举兵反抗,除了实力上的原因外,更主要的则是在等待时机,准备在京城出现混乱失控的局面时,再作打算。宋太祖深知,在这种情况下,如果能一方面采取切实可行的措施,及时稳定住京城的局面,另一方面又能通过某种迅速而又影响广泛的方式,把新朝稳如泰山的形象树好,舆论造足,那么就会使那些正在待机而动的地方强藩感到无可乘之机,从而有效地打消他们作乱的想法。

　　长春节的祝寿活动是成功的。正月十七日,在大相国寺为祝

[①] (宋)王栐:《燕翼诒谋录》卷2:"东京相国寺乃瓦市也,僧房散处,而中庭两庑可容万人,凡商旅交易,皆萃其中,四方趋京师以货物求售、转售他物者,必由于此。"

[②] 《长编》卷1建隆元年正月条。

寿建水陆道场,到了二月十六日这天,宋太祖在长春殿接受群臣贺拜,随后群臣至大相国寺进香,进香完毕,就地开宴。一时间,香烟缭绕,鼓乐齐奏,"不胜欢忭",贺寿活动达到了高潮。

东京城的百姓们也目睹了这隆盛欢庆的场面,有的人还随官员们一起进奉了自己的一份贺礼①。但大多数人只是来看热闹的,他们喜欢这场面,也想借机"认识"一下那些参加祝寿盛典的官儿们。毕竟是改朝换代了,总该又有一茬新官出场了吧!但很快他们就有些奇怪了。因为在庆寿的百官中,他们看到的还是一些熟悉的老面孔,甚至于连带领百官拜寿的居然也还是范(质)、王(溥)、魏(仁浦)三位旧相。更使他们惊讶的是,那个"佐命定策"的"赵书记"(赵普),大家都以为他此番必定出将入相了,可不曾想,他却以"枢密直学士"的身份同那些不太显贵的官吏们挤在一起。虽然百姓一下子还说不准"枢密直学士"是个多大的官,但那一身绯色的朝服却早已说明了他那不会太高的品级。当然,对东京城的百姓来说,这些看来有些奇怪的事情,倒未必是坏事。官不易位,各安其职,毕竟也是世局稳定的一个标志。他们会很自然地把这一情况同一个月前"陈桥兵变"时京城内"市不易肆"的情况联系在一起,进而认定:这世局如棋、变幻莫测的时代怕是要过去了,这世道是真的要太平了吧?要不,为什么近日这京城市面上老是传唱着"赵神言夸宋"②的俚语呢?这分明是"人心向慕"、"应天顺人"的吉兆呀!

长春节祝寿活动的成功,可以看作是政变后京城局势日趋稳定的一个标志,这也是宋太祖和赵普等人一个月来努力的结果。

"陈桥兵变"后,宋太祖在一周之内就完成了军队方面的人事

---

① 《宋史》卷112《礼志十五》记载,在庆寿结束后,宋太祖下诏:"今后长春节及诸庆节,常参官、致仕官、僧道、百姓等毋得进奉。"说明此次长春节百姓多有进奉贺礼者。

② 《长编》卷1建隆元年正月条。

安排,禁军将领"官爵阶勋并从超等",出现了一批当朝新贵。但不知什么原因,对后周旧臣,主要是文臣,宋太祖一直缺乏一个明确的态度。虽然这些后周旧臣从宰相到普通文吏,仍然在位,但颇有些"看守政府"的味道。直到二月份即长春节祝寿前夕,宋太祖才发布诏令:

> 司徒、兼门下侍郎、平章事范质加侍中,右仆射、兼门下侍郎、平章事王溥加司空,枢密使、中书侍郎、兼刑部尚书、平章事魏仁浦加右仆射,枢密使太原吴廷祚加同中书门下二品。①

至此,范质、王溥、魏仁浦这三位后周宰相才结束了"看守宰相"的尴尬处境,正式成为宋王朝的宰相。相应地,宰相之下的其他后周旧臣在全部留用、官职依旧的原则下,也都成了宋王朝的官员了。

能做到这一点,并不是一件轻而易举的事情。"一朝天子一朝臣","以亲疏而定贵贱",这本是改朝换代之际的"通例"。现在,宋太祖要保留旧臣的政治地位不动,就要违背这一"通例","委屈"一下像赵普、李处耘、楚昭辅等"定策佐命"的心腹了。这其中的工作并不是那么好做的。好在当时毕竟还处于创业阶段,宋太祖和赵普等大抵还有着创业君臣那种克制感情的理智力量。君"不亟于酬功",臣"亦不急于得政",一切以大局为重,终于选择和确定了优待和笼络后周旧臣的政策。而这一政策的确立,对于缓解后周旧臣对新王朝的疑惧和抵触,消除他们对旧王朝的怀念和依恋,迅速稳定政变之后的京城局势,巩固赵宋王朝的统治,显然起到了很好的作用。史书记载说,宋太祖即位后,分派使者至各地宣布朝令,而各地的节度大藩首先要问的是:谁当宰相?谁是枢密使?谁来统军?当他们知道"皆不改旧"时,"乃下拜",初步认

---

① 《长编》卷1建隆元年二月条,此条下有小注说:"按《宋史》作范质兼侍中,王溥守司空,魏仁浦为尚书右仆射。考宋制,'兼'与'为'乃实授之词,'守'则资格未及而暂加之词,今概作'加'字,疑有误。"

同和接受了赵匡胤改朝换代的现实①。

当然,并不是每一个人都能理解这一笼络旧臣的政策。对这一政策的抵触情绪,在那些拥立过宋太祖的新贵中还是存在的。王彦昇敲诈王溥的事件,就是在这种背景下发生的。

这个绰号"王剑儿"的王彦昇,我们在前面已经提到了,《宋史》是将他与石守信、王审琦、高怀德、韩重赟、张令铎、罗彦瓌等六位武将一起,作为"太祖开怀信任,获其忠力"的头号开国勋臣编排在同一卷目中的。前五人,不是太祖"义社十兄弟"中人,就是他的姻亲,都曾担任后周禁军的高级将领,可以说是宋太祖的同辈死党;而罗彦瓌和王彦昇在后周时都是普通基层将领,无论从职务上,还是名分上,都只能算是宋太祖真正的部下心腹。他们二人在"陈桥兵变"时,都是作为先锋最早一批进入京城的,一个"挺剑"咆哮于殿前都点检公署,逼迫范质等就范;一个跃马逐杀韩通父子,平定了"陈桥兵变"时唯一的一起准备反抗的事件,都有最"出色"的表现。但宋太祖登基后,罗彦瓌很快就被提拔为禁军的高级将领,而且还得封节度使,王彦昇不但没有被晋升,反而差一点被杀头,"罪名"就是"专(擅自)杀韩通"。其实,宋太祖在"陈桥兵变"前虽然有不准"凌暴"后周公卿大臣的军纪,但身为禁军统帅的韩通既然是已经准备武力反抗("将率众以备御")了,王彦昇当机立断,将其杀死,似也无可厚非。宋太祖事后所以要"惩罚"王彦昇,完全是从笼络后周旧臣,缓解后周势力对新王朝的抵触情绪这一角度出发的。对此,王彦昇自然是心中不服了。他认定正是优待后周旧臣的政策才使他受此窝囊,总想找个机会发泄一下。

长春节后不久的一个深夜,他带着一队巡逻的士兵敲响了宰相王溥家的大门。王溥听说"王剑儿"突然深夜来访,自忖凶多吉

---

① (宋)陈师道:《后山谈丛》卷4。

少,"惊悸而出"。"此夕巡警甚困,聊就公一醉耳。"王彦昇大大咧咧地说道。当朝宰相在他眼里,不过是手下降臣而已。

接下来发生的事情,历史记载就有些不一了。《长编》和《宋史》都说,王彦昇意在借酒索贿,但王溥"佯不悟",即假装糊涂,"置酒数行而罢"。不过,王剑儿的凶狠残暴也是出了名的,以王溥胆小怕事的性格怎么敢假装糊涂搪塞他呢?再说,王彦昇既然"意在求贿",不达目的,又岂肯善罢甘休。所以《王文正笔录》中说,最后王溥还是拿出了"白金千两",才将他打发走。

不管王剑儿的敲诈是否得逞,第二天,王溥就把他的行径告到了朝廷。王剑儿逐杀韩通父子,已使后周旧臣惊惧不已了;现在又仗势凌人,敲诈到宰相头上了,若再不严加处置,必然会加剧新贵与旧臣的矛盾。于是,宋太祖当天就毫不留情地下诏将王彦昇贬到唐州去做团练使了。此后,王彦昇再也没有回到京城,心情郁闷的他竟养成了以活人耳朵佐酒的疯狂恶习,前后吃了"数百只"人耳朵。奇怪的是,宋太祖居然对此亦不闻不问。看来,对自己的心腹爱将,宋太祖还是有些放任的,只是涉及新贵与旧臣的冲突这一敏感问题时,他才不得不采取断然措施。

在笼络后周旧臣的过程中,宋太祖特别注意对他们当中的两种人下功夫。

一种是自己的故旧好友。

宋太祖为人宽厚、豪爽,经历丰富,再加上喜欢交游,所以在后周旧臣中除了"义社十兄弟"和赵普、李处耘等幕府心腹以外,还有许多故旧好友。他们有的是宋太祖的少年伙伴,有的是曾关系密切的同事,有的是曾提携、帮助过他的上级,有的是他父辈的世交。从维护皇帝威严的角度考虑,宋太祖称帝后同他们保持一定的距离,也无可厚非。事实上,这也是一般开国君主,尤其是平民出身的开国君主为保持尊严的惯伎,但如果从笼络后周旧臣的角度考虑,这部分人不但容易被笼络,而且可以通过他们去影响更多的人;反之,如果只是将他们与其他后周旧臣同等对待,他们就会有一种被疏远和冷落了的感觉;而如果有意疏远他们,他们甚至会由此惴惴不安,心存忧惧,因为他们既然与宋太祖私交甚稔,相信总会知道一些宋太祖现在不愿意让别人知道的隐私之类的东西,相知而相忌,君臣之间因这种微妙之处而导致反目的事例,在历史上是屡见不鲜的。所以,在处理同这部分人的关系上,宋太祖很注意把握君臣名分和故旧情谊间的分寸,尽量减少前者对后者的影响。

如张永德,长期担任宋太祖的上级,两人不但在政治上同属一党,而且在经济上亦有往来。但宋太祖正是取代张永德的殿前都点检一职后才发动兵变而当上皇帝的,对宋太祖的即位,张永德心情想必很复杂。宋太祖即位后,对张永德仍一如既往,不但常在一起饮酒叙旧,而且还像做皇帝以前那样,称他为驸马(张永德娶后周太祖郭威之女),从不直呼其名[1]。据苏辙《龙川别志》卷上记载,曾有人告发张永德"谋反",宋太祖公开表示,张永德绝不是那种造反的人,竟将告发者押送给张永德,让其自行处置。

原后周殿前副都点检("陈桥兵变"后升任殿前都点检)慕容延钊,与宋太祖长期在后周禁军中共事,论年龄,慕容延钊长宋太祖几岁。所以宋太祖"常兄事延钊。及即位,每遣使劳问,犹以兄呼之"[2]。另外,像韩令坤、昝居润、赵晁、李继勋、赵彦徽、张令铎、符彦卿等,均因亲朋故旧的关系而受到重用[3]。其实他们有的并无什么才干、政绩:如李继勋"累历藩镇,所至无善政,然以质直称,信奉释氏。与太祖有旧,故特受宠遇";如赵晁"好聚敛,无他勋劳,但以周初与宣祖(宋太祖之父赵弘殷)同掌禁军,有宗盟之分,故蒙优礼"。但选择这样的人作为典型,给予殊荣,却能对其

---

[1] 《宋史》卷255《张永德传》。
[2] 《宋史》卷251《慕容延钊传》,又见《东都事略》卷20《慕容延钊传》。
[3] 参见《宋史》各人本传。

他后周旧臣产生特殊影响,这也可以说是宋太祖为笼络后周旧臣而走的一步高招。

前面提到过,宋太祖离家外出漫游、穷困潦倒时,曾去投奔过当时的复州防御使王彦超,但被王彦超拒之门外。宋太祖即位后,却不计旧怨,特别给他加了中书令(中书省的最高长官)的荣衔。还有那个董遵诲,当年曾仗势欺凌过宋太祖,后来又一直追随宋太祖的政敌韩通,是韩通的心腹。宋太祖即位后,他自以为得罪非轻,心如悬旌,惶惶不可终日。但宋太祖却大度地对他说:"朕方赦过赏功,岂念旧恶耶?汝可勿复忧,吾将录用汝。"①同时又提拔了他的官职。这样,消除了董遵诲的疑惧、戒备心理。后来,宋太祖还设法将董遵诲的母亲从契丹统治下的幽州接了回来,使他们母子团聚。董遵诲感激万分,自此以后,他成为宋太祖手下一名忠心耿耿的战将,在宋初的平叛安边中作出了重要贡献。

另有部分后周旧臣,与宋太祖并无私怨,而主要是在维护后周利益这一问题上与宋太祖有矛盾,在宋太祖即位后,他们对新王朝自然抱有政治敌意。对这批人,宋太祖同样斟酌情形,予以笼络,不轻易地采取极端措施。

如殿中侍御史郑起,在后周末年就曾上书范质,指出宋太祖"握禁兵,有人望",对周室极为不利,但范质没有理睬他的意见。宋太祖即位后,他仍不改初衷,一次在路上遇到宋太祖外出,他竟大摇大摆地"横绝前导而过"。对此,"上(指宋太祖)初不问",既没有追究,也没有撤他的职②。

右拾遗杨徽之在周世宗时期,也曾有过撤罢宋太祖军职的建议,甚至于还曾暗示应杀掉宋太祖以绝后患。宋太祖即位后,先有

---

① 《长编》卷9开宝元年七月条。
② (宋)司马光:《涑水记闻》卷1。据《长编》卷4乾德元年十二月条记载,宋太祖实际上对郑起也进行了处理,由此可见"宽大"的真正的目的在于笼络后周旧臣。

"以旧恶诛之"的念头,后经与皇弟赵光义的讨论,认为杨徽之是"周室忠臣","不宜深罪",只是将其改任为天兴令①。

另外,像前面提到过的王著"逼门恸哭,怀念周世宗"和李昉的"王师入京,昉又独不朝",宋太祖也没有追究,王著本人甚至也没有因此遭到任何惩罚。

即使是对新王朝有颇多成见的范质,也没有因此而影响到他的宰相地位。范质虽然曾伙同宋太祖一起废匿了周世宗的临终遗诏,从而为宋太祖的上台扫清了障碍,但在思想上、感情上,他还是忠于后周王朝的,还是想做一个"周室忠臣"的。"陈桥兵变"消息传来时,他悔恨至极,抓住王溥的手连呼上当,不知不觉竟"爪入溥手,几出血"。在殿前都点检公署,他也是在罗彦瓌的"举刃"胁迫下才跪拜赵匡胤的。范质内心深处对后周灭亡的痛苦和激愤悔恨,恐怕绝不亚于王著,但他还是在新王朝做了近四年的"开国宰相",乾德二年(964)四月,范质才同王溥、魏仁浦一起被罢相,同年九月去世。临死前,他告诫儿子"勿请谥,勿刻墓碑",可见他对赵宋王朝的政治态度并没有改变。不过,这种政治态度既没有发展为对新王朝的公开敌视(如"杀身成仁"),也没有导致他与新王朝的不合作(如"辞官归隐"),这不能不归因于宋太祖笼络政策的成功。据记载,范质死后,皇帝赵光义曾大有深意地说:

宰辅中能循规矩、慎名器、持廉节,无出质右者,但欠世宗一死,为可惜尔。②

其实,范质虽然没有以死殉节,但以他当时激愤、痛悔的心情,如果外部压力、刺激再大一些的话,他也不是不可能跨出那悲壮的一步。不但范质有可能跨出这一步,就是那"逼门恸哭"的王著,"横绝前导"的郑起和"诏乘马,乃买驴而去"的李昉,又何尝不是

---

① (宋)司马光:《涑水记闻》卷2,又见《长编》卷4乾德元年十二月条。
② 《宋史》卷249《范质传》,又见《涑水记闻》卷1,《长编》卷5。

如此呢？没有一点视死如归的胆量，他们敢作出这样的举动吗？可偏偏宋太祖对他们有着"忍其忿怒之发"的气度，并不采取以硬碰硬的极端措施，这反而使他们的填膺忠愤像水泼进沙子里一样无声无息了。

这正是宋太祖的"高明"之处。与其以极端的手段成全他们做后周忠臣的心思，使他们与新政权的矛盾公之于天下，倒不如以笼络的手段，或者说是不理不睬的方法，使他们那一时的激愤，情随事迁，自生自灭，消弭于无形。清代学者王夫之在论及宋太祖"保全柴氏子孙"、"不杀士大夫"时，特别赞赏他"捐其疑忌之私，忍其忿怒之发"的气度，称其"亦犹是武人之雄"[①]，不是没有道理的。

对后周旧臣的笼络政策，大约执行了近四年的时间。这期间曾发生过下面我们将要提到的"二李起兵"的事件。二李之一的李筠起兵前，曾自信地估计，京城旧臣必将纷纷"倒戈来归"，结果令他失望的是，京城旧臣中却是没有一人响应。这证明宋太祖对后周旧臣的笼络是成功的[②]。

乾德元年（963），宋太祖已经基本巩固了自己的统治，并于同年开始了统一全国的战争。这样，一方面随着统一事业的开始，需要大批得力干将；另一方面，经过几年的努力，后周旧臣作为一个整体势力已不存在。于是，就在这年的年底（十二月），郑起由殿中侍御史出任西河令，杨徽之由右拾遗出任天兴令[③]。一个月后，即乾德二年正月，范质、王溥、魏仁浦"三相同日而罢"，由赵普出

---

① 《宋论》卷1。
② 南宋黄震在《黄氏日抄》卷50中曾评价宋太祖对后周旧臣的成功笼络："范质、李昉，皆先朝旧臣。王师入京，质颇诮让，昉独不朝，盖贤于一时。其后质相太祖，昉相太宗，质以兢谨，昉以宽恕，皆为名臣，亦盛矣"（中华书局1985年版）。
③ 《长编》卷4乾德元年十二月条。

任宰相①。这也意味着新王朝与后周旧臣,尤其是后周文臣之间的矛盾已得到了解决。此后,在新王朝中,虽然这些旧臣大多数不再居于核心岗位,但仍在文化等领域产生着积极的影响。如李昉自谓:"历官从宦复何如,冒宠叨荣最有余。五载滥批黄纸敕,半生曾典紫泥书。"②宋初著名的"三大部书"(《太平广记》《太平御览》《文苑英华》)都是他主持完成的,其门生弟子更是成为新王朝的中坚,"年来得意知难继,大半门生作侍臣"。宋太宗年间,年过七旬的李昉还曾发起过著名的"九老会"。其中,"吏部尚书宋琪年七十九,左谏议大夫杨徽之年七十五,鄞州刺史魏丕年七十六,太常少卿致仕李运年八十,水部郎中朱昂年七十一,庐州节度副使武允成年七十九,太子中允致仕张好问年八十五,吴僧赞宁年七十八"③,"九老"均为后周旧臣,其中有新王朝的坚定支持者,如宋琪、魏丕,也有与新王朝格格不入者,如李昉、杨徽之。但随着时间的推移,他们都在新王朝的宽松政策中融为一体了。

清初查慎行(字初白)曾有一组《汴梁怀古》的名诗,其中的一首是以"陈桥兵变"前后的政局为主题的,影响很大:

> 梁宋遗墟指汴京,纷纷禅代事何轻。
> 也知光义难为弟,不及朱三尚有兄。
> 将帅权倾皆易姓,英雄时至适成名。
> 千秋疑案陈桥驿,一著黄袍便罢兵。

赵翼《廿二史札记》卷二十一即曾引查慎行此诗云:

> 宋太祖由陈桥兵变,遂登帝位。查初白诗云:"千秋疑案陈桥驿,一著黄袍便罢兵。"盖以为世所稀有之异事也。不知五代诸帝多由军士拥立,相沿为故事。

赵翼讥讽查氏,显系断章取义。查诗中明有"纷纷禅代""将

---

① 《长编》卷5乾德三年正月条,又见《宋史》卷256《赵普传》。
② 《全宋诗》卷12《李昉一》,北京大学出版社1991年版,第175页。
③ 《宋史》卷265《李昉传》。

帅权倾"之语,所概括的就是"五代诸帝多由军士拥立"这一段历史。至于查诗后两句中确曾流露出的那种"以为世所稀有"的慨叹,其实另有内涵,意在点明陈桥兵变的独特结局——结束了"纷纷禅代事何轻"的历史,跳出了轻生轻灭、短命而夭的轮回,天下自此太平,国祚日益长久。"一著(着装)黄袍便罢兵"的主旨就在这里。故邓广铭在论陈桥兵变时,即颇得其旨地指明:

> 将查诗倒转一下,该做"一著黄袍便罢兵,千秋疑案陈桥驿"。是因为后来的罢兵,才使得此前的黄袍加身案日益扑朔迷离而真相不明不白的……倘使赵宋的国祚也和唐代的各个藩镇或五代时期的各个朝代那样,倏然而兴,忽然而亡,所谓陈桥事件的真相必早已大白于天下后世,不至于成为查慎行所说的"千秋疑案"。事实上宋太祖却能于黄袍加身后,使赵氏一家的统治延续了数百年之久,于是多少善于圆谎的史学家们对此事均多方加以粉饰,希图蒙蔽后代的读史者。

邓文所论,自有深意,旨在破解正统史家对兵变阴谋的粉饰。而如果从另外的角度看,"一著黄袍便罢兵",显然还反映了某些更为积极、明朗的内容,这就是"陈桥兵变"的诸多政治奇迹。一是兵变时流血极少,兵不血刃,市不易肆而悄然开国;二是政变后政治波动最小,波澜不兴地化解了后周旧臣,尤其是朝廷重臣中的种种异己力量。仅此两点,宋太祖就不愧为一流的政治家。这两点,也为天下的太平统一以及赵氏一家"延续了数百年之久"的统治,打下了第一层基石。

第五节　平定二李

大约就在王彦昇因敲诈宰相王溥而被贬出京城的同时,东京城来了一个满口山西话的年轻人。他叫李守节,是我们前面提到过的昭义军节度使李筠的儿子。

李筠，山西太原人，是一个老资格的节度使。他原名李荣，后避周世宗柴荣的名讳更名为李筠。后周初年，当宋太祖还是后周禁军中的一个小头目（东西班行首）时，他已经官拜义成军节度使了，是后周有数的几个"创业功臣"之一。这是一个典型的"乱世英雄"：粗通文墨，骁勇善战；待人坦率，却又脾气暴躁；敢作敢为，又常常不计后果。自后唐年间"挟弓"从军后，他先后投靠了四五个军阀，谁赏识他，他就替谁卖命，倒并不在乎赏识者本身是否有发展前途；谁触犯了他，他就跟谁反目，也并不考虑对方的背景如何。恣意任性，剽悍不羁，居然也在乱世中闯出了一番名堂，成为后周的开国功臣，并受到太祖郭威的赏识，在短短的四年间，他三拜节度使，一次比一次重要，最后以昭义军节度使驻守潞州。

昭义军自唐大历元年（766）建置以来，其区划主要辖有泽、潞、磁、邢、卫、洺等州，跨有河北、河东（山西晋汾一带）这两个当时北方最主要的财赋之区，"为沿黄河两岸各处所置仓储的比邻之地。历代为转输河北、汾晋粮食而建置的黎阳仓就在卫州境内，是一个赋足以缮兵，兵足以攻守的重要节镇"[①]。特别是黄巢起义之后，只有山西一带没有经受大的战乱冲击，富饶殷实，优于他镇。山西最重要的两个区域，一个是昭义军节度使所在的上党，一个是河东节度使所在的太原。当年河东节度使（驻山西太原）李克用就是因兼领昭义军而势力大增，遂一跃成为北方最强大的两个藩镇之一，与宣武节度使朱温并驾齐驱，不相上下。后周时，由于北汉割据了太原及周围十一州的土地，昭义军实际上就成为后周北拒北汉，南屏河北、河东财赋之区的战略重镇，地位远在其他诸镇

[①] 马伯煌：《宋初军事行动的经济目的与策略》，《宋史研究论文集》，上海古籍出版社1982年版。

之上。李筠以后周开国功臣出领昭义军节度使,正可看出周太祖对他的倚重之深。

周世宗即位后,李筠以先皇重臣自居,专恣跋扈,竟然公开宣称自己同周世宗"义同昆弟",并不把这位年轻的君主放在眼里。他不但利用控制黎阳诸仓的条件擅自征收、截留应上缴中央的赋税,用以招纳亡命,扩充个人势力,而且"专恣跋扈",藐视周世宗派往潞州的监军,"尝以私忿囚监军使",周世宗"心不能堪",暂时却又无可奈何,"但下诏责让而已"①。

宋太祖与李筠本属两辈人,再加上前者一直在京城禁军中任职,后者则长期为地方强藩,二人平日几乎没有什么往来,大概也不会有什么个人恩怨。宋太祖即位以后,马上在李筠潞州节度使、兼同平章事、侍中的官衔之上再加上兼中书令。后面这三个官衔虽然都是虚的,但一身而得兼朝廷三省(尚书、中书、门下)三个最高职务,也称得上是位极人臣了。李筠对此却并不满意:五代时期,毕竟是一个乱世,"主无恒尊,臣无恒卑"②,你赵匡胤可以欺人孤儿寡母,由殿前都点检而天子,我李筠难道就不可以再从你手中把这天子的大位夺到自己手中吗?更何况赵匡胤的资历、职务一向比李筠低,让这个后生小辈高坐龙廷凌躐于他的头顶上,这也是他不能容忍的事情。所以,当宋太祖的特使来到潞州,向李筠宣布宋王朝建立的消息时,就发生了李筠泣拜周太祖画像的事情。其实,按李筠的脾气,恨不得当场就发作起来:拒绝来使,宣布反宋。只是在左右幕僚的劝说下,他才冷静下来,"貌犹不恭"地接待了宋太祖的特使。

李筠对宋王朝的这种敌视态度,很快就引起了北汉国主刘钧的注意和兴趣,他派人将一封蜡书送给李筠,相约"共举兵"攻宋。

---

① 《宋朝事实》卷17"削平僭伪"。
② (清)王夫之:《读通鉴论》卷29。

李筠接到刘钧的蜡书后,知道此事难以避人耳目,为了避免过早地暴露自己的意图,他索性派人将蜡书上交给了宋太祖,与此同时,他却又在秘密地派遣亲信带着蜡书同其他节度使联系①,在暗中加紧活动。

李筠的儿子李守节是一个患有间歇性癫痫病的青年,平常不发病时,头脑比一般人机敏和清醒很多。他对父亲的反宋活动很不认同,曾不止一次地哭着加以劝谏,可李筠不但不听,反而又派他进京观察形势,联络后周旧臣,以为内应。这样,李守节就以入朝担任皇城使的名义来到了东京。

宋太祖对李筠的活动早有了解。自即位以来,他对地方节度使的活动就特别留意,曾公开和秘密地派出许多亲信将校外出"探事"、"博访"②。有这些人为耳目,宋太祖对地方局势的了解,虽然未必像宋人的一些笔记中夸张的那样"纤悉必知"③、"神机烛照,及物无遗"④,但对每个藩镇的基本动向把握得还是很准确的。所以,当李守节进京参拜宋太祖时,戏剧性的场面就发生了:

> 筠遂遣守节入朝,且伺朝廷动静,上迎谓曰:"太子,汝何故来?"守节矍然,以头击地曰:"陛下何言!此必有谗人间臣父也。"上曰:"吾亦闻汝数谏,老贼不汝听,不复顾藉,故遣汝来,欲吾杀汝耳。盍归语而父,我未为天子时,任汝自为之,我既为天子,汝独不能小让我耶?"⑤

这一颇有"喜感"的场面是由南宋史学家李焘记载在《续资治通鉴长编》中的,元人修《宋史》时,大体上也采用了其中的一些主要情

---

① 《宋史》卷255《杨廷璋传》记载:"李筠叛,潜遣亲信使赍蜡书求援邻境,廷璋获之,械送京师。"
② 见《长编》卷1所记潘美、陈思诲、荆罕儒、魏丕等事,又见《长编》卷5所记王文宝、史珪、周广等事。
③ (宋)释文莹:《玉壶清话》卷6。
④ (宋)王明清:《挥麈后录·馀话》卷1,《全宋笔记》第6编第2册。
⑤ 《长编》卷1建隆元年三月条。

节,但却自以为是地把宋太祖当着李守节的面骂李筠为"老贼",改为"汝父";又将"我既为天子,汝独不能小让我耶",改为"独不能臣我耶?"并删去了宋太祖嘲笑李守节父子关系的那句"故遣汝来,欲吾杀汝"的话。《宋史》的作者大概是觉得这番嬉笑怒骂出自皇帝之口有些不成体统,岂不知这样一改,不但抹杀了宋太祖的个性,而且也掩盖了宋太祖这番嬉笑怒骂背后的用意。

李守节进京已在长春节之后,这时的赵宋政权不但得到了大多数后周旧臣的认可,而且也得到了南方一些割据政权的承认,连南方头号大国南唐也在三月即长春节后半月,连连"遣使来朝","遣使来贺长春节"。总之,新建的宋王朝此时已经初步站稳了脚跟。在这种情况下,宋太祖对像李筠这种擅地自雄,目无朝廷,并且已萌异志的地方强藩也就没有必要虚与委蛇,一意安抚了。在宋太祖看来,与其坐待事变,不如及早将其激反,然后名正言顺地加以剪除。宋太祖呼李守节为"太子",直斥李筠为"老贼",又说在皇位上李筠不肯"小让",嬉笑怒骂间已把话说绝了,哪还有一点化干戈为玉帛的意思?在这种情形下,李筠不反,难道还有别的路可走吗?李筠只有李守节这一个儿子,宋太祖若真是想暂时稳住李筠,又怎么会打发李守节回去报告,"归语而父",而不将其留在京城以为人质呢?

对宋太祖来说,激反李筠,首先有其财政上的目的。

宋太祖立国之初,京城聚集着至少十几万的禁军,因当时江淮以南还在南唐、后蜀等割据政权的控制之下,所以,京城养兵的粮饷,主要只能是靠转漕黄河沿线,即从关中到河东、河南的"谷麦以给用"[①]。昭义镇,不但跨有河东、河北两大财赋之区,而且占据黄河最重要的区段上党,一旦由此起兵南下太行,又会把隋唐以来在华、陕、巩、洛、郑等州所建的永丰、渭南、广运、三门、集津、柏崖、

---

① 《宋史》卷274《侯赟传》。

太原、河阳、含嘉、回洛、虎牢等诸粮仓控制起来,断绝东京的粮饷漕运之路。可以说,昭义镇在某种意义上,既控制着赵宋王朝的财赋源泉,又控制着财赋转运的命脉。"河之表,曰上党。彼眈眈,踞奥壤"①,南宋词人姜夔的名作《河之表》用十二个字就概括了李筠当时所拥有的区位优势。显然,在这样重要的一个地区,让李筠这种跋扈恣横、已萌异志的地方势力多存在一天,对赵宋王朝的威胁就会增加好几倍。宋太祖在稳定了京城局势,站稳了脚跟之后,采取激反李筠,以便用武力将其解决的方针,正是兵家上策。

激反李筠,也符合宋太祖在政治上的需要。

赵宋集团的上台,虽然不乏实力背景,但毕竟是通过一次未动干戈的和平政变而完成的,缺乏同其他政治集团,主要是一些地方武装集团的公开较量过程。但只要这些武装集团还存在,这种较量就不可避免。历史上还没有哪一个王朝不是经过不同政治集团之间的武装较量而得以最终确立统治的。所以,在站稳脚跟之后,宋太祖选择李筠这种具有较大影响力,且反形已著的地方武装开刀,以武力将其翦灭还是必要的,这可以起到杀一儆百,迫使其他地方武装集团早日就范的威慑作用。但是,如果以宋太祖"首开兵端,志在诛翦"的形式发生的话,就会引起其他地方武装集团的惊惧和不安,兔死狐悲,难免出现为渊驱鱼,把他们逼到李筠一边的严重后果。正是为了防止这一点,宋太祖才巧妙地采用了激反李筠、使其"孤军举事"的方针,从而为自己赢得政治上的、道义上的主动。史书记载说:"太祖初受天命,诛李筠、李重进,威德日

---

① 《河之表》是姜夔为纪念宋太祖平定李筠的功业而撰写的,系《皇朝铙歌鼓吹曲十四首》中的第二首:"河之表,曰上党。彼眈眈,踞奥壤。交铢百斤,不如一仁;拨汗千里,莫能脱身。帝整其旅,畴曰汝武;心飞太行,胆落战鼓"(《白石道人歌曲》卷1,文渊阁四库全书本)。这首词的后几句歌功颂德的色彩较浓,但前面四句却很到位地概况了李筠虎踞上党、掌控黄河要道的地缘优势,也反衬出宋太祖平定李筠的战略意义。

盛。"①这种政治威望的取得,恐怕不是偶然的。

除了经济和政治上的原因外,从军事战术上看,激反李筠也是十分必要的。宋太祖当年漫游到过山西一带,对李筠驻守的潞州是有了解的。潞州地形"岩险",易守难攻,若宋军主动从正面强攻,李筠势必固守不出,"未可以岁月破",很可能出现不利于宋王朝的僵持局面。可是一旦将李筠激反,情况就完全不同了,"彼必恃勇出斗,但离巢穴,即成擒矣"②。

"战争的进行是离不开人的弱点的,也是针对着这种弱点的。"③李筠"素骄易,无谋",虽已经到了被宋太祖称作"老贼"的年龄了,但那种好勇斗狠的劲头、暴躁易怒的脾气,却一点也不亚于一个鲁莽青年。李守节由东京回到潞州,并把宋太祖的话原原本本地告诉给他后,他果然被激怒了。《长编》中是这样记载的:

> 守节驰归,具以告筠,筠谋反愈急。癸未,执监军亳州防御使周光逊、闲拔使李廷玉,遣其教练使刘继冲及判官孙孚送于北汉,纳款求援……筠又遣兵袭泽州,杀刺史张福,据其城。
>
> 从事间邱仲卿说筠曰:"公孤军举事,其势甚危,虽倚河东之援,恐亦不得其力。大梁兵甲精锐,难与争锋。不如西下太行,直抵怀、孟,塞虎牢,据洛邑,东向而争天下,计之上也。"筠曰:"吾周朝宿将,与世宗义同昆弟,禁卫皆吾旧人,必将倒戈来归。况吾有儋圭枪、拨汗马,何忧天下哉?"儋圭,筠爱将,善用枪。拨汗,筠所畜骏马也。

李筠怒气冲天、来势汹汹,自以为豪气十足,岂不知孤军举事,轻离根本,已犯了兵家之大忌;一错之后,又不能理智接受部下的正确意见,亡羊而不能补牢,以至再错,这又是兵家所谓的"止道"(灭亡之道)。至于毫无根据地认为入东京后周旧臣"必将倒戈来

---

① (宋)邵伯温:《邵氏闻见录》卷1。
② 《长编》卷1建隆元年三月条记枢密使吴廷祚对宋太祖语。
③ [德]克劳塞维茨:《战争论》卷1,杨南芳译,陕西人民出版社2006年版。

归",甚至把"争天下"的大业寄托在单枪匹马(儋圭枪、拨汗马)上,哪里还有一点军事统帅的理智可言?李筠的理智原本就是从属于感情的,而现在,他的感情也早已被宋太祖操纵在手中了,让他怒他就怒,让他反他就反,这种战争,不必开战,其胜负的结局就已经见其七八了。

四月十九日,李筠的"反书"传至东京。

宋太祖成竹在胸,当天即命侍卫副都指挥使石守信、殿前副都点检高怀德"帅前军进讨"。按宋太祖和枢密使吴廷祚的部署,这支前军的任务就是引兵扼住太行山的重要关隘,其目的有二:一是对李筠造成一种居高临下的进攻态势,进一步激怒他,诱使其全部主力离开地形"严险"的潞州,以便消灭;二是防止李筠万一采纳了闾邱仲卿的意见,西下太行,截断宋军的漕运之路,造成新的麻烦。

对于整个战局的估计,宋太祖是乐观的,甚至于有些轻松愉快。四月十九日,他在便殿举行了一次很大规模的宴会,既是为出征将领饯行,以壮声色,同时也是向臣下显示一下自己那种胜券在握、宽舒平稳的状态。

的确,一切皆在预料之中,到目前为止,宋太祖还没有发现有什么不放心的地方。

出征大军的粮饷甚至都没用他怎么操心,掌管朝廷财政大权,人称"计相"的三司使张美已经通过怀州刺史马令琮在"怀(州)、孟(州)"之间秘密集结好了粮草。张美"强力有心计",素以干练机敏著称,在后周时,就是三司使,"世宗连岁征讨,粮馈不乏",全"委赖"于他。现在宋太祖用起他来,也是同样得心应手,由他来调度出征将士的兵食,宋太祖是完全放心的[①]。

---

① 《宋史》卷259《张美传》记载:"美度筠必叛,阴积粟于怀、孟间。后筠果叛,太祖亲讨之,大军十万出太行,经费无阙,美有力焉。"又《长编》卷1建隆元年四月条载:"上召三司使清河张美调兵食,美言怀州刺史马令琮度李筠必反,日夜储偫以待王师。"

有了早已备好的粮饷,第二批出征队伍也很快地集结起来,于五月初由左路出发,前出太行山,与石守信等部会合。至于契丹和北汉会乘机来犯,虽然不能完全排除可能性,但在宋太祖看来,问题不大,因为早在后晋时,契丹人就吃过李筠反复无常的苦头了。李筠那时还是一个不大知名的裨将,但却能劫持自己的上级在契丹内部倒戈,由于这次倒戈,才最终结束了契丹在中原的短暂统治。在契丹人的心目中,李筠是一个完全不可信任的人物。事实上李筠也明白这一点,他向北汉借兵,但却明确表示"无用契丹兵"。北汉虽然已经答应出兵同李筠一起攻宋,但他们内部对李筠此次举兵成功是抱有怀疑态度的,故不会全力支援李筠。为防万一,宋太祖还是派与自己关系密切的宣徽南院使昝居润"赴澶州巡检",随时注意契丹的动向;又命洺州团练使郭进"为本州防御使兼西山巡检,备北汉也"①。

所有战前准备工作,在宋太祖调度下都部署帖妥了。"凡战,安静则治,暴疾则乱"。论实力,赵宋王朝远远在李筠之上;论谋略,宋太祖更远胜于李筠。单单就这决战之前井然有序的沉静气氛而言,躁急、狂傲的李筠已先输一着了。

在宋军向太行山进军的同时,北汉国主刘钧在李筠的请求下,亲自率兵支援潞州。行至太平驿(今山西长治附近),李筠已率领官属和父老在那里迎接了。刘钧对李筠一开始还是比较看重的,封他为西平王,并让他的座次排在宰相卫融之上。可李筠见刘钧"仪卫寡弱,不似王者",内心就有些后悔和轻视对方了。所以当两人在一起议事时,李筠就口口声声地说,自己受周太祖郭威的大恩,不忍负之,遂起兵反宋云云,但"北汉主与周,世仇也,闻筠言,亦不悦",双方不欢而散。刘钧临走时,虽然又给了李筠一些战马和铠甲,但却留下宣徽使卢赞为监军,这愈发引起了李筠的不满。

---

① 《长编》卷1建隆元年五月条。

卢赞找李筠商议攻取之计,李筠不理不睬,顾左右曰:"大梁兵皆我昔时部曲也,见我则降耳。"①卢赞十分恼怒,拂袖而去。此事传到了刘钧那里,他又派宰相卫融前来,名义上是调解李筠与卢赞的关系,其实是借宰相的位子来压服李筠的。但以李筠之为人,又岂是可以压服的?他像一头暴怒的狮子,"日夕校阅"自己的三千战马和三万精兵,决意"直趋大梁",做一番惊天动地的事业让别人瞧瞧。五月初,他留下儿子李守节扼守潞州,自己率三万人马气势汹汹地南下了。

李筠终于离开潞州,北宋军队反击的时机到了。五月癸卯,宋军各部与李筠在长平会战,宋军旗开得胜,首次交锋即斩首三千余级,吃掉了李筠十分之一的兵力。随后乘胜前进,拔下了李筠的军事要塞大会寨。

战事进行得十分顺利,宋军的胜利已指日可待了。不料就在这时,却传来了驻守在扬州的淮南节度使李重进密谋起兵,支援李筠的消息。

可能是结怨太深的缘故吧,对李重进这位昔日的政敌,宋太祖的处理是不太明智的。宋太祖即位伊始,就罢免了李重进侍卫亲军马步军都指挥使的职务,在当时所有后周旧臣官职依旧,只升不降的情况下,这种处理是很引人注目的。作为政敌,李重进对宋太祖的上台本来就心有疑惧、格外敏感,现在又被免去了禁军最高统帅的职务,他内心自然是"愈不自安"了。为了进一步试探宋太祖对自己的态度,他主动要求入京朝见,结果又遭到宋太祖的拒绝。宋太祖嘱咐翰林学士李昉说:"善为我辞以拒之。"于是李昉以宋太祖的名义起草了一份诏书,说什么:"君为元首,臣作股肱,虽在远方,还同一体。保君臣之分,方契永图,修朝觐之仪,何须此日。"这种官样文章又怎么能骗得了李重进这种官场老手呢?所

---

① 《长编》卷1建隆元年五月条。

以史书记载说:"重进得诏,愈不自安,乃招集亡命,增陴浚隍,阴为叛背之计。"①

李重进的这些活动,宋太祖未必不知道,但却没有引起他的足够重视。这大概与李重进的实力不强有关。

从表面上看,李重进是后周皇亲(后周太祖郭威的外甥),又是后周禁军的最高统帅(侍卫亲军马步军都指挥使),但他自周世宗去世后一直驻防在淮南,对京城禁军并没有实际的统帅权,所以史书上也只是含糊地说,李重进与宋太祖在后周时期"分掌内外兵权",也就是说京城(内)禁军的兵权并不属于李重进这个禁军最高统帅所有。而京城之外,即地方上的兵权,当时则分属于各个节度使,李重进更是无法染指了。所以,李重进的"兵权",至多只能在他自己的淮南节度使范围内行使。

淮南节度使驻节扬州。扬州,地处江淮之间,是一座历史名城。尤其是到了唐代,随着江南经济的发展,扬州作为连接南北的枢纽,更为富庶和发达了。当时有所谓"扬一益二"的说法,意思是天下之繁华,扬州数第一,成都(益州)数第二。杜牧的"春风十里珠帘",徐凝的"天下三分明月夜,二分无赖是扬州",都曾是描摹扬州繁盛的名句,而张祜的《纵游淮南》,不但把"十里长街市井连,月明桥上看神仙"的扬州看成是人间仙境,而且还把死在扬州看作是难得的幸事,认为:"人生只合扬州死,禅智山光好墓田。"但到了五代之际,扬州的繁华已经只是人们记忆中的事情了。先是秦宗权、毕师铎、孙儒之乱,使"千里长淮,悉为荒榛",而扬州亦"荡为邱墟";杨行密建吴以后,招抚流亡,发展生产,扬州又"稍成壮藩"。但好景不长,显德年间,后周与南唐争夺淮南,扬州再罹灾难。显德四年(957)十二月,南唐"悉焚扬州府居民居,驱其人南渡江。后数日,周兵至,城中余癃病十余人而已",扬州遭到了

---

① 《长编》卷1建隆元年九月条。

毁灭性的破坏。此后,扬州很长时间未能恢复元气。显德四年(957)三征南唐时,宋太祖作为后周的统帅,驻军在离扬州很近的六合,对扬州的残破状况十分了解,或许,这也是导致他后来对李重进的势力比较轻视的一个原因。事实上,就当时的一般舆论而言,也很少有人认为李重进会以"残破之扬州"起兵反宋。

李重进面色"黪黑",长相威武,人称"黑大王",为人却很吝啬,"刻薄寡恩",带兵多年,却"未尝有觞酒豆肉及其士卒,下多怨者"①。从这点看,他也不像一个能成大事的人。这也是宋太祖轻视他的一个原因。

李重进决定声援李筠、举兵反宋的消息是由一个叫翟守珣的人最先透露给宋太祖的。翟守珣是李重进的"亲吏",当时他正奉李重进的命令,前往潞州与李筠联络。但他自忖李重进起事是不会成功的,就来到了东京,仗着以前同宋太祖相识的关系,秘密地将此事报告了宋太祖。

面对突如其来的变故,宋太祖考虑到的第一点就是,"无令二凶并作,分我兵势"②。一般说来,在战略上处于两面或多面作战的态势时,是不可以"兴兵"的,当不得不处于这种态势时,一个成熟的军事指挥者,则要考虑先稳住一方,以集中兵力消灭另一方。相比而言,李筠在政治上的号召力有限,但兵力较强,对北宋形成直接的威胁;李重进身为后周皇亲,又长期担任禁军统帅,政治上的影响力较大,但兵微将寡,只能困守扬州孤城,难以进取。所以,宋太祖就打算先向李重进颁赐"铁券",以安其反侧之心,然后集中兵力首先消灭李筠。但可能是考虑到突然颁赐"铁券",会引起李重进的怀疑,于是决定让翟守珣仍以使者的身份回去,向李重进编造假情报,尽量延缓其起兵时间。与此同时,宋太祖决定再发大

---

① 《长编》卷1建隆元年十一月条。
② 《长编》卷1建隆元年九月条。

兵,由自己亲自率领,前往山西征讨李筠,务求速战速决,以摆脱随时都有可能出现的两面受敌的不利局面。

这是北宋建国后他的第一次亲征,因而在事前进行了周密的安排:以枢密使吴廷祚为东京留守,端明殿学士、知开封府吕余庆副之,皇弟赵光义为大内都点检,以"协助"吴、吕二人。另派侍卫马步军都指挥使韩令坤率兵屯驻河阳,作为后援。据《国老谈苑》卷一记载,宋太祖原本有意让亲信赵普留守京师,赵普则托赵光义进言欲"军前效力":

> 太祖将亲征潞贼李筠,诏留后吕余庆、赵普于京师。普因私谒太宗于朱邸,且曰:"普托迹诸侯十五年,今偶云龙,变家为国,贼势方盛,万乘蒙尘,是臣子效命之日,幸望启奏此诚,愿军前效力。"太宗即以闻上。太祖笑曰:"赵普岂胜甲胄乎?"因谓太宗曰:"是行也,朕胜则不言;万一不利,则使赵普分兵守河阳,别作一家计度。"及凯旋,第赏宰臣拨官,太祖曰:"普有从朕伐叛之勋,宜当加等。"于是授侍郎、枢密使。

五月己未,宋太祖与赵普等人率兵从东京出发,经荥阳(今河南荥阳)①、河阳(河南孟县)、怀州,渡黄河,"倍道兼行",很快就到达了太行山区,与石守信等部会合。

太行山区路陡坡滑,乱石嵯峨,再加上干旱缺水,历来被人视为畏途,有的随军大臣害怕艰苦,竟假装伤足扭脚,不肯进山。为了鼓舞士气,宋太祖身先士卒,亲自搬石开路。臣下和士兵都很感奋,"皆争负石开道",行军速度大大加快。据山西太行山一带民间传说,在这次行军途中,为了解决军中缺水的问题,宋太祖还创造了一种叫作"扳倒井"的挖井办法(同样的传说也流传于山东高

---

① 《长编》卷1建隆元年五月条记载,在荥阳时,宋太祖召见了河内留守向拱,向拱"劝上急济河,蹄太行,乘贼未集而击之,稽留浃旬,则其锋益炽矣"。赵普也说:"贼意国家新造,未能出征。若倍道兼行,掩其不备,可一战而克。"宋太祖采纳了他们的意见,决定前出太行。

青)。此事虽不见于历史文献记载,但从正史所记载的宋太祖搬石开道的事迹看,也是有可能的。在宋太祖的指挥下,北宋军队顺利克服了山区行军的困难。

十万大军出太行。五月底,先破李筠与北汉联军三万余众于泽州南,六月初即将李筠团团包围在泽州城中。宋太祖采纳了控鹤左厢都指挥使马全义"并力急攻"的建议①,下令全军出动,不惜代价强攻泽州城。马全义是当时禁军中的著名猛将,也是赵匡胤私交颇深的幽蓟同乡,当年在高平之战时,就曾经与赵匡胤并肩作战过。在此次攻城战斗中,又是他"率敢死士先登,飞矢贯臂,流血被体,全义拔镞进战,士气益奋"②,宋太祖虽已贵为天子,但也像当年那样,亲领侍卫亲军投入了战斗。大军压城,自知必败无疑的李筠投火自焚而死,留守潞州的李守节闻知父亲战死,即举城投降。正在太平驿观望的北汉国主刘钧,见大势已去,也急忙领兵退回太原。李筠之乱遂被完全平定。

"国莫险于剑阁","兵莫强于上党"③,李筠坐镇潞州(即上党)七八年,是天下公认的军事势力最强的大藩。所以,他的灭亡,产生了巨大的政治影响。那些拥兵自重,对北宋王朝抱有敌意的地方势力,感受到了新政权的威力,此时都不得不表示归顺了。宋太祖七月由潞州返回东京,随后七八月间,郭崇、袁彦、杨承信等几个对赵宋代周敌意颇深,甚至于"日夜缮治甲兵"图谋不轨的节度使,都乖乖地束手来朝。

只有李重进还在犹豫不决。

这也在宋太祖的意料之中。平定李筠之后,宋太祖以心腹将

---

① 《宋史》卷278《马全义传》记载:"(马全义)从征李筠,筠退保泽州,城小而固,攻之未下。太祖患之,召全义赐食御榻前问计,对曰:'筠守孤城,若并力急攻,立可殄灭;傥缓之,适足长其奸耳。'太祖曰:'此吾心也。'即麾兵急击之。"
② 《长编》卷1建隆元年六月条。
③ 《宋史》卷481《南汉刘氏世家》。

领、"义社十兄弟"之一的李继勋为昭义军节度使,镇守潞州,防御北汉。主力则迅速回师,做好了对扬州用兵的准备。但宋太祖并不急于下手,他先是下令李重进改领平卢节度使,移镇青州(今山东青州)。扬州虽然残破,但毕竟是李重进经营数年之地,而移镇青州,则无异于把他这棵大树连根拔起。移镇之前,宋太祖派遣陈思诲为特使,向李重进颁赐"铁券",以释其疑惧之心。其实,宋太祖也知道李重进"终无归顺之志",但为争取政治上的主动,他还是极力作出一副仁至义尽的姿态,以使天下人知道:"朕于周室旧臣无所猜间,重进不体朕心,自怀反侧。"①

为了把文章做足,也为进一步动摇扬州的军心,宋太祖还特意把李重进在京城任宿卫官的两个儿子放回扬州,据《东轩笔录》卷一记载:

> 李重进之叛也,有二子方为宿卫。太祖夜召,面语之曰:"而父何苦反耶?江淮兵弱,又无良将,谁与共图事者?汝速乘传往晓之,吾不杀汝也。"二子伏泣战汗,太祖趣遣之。重进方坐辕门,与诸军议事,忽二子至,入闻圣语,皆相顾大骇,士卒闻之,惊疑不测,而有向背之意。

事已至此,李重进既然不愿束手就擒,就只能仓促起事了。他拘留了陈思诲,一面修城缮甲,一面派人向南唐求援,打出了反宋的旗号。但南唐国主李璟慑于宋太祖的军威,不敢出兵,还命人对李重进派来的使者说:

> 男儿不得志,固有反者,但时有可、不可。陛下初立,人心未安,交兵上党(指平李筠),当是时不反,今人心已定,方隅无事,乃欲以残破之扬州,数千弊卒,抗万乘之师,借使韩、白复生,必无成理,虽有兵食,不敢相资。②

---

① 《宋史》卷484《李重进传》。
② 《长编》卷1建隆元年十一月条。

直截了当地拒绝了李重进的要求。李重进外缺援兵,内无斗志:扬州都监、右屯卫将军安友规不愿意跟李重进反宋,约好几个亲友,跳城逃走了。李重进恼怒交加,怀疑诸将"皆不附己",竟捕杀了数十名军官。这一愚蠢举动,搞得部下人人自危、个个怨惧,谁还会替他效力?

建隆元年(960)九月,宋太祖命石守信、王审琦、李处耘、宋偓等率兵进讨扬州。十月,赵普向宋太祖建议说:

> 李重进守薛公之下策,昧武侯之远图,凭恃长淮,缮修孤垒。无诸葛诞之恩信,士卒离心;有袁本初之强梁,计谋不用。外绝救援,内乏资粮,急亦攻取,缓亦攻取。兵法尚速,不如速取之。[①]

宋太祖接受了这一建议。十月庚寅,下诏亲征,"百司六军"随行。先由水路乘船东下,经宋州、宿州至泗州。

十月的泗州,正是野菊开放的季节。三年前,宋太祖曾在这里重创南唐军队。当时,周世宗在淮河北岸,他在淮河南岸,二人各率一军,夹河穷追南唐残兵,"军行鼓噪,声闻数十里"。转眼间,战地黄花已是三度开放了。可能是故地重游,想起了当年军威盛壮的情景,也可能是为了显示一下眼下自己天下之君的身份,或者兼而有之,宋太祖命令全军在泗州"舍舟登陆"、"鼓行而前"。一时间,战旗猎猎,军乐喧天,浩浩荡荡好不威武,但行军速度却大大放慢了。结果,当大队人马行至扬州北面的大仪镇时,就传来了扬州旦夕可破的消息,前线指挥石守信遣使驰奏宋太祖,请他速赴扬州指挥攻城。有皇帝亲自出征,这破城的最后荣誉,别人是不能僭占的。

宋太祖接到消息后,连夜赶到扬州,当晚就攻下了扬州城。李重进走投无路,"纵火自焚"而死。

宋太祖为人与治国均以宽厚著称,不以恐怖政治作为帝业的

[①] 《长编》卷1建隆元年十月条。

基础。平定李筠后,依然擢用其子李守节及其部属数人;后来平定江南诸国时,对所俘虏的各国君主也是很优待宽大的。但不知为什么,唯独平定李重进后,宋太祖却株连蔓抄,杀戒大开:

> (李重进)兄深州刺史重兴,初闻其叛,即自杀。弟解州刺史重赞,子尚食使延福,并戮于市。①
>
> 又有张崇诂者……重进赴淮南时,道出泗上,崇诂说以畜兵完城之计。重进败,事露,诏捕之,弃市,籍其家。②

随后,又在扬州城搜捕所谓"逆党数百人,尽戮之"③。这种屠杀暴行有什么军事上的理由吗?李重进在扬州不过"数千弊卒",势力有限,如今主帅已死,可以说绝无死灰复燃、东山再起的可能,大肆诛戮,毫无必要;有什么政治上的理由吗?自李筠被平定后,各地强藩已纷纷表示臣服,天下大局已定,此时已无杀鸡骇猴,以儆效尤之必要。再说,从李重进平日之为人"鄙吝"、"多疑",素乏"恩信","士卒离心"看,他在扬州是否可以结下数百名死党,也是令人怀疑的。宋太祖与李重进早在周世宗时就分属两党,私怨甚深,或许,此次株连屠戮只不过是为了发泄他平日的怨恨?若果真如此,应该说是宋太祖一生中少见的败笔了。李重进为周太祖的外甥,是后周的"宗亲",他以数千残兵反宋,多少带有一些"周亲毕竟欲存周"的正义性,是知其不可为之。兵败城破之后,其全家"合室自焚",也有些英雄末路的悲壮色彩。所以,宋太祖如能理性地处理李重进的后事,对新王朝的正面意义可能会更大。④

---

① 《长编》卷1建隆元年十一月条。李重赞,《宋史》作李重赞。
② 《宋史》卷484《李重进传》。
③ 《宋史》卷484《李重进传》。
④ 清代学者梁章钜在所著《浪迹丛谈》(中华书局1981年版)卷2"建隆寺"条中就对李重进起兵反宋一事充满了敬仰,认为李重进是后周的忠臣。梁氏凭吊李重进故居建隆寺时,曾将其与抗清不屈而死的史可法相提并论:"隔邻梅花岭(梅花岭有史可法的衣冠冢),贞风共猎猎","竹西讲忠义,似梅香破腊"。梁氏同时还转引一副"宋史何妨称叛宋,周亲毕竟欲存周"的对联,表达了对李重进的同情与推崇。

"二李之乱",是后周旧势力与新王朝之间矛盾冲突的一个高潮,也是二者最后的一次较量。至此,新兴的宋王朝与后周旧势力之间的各种矛盾、各种方式的对立,可以说基本上得到了解决。李重进死后,其宅府后来被改建为"建隆寺",开启了宋代以"年号"命名寺观的传统,这也颇具象征意义,意味着新王朝终于在后周的废墟上拔地而起了。

平定二李,也巩固了北宋王朝边境地区的稳定,为进军北汉和江南创造了条件,正如南宋学者吕中所说:"先取泽潞,所以通两淮之咽喉;次取淮南,所以通两淮之门户。自此而平吴蜀,自此而取荆广,混一规模大略亦可睹矣。"[1]这一期间,北汉虽然出兵支援李筠,却是一触即溃,"刘钧苍忙奔走不暇,抛弃兵刃甚于高平"[2];南唐更是根本不敢出兵,坐视李重进覆灭。割据政权中的所谓南北两大强国,暴露出其虚弱的本质。相比之下,北宋军队士气高昂,倒是表现出较强的战斗力。宋太祖由此增强了南北用兵,统一中国的信心:

> 太祖皇帝得天下,破上党,取李筠;征维扬,诛李重进,皆一举荡灭,知兵力可用,僭伪可平矣。[3]

就在这年的秋天,被当时人看作是中国之外最为强盛的"海中之国"三佛齐(今印尼苏门答腊岛的巨港)前来朝贡。贡物中有一件"通天犀",大概是犀牛或其他野兽的角,本来不算十分珍贵。但这件通天犀上面有一个龙形的自然斑纹,龙尾又奇特地盘成一个清晰的"宋"字。因为远在海外的三佛齐当时还不知道中国已经改朝换代,由"宋"代"周"了,所以这件"通天犀"就被看成是"帝王之兴,自有天命"的具体证物受到宋太祖的特别青睐。他令工匠很仔细地将它制成了一条犀带,每当有大的活动时就系在身

---

[1] (宋)吕中:《宋大事记讲义》卷2,文渊阁四库全书本。
[2] (宋)赵汝愚编:《宋朝诸臣奏议》卷120范质:《上太祖谏伐河东》。
[3] (宋)魏泰:《东轩笔录》卷1。

上。这种洋洋自得的神气尽管有些滑稽,但也多多少少透露出一点"帝业初固"的气象。

第六节　杯酒释兵权

转眼间已是建隆二年(961)闰三月,宋太祖已经做了一年零四个月的皇帝了。

三月一日这天,他突然对左右的侍臣说:"沉湎于酒,何以为人?朕或因宴会至醉,经宿未尝不悔也。"①言语之间,颇有些忏悔。

靠着笼络后周旧臣的政策稳住了京城局势,又以武力干净利落地解决了二李的叛乱,后周旧势力对新王朝的威胁基本上已经不存在了。此时放松一下,偶尔一醉,也在情理之中,宋太祖又何必自责如此呢?

五代之际,朝代更迭,不暇稍息,梁、唐、晋、汉、周五朝,都是一些短命的王朝,长者不过十六七年,短者不过三四年。赵宋王朝作为继五个短命王朝之后的第六个王朝,是否已经摆脱了重蹈短命覆辙的噩运呢?这是宋太祖眼下最关心的问题。北宋之前的五个朝代,除了后梁是被外部敌对势力推翻的,其余四个都是被曾积极拥立过这四个王朝的功臣元勋们所推翻。看来,在解决了新朝与后周旧臣的矛盾之后,皇帝与拥立皇帝的功臣新贵之间的矛盾就成为亟待解决的问题了。

如何解决这一问题呢?

这个棘手的问题令皇帝伤透了脑筋,罢朝之后,常常一个人坐在便殿上怔怔地发呆,又对左右近侍慨叹说:"当天子真是不容易呀!"

---

① 《长编》卷2建隆二年闰三月条。

一段时间里,他对微服私访很感兴趣,常事先不通知,就突然闯入"功臣之家","欲察群情向背"。《宋史》卷三《太祖本纪》对此有详细记载:

> 受禅之初,颇好微行,或谏其轻出,曰:"帝王之兴,自有天命。周世宗见诸将方面大耳者皆杀之,我终日侍侧,不能害也。"既而微行愈数。有谏,辄语之曰:"有天命者任为之,不汝禁也。"

大概群臣一开始对皇上微服查访并不太适应,就以安全问题为理由加以劝谏。这番用心自然瞒不过太祖,所以,他不但回答得话里有话,暗含讥警,而且"微行愈数",越发把微行私访当作驾驭群臣的法宝长技了。

不过,世上的事总是相生相克,随着皇上的"微行愈数",臣子们很快也有了对付的办法。老实一点的,罢朝归来,干脆不脱朝服,穿戴得整整齐齐,随时准备着皇上的到来[1];精明一些的,事先就通过内线打探好皇上的行踪[2],早早做好准备,更是万无一失了。

大凡皇帝好微行者,不外有两种情况:一种是以游山玩水、寻花问柳,"狂荡嬉游"为主;一种是像宋太祖这样,欲洞察群情动向,其意在政事。表面看来,这后一种有值得称道的地方,其实也需具体分析。如清初王夫之就曾颇不以为然地批评说:

> 人主而微行,自以为密,而岂果能密邪?趾未离乎禁闱,期已泄于近幸;形一涉乎通逵,影已彻乎穷巷;此之伺彼也有涯,而彼之伺此也无朕。于是怀私挟佞者,饰慧为朴,行谄以憨,丑正而相诋,党奸而相奖,面受其欺,背贻其笑。[3]

结果是皇帝自以有"察微之睿",实际上却坠入臣下的蒙骗之中。

---

[1] 《宋史》卷256《赵普传》。
[2] (宋)蔡絛:《铁围山丛谈》卷5。
[3] (清)王夫之:《宋论》卷1。

好在宋太祖也很快明白了这一点,微行私访的兴趣慢慢淡了下来。

当然,更主要的是,到这年(961)的七月前后,他对自己这几个月来一直焦心的问题——如何对待和解决皇帝与拥立皇帝的开国功臣之间的矛盾,已经形成了成熟的认识。

对政权有潜在威胁的开国功臣中,最需要注意的是哪些人?这是宋太祖首先要考虑和确定的问题。

自中唐"安史之乱"以后,各地节度使拥兵自强,尾大不掉,造成了藩镇割据的动乱局面。但自唐末五代以来,随着强藩大镇不断地带兵入主中央,改朝换代,中央禁军的兵力逐渐强大,使得原来军事上"内轻外重"、"尾大不掉"的局面得以改观。大约自后唐李存勖灭梁以后,各地方镇的兵力,不再具有与中央军抗衡的实力,而能够左右政局的,已主要是中央禁军了。由于禁军大都是由藩镇军队蜕变而来的,故中唐以来形成的"兵骄逐帅,帅骄叛上"的恶习不但没有多少改变,反而进一步发展为"废置天子,变易朝廷","故各朝之兴亡,多视禁兵相背"。近代宋史名家聂崇岐曾专门对五代各朝禁军发动政变的情况做过统计和分析:

> 如射死唐庄宗者,禁兵小校从马直指挥使郭从谦也。唐闵帝之败,由于侍卫亲军马军都指挥使安从进潜通潞王,与夫侍卫亲军马步军都指挥使康义诚之投戈解甲也。汉高祖之立,多倚禁兵拥戴,因其曾领侍卫多年也。周太祖代汉,参谋翊赞者王殷、郭崇、曹英等,皆禁兵将领也。至陈桥兵变,宋太祖黄袍加身,则更属禁兵之卖主求荣矣。①

上述这些事实,宋太祖几乎全都目睹乃至亲历,而陈桥兵变的成功,正是身为禁军统帅的他通过石守信、王审琦等禁军将帅控制和操纵了禁军的结果。

---

① 聂崇岐:《宋史丛考》上册,中华书局1980年版,第268页。

陈桥兵变之后,黄袍加身的宋太祖,要考虑的就着如何防止"黄袍"再披到别人身上,消弭武将"废置天子,变易朝廷"的可能性,这就不能不把禁军将帅作为重点予以防范了①。当时,担任禁军殿前司统帅的分别为:殿前都点检慕容延钊,殿前副都点检高怀德,殿前都指挥使王审琦,殿前都虞候赵光义;担任禁军侍卫司统帅的则为:侍卫马步军都指挥使韩令坤,副都指挥使石守信,都虞候张令铎,马军都指挥使张光翰,步军都指挥使赵彦徽。这些人或曾与宋太祖结为义社兄弟,或是赵氏集团中的中坚人物,在陈桥兵变中多有拥戴之功,可谓兵权、功勋集于一身。这种功高权重的状况,对宋太祖的皇位正是一个潜在的威胁:功高则震主,权大则不测。他在对这些"功臣之家"微行私访时,往往正话反说,"有天命者自为之,不当禁也",正是对这种潜在威胁的有感而发。

如何判断这些潜在威胁的性质?这是宋太祖不断思考的另一个问题。

宋太祖是从禁军小校一步步被提升为禁军统帅的,十余年间,一直在禁军中服役,根基颇深,是禁军中的实权派人物,对禁军人心的向背有着绝对的控制力。虽然石守信、王审琦等大部分禁军将帅在宋太祖称帝前就与他称兄道弟,但同时又有着上下级关系,是宋太祖的老部下。由上下级转而为君臣,尊卑高下大致依然,不会因赵匡胤"黄袍加身"而突生不平之心。另外,太祖继位后任命的禁军最高统帅慕容延钊(殿前都点检)和韩令坤(侍卫马步军都指挥使),当时分别驻兵河北,名位虽高而兵力有限。在京统领禁军主力的将帅如石守信、王审琦等,却又并非总帅,只是各掌本司兵马。这样,无论是在京还是在外的禁军将帅,均无统帅全部或大部禁军的权势。"无其势者无其心","彼可取而代之"之类的犯上

---

① 五代时期中央禁军发生的这种变化,造成了对中央的巨大威胁,因此聂崇岐说:"宋太祖之'杯酒释兵权',即罢宿将典禁兵,与罢藩镇乃截然二事。"(《宋史丛考》上册,第263页)

作乱,实际上很难发生。

总之,从当时的实际情况看,禁军将帅的反侧不轨之心虽不可不防,却又不必估计得过于严重。当时最主要的问题,恐怕还是禁军将帅的居功自傲,偃蹇弄权。王巩《闻见近录》记载说,太祖即位后,禁军将帅自恃与太祖有"义社十兄弟"之谊,又有翊戴之功,故"多偃蹇",太祖因而训饬道:"尔辈既欲我为天下主,尔辈当尽臣节,今后无或偃蹇。"《铁围山丛谈》卷一则记载说,"国初武臣,皆百战猛士",他们居功自傲,常常到枢密院提出非法的要求。《宋史》卷四三九《梁周翰传》还记载过一件开国统帅石守信"弄权"的事件:

> 一日,太祖语(石)守信,将用周翰掌诰。守信微露其言,周翰遽上表谢。太祖怒,遂寝其命。

凡此之类的居功自傲、偃蹇弄权,在历朝开国之初都曾发生过。处理此事的方式也有所不同,《旧唐书》卷六十八《尉迟敬德传》载:

> (尉迟敬德)尝侍宴庆善宫,时有班在其上者,敬德怒曰:"汝有何功,合坐我上?"任城王道宗次其下,因解喻之。敬德勃然,拳殴道宗目,几至眇,太宗不怿而罢,谓敬德曰:"朕览汉史,见高祖功臣获全者少,意常尤之,及居大位以来,常欲保全功臣,令子孙无绝。然卿居官,辄犯宪法,方知韩、彭夷戮,非汉高之愆。国家大事,唯赏与罚,非分之恩,不可数行,勉自修饬,无贻后悔也。"

汉高祖是以"夷戮"为手段,如韩信、彭越都是被其直接诛杀;唐太宗则以劝诫警示为策略。不同的选择,固然与各自所面临的实际情况有关,同时,更与皇帝本人对政局的忖度有关。五代时期,君主猜疑拥立有功的将帅,常加诛杀。结果人人自危,人心不宁,反而导致了政局的更大混乱。

宋太祖对宋初政局的估计则极为谨慎和理智。他既看到开国功臣居功偃蹇的一面,同时又认为这与谋反作乱毕竟不同,他曾屡屡向赵普指出,"彼等(石守信、王审琦等禁军将帅)必不叛吾","必不负朕",赵普则以"吾亦不忧其(指石守信等)叛"作答。可以看出,君臣二人对当时政局的估计是全面和清醒的。禁军将帅的居功自傲、偃蹇弄权,当然也会危及统治秩序,但与谋反作乱毕竟不同。所以,要解决这类问题,也就不必采取"夷戮"功臣的极端措施。

被传为历史佳话的"杯酒释兵权"就是在这种背景下发生的。

建隆二年(961)七月①,宋太祖设宴招待石守信、王审琦等禁军将帅。因为此时刚出杜太后的丧期不久②,所以只是叙旧性质的便宴,不奏乐舞。来宾都是拥戴新王朝的显贵,以前与太祖又有称兄道弟之谊,所以要比一般的君臣关系要更随意一些,宾主双方"道旧相乐",都喝得高兴和愉快。尤其是王审琦,平日是个沾酒

---

① 北宋王曾的《王文正公笔录》、司马光的《涑水记闻》、王辟之的《渑水燕谈录》是记载"杯酒"一事的三部主要史籍。三者除文辞、情节详略不同外,在有关"杯酒"一事的时间、诸将释兵权后的职务安排等方面亦有分歧。至南宋李焘修《长编》,折中群籍,修订异同,对"杯酒释兵权"一事始有厘定:在时间上取《王文正公笔录》和《涑水记闻》,以太祖平定二李之后的七月(即位一年左右)为是;而释兵权后对诸将的安排,则以《王文正公笔录》和《渑水燕谈录》为是。李焘的这一考订是严谨的。因为根据宋代的官方档案——《国史》和《实录》记载,石守信等人在建隆二年七月庚午即罢兵权而出守大藩,故"杯酒释兵权"只能发生在此前,绝不可能发生在"太祖登位数年"后。另,石守信等既为藩镇,则知《谈录》、《笔录》有关"各守外藩"、"出就藩镇"云云,所言有据。而《涑水记闻》谓"以散官就第"实误。自李焘考订之后,"杯酒释兵权"一事就有了一个基本的底本而为后人广泛称引。

② 《宋史》卷123《礼志二十六》载:"太祖建隆二年六月二日,皇太后杜氏崩……太常礼院言:'……准故事(成俗),合随皇帝以日易月之制,二十五日释服。二十七日禫除毕,服吉,心丧终制。'从之。"即丧期六月二日至六月二十五日,共二十四天。二十五日释服后,除特别盛大的国家"大宴"外,已不禁一般的宴饮,娱乐。《宋会要辑稿》礼四五之一中的一些重要记载,更可为明证:"(建隆)二年正月二十日宴群臣于广政殿。"今人有一种观点认为,七月间"乃国丧期间,朝廷上不作乐,不宴饮,而李焘所考'杯酒释兵权'之事恰恰发生于此时,恐难令人置信"。揆诸上述史实,这一观点显然有误。详见王育济:《论"杯酒释兵权"》,《中国史研究》1996年第3期。

就醉的人,但在今天的宴会上,却已经是满满地连饮数杯了①。

酒酣耳热,造足了气氛之后,宋太祖才开始进入"释兵权"的主题。宋真宗时的宰相王曾(978—1038)在《王文正公笔录》中对此是这样记载的:

> (宋太祖)因谕之曰:"朕与公等,昔常比肩,义同骨肉,岂有他哉?而言事者进说不已。今莫若自择善地,各守外藩,勿议除替。赋租之入,足以自奉,优游卒岁,不亦乐乎?朕后官中有诸女,当约婚,以示无间,庶几异日无累公等。"守信等咸顿首称谢。

史学家司马光则从他的前辈,也担任过宰相的庞籍(988—1063)那里听到过更为详细的"杯酒释兵权"的故事,遂在《涑水记闻》中作了这样的记载:

> ……酒酣,上屏左右谓曰:"我非尔曹之力不得至此,念尔之德无有穷已。然为天子亦大艰难,殊不若为节度使之乐,吾今终夕未尝敢安枕而卧也。"守信等皆曰:"何故?"上曰:"是不难知之,居此位者,谁不欲为之?"守信等皆惶恐起,顿首曰:"陛下何为出此言?今天命已定,谁敢复有异心?"上曰:"不然。汝曹虽无心,其如汝麾下之人欲富贵者何!一旦以黄袍加汝之身,汝虽欲不为,不可得也。"皆顿首涕泣曰:"臣等愚不及此,唯陛下哀怜,指示以可生之途。"上曰:"人生如白驹之过隙,所谓好富贵者,不过欲多积金银,厚自娱乐,使子孙无贫乏耳。汝曹何不释去兵权,择便好田宅市之,为子孙立永久之业;多置歌儿舞女,日饮酒相欢,以终其天年。君臣

---

① (宋)叶梦得:《石林燕语》卷7载:"王审琦微时,与太祖相善,后以佐命功,尤亲近。性不能饮,太祖每宴,近臣常尽欢,而审琦但持空杯,太祖意不怿。一日酒酣,举杯祝曰:'审琦布衣之旧,方共享富贵。酒者,天之美禄,可惜不令饮之。'祝毕,顾审琦曰:'天必赐汝酒量,可试饮。'审琦受诏,不得已饮,辄连数大杯,无苦。自是每侍宴,辄能与众同饮。退还私第,则如故。"

之间,两无猜嫌,上下相安,不亦善乎!"皆再拜谢曰:"陛下念臣及此,所谓生死而肉骨也。"明日,皆称疾,请解军权。上许之。

"杯酒论心,大将解印",似乎是谈笑间解决了一个十分棘手的大问题。然而,其实际过程或者说酒席背后的操作,却远非如此简单。

宋太祖自即位后,就对禁军兵权进行了大幅度的调整,这种调整在陈桥兵变后的数天中进行过一次;建隆元年(960)秋又进行过一次。通过这两次调整,禁军殿前、侍卫两司的九个最高军职全部为赵宋王朝的开国功臣所拥有。

建隆二年三月,宋太祖对禁军兵权又进行了第三次调整。这次调整,撤罢了侍卫司的最高统帅韩令坤,而代之以石守信;撤罢了殿前司的最高统帅慕容延钊,并随之裁撤了殿前都点检这一最高军职。此次调整的对象选定韩令坤和慕容延钊,也是有所考虑的。他们二人虽然分别担任禁军两司的最高统帅,但当时都在河北,并不实际统领在京禁军,其兵权本来就是虚的,解除他们对禁军的统帅权,自然比较容易。

韩令坤和慕容延钊二人的兵权是从河北回京述职时被解除的。据记载,当他们二人要回河北时,太祖专门在广政殿设宴招待他们。酒宴中特有的那种氛围,很快冲淡了职务变动带来的尴尬,君臣之间推杯换盏,尽欢而散。宴会后,太祖专门下了一道命令,今后凡节度使以上的大臣出京,要在广政殿设宴送行[①]。

三月的这次兵权调整,正是后来七月"杯酒释兵权"的一次预演。宋太祖采取"从容杯酒之间"的方式,尽力营造出一种和缓、

---

① 《长编》卷2建隆二年闰三月条:"殿前都点检、镇宁军节度使慕容延钊罢为山南西道节度使,侍卫亲军都指挥使韩令坤罢为成德节度使。自是,殿前都点检遂不复除授。……丙戌,韩令坤、慕容延钊辞,宴于广政殿。自是,节度使以上出使赴镇,宴如仪。"

温厚的氛围,大概也是受了三月广政殿设宴饯行的启发。当然,这与宋太祖喜酒好饮的个性也有关。他是一个嗜酒的豪杰,把酒看作是"天之美禄";他更是一个懂酒的政治家,深谙酒在政治中的奇妙作用。北宋理学家二程兄弟就曾在他们的文集中记下了这样一段鲜为人知的轶事:

> 太祖仁爱,能保全诸节度使,极有术。天下既定,皆召归京师。节度使竭土地而还,所畜不赀,多财,亦可患也。太祖逐人赐地一方,盖第,所费皆数万。又尝赐宴,酒酣,乃宣各人子弟一人扶归。太祖送至殿门,谓其子弟曰:"汝父各许朝廷十万缗矣。"诸节度使醒,问所以归,不失礼于上前否?子弟各以缗事对。翌日,各以表进如数。此皆英雄御臣之术。[①]

所谓"极有术"、"英雄御臣之术",无非是讲究策略方式,注重政治技巧。这与"杯酒释兵权"确有异曲同工之妙。[②]

可能也是出于技巧和策略方面的考虑,自三月的兵权调整后,宋太祖没有急于解决其余将帅的兵权问题。可以推测到的一个原因是,三月之后不久,太后病重、去世及国丧,要牵扯太祖很大的精力,而且在此期间,他所擅长的"杯酒一席间"的政治手段也不便施展。

但赵普却认为此事不宜久拖。长期的幕府生活,养成了他见微知著的断事方式,所以对石守信等人的兵权在握,他总是有着更多的担忧。为此事,他已与宋太祖讨论过多次,甚至还发生过争执:

---

① (宋)程颢、程颐:《二程集·河南程氏遗书》卷 22 下,中华书局 2004 年版。
② 注意政治运作的技巧和方法,尽力营造一种便于解决问题的气氛,是宋初政治的一大特色。与上文提到的"杯酒释兵权"、"杯酒夺万缗"类似的事件,当时实不少见。如《闻见近录》所载"郊宴抑偃蹇",几乎就是"杯酒释兵权"的一次预演;《长编》卷 10 开宝二年正月条和十月条所载"置酒移强藩"和"设宴罢藩镇",则又可以说是"杯酒释兵权"的再版,故后人曾感慨说:"以从容杯酒之间,解石守信等兵权,复以后苑之宴,罢王彦超等节镇,于是宿卫、藩镇之痼疾,一朝而解矣"(《宋史纪事本末》卷 2"收兵权"引胡一桂语,中华书局 1977 年版)。

时石守信、王审琦等皆上故人,各典禁卫。普数言于上,请授以他职,上不许。普乘间即言之,上曰:"彼等必不吾叛,卿何忧?"普曰:"臣亦不忧其叛也。然熟观数人者,皆非统御才,恐不能制伏其下。苟不能制伏其下,则军伍间万一有作孽者,彼临时亦不得自由耳。"上悟,于是召守信等饮……①

赵普的这种积极态度,一方面反映出他政治上的见识,另一方面,也与他当时的处境有关。陈桥兵变后,石守信、王审琦等随即擢升为禁军统帅,"委以兵权","官爵阶勋并从超等,酬其翊戴之勋也"。而作为兵变主要谋划者的赵普,却身份依旧,十几天后,也只是被授以四品的枢密直学士。《宋史》卷二五六《赵普传》称:"事定之后,普以一枢密直学士立于新朝数年(数年不确),范、王、魏(即范质、王溥、魏仁浦,皆为后周宰相)三人罢相后,始继其位,太祖不亟于酬功。"这种安排,有安抚后周旧臣这一策略方面的考虑,但也反映出太祖此时对文臣不甚重视,以为当不得轻重有无,故不急于调整。有学者认为:"唐末五代,枢密权重,实际上取代了中书门下的地位,行使着中央的权力。正因为如此,五代时的主要辅臣……都任枢密使,即使任宰相,也兼枢密使。宋初……让赵普进枢密院,则是避虚就实,去掌握实权的。"②此说固是,但问题是,赵普此时仅为四品枢密直学士而非枢密使,不在其位,难谋其政,他的实际权力不可能不受到影响。

从五代以来的政局看,担任枢密使者有两种情况,一种是由文臣充任或兼任,另一种则是"手握禁旅"的禁军将帅兼任。后周末,枢密使由宰相魏仁浦兼任,入宋后未作变更。其实,让魏独留相职,将枢密使一职改任赵普,才是合情合理的安排。宋太祖不做此安排,不但是对赵普的不公,而且可能会导致禁军将帅兼领枢密

---

① 《长编》卷2建隆二年七月条。
② 张其凡:《赵普评传》,北京出版社1991年版,第50页。

使的复杂局面。这种局面一旦形成,赵宋开国集团中文武两派权力不均的情况就会更为严重。赵普作为开国集团中的文臣之首,自然不能对这种情形漠然视之。正是在他的反复论说下,或者说,正是在他与宋太祖的多次讨论下,才有了后来七月的"杯酒释兵权"。古人把"杯酒释兵权"看作是"文盛武衰"的转机,是文武两势变易的枢纽,不是没有道理的。

禁军殿前、侍卫两司,共九个高级职务,在"杯酒释兵权"以前,已有一个空缺(石守信由侍卫马步军副都指挥使升任都指挥使,所遗副都指挥使一职空缺),一个裁撤(殿前都点检一职被裁撤)。因为有了三月间调整禁军兵权的尝试和经验,又有了太祖君臣对该问题的多次讨论,到了七月,不到半个月的时间就解除了六名禁军将帅的兵权①。至此,原来禁军中的九位高级将帅已有八人被解除了兵权(只有侍卫步军都指挥使韩重赟继续留在禁军当中,改任殿前都指挥使),"杯酒释兵权"的成效是十分明显的。

"杯酒释兵权"后,为了兑现当时酒席上的承诺,也是为了安抚失去军权的禁军将帅,宋太祖将寡居在家的妹妹燕国长公主嫁给了高怀德,将女儿延庆公主、昭庆公主分别下嫁石守信之子、王审琦之子。太祖当时只有一妹三女,她们中竟有三人嫁往释去兵权的将帅之家,说明这种婚姻有着强烈的政治色彩。这种安排,不但使石守信等人在一失(失去兵权)一得(与皇室联姻)中获得了心理平衡,更重要的是,使他们消除了"弓藏狗烹"的疑惧,进而以愉快而又积极的态度,主动地调整各自的社会角色,与时进退,以适应新的社会环境。如王审琦为太祖"义社十兄弟"之一,陈桥兵变中因"翊戴之功"而升任殿前都指挥使。建隆元年(960),他又

---

① 《长编》卷2建隆二年七月条中记载了其中的四名,即侍卫亲军马步军都指挥使石守信、殿前都指挥使王审琦、殿前副都点检高怀德、侍卫亲军马步军都虞候张令铎。另据《宋史》卷250《罗彦瓌传》,侍卫亲军步军都指挥使罗彦瓌、殿前都虞候赵光义也是在此期间被解除了军职。

两度统领大军,平息二李之乱,可谓功勋显赫。但其有功不居,"杯酒释兵权"后心态平和愉快,在地方节度使的岗位上创造出了令人瞩目的政绩。其余被解除兵权的将帅,虽然不是皆有政绩,但大致都能淡化权欲,安然处世,如石守信"积财钜万,尤信奉释氏",高怀德"自为新声,度曲极精妙,好射猎,尝三五日露宿野次",都在新的政治环境中确定了适当的角色。

值得注意的是,这批将帅虽然在"杯酒释兵权"中被解除了军权,调往各地为节度使,但在后来的统一战争中,他们当中又有不少人根据需要被临时调回军队。如慕容延钊建隆二年(961)闰三月被罢去殿前都点检,出为山南西道节度使,乾德元年(963)又调任湖南道行营前军都部署,率兵统一了湖南、荆南。韩令坤被解除侍卫马步军都指挥使后,出为成德军节度使,仍可统领沿边部分军队,"镇常山凡七年,北边以宁"。罗彦瓌"杯酒释兵权"时解除了侍卫步军都指挥使,出为彰德军节度使。乾德二年,他又与李继勋统领军队,"大破契丹",乾德四年春,"又与阁门使田钦祚杀太原(北汉)军千余人于静阳,擒其将鹿英,获马三百匹"[①]。开宝二年(969),王审琦任御营四面巡检使,统领禁军,随宋太祖出征太原。这说明,"杯酒释兵权"以宽缓的方式,既理性地解决了皇帝与开国功臣之间的矛盾,同时又使君臣之间保持了一种较为亲密的关系,留下了较为从容的合作余地。前人对此颇多赞叹:

> 石守信而下(指石守信、王审琦、高怀德、韩重赟、张令铎、罗彦瓌等)皆显德旧臣,太祖开怀信任,获其忠力。一日以黄袍之喻,使自解其兵柄,以保其富贵,以遗其子孙……然守信之货殖钜万,怀德之驰逐败度,岂非亦因以自晦者邪?至于审琦之政成下蔡,重赟之功宣广陵,卓乎可称。
>
> 虽太祖善御,诸臣知机……与时进退,其名将之贤者欤!

---

① 见《宋史》各人本传。

令坤、延钊素与太祖亲善,平荆、湘则南服底定,镇常山则北边载宁,未尝恃旧与功以启嫌隙。创业君臣有过人者,类如是夫?①

"杯酒释兵权",就其直接意义而言,一是预防了禁军将帅用兵权发动政变,重演"黄袍加身"的故事;二是解决了开国将帅居功自傲、偃蹇弄权的问题,"销跋扈之谋于杯觞流行之际"。所以,它的成功,极大地促成了宋初政局的稳定,使北宋避免了重蹈五代短命王朝的覆辙。正如后来明太祖朱元璋所言:"使诸将不早解兵柄,则宋之天下,未必五代若也。"②

从较深的层次看,"杯酒释兵权"则意味着武人干政的结束,开启了偃武兴文之机。五代时期,是军阀的天下,"长枪大剑"指挥政治,形成了重武轻文的社会风尚,正如王安石所言:"唐既亡矣,陵夷以至五代,而武夫用事,贤者(文臣)伏匿消沮而不见,在位者无复有知君臣之义、上下之礼者也。"③北宋开国之初,重武轻文的风气依然如旧:开国诸将"官爵勋阶并从超等",位重势大;而同为开国功臣的赵普,却屈居四品,"以枢密直学士立朝"。"杯酒释兵权"后,第一代开国将帅调出京城,"各守外藩",武人干预中央政治的局面为之改变。此后,新提拔的第二代将帅,资浅功薄,自然无法与赵普等开国文臣相抗衡,文盛武衰之势已是洞若观火。《宋史》卷四三九《文苑传序》曰:"艺祖革命,首用文吏而夺武臣之权,宋之尚文,端本乎此。"元代史学名家袁桷亦云:"杯酒释兵权,此启运立基之机也。然文盛武衰,亦自此始。"④二者立论的角度各有不同,但均道出了"杯酒"一事的深意所在。

---

① 《宋史》卷 250、卷 251 "论曰"。
② (明)徐学聚:《国朝典汇》卷 24。
③ (宋)王安石:《王文公文集》上册卷 1《上皇帝万言书》,上海人民出版社 1974 年版。
④ (元)袁桷:《清容居士集》卷 47《书艺祖皇帝十节度风云图》,中华书局 1985 年版。

"杯酒释兵权"所要解决的问题,又是历朝开国之初几乎都要碰到的一个棘手问题——如何处理皇帝与开国功臣之间的矛盾。"鸟尽弓藏,兔死狗烹"即诛杀功臣是一些开国之君惯用的手法,这虽然也可以部分地解决功臣对皇权的威胁,但由此造成的恐怖氛围则会扭曲和戕害整个社会心态,其形成的沉重的文化阴影,往往在几代人心中都难以抹去,这对政治的昌明,经济、文化的发展等等均会产生不利的影响。

而宋初的"杯酒释兵权",却选择了"杯酒论心,大将解印"这样一种较为理性和文明的方式。如果说"陈桥兵变"创造了"不流血而建立一个大王朝的奇迹",酿就了一种较为文明、理性的开国氛围的话,那么,"杯酒释兵权"则又从更深的层次上巩固了这种政治文明与理性,其对宋代政治的影响也更为深刻。因为"杯酒释兵权"所要解决的"君臣关系",在中国传统社会更具普遍意义。以"杯酒释兵权"为起点,宋代开始逐渐脱退了专制君权的恐怖政治,形成了"不杀士大夫"、"不罪谏官"、"不以文字罪人"等等政治传统,政治环境的相对宽松,无疑又使宋代的政治向着文明和理性的方向迈进了一大步。

"销跋扈之谋于杯觞流行之际",可以直接促成宋初政局的稳定,而"武人干政"的结束和文明理性的政治精神,也同样是政局稳定的因素,甚至可以说是更深层的因素。所以,正是以"杯酒释兵权"这个带有一点戏剧性的事件为标志,宋初政局进入了一个更为稳固的时期。

第四章 统一战争

第一节 先南后北的统一战略

从代周自立到帝位初固,宋太祖用了两年的时间。建隆四年(963),统一全国的军事行动拉开了帷幕。

自然,大量的准备工作在之前已经做好了。其中最重要的一项就是几经讨论,终于确定了"先南后北"的统一方针。

宋王朝当时所处的形势,用宋太祖的一句话说,就是"一榻之外,皆他人家也"①。在北方,有契丹族建立的辽国和割据山西一带的北汉。北汉得到契丹的支持,与以前的后周和现在的宋王朝一直处于公开敌对的状态。在江淮以南,则存在着南唐、吴越、后蜀、荆南、湖南、南汉、漳泉七个割据政权。虽然这些割据政权处于物产丰富、生产相对发达的地区,但由于疆域狭小,又互不联合,因而大都国力不武,软弱怯懦,不得不向北方的中原王朝表示名义上的臣服或通好。

在这种形势下,摆在宋太祖面前的有两条道路,一是乘南方诸国大都表示臣服的时机,继续施行周世宗的政策,进行北伐,收复为辽所占领的燕云十六州,割断辽与北汉的联系,进而消灭北汉这一公开的敌对势力,然后统一南方诸国;另一条路,则是首先进行南征,在完全征服南方七个割据政权之后,再灭亡北汉,攻取燕云

---

① 《长编》卷9开宝元年七月条。

十六州,将契丹打回长城以北。这两种战略的选择,从地域上说,就是"先北后南"还是"先南后北";从性质上说,就是"先难后易"还是"先易后难"。

这也是一个令同时代许多杰出人物都感到困扰难决的问题。

南唐李昪可以说是五代十国时期最早萌生统一大志的君主,他以唐高祖、唐太宗的后代自居,"思复高祖、太宗之基绪",却又深感地利不足。他说:"天下之势,抵昂如权衡,要当以河山为腹背,腹背奠,然后手足有所运。"而南唐地居江淮,南有闽、楚、吴越诸国,北有中原王朝,可谓腹背受敌,要完成统一大业,就必须对主要的用兵方向有所选择。李昪几经考虑,舍弃了首先攻并闽、楚诸国的计划,而把待机北伐,"西取关中"、"直趋河洛",攻取中原作为统一大业的开端,反对"游兵江南"①。但李昪的这一"先北后南"计划却遭到朝臣冯延巳等人的反对,尤其在李昪死后,他们说服李璟改变"先北后南"的成策,用兵闽楚,明显地表现出"先南后北"的战略意图。南唐这段历史,已清楚地显露出那个时代的人们在统一方针上的不同见解。②

其实,这种不同见解的存在,还可以追溯到更早,那些富有时才,以天下为己任的知识精英早就对此问题各有主张。

后唐天成元年(926),在山东青州,李毂正在为他的好朋友韩熙载等人送别——后者因南唐大画家顾闳中的《韩熙载夜宴图》传世而扬名千古。

当时,二人都是颇有名气的文士,前者"沈毅有器略"③,后者

---

① (宋)史温:《钓矶立谈》。
② 参见旷娟:《李昪及其时代》,山东大学硕士学位论文,2007年。
③ 《资治通鉴》卷290广顺元年六月条。

"才气俊逸,机用周敏"①,可谓"一时瑜亮"。韩熙载因受当局迫害,正欲南奔避祸,临别之际,韩熙载说:"江左用吾为相,当长驱以定中原。"李榖则说:"中国(中原)用吾为相,取江南如探囊中物耳。"②

二十年后(946),韩熙载虽然没有当上南唐的宰相,但他还是上疏中主李璟,反对改变烈祖李昪"先北后南"的方针,要求"举兵北向"③,李璟却坚持首先南进伐闽,对韩熙载北图中原的策略不予理睬。中主以后,南唐国力衰弱,既无力南进更无力北上,韩熙载也就只能是郁郁而终。

相比之下,李榖则幸运很多。后周太祖郭威初年,他就如愿以偿地做了宰相。周世宗即位后,曾就"混一天下"方针问题在朝臣中展开过一场讨论,大臣中有二十多人提出自己的看法,其中,当时任比部员外郎的王朴在所上的《平边策》中提出,"攻取之道,从易者始",故在战略上,应该先易后难;在战术上,应该避强击弱。具体地说,就是在统一全国的军事活动中,应该先平定南方几个力量较为弱小的割据政权,然后再挥师北上,夺回为契丹割占的燕云十六州,平定北汉,完成"混一天下"的大业。王朴的《平边策》,与李榖"取江南如囊中探物"的方针在精神上是一致的,在后周群臣中,李榖、王朴最为周世宗器重,他们的主张也就不能不受到重视。故王朴献《平边策》不久,周世宗就分别对后蜀和南唐用兵,经过三年的时间,夺取了后蜀的秦、凤、阶、成四州和南唐江北十四州,赵匡胤就是在这三年的时间里迅速成长为一位三军瞩目的新统帅的。

在夺得南唐江北十四州后,周世宗却没有乘胜渡江南下,他在迫使南唐割地称藩后即回师北返,转而向被契丹占领的燕云十六

---

① 《宋史》卷478《南唐李氏世家》。
② 《新五代史》卷62《南唐世家》,又见陆游《南唐书》卷13《韩熙载传》。
③ 《资治通鉴》卷286天福十二年正月条胡三省注。

州用兵,夺取了三州三关之地①,似乎放弃了"先南后北"的既定意图。②

宋太祖参与了后周世宗年间"南征北战"的全过程,尽管他当时并没有对后周的统一方略有过什么建言,但作为一个有头脑的军事统帅,他对这一问题的观察和思考则是不可避免的,尤其是目睹了周世宗在这一问题上的举棋不定后,他在决定宋朝的统一方略时就更加慎重。

建隆元年(960)八月,赵宋王朝建立后的第八个月,宋太祖首先就这一问题向自己从前的老上司张永德"密访策略",张永德的回答是:

> 太原兵少而悍,加以契丹为援,未可仓卒取也。臣愚以为每岁多设游兵,扰其田事,仍发间使谍契丹,先绝其援,然后可图。③

---

① 三州指瀛、莫、易州;三关指瓦桥关、益津关、淤口关。
② 由于周世宗在夺取三关之地后溘然去世,关于他的上述转变就成为后世史学家猜测纷纭的题目之一。有人说,周世宗之志,本来就"不在江南而在契丹",他始终把契丹所占领的幽云十六州作为首要攻取目标,对后蜀、南唐用兵只是为了解除后顾之忧,故在逼迫南唐割地称藩后,即回师北返,以"乘全锐之气北向,战胜强敌,克复燕蓟,取得战略优势地位,然后席卷南方"。据五代史专家陶懋炳分析,这是一种与王朴等人的"先易后难"、"先南后北"完全不同的"先难后易"的战略,是符合辩证法的卓越思想(《五代史略》,人民出版社1985年版,第337页)。有人则不同意上述主张。如宋史专家徐规认为:"当后周和南唐进行战争之际,由于辽朝派兵骚扰后周的北部边境造成了严重威胁,故周世宗在取得南唐江北地区以后,不得不暂时改变其'先南后北'的原定计划,回过头来准备反击辽朝的进攻"(《评宋太祖"先南后北"的统一战略》,《宋史研究论文集》,河南人民出版社1984年版,第519页)。这两种说法都有事实依据。或许,周世宗在这一问题上原本就是有着多重考虑和尝试的。当结束分裂割据的历史大气候已经形成时,周世宗作为这种大气候下成长起来的一个代表性人物,在寻求和决定如何"统一天下"的道路和方针时,他身上可能会折射出与同时代的其他杰出人物,如李昪、李璟、韩熙载、李毂、王朴等人不同主张,对这些主张的综合和提升,是需要有一个过程的。而在此过程中,他从这条路岔到另一条路上,又从另一条路岔回这一条路上,这应当是一种正常现象。
③ 《长编》卷1建隆元年八月条。

两年前,张永德曾以后周禁军最高统帅的身份,随同周世宗一起指挥过北伐契丹的战争,那时他对世宗的用兵策略就有异议。现在他对宋太祖所说的这一番话,中心意思也是应避免与契丹发生军事上的冲突。张永德并不是一位很有眼光的战略家,但他毕竟是行伍出身,又长期担任后周禁军的高级将领,对战争中的用兵自然有一种非常人可比的职业敏感,尤其是在军队实力对比上,往往能准确地道出问题的实质。

的确,就军事实力而言,契丹约有御帐亲军五十万①,又以擅长骑射的精锐骑兵为主,而北宋方面当时能够用于战斗的仅有"禁军马步十九万三千"②,从军队数量上和质量上看,契丹方面都占较大的优势。在这种情况下,如果像周世宗那样北伐契丹或攻取契丹所庇护的北汉,未必为上策。

宋太祖本人对这一点或许比谁都清楚,当年,世宗皇帝北伐时,就曾遇到"诸将"的抵制,尤其是显德五年(958)三月,周世宗在攻取了所谓三关三州之地,准备向辽军主力聚集的幽州用兵时,"诸将"更是一片反对之声。宋太祖本人当时就是"诸将"中的一员,对此印象深刻。军情难逆,师克在和,将军们既然普遍地视北伐为畏途,宋太祖就不能不在这个问题上特别谨慎。

建隆二年,宋太祖又就这一问题问计于张晖。

张晖祖籍河北幽州,是一个在沿边州县任职多年,同契丹、北汉军队打过多年交道的老资格官员。虽然屡立"陷阵之功",但并未受到重用,北宋建国后,他的文武之才才受到宋太祖重视,此番宋太祖就是专门将其从华州召进京城,询问统一策略的。张晖也

---

① 《辽史》卷35《兵卫志》记载:"(契丹)合骑五十万,国威壮矣。"(中华书局1974年版)但邓广铭认为:"辽代的御帐亲军……在辽太宗时最多只是三万人"(《邓广铭治史丛稿》,北京大学出版社2010年版,第15页)。而据徐规考证,《辽史》所载辽朝有御帐亲军五十万骑,大体上是可信的(《评宋太祖"先南后北"的统一战略》,《宋史研究论文集》,第519页)。
② 《宋史》卷187《兵志一》。

反对先攻太原,他认为北宋刚刚建国,又经李筠之乱,"疮痍未复"、"人力重困",建议宋太祖"戢兵育民,俟富庶而后为谋"①。

张晖是一个不太为治史者所关注的人物。其实,当时无论是张永德,还是赵普,甚至三年前已经去世的王朴,虽然都不主张首先北伐,但都是从军事和外交角度立论的,其着眼点也大都是放在北汉和契丹的军事力量上,而张晖的建议,则是把着眼点放在北宋自身的经济力量上,认为单靠目前北宋的人力物力是难以进行北伐的。这一点,对宋太祖形成"先南后北"的统一方针影响很大。

"先南后北"的方针是在一次非正式的场合最后确定下来的。

时间应在建隆二年(961)冬或建隆三年初春②。一个大雪纷飞的夜晚,已是夜深人静时分,枢密直学士赵普的门前响起了一阵叩门声。赵普应声走出屋门,隔着院子里的柴扉一看,不由得大吃一惊,伫立于风雪之中的竟是皇上!

"已约吾弟矣。"宋太祖一边说,一边随着赵普朝屋里走去,果然,不一会儿,皇弟开封府尹赵光义也赶到了。

赵普急忙唤人在堂屋铺上了厚厚的地毯,拨旺了地炉,又加上了几块新炭。君臣三人围炉而坐。赵普知道皇上喜肉嗜酒,又亲自在地炉上烤上肉,并让妻子和氏把盏行酒。虽然已经有了君臣名分,但宋太祖仍像以前那样呼和氏为嫂,与赵普、光义席地而坐,君臣之间脱略礼数,十分亲热。

宋初最有影响、最有权力的三位政治家之间有关中国如何统一的一次决定性讨论,就这样轻松愉快地开始了。

严肃庄重的问题并不一定非要在严肃庄重的气氛中解决,这大概也是中国文化的一个传统了。中国人讲究的是举重若轻,一个政治家在处理重大问题时,如果不懂得这种貌似漫不经心的潇

---

① 《宋史》卷272《张晖传》。
② 《长编》卷9开宝元年七月条李焘注。

洒风度,那就算不上一个成熟的政治家。在这不久前,宋太祖就"漫不经心"地于挥手之间解除了石守信等人的兵权,为后人留下了一则"杯酒释兵权"的政治佳话。现在,他又将为后人留下另一则政治佳话——"宋太祖雪夜访赵普"。明代刘俊的传世名画《雪夜访普图》就是根据这则佳话创作的,这是后话。

"雪夜访赵普"时君臣之间的问答内容,《长编》卷九开宝元年七月条曾有生动的记载:

> 普从容问曰:"夜久寒甚,陛下何以出?"上曰:"吾睡不能着,一榻之外,皆他人家也,故来见卿。"普曰:"陛下小天下耶? 南征北伐,今其时也,愿闻成算所向。"上曰:"吾欲收太原。"普嘿然良久,曰:"非臣所知也。"上问其故,普曰:"太原当西北二边,使一举而下,则边患我独当之,何不姑留以俟削平诸国。彼弹丸黑子之地,将何所逃?"上笑曰:"吾意正尔,姑试卿耳。"于是用师荆、湖,继取西川。

李焘在这段记载中虽然已经用了比别人多得多的笔墨,但仍不可能把当时君臣三人讨论的问题完全记录下来。尤其是宋太祖本人关于"先南后北"的统一方针的表述,更是基本上没有记载。好在宋人王偁在《东都事略》中记下了宋太祖于平定荆、湖后对赵光义讲的一段话,可补李焘记载的不足:

> 中国自五代已来,兵连祸结,帑藏空虚。必先取巴蜀,次及广南、江南,即国用富饶矣。河东(指北汉)与契丹接境,若取之,则契丹之患,我当之也。姑存之以为我屏翰,俟我富实则取之。①

---

① (宋)王偁:《东都事略》卷 23。(宋)魏泰:《东轩笔录》卷 1 也记载:"(宋太祖)尝语太宗曰:'中国自五代以来,兵连祸结,帑廪虚竭,必先取西川,次及荆、广、江南,则国用富饶矣。今之勍敌,止在契丹,自开运以后,益轻中国。河东(指北汉)正扼两藩,若遽取河东,便与两藩接境,莫若且存继元(北汉主),为我屏翰,俟我富实,取之未晚。'"

178

这是宋太祖对"先南后北"方针的一次最完整的表述,它综合了李榖、王朴、周世宗、张晖、赵普等人的意见,又有所补充、修正和发展。

在总体策略上,宋太祖采纳了李榖、王朴"先南后北"的方针,但在确定南征的攻取顺序时,他又有了重要的修正和补充。李榖和王朴都认为在南征诸国时,应把江淮地区的南唐作为首先平定的目标,这是不恰当的。南唐为南方第一大国,疆域广大,财阜兵众,不但已经吞并了闽和楚两个国家,且有包举中原之意,把这样一个国家看成囊中之物,作为首先攻取的目标,实属失策。当年,周世宗就是听取了李榖、王朴的主张,把南唐作为南征的首要目标,结果战争旷日持久,花费了三年多的时间,才取得了南唐江北十四州。事实证明,南唐并非李榖、王朴所估计的那么不堪一击。再者,后蜀处于长江上游,南唐处于长江下游,从地理形胜上看,王朴主张先下南唐而后取巴蜀也属下策,正如清初王夫之所论:

> 以势言之,先江南(即南唐)而后蜀,非策也。江南虽下,巫峡、夔门之险,水陆两困,仰而攻之,虽克而兵之死伤也必甚。故秦灭楚,晋灭吴,隋灭陈,必先举巴蜀,顺流以击吴之腰脊,兵不劳而迅若疾风之扫叶,得势故也。①

正是考虑到以上这些因素,宋太祖改变了李榖、王朴等人的主张,把南征诸国的顺序正确地定为"必先取巴蜀,次及广南、江南"。后来北宋的统一战争就是按这一顺序进行的,从而大大加快了战争的进度。

财力无疑是宋太祖制定"先南后北"方针时的一个主要依据。当然,明确提出这一问题的是张晖,他看到了北宋财力不济的困难局面,但也只是一些"戢兵育民,俟富庶而后为谋"的套话。宋太祖的思路则不同,他一方面承认"帑藏空虚"的现实,同时又找到

---

① (清)王夫之:《读通鉴论》卷30。

了积极的解决办法,即在南征经济富庶的后蜀、南汉、南唐诸国的过程中,以诸国之财富来改善宋王朝的财政现状,实现"国用富饶",进而为攻取契丹庇护下的北汉打下坚实的物质基础。

这是一个具有深远意义的举措,是一个杰出的政治家在"地运南趋"这一重大社会变迁到来之际所作出的一种超乎常人的敏锐反应。

在中国历史上,黄河流域曾长时期居于全国经济文化发展的领先地位,尤其是黄河中下游的关中、中原地区,更是执全国经济文化发展之牛耳。但从中唐开始,长江流域的经济发展逐渐超过北方。以粮食生产为例,唐后期江南地区的粮食生产已经居全国首位,漕运粮食到关中成了维系唐政权的命脉。时人权德舆说:"江淮田一善熟,则旁资数道。故天下大计,仰于东南。"[①]刘晏也说:"潭桂衡阳,必多积谷。……沧波挂席,西指长安。三秦之人,待此而饱;六军之众,待此而强。"[②]可见,三秦关中地区的粮食生产不但已无领先的地位,反倒要仰食于江南地区。这种变化,曾被学术界很准确地称之为"地运南趋"或"经济重心南移"。"地运南趋"与"经济重心南移",其实是同一问题,但也有微妙的差异:"地运南趋"的基础是"经济重心南移",而由于"经济重心南移",又引起了政治、经济、军事、人文地理、风化等诸多"地运"方面的变化。

"地运南趋"的提法始自梁启超,他在《中国地理大势论》中称:

> 古之语兵事者,以荥阳、成皋为第一要点,以其为黄河流域之咽喉也。近之语兵事者,以武昌、汉阳为第一要点,以其为扬子江流域之眉目也。黄梨洲《明夷待访录》,主建都金陵之议,谓"秦汉之时,关中风气会聚,田野开辟,人物殷盛,吴

---

① 《新唐书》卷165《权德舆传》。
② 《新唐书》卷123《刘晏传》。

楚方脱蛮夷之号,风气朴略,故金陵不能与之争胜,今关中人物,不及吴久矣"云云,可谓能知地运变迁之大原。顾亭林足迹遍天下,乃谓"秦地华阴绾谷关河之口,虽足不出户,而能见天下之人,闻天下之事,一旦有警,入山守险,不过十里之遥,若志在四方,一出关门,亦有建瓴之势"云云,自诩身历,而以此规梨洲,是犹汉唐以上之言也,庸讵知地运之骎骎自北而南者,今固有以异于古所云也。

自唐以前,湖南、浙江、福建、两广、云南诸省,曾未尝一为轻重于大局(项羽虽起兵于会稽,其根据地不在此——原注)。自宋以后,而大事日出于此间矣。宋之南渡在浙,其亡也在广东;明之亡也,始而江,继而浙而闽而粤而滇而桂,此亦地运由黄河扬子江而渐趋于西江(即珠江)之明证也。①

显然,梁氏关于唐以后"地运南趋"的论断,与今天学术界关于中唐以后"经济重心南移"的看法是一致的,也是符合客观历史事实的。宋太祖"必先取巴蜀,次及广南、江南,即国用富饶"的决策,可以说正是对中唐以后"地运南趋"、"经济重心南移"这一客观事实的一种积极顺应。

并不是每个人都能对此作出积极顺应的。尤其是五代宋初之际,经济重心南移的行程尚未最终完成,地运南趋之势尚不十分明显,能够敏锐地感觉到这些变化,并据此来调整事业方略的政治家,可以说除宋太祖外再也没有第二人了。李毂、王朴、赵普虽然都力主首先南征,但其经济的、财政的目的并不明确,而且从他们对南方诸国极端轻蔑的态度中可以看出,他们并不充分理解南征的意义;周世宗三征南唐,夺取了南唐江北十四州的"财富之区",但却又浅尝辄止,转而北上,与宋太祖的"必先取巴蜀,次及广南、

---

① 梁启超:《饮冰室合集·文集》第4册,文集之十,中华书局1989年版,第99—100页。

江南"的态度相比,周世宗是不够清醒和坚定的;张晖在反对北征时虽然提出过财政不足的问题,但其解决问题的着眼点还仅仅是放在恢复发展北方社会经济(这一点当然也是很重要的)上,可以说"经济重心南移"的趋势并没有对他的策论产生什么影响。

身居江南的政治家也未识庐山真面目,没能对"地运之骎骎自北而南者"作出足够的反应。南唐地跨江淮,国富兵众,是南方的头号大国和强国。尤其是南唐烈祖李昇、中主李璟时期,正当国力鼎盛之际,而北方则经历着后唐、后晋、后汉、后周的动荡更迭。当时的形势对南唐极为有利:

> 盖当日南唐最强,有并吞中原之势。……(北方)自石氏(石敬瑭)至于郭氏(郭威),惟凛凛然求免于征伐之不暇。①

当时南唐的君主,如烈祖李昇亦颇有抱负,如果他能够顺应经济重心南移的客观实际,把事业的立足点放在攻并闽、楚、南平、吴越等南方诸国上,不断地扩充实力,然后全力北伐,则其抱负也不是没有实现的可能。可惜李昇智不及此,仍然把"关中"、"河洛"看作"风气聚会"之所,株守刘邦当年"得关中而定天下",以及"先祖"李渊当年"速据三秦,遂独成帝业"的经验,一方面哀叹自己"地利不足",一方面则不合时宜地把"西取关中","直趋河洛"作为事业的开端,反对"游兵江南"②,结果一事无成。四百多年后,也是在南唐这片土地上,也是在与李昇当年相类似的环境中,朱元璋却创造出惊天动地的业绩。抛开其他因素不论,仅从战略方针上看,朱元璋恰恰是首先"游兵江南",先后攻取了割据两湖的陈友谅(相当于李昇时的楚和南平)、割据苏杭和浙西的张士诚和方国珍(相当于李昇时的吴越),以及割据福建的陈友定(相当于李昇时的闽)等等之后,才北伐关中,灭亡元朝的。这与李昇当年的谋划恰

---

① (清)李慈铭:《越缦堂日记补》庚集中,广陵书社2004年版,第40页。
② (宋)史温:《钓矶立谈》。参见旷娟:《李昇及其时代》,山东大学硕士学位论文,2007年。

恰相反。应当指出,朱元璋的时代,"经济重心南移"的过程早已完成,"地运南趋"之势极为明显,故据此作出正确的战略部署并不很困难。而在李昪的时代,"地运南趋"之势尚不明朗,传统的"得关中而定天下"的经验对人们的影响还很大,在这种情况下,要作出明智、合理的战略部署,除宋太祖这样最为杰出的时代人物外,其余的二流政治家,如李昪等人显然是难当此任的。

至此,实际上我们就已经可以得出对宋太祖"先南后北"统一方针的基本评价了——无论宋太祖和北宋方面在北征问题上有无失误,"先南后北"的统一方针,顺应了中国历史上的"地运变迁之大原",符合中唐以后"经济重心南移"的客观趋势,其基本思路是正确的。

除此以外,在他的"先南后北"战略方针中还包含了另外一些不容易为人们所察觉的重要变化。

在宋太祖的前辈王朴那里,"先南后北"中的"北",是指契丹和北汉:

> 吴蜀平,幽可望风而至,惟并必死之寇,不可以恩信诱,必须以强兵攻之,然其力已衰,不足以为边患,可为后图,俟其便则一削以平之。①

在王朴看来,若平定了南方吴、蜀等国,被契丹占领的燕云十六州即可"望风而至"。这显然是对契丹力量估计不足的一种不切实际的看法,但他毕竟还是把收复燕云十六州作为一项重要目标,写进了"先南后北"的统一方针之中;而在宋太祖那里,"先南后北"中的"北"却只是指"北汉",至于收复燕云十六州,则完全没有在"先南后北"的统一方针之中得到体现。如王巩《随手杂录》记载:

> 太祖一日召赵韩王(指赵普)于别殿,左右无一人,出《取幽燕图》示之。赵熟视久之,曰:"此必曹翰所为。"帝曰:"何

---

① 《旧五代史》卷128《王朴传》。

以知之?"曰:"非翰莫能为也。"帝曰:"何如?"赵曰:"举必克之,顺世世得曹翰守之乃可。"帝不语,携图而入,遂不复言幽燕之讨。

《邵氏闻见录》卷六、《春明退朝录》卷上、《宋朝事实类苑》卷二等对此事均有明确记载,并从对比的角度,对宋太宗和宋徽宗攻伐燕云的军事行动提出了尖锐的批评,认为有违太祖之意。凡此种种,亦可证明在宋初"先南后北"的统一方针中,没有包括收复燕云的内容。

明确指出这一变化的是清初王夫之,同时他也就何以会出现这一变化作出了解释——"赵普之邪说蛊之也!普,蓟人也,有乡人为之居间,以受契丹之饵,而偷为其姻亚乡邻免兵戈之警,席犬豕以酣睡,奸谋进而贻祸无穷。惜哉!其不遇周主(指周世宗),使不得试樊爱能之欧刀也"①。

但这种解释并无史实根据。建隆元年(960)八月,当宋太祖第一次向张永德"密访策略"时,就曾以"将有事于北汉"为题目请张发表意见,随后的"问计"于张晖和"雪夜访赵普",又都无一不是以应否先征北汉为讨论主题的,宋太祖本人已经将燕云十六州问题置于"先南后北"的方针之外了,又怎么能怪赵普蛊惑呢?何况赵普这样一个即将成为开国宰相的军国重臣,怎会接受一名契丹间谍的唆使,而蛊惑宋太祖放弃收复燕云十六州的计划?

其实,这一问题的原因是相当复杂的。

乾德元年(963),禁军龙捷军中的一位名叫王明的小校,越级向宋太祖奏献了一份收复燕云的阵图。宋太祖为他的爱国热情所感动,"赐以锦袍、银带、钱十万"②。开宝九年(976)正月新春,群

---

① (清)王夫之:《读通鉴论》卷30。清代学者昭梿也赞同此说,他在《啸亭杂录·续录》卷5中说:"世人责秦桧以和议误国,不知其作俑由于赵普。普故燕人,与辽人多相识,故不欲宋取辽"(中华书局1980年版)。
② 《长编》卷4乾德元年十二月条。

臣在贺岁的欢乐中一致提议,要为皇帝加尊号为"广天应运一统太平圣文神武明道至德仁孝皇帝",太祖回答说:北汉未平,燕云未复,如何可谓"一统太平"? 据此都可以看出,太祖并不甘心置燕云于不复。既然如此,为什么又将收复燕云问题排除在"先南后北"的统一方略之外呢?

心有余而力不足,因而不得不采取较为实际的战略方针,这自然是首先应该考虑的一个原因。但除此之外,或许这还反映了民族关系的某些新变化,和宋太祖在处理民族争端问题时的某种新思路。

中唐五代时期,少数民族对中原政治、经济、文化的影响很大。从安史之乱到唐末的沙陀出兵镇压黄巢起义,到契丹对后晋、后汉、北汉政权的扶持、控制,处处都可以感受到"番人"在政治上的种种举足轻重的作用。五代时期,中原五个王朝中,有三个(后唐、后晋、后汉)是突厥沙陀族建立的,若再加上北汉,则有四个是由沙陀族建立的,至于出身"夷狄"的文武大臣就更多了。不难想象,当这些"深目虬须"[①]的沙陀"番人",以汉唐正统自居[②],堂而皇之地做了中原天子,并且受到汉族臣民的舞蹈拜呼之际,所谓"夷夏之大防"的界限还有多少存在的必要。与此相关联的是,许多少数民族的习俗、制度也在中原流行,形成了若干在当时风行一时,而于后世看来则不无怪异的现象,如"义儿"、"假子"、"儿皇帝"一类现象的不断出现,如忠孝、贞节观念极为淡薄等等。在这样一种氛围下,汉民族所守持自恃的所谓"夷夏之大防",也就不能不因政治、文化、习俗的种种影响而渐趋淡化。

很难说这是一种应该肯定还是否定的社会现象。"夷夏之大

---

① 《旧五代史》卷19《氏叔琮传》记载,后梁为了对付李克用,常选"深目虬须,貌如沙陀者"潜入李军中侦察。
② 如《旧五代史》卷35《明宗纪一》记李存勖"继唐祚",卷77《高祖纪三》记石敬瑭"依唐礼施行",卷100《高祖纪下》记刘知远"一依汉制",等等。

防"的淡化,必然会弱化汉族士大夫的民族气节——"不知中国为中国,夷狄为夷狄"。而民族气节的弱化,又会直接影响到士大夫阶层的民族使命感,《避暑录话》载:

> 祖宗澶渊未修好以前,志在取燕。故流俗言甚喜而不可致者,皆曰如获燕王头。……士大夫为庆者,每相视笑曰:"遂获燕王头耶"!①

多么令人吃惊!"志在取燕"这一严肃的历史使命,竟演变为士大夫之间的谈资笑料。"夷夏之大防"的淡化,民族气节的弱化,民族使命感的失重,就是如此如影随形。

但从另一方面来说,"夷夏之大防"的淡化,又有利于消除民族间的隔阂和敌视,有利于摆脱民族交往(从一定的意义上说,也是国家交往)中的虚骄心理和僵硬态度,而以一种较为客观、理性、灵活、弹性的原则,看待和解决民族交往中的争端和纠纷。

就燕云十六州而言,一方面要看到这是中原故土,收复故土的正义性和坚定性不能动摇;另一方面,也必须客观、实际地考虑两个问题。一是要正视契丹的实力,不能有虚骄心理。二是燕云十六州,早在后晋前后即陆续割让给契丹,经后汉、后周两朝,至北宋时,无疑已成为一个民族间的历史遗留问题,所以在收复燕云时,必须考虑到其已被割让给契丹多年的实际状况,不能将收复燕云同平定国内其他割据政权相提并论,不应作为同一性质的问题处理。当时,像周世宗、王朴和后来的宋太宗等人,虽然都曾对收复故土的问题给予了高度的重视,但在他们的行动计划或战略部署中,不仅将收复燕云与对中原各国的用兵,视作完全同一性质的问题,而且还把契丹的实力估计得很低,虚骄心理十分严重,如王朴认为"幽可望风而下";宋太宗平定北汉后,"圣心狂悦",以为鼓余勇即可收复燕云,结果"失于轻举",导致全军溃败。与此不同,当

---

① (宋)叶梦得:《避暑录话》卷下,《全宋笔记》第2编第10册。

时还有另外的一大批政治家,如赵普、张齐贤、李昉、田锡、王禹偁等,对收复燕云基本持反对态度,他们或者缺乏明确的领土主权观念,认为收复燕云是"开远夷"的侵略行为,是"以四夷劳中国"[1];或者认为契丹势力强盛,北宋根本就不可能收复燕云,"戎族未乱,无烦强图,狄势未衰,何劳力取?"主张待契丹"自乱"[2];或者认为收复燕云是"为鼷鼠而发机,将明珠而弹雀,所得者少,所失者多",主张自修德政,"长令外户不扃,永使边烽罢警,自然殊方慕化,率土归仁。既四夷以来王,料契丹而安往?"[3]所有这些主张,实际上都是放弃了收复燕云的历史使命,把燕云置于不必收复,甚至也不应收复的地位(至于待契丹"自乱"或待其"率土归仁",则不啻空谈),正如南宋吕中、叶适所批评的那样:"张齐贤徒知契丹不可伐,而不知燕蓟在所当取。岂惟齐贤不之知,虽赵普、田锡、王禹偁亦不知也。"[4]"赵普、田锡、王禹偁之流,固尝以志复燕蓟为非矣。"[5]

宋太祖的思路与上述两派的观点都不同。一方面,他对收复燕云故土有着很强的责任感,认为燕云未复,难称一统;另一方面,他对宋辽双方实力的估计又很实际——"今之勍敌,止在契丹,自开运以后,益轻中国",认为以宋目前的实力,无法在军事上与契丹争锋。但他并不消极地等待契丹"自乱",或幻想有朝一日契丹会"率土归仁",而是萌发了一条收复燕云的新思路:将收复燕云与征服中原各政权区别对待。对中原各割据政权,或用兵,或迫降;对燕云,则考虑到历史上已被割让的实际情况和北宋军事实力的不足,设计了第三种方式:和平赎买。北宋王曾《王文正公笔

---

[1] (宋)释文莹:《玉壶清话》卷1。
[2] (宋)赵汝愚编:《宋朝诸臣奏议》卷129。
[3] (宋)邵伯温:《邵氏闻见录》卷6。
[4] 《宋史全文》卷3引吕中语。
[5] (宋)叶适:《水心别集》卷10,中华书局1960年版。

录》记载：

> 太祖皇帝削平僭伪诸国，收其帑藏金帛之积，归于京师，贮之别库，号曰"封桩库"，凡岁终国用羡赢之数皆入焉。尝密谕近臣曰："石晋苟利于己，割幽、燕郡县以赂契丹，使一方之民独限外境，朕甚悯之。欲俟斯库所蓄满三五百万，当议遣使谋于彼国，土地、民庶傥肯归之于我，则此之金帛悉令赍往，以为赎直。如曰不然，朕特散滞财，募勇士，俾图攻取，以决胜负耳。"会太祖上仙，其事亦寝。

王辟之《渑水燕谈录》卷一也记载：

> 太祖讨平诸国，收其府藏贮之别府，曰"封桩库"，每岁国用之余，皆入焉。尝语近臣曰："石晋割幽燕诸郡以归契丹，朕悯八州之民久陷夷虏，俟所蓄满五百万缗，遣使北虏，以赎山后诸郡；如不我从，即散府财，募战士，以图攻取"。会上晏驾，乃寝。

叶梦得《石林燕语》卷三亦载：

> 太祖初削平诸伪国，得其帑藏金帛，以别府储之，曰"封桩库"，本以待经营契丹也。其后三司岁终所用，常赋有余，亦并归之。尝喻近臣，欲满三五百万，即以与契丹，以赎幽燕故土；不从，则为用兵之费。

那么，这一和平赎买的方针有无可行性呢？

这一问题如同"以武力收复燕云十六州是否可以成功"一样，都无法证实。但以下史实，可以为我们提供一些判断的思路。

古人尚未形成近代以来的那种领土至上的观念①，特别是像契丹这种文化形态相对落后的游牧民族，对领土的占有欲望，远不如对财富的占有欲望强烈。《新五代史》卷七十二《四夷附录第

---

① 如前李昉、赵普、田锡诸人反对收复燕云之语，即是明证。若李、赵诸人为近代政治家，则无论如何也发表不出不要领土的言论。

一》载:

> 庄宗讨张文礼,围镇州。定州王处直惧镇且亡,晋兵必并击己,遣其子郁说契丹,使入塞以牵晋兵。郁谓阿保机曰:"臣父处直使布愚款曰:故赵王王镕,王赵六世,镇州金城汤池,金帛山积,燕姬赵女,罗绮盈廷。张文礼得之而为晋所攻,惧死不暇,故皆留以待皇帝。"阿保机大喜。其妻述律不肯,曰:"我有羊马之富,西楼足以娱乐,今舍此而远赴人之急,我闻晋兵强天下,且战有胜败,后悔何追?"阿保机跃然曰:"张文礼有金玉百万,留待皇后,可共取之。"于是空国入寇。

可见,五代时期契丹的南侵,并不以"得土占地"为念,而是以获取"金帛山积"、"金玉百万"为先。述律皇后劝阻阿保机南侵,也是以"羊马之富"足以自娱为理由,故辽史专家陈述在《契丹史论证稿》中说:

> 契丹一朝,自太祖以来,其凝一内部,迁徙服属,仍未脱部落俘掠观念。及威势既强,遂欲置一傀儡政权,高坐监督,太宗立晋,即此政策之实施。灭晋之后,趋向于混一,历世宗而穆宗,则采草原本位政策。周复三关,虽由于周世宗之英武,亦借于契丹政策之便利也。圣宗即位,已稍改此策,宋太宗察之未审,兴师复燕,所以终于纳币结盟,铸成南北之分立。
>
> 迨宋进兵北汉,(辽)屡次遣兵为援,与宋交锋。及北汉不支而降,宋太宗乘胜攻燕,即契丹之南京,直接相见以兵,乃大败于高梁河。辽史称"宋主仅以身免,至涿州窃乘驴车遁去"。可知契丹兵马尚不弱也。和局虽破并未有大规模之南侵,亦以草原本位政策之支配。[①]

从陈述的研究中我们可以看出两点:一是契丹"未脱部落俘掠观念",即以财富人口的掠夺为第一位,财富的掠夺远比领土的

---

① 陈述:《契丹史论证稿》,山西人民出版社2014年版,第149页。

占有重要;二是契丹长期以来一直采取"草原本位政策",周末宋初,这种"草原本位政策"仍是契丹统治集团中具有支配地位的政策。从这两方面看,宋太祖关于以金帛赎回幽燕云的政策,是有极大可行性的。关于这一点,宋真宗时期的一位叫谢泌的官员所报告的情况很值得参考:

> 臣本州监军室种者,燕人也,尝言彼中所嗜者禽兽,所贪者财利,此外无他智计。先朝(指宋太宗)平晋之后,若不举兵临之,但与财帛,则幽、蓟不日纳土矣。①

谢泌这里引用的是自己的部下、契丹人室种的一段话,以表明自己的观点。"不日纳土"云云,可能有所夸张,但室种所言契丹情形,却是实情。在谢泌看来,如果不是由于宋太祖的去世而导致了这一和平赎买政策的夭折(宋太宗即位后,贸然采用以武力收复的政策),那么宋朝从契丹手中和平赎买燕云十六州的可能性是很大的。

历史不可能假设,但这却并不妨碍我们对太祖这一和平赎买的政策作出应有的评价。因为,这一政策毕竟为解决当时的民族争端和领土纠纷提供了一种新思路。较之那种一味诉诸武力的方式,显示出太祖在外交政策上的灵活、务实和理性。正如前述,燕云问题是一个历史遗留问题,用战争方式解决这一问题,不但存在着较大的困难(从某种意义上说,当时是一种不可逾越的困难),而且还会激化民族矛盾,造成新的外交纠纷,从而使事态和局面更为复杂。在这种情况下,能够摆脱旧的方法和思路,提出一种解决问题的新方法,无疑是值得肯定的。多一条解决问题的途径毕竟更好,以和平的手段解决问题,总比以战争的手段解决要好。

燕云问题的解决,说到底,无非是两种方法——战争与和平。从某种意义上说,选择战争无疑具有一种挑战者积极进取的姿态

---

① 《长编》卷44咸平二年四月条。

和气概,这对胸怀大志、欲有作为的政治家来说,正是一种难以抵御的诱惑:契丹为"异族之邦",燕云本"中原故土",征讨异族、收复故土,亦师出有名;而采取和平赎买故土的方针,却总是给人一种避重就轻、怯弱惧畏、气势不足的感觉,对一位有作为的政治家来说,这也是一件不无难堪之事,何况此前周世宗还曾以武力"胜利"收复了燕云的三州三关之地。这样,对宋太祖来说,选择战争的方式,就意味着他同周世宗一样,将是一个有魄力、有作为的政治家;而选择和平赎买的方式,明确表示自己力有难达,就意味着个人的政治威信或许会在与世宗的比较中受到某种暂时的损失①。太祖本人当然听不到这种批评,但他未必想不到后人诟病

---

① 大致自北宋中叶以后,有感于辽、西夏的不断侵扰和北宋王朝的国力不武、"积贫积弱",朝野中就出现了一种情绪:肯定周世宗的统一策略,批评宋初的"先南后北"的方针。如欧阳修、范祖禹等均有过此类议论。南宋时期,受金兵入侵,北宋灭亡的刺激,对"先南后北"的指责就更加明显了。如陆游《渭南文集》卷25《书通鉴后》谓:"盖先取淮南,去腹心之患,不乘胜取吴、蜀、楚、粤,而举胜兵以取幽州。使幽州遂平,四方何足定哉!甫得三关,而以疾归,则天也。其后中国先取蜀、南粤、江南、吴越、太原,最后取幽州,则兵已弊于四方,而幽州之功卒不成。故虽得诸国,而中国之势终弱,然后知世宗之本谋为善也。"当代史学家范文澜、陶懋炳等,也都认为宋太祖采取"先南后北"的方针,"把收复幽云十六州放在次要的地位",让辽朝赢得了时间,"坐失了收复幽云十六州的时机"。他们都曾惋惜地设想过,当时辽正处于睡王穆宗时期,君臣"俱为昏庸之才",如果能像周世宗那样,趁有利时机,全力北伐,战胜强悍的契丹铁骑,攻取燕云十六州,收复唐代旧境,还是大有可能的。正是由于宋太祖中止了周世宗已经开始的伐辽战争,结果坐失良机,造成日后国力不武,养痈成患的严重局面。(参见范文澜:《中国通史》第5册,人民出版社1995年版;陶懋炳:《五代史略》,人民出版社1985年版)然而,历史一经逝去即变成无可选择的事实。如果可以按"如果"推论的话,那么另一位当代史家吕思勉所设想的结局也并非不能发生:"世宗之用兵,颇为论史者所称道,尤惜其伐辽之未成。殆非也。……战事必度其始终,非可侥幸于一胜,辽之大军,皆在燕北,故初攻之若甚易,及其举兵南下,则甚难。宋太宗高梁河之败以此,世宗取关南之后,设使贸然进兵,亦未必不蹈此辙。即谓不然,而不能禁契丹之不再至,再至而再获胜,亦不能禁其不三至,契丹之兵力未尽,即中国之未可燕然,石晋之行事,正所谓殷鉴不远者也。即谓幽州可以坐收,亦必计其能守,兵有利钝,战无百胜,非有雁门内险与居庸相翼卫不可。然当日者,太原且在北汉之手矣,而可以轻心掉之乎"(《隋唐五代史》下册,上海古籍出版社2005年版,第697页)。

这一层。如此说来,选择和平赎买方针,对宋太祖来说,其实也不轻松,这需要另一种度量和器局。

在中国历史上,有这种度量和器局的皇帝并不是很多。

第二节　风雨下荆湖

建隆三年(962)二月,荆州江陵城(今湖北江陵附近)出了一件怪事。

江陵紧依长江,该段江面上共有99座小岛,人称九十九洲。按不知何时传下来的说法,江陵诸处九十九洲,若满百则有王者兴。五十年前,高季兴来到这里任节度使,不料"江心深浪之中,忽生一洲",说来凑巧,高季兴不久果然就受封为王。这新冒出来的小洲在江心屹立了五十余年,建隆三年,长江大水,一夜之间小洲漂没得无影无踪了。

一片乌云压向人们的心头。

其实,小洲的出现和消失,只是自然界匆匆变化的一个插曲。不过人们的惊恐也不是没有理由的。离江陵城不远的襄阳,此时已经聚集了宋朝十个州的大兵,准备"借路"江陵,前往湖南征讨张文表。虽说宋军只是客客气气地"借路",并表示绝无吞并江陵之意。但稍有一点历史常识的人,谁不知道兵书中的"假途灭虢"之计呢?恰逢凶多吉少之时,偏偏屹立于江心五十年的小洲又突然消失了,谁又能说这不是一种凶兆呢?

江陵此时确实正处于危机四伏之中。

自"先南后北"的统一方针被确定下来以后,按照这一方针所体现出来的"先易后难"精神,宋太祖就已经把军事统一的第一个目标,对准了割据江陵一带的荆南高氏军阀集团。

荆南高氏是五代十国时期地域最小,势力最弱,却又颇有几分名气的割据政权。它的名气主要是靠高季兴的"无赖"得来的。

高季兴是陕州硖石人(今河南三门峡东南),幼年为汴州商人李七郎的家奴,后李七郎被朱全忠收养为义子,他也随之为朱全忠所赏识,先为亲兵,后为牙校,逐渐升迁至颍州防御使、荆南留后。907年,朱温废唐建梁,高季兴晋升为荆南节度使。荆南原辖八州,经唐末混乱,七州尽为其他藩镇所夺,仅存荆州一州,而且还处于四面强邻(北为梁、东为吴、西为前后蜀、南为楚)的包围之中。高季兴到任后,自知势力有限,不敢托大,一方面"卑辞厚币,所向称臣",无论后梁、后唐,还是吴、蜀,只要自己需要,他都可以随时称臣纳贡,以求得支持;另一方面,却又利用荆州介于诸国之间的交通便利条件,干一些拦路抢劫的勾当,经常"邀留"诸国使节,"掠其财物"、"选其宝货",而一旦诸国来书谴责,他又会马上"复还而无愧"。当时民间俗语称无羞无臊者为"赖子",高季兴和高氏集团的第二代统治者高从诲就成为诸国闻名的"高赖子"。高季兴生前被封为南平王,死后又被追封为楚王,故后来《新五代史》称这一政权为"南平",《九国志》则称其为"北楚",而一般人喜欢依荆州为旧荆南节度使治所的缘故,呼之为荆南。其实,它从来也没有控制过整个荆南地区,全盛时也不过领有三州土地而已。

自然,这一"地狭兵弱"、势力有限的弹丸小国,能够在四面强邻中生存半个多世纪,甚至比它的一些强邻如吴、前后蜀的寿命都长,所依靠的当然也不全是"无赖"的功夫。我们知道,荆州地处长江中上游,战略地位十分重要,历来为兵家必争之地。三国时期,围绕着荆州得失而展开的争夺战,是何等的激烈!但时过境迁,到了五代十国之际,荆州地区的地位重要性依旧,但诸国的统治者们却"枭雄之气尽失",多得过且过之辈,已少有三国统治者那种"天下英雄谁敌手"、"坐断东南战未休"的英雄气概了。对荆州这种敏感的战略要地,他们既不敢贸然独吞,以免引火烧身,造成诸国的猜忌;也不愿意被势力强大的其他各方所得,从而形成对自己的威胁。正是在这种微妙的格局下,荆南高氏集团得以在夹缝中生存了半个多世纪。

至宋太祖建宋时,荆南高氏已经"传国"四世,由高保勖统治。因为大半个世纪的平安无事,高氏后人虽然还是不敢坐大称王,但似乎也已没有了其祖辈那种"在夹缝中求得生存"的无赖加机灵的韧劲。其第三代统治者高保融,"性迂阔淹缓",已经是一个呆头呆脑的人,其"御兵治民,一时术略政事,悉委于母弟保勖焉"。建隆元年(960),保融病逝,临死前索性将荆南节度使的位子传给了保勖。高保勖自幼就是一个病胎子,"多病,体貌臞瘠",所以格外得到父母的怜爱。据说他的父亲高从诲无论因什么事生气发怒,只要一见到这个病娃娃,就万事俱无,"必释然而笑",故荆州人都戏称高保勖为"万事休郎君"。"万事休"治国,在当时人看来就已经是很不吉利了,可偏偏他又是一个胡作非为的人:

> 淫佚无度。日召娼妓集府署,择士卒壮健者令恣调谑,保勖与姬妾垂帘共观,以为娱乐。又好营造台榭,穷极土木之工。

荆南士人、百姓对高氏集团的前途本来就没有抱多大希望,现在的这种情况更使"军民咸怨",人们对这个集团已经完全失去了信心。

高氏集团内部的态度更为悲观。高保勖继位后,曾遣其弟高保寅入觐,宋太祖和他作了一次谈话。保寅回到荆南后对高保勖说:

> 真主出世,天将混一区宇,兄宜首率诸国奉土归朝,无为他人取富贵资。①

记室官孙光宪也曾劝谏保勖说:

> 宋有天下,四方诸侯屈服面内,凡下诏书皆合仁义,此汤、武之君也。公宜克勤克俭,勿奢勿僭,上以奉朝廷,中以嗣祖

---

① 以上均见《宋史》卷483《荆南高氏世家》。

宗,下以安百姓;若纵佚乐,非福也。①

保勖未必看不出这些,只是他早已麻木不仁了,今朝有酒今朝醉,能混过今天似乎就不必考虑明天的事。

建隆三年(962)十一月,高保勖病逝,其侄高继冲即位。继冲不过一少不更事的青年,"未知民事,刑政、赋役委节度判官孙光宪,军旅、调度委衙内指挥使梁延嗣"②。主少国疑,荆南更加人心惶惶。

宋太祖对荆南"势与数俱穷"的情况了如指掌。他曾派卢怀忠出使荆南,刺探"人情去就,山川向背"。卢回来后汇报说:

> 高继冲甲兵虽整,而控弦不过三万;年谷虽登,而民困于暴敛。南通长沙,东距建康,西迫巴蜀,北奉朝廷,观其形势,盖日不暇给,取之易耳。③

君臣之间,对平定荆南的问题已经讨论得很透彻了,所剩下的只是出兵时间与方式的选择而已。

机会来得好快!建隆三年九月,继楚国马氏集团之后再度割据湖南的武平节度使周行逢病危,临终前,他托孤于诸将说:

> 吾起垅亩为团兵,同时十人,皆以诛死,惟衡州刺史张文表独存,常怏怏不得行军司马。吾死,文表必叛,当以杨师璠讨之。如不能,则婴城勿战,自归朝廷(指北宋)可也。④

行逢死后,十一岁的幼子周保权袭职,张文表果然不服,以奔丧为名,领兵袭占了潭州(今湖南长沙附近)。周保权当时正在武陵,闻变后马上乞师于宋太祖,请求援助。宋太祖早有平定湖南之意,半年前就已经命"典军列校遥领湘南诸郡"⑤,现在周保权主动来

---

① 《长编》卷2建隆二年九月条。
② 《长编》卷4乾德元年二月条。
③ 《长编》卷4乾德元年正月条。
④ 《长编》卷3建隆三年九月条。
⑤ 《长编》卷4乾德元年六月条。

请求宋军入湘,正好师出有名。而且大军援助湖南,必途经江陵,又可一箭双雕,顺手消灭荆南。所以宋太祖高兴地对宰相范质等人说:

> 江陵四分五裂之国,今假道出师,因而下之,蔑不济矣。①

由此定下了"假途灭虢",一举平定荆、湖的决策。

乾德元年(963)正月,宋太祖命驻节襄州(今湖北襄阳附近)的山南东道节度使慕容延钊为"湖南道行营都部署",又特意从京城派枢密副使李处耘为行营都监,赶赴襄州,就近调集安、复、郢、陈等十州的地方军队会师于襄阳,共同南征荆、湖。

此次军事行动虽然早有预谋,但发兵的直接起因既很偶然也很突然,因而各级军官和士兵不但对此战的目标和意义了解得不透,就是部队与部队之间也难免有些陌生和不协调。考虑到这些因素,宋太祖在选择南征主帅时还是颇费了一些心思的。慕容延钊久经大敌,威名远震,又为人谨慎,与宋太祖私交素厚②,让他做首次南征的主帅,宋太祖是放心的。李处耘则是宋太祖的亲信,是赵匡胤幕府群僚中最富军事才能的人,号称"临机决事,谋无不中"③。由他出任南征部队的副帅,既可以增强前线部队的随机决断能力,又有助于控制各级将校,忠实地贯彻宋太祖的战略意图。故李处耘离京赴任前,宋太祖对他寄予厚望,亲授"出师湖南,假道荆渚,因而平之"的方略④。

然而,当李处耘抵达襄阳后,慕容延钊却突发急病,已经无法骑马作战。宋太祖闻报,不愿临阵易帅,遂下诏"令(慕容延钊)肩舆即戎事"⑤。宋太祖擅长御将之道,如此安排,一方面对慕容延

---

① 《长编》卷4乾德元年正月条。
② 《长编》卷4乾德元年闰十二月条载:"上雅与延钊友善,常兄事之,及即位,犹呼为兄。"
③ 《宋史》卷257《李处耘传》。
④ 《宋史纪事本末》卷3《平荆湖》。
⑤ 《长编》卷4乾德元年二月条。

钊充分表达了应有的倚重和信任,使他感恩戴德,誓以死报;另一方面,在借重慕容威名的同时,又有利于李处耘放开手脚,实际指挥和调动军队。《宋史》卷二百五十七《李处耘传》载:

> 荆湖之役,处耘以近臣护军,自以受太祖之遇,思有以报,故临事专制,不顾群议。

这段记载似乎对宋太祖和李处耘都有些批评。事实上,在整个荆湖战役的过程中,李处耘不但勇于任事、敢于负责,而且智勇兼备、指挥有方,表现出很高的热情和干劲。这正是宋太祖善于用人的结果。

待诸路宋军齐聚襄阳,完成战前准备之后,李处耘派丁德裕出使江陵,正式提出了借道的问题,要荆南"具薪水给军"。对宋军借道的真实意图,高氏集团自然不会不明白。所以一开始就"以民庶恐惧为辞,愿供刍饩百里外"答对,委婉地表示拒绝。但李处耘仍坚持原议,毫不让步。面对宋军的强大压力,荆南兵马副使李景威很气愤地对高继冲说:

> 今王师虽假道以收湖湘,然观其事势,恐因而袭我。景威愿效犬马之力,假兵三千,于荆门中道险隘处设伏,候其夜行,发伏攻其上将,王师必自退却,回军收张文表以献于朝廷,则公之功业大矣。不然,且有摇尾求食之祸。

但他的这个建议,对高氏集团的大多数人来说已经没有什么说服力了,节度判官孙光宪批评他说,中原王朝"自周世宗时,已有混一天下之志",今宋主受命以来,"凡所措置,规模益宏远。今伐文表,如以山压卵尔。湖湘既平,岂有复假道而去耶!不若早以疆土归朝廷,去斥堠,封府库以待,则荆楚可免祸,而公亦不失富贵"。高继冲却对宋朝还抱有幻想,认为荆南高氏岁岁对中原王朝称臣纳贡,只要诚心诚意借一条道给宋军,就可能会免于被吞并。于是同意宋兵入境,并派叔父高保寅和军校梁延嗣前往犒师,以探虚实。

二月初九日,李处耘率军进抵荆门,与荆南犒军使者相遇。李处耘假意殷勤接待,请他们至军营饮宴。高保寅和梁延嗣大喜,遂派人飞报江陵,声称宋军并无恶意。当晚,慕容延钊在帅帐中亲自出面设宴款待二位使者,李处耘却趁机统领数千精骑,在夜色掩护下,"倍道前进",直奔江陵而去。荆门至江陵仅有一百多里路,当高继冲听到风声,急忙出城"迎接"(其实是仍准备劝说宋军不要进城,绕江陵而过)时,李处耘一军距江陵只有十五里了。双方在城下相见,李处耘"友好"地向高继冲作揖行礼,声称大军正由慕容延钊统帅,随后就到,请高继冲在城外稍候。他自己却率亲兵由北门迅速入城。当高继冲与慕容延钊一同回城时,江陵城早已被李处耘控制。继冲见大势已去,只好"束手听命",举城投降:

> 纳牌印,遣客将王昭济等奉表以三州,十七县,十四万二千三百户来归。①

拿下荆南后,李处耘按宋太祖的计划,"调发江陵卒万余人",星夜挥师,直指湖南重镇朗州。

湖南,在五代十国时期,可称得上是一片多灾多难的土地。896年,马殷平定湖南,被唐朝封为武安节度使,湖南开始出现了历史上第一个割据政权。因马殷后来被封为楚国王,并立宫殿,置百官,皆如天子,故历史上把这一政权称为"楚国"。楚国在湖南统治了五十九年。马殷在位时,政局还比较稳定,生产也有所恢复。马殷死后,其诸子之间兄弟争斗,自相残杀,国无宁日。951年,南唐趁马氏内乱之机,派兵攻占了湖南,楚国灭亡。之后,南唐在湖南各地大肆搜刮,"湖南人失望"②,各地纷纷起兵反唐。经过几年混战,南唐军队竟被逐出了湖南,武陵人周行逢被拥立为武平节度使,成为割据湖南的又一个地方政权。历史上一般称这一政

---

① 以上均见《长编》卷4乾德元年二月条。
② 《资治通鉴》卷290广顺元年十二月条。

权为"湖南"或"武平"政权,因为它与荆南分别统治着湖南、湖北的大部地区,故人们有时也将二者合称为"荆湖"。

周氏集团虽然重新占据了湖南,但"士流不附",士人百姓大多认定这是一个没有什么前途的政权。当地有民谣曰:"马去不用鞭,咬牙过今年。"①确实,马氏集团已经灰飞烟灭了,周氏集团又能存在几年呢?一次,周行逢颇为自负地问湖南名士徐仲雅说:"吾奄有湖湘,兵强俗阜,四邻其惧我乎?"徐仲雅冷冷地回答:"公部内司空(官名)满川,太保(官名)遍地,孰敢不惧?"甚至周行逢的妻子严氏对周氏政权也毫无信心,史书记载:"行逢为帅,妻不为屈,不入府署,躬率奴仆耕织以自给。"②周行逢劝她不必自苦,强行将其留居府中,她始终不肯,说:"公用法太严而失人心,所以不欲留者,一旦祸起,田野间易为逃死尔。"③

实事求是地讲,周氏集团在南方诸国中,不但不是最差的,而且还是一个有些政绩的政权。周行逢"为治严谨,不徇私党,躬履俭约,以率群下","条教简约,民甚便之",其割据湖南"四五年间,仓廪充实"④。他的勤政不辍,"尽心为治"⑤,较之于南唐、后蜀、南汉等君臣的"弄文墨,恣嬉游,其甚者淫虐逞而人心解体",实不可同日而语。但正所谓"时来天地皆同力,运去英雄不自由",在南方各政权皆不可避免地走下坡路的历史大背景下,周氏集团上上下下的精神状态也难免有一种末日来临般的感觉,消极、悲观、疲软无为,与南方其他各国的"人心解体"又实在没有太大区别。

在宋军来荆南之际,湖南内部也发生了一些变故:不服周行逢

---

① 《湘中童谣》,见《全唐诗》(增订本)卷878,中华书局1999年版。
② 《宋史》卷483《湖南周氏世家》。周妻,《宋史》作潘氏,《新五代史》作严氏,《资治通鉴》则作邓氏。
③ 《新五代史》卷66《楚世家》。
④ (宋)路振著,连人点校:《九国志》卷11《周行逢传》,齐鲁书社2000年版,第131页。
⑤ 《宋史》卷483《湖南周氏世家》。

之子而起兵反抗的张文表已兵败被杀,宋军入湘的借口不复存在。宋太祖得到这一消息后,不仅没有撤兵的意思,反而督促慕容延钊、李处耘等指挥前线各部,日夜兼程,加紧向湖南挺进。他的战略意图已很明显,就是抓住湖南内乱的时机,迅速将其吞并。

此时周氏集团内部也出现了意见分歧。观察判官李观象认为应降:

> 凡所以请援于朝者,诛张文表耳。今文表已诛,而王师不还,必将尽取湖湘之地也。然我所恃者,北有荆渚,以为唇齿。今高氏束手听命,朗州(周保权驻节朗州,即今湖南常德)势不独全,莫若幅巾归朝,幸不失富贵。①

指挥使张从富则反对投降,力主抵抗。就在周氏内部于战降之间举棋不定之际,宋军先头部队已兵临朗州城下了。

无论是宋太祖还是前线诸将,原来都以为在大兵压境的情况下,周氏集团必然不战而降。没想到周保权这个"黄口小儿",最怕的倒不是城外的宋军,而是城内掌有兵权的张从富,张从富既然主战拒降,他也就不敢再起投降的念头了。面对这种情况,宋军竟有些不知所措,其先头部队不敢贸然开战,只得暂时撤退,等候宋太祖关于下一步行动的诏令。这就给了周氏集团一个难得的喘息时机,在张从富的有力指挥下,朗州守军迅速加强了对各个要隘的防御,并拆桥沉船,伐木塞路,以尽可能地阻挡宋军的推进。

几天后,宋太祖派遣使者来到朗州,对周保权和湖南众将进行恫吓:

> 尔本请师救援,故发大军以拯尔难,今妖孽既殄,是有大造于汝辈也,何为反距王师,自取涂炭,重扰生聚!②

但这番恫吓并没有奏效。于是按照宋太祖重新调整的部署,

---

① 《长编》卷4乾德元年二月条。
② 《长编》卷4乾德元年二月条。

宋军分兵两路,水陆并进,向湖南发起了全面进攻。水路,由战棹都监武怀节率领,顺流而下,直取岳州(今湖南岳阳),于三江口(今湖南岳阳北)歼灭守军四千余人,缴获战船七百多只,随后占领了岳州。陆路,则由李处耘亲自率领轻骑,奔袭澧州(今湖南澧县)。澧州,是朗州的北面门户,宋太祖之所以部署宋军以轻兵进逼此地,其用意在于调虎离山、围城打援,诱迫湖南主力脱离防守严密的朗州坚城,以便在野战中将其歼灭。湖南众将果然中计。三月初,张从富为解澧州之围,率军由朗州北上,在澧州南与早有准备的李处耘部遭遇。李处耘趁敌立足未稳,抢先挥师猛攻,很快将张军压缩至敖山寨,双方相持一夜。次日天明,慕容延钊率宋军主力及时赶到,全线出击,大败敌军,遂长驱直入朗州。湖南主将张从富被杀,周保权被俘,于是:

> 尽复湖南旧地,凡得州十四,监一,县六十六,户九万七千三百八十八。①

捷报在三月底传到东京。由于此战胜利早在宋太祖意料之中,除了群臣早朝时例行公事地"称贺"了几句外,东京城平静得跟平常没什么两样。四月底,宋太祖又例行公事地发布了赦免荆南、湖南罪犯的"德音"和荆、湖各州的知州、通判的任命②,淡淡地为这南征诸国的第一场战事画上了圆满的句号。

不过,我们也不必把这场战争看得过于轻松,认为"平荆楚,只需跋涉之劳"③。不错,就这场战事本身而言,进行得确乎很平淡,既没有浴血奋战、英勇悲壮的拼搏场面,也没有风云变幻、扣人心弦的惊险过程,胜利来得似乎很容易。但反过来看,能够把一场战事调度到"只需跋涉之劳"就可成功的程度,恐怕也不是每个战争指挥者都能做到。事实上,宋太祖本人也不是每次战争都能做

---

① 《长编》卷4乾德元年三月条。
② 《长编》卷4乾德元年四月条。
③ 参见陶懋炳:《五代史略》,人民出版社1985年版,第338页。

到这一步的。

第三节　攻取后蜀与战后失误

平定了荆湖后的次年（964），宋太祖把下一场战争的目标锁定为统治四川的后蜀。

四川，是一方富足而有个性的土地。这里气候适宜，沃野千里，出产亚热带到寒温带的多种农产品。远在公元前 250 年，秦国蜀郡守李冰父子就率众在成都平原上修建了举世闻名的都江堰，使这里"水旱从人，不知饥馑，时无荒年，天下谓之天府"。① 三国时期蜀汉政权的建立，以及南北朝时期北方人口的入蜀避难，都有力地促进了四川的经济文化发展。到唐朝后期，益州（今四川成都）的繁华富庶已经远远超过了北方的长安、洛阳而成为与"雄富甲天下"的扬州齐名的两大首富区之一，时人称"扬一益二"②。扬州所在的淮南和益州所在的剑南，自中唐以后，就一直是全国最大的两个"财赋之区"。

四川又是一个层峦环绕的封闭盆地，西边是邛崃山和海拔七千五百多米的大雪山，南面是大娄山和峨眉山，尤其是北方的秦岭、大巴山和东面的巫山，横空绝世，区隔了它与中原和长江中下游的联系，形成了一个险固四塞的独守之国。自古由中原入川，虽然陆有剑阁栈道、水有长江航路，但均极为险阻："重山积险，陆无长毂之径；川阨流迅，水有惊波之艰"③，故李白有"蜀道难，难于上青天"之慨叹。

经济上的繁华富庶和地理形胜上的封闭四塞，使古代四川很

---

① （晋）常璩著，任乃强校注：《华阳国志校补图注》卷 3《蜀志》，上海古籍出版社 2007 年版。
② （宋）乐史著，王文楚等校：《太平寰宇记》卷 123"扬州"条，中华书局 2007 年版。
③ （晋）陆机：《辩亡论下》；《晋书》卷 54《陆机传》，中华书局 1974 年版。

容易以独立和自给自足的方式存在,形成了不同于其他地区的"区域个性"。正如梁启超在《中国地理大势论》中所言:"从政治地理较之,其稍据独立之资格者有二地,一曰蜀,二曰粤","蜀,扬子江之上游也,其险足以自守,其富足以自保,故每天下大乱,(四川)则常独立,而其灭亡最后。"春秋时期,这里就存在过巴国、蜀国等独立政权,秦始皇统一天下后,这里所建立的割据政权也很多。像新莽末年的公孙述,东汉末年的刘焉、张鲁,三国时期的刘备,西晋末年的李特,五代时期的王建、孟知祥,元末的明玉珍等等,都曾较长时间地在这里建立过自己的独立王国。

五代时期,四川先后建立过前蜀和后蜀两个政权。在南方诸国中,这两个政权也是很有个性的。前蜀是由王建建立的,王建死后,其子王衍即位。923年,北方沙陀族的李存勖一举攻灭后梁,建立后唐王朝,消息传到南方,诸国大震,惊慌失措,或称臣,或纳贡,或卑词厚礼,或亲往朝见,只有前蜀君臣全不在意。后唐遣使至成都告捷,王衍复书称"大蜀国主致书大唐皇帝",态度傲慢,李存勖"阅书愠怒,已萌吞并之志"。不久,李存勖又派人入蜀采购珍宝,王衍严禁"锦绮珍奇"外流出蜀,只将一些"粗恶"的用品放行,谓之"入草物",以此大大羞辱了后唐一番。① 李存勖恼羞成怒,发誓要让王衍变成"入草物",遂发兵将其攻灭。但后唐并没能就此掌控四川,前蜀灭亡后,后唐派驻四川的大将孟知祥很快在这里建立起新的独立王国,并公然称帝建元,史称后蜀。后蜀更不把中原王朝放在眼里,尤其是后主孟昶即位后,竟趁中原动荡不安之机,攻取了秦、凤、阶、成四州的大片领土。五代十国时期,敢于攻占北方中原王朝领土的只有后蜀。周世宗时,南方各国纷纷向后周称藩纳贡,只有后蜀,尽管被后周夺回了秦、凤、阶、成四州,却依然态度强硬,"致书世宗,称大蜀皇帝",不肯低头。显德五年

---

① 《资治通鉴》卷273同光二年五月条。

(958)十月,周世宗摆出一副大举伐蜀的态势,企图迫使后蜀就范。荆南高保融亦曾去信,劝说后蜀向后周让步称藩,"蜀主覆书拒之,而屯兵以备"。周世宗无可奈何,只得作罢。

从区域个性的角度看,前蜀、后蜀种种强横的表现,恐怕不是偶然的。封闭四塞的地理形胜和繁荣富足的社会经济对当地人们的心理、性格、行为有着深刻的影响,形成了高自标置、独成一统的文化心理。这是一种无形的,却又极为强大的力量。其他地区要想稳固地掌控这一地区,除了要克服险固四塞的自然难关之外,这后一种力量的存在更不容忽视。

可惜,种种迹象表明,宋太祖在部署伐蜀时并没有注意到后一点。

几乎在平定荆湖的捷报传来的同时,宋太祖已经开始着手筹划长驱灭蜀的军事事宜了。

"荆湖即西川、江南、广南都会也",刚刚从荆南高氏集团中归顺过来的翰林医官穆昭嗣对宋太祖说:"今已克此,则水陆皆可趋蜀。"① 乾德元年(963)四月,宋太祖下令于开封城南凿池引水,造楼船千艘,训练"水虎捷"(水军中一支),以备由水路溯江入蜀。同月,张晖这位富有才识的老资格边吏,再次受到宋太祖的重用,被任命为凤州团练使兼缘边巡检壕寨使。凤州,即今陕西省凤县附近,与后蜀接壤,是由陕西入川的必经之地。张晖的任务,就是勘察陕川地形之"险易",为"大军西下",由陆路入川做好准备。②

宋太祖还多次召见在京的荆湖、四川等地人士,向他们询问蜀中地理形胜。后蜀枢密院的孙遇,兴州军校赵彦韬、杨蠋等人是奉孟昶之命前往北汉联系南北夹击北宋事宜的使者,行至东京时,赵彦韬叛变,向宋太祖密报了后蜀实情。宋太祖极为高兴,赦免了孙

---

① 《长编》卷5乾德二年十一月条。
② 《宋史》卷272《张晖传》。

遇等人,让他们"指陈(后蜀)山川形势,戍守处所,道里远近",并绘制了后蜀的地形及兵力分布图①。

所有这些针对后蜀险固四塞的地理形势所作出的精心部署,都是必要的、正确的。但他的另外一些做法,就值得斟酌了。

平定荆湖时,李处耘贡献最大,但战后他不但没有受到表彰和升迁,反而被贬为淄州刺史。其中的原委据《长编》卷四乾德元年九月条记载为:

> 荆湖之役,处耘以近臣护军,临事专断,不顾群议。初至襄阳,衢肆鬻饼饵者率减少,倍取军士之直,处耘捕得尤甚者二人,送慕容延钊,延钊怒不受,往复三四,处耘遂命斩于市以徇。延钊所部小校司义,舍于荆州客将王氏,使酒凶悆,王氏愬于处耘,召义诃责。义又谮处耘于延钊。至白湖,处耘望见军士入民舍,良久,舍中人大呼求救,遣捕之,则延钊围人也,乃鞭其背,延钊怒斩之。由是,大不协,更相论奏。上(太祖)以延钊宿将,赦其过,止罪处耘,处耘亦恐惧不敢自明。

李处耘严肃军纪反被贬官,无论宋太祖的动机如何(可能是为了平衡新旧将领之间的关系,也可能有赵普与李处耘交恶的因素),其影响都是恶劣的。

另外,平定荆湖时,宋军中个别将领滥杀无辜的情形已现端倪,但这也同样没有引起宋太祖的重视。如有个叫张勋的武将,"性残忍好杀,每攻破城邑,但扬言曰'且斩'",平定荆湖以后,他却被特意留在湖南,就地任命为衡州(今湖南衡阳)刺史。衡州百姓听到这一消息后,"皆涕泣相谓曰:'张且斩'至矣,吾辈何以安乎!"②

从表面上看,这两件事与伐蜀并无多少联系,但实际上却都成

---

① 《长编》卷5乾德二年十一月条。
② 《宋史》卷271《张勋传》。

为后来宋军入蜀时军纪败坏、烧杀掳掠的源头。可以说,宋军灭蜀后四川地区出现的长期动荡不安的局面,其祸根在此时已经埋下了。

乾德二年(964)十一月三日,宋太祖在崇德殿举行盛大宴会,为伐蜀的将领们送行。

参加宴会的将领,人人都是一副胜券在握的神气。的确,去年三月的荆湖一战,朝廷仅动用地方州兵,就大获全胜。如今,这支天子脚下的禁旅亲自出征,攻灭后蜀难道还不是易如反掌吗?更何况自平荆湖以来,朝廷为伐蜀已经进行了近一年又七个月的准备,从军事部署上看,已几近无懈可击,大军一出,必呈破竹之势,底定巴山蜀水,难道不是囊中取物?所以,当宋太祖展示已经定好的行军方略和阵图,并问道"西川可取否"时,此次伐蜀的主帅王全斌信心百倍地回答:"臣等仗天威,遵妙算,克日可定也。"而龙捷右厢都指挥使史延德回答得则更为豪迈:

西川若在天上,固不可到,在地上,到即平矣!

这真是一个空前振奋的场面!五代时期,每当用兵之际,诸将怯懦畏缩者居多,像这样人人英勇、个个争先的场面绝难见到!(至少,在文献中是没有这种场面留下的)宋太祖在对这些豪言壮语深表激赏之余,竟出人意料地讲了一句很不该讲的话:

凡克城寨,止藉其器甲、刍粮,悉以钱帛分给战士,吾所欲得者,其土地耳。①

这就是说,将来攻灭后蜀时除了缴获的武器、粮草要登记上报以外,其他所有钱帛浮财都可以统统由军队自行处置!这无异于为宋军入川后的烧杀掳掠亮起了绿灯。

可是,就在前一天,由太祖本人签署的"灭蜀令"中还申明:"行营所至,毋得焚荡庐舍,殴掠吏民,开发邱坟,剪伐桑柘,违者

---

① 《长编》卷5乾德二年十一月条。

以军法从事。"①聪明的将军们本来就不会完全根据"灭蜀令"这样的官样文章去决定自己的行动,现在,听了宋太祖酒宴上的一番许诺,顿时喜出望外,一天前的种种严格规定真正成了故纸,被众人抛诸脑后了。

宋太祖嗜酒喜饮,他一生中许多重要的场合,都与酒有着这样那样的关系,如"杯酒释兵权"、"雪夜访赵普"等等。不过,他此次酒宴上的许诺,恐怕与酒关系不大,至少并非酒后失言。联系到荆湖之役后他对李处耘的错误处分、对慕容延钊的偏袒、对张勋的提拔,可以看出,他此次的许诺实非一时的心血来潮。

或许对宋太祖来说,这种许诺只是鼓舞"士气"的一种政治技巧,要激起军队的热情,加速伐蜀的胜利,不必计较采取什么手段。可问题是,伐蜀毕竟不是一次以掠夺财富为目标的战争,宋太祖既然已经明确表示此战"吾所欲得者,其土地耳",那就不应单纯从自己一方的"士气"着眼,更应注意彼方的民心。否则,即使是占领了这片土地,也很难使其切实成为北宋王朝的一个组成部分。更何况,他所要获得的,又是一片自古就有独特个性,"好变而又多乱"②的土地呢?

很快,伐蜀大军分两路浩浩荡荡地出发了。北路以忠武节度使王全斌和武信节度使、侍卫步军都指挥使崔彦进为西川行营凤州路正副都部署,枢密副使王仁赡为都监,率步骑三万过秦岭,出凤州,由剑阁栈道入蜀;东路以宁江节度使、侍卫马军都指挥使刘廷让为西川行营归州路副都部署,内客省使、枢密承旨曹彬为都监,率步骑二万,以荆州为基地,出归州(今湖北秭归),溯长江西上,由水路入蜀。计划二路兵马分进合击,目标是会师于成都城下。

---

① 《长编》卷5乾德二年十一月条。
② (宋)王辟之:《渑水燕谈录》卷8《事志》即言"蜀人多变"、"蜀人好乱",中华书局1981年版。

后蜀对北宋王朝的意图早有耳闻。一年前,宰相李昊曾建议孟昶放弃对中原王朝的强硬态度,向宋朝通好纳贡,以求得偏安自保。这种建议,在后蜀君臣中显然不占上风。通奏使、知枢密院事王昭远是后蜀的实权人物,他认为后蜀目前并不需要考虑如何与宋朝通好,而是应考虑如何先发制人、向中原扩张。在这种战略的指导下,后蜀一方面派孙遇等人赍书北上,与北汉联系,企图南北夹击宋朝;另一方面,又派兵屯驻三峡,并大力扩充水军,以为后援。

乾德二年(964)十二月十九日,北路宋军在王全斌、崔彦进指挥下击败蜀军七千人,攻取了兴州(今陕西略阳)。蜀兴州刺史蓝思绾丢失兴州后,迅即退据西县(今陕西勉县西),与由兴元赶来的蜀军招讨使韩保正部会合,决意扼守西县,把住这处剑阁栈道的门户。

攻打西县的前锋是史延德。这位在饯行酒宴中因口出壮语而受到太祖嘉勉的偏将,此时已经担任西川行营凤州路的马军都指挥使①,成为伐蜀军中的风云人物了。这是一位初生牛犊,并不把西县数倍于己的蜀兵放在眼里,当他率先锋铁骑直逼西县时,汹汹的气势就先使守敌怯了三分。拥有数万人马的韩保正竟"惧不敢出,遣兵数万人,依山背城,结阵自固",结果被史延德冲了个稀里哗啦。宋军乘胜猛追,擒获了韩保正等敌将,占领西县。随后,又越过三泉(今陕西宁强),直抵嘉州(今四川广元东北五十里附近),"杀虏"蜀兵"甚众"。至此,栈道以北的所有关隘均为宋军所控制,后蜀方面只得"烧绝栈道,退保葭萌(今四川广元西北)"②。

后蜀军队由王昭远全权指挥。"昭远好读兵书,颇以方略自

---

① 《长编》卷5乾德二年十一月条记史延德为龙捷右厢都指挥使,十二月条记其为马军都指挥使,由于此时侍卫马军指挥使为刘廷让,他所任的当是西川行营之马军都指挥使。

② 《长编》卷5乾德二年十二月条。

任……手执铁如意指挥军事,自比诸葛亮",实际上是一个从未经过战阵,只会纸上谈兵,却又自视甚高的人物。在他看来,自己不出兵则已,一旦出兵,则"何止克敌",凭借手中的"二三万雕面恶小儿(指黥面的士兵)",哪怕是攻取中原也"如反掌耳!"①当蜀军失利,烧绝栈道后,王昭远正率军集结在利州(今四川广元)。此时,宋军北路军不过三万余人,又连日奔波,十分疲劳,如果王昭远能够集中后蜀各部兵力,利用以逸待劳和兵力上的优势,主动出击,未必就没有取胜的可能。但他口气虽大,实则胆小如鼠,慑于宋军声威,不仅不敢采取攻势,相反,却分兵把关,将部队分散安置在大漫天寨、小漫天寨、金山寨和米仓山等隘口,企图依险固守,防止宋军突入。这就给宋军的各个击破创造了条件。

宋军此时也面临着很大的困难,因为栈道已被断绝,无法直取利州。好在宋军离京前,宋太祖曾亲手交给王全斌一张详细的蜀中山川地形图,按照图示,王全斌敏锐地发现了蜀军布防的空白,决定由自己率主力由罗川险道迂回南进,留下副手崔彦进领余部全力抢修栈道,分兵合击利州。数日后,崔彦进部修复了栈道,遂进击金山寨,又破小漫天寨,而王全斌的大军亦由罗川直插深渡,与崔彦进所部胜利会师。

深渡,位于嘉陵江西岸,是江上的一个主要渡口,跨过这一渡口,即可进逼剑门关。王昭远在深渡附近设立大、小漫天寨,就是为了守住这个渡口,以便屏障剑门。宋军攻克了小漫天寨后,王昭远害怕再失去大漫天寨,又担心丢失利州这一入蜀的"咽喉之要路"②,故虽然派了少量"精锐"援军赶来增援大漫天寨,他本人却仍以主力困守利州。结果,援军被消灭,大漫天寨也被宋军攻破。到了这个时候,王昭远只得硬着头皮,亲自率兵来与宋军决战。怎

---

① 《长编》卷5乾德二年十一月条。
② (清)顾祖禹:《读史方舆纪要》卷68"剑州"条,中华书局2005年版。

奈宋军气势正盛,而蜀军连败之后,士气低落,双方会战,蜀军三战三败,遂至一败涂地,不可收拾。王全斌挥师掩杀,扑向利州,王昭远早已惊慌失措,领败兵仓皇弃城渡江,退缩至剑门关,再不敢出城半步。

剑门关,坐落于今四川剑阁县北二十五公里处的剑门山,剑门山又称大剑山,山脉东西连绵一百余公里,七十二峰形若利剑,"峭壁中断处,两山相峙如门",剑门关由此得名。"惟蜀之门,作固作镇,是曰剑阁,壁立千仞,穷地之险,极路之峻","惟天有设险,剑门天下壮","凭高据险,界山为门",[①]这些描述,都形象地道出了剑门关的雄壮和险要。这是由陆路入川的最后一道险关,再往南,就是无险可守的成都平原了。

后蜀为了守住这最后一道险关,在严令王昭远死守的同时,又在成都重金募兵一万余人,由太子孟玄哲为帅,率军增援剑门关。玄哲是个"素不习武"[②]的花花公子,连王昭远都不如,根本不知打仗是怎么回事。接受命令后,竟带着姬妾戏子数十人,笙歌喧天地就要上路。将行未行之际,天下起了雨,玄哲害怕淋湿了那些鲜艳漂亮、用上好蜀锦制成的军旗,下令解下来藏好。一会儿,雨停了,又命令系上,一不小心,所有军旗竟然全部倒挂在旗杆上。

这"倒系旗",本是亡国出降时的情形,四十年前前蜀王衍不就是"衔璧牵羊倒系旗"地向后唐投降的吗?[③] 那降表还是现任宰相李昊起草的![④] 想不到如今国家未亡,旗已倒系,这可是一个"不吉之兆"啊! 但已经没有人会为这"不吉之兆"而"相顾失色"

---

① 分见(晋)张载:《剑阁铭》,《晋书》卷55《张载传》;(唐)杜甫:《剑门》,《全唐诗》卷218;(清)顾祖禹:《读史方舆纪要》卷68"剑州"条,中华书局2005年版。
② (清)吴任臣:《十国春秋》卷49。
③ 前蜀灭亡时,后唐王承旨咏王衍出降诗曰:"蜀朝昏主出降时,衔璧牵羊倒系旗;二十万人齐解甲,更无一个是男儿。"见五代蜀人何光远著《鉴戒录》,转引自浦江清:《花蕊夫人宫词考证》,《浦江清文录》,人民文学出版社1958年版,第53页。
④ 《长编》卷6乾德三年正月条。

或"黯然良久,长叹一声"了,无论是《长编》、新旧《五代史》、《宋史》或《十国志》,在记载当时的场景时,都是这样几个字:"见者莫不窃笑。"并不是蜀人变得明智幽默了,这是一种精神上的麻木和冷漠,与后来北宋朝野在数度北伐契丹失败后把"遂获燕王头耶"作为笑谈一事的性质极为接近。看来,"丰衣美食"的蜀人,尽管以天府之民而自豪,但在国事、天下事面前,也同样缺乏热情和血性,这多多少少透露出这个疲软时代的某些气息。

孟玄哲的"援军"还在路上吹吹打打,"日夜嬉游",宋朝的北路军已经由利州进占益光(今四川昭化),兵锋直叩剑门关了。乾德三年(965)正月,北路宋军统帅王全斌召集诸将,商议攻夺剑门关之事。

王全斌出生在太原一个将校之家。十二岁那年,其父因"私蓄勇士"受到上司——即后来的后唐开国皇帝李存勖的怀疑,年幼的他竟主动要求到李存勖那里去做人质,消除了其对父亲的怀疑。人质就是把命运交给别人,必须小心谨慎、克制感情、压抑个性、宠辱不惊才行,他也确实养成了这种性格。本来,自"杯酒释兵权"以后,太祖同辈将领已经很少有领兵的机会了,而像他这种老资格(论年龄,他比宋太祖长十岁,又是宋太祖的父亲在后唐、后晋朝的军中同事)的将领,一般说来就更难受到重用了。可能是因为在周世宗朝收复秦、凤、阶、成四州时,王全斌曾和蜀军交过手,有对蜀作战的经验,或者是宋太祖看中了他那种没有棱角、"不求声誉"的性格,才把伐蜀主帅的重担交给了他。大政方针,用兵策略,宋太祖早有"成算",至于某些需要临时变动的东西,宋太祖也给他规定了一些杠杠,其中一条就是"每制置必须诸将佥议"[①]。

半个月前,东京开封下大雪,宋太祖牵挂前线将士,说道:"我

---

① 《宋史》卷255《王全斌传》。

被服如此,体尚觉寒,念西征将帅冲犯霜霰,何以堪处?"当即脱下裘帽,令人"驰驿赍赐全斌"①。按王全斌的性格,并不是觊觎非分之赏的人,但这破例的恩赐还是让他感泣不已。戴着宋太祖赐予的裘帽,他现在说话更慎审了:"剑门天险,古称一夫荷戈万夫莫当,诸军各宜陈进取之策。"听了主帅的问询,侍卫军头领向韬抢先回答说:"据蜀军降卒牟进交代,自益光江向东越过几重大山,就有一条叫来苏的狭径,由此进军,即可出其不意地绕至剑门之南,断绝剑门守敌的退路,蜀军必不战自乱。"但康延泽认为:"蜀军每战必败,胆气俱丧,已成惊弓之鸟,应当不给他们喘息之机,立即正面急攻,剑门不难一鼓而下。且来苏狭径,主帅不宜亲行,可遣一偏将前往迂回策应,前后夹攻,剑门关必破。"

王全斌采取了康延泽的意见,分兵一路,由史延德率领,急趋来苏,作为奇兵;自己则亲统大军,从正面强攻剑门。

据守剑门的王昭远得知宋军派兵从来苏迂回,威胁到了剑阁的退路,不禁惊恐起来。大概他觉得剑门真是"一夫把关"即可抵抗大军进攻,竟错误地仅留偏师防守剑门关,将主力退守汉源坡(今剑阁县东北三十里附近),以防止被宋军史延德部断了后路。结果,部队尚未赶到汉源坡,兵力单薄的剑门关就已经被王全斌的大军攻陷。宋军随后出关南进,紧追蜀军。王昭远进退失据,终于暴露出了纸上谈兵的本相,竟吓得"据胡床(一种便携坐具),不能起",幸而其副将赵崇韬布阵迎战,他才得已"免胄弃甲而逃"。逃到川东后,他隐藏在一家百姓的谷仓里,"悲嗟流涕,目尽肿,惟诵罗隐诗曰'运去英雄不自由'",竟仍以"英雄"自居。没几天,这位"英雄"就被宋军追兵搜获,成了俘虏②。

这时,蜀太子孟玄哲的"援军"才走到了绵州(今四川绵阳

---

① 《长编》卷5乾德二年十二月条。
② 《长编》卷6乾德三年正月条。

东),听说剑门失守,急忙弃军而走,逃回成都,"所过尽焚其庐舍仓廪乃去"。

在北路军节节胜利的同时,东路军的进展也很顺利。因为宋军是从归州溯江而上,西陵峡被避在身后,所以,十二月下旬,刘廷让、曹彬等已率部进入巫峡,连破松木、三会、巫山等寨,杀其将南光海等,死者五千余人,生擒战棹都指挥使袁德弘等千二百人,夺战舰二百余艘,又斩获水军六千余众,遂进入三峡之中最为艰险的瞿塘峡。

瞿塘峡,长不过二十里,但峭壁千仞,山高峡窄,滩礁纵横,航行十分困难。峡西口的夔门,两岸崖壁峭立,高数百丈,宽则不及百米,形同门户,因此处属于夔州地界,故名"夔门",素有"夔门天下雄"之称,就像陆路的剑门关一样,夔门是由水路入川的最后一道关口,实为"巴蜀之喉吭"。当年刘备以替关羽报仇为名,倾全国兵力沿江而下,攻打东吴,却在夷陵被陆逊火烧连营七百里,刘备狼狈退走,一逃过夔门这道关口,才放下心来,最后即病死在夔门南岸的白帝城。如今,蜀军对这最后一道关口更加重视,早在宋军到达之前,就在夔州一线锁江搭架浮桥,上设箭棚三重,夹江列置炮具,把夔门一线的长江水面完全置于弓箭炮矢的封锁之下。

大概是宋太祖已经从孙遇等后蜀降官那里得知了后蜀在夔门一线的设防部署,在东路军出发之前,就拿出了一幅地图,指着夔门一线对刘廷让等人说:"溯江至此,切勿以舟师争胜,当先遣步骑潜击之,俟其稍却,乃以战棹夹攻,可必取也。"[1]刘廷让按照这一预定方案,过了巫峡以后,即"率军舍舟登岸"。当时正为冬季,"江水浅涸,岸路平阔"[2],水中滩礁大多露出水面,这为宋军以步骑登陆作战提供了可能。宋太祖之所以要选择在十一月开始伐

---

[1] 《长编》卷5乾德二年十二月条。
[2] 《长编》卷5乾德二年十二月条,李焘注引之语。

蜀,这大概也是一个重要原因。关于舍舟登岸以后的作战过程,据《长编》卷五乾德二年十二月条的记载为:"舍舟,前夺浮梁,复引舟而上,遂顿兵白帝庙西。"而《宋史》卷一《太祖本纪一》和卷二五九《刘廷让传》的记载更为简略,故其具体过程已难以详知,如果考虑到此时战场正在瞿塘峡内,那么,即使是在冬季水浅之际,要登陆作战,或"牵舟而上",东路军面临和要克服的困难也还是很大的。

宋军兵临白帝城后,城内蜀军守将高彦俦认为,宋军"涉险远来,利在速战,当坚壁待之"①,但监军武守谦则力主出击。十二月二十六日,武守谦独自领兵千余出城,与宋军激战于猪头铺,果然大败而归,而宋军尾随追击,趁乱突入白帝城内,高彦俦"力战不胜",愤而自杀。宋军终于完全控制了夔门,打进了后蜀的大门之内。

自此,东路军一路顺风,势如破竹,连下万(今重庆三峡市)、施(今湖北恩施)、开(今四川开县)、忠(今四川忠县)、遂(今重庆遂宁)等州,迅速向成都逼近。

不过,东路军的进军路线要比北路军迂远得多,所以当他们还在路上的时候,北路军早已兵临魏城,距成都只有咫尺之遥了。

后蜀国主孟昶已经惊慌失措,老将石奉君②劝他说:"东兵远来,势不能久,请聚兵坚守以敝之。"孟昶这时倒很明智,回答说:"吾父子以丰衣美食养士四十年,一旦遇敌,不能为吾东向放一箭,今虽欲闭壁,谁肯效死者?"宰相李昊早就有主和之意,此时则规劝孟昶"封府库以请降"。孟昶自知大势已去,令李昊起草降表。正月七日,遣使向驻在魏城的王全斌投降,后蜀灭亡。

宋军平蜀,"兵不过五万,自发京师至昶降,不过六十六日"③,

---

① 《长编》卷5乾德二年十二月条。
② 《旧五代史》作"石君",薛应旂《续通鉴》作"石斌",与此互异,此从《长编》。
③ 《长编》卷6乾德三年正月条,李焘注引《宋朝大事记》。

五万大军仅六十六天就灭亡了后蜀这样一个险固四塞、易守难攻的大国,的确是一个军事奇迹。

宋朝上上下下都陶醉在胜利之中。

东京方面,宋太祖忙着"诏书颁赏"[1],准备接纳后蜀降君降臣,内宫也在加紧修建封桩库,准备堆放从后蜀宫中运来的金银器宝;成都方面,东北二路将领则忙于各自上疏争功,接受馈赠,"日夜饮宴,不恤军政",也有的以为大功告成,私下计议准备随时离蜀回朝。纷纷然,昏昏然,都以为蜀中从此将太平无事了。

其实,后蜀虽然灭亡了,但要控制巴山蜀水这一片"易变好乱"、很有些个性的土地,却非易事。后蜀宰相李昊在前蜀时为翰林学士,前蜀灭亡时,降表就是由他起草的,此次后蜀的降表又是由他起草。于是"蜀人夜书其门,曰'世修降表李家',当时传以为笑"[2]。的确,后蜀政权存在的时候,蜀人并不觉得有多好,甚至在它败亡之际,人们也是麻木冷漠地不肯"效命",可一旦失去了它,却又觉得珍贵了。这种情绪,与蜀地所特有的"盆地意识",即独成一统、高自标置的区域个性纠缠在一起,很自然地会滋生出一股反宋的社会情绪。对李昊的讥讽嘲笑,正是这种情绪的一个表现。

如果宋太祖和入蜀将领们能够预料到这一问题的严重性,并采取有效的措施加以疏导,这种情绪也许不至于转化成公开的对抗。可惜,他们都没能意识到这一点。

东路军在攻克夔门天险,连下万、施、开、忠、遂等州时,刘廷让就开始兑现宋太祖"悉以钱帛分给战士"的允诺,每入一城"尽出府库金帛以给将士"[3],但将士并不满足于此,"诸将咸欲屠城以逞其欲"。似乎只有洗劫,才能填足他们的欲壑。好在东路军都监曹彬治军颇严,才没有使烧杀抢掠之风在东路军蔓延起来。

---

[1] 《宋史》卷255《王全斌传》、《长编》卷6乾德三年正月条。
[2] 《长编》卷6乾德三年正月条。
[3] 《宋史》卷259《刘廷让传》。

北路军的情况就严重得多了,"部下渔夺无已,蜀人苦之"①。尤其是北路军比东路军早十多天进入成都,成都这座"锦绣川"的"子女玉帛"已令他们眼花缭乱,而孟昶也是出手阔绰,以"犒军"的形式馈赠给北路军诸将的玉帛珍宝又激起了他们更大的贪欲,"纵部下掠子女,夺财物"②炽然成风。及至东路军到达成都,虽然也得到了孟昶"犒军"之物,而且其数量,据孟昶说,是与北路军相同的,但东路军将士却觉得这不过是北路军剩下的残羹冷炙,认为自己已经吃了大亏,于是,"两路兵相嫉",竞赛般的开始了对成都及其他地区的洗劫。

　　作为平蜀主帅的王全斌,对此局面的危险性也并非全然无知,《宋史》卷二五五《王全斌传》记载说:

> 初,成都平,命参知政事吕余庆知府事,全斌但典军旅。全斌尝语所亲曰:"我闻古之将帅,多不能保全功名,今西蜀既平,欲称疾东归,庶免悔咎。"或曰:"今寇盗尚多,非有诏旨,不可轻去。"全斌犹豫未决。

他有他的难处。入蜀前,宋太祖就告诫他说:"每制置必须诸将金议",现在,又出现了"两路兵相嫉,蜀人亦构,主帅遂不协"的情况,他就更不敢行使主帅权力了,甚至于"虽小事不能即决",根本无法约束部下。曹彬面对部下的烧杀抢掠也无能为力,他除了洁身自好外,就只能不断地向王全斌建议班师北上③。可班师之举,又岂是王全斌所能决定的呢? 他连自己抽身东归的要求都不敢提,又怎么敢擅自命令全军班师呢?

　　蜀中局面迅速恶化下去。

　　成都:"时盗四起。"④

---

① 《宋史》卷258《曹彬传》。
② 《宋史纪事本末》卷4《平蜀》。
③ 《宋史》卷258《曹彬传》。
④ 《长编》卷6乾德三年二月条。

梓州（今四川三台）：后蜀军校上官进"啸聚亡命三千余众，劫村民数万，夜攻州城"。①

眉州（今四川眉山）："大兵之后，亡命集结，群盗蜂起，逼州城。"②

阆州（今四川阆中）："蜀平，赵逢出知阆州，时部内盗贼攻州城，逢防御有功，贼既平，诛灭近千家。"③

渝州（今重庆附近）：后蜀州校陈章及杜承褒等"劫众围州城……入据府署"④。

汉州（今四川广汉）："时王师平蜀，群盗窃发。"⑤

最大的一次反抗活动，是乾德三年（965）三月爆发在绵州（今四川绵阳东）的兵变。平蜀后，宋太祖下令将后蜀军队改编为奉义、怀德、怀爱三军。三月，又下令把这些军队调发到东京。这是一个错误的命令，起码有些操之过急。因为士兵大部分都是蜀地人，怀乡恋土，本来就是人之常情，何况将他们由富饶的天府之国调出，不能不引起他们的不满。偏偏王全斌、崔彦进等人又擅自减少了应发给兵士的上路费，"由是蜀兵愤怨，人人思乱"⑥。本来，宋朝"两路随军使臣常数十百人"，"护送"蜀兵入京的任务应该由他们来承担，但王全斌、崔彦进、王仁赡等人却偏袒这些人，让他们留在蜀中继续搜刮，而把护送的任务交给了原后蜀的"诸州牙校"，这一厝火积薪的愚蠢之举，终于使局面失去了控制。当蜀兵北上至绵州时，兵变终于发生了。

蜀兵公推原文州刺史全师雄为帅。全师雄"尝为蜀将，有威

---

① 《长编》卷6乾德三年二月条，又见《宋史》卷263《吕余庆传》。
② （宋）罗从彦：《豫章文集》卷1，文渊阁四库全书本；（宋）罗从彦：《遵尧录》卷1《太祖》，《全宋笔记》第2编第9册，大象出版社2006年版。
③ 《宋史》卷270《赵逢传》。
④ 《长编》卷7乾德四年二月条，又见《宋史》卷277《卞衮传》。
⑤ 《宋史》卷309《杨允恭传》。
⑥ 《宋史》卷255《王全斌传》。

惠"①,当时,他同其他后蜀降官一样,正奉命携家带族,北上汴京报到。路过绵州时,恰好路遇兵变,他本不想参与兵变,为了避免麻烦,"乃弃家自匿",悄悄地藏了起来,但最后还是被蜀兵找到,"遂推以为帅"。

王全斌听到兵变的消息后,派部将朱光绪②率兵七百前往安抚。但朱光绪到绵州后,竟"尽灭师雄之族,纳其爱女及囊装"。全师雄闻讯愤悲交加,"不复有归志"③。他自称"兴蜀大王",很快聚集起一支"十余万众"的大军,号称"兴国军",公开亮出了"兴国"、"兴蜀"的政治主张④。

"兴国"、"兴蜀"的政治主张,在巴山蜀水这一颇有独立个性的区域,得到广泛的响应,而宋军平蜀后的烧杀抢掠,无疑又起到了火上浇油、为渊驱鱼的作用。四川地区的反宋斗争很快即燃成了燎原之势:"师雄分兵绵、汉州,断剑阁,缘江置寨,声言欲攻成都。自是,邛、蜀、眉、陵、简、雅、嘉、东川、果、遂、渝、合、资、昌、普、戎、荣十七州并随师雄为乱。"⑤一时间,声势极为浩大。

自一月七日正式宣布投降后,孟昶这位原来的"大蜀皇帝",承蒙王全斌的优待,仍暂居蜀宫。"谢罪表"⑥已经派胞弟孟仁贽送到东京了,自己的命运如何?就全看大宋皇帝的答复了。事实上,孟昶的忐忑不安是有道理的,如曹彬即曾密奏宋太祖,要求杀掉孟昶,以绝后患,宋人陈师道《后山谈丛》卷五记载:

> 王师既平蜀,诏昶赴阙,曹武肃王(即曹彬)密奏曰:"孟昶王蜀三十年,而蜀道千余里,请族孟氏而赦其臣,以防变。"

---

① 《长编》卷6乾德四年三月条。
② 《宋史》卷255《王全斌传》记为"米光绪",误。参见顾吉辰:《宋史比事质疑》,书目文献出版社1987年版。
③ 《长编》卷6乾德三年三月条。
④ 《宋史》卷255《王全斌传》、《宋史纪事本末》卷4《平蜀》。
⑤ 《长编》卷6乾德三年三月条。
⑥ 表文内容详见《宋史》卷479《西蜀孟氏世家》。

太祖批其后曰:"汝好雀儿肠肚。"

三月,宋太祖的诏书终于传到了成都,其内容为:

> 朕以受命上穹,临制中土,姑务保民而崇德,岂思右武以佳兵?至于临戎,盖非获已。矧惟益部,僻处一隅,靡思僭窃之愆,辄肆窥觎之志,潜结并寇,自启衅端。爰命偏师,往申吊伐,灵旗所指,逆垒自平。朕尝中宵怵然,兆民何罪!屡驰驲骑,严戒兵锋,务宣拯溺之怀,以尽招携之礼。而卿果能率官属而请命,拜表疏以祈恩,托以慈亲,保其宗祀,悉封库府,以待王师。追咎改图,将自求于多福;匿瑕含垢,当尽涤于前非。朕不食言,尔无他虑。①

看得出,对这位亡国之君,宋太祖的态度还称得上是宽厚有礼,适度得体。虽然谴责了他的"僭窃之愆"、"窥觎之志",但又明确表示不计前嫌,"尔无他虑"。同时,又尽量尊重孟昶的身份,并不像通常对亡国之君那样"直呼其名"。除了这道诏书之外,宋太祖还有私人信件直交孟昶,其言词则更平和,如提及孟昶之母时,仍尊其为"国母"。

得到答复之后,孟昶稍稍放宽了心。当即打点行装,携带孟氏家族"自眉州乘船下峡"②,迁居东京。在东京南临汴水的右掖门一带,宋太祖一年前就给他预建了五百余间房子,"供帐什物皆具,以待其至"③。

孟昶一行刚刚离蜀,以全师雄为首的绵州兵变就爆发了。这时,成都城中尚有二万七千名蜀兵还没有来得及遣发北上。为了防止他们与全师雄相呼应,王全斌当机立断,残忍地将他们诱杀于夹城之中。这样,后蜀在成都地区的政治影响也随着孟昶等人的出走而减弱,军事方面的影响也暂时清除了。

---

① 《宋史》卷479《西蜀孟氏世家》。
② 《长编》卷6乾德三年三月条,李焘注引《续耆旧传》。
③ 《长编》卷5乾德二年十一月条。

五月的东京,春光明媚。"正是一年春好处",宋太祖心情格外开朗。经过一个多月的跋涉,孟昶一行已安全到达东京。受降仪式在明德门外举行,"昶与弟仁贽、子玄哲、玄珏,宰相李昊等三十三人素服待罪明德门外,诏释罪,赐昶等袭衣、冠带"①。赐衣,表示孟昶已经由他国"素衣"罪囚,变为大宋王朝的衣冠贵人了。果然,赐衣仪式结束,宋太祖就改在崇德殿重新接见孟昶等人,"备礼见之"。礼毕,双方同登明德门,检阅参加受降仪式而集结起来的军队,又"宴昶等于大明殿"。觥筹交错,一切如仪。

这可能是宋太祖一生中最开心的时候。一年前的荆湖之役,固然也很顺利,但荆湖毕竟是蕞尔小国,牛刀杀鸡,似不足挂齿。至于几年后,他举兵灭亡了南方头号大国——南唐的业绩,虽然同样伟大,但一则是在连续几次南征胜利之后,灭南唐的胜利已经不再能够使人们产生足够的兴奋感和新鲜感了;二则是因为灭南唐前后,赵宋皇室内部的人际关系变得复杂起来,已然不是此时这种气氛。

那么,蜀中风波再起的现状,难道说就没有冲淡宋太祖此时的喜悦吗?从种种迹象看,宋太祖此时似乎还并不清楚这些情况。报喜不报忧,是官场中的常规,喜事常常被夸大到令人陶醉的程度,而忧事则往往被缩小到不足挂齿,不到迫不得已,真实情况是不会"上达天听"的。孟昶一行离蜀时,绵州兵变尚未爆发。其实即使是已经爆发,孟昶一行也不会提及,在他口中说出的只能是诸如"远发王师,势甚疾雷,功如破竹。顾惟懦卒,焉敢当锋"②等谀词。另外,绵州兵变爆发后,两川"十七州并随师雄为乱,邮传不通者月余"③。所以,蜀中动乱的消息也不可能很快地传到东京。

当此之际,真的没有什么能使皇上不开心的事情了。这位心

---

① 《长编》卷6乾德三年五月条。
② 《宋史》卷479《西蜀孟氏世家》。
③ 《长编》卷6乾德三年三月条。

舒意发的胜利者开始有些陶然欲醉,忘乎所以了。一件表面上看来只不过是风流韵事,实际上却关乎蜀中安危和统一大局的事件就在这时发生了。

本来,这件事情在宋代的官方《国史》中是有些记载的,宋神宗熙宁五年(1072),王安石的弟弟王安中在一次相当正式的场合中提到过:这次事件的女当事人花蕊夫人的事迹"俱在国史"①。但奇怪的是,后来南宋的王偁、李焘等人各自根据《国史》所修的《东都事略》和《续资治通鉴长编》,以及元人修的《宋史》等等对此都不着只字,甚至于连花蕊夫人的事迹也付之阙如。看来是被有意删弃了。好在当时的许多野史笔记中都留下了关于此事的一些记载,这些记载虽然不免有渲染、歧异之处,但事情的大体轮廓还是一致的。

北宋陈师道《后山诗话》载:

> 费氏,蜀之青城人,以才色入蜀宫,后主嬖之,号花蕊夫人。效王建作《宫词》百首。国亡,入备后宫,太祖闻之,召使陈诗,诵其亡国诗云:"君王城上竖降旗,妾在深宫那得知,十四万人齐解甲,更无一个是男儿。"太祖悦。②

南宋吴曾《能改斋漫录》卷十六《乐府》"花蕊夫人词"条云:

> 伪蜀主孟昶。徐匡璋纳女于昶,拜贵妃,号花蕊夫人。意花不足拟其色,似花蕊翻轻也。又升号慧妃,以号如其性也。王师下蜀,太祖闻其名,命别护送。途中作词自解曰:"初离蜀道心将碎,离恨绵绵。春日如年,马上时时闻杜鹃。三千宫女皆花貌,妾最婵娟。此去朝天,只恐君王宠爱偏。"陈无己

---

① 参见浦江清:《花蕊夫人宫词考证》,《浦江清文录》,人民文学出版社1958年版,第49页。
② 此段史料中的"亡国诗"与前面提到的王承旨咏前蜀灭亡的诗相近。浦江清的《花蕊夫人宫词考证》认为,"两诗甚相似,恐是后人改王承旨诗以点缀一美人之故事"(《浦江清文录》,第53页)。面对后蜀灭亡这一相近主题,花蕊夫人将前人的诗稍改几字吟出,亦有可能。

(即陈师道)以夫人姓费,误也。

看来,这位姓费或者说姓徐的花蕊夫人,不但人长得漂亮,"似花蕊翻轻",而且极有文才,芳名满天下。或许是爱美之心使然,或许是想借才女的诗词为平蜀"伟业"再作一点点缀,宋太祖这个平日并不喜好女色的人,对花蕊夫人却也似乎动了心思,以至于尚未见面闻声,就下令给予特别护送。花蕊夫人生性聪慧,对宫廷中的生活又早已有所体会,自然不会不明白这种特别照顾的寓意。"初离蜀道"一词,正表达了她预感在劫难逃,却又只能束手待毙的哀婉心情。

就在花蕊夫人被宋太祖"入备后宫"的同时,孟昶又突发急病而死。孟昶死时不到四十七岁①。关于他的死因,《长编》、《宋史》及新旧《五代史》均闭口不提,而《铁围山丛谈》卷六则说:

  国朝降下西蜀,而花蕊夫人又随昶归中国。昶至且十日,则召花蕊夫人入宫中,而昶遂死。昌陵(指宋太祖)后亦惑之。尝进(或作造)毒,屡为患,不能禁。

这已经隐隐约约地把孟昶之死与花蕊夫人入宫联系在了一起。至于孟昶究竟是因病先亡,后来才有了花蕊夫人进宫,还是因爱妃被夺忧愤而死,就不得而知了。不过,从花蕊夫人入宫后蓄意报仇,一再"进毒"、"为患"的行为看,后一种的可能性很大。特别值得注意的是,孟昶死后,其母竟亦随之绝食而死,此事在各种官修史书中倒是都有记载:"初,昶母李氏随昶至京师……及昶卒,李氏不哭,举酒酹地曰:'汝不能死社稷,贪生至今日。吾所以忍死者,为汝在耳,今汝既死,吾安用生!'因不食,数日亦卒。"②谁能说这

---

① 据《旧五代史》卷136《僭伪列传三》云:"(孟昶)唐天祐十六年,岁在己卯,十一月十四日生。"其后又有校语云:"案花蕊夫人《宫词》云:'法华寺里中元节,又是官家降诞辰。'是昶以七月十五日为生辰也。"其实不然,此处的花蕊夫人是前蜀花蕊夫人,所言官家,指前蜀皇帝王衍。20世纪40年代浦江清已切实考证出了这一点(参见浦江清:《花蕊夫人宫词考证》)。
② 《长编》卷6乾德三年六月条。

不是一种抗争和控诉呢？这是一个母亲用她特殊的方式,对儿子的死因所发出的质疑。

或许,孟昶的确既非忧愤而死,亦非遇害而死,而是因疾病所导致的正常死亡。但在当时的条件下,却并无能够向公众证明这一点的科学手段。所以,人们只会根据其他方面的种种事实,如花蕊夫人的入宫、李氏的绝食而死等等,来对孟昶的死因作出种种猜测。

一时间,京城内外,议论纷纷。

太祖本人和宋王朝的形象,在人们的心目中已有些不光彩了。甚至于赵氏皇族内部,也觉得太祖是不以江山社稷为重,颇有"不爱江山爱美人"之类的非议。这种非议,如果从旧史家的"女祸"说角度去理解,当然是不伦不类的。因为这既不是"妖媚惑主"的问题,更不是"牝鸡司晨"的问题。人们的非议和忧虑,主要来自此事所造成的社会影响。

此时蜀中动乱的消息已经传到了京城,而发生在京城中的这一系列悲剧性事件——花蕊夫人被逼入宫,孟昶壮年早逝,李氏绝食而亡,自然也会传入蜀中,这显然会激起孟氏臣民们对失败者更大的同情,和对占领者更大的愤恨,全师雄的绵州兵变能够迅速得到西川十七州的响应,这当然是一个因素。

此时大多数南方诸国还未被平定,后蜀孟昶国破出降后的悲惨下场,不能不使他们产生兔死狐悲之感,而这对统一事业的推进,显然是不利的影响。事实上,在后来平定南汉和南唐——他们都没有后蜀那种险固四塞的防守形胜——的战争中,不但宋军的军事进攻远不如平蜀时那么顺利,而且这两个国家的统治者——虽然他们同孟昶一样的怯懦昏庸——也都是在抵抗到山穷水尽时才无奈投降的。这其中的原委,值得深思。

当然,这些严重的后果并不是一下子就能完全暴露出来的,它们与皇帝的"不爱江山爱美人"之间,也不是那种直接性的因果关系,要清醒地认识到问题的严重性,对当事人来说,并不那么容易。不过,从有关记载看,宋太祖最后还是多多少少地认识到自己迷恋花蕊夫人是一种政治上的失误。但失误已经造成,影响已经产生,何况这又是那种属于只能保密而不便言传的事情,所以很难找到合适的补救措施。

但事情还是要收场的。当造下失误的强者认识到失误,却又无法纠正,或者说不便纠正时,往往本不相干的弱者就会成为他们失误的替罪羊和牺牲品。宋太祖迷恋花蕊夫人一事的结局,据宋人王巩的记载,正是如此:

> 金城夫人(即花蕊夫人①)得幸太祖,颇恃宠。一日宴射后苑,上酌巨觥以劝太宗(即皇弟赵光义),太宗固辞,上复劝之,太宗乃顾庭下曰:"金城夫人亲折此花来,乃饮。"上遂命之。太宗引射而杀之。即再拜而泣,抱太祖足曰:"陛下方得天下,宜为社稷自重。"而上饮射如故。②

真是一幕不折不扣的悲剧!悲剧的制造者并不是赵光义一人。他之所以敢于采取这种极端的做法,其实也是揣摸透了宋太祖当时那种既悔于失误却又难以收场的心情。面对花蕊夫人的惨死,宋太祖竟"饮射如故",说明在这件事上,他即使不是赵光义的同谋,最起码也是彼此早有默契,心照不宣的,赵光义只不过是充当了一个被指使的杀手而已。的确,花蕊夫人一死,既可以灭口,又多少可以堵塞一下指责者之口,也能稍稍扭转一下舆论猜测的方向——他既然如此不贪女色,就不好再说他有逼死孟昶的动机

---

① 清人俞正燮《癸巳类稿》卷12《书〈旧五代史〉僭伪列传后》认为,"金城夫人即孟蜀花蕊夫人"。俞氏为清代考证名家,也是最早关注花蕊夫人身世并认真研究者,故其观点可从。
② (宋)王巩:《闻见近录》,中华书局2017年版。(宋)蔡絛:《铁围山丛谈》卷6也有类似的记载:"太宗在晋邸时,数谏昌陵(太祖),而未果去。一日兄弟相与猎苑中,花蕊夫人在侧,晋邸(太宗)方调弓矢引满,正拟射走兽,忽回射花蕊夫人,一箭而死。"

了。一举而数得,宋太祖是决无反对理由的。

是重视西川变乱的时候了。

乾德三年(965)七月底,宋太祖在东京公开处理了自一月平蜀后的第一起入蜀宋军的违纪事件:

> 上闻西川行营有大校割民妻乳而杀之者,亟召至阙,斩于都市。初,近臣营救颇切,上因流涕曰:"兴师吊伐,妇人何罪,而残忍至此。当速置法以偿其冤。"①

八月间,又连续发布了数道有关安抚后蜀军民,严格入蜀宋军纪律的命令:八月戊申,诏"伪蜀"将士妻子并发赴阙,官给舟乘,县次续食,有父母者别给钱五千;八月己酉,诏川、峡军民亡命者,令王全斌等恤其家;八月戊申,皇帝卫队成员成德钧部送"伪蜀"军校,在路受赇,为人所告,斩德钧于宽仁门外;等等。

与此同时,占领后蜀的宋军在王全斌、崔彦进、刘廷让、曹彬等人的指挥下,也开始分头向全师雄领导的"兴蜀军"展开了反攻,扭转了颓势。次年,宋太祖又及时地增派丁德裕等率援兵入蜀,与刘廷让、曹彬等会合,大破全师雄于新繁。前三路军又与王全斌、崔彦进等合兵,大败全师雄于灌口,全师雄败走金堂,病死。其余部又推举"谢行本为主,罗七君为佐国令公"、"共据铜山之险为寨"。至这年年底,山寨陷落,兴蜀军被完全镇压。②

宋朝自乾德二年(964)十一月发兵攻蜀,至次年一月后蜀即宣布投降,前后不到六十六天。但平蜀后,风波再起,两川动荡,宋朝又花了二年多的时间才镇压了以全师雄为首的兴蜀军的反抗,勉强控制了蜀地的局势。

所以,从整体上看,平定后蜀并不是一次成功的战争。

乾德五年(967)春正月,王全斌、崔彦进等陆续由蜀返京,宋

---

① 《长编》卷6乾德三年七月条。
② 《长编》卷7乾德四年十二月条。

太祖本欲"含忍"不发,不想追究他们"黩货杀降,寻启祸变(指蜀乱)"①的责任。无奈朝野人士"日拥国门",要求追究的呼声颇高,宋太祖不得不下令中书门下省出面召全斌等"质证其事"。最后调查的结果,王全斌、崔彦进、王仁赡等人的主要罪状为:第一,平蜀后,"应孟昶宗族、官吏、将卒、士民悉令安存,无或惊扰",但王全斌等却"违戾约束,侵侮宪章,专杀降兵,擅开公帑,豪夺妇女,广纳货财,敛万民之怨嗟,致群盗之充斥。以至再劳调发,方获平宁"。第二,擅开府库,"隐没金银犀玉钱帛十六万七百余贯。又擅开丰德库,致失钱二十八万一千余贯"。

其实,溯本追源,这两点的始作俑者不是别人,正是宋太祖本人。固然,他并没有入蜀"专杀降兵,豪夺妇女",但使"孟昶宗族"不得"安存"的是谁呢?上有好者,下必甚焉,蜀中"万民之怨嗟"的种种罪行的发生不是孤立无由的。至于"擅开府库",私分钱帛,原因就更清楚了,不正是宋太祖本人在入蜀前慷慨允诺"悉以钱帛分给战士,吾所欲得者,其土地耳"的吗?

当然,对宋太祖来说,他很难对此作出应有的反思,这不但因为他自己没有这份自觉,更重要的是当时那种政治体制本身,就早已为最高统治者留有一块免于追责的真空地带,除非他主动"罪己",否则,是完全不必为自己的过错承担什么责任的。然而,正如明代学者吕坤的一句名言所说:"有过是一过,不肯认过又是一过。"当时政治体制的最大缺陷或弱点恐怕也正是在这里——使有过的君主不必认过,而新的过错则会源源不断地反复发生。

果然,王全斌、崔彦进、王仁赡等人因"黩货杀降,寻启祸变"而受到严厉处罚②,但宋王朝在平蜀过程中的种种失误,尤其是最

---

① 《宋史》卷255"论曰"。
② 以上均见《宋史》卷255《王全斌传》。另,王全斌被贬为崇义军节度观察留后,崔彦进被贬为昭义军节度观察留后,王仁赡被贬为右卫大将军——这是宋代高级武职中最低一级的职务。

高决策者所制定的政策本身的失误,却没有得到切实纠正。

重新控制四川大局后,宋太祖做的第一件事,就是组织了庞大的运输力量,从水陆两路,历经十多年的时间,把孟氏集团长期搜刮的宝货币帛全数搬走,不复有"一丝一粒"周转和流通于川中市场上。这无非是此前宋军洗劫的合法化。而且,正是在这"合法"的外衣下,形成了北宋王朝对四川地区掠夺性征调的传统盘剥政策。据当代史学家吴天墀考证,北宋政府在巴蜀地区税收"租额",无论是田赋、商税,还是手工业产品的征调,均呈"独重"或"偏重"之势,远远高于其他地区,基本上是"竭泽而渔"的政策。

除了在经济上的掠夺变本加厉以外,在政治上,宋太祖也没有放弃平蜀战争中那种"歧视和高压政策"。在此后的几年里,除了继续派兵对零星小股的反抗势力血腥镇压(如北宋的新任阆州知州赵逢就曾以"部内盗贼攻州城"为名,"诛灭近千家")之外,又连续颁布了若干猜防、歧视川峡士民的法令,如禁止民间"结社及竞渡",禁止"兵物器械"私自入川,一般商旅入川也要"逐处给公凭,至者验之"等等。当时,委派到四川的官吏,也"多非良善",大都是"残暴"、"凶狠"、"秉性不悛,用情自任"的酷吏。因为宋王朝的高压政策正需要这类人来贯彻执行。吴天墀通过这些事实指出:"北宋政府在政治上对川峡人民的统治,较之国内其他地区更为残酷。"①

这些做法造成了怎样的后果呢?

表面上看,四川地区的局势暂时稳定了。事实上,物极必反,更大的动乱正在巴山蜀水间酝酿。淳化四年(993)二月,宋初规模最大的一次农民起义,也是两宋三次规模最大的农民起义之一

---

① 吴天墀:《王小波、李顺起义为什么在川西地区发生》,《四川大学学报》1979年第3期。

的王小波、李顺起义终于在四川爆发。这次起义的爆发当然有着更为广泛的原因,但它为什么偏偏发生在四川,而不是别的什么地区?起义领袖李顺为什么要自称"孟大王(指孟昶)之遗孤"?而这位孟大王之遗孤,为什么能使蜀人"惑而从之"①?显然,都可以从宋太祖平蜀后的种种失误上找到准确答案。

这答案其实在当时就已经有人指出了。如《渑水燕谈录》卷八"事志"云:

> 世以为蜀人好乱……本朝王小波、李顺、王均辈啸聚西蜀,盖朝廷初平孟氏,蜀之帑藏尽归京师;其后言利者争述功利,置博易务,禁私市,商贾不行,蜀民不足,故小波得以激怒其人曰:"吾疾贫富不均,今为汝均之。"贫者附之益众。向使无加赋之苦,得循良抚绥之,安有此乱!

这段话既谈到了"蜀人好乱"的地域性格,又谈到了朝廷"初平孟氏"之误。祖籍四川的"三苏"对这一问题的分析也很尖锐,如苏洵在《张益州画像记》中,就以为宋王朝对四川一直是"待之以待盗贼之意,而绳之以绳盗贼之法"②;而苏辙在《蜀论》中更是尖锐地指出,巴蜀之民是在北宋王朝的种种歧视政策迫害下,"至于其心有所不可复忍,然后聚而为群盗,散而为大乱,以发其愤懑不泄之气"③。与"三苏"同时代的川中学者张俞的结论最为明确:"甲午之乱(李顺建立政权在994年,岁在甲午),非蜀之罪也,非岁之罪也,乃官政欺懦,而经制坏败之罪也。"④

的确,尽管以"政治地理"言之,巴蜀地区"稍具独立之资格",尽管以文化特性而言,巴蜀士民有高自标置、独立不羁之个性,但如果因此就对巴蜀地区"待之以待盗贼之意,而绳之以绳盗贼之

---

① (宋)陆游:《老学庵笔记》卷9,中华书局1979年版。
② (宋)苏洵:《嘉祐集》卷15,上海古籍出版社1993年版。
③ (宋)苏辙:《苏辙集·栾城应诏集》卷5,中华书局1990年版。
④ (宋)张俞:《送张安道赴成都序》,《成都文类》卷22,文渊阁四库全书本。

法",实行"歧视、猜疑和高压"政策,那么,埋藏在巴蜀士民中的"愤懑不泄之气"一朝喷发,"散而为大乱",这责任究竟又应该由谁来负呢?

第四节　谋北汉:谍战与歧途

仿佛有一股惯性力量在背后推动着,平蜀后宋太祖的统一大业一路斜向了岔道。

本来,在"先南后北"的统一方针中,是把攻灭北汉放在平定南方各国以后的。但伐蜀战争的"胜利",使宋太祖对自身实力产生了过于乐观的想法,"先南后北"的方针对他来说好像已经没有什么实际意义了。他的目光转向了北汉。

开宝元年(968),也就是镇压了两川兴蜀军兵变后的次年八月,宋太祖正式下达了征讨北汉的命令。

北汉皇帝刘钧当时刚死,其养子刘继恩继位。据说刘钧在世时,宋太祖曾派人劝他说:"当年是周朝(后周)夺了你们汉朝(后汉)的江山,你们刘氏退据山西十一州,与周朝为世仇,誓不屈服,这是对的。如今我与你们无冤无仇,为什么还要与我为敌,不肯归顺呢?你若有图于中原,不妨出太行山以决胜负。"刘钧派人回话说:"我的土地甲兵不足你的十分之一,之所以守此十一州,只是想保住刘汉宗祀。如果你定要决胜负,就请把大军开入团柏谷,我们将在太原城下会战。"团柏谷,在今山西祁县东南六十里处,东接太谷,南连武乡,后周广顺初,北汉即开始在此屯兵经营,是进出太原的一道险关。宋太祖那时自然是不敢贸然进兵的。

现在情况则大不相同了。讨荆南、平湖南、灭后蜀,"战无不胜,谋无不臧"[①]。进兵团柏谷,讨平北汉,又有什么不可以的呢?

---

① 臣下李光赞对宋太祖的赞语,见《宋史》卷482《世家五》。

何况,此时宋太祖还暗中布下了一着"妙棋",他自负地认为,这一着得手,北汉甚至可以不战自溃,俄顷之间即可大功告成。

这着"妙棋"是一桩鲜为人知的谍杀事件。

在北宋与北汉交界一带,有个绿林大盗叫侯霸荣。此人"多力善射",天生一双飞毛腿,跑起路来,竟能不亚于奔马。刘钧在世时,曾将其招安为散指挥使,率部戍守乐平(今山西省昔县)。乐平,是出名的贫瘠不毛之地,侯霸荣显然是被冷落了。大凡绿林中人,最重义气知心,最容不得的就是被人瞧不起。所以,为时不久,侯霸荣就改换门庭,"率所部来归(北宋)"①,被补为"内殿直",成为宋太祖的"近卫班直"中的一员。

宋代军队中,"其最亲扈从者,号诸班直"②,负责皇帝的安全保卫。诸班直的选拔非常严格,"千百人中始得一二人"③,并由皇帝本人亲自训练,"无不一当百,所以备肘腋,同休戚也"④。他们也是皇帝最倚重的一批人,升迁之路极为畅达。五代宋初那些白手起家(指不靠门第、恩荫)的高级将领,不少都是诸班直出身,甚至于连皇帝,如后周太祖郭威和宋太祖赵匡胤也是如此。宋初的诸班直分"马军"和"步军"两个系统,侯霸荣所任的内殿直属于马军系统,其"资次"仅低于殿前都指挥使,而在散员、散指挥使、散都头、散祗候、内直(金枪班)、东西班等等之上⑤,地位相当高,属于高级侍卫。侯霸荣能够得到这样一个职位,自然心满意足,对宋太祖的知遇之恩,更是抱着十二分的感激。

但奇怪的是,不久,侯霸荣突然又跑回了北汉。宋朝乃中原大国,正呈方兴之势,国力蒸蒸日上,而北汉本为"亡国之余",偏居

---

① 此据《宋史》卷482《世家五》,而《长编》卷9开宝元年九月条记载为:"王全斌攻乐平,霸荣率所部降之",则侯霸荣为前线倒戈投诚。
② 《宋史》卷187《兵志一》。
③ 《长编》卷4乾德元年九月条。
④ 《长编》卷10开宝二年闰五月条。
⑤ 《宋史》卷187《兵志一》。

一隅,已日薄西山,像侯霸荣这种有过江湖绿林经历的人,又怎么会连这一点都认识不到,而做出"复归北汉"这种弃明投暗之举呢?况且,宋太祖对侯霸荣有知遇之恩,知恩不报,已经说不过去了,而恩将仇报,投奔敌国,更不是江湖绿林中人所应有的行事方式。

然而,侯霸荣的确是跑了,这其中则必有非同一般的缘由。此缘由不外乎两点:一是他在宋朝犯下了不可饶恕的罪行而畏罪潜逃;二是他负有宋朝方面某种特殊的使命而假装潜逃。不过,若为前者,则史书中断无不加记载之理,而且后来也断然不会发生侯霸荣刺杀北汉国主刘继恩,"谋持其首以归宋"之事,所以前一原因很难成立。若是后一种原因的话,史书不加记载倒是有道理的。因为这一使命本身既然是机密,自然也就不能公开了,而且如果此事若有不可告人之处,则不仅当时不能公开,就是事后也不便于公开了,所以史书对此的记载也就只能是付之阙如了。

事实上,这正是宋太祖与侯霸荣共同策划的一出阴谋①,目的就是要在北汉内部布下一道暗线,以便将来相机行事。如《长编》卷九开宝元年十月条记载:

> 初,上遣谍者惠璘伪称殿前散指挥使负罪奔北汉,无为(北汉宰相郭无为)使为供奉官。及王师(指宋军)入境(入北汉境),璘即来奔,至岚谷,候吏获之,械送太原,无为知其谍也,释不问。

自然,这首先是北汉宰相郭无为与北宋勾结的铁证。故清代吴任臣辑《十国春秋》重叙此事时,即径直称:"宋使谍者惠璘,伪称殿前指挥使负罪来奔,无为知其谋,署为供奉官。"但同时,《长编》的此段记载也为确定侯霸荣的间谍身份提供了有力证据。

其一,惠璘何时潜入北汉,史无明文。但从郭无为署其为供奉

---

① 王育济、白钢:《宋太祖遣使行刺北汉国主考》,《中国史研究》1992年第4期。

官一事看，不会在乾德元年（963）十月之前，因为郭无为是在该年十月才出任北汉宰相的①，而侯霸荣则是在该年八月自乐平率部归降北宋，后又被选为殿前近卫，"未几，复奔北汉"的，故其"复奔北汉"的时间亦应在十月之后；侯霸荣刺杀刘继恩，"谋持其首以归宋"一事发生在开宝元年（968）九月，而惠璘出北汉，迎接宋军亦在九月。可见惠、侯二人同是在乾德元年十月以后进入北汉，又同在开宝元年九月有"归宋"的意图或行动，而且两人都是以殿前近卫的身份"投奔"北汉的，在北汉又均被"暗通宋朝"的郭无为署为供奉官。所有这些恐非"巧合"。

其二，侯霸荣是从宋太祖的殿前近卫中"复奔北汉"的，而惠璘也是以殿前近卫身份而"叛逃"北汉的。如果侯霸荣不是北宋间谍的话，那么宋太祖稍有智慧，是决不会让惠璘"伪称"殿前近卫而"叛逃"北汉的。当然，惠璘也可能先于侯霸荣而进入北汉，但如果是这样的话，那么除非侯霸荣也是宋朝的间谍，否则随着他的到来，惠璘"伪称"殿前近卫一事焉有不被拆穿之理？退一步讲，即便是侯霸荣能被惠璘暂时搪塞或者遮掩过去，那么作为早知惠璘身份，并多次对其给予庇护的郭无为又岂会将侯、惠二人均署为供奉官？难道不怕惠璘在与侯霸荣的朝夕相处、并肩共事中被对方寻出破绽？

要之，宋太祖遣惠璘"伪称"殿前近卫而打入北汉与郭无为联络一事，处处与侯霸荣"复奔北汉"一事关联，若二者不是同一个人所安排的同一性质之事，则不但不会如此"巧合"，而且也不可能同时并存。

至于宋太祖给了侯霸荣哪些具体任务，侯霸荣在北汉又进行了哪些秘密活动，由于记载的缺乏，现在已很难完全搞清楚了。不

---

① （清）吴任臣：《十国春秋》卷105 天会七年（宋乾德元年）十月条记载："以抱腹山人郭无为同平章事……机务悉委无为掌之。"

过,从后来事情的发展看来,侯霸荣至少做过策反北汉宰相郭无为的工作。郭无为本为武当山道士,"博学有辩才",曾杖策谒郭威于营门,郭威以为奇才,欲留以重用。左右反对说:"无为纵横家流,今公握重兵,不宜亲之。"无为遂拂衣而去,隐于太原抱腹山。刘钧即位后,请他出山做宰相,"机务一以委之",郭无为成为北汉最有势力的人物。他在入仕北汉前同宋太祖似乎也有过短暂的交往①。显然,这是一个不甘淡泊、而热衷于富贵利禄的人。这样的人,往往是既看重眼前的利益,又关心将来的前途,长于早作打算。侯霸荣要搭上他的关系不会有什么困难,但若想把他完全拉拢过来,恐怕就要费些周折了。事实上,侯霸荣后来就是在这一点上吃了他的亏。

开宝元年(968)七月,刘钧卒,其养子刘继恩继位。八月,宋太祖即下达征讨北汉的命令,由潞州节度使李继勋和禁军大将党进为正副统帅,率兵北征。宋军首战夺取了团柏谷,随即快速推进,越过汾河桥,直逼太原城下。

是用得着侯霸荣这着妙棋的时候了。

九月的一天,侯霸荣遵照宋太祖的预先安排,与郭无为计议发动宫廷政变,谋杀刘继恩,里应外合,灭亡北汉。谋划已定,侯霸荣带领心腹十余人持刀冲进勤政阁,反锁大门,断绝了与外面的联系。正在勤政阁休息的刘继恩"惊起,绕书堂屏风环走,霸荣以刃揕其胸,杀之"。但意想不到的是,郭无为这时却突然变卦。就在侯霸荣刺杀刘继恩得手时,他却悄悄地调集部队从外面包围了勤政阁,"遣兵以梯登屋入,杀霸荣并其党,迎立继恩弟太原尹继元"②。

郭无为的变卦,谜一样地令人费解。最合理的推测可能是:第

---

① 《画墁录》和《宋朝事实类苑》卷1均载称:"太祖少亲戎事,性好艺文,即位未几,召山人郭无为于崇政殿讲书。至今讲官所领阶衔,犹曰崇政殿说书。"
② 《长编》卷9开宝元年九月条。

一,如果宋军能够破城获胜,那么杀死霸荣及其同党,他就可以独自垄断政变之功;第二,如果宋军暂时不能破城,那么为了自己在城中的安全,更必须杀人灭口,脱尽干系。从当时的形势看,尽管宋军已经兵临城下,但太原军民却仍然是斗志坚定,并没有出现崩溃瓦解的迹象,此时政变,对侯霸荣这种江湖匹夫来说,或许无甚顾虑,但对郭无为这类唯富贵是图、从不愿失去一点利益的政客来说,就会瞻前顾后,反复斟酌了。

郭无为的临阵变卦,虽然搅乱了宋太祖精心布置的一着妙棋,但后来这次战争的失败与此关系却并不太大。

用兵之道,贵在有正有奇,奇正相辅,不可偏废。宋太祖布此妙棋,意在溃敌心腹,"乱而取之",可谓出奇制胜之道。但此计若想收功,必须辅以"正兵",有"堂堂之阵,正正之旗",即有足够的军事压力,使北汉未战先馁,丧失斗志和信心。只有在这种情况下,侯霸荣的宫廷政变,才能收到搅乱敌人腹心的最大效果,所谓"乱而取之"方有实现的可能。宋太祖虽然派了李继勋等人率兵直逼太原城下,有奇正相辅之意,但这毕竟是一次以灭亡北汉为目标的战略性大决战,单凭李继勋所统率的力量是否可以形成使北汉未战先馁的足够压力,是很值得考虑的。北汉虽小,但民风彪悍,军队的战斗力特别强,此其一;契丹是北汉的保护国,随时可以南下支援北汉,此其二。所以,面对北宋的进攻,北汉可以说是有恃无恐,并不畏惧,"其守御之志甚坚"。

由此说来,宋太祖的这着妙棋其实也并不真正高明。问题的症结既不在于侯霸荣的鲁莽,也不在于郭无为的反复,而在于现在还不到走这一步棋的时候。从根本上说,这还是与宋太祖被平蜀战争的胜利冲昏了头脑有关,他过高估计了自己的力量,以至于放弃了"先南后北"的既定战略方针。这次伐汉战事的失败是必然的。

十月间,一介特使从东京来到太原,他身上带有宋太祖所签发的四十余份诏书。除了有给北汉国主刘继元的一份,命其投降,并封其为平卢节度使外,还有给郭无为、马峰等四十余名高级官员的每人一份,允诺他们一旦投降,都可得做节度使。

侯霸荣被杀的消息,宋太祖此时未必能马上知道,但这次政变没有收到预期的效果,这一点他此时应该是清楚的吧?可他仍然不肯放弃那套乱敌腹心、恫敌来降、收功于指顾之间的侥幸念头。

作为宰相,郭无为有机会最先接触到宋太祖的这些诏书。他既为将来富贵已有保障而暗中得意,又不免有些做贼心虚,于是把其他诏书都藏了起来,只把给刘继元的一份呈了上去。刘继元当然不会接受诏书中的要求,宋太祖招降的希望又落空了。

到了十一月,"契丹以兵来援北汉",围城的宋军腹背受敌,大败而归。而北汉则乘胜反攻,宋朝方面自八月进军以来占领的州县不但全部丧失,还被北汉军队打进了晋、绛二州(今山西省临汾、新绛),大掠而去。

这是北宋建国以来的第一个大败仗,以前虽然在与北汉的小冲突中也常吃苦头,但何曾像这次这样,竟让北汉直打到国境线以内上百里!

转眼已是第二年,即开宝二年(969)春天了。几个月前山西前线失利的消息,在朝野上下引起了不少议论,但这次战争是皇帝一手策划部署的,大家也只是私下嘀咕而已,不好多说什么。

宋太祖表面上不动声色,心中却很是窝火。自用兵以来,下南平,平湖南,灭后蜀,摧枯拉朽一般,北汉虽然强悍棘手,但毕竟是"小国",其实力有限,再加上自己早已安排有侯霸荣、惠璘等若干内线作为内应,本以为可以不战而下太原,未料反倒让北汉占了上风。每念及此,宋太祖就有一股莫名的烦躁堵在胸口。

大凡人们以为某物很容易得到,而偏偏又得不到的时候,是很容易产生这种烦躁情绪的,这种情绪往往会引发非理性的固执。

元旦刚过,殿中侍御史李莹等十八人就奉命"分往诸州,调发军储赴太原";又有四十九名使者分赴各地,"发诸道兵,屯于潞、晋、磁等州"①。看了这架势,人们都猜到对北汉的战争又要进行。但皇帝对此一直不明确宣布,大家也就谨慎地保持着冷淡和缄默,不便多问。

直到二月,消息才得到证实,而且要比人们预料得更为惊人。据史书记载,那是在开宝二年(969)例行的春宴上:

> 太祖笑谓仁浦曰:"何不劝我一杯酒?"仁浦奉觞上寿,帝密谓之曰:"朕欲亲征太原,如何?"仁浦曰:"欲速则不达,惟陛下慎之。"宴罢,就第,复赐上尊酒十石,御膳羊百口。②

直到此时,臣下们才知道,不但征讨北汉的战争还要继续打下去,而且还是由皇帝亲自出征!御驾亲征,这是何等大事,宋太祖居然秘而不宣,不同任何人商量就决定了下来,而且又特别挑选在这样一个不是朝会议政的非正式场合透露出去,实在是让臣下们不好发表什么正式意见了。但即使是这样,魏仁浦还是表示了不同的看法,态度虽然委婉,意向却是明显的。

魏仁浦,这位已经离职三年的前宰相兼枢密使,素以遇事无争见称于士大夫,又曾长期居于"本兵之地"的枢密院,宋太祖首先把消息透露给他,恐怕也是有特别用意的。想不到君臣二人一开口就话不投机,分歧明显。有学者认为,当时的大官僚,多数害怕引起契丹的侵略,不赞成先打北汉,魏仁浦也是其中的一个,但因宋太祖意志坚决,魏仁浦等的意见都没有动摇他统一北方的雄心。事实恐怕并非如此简单。当时朝野上下,对契丹确实有一种怯懦的情绪,但这种情绪背后,隐藏着的其实还是实力上的差距。以北宋的国力而言,当时还无法同契丹相抗衡,在这种情况下,尽量避免过早与契丹发生军事冲突,应该说是明智的。事实很清楚,如果

---

① 《长编》卷10开宝二年正月条。
② 《宋史》卷249《魏仁浦传》。

大规模攻打北汉,必然引起契丹的干预,宋军两面作战,是很难有成功的可能的。战争究竟是实力的较量,而不是"雄心"的比试。七年前,不正是对上述问题作了周密的考虑之后,宋太祖自己才定下了"先南后北"的统一方略吗?现在,南方诸国远未完全平定,宋、辽、北汉之间力量均衡的基本格局也没有发生什么实质性的变化,为什么要放弃这一策略而首先对北汉大举用兵呢?"欲速则不达",魏仁浦的意见是正确的。

但此时宋太祖并无征询他人意见的诚意,更无考虑不同意见的耐心。春宴后不几天,"亲征"太原的诏令就正式公布了。

按部署,东京由皇弟开封尹赵光义留守,宰相赵普以及魏仁浦等人均随驾出征。魏仁浦当时身体很差,还未到达前线,就病逝在半路了。

先头部队分别由宣徽使曹彬、侍卫马军都指挥使党进、昭义节度使李继勋、建雄军节度使赵赞统领,开往太原。主帅由李继勋兼任,他是太祖的"义社十兄弟"之一。

考虑到契丹的威胁,宋太祖任命彰德军节度使韩重赟为北面都部署,并亲自召见他说:"契丹知我是行,必率众来援。彼意镇、定无备,将由此路入。卿可为朕领兵倍道兼行,出其不意破之。"

二月甲子,宋太祖由京师出发,经河南的滑、相诸州进入山西。行至潞州(今山西长治附近)时,天下起了大雨,只得驻跸潞州。

潞州,是此战宋军主要的后勤补给基地,各州调集的粮草都聚集在潞州城内,交通十分壅积。现在,皇上又驻跸城内,一时间,"车乘塞路",一片混乱。宋太祖又变得焦躁起来,责怪负责粮草的转运使"非理稽留",要重刑法办。宰相赵普还比较清醒,劝他说:"六师方至,而转运使获罪,敌人闻之,必谓储偫不充,非所以威远之道。"①赵普是两年前由枢密副使升至宰相的,当时正是他

---

① 以上均见《长编》卷10开宝二年正月条。

生涯中的黄金时期,"事无大小,尽决于普"①。例如眼下潞州城里的粮草的转运,他就可以直接插手解决,因为,当时明确规定,负责粮草发运的转运使是由宰相直接"提举"②的。

在赵普的安排下,户部员外郎、知制诰王祐,被临时任命为潞州知州,他到任后,"发遣车乘,行路无阻"③,很顺利地解决了交通壅积的问题。后来的一百多天时间里,王祐一直坐镇潞州城,主持北伐宋军的粮草发运,结果"馈饷无乏,路亦无壅",调度得井井有条。

王祐是大名莘县(今山东莘县)人,他父亲是进士出身,他本人自"少笃志问学,性倜傥有俊气",后晋时即以文采出众而"名闻京师"④。但与那些因军功而出将入相的乱世豪杰们相比,王祐的仕途则显得有些塞滞,他的政治才能也得不到发挥。北宋建国后,他担任过知制诰、集贤院修撰等,基本上还是与文字打交道。此次至潞州负责粮草转运,可以说是他第一次担任实际工作。文人而能够治"繁剧"(当时称艰难复杂的事务性工作为繁剧),而且治必有中,立见成效,这给宋太祖留下了极深的印象。此后,王祐不仅为宋太祖所器赏,也成为朝廷各个政治集团都十分看重的人物。王家后来也很发达,其子孙读书中举做官者很多,家族累世富贵,人称"三槐王氏"⑤,王祐之子王旦更曾"两入中书",是北宋真宗朝著名的"太平宰相"。

由于霖雨不止,宋太祖在潞州城下待了十八天。这时,宋军先头部队也已突破了北汉在团柏谷的防线,再度进逼太原城下。三月初,宋太祖也亲统大军抵达太原城下,两军会合,将太原城团团

---

① 《长编》卷5乾德二年四月条,李焘注引《太宗实录》。
② (宋)王辟之:《渑水燕谈录》卷5。
③ 《长编》卷10开宝二年正月条。
④ 《宋史》卷269《王祐传》。
⑤ 王育济、党明德主编:《历代王氏望族》第六章,山东人民出版社1997年版。

围住。

城外的宋军吆五喝六,把刚刚从太原附近各县抓来的民夫聚拢在一起。如何攻城？宋太祖还没有一个确切的方案。有人觉得太原"际山枕水",易守难攻,建议增调部队,而左神武统军陈承昭却用马鞭指着汾河说:"陛下自有数千万兵在左右,胡不用之？"宋太祖心领神会,不禁哈哈大笑,当即命令陈承昭监督民夫在汾河筑堤壅水,准备用水倒灌太原城。

宋太祖急躁求胜,已失去用兵的基本法度。"凡兵之胜也,必待民之用也。"所以,明智的将领在进行战争时,总是把争取对方的民心放在重要的位置上。壅水灌城,固然可以给太原守敌以威胁,但同时则不可避免地使太原及其周围百姓陷于水灾,从而失去民心。这实在是一种下下策。

四月,契丹闻知北汉被围攻,果然分兵两路来援。西路大军在石岭关(今山西阳曲东北)受到宋将何继筠部的阻击。据《长编》卷十开宝二年四月条记载,此役的大体经过为:

> 上闻契丹分道来援北汉,其一自石岭关入,乃驿召继筠诣行在所,授以方略,并给精骑数千,使往拒之。且谓继筠曰:"翌日亭午,俟卿捷奏至也。"时已盛暑,上命太官设麻浆粉赐继筠,食讫,辞去。战于阳曲县北,大败契丹,擒其武州刺史王彦符,斩首千余级,获生口百余人,马七百余匹,铠甲甚众。己未,继筠遣子承睿来献捷,承睿未至,上登北台以俟,见一骑自北来,逆问之,果承睿也。

看来,石岭关之战,宋太祖部署运筹得还是很得当的。契丹在西路受挫后,五月,又从东路来攻定州(今河北定州)。定州守将韩重赟早在二月北征太原之前,就奉宋太祖之命,率兵在定州北面的嘉山修筑工事,严阵以待。当契丹的援兵来到时,见漫山遍野都是宋军的旗帜,吃了一惊,慌忙引兵后退。韩重赟乘机下令出击,"大破其众,获马数百匹"。

契丹两路援军虽然都被打退了,但其还都有随时卷土重来的可能,所以,宋太祖仍要分兵把守,不敢把兵力都集中到太原城下。要想迅速攻下太原,看来也只有靠汾水这"千百万兵"了。

五月,筑堤工程完成。宋太祖下令"引汾水入新堤,灌其城"①。刹那间,太原城外,一片汪洋。

太原,三城相连,高四丈,周二十七里,修建得极为厚实坚固②,城门处还建有一层瓮城③,像两道大坝一样,挡住了水势。受阻的河水漫山遍野地流淌开了,对城上的北汉守军倒还没造成什么威胁,对城下准备进攻的宋军却已经是很不便利了。步兵和骑兵都无法接近城下,只得靠临时修造的小舟,上面架设强弩,载着将士,向城门冲去。

太原城的军民,早就看出了宋军壅水灌城的意图,曾几次于夜间派兵进行偷袭破坏,都没有得手。但他们依赖有契丹的援兵,倒并不惊慌。四月,何继筠在石岭关大破契丹,宋太祖命令把斩获契丹将士的首级、铠甲在城下展示,城中曾发生过不小的骚动,不少人丧失了守城的信心④。但现在当滚滚的洪水汹涌地向城内扑来时,人们反而被激怒了!阖城军民纷纷行动起来,以各种各样的方式投入了反击宋军的战斗。

在城北指挥宋军作战的,是内外马步军都军头、横州团练使王廷义和殿前指挥使都虞候、袁州刺史石汉卿。这两人官职虽然不太高,却都是风云一时的人物。

王廷义为人张扬夸诞,好出风头,是一个表现欲极强的炫耀

---

① 《长编》卷10开宝二年五月条。
② (清)顾祖禹:《读史方舆纪要》卷14"太原故城"条引《都邑记》曰:"太原旧城,晋并州刺史刘琨筑。高四丈,周二十七里。城中有三城,一曰大明城,古晋阳城也,左氏谓董安于所筑……高齐于此置大明宫,因名大明城;又一城……隋又更名新城;又一城,名仓城,高四丈,周八里,唐义旗初建,高祖使子元吉居守,即斯地矣。"
③ 《长编》卷10开宝二年闰五月条。
④ 《长编》卷10开宝二年四月条记载:"城中人夺气。"

狂。他的父亲王景是五代时的老将,后周时已被封褒国公。宋初,宋太祖为了笼络五代元老旧臣,曾有数地加封了几个郡王,王景就是其中之一。王廷义逢人就说:"我,当代王景之子。"一时传为笑谈,人们索性都叫他"王当代"。现在,当他领到攻城的命令时,早已抑制不住炫耀一番的心情了,竟脱去了甲胄,手擂战鼓,大声呼喊着向城下冲去。城上的北汉守军很快就发现了这个显眼的目标,一阵乱箭下来,射中了他那没戴头盔的脑袋。

与王廷义正相反,石汉卿则是一个阴刻不露、城府颇深的人。他本是一名普通的侍卫,因打小报告得到宋太祖的赏识。宋初的不少冤案,都与他挑唆有关。这样的人,一般说来在任何场合下都很会保护自己,但在王廷义被射死后不几天,他也在战斗中被射中,掉进水里淹死了。

连折两员心腹,宋太祖又急又怒,竟也顾不得体统和危险了,露臂赤脚,光着头,手执利刃,从城北转到城西,亲自指挥部队向太原城发起轮番进攻。但守城的北汉军民却没有被这股气势所吓倒,顽强地打退了宋军一次又一次的进攻。

到了这年闰五月,天气已经热得让人喘不过气来了。按古代相书的说法,天热乃兵戈之兆,这一点看来早已应验了。但最后的结局会怎么样的呢?道士出身的郭无为心中早就有底了。

两个月前,太原城已被包围,宋太祖的大军即将到达,他就认定北汉的灭亡是不可避免的了,竟当着刘继元和其他大臣的面失声痛哭,"拔佩刀自刺"。刘继元急忙拦阻,扶他坐下。他却哭着说:"奈何以孤城抗百万之师乎?"①说得大家面面相觑,心慌意乱。刘继元表面上不动声色,对他这种公开动摇军心的举动却起了疑心。

前几天,宋军引水灌城,郭无为感觉再也不能犹豫了,遂假意

---

① 《长编》卷10开宝二年二月条。

请求乘夜率兵偷袭宋营。刘继元半信半疑,选调"精甲千人",让他指挥,同时又派刘继业、郭守斌为副将,协助他领兵,实际上是让他们监视郭无为的行动。刘继业就是后来历史上几乎家喻户晓的杨家将故事中的"杨老令公"杨业。他原本就姓杨,名重贵,麟州(今陕西神木县)人,后因骁勇善战,被北汉国主刘崇视为家人,赐名为刘继业。北汉在宋初苦撑的二十年中,刘继业是抗宋"最激烈的一个",对北汉政权"披肝沥胆,一片悃诚"①。刘继元派他作郭无为的副将,既可以协助作战,又能督察其行动,是最合适不过了。据史书记载,当郭无为、刘继业等人率队出发时,"初甚晴霁,已而风雨晦冥,无为行至北桥,因驻马召诸将,而刘继业以马伤足,先收所部兵入城矣,守斌迷失道,呼之不获,无为不能独前,乃与麾下数十人亦还"②。实际上,很可能是刘继业担心天气突变,控制不了军队,才假装战马负伤,带兵回城的;而郭无为则很可能是想把这"精甲千人"作为见面礼送给宋太祖,眼见这个目的达不到了,也只能折回。

经过一些日子的浸泡渗透,到闰五月的月底,汾河水开始从延夏门的瓮城流入,"穿外城两重注城中",太原城内人喊马叫,出现了围城以来第一次"大惊扰"③。这正是郭无为几个月来,甚至可以说是一年以前就盼望出现的局面,他再也没有观望犹豫的必要了,更不必遮掩自己的真实面目了,他相信此时已经山穷水尽的刘继元,除了听从他的主张,举国投降外,已别无选择了,于是他再次劝刘继元出降。

刘继元早就怀疑郭无为密谋通宋,只是苦于抓不住他的把柄,现在郭无为居然公开提出举国降宋的主张,这就证实了他平日的

---

① 参见任崇岳:《杨业新论》,《河南大学学报》1986年第4期。据任崇岳统计,杨业与宋兵共进行了9次大的战斗。
② 《长编》卷10开宝二年五月条。
③ 《长编》卷10开宝二年闰五月条。

怀疑。此时，又有一个叫卫德贵的宦官，出来揭发了郭无为平日的种种"反状"，如包庇宋朝间谍等事。这时的郭无为，在刘继元和太原军民的眼中，已经不仅仅是一个政见不同的大臣，而是一个隐藏已久的内奸、间谍了。怪不得这几年来，宋朝有恃无恐连续兴兵来伐，原来早有逆贼做内应呀！刘继元怒火中烧，一声令下，将郭无为押至刑场，在军民的围观欢呼中将其斩首示众。

从历史发展的角度讲，宋太祖征讨北汉的确是一次具有统一意义的、进步的军事行动（尽管这次战争的时机并不成熟），而北汉则是一个毫无政治前途，应当被早日灭亡的割据政权，但是，这一切都不能替郭无为的死增添什么光彩。这二三年来，郭无为就像一个囤积居奇的商人一样，左右观望，反反复复，准备在政治交易中讨得一个最好的身价，机关算尽，到头来反害了自家的性命。他的死同他的人格一样，都是很黯淡的。

宋太祖站在汾河的长堤上，看着混浊的河水打着漩，向太原城流去，延夏门那道被河水冲开的口子已经越来越宽了。北汉守军若还不投降，看来就只能化为鱼鳖了。刚才部下已经站在"望楼"（古代两军对阵时，临时搭建起来的一种居高观察敌情的简易楼亭）上发现了郭无为被斩首示众的情景，这对宋太祖是一个小小的打击，但部下报告的另一个情况，即"城中大扰"，却使他产生了新的幻想，是不是刘继元已经众叛亲离了？是不是城内已有人反叛，正在混战呢？

其实，太原城军民在大水灌入内城那一刹那间所产生的慌乱已经过去了①。宋军远远观察到的纷纷扰扰的人群，一些是正在围观斩杀郭无为的人，另外一些人正在来来往往搬运干草器械，准备堵水防城。果然，一会儿工夫，宋太祖就发现大量的积草从城头掀下，"直抵水口而止"。他急忙下令部队施放弓弩，进行干扰，但

---

① 《长编》卷10开宝二年闰五月条记载："北汉主杀之（郭无为）以徇，城中稍定。"

由于水面宽阔,"弩矢不能彻",几乎没有什么杀伤力,只能眼睁睁看着延夏门那道刚才还在变宽的决口被不断抛下的干草堵住了……

很可能是因为审问郭无为时得到了一些情报,当天晚上,刘继元竟安排了一次假投降的活动:

> 夜半,忽传呼壁外,云北汉主降。上令卫士擐甲,开壁门,八作使赵璲曰:"受降如受敌,讵可夜半轻诺乎!"上使伺之,果谍者诈为也。①

宋太祖招降心切,险些上当!

想不到北汉如此倔强难制,已是快到山穷水尽的地步了,竟还敢出兵直劫我大本营!宋太祖又惊又恨,先前所存在的招降、速胜等种种想法终于破灭了,他不得不考虑这场战争是否还应继续下去了。

从二月出兵包围太原到现在,已经是一百多天了,陆路进攻由于兵力不足,难以奏效,于是改用水攻;而水攻并非宋军所长,再加上船少舟小,宋军行动反而更受限制。一百多天来,宋军屡屡进攻,又屡屡受挫。这时,已经进入暑雨季节,士兵水土不服,"多破腹病",若继续打下去,必须补充有生力量。可契丹又"复遣兵来援北汉",耶律屋质率契丹军队已抄近路进入北汉,屯驻在太原西北,宋军两面作战,实在无力加强对太原城的攻势。

宋太祖陷入进退维谷的困境。

殿前诸班卫士日夜守护在宋太祖的身边,对他的困境看得最清楚,这是一批只知有皇帝而不知有其他的忠贞武士。尽管目前的形势已经使这场战争无法继续下去了,但对他们来说,这并不重要,重要的是皇帝目前的处境。他们在赵廷翰的带领下,向宋太祖叩头请战,"愿先登急击,以尽死力"。几天前,他们曾在东西班都指挥使李怀忠的率领下,对太原城作了一次强攻,结果失利,损失

---

① 《长编》卷10开宝二年闰五月条。

很大,李怀忠本人也身中流矢,几乎丧命。现在,宋太祖再也不敢把这最后的家底送入虎口了,他沉痛地说:

> 汝曹皆我所训练,无不一当百,所以备肘腋,同休戚也。我宁不得太原,岂忍驱汝曹冒锋刃,蹈必死之地乎!

诸班卫士听了宋太祖的一番发自内心的表白后,禁不住流下了眼泪,高呼万岁。至此,班师撤兵的决定已经在宋太祖心中形成了,恰好,这时太常博士李光赞上言,首先建议撤兵:

> 陛下应天顺人,体元御极,战无不胜,谋无不臧,四方恃险之邦,僭窃帝王之号者,昔与中国为邻,今与陛下为臣矣。蕞尔晋阳,岂须亲讨!重劳飞輓,取怨黔黎,得之未足为多,失之未足为辱。国家贵静,天道恶盈。所虑向来恃险之邦,闻是役也,竭府库之财,尽生民之力,中心踊跃,各有窥觎。《传》曰:"邻之厚,君之薄也。"岂若回銮复都,屯兵上党,使夏取其麦,秋取其禾,既宽力役之征,便是荡平之策,惟陛下裁之。况时属炎蒸,候当暑雨,倘或河津泛滥,道路阻难,輂运稽迟,恐劳宸虑。①

话虽说得很婉转,但却指出了问题的实质,即此次北征是一次决策上的失误:一是此时国家财力不足,兴兵方数月,已经是"竭府库之财,尽生民之力"了;二是国家立足未稳,若干"恃险之邦"尚未平定,或虽平定而未曾完全制服(如后蜀),北伐的时机并不成熟。李光赞的这道上言与"先南后北"的统一方针,在基本精神上是一致的,这对宋太祖来说并不难于接受。何况他已有撤兵之意,现在正可借以为缘由,体恤下情,体面班师。他当即就把李光赞的上言批转给了宰相赵普,赵普对李光赞的意见也表示赞同,"班师之议"也就定了下来。

撤兵前夕,宋太祖又接受了绛州士人薛化光的意见,将太原城周围一万多户居民强行迁居到了山东、河南一带,又将忻(今山西

---

① 《长编》卷10开宝二年闰五月条。

忻县)、代(今山西代县)居民迁入内地,使得附近"六百里一无人烟"①。宋太祖这种经济上困绝的政策,对北汉的打击很大:当时北汉"耕民多南迁,所存无几",只剩余三万五千余户,而北汉军队就有三万人,几乎是"一户奉一兵",财政上十分吃紧②。这一政策对契丹的军事行动也有影响,因为契丹是一个军事游牧政权,行军打仗,一般不备粮饷,而是靠沿途掳掠,忻、代各州荒无人烟,使契丹"大军来则无饷,单师至则必败"③。薛化光在建议中曾很有信心地估计说:北汉之强悍难制,不过是因为"外有契丹之助,内有人户赋输",如果实行上述政策,"不数年间,自可平定"。这显然是过于乐观了。事实上,北汉后来又支撑了十多年,到它被平定时,宋太祖已经不在人世了。

闰五月壬戌,宋兵正式从太原撤兵。北汉军队乘势出城追赶,宋军的大批辎重粮草来不及撤走,都被北汉缴获。据宋朝方面后来的统计,丢失的物资中,仅粮食就有三十万,茶、绢各数万④。从此战的直接损失看,宋朝方面似乎要大一些。

如果我们把视野再放宽一些的话,这场战争的损失远不止这场战争自身的成败得失。

十世纪中叶前后,中国由分裂走向统一的历史趋势已经形成,各个政治集团和他们的领袖人物,都在根据这一趋势选择统一道路。治国有方的南唐烈祖李昪,把南唐建设成地大兵多、十世纪四十年代最具实力的头号强国,但在选择统一方针时,却错误地把进取中原作为首要战略目标,而丧失了兼并南方诸国的大好机会,结果空怀壮志,一事无成。锐意进取,以"包举天下"为己任的后周世宗,"西取四州"、"三驾江淮"、"二次北伐",统一事业向前推进

---

① (宋)蔡絛:《铁围山丛谈》卷2。
② 《长编》卷20太平兴国四年五月条记载,北汉"户三万五千二百二十,兵三万"。
③ (宋)蔡絛:《铁围山丛谈》卷2。
④ 《长编》卷10开宝二年闰五月条。

了一大步,但由于他在统一方略上的举棋不定,忽南忽北,也没有取得与其才能相一致的业绩——他在位五年,对外用兵四年,仅收取了后蜀四州,南唐十四州以及燕云三州三关之地。

相比之下,后起的北宋集团在统一道路的选择上则要明智、合理得多,因而其成果也更显著一些:自建隆三年(962)九月首次对外用兵起,至乾德三年(965)正月,不足三年,就平定了荆南高氏、湖南周氏、后蜀孟氏三个割据政权,统一了六十三州一监的大片领土。但可惜的是,自平蜀后,几乎完全是由于宋太祖个人的举措失当,导致了一系列意外的变故,先是蜀中风波,紧接着又是把主要精力放在里应外合、灭亡北汉上,"先南后北"的统一事业因此而逆转。当然,这一切随着开宝二年(969)从太原的撤兵和开宝三年对南方诸国的重新用兵,最终还是被纠正过来了,但时间离平定后蜀却已经过去了整整六年。

而历史在这之后留给宋太祖的时间恰恰也是六年!

在这六年中,他用五年的时间就平定了南汉、南唐这两个江南大国,剩余的吴越、漳泉两个势力极小的割据政权已表示完全臣服,随时准备纳土归朝;而北汉在宋太祖新制订的经济困绝策略打击下,此时也已到了财穷力竭的境地。很明显,如果不是宋太祖平蜀后一系列的失误,尤其是在北汉问题上的这步错棋而白白丧失了六年时间的话,所有这些事情是完全有可能提前六年完成的,而剩下的六年时间,他又能成就更大的业绩。开宝九年(976),群臣请求为其上尊号为"一统太平明道至德仁孝皇帝",被他拒绝了:

燕(燕云十六州)、晋(北汉)未复,遽可谓"一统太平"乎?[①]

显然,若不是因为几个月后他就逝世了的话,这种不骄不懈的精神

---

① 《长编》卷17开宝九年二月条。

是会在他的政治事业中产生相应结果的。那时,不但北汉定可平定,燕云十六州也是有可能收复的,甚至于当年周世宗所提出的那个"十年致太平"的宏大理想也不是没有可能实现的。历史本来给予了他足够的时间去完成这些事业,但是,他却没有能紧紧地把握住时机,白白失去了六年岁月!而当他又用了六年时间,完成了本来应该在六年前就完成的任务之后,历史却不肯再给他时间了。

这是宋太祖个人事业上的悲剧,也是宋王朝的悲剧。就宋朝的国运而言,太祖和太宗是两个关键人物,史家公认的结论是:太祖"削方镇之权,除禁兵之患,建法立制,统一大业有成,太平之基已奠。太宗继之而起,本可在此基础上更进一步,不仅完成统一大业,而且完善法制,攘却外敌,开赵宋兴旺之基业";但太宗才干、威望均"不能如太祖",而多疑、好色、刚愎自用又"过于太祖",是以太宗时期"政治大计竟未遑多顾……虽则经济文化均发展,然积贫积弱之势已萌,终不能臻于治,而给宋后世带来莫大危害"[1]。然而,如果不是宋太祖在北汉问题上措置失当,荏苒六载的话,则不仅统一大业会由其亲手完成,而且"完善法制,攘却外敌,开赵宋兴旺之基业"等等,也可能由其生前基本完成或大具规模。那时,即使是才干、威望、品质均去宋太祖甚远的宋太宗上台,其对"有宋后世"的"危害"也不会如此之大了。

六年的岁月,占据了太祖在位十七年的三分之一,包含着极其沉重的内容,无论是对他个人,还是对宋王朝,都有着道说不尽的遗憾。

---

[1] 张其凡:《宋太宗论》,《历史研究》1987年第2期。另吴天墀《烛影斧声传疑》(《史学季刊》1940年第1卷第2期)、陈登原《太祖兄弟》(《国史旧闻》,中华书局2000年版)、张家驹《赵匡胤传》(江苏人民出版社1959年版)等对此都有透彻之论。

第五节　平南汉

自太原班师以后,经过一年的休整,开宝三年(970)九月,宋太祖下令出征南汉,继续实施"先南后北"的统一方略。

南汉,是一个以广州为中心,割据岭南地区近六十年之久的地方政权。它的创立者刘隐,是有着外国血统的大食商人后裔。据日本学者考证,刘隐的先辈来中国后,先定居在福建,后迁居岭南,并弃商从政。黄巢军攻占广州时,刘隐之父刘谦乘机扩充力量,"有兵万人,战舰百艘"①,成为岭南地区的一支强大势力。刘隐后来就以此起家,当上了岭南节度使,进封"南海王",确立了对两广地区的统治。刘隐死后,其兄刘岩以真命天子自许,耻于用"南海(王)之号",遂于917年称帝建元,定国号为汉,史称南汉。

这是继秦汉之际赵佗的"南越"之后,珠江流域出现的又一个独立政权。

珠江流域,同黄河流域、长江流域一样,是中国历史上最有影响的三大流域之一。但与黄河流域与长江流域之间的了无间阻、浑为一体不同,从地理形胜上看,珠江流域显得有些特别,它孤悬东南,远离中原,又有五岭横绝其北。故出生于珠江流域的梁启超曾认定两广地区同巴蜀地区一样,是中国历史上仅有的两个"稍具独立资格"的区域,他在《中国地理大势论》中说:

> 粤人者,中国民族中最有特性者也,其言语异,习尚异。其握大江之下流而吸其菁华也,与北部之燕京,中部之金陵同一形胜,而支流之纷错过之。其两面环海,海岸线与幅员比较,其长率为各省之冠……五岭亘其北,以界于中原,故广东

---

① 《新五代史》卷65《南汉世家》。

包广西而以自捍,亦政治上一独立区域也。①

与黄河流域、长江流域的"开化既久,华实灿烂"相比,珠江流域在相当长的一个时期内还是默默无闻的。当春秋五霸、战国七雄在黄河两岸、长江之滨演出了一幕幕威武雄壮的大戏时,珠江流域还笼罩在原始的洪荒之中。秦汉以后,岭南地区虽然也设立了郡县,秦末汉初还出现了短暂的"南越"政权,但人们似乎只有在论起"番货"、"珠宝"时,才想起岭南的两广(尤其是广东)。那时,它在政治上是没有地位的。中唐以后,这种情况终于有了明显改变。唐咸通四年(863),桂林爆发的庞勋兵变,虽然是由家在江苏徐泗一带的士兵发起的,但它毕竟是爆发在广西,可以说是历史上发生在两广地区第一个有全国影响的政治事件。十几年后,黄巢农民大起义爆发,起义军的一个破天荒之举就是远征岭南。879年,黄巢大军攻克广州,又分兵西取桂林,控制了岭南的大部分地区。这一事件与随后不久的南汉政权建立,可以说是珠江流域在政治上开始崛起的真正信号。也正是从这个时候开始,两广地区由于地理形胜所造成的那种"稍具独立资格"的区域个性才开始明显起来。

五代十国时期,南方诸国虽然各成一统,但在对待北方王朝的态度上,大都以通好或称臣为策略。诸国之中,始终不把中原王朝放在眼中的,除了割据四川的后蜀以外,就是占有两广的南汉了。特别是南汉政权,作为一个初生之犊,这一点尤其明显。刘岩当年称帝建汉时就说:"中原多故,谁为真主。"他自造了一个"龑"字作名字,认为自己是"飞龙在天",而中原王朝是"伪庭",表示自己不能"万里梯航而事伪庭"②。刘龑以后的南汉几代皇帝,没有一个不妄自尊大的,在他们的眼里,中原王朝的皇帝不过是"洛州刺

---

① 梁启超:《新史学》,商务印书馆2014年版,第262页。
② 《旧五代史》卷135《僭伪列传二》。

史"而已,自己才是真正的大国之君。

北宋平定后蜀后,南方各国大都震恐。此时南汉的皇帝为刘𬬮,他对北宋不但毫无敬畏,反而还不时地派兵骚扰宋境。乾德中,宋太祖曾命驻守湖南的部队对南汉作了一次规模不大的试探性进攻,捉获了一些俘虏。这些俘虏被送到东京后,宋太祖亲自对他们进行了审问。其中有一个叫余延业的人,宋太祖见他长得弱小,就问他在南汉担任什么官职,他回答是"扈驾弓官"。宋太祖命人拿来一张弓,这个扈驾弓官用尽了吃奶的气力竟然都拉不开,惹得宋太祖哈哈大笑。开宝元年(968)九月,宋太祖接到湖南方面的报告,说是刘𬬮又举兵侵道州,且"肆为昏暴,民被其毒,又数出寇边",请求宋太祖发大兵予以反击,并趁机灭亡南汉。从当时的形势看,北宋已经占领了湖南、四川,南唐、吴越也向宋表示臣服,对南汉可以"缘边悉举,诸道进攻",将其灭亡是不成问题的。但是此时正是宋太祖筹划里应外合攻灭北汉的关键时刻,他的注意力全放在北征太原上,无暇旁顾,只是让江南国主李煜致书刘𬬮,敦促其停止骚扰,向北宋纳土称臣。①

在南方诸国中,南唐与南汉是两个关系比较密切的国家,"情若兄弟",有"累世之睦"。李煜接到太祖的命令后,不敢怠慢,马上极为用心地给刘𬬮写了一封近三千字的长信。其实这是李煜第三次劝说刘𬬮向宋太祖俯首称臣了,所以他在信的结尾极动感情地说:"臣子之情,尚不逾于三谏,煜之极言,于此三矣,是为臣者可以逃,为子者可以泣,为交友者亦惆怅而遂绝矣。"也就是说,我三次劝你刘𬬮向宋朝低头,都是为了你的利益考虑,你若还不听,那么我们也就只好绝交了。刘𬬮倒也爽快,没等李煜绝交,他就先把李煜派来送信的使臣囚禁起来了,随后极不礼貌地由驿站传给

---

① 《长编》卷9开宝元年九月条。同条说:"上犹未欲亟加以兵。"《宋史》卷481《南汉刘氏世家》也说:"太祖难其事。"

李煜一封"言甚不逊"的回信。

刘鋹的顽固,加速了宋太祖出兵南汉的进程。

开宝三年(970)九月,宋太祖调湖南一带十州的州兵向贺州方向进军,任命潭州防御使潘美为"贺州道行营兵马都部署",尹崇珂为副都部署,王继勋为行营兵马都监,令他们率十州兵马向南汉大举进攻。

南汉方面自以为"五岭之险,山高水深",必将给宋军带来极大的困难,使其辎重不能并行,士卒不能成列,而南汉则可以高垒清野而绝其粮道,依山阻水而射以强弩,使宋军"进无所得,阻塞无所归"。① 但宋太祖向贺州进军的部署,使南汉方面的设想一下子就落空了。

贺州,即今广西贺县,在五岭之一的萌渚岭的南面。五岭西有越城岭、都庞岭,分布于湘桂交界处;东有骑田岭、大庾岭,分布于湘粤交界处,而萌渚岭正于五岭中间(在湘桂交界上,但离广东已很近),地势也较其他四岭平缓。按当时北宋所控制的地域看,离南汉最近处为道州(今湖南道县),几年来南汉的军事骚扰也主要是集中在道州一带,但若从道州直接攻入南汉,则必须翻过地势险峻的都庞岭,不但越岭行军困难较大,而且越岭后,所攻占的也只能是南汉的西部地区,此后也就只有向东用兵一途了,战略意图容易被南汉所掌握。正是考虑到这些问题,宋太祖才决定避开都庞岭这一主要险道,由道州而沿潇水东下,越过萌渚岭,直取贺州,从南汉中部突入。

宋太祖的这一战略安排是成功的。

九月中旬,宋军由道州东下,攻下了进入萌渚岭的第一道关口冯乘(今湖南江华西南),越过萌渚岭,遂下白霞岭(在今广西钟山县与贺县之间)而进逼贺州。贺州,由贺江而得名。贺江与大宁

---

① 《宋史》卷481《南汉刘氏世家》。

河在离州城不远的浮山交汇,贺江清澈,大宁河浑浊,一清一浊自浮山脚下流出,极为壮观。刘鋹在接到贺州守将的告急后,先是派大臣龚澄枢赶往坐镇:

> 时士卒久在边,多贫乏,闻澄枢至,以为必大加赏赉,皆喜,而澄枢出空诏抚谕,众皆解体。①

龚澄枢见势不妙,连忙乘小船逃回广州,宋军遂进围贺州。刘鋹再令大将伍彦柔率舟师沿贺江西上,北援贺州。

潘美等宋将闻知南汉援兵将到,就悄悄在贺江岸边一个叫南乡(今广西贺县信都附近)的地方设下了伏兵。九月二十日夜,伍彦柔舟师到达南乡,夜宿江上。次日清晨,早已埋伏在岸边的宋军待伍彦柔一上岸,就突然发起了进攻,南汉军队措手不及,"众大乱,死者十七八",伍彦柔也被擒杀。贺州守军兵无斗志,见援军被歼,只得打开城门,向宋军投降。

攻克贺州后,宋军处于可东可西的有利位置,若东进,即可沿贺江等水路顺流而下,直达南汉都城兴王府(今广东广州),最为顺势;若西进,则可以贺州扼住南汉由广东方面派来的援兵,顺利地攻取富(今广西昭平)、昭(今广西平乐西北)、桂(今广西桂林)等地,控制广西。

宋军主帅潘美,是一个不乏军事才干,但生性谨慎、活得很累的人。他的资历并不浅,在周世宗柴荣任开封尹时,他就在其幕府做事,与当时在柴荣帐下为马直军使的宋太祖是关系极为密切的同伴,高平之战后,宋太祖脱颖而出,潘美就成了他最忠实可靠的追随者。"陈桥兵变"后,潘美虽然也是开国元勋之一,但官做得并不大,一开始连节度使都未获封。可他毫无怨言,也很注意自己的身份,不像石守信等人因曾是宋太祖的同僚、义社兄弟而得意忘形。后来官做大了,他更是小心翼翼,每逢赴任或领兵出征,他最

---

① 《长编》卷11开宝三年九月条。

多只带姬妾随行,而把妻儿留在东京,在外的姬妾若生了男孩,也赶紧送回东京,他要以妻儿们作为"人质",让皇帝放心。正是由于这种小心谨慎,在太祖、太宗两朝,"诸节度使皆解兵柄,独潘美不解"①,是最受信任的将帅。太祖朝后期的几次统一战争和太宗时期的抗辽战争,潘美都是宋军的主要统帅或主要统帅之一,他一方面要保证皇帝对军队的种种遥控指挥,不违背皇帝的作战意图,另一方面又要根据战场的实际情况,小心地进行安排调整,大体上做到了胜多败少,有一定的历史功绩。不过,潘美在后世的名声却极坏,尤其是关于杨家将的小说、戏曲如《杨家将演义》、《潘杨讼》、《昭代箫韶》中,他成了一个嫉功妒能、陷害忠良、蒙蔽皇上,通敌卖国的大奸臣。这些大部分出于艺术的虚构和渲染,但也不能说没有潘美本人的一点影子,因为谨小慎微的性格使他在很多场合表现得很不磊落②。

这次攻打南汉,是潘美第一次以主帅身份指挥的战争。基本的进军方略,其实已由宋太祖决定好了。按宋太祖的部署,宋军攻占贺州,突入南汉中部后,应当首先扫荡其西部及广西一带的守敌,然后再东下广州。潘美担心由贺州西上后,刘𬬮是否还会从广州派兵追打,为解除后顾之忧,他亲自于贺江督视战舰,扬言要沿江东下,直取兴王府。刘𬬮果然惊慌失措,慌忙令潘崇彻率兵三万驻守贺江口(今广东封开附近)。潘崇彻虽是南汉名将,也曾久经战阵。但他数度遭到刘𬬮的迫害,"常怏怏",战斗情绪十分消极,"但拥众自保而已"。潘美见南汉军不再沿贺江西上,按照宋太祖

---

① (宋)王巩:《随手杂录》。
② 如抗辽名将杨业的陷敌牺牲,有学者说是由于潘美本人的嫉功妒能、违约撤兵造成的,也有学者说是他屈从于监军王侁之流的威势(他们是代表皇帝监视将帅行动的)而指挥不当造成的,这又与他谨小慎微的性格是一致的。余嘉锡、邓广铭等皆持"嫉功妒能"说,而任崇岳则力主"屈从王侁"说。参见余嘉锡:《宋江三十六人考实·杨家将故事考信录》,云南人民出版社2005年版;邓广铭:《评杨业兼论潘美关系》,《文汇报》1981年4月6日;任崇岳:《关于抗辽名将杨业的几个问题》,《社会科学辑刊》1983年第2期。

"彼能战则与之战,不能战则劝其守"的方针,暂置潘崇彻部于不顾,遂全力由贺州向西进攻,连克昭、桂、富、连等数州。

刘𬬮此时方明白了潘美原来行的是声东击西之计,但他随之又产生了错觉。原来贺州以西各州县,本属湖南马楚的领土,后为南汉侵占,宋太祖平定湖南后,曾几次命令南汉交出这些地方,刘𬬮一直不予理睬。此次他见宋军没有东下广州,而是由贺州西上,于是断定:昭、桂、连、贺本属湖南,"今北师取之足矣,其不复南也"。① 但还未等他从错觉中醒悟过来,宋军已经迅速挥师东进,直叩韶州。

韶州,即今广东韶关,是广州的大门。为了保住这一门户,刘𬬮以李承渥为都统,"领兵十万",结阵于莲花山(韶州城南五里)下。战斗开始后,南汉军队首先推出了大象阵。这大象阵,据《长编》卷十一开宝三年十二月条记载:

> 南汉人教象为阵,每象载十数人,皆执兵仗,凡战必置阵前,以壮军威。

这种奇异笨拙的阵法令潘美等宋军将领暗自发笑,遂下令把军中的劲弩集中起来,一阵猛射,逼迫象群掉头狂奔,不但把象背上的士兵掀翻在地,而且一下子把南汉军队冲了个稀里哗啦。宋军乘势进攻,占领了韶州。

在南方诸国中,南汉其实还是一个相当富足的国家。它的生产发展水平当时虽然还不是很高,但商业贸易尤其是海外贸易却十分发达,这主要是与其依山傍海,自然物产(尤其是珠宝、金银)丰富和海岸线较长有关。南汉政权一方面广聚珍宝以充国库,另一方面靠招徕商贾、收取商税以为国用,获利甚厚。南汉皇帝自刘龑以后,均为穷奢极欲、荒淫挥霍之辈,但其财用仍极为充裕,为诸国中的首富。南汉军队也很庞大,有二三十万之众,亦为诸国之

---

① 《长编》卷11开宝三年十一月条。

冠,远远超过宋朝伐汉部队的总数。

但是,刘铱却不会利用,也不知道如何利用这些有利条件。国家政事在他的摆布下,早就像韶关之战时那个"大象阵"一样笨拙可笑了。《十国春秋》卷六十《南汉本纪三》中对刘铱有一段评述:

> 帝性愚,以群臣自有家室,顾子孙不能尽忠,惟宦者亲近可任,至群臣欲进用者俱自阉,然后用。澄枢等既专政,帝乃与宫婢波斯女日淫戏后宫,甚嬖之,赐号"媚猪",自称"萧闲大夫"。不复出省事。中官(宦官)至七千余(一云近二万人),加三公、三师者,不一而足。女官亦有师傅、令仆之目。陈延寿(宦官)又引女巫樊胡子,自言玉皇降胡子身。帝于内殿设帐幄,陈宝贝,胡子冠远游冠,衣紫霞裾,坐帐中,宣福祸,口呼帝为"太子皇帝",国事多叩于胡子。卢琼仙、澄枢等争附之。胡子乃诈言琼仙、澄枢、延寿皆上天使来辅太子,不可轻加以罪,其诞妄多此类。又有梁山师、马媪之徒,出入宫掖,宫中妇人皆具冠带,以领外事。

宠信宦官的皇帝历史上并不少见,但发展到公卿士大夫也必须经阉割后才能进用,甚至连"进士、状元、僧道"也要先送"蚕室"阉割①的,唯刘铱一人;宠信宫媪的皇帝历史上也不少见,但发展到刘铱这种丧失了基本底线的,也是找不到第二人。《十国春秋》把这些荒诞不经的行为,归因于刘铱的"性愚"并不正确。刘铱其实是一个智力正常、智商极高的人,聪慧机敏,能言善辩,口才极好,对事物环境更是不乏领悟能力和适应能力。至于国家政事之所以被他摆弄到如此荒诞不经的程度,主要是因为他脑子里根本就没有一个"经"。与中原王朝五十四年间更换了五代八姓十三君相比,南汉五十余年一直都是安安稳稳的刘家天下,这使他产生

---

① (清)吴任臣:《十国春秋》卷66《陈延寿传》。

了两种错觉:一是以为兴衰存亡对南汉来说是不存在的[1];二是刘家的"天下"很大,是幅员万里的"中央之国",其他"国家",包括北方的五个朝代,根本就算不上"国家",只是匆匆而过的小配角:"中国纷纷,孰为天子?"

所以,自宋军入境以来,刘鋹和那些掌权的宦官宫娼们"懵然莫以为虑"[2]始终不认为自己会真的灭亡。直到韶州丢失以后,刘鋹才有些着急起来,下令在兴王府掘壕设栅,调兵拒守。先前领兵的都是宦官,现在刘鋹想选一个不是宦官的人带兵,竟不知到什么地方去找。最后,还是宫娼梁鸾真把养子郭崇岳"推荐"出来,被任命为招讨使。郭崇岳"素懦,无谋勇",从来没打过仗,把六万大军交到他手上,南汉灭亡的局面也就最后注定了。

转过年来,即开宝四年(971)正月,宋军连克英州(广东英德)、雄州(广东南雄),很快进抵马迳(今广州城西),与南汉郭崇岳的六万大军相遇于双女山,离兴王府不足百里了。

郭崇岳躲在营栅中,惟日夜祷请神灵保佑,坚壁不出;刘鋹在广州则忙着备下十多艘大船,满载金银珠宝、嫔妃宦娼,准备逃亡海外。不想还未出发,船只就被宦官勾结士兵劫跑,刘鋹走投无路,终于低下了头,遣使向潘美求和,要求做北宋的附属国。潘美按宋太祖只准刘鋹投降、战死、逃亡海外的指示[3],拒绝了刘鋹的求和要求。刘鋹无奈,只得改派左仆射萧漼、中书舍人卓惟休奉降表至宋营投降。潘美见大局已定,即命令宋军停止进攻,同时派人护送萧漼至东京,向宋太祖汇报。

南汉君臣在政治上毫无常识,也毫无信义,见宋军停止了前

---

[1] 史称,南汉久无战事,"兵不识旗鼓,而人主不知存亡"(《新五代史》卷65《南汉世家第五》)。
[2] 《新五代史》卷65《南汉世家第五》。
[3] 《宋史》卷258《潘美传》云:"美因谕以上意,以为彼能战则与之战,不能战则劝之守,不能守则谕之降,不能降则死,不能死则亡,非此五者,他不得受。"

进,刘𬬮马上反悔了,竟下令郭崇岳整兵再战,随即又派其弟刘保兴率兵增援郭崇岳。郭崇岳本来就是一个十分怯懦的人,此时竟也异想天开,认为有机可乘,遂遣其副将率兵向宋军发起了进攻。结果刚一交战,南汉军队就被打退,潘美又发起了火攻,"遂分遣丁夫,人持二炬,间道造其栅。会暮夜,万炬俱发,天大风,烟埃坌起",大败南汉主力十五万,郭崇岳死于乱军之中,刘保兴则狼狈逃回兴王府。不可思议的是,南汉君臣此时竟又想出了"奇招":

> 龚澄枢、李托与内侍中薛崇誉等谋曰:"北军之来,利吾国中珍宝尔。今尽焚之,使得空城,必不能久驻,当自还也。"乃纵火焚府库、宫殿,一夕皆尽。①

南汉不但府库充裕,其宫殿的奢丽亦为诸国之冠。史称刘䶮:暴政之外,惟以治宫殿为务,故作昭阳诸殿,秀华诸宫,皆极瑰丽。昭阳殿以金为仰阳,银为地面,檐楹榱桷,亦皆饰之以银,殿下设水渠,浸以珍珠,又琢以水晶、琥珀为日月,列于东西二楼上……其余殿守悉同之。②至刘𬬮时:又踵祖、父之奢,立万政殿,饰一柱,凡用白金三千铤。又以银为殿衣,间以云母,无名之费日有千万。③所有这些宫殿都连同珠宝山积的府库一起化为了灰烬。

本来,宋太祖南征诸国的一个主要目的就是为了获取财富,以充实国库④,他怎么也不会想到,南汉君臣会在投降前夕放火将府库烧个精光。所以,后来刘𬬮等被押送到东京后,宋太祖险些将刘𬬮斩首问罪。

刘𬬮纵火是在二月四日,次日,宋军即开进了兴王府城郊,刘𬬮"素服出降",南汉政权正式灭亡。此役,北宋共得州六十、县二百十四、户十七万。

---

① 《长编》卷12开宝四年二月条。
② (宋)佚名:《五国故事》卷下。
③ (清)吴任臣:《十国春秋》卷60《南汉本纪三》。
④ 参见顾吉辰:《论宋太祖统一岭南》,《广东社会科学》1990年第3期。

刘铱投降后,被押往东京,途经郴州时,一个南汉官吏不忘故主,伏地来迎。在刘铱的脑子里,自己的疆土大得很,像郴州这样的边疆州县,距兴王府还不知道有多远哩,现在突然看到这个郴州官吏,他很是惊讶:"尔何近在此耶?"旧吏回答说:"陛下之国边境至此已极,非有万里之远也。"[1]这个连疆域有多大都不清楚的皇帝,被当头浇了一瓢冷水,终于清醒过来,禁不住流下了两行热泪。

开宝四年(971)四月,刘铱一行到达东京。宋太祖按照俘虏而不是降王的规格"接见"了他,同时追究其焚烧府库的责任。刘铱本来口才就好,现在又明白了问题的严重性,因而把责任全推到了别人身上。他说:

臣年十六僭伪号,澄枢等皆先臣旧人,每事,臣不得自由。在国时,臣却是臣下,澄枢却是国主。

宋太祖本无意杀刘铱,又见他回答得滑稽却又新奇得体,就未再追究其罪,只是下令把龚澄枢等斩于千秋门外了事。

刘铱后来受到了宋太祖的优待,先后被封为恩赦侯、彭城郡公、卫国公,并于"俸外别给钱五万,米麦五十斛"。他在手工艺方面的才华,还得到宋太祖的特别重视,并在相关手工业部门推广:"(刘铱)性绝巧,尝以真珠结鞍勒马为戏龙之状,尤为精妙。诏示尚方诸工官,皆骇伏。上给钱百五十万偿其直。"[2]刘铱卒于宋太宗太平兴国五年(980),死后宋王朝追封他为太师、南越王,归葬故乡韶关越王山。

平定南汉,前后用了七个月的时间。接受平蜀时的教训,在这

---

[1] 《十国春秋》卷65《陆光图传》。行至荆州公安(今湖北公安)时,也发生过类似的一件事情:"邸吏庞师进迎谒,学士黄德昭侍铱,铱因问师进何人,德昭曰:'本国(南汉)人也。'铱曰:'何为在此?'德昭曰:'高皇帝(指刘䶮)居藩日,岁贡大朝,辎重皆历荆州,乃令师进置邸于此,造车乘以给馈运耳。'铱叹曰:'我在位十四年,未尝闻此言,今日才知祖宗山河乃大朝境土也。'"说完后"泣下久之"。见《长编》卷12开宝四年四月条。

[2] 《长编》卷12开宝四年五月条。

场战争中,宋太祖始终强调军纪,强调争取民心。南汉平定后,性格谨慎的潘美被就地任命为广州的地方行政长官。根据宋太祖的指示,潘美第二年就在广州设立了"市舶司",专门负责海外贸易。这是历史上第一个市舶司,宋代的海上丝绸之路也以广州市舶司为起点,迅速繁荣起来。

第六节 得南唐:最漫长最成功的战争

作为一国之君,南唐国主李煜与宋太祖在位的时间几乎是一致的。建隆元年(960),宋太祖代周自立,开宝九年(976)去世;而李煜则是在建隆二年袭位南唐国主,开宝八年(975)国亡降宋。他们两人都可以称得上是那一个时代,甚至也可以说是整个中国历史上的第一流人物[1],只不过是一个表现在政治上,一个表现在文学艺术上。

李煜,字重光,初名从嘉,即位后更名煜,比宋太祖小十岁。似乎注定了必然要成为一个第一流的文学艺术家,李煜出生于937年农历七夕——民间传说中一个最为缠绵悱恻又凄婉动人的夜晚。他是南唐皇帝李璟的第六子。尽管天生一副贵不可言的帝王相貌:广额丰颊,骈齿,一目重瞳,类似于传说中的贤君大舜,但他父亲起初并不想把他培养成接班人,他自己更是不作此想,因为他毕竟排行第六。

出生在帝王之家,既不必为功名前程奔波,更不需为衣食住行操心,而且如果不能在未来做君王的话,最好不要过问政事。还能

---

[1] 如宋太祖就喜欢让人把自己与李煜放在同一个平台上,比一下谁的分量更重些。(宋)田况:《儒林公议》卷上记载:"太祖既下江南,得徐铉、汤悦、张洎辈,谓之曰:'朕平金陵,止得卿辈尔。'因问曰:'朕何如卿国主?'张洎对曰:'陛下生而知之,国主学而知之。虽学知与生知不同,然其知一也'"(中华书局2017年版)。

干些什么呢？所幸的是这个资质聪慧、多愁善感的皇子，并未堕落成酒囊饭袋一类的登徒子，而是把精力放在读书、绘画、吟诗、作词上，十几年下来，已是诗书琴画，无不精擅了。十八岁那年，偏偏他又与一个女艺术家结为伴侣。新娶的妻子姓周，小名娥皇，"通书史，善歌舞，尤工琵琶……至于采戏弈棋，靡不妙绝"①，曾著《击蒙小叶子格》(一种纸牌游戏方法)一卷传世。夫妻二人志同道合，"情驰天际，思栖云涯"②，双双沉浸于幸福的艺术海洋之中。不料，就在李煜二十三岁那年，长兄太子弘冀染病逝世，而其他诸兄或早夭，或先亡，他一下子成为唯一的继位人。两年之后，父亲病故，他就做了南唐的第三代国君。

二十五岁的国君，应该是年富力强，经验精力均佳的时期。但过去的二十五年，他早已按社会、家庭(父兄、妻子)对他的规范、期望，和个人有意识地向着社会、家庭所希望的那个方向努力，确立起社会学中所常提到的那种个人稳定的角色了——这是一个艺术家的角色。治理一个国家，需要的却是政治家，而不是艺术家。自此以后，角色的混乱冲突构成了李煜后半生的悲剧，也断送了他的"四十年来家国，三千里地山河"。

当然，南唐的衰弱并不始自李煜。中主李璟时，已经被后周占领了江北十四州，并被迫削去帝号，称"国主"，奉后周正朔，成为中原王朝的附属国。宋太祖代周建宋后的次月，唐中主一次就贡绢二万匹、银万两"贺登极"，还多次向宋太祖明确自己的属国地位。李煜上台后的第一件事，也是向宋太祖上表称臣，表示要"惟坚臣节，上奉天朝"，决不敢"稍易初心，辄萌异志"③。所以，南唐的灭亡在李煜上台时已是不可避免的了。只不过，李煜这个浑然

---

① (宋)陆游:《南唐书》卷16《后妃诸王列传》。
② 《全唐文》卷128南唐后主李煜《昭惠周后诔》。
③ 《全唐文》卷128南唐后主李煜《即位上宋太祖表》。

不识政治,被王国维称之为只有一片率真的"赤子之心"的一流艺术家①,在与宋太祖这样的一流政治家的"较量"时,其悲剧的色彩显得特别浓厚罢了。

二人之间(自然也是两个国家之间的)第一次比较实质性的冲突,发生在乾德二年(964)。

这是李煜很不幸的一年,他十月间先丧爱子,十一月间又失爱妻②昭惠后。对于儿子的死,李煜更多的是痛惜,而对妻子的死,他除了痛惜之外,还有一份深深的忏悔。原来,妻子有个妹妹(人称小周后),也是一个美貌多才的女子,因姐姐的关系,她可以经常出入宫闱,李煜风流倜傥,本来就是贾宝玉式的"情种",又难免有帝王习气,虽然与昭惠后感情甚笃,但也受不住妻妹才貌和热情的感染,二人很快便陷入情网,"眼色暗相钩,秋波欲横流",发生了爱和性的关系。大周后本来就病重,再加上爱子夭折和此事的刺激,终于一病不起。据说,她在辞世前,"面不外向",不肯再理李煜了。

接二连三的变故,使李煜陷入了极度的痛苦之中,精神近乎崩溃——"悼息痛伤,悲哽几绝者数四,将赴井,救之获免。撰《悼周后诔》,并悼诗数首,皆极酸楚"③。

偏偏就在这时,宋太祖的使者来到了南唐的首都金陵(今江

---

① 王国维:《人间词话》引叔本华"天才者,不失其赤子之心"语,称:"词人者,不失赤子之心者也。故生于深宫之中,长于妇人之手,是后主为人君所短之处,亦即为词人所长处。故后主之词,天真之词也。他人,人工之词也。"又云:"客观之诗人,不可不阅世,阅世愈厚,则材料愈丰富,愈变化,《水浒传》、《红楼梦》之作者是也。主观之诗人不必阅世,阅世愈浅,则性情愈真,李后主是也"(王国维著、滕咸惠校注:《人间词话新注》,齐鲁书社1981年版)。
② 《十国春秋》卷19记载:"仲宣,后主次子也,小字瑞保……三岁,读《孝经》,不遗一字。闻奏乐,辄审音调……昭惠后绝爱之。乾德二年,仲宣才四岁,一日,戏佛像前,有大琉璃灯为猫触堕地,划然作声,仲宣因惊痫得疾,竟毙……时昭惠后已疾甚,闻仲宣夭,悲哀更遽,数日而绝。初,仲宣殁,后主恐重伤昭惠后心,常默坐饮泣……左右为之泣下。"
③ 高兰、孟祥鲁:《李后主评传》,齐鲁书社1985年版,第154页。

苏南京)。使者叫魏丕,是宋朝的作坊副使。他此次名义上是来"吊祭"大周后,实际上却是来暗中观察南唐君臣的政治动向的。因为宋太祖刚于年前灭亡了荆湖,当时正准备大举伐蜀,在没有摸到南唐这个江南头号大国的真实意向的情况下,行事素来谨慎的宋太祖是不会贸然行动的。

魏丕果然不辱使命。在与李后主登升元阁赋诗时,有"朝宗海浪拱星辰"之句,暗示李煜应该入朝参见宋太祖;又有"莫教雷雨损基扃"之句,明显带有威胁和挑衅的意味。但此时的李后主,正沉浸在失却亲人的痛苦之中,深深的负罪感攫取了他的全部身心,对于宋使的试探、挑衅,又有什么计较的必要呢?

李后主的这种态度,使宋太祖打消了后顾之忧,当年十二月即发兵平后蜀。待到次年正月,后蜀已经被平定,李煜还没有从痛苦中解脱出来,"哀苦伤神",形销骨立,三十岁不到的人就已经要扶着手杖走路了[①]。

宋太祖其实并不急于灭亡南唐,这一点早在确立"先南后北"的统一方针时就已经定下了。所以,在一段时间内,双方礼尚往来,颇为"友好":李煜袭位时,宋太祖遣使祝贺;李煜生日时,又馈赠羊马、骆驼等。开宝六年(973),南唐大旱,宋太祖又赐米麦十万石,甚至南唐叛臣杜著献灭南唐之策时,宋太祖不但不接受,而且为安抚李煜,反而将其斩首。

南唐对宋更是殷勤备至,竭力报效,每年进贡的银、绢等都有数万两匹。宋太祖灭荆湖、后蜀、南汉,都得到南唐的帮助,甚至于借道往返。李煜还上书宋太祖,请求今后凡发给他的诏书中应直呼李煜之名,宋太祖很客气地拒绝了李煜"乞呼名"的要求,仍称其为"江南国主"。

[①] 《十国春秋》卷18记载:"后主哀劳伤神,扶杖而起,自制诔,刻之石,与后所爱金屑檀糟琵琶同葬。又作书燔之……"葬礼是在乾德三年二月举行的。

对宋太祖来说,这些做法纯属策略上的需要。事实上,他早就在荆南一带修建战船,并在东京凿大池训练水军了;这些都是冲着南唐来的。但对李煜来说,对宋王朝的殷勤报效,可能是诚心诚意的。他本来就有着一份文学家的率真,相信情能动人,以为自己只要诚心侍奉,宋太祖就会不像对待其他国家那样对待南唐了。当然,他也知道南唐终究是会被宋朝吞并的,但正如他后来对宋太祖所说的,只要"宗社之失不自臣身,是臣生死之愿毕矣"①。对这一点,李煜一度倒是很有信心。

开宝四年(971),一个在荆湖经商的人来到金陵。他向李煜密报说,宋朝在荆湖打造了数千只战舰,显然是针对南唐来的,让李煜派人"秘往焚之",李煜却执意不肯。这年,南汉已经灭亡,有常识的人都能感觉到宋朝的下一个目标就是南唐了。沿江巡检使卢绛一直负责对吴越钱氏政权的防御,是南唐的名将之一,他对李后主说:

> 吴越仇雠,腹心之疾也。他日必为北兵(指宋兵)羽翼以攻我……不如先事出其不意灭之……灭吴越则国威大振,北兵不敢动矣。②

武昌节度使林仁肇(绰号林虎子)也是南唐有名的战将,他也对李煜建议说:

> 宋淮南诸州戍守单弱,而连年出兵,灭西蜀,平荆朗,今又取岭表,往返数千里,师旅罢敝,此在兵家为有可乘之势。请假臣兵数万,出寿春,渡淝淮,据正阳,因其思旧之民,累年之粟,复取淮甸,势如转丸。臣起兵日,仍驰闻北朝,言臣据兵窃叛,事成归国,否则请族臣,以明陛下无二。③

这些建议,都被李煜斥为败坏宗社的"妄言"。

---

① 《全唐文》卷128 南唐后主李煜《乞缓师表》。
② 《十国春秋》卷30《卢绛传》。
③ 《十国春秋》卷24《林仁肇传》。

几年后,当李煜作为一个俘虏客死在开封时,他昔日的旧臣徐铉在给他所作的墓志铭中,曾小心翼翼地写到他对宋朝态度的得失:

> 至于荷全济之恩,谨藩国之度,勤修九贡,府无虚月;祗奉百役,知无不为。十五年间,天眷弥渥。然而果于自信,怠于周防……①

大概也只有李煜这样的人,才会在与强敌为邻时,仍"果于自信",执拗地相信自己的"勤修九贡"、"祗奉百役"会使别人感动。

自南汉灭亡以后,宋太祖认为对南唐下手的时机已经成熟,因而对南唐的态度与以前大不相同了。

开宝四年(971)十一月,李煜遣弟弟李从善奉表入京,请求"贬损"南唐的仪制,包括去掉南唐国号、殿庭去鸱吻不复用(原来只是在宋使至南唐时才去鸱吻,使去则复用)、降南唐宗室封王者皆为公,以及直呼李煜之名,而不再称其为"江南国主"等等,宋太祖马上批准,而且还把从善扣留在东京城。自此之后,宋朝给李煜下诏书便直书其名,名字之前不冠以任何爵位,如《谕李煜朝觐诏》、《答李煜奏峡口有舟船诏》、《招谕李煜诏》等,与之前的诏书相比,名字之前少了"江南"二字,诏令中所涉及的相关内容也以"李煜"代之之前的"国主"。②

开宝六年四月,宋太祖又派宠臣翰林学士卢多逊出使金陵,并以"朝廷重修天下图经,史馆独缺江东诸州"为名,公开索求江南"图经"。所谓"图经",就是有关地形、地理状貌及州县大小、户口多少的文书图簿。图经是一个国家的核心机密,除非亡国,一般是不能交给外人的。宋太祖令卢多逊无理索求,其灭亡南唐之意已经是昭然若揭了,但李煜仍旧幻想委曲求全,竟下令誊录一份奉

---

① (宋)徐铉:《徐公文集》卷29,文渊阁四库全书本;又见《宋文鉴》卷139。
② 史帅帅:《"君前臣名"与"诸侯不名"——宋初"乞呼名"辨析》,《商丘师范学院学报》2016年第8期。

上。于是:

> 江南十九州之形势,屯戍远近,户口多寡,多逊尽得之矣。归,即言江南衰弱可取状。①

宋太祖还利用双方使节往来的机会,让绘师混在使者当中,详细考察江南山川形胜,绘制成图。又行反间之计,令人"密往武昌僧院,窃取仁肇画像归"②。仁肇,即前面提到的绰号"林虎子"的林仁肇。此人"刚毅多力,身长六尺余,资貌岸伟",浑身刺有纹虎,故号"林虎子"。他有谋略,任将帅多年,始终"与士卒均食同服,以故多得士心",是南唐的头号战将,当时任南都留守、兼侍中,坐镇武昌,控扼长江上游,是宋军南进的心腹大患。有了林仁肇的画像后,宋太祖就故意露给李煜的弟弟、被扣在东京为人质的李从善看,编造说仁肇早有降宋之心,先送此像作为一个信物,并指一处宅第称:"将以此赐仁肇。"消息很快传回金陵,李煜毫无政治斗争经验,不知是计,竟信以为真,又害怕开罪宋太祖,就偷偷地派人用毒药害死了林仁肇。大臣陈乔,素有知人之明,南唐的几个名将如卢绛、林仁肇等,都是由他举荐而成名的,他对林仁肇特别器重,认为只要有仁肇将兵在外独当一面,南唐"国虽迫蹙,未易图也"。闻听林仁肇被害,李煜自毁万里长城,陈乔流着眼泪说:"事势如此,而杀忠臣,吾不知死所矣。"③

南唐落魄文人樊若冰曾假装钓鱼,在采石一带的江面上划着小船,暗引绳索,来往于南北两岸多次,测得长江的宽度、深度和水势,绘成图表进献给宋太祖。按照他的建议,宋太祖下令在荆南修造黄黑龙船,调集竹木绠索,以备渡江时搭建浮桥。

以南唐为"假想敌"的军事训练一直在加紧进行,仅开宝七年

---

① 《长编》卷14开宝六年四月条。
② (宋)马令:《南唐书》卷12《林仁肇传》,四部丛刊本。当时文臣武将流行在僧院的墙壁上画上自己的画像。
③ (宋)马令:《马氏南唐书》卷12《林仁肇传》。

(974)一个年头,宋太祖就"观习水战"达五次以上。兵器制造每十天上报一次,宋太祖要亲自检查:

> 将平江南,颇以简稽军实为务。京师所造兵器,十日一进,谓之旬课,上亲阅之,制作精绝,尤为犀利。①

在这些兵器生产中,就包括"火箭"、"火炮"等火药兵器。这时的"火箭"只是将"火药"捆绑在箭镞上,引燃后用强弓射向敌阵;"火炮"大致也是用抛发机将引燃的火药包抛向敌阵。这是当时最先进的火器,也是人类历史上最早的火药武器(详见本书第七章)。这批火药的研发,主要是为了制服南唐的"猛火油机"。

猛火油机又称"火油机"、"油机",出现于唐末五代,②是利用"火油"(即石油)遇水燃烧得更加炽烈的特性,通过机械装置把"火油"泼洒出去以焚烧敌人的武器,"放猛火油,中人皆糜烂,水不能灭,若水战则可烧浮桥、战舰,于上流放之(先于上流簸糠秕、熟草,以引其火)"③,是城防和水战中"最强烈的纵火武器"。

由于当时的"火油"多数是由海路从今天的阿拉伯半岛进口的,因而较早掌握并装备"火油机"这一新式武器的,就是割据江浙地区的吴(南唐)和吴越政权。《资治通鉴》卷二六九记载:"吴王遣使遗契丹主以猛火油曰:'攻城,以此油然火焚楼橹,敌以水沃之,火愈炽。'契丹主大喜,即选骑三万欲攻幽州,述律后哂之曰:'岂有试油而攻一国乎!'……契丹主乃止。"五代后期,南唐军

---

① 《文献通考》卷161《兵考十三》。
② 关于猛火油机在唐末五代的出现,英国学者李约瑟认为中国10世纪以来盛行的猛火油机,很像拜占庭的希腊火(Greek Fire),而且认为"希腊火"是在900年(唐末昭宗光化三年)由阿拉伯人从海路传入中国的。理由是,这时拜占庭皇帝在其军事著作中刚好谈到"希腊火",而中国似乎没有喷出液体的活塞泵的技术传统,造不出猛火油机。但也有学者持不同的看法,如潘吉星认为:猛火油机"这种技术和机械装置,是中国人自行研制的,不一定受'希腊火'技术的影响"。参见潘吉星:《中国古代四大发明:源流、外传及世界影响》,中国科学技术大学出版社2002年版,第221—222页。
③ (宋)曾公亮、丁度:《武经总要》前集卷12"竹火鹞"条,文渊阁四库全书本。

队已经配备了猛火油机,作为水战中的杀手锏。但猛火油机只适合近距离作战,不能远距离使用,受天气和风向的制约也很大。①而"火箭"的射程在一二百米,"火炮"的抛发距离也在数十米,不太受制于自然条件,它们正是"猛火油机"的克星。据有关史料记载,为此次平定南唐,宋朝方面至少生产了两万支"火箭",也研发出了"火炮样"②。显然,这是一次大规模使用火药武器的战役部署。

在加紧军事部署的同时,宋太祖还再次展开外交攻势。开宝七年(974)三月③,宋太祖首先派使者至辽"请和",契丹遂以涿州刺史耶律昌术为特使至宋议和,自北宋建国以来宋辽双方的军事对立状态得以缓解,这就使宋军可以集中力量对南唐用兵,以免腹背受敌。八月,宋太祖又遣使通知吴越王钱俶,宋军即将南下灭唐,令其"训练甲兵",配合宋军会攻金陵,使南唐首尾不能兼顾。与此同时,宋太祖又向李煜发出"邀请",让他到东京参加庆典,他明知李煜是决不肯北上的,但却接二连三地派人敦促,以便给人造成一种江南倔强不朝,宋朝师出有名的口实。

政治、军事、外交上的文章都被宋太祖做尽了,李煜一介文士,几曾能有这样的见识,又怎么会是宋太祖的对手?

开宝七年九月,敦请李煜北上的使者又一次来到金陵,使者的身份这次更高,是知制诰李穆。他拿着宋太祖的诏书,对李煜吆三喝四。李煜又冤又急,"倾忠能无怨乎?"自己"惟将一心,上结明主",竟换来这样的下场!他忍无可忍,气愤地对李穆说:

> 谨事大国者,盖望全济之恩。今若此,有死而已!④

---

① 潘吉星:《中国古代四大发明:源流、外传及世界影响》,第223页。
② (宋)曾公亮、丁度:《武经总要》前集卷12。
③ 宋人记载,皆以开宝七年十一月契丹耶律琮(耶律昌术的汉名)来书修和为双方通好之始。但据《辽史》记载,本年三月,宋方已先遣使至辽"请和"修好了。
④ 《长编》卷15开宝七年九月条。

据心理学家讲,每个人的一生都要有一次或数次的生命闪光期,如此掷地有声的回答出自李后主之口,也可以算作是他的一次生命闪光了。事实上,就在李穆催请李后主北上时,北宋对南唐的大规模进攻已经开始了。闰十月,宋军即攻下了南唐的池州。李后主索性一不作,二不休,"下令戒严,去开宝纪年,称甲戌岁",完全断绝了同宋的属国关系。同时,"筑城聚粮,大为守备"①。

且莫以为李后主将要改弦更张,发奋图强了。这个惯于用艺术家心理看待政治、解释政治的人,固然受到了不小的刺激,并在这刺激面前,本能地作出了一种强硬的反应,但反应过后,随之而来却是更大的幻灭。如同闪光之后,总是使人感到更为暗淡一样,他索性把御敌守国的一切责任都交给臣下去担负,自己匿居后苑,足不出户,与僧人讲经诵法去了。

宋朝此次对南唐用兵,是南征诸国时规模最大的一次,动用兵力在十万左右,分五路出击。按宋太祖的布置,主力部队分别由曹彬、潘美率领,一路率水军自荆南顺流而下,攻占池州(今安徽贵池)以东长江南岸各要地;一路率步兵、骑兵在采石一带渡江,然后二路会合,直取金陵。另外三路为偏师,一路由黄州刺史王明指挥,由黄州(今湖北黄冈)向武昌进击,以拦腰切断上游江西的南唐军队对金陵的支援;一路由吴越王钱俶率领,由杭州出发,攻夺南唐的常州(今江苏常熟);一路由东京顺汴水而下,取道扬州入长江,意在与吴越钱俶军队会合,夺取润州,然后同主力会师于金陵城下。

五路大军的主帅由曹彬担任。曹彬(931—999),真定灵寿(今河北灵寿)人。后周时,他与宋太祖同为周世宗部下,也是太祖从军后认识的第一批同事之一。当时曹彬的地位还稍高于太祖。前面说过,曹彬曾拒绝过宋太祖动用公酒的请求,这给宋太祖

---

① 此据《十国春秋》卷17,另《长编》卷15开宝七年记十二月始"去开宝之号"。

留下很深的印象。"陈桥兵变"后,曹彬受到重用。乾德元年(963)曹彬以击败契丹、北汉的军功,升任神武将军兼枢密承旨。在当时的诸将中,曹彬是公认的清廉将领,以"清廉畏谨"、"仁厚不伐"见称,964年平蜀战争中,诸将皆因纵兵滥杀、劫掠民财而受到处分,只有曹彬能约束部下无所掳掠,而受到重大嘉奖①。宋太祖这次以曹彬为主帅,显然是有其用意的,正如《长编》所说:

> 自王全斌平蜀多杀人,上每恨之。彬性仁厚,故专任焉。

大军出发之前,宋太祖照例在讲武殿赐宴饯行。酒过三巡,曹彬、潘美等一齐跪下,请宋太祖面授指示。宋太祖对曹彬说:

> 南方之事,一以委卿,切勿暴略生民,务广威信,使自归顺,不须急击也。②

和盘托出了此次平南唐的总战略,这就是尽量迫使李煜投降,尽量避免战争的破坏。显然,他既不希望当年平蜀时那种军纪败坏、劫掠士民的情况重现,也不希望像年前平南汉时那样把刘鋹逼得竟

---

① 宋人李宗谔所撰《曹武惠王彬行状》记载此事首尾甚详:"(乾德)二年冬,遣将两路伐蜀,诏马军刘光义为归州行营前军副部署,以彬为都监。峡中郡县悉下,又降遂州。时诸将咸欲屠城杀降以逞,惟彬申令戢下,所至悦服。太祖闻之,诏书褒美,使谓彬曰:'汝能约束将士,禁暴恤民,吾任得其人矣。'两川平,会益州王全斌、崔彦进、王仁赡等昼夜宴,不恤军事,因而部下渔夺货财,蜀人苦之。彬屡请旋师,全斌辈逗留不发。俄而全师雄等构乱,复与光义破之于新繁,擒万余人,与彦进协力剪灭。及还京师,上尽得全斌辈事状,因面诘仁赡,仁赡历诋诸将为奢纵不法事,冀以自解,且曰:'清廉畏慎,不辜陛下任使者,惟曹彬一人耳。'乃以全斌等属吏,即日授彬宣徽南院使、检校太保,领义成军节度。彬入见上奏曰:'征西将皆以获罪,臣独受赏,何以宁处?不敢奉诏。'上曰:'卿有功无过,又不自矜伐,苟有纤介之累,仁赡岂为汝隐邪?惩劝,国之常典,可勿让"见(宋)杜大珪编:《名臣碑传琬琰集》中卷43,北京图书馆出版社2003年版,第460—461页。《宋史·曹彬传》记载与此略同,仅文字稍减。
② 《长编》卷15开宝七年十月条。宋人野史笔记中多有宋太祖平江南前戒众将杀掠的记载,如《丁晋公谈录》:"忽一日,宣曹彬、潘美曰:'命汝收江南。'又顾曹曰:'更不得似西蜀时乱杀人。'"《东轩笔录》卷1:"开宝中,遣将平金陵,亲召曹彬、潘美戒之曰:'城陷之日,慎无杀戮。设若困斗,则李煜一门,不可加害。'故彬于江南得王师吊伐之体,由圣训丁宁也。"《曲洧旧闻》卷1:"其取江南也,戒曹秦王、潘郑王曰:'江南本无罪,但以朕欲大一统,容他不得,卿等至彼,慎勿杀人。'"等等。

一把火将府库宫殿烧了个精光。"先南后北"方针的一个最主要目的,就是要获取南方各国的财富以充实国库,对这一点宋太祖有着特殊的兴趣①。他所想要的,应是一个完整无缺的南唐。他唯恐自己的这一基本意图不能很好地为诸将遵守,于是又破例以匣剑授曹彬曰:"副将以下,不用命者斩之!"潘美等人吓得颜色大变,低头跪在那里,"不敢仰视"②。

宋太祖意犹未尽,又拿起了一封已经封好以备急用的手诏交给曹彬,说:

> 处分尽在其间。自潘美以下有罪,但开此,径斩之,不须奏禀。

其实,这里面只是一张白纸。这个秘密直到伐唐战事胜利结束以后,曹彬因为诸将"无一犯律者",而将宋太祖所授手诏交还时,才由宋太祖本人当着众将的面拆穿——"上徐自发封示之,乃白纸一张也"。据说,曹彬、潘美诸将接过这封手诏时,禁不住两腿直打哆嗦,"股栗而退"。③

十月十八日,曹彬自江陵率水军沿长江北岸一侧顺流东下,八作使郝守濬带着大批工匠,驾驭黄黑龙船,满载竹木缏索等紧随其后。驻守在南岸的南唐军队仍以为宋军不过是每年例行的巡江,并未加以阻击。二十四日,曹彬在顺利地通过了南唐屯有十万大军的重镇湖口后,突然渡过长江,袭占池州,随即一路东下,连克铜陵、芜湖、当涂,于闰十月二十三日,夺取了采石。

采石,在今天安徽马鞍山市西南,自古为江防重地。可南唐丢失采石后,并没有很在意。原来,李煜当时把抵御宋军的事情完全

---

① 如《长编》卷19太平兴国三年十月记载:"上(宋太宗)初即位,幸左藏库,视其储积,语宰相曰:'此金帛如山,用何能尽,先帝(指宋太祖)每焦心劳虑,以经费为念,何其过也。'"
② 《长编》卷15开宝七年十月条。
③ 《长编》卷15开宝七年十月条,注引《纪事本末》。事又见《石林燕语》卷5。

交给了大臣陈乔、张洎处理,而陈乔、张洎二人均主张采取保持有生力量,依托金陵坚城,"坚壁以老宋师"的战略,企图迫使宋军在兵疲后,主动撤退。在陈乔、张洎看来,曹彬所率领的,不过是一支水军,孤悬江南,缺乏后援,已无法再向纵深发展了。当他们听说曹彬在采石架设浮桥,准备与江北潘美的步骑兵会合时,认为这是古来未有之事,不啻儿戏,定难成功。

殊不知宋军对架设浮桥早有充分准备。占领采石后,八作使郝守浚指挥工匠,按照樊若冰所献图形,将事先打造好的黄黑龙船和竹木缏索连接起来,只用三天时间,就搭好了一座横贯长江南北的浮桥。这是中国历史上第一座"长江大桥",在当时的物质条件下,能搭建出这样一座"不差尺寸"的浮桥,的确是一个了不起的创举。① 这其中,樊若冰是立了大功的。但如果宋太祖在这个问题上缺乏眼光,没有魄力的话,樊若冰的建议恐怕也只能被束之高阁了。

浮桥搭好后,潘美所部步骑兵迅速过江,与曹彬等会合。自十一月下旬起,曹彬、潘美二军连克金陵西南之新林寨、白鹭州和新林港,遂于开宝八年(975)正月大败南唐水陆兵十余万于秦淮河,直逼金陵城下,将其包围。

与此同时,吴越王钱俶会合北宋水军后,攻克了常州、江阴、润州,形成了对金陵的外线包围。而自黄州出发的王明部在连败南唐军于鄂州、武昌后,亦率兵东下,占领了独树口(今安徽安庆附近),牵制着湖口十数万南唐守军,有力地配合了主力部队对金陵的围攻。

转眼已是五月,金陵被围好几个月了。

这天,李煜偶尔自宫中后苑出来,登上城墙,突然发现城外满野飘扬的都是"宋"字大旗,不由得大吃一惊。原来,这几个月来,

---

① 参见王曾瑜:《宋代横跨长江的大浮桥》,《社会科学战线》1983年第4期。

他把内政交给了大臣陈乔、张洎处理,军事交由皇甫继勋主持,自己则"日于后苑引僧及道士诵《经》、讲《易》,高谈不恤政事。军书告急,非徐元楀(宦官)等皆莫得通",结果,"宋军薄城下累月",他竟然还是蒙在鼓里,毫无所知。①

陈乔、张洎倒是一片忠诚。前面说过,二人对战守之计自有一番打算,主要是想通过坚壁固守的方针,迫使宋军师老而还。他们也知道李煜是个"不曾识干戈"的人,若让他知道金陵被围,必然沉不住气,或胆魄俱丧,畏懦请降,或气急操切,莽撞反击,反而败事。所以,他们宁肯不让国主知道战局的真相。

皇甫继勋则不同。他是南唐名将皇甫晖的儿子,当年皇甫晖在滁州与宋太祖作战时,继勋也参加了。但父亲正"力战甚急"时,他却吓得慌忙逃跑,皇甫晖又气又恨,"操戈击之未中",让他落荒而去。父亲被俘而死后,继勋居然以烈士遗孤的身份,受到提拔重用,"时诸老将死亡略尽,继勋年尚少,且无战功,徒以家世,遂拜大将军。赀产优赡,名园甲第,冠绝金陵。多蓄声伎,厚自奉养,珠翠环列,儗于王者"②。宋军围城后,他首先想到的是"保惜富贵,无效死之意",一心盼望着李后主赶紧下令投降,以便为将来在新朝做官积下资本:

> (皇甫继勋)每与众言,辄云:"北军强劲,谁能敌之!"闻兵败,则喜见颜色,曰:"吾固知其不胜也。"③

部下有建议夜里出城劫宋营者,反倒受到他的鞭责禁闭,士兵们都对他这些无耻行为看不下去了,"众情愤怒"!

李煜此次出宫巡城,发现了问题的严重性,当即下令将皇甫继勋处死。同时,自己也开始参与"兵机处分",一是派人入宋,请求宋太祖退兵;二是令张洎起草诏书,招湖口守将朱令赟率兵入援金

---

① 《长编》卷16开宝八年五月条。
② 《十国春秋》卷24《皇甫晖传》附。
③ 《长编》卷16开宝八年五月条。

陵。这后一条与陈乔、张洎原来的坚壁固守的方针显然是很不相同的,它所引发的后果也要几个月后才看得清楚……

开宝八年(975)十月,南唐使者徐铉、周惟简来到东京。

徐、周二人均非泛泛之辈。徐铉(916—991),会稽人,与其父徐延修、弟徐锴,为"江左三徐"①。"三徐"当中,又以徐铉最为突出,他"十岁能属文,不妄游处,与韩熙载齐名,江东谓之'韩徐'"②,是南唐最负盛名的才士。周惟简本是个道士,"好学问",对《周易》颇有研究,曾为李后主讲过《周易》,谈笑风生,口若悬河,也算得上是一名"奇士"了。他们两个以前虽然都未办理过外交事务,却都具备一个外交使者的最基本素质——知识渊博,善于辞令。而这正是李煜看重并选择他们担任使者的原因,他希望靠徐、周二人的名气和口才,折冲于樽俎之间,"可以谈笑弭兵锋"、"将以口舌驰说存其国"③。

古时的外交与现在不尽相同,双方谈判时,重点在于引经据典,谈古论今,互相寻找对方在言语上的破绽,以让对方露怯出丑为目的。一旦在口舌上占了上风,谈判就算成功了一大半。宋代这方面一个有名的例子就是宋真宗时期,党项首领李德明息兵称臣不久,突然上书报告说,党项境内饥荒,请求北宋救济粮食一百万石。这显然是无理的讹诈,大臣们纷纷主张下诏严厉斥责。宰相王旦不同意,他只是回书给李德明说,百万石粮食已如数准备好,请你来人搬回。李德明得到回书,"惭且拜曰:朝廷有人"。一场外事风波竟如此轻易地被平息了。不过,仔细分析起来,这种口舌争胜的背后,似乎仍然还需以彼此的真正实力为依据。假设不是当时北宋的国力远远超过了党项,王旦的回答或许就会被党项认为是狂悖无礼,而兴兵来讨了。可见外交上的辞令应对、酬酢周

---

① (宋)岳珂:《桯史》卷1。
② 《宋史》卷441《徐铉传》。
③ 《长编》卷16开宝八年十月条。

旋固然要紧,但把希望完全寄托在这上面,例如像李后主现在这样,在大部分国土已经沦丧,首都已经被围四五个月了,还幻想着"将以口舌驰说存其国",幻想着"可以谈笑弭兵锋",未免有些天真过头了。

与李煜的天真相比,此番宋太祖的老辣展露无遗。

宋朝的大臣们早就闻知徐铉的大名,听说此次是他担任使节,竟然"皆以辞令不及为惮",没有一个敢于出面负责接待伴陪任务的。当时徐铉已经进入国境了,可就是找不到合适的接伴人选。无奈之下,只得请示宋太祖。于是戏剧性的一幕发生了:

> (太祖)曰:"姑退朝,朕自择之。"有倾,左珰传宣殿前司,具殿侍中不识字者十人,以名入。宸笔点其中一人,曰:"此人可。"

满朝文武莫不惊讶,怎么能选一个警卫人员呢,而且还是一个目不识丁的警卫!被选中的那个警卫更是一头雾水,却又不敢违命,只得硬着头皮前往迎陪徐铉。

徐铉果然厉害,一照面即"词锋如云",无奈宋朝的"接伴大员"瞪着一双迷茫的眼睛,如堕云雾之中,压根就对接不上一句话。这反倒把徐铉给搞糊涂了,不知这位"接伴使"的葫芦里装的什么药。结果四五天下来,任你徐铉滔滔不绝,妙语连珠,那"接伴使"就像个哑巴一样,始终茫茫然不知所对。这不是对牛弹琴吗?徐铉终于没了情绪,"亦倦且默矣"。

这真是一幕喜剧。岳飞的嫡孙岳珂在记叙了这一幕喜剧后,曾严肃地评论道:

> 当时陶(穀)、窦(仪)诸名儒,端委在朝,若使角辩骋词,庸讵不若铉?艺祖正以大国之体,不当如此耳,其亦不战屈人,兵之上策欤![1]

---

[1] 以上见(宋)岳珂:《桯史》卷1。

这也有点拔得太高了。陶穀、窦仪虽然都是名儒,但远非一流才子,若以陶、窦与徐铉对阵,占下风的肯定是宋朝一方;而派一个警卫员出面"接招",徐铉天大的学问,也像泼进沙滩里的水,无声无息了。宋太祖在这件事上,的确表现出一种老辣的智慧。

徐铉虽然被窝囊了一番,但并没有完全灰心,因为按规定,他还是要与宋太祖正式会谈的,到时宋太祖总不会像这"接伴使"一样一言不发吧。所以徐铉入京后,"日夜计谋思虑",设计了若干套言语应对方案,准备得十分周详。看这阵势,大臣们都不免替宋太祖担心,有些大臣就劝他说:"铉博学有才辩,宜有以待之。"宋太祖哈哈大笑道:"第去,非尔所知也。"

到了会见那一天,徐铉一开口就击中了要害:"李煜无罪,陛下师出无名!"①宋太祖也不着急,慢悠悠地让他把李煜无罪的理由摆一摆。这正中徐铉的下怀,因为李煜在位这十多年来,对宋朝确实是极尽恭敬顺从之能事,谈起这些,徐铉就不由得激动起来,一口气讲了数百言,归结到最后还是原来的意思:"李煜如地,陛下如天;李煜如子,陛下如父。天乃能盖地,父乃能庇子……李煜以小事大,如子事父,奈何见伐?"宋太祖听罢后微微一笑,夸徐铉讲得有理,然后有板有眼地问:"既是父子,安得两处吃饭?"②普普通通的一句反问,使博学有才辩的徐铉张口结舌,不知如何应对是好。

南唐君臣精心策划的这次"外交",就这样尴尬地收场了。

开宝八年(975)的十月,江州(今江西九江)湖口,秋水长天,雁阵惊寒。

烟波浩淼的鄱阳湖,就是经此而注入长江的。现在已是冬季枯水时节,"潦水尽而寒潭清",但紧扼入江口的石钟山在江水的

---

① 《长编》卷16开宝八年十月条。
② (宋)王陶:《谈渊》,文渊阁四库全书本。《长编》卷16开宝八年十月条在语句上略有润色。

激荡下,仍不时地发出洪亮清远的钟鼓镗鞳之声……这石钟山委实有名,仅何以"石钟"为名,就曾是历史上最富有魅力的"谜案"之一①。

这里自古为军事要地,唐代王勃那篇名气极大的《滕王阁序》,曾称南昌"襟三江而带五湖,控蛮荆而引瓯越",其实,长江只是过鄱阳湖入江口以后,才分三道入海的,此即三江。所以严格地讲,真正可"襟三江而带五湖"的,恰恰就是这湖口。南唐自烈祖李昪时,就十分注重南昌至九江一线的经营,以南昌为陪都,在九江的湖口驻有重兵,与下游瓯越的金陵互为呼应,切实形成军事上的"控蛮荆而引瓯越"之势。

这种格局到李煜时仍是如此。当时,南唐总兵力在三十万左右,而湖口就有十余万水军,几乎占了总兵力的一半。这支大军原来的统帅就是被宋太祖以反间计杀死的林仁肇。林仁肇死后,李煜又任命朱令赟为帅。这个长着突出的前额,眼睛却又向里凹陷着,绰号"朱深眼"的将军,是一个很有头脑的统帅,他十分重视湖口这一战略要地的地位,不肯轻率放弃。所以尽管金陵被围后,李煜已经多次命令他率兵增援,他却一直是按兵不动。他懂得,只要湖口这支大军存在,其"控蛮荆而引瓯越"的军事威慑力就始终存在,宋太祖就不敢贸然对金陵发起强攻。但到了十月徐铉求和失败后,李后主变得焦躁起来,"飞书督兵者接踵",强令朱令赟立即

---

① 郦道元在《水经注》中认为,石钟山下临深潭,每当风起浪涌,水石相击时,则发出洪亮的钟声;而唐代李渤在做江州刺史时,曾在山口发现两种石头,以物击之,则声似巨钟,以为"石钟"之名由此而来;李渤的解释又为北宋大文学家苏轼所不满,他在与长子苏迈亲自泛舟湖口,实地考察后,写下了《石钟山记》,认为石钟山下多穴罅,每当水波进入这些孔穴时,风水相吞吐,则噌吰如钟鼓不绝。因为东坡先生的名气,这种解释几成定论。但清代彭雪琴则不同意东坡的看法,他曾在江西为官多年,自称在冬季枯水时节,亲眼发现石钟山下有一巨洞,洞中宽大,可容纳数千人,而且洞壁上多刻有"我来醉卧三千年"、"小憩千年人不识"之类的小诗。因而彭雪琴以为石钟山"盖全山皆空,如钟覆地,故得钟名"。

赴金陵解围。此时,朱令赟也不敢再守初议了,只得冒着十月初冬水浅的危险,率领湖口守军十余万人(号称十五万),惊寒雁阵般地顺流东下,增援金陵。①

彭蠡之滨,阴冷萧瑟,一片凄凉。湖口这支十余万众的大军终于在李煜的驱使下,落入了宋太祖早已布置好的圈套之中。

此时,宋军对金陵的围困已达八个月之久了。宋太祖之所以要"围而不打",一是尽量争取迫降李煜,最大限度地减少宋军的伤亡和对金陵城的破坏;二是围城打援,诱使湖口守军东下,将其在途中歼灭。

对湖口这支大军,宋太祖一直非常重视。两年前他之所以要行反间计除掉林仁肇,正与此有关。从战略全局看,要灭亡南唐,就不能不考虑湖口这支大军的存在。但要在湖口一带就地消灭这支强大的水军,对宋朝来说又几乎是不可能的。因为,湖口正处于江湖交汇处,鄱阳长江,一片汪洋,湖口水军进可以出长江,退可以入鄱阳湖,而以北宋当时并不雄厚的水军力量来看,根本就无法在这一片泽国与南唐的这支十余万众的水军较量争雄,此其一;其二,湖口不但在整个长江流域的战略地位重要,自身地势亦非常险要,其南面为石钟山,北为小孤山,两山高耸,陡峭峥嵘,峙立于鄱阳湖与长江交汇处,号为"江湖锁钥",湖口守军只需少量兵力,即可把守住这一通道,拒宋军于鄱阳湖之外,宋军即使有超过湖口水军的兵力,也需付出极大的代价,才可能攻入鄱阳湖与湖口守军决战②。正是考虑到这一点,宋太祖才决定以围城打援的方式消灭湖口水军。

十月中旬,朱令赟率湖口水军顺流东下,进入了安徽境内。由于正是冬初枯水季节,长江水浅,再加上船体过大,进军速度十分

---

① 《十国春秋》卷30《朱令赟传》。
② 清朝末年,太平军就曾在湖口大破湘军水师,曾国藩险些丧命于此。

缓慢。早已按宋太祖"密授成算"而率兵集结在独树口（今安徽安庆附近）的王明，得知湖口守军全数东下后，马上派儿子向宋太祖汇报，同时要求"添造战舰三百艘以袭令赟"。宋太祖可能事先也没有估计到朱令赟会倾巢出动，但他却觉得此时添造战舰，已非应急良策，因而秘密派人指示王明，可在江浦之间多立些木杆，远远望去就像是战船上的桅杆一样，以迷惑朱令赟，延缓其前进；同时，宋太祖又火速从金陵前线调禁军大将刘遇率精兵西上，"会合诸军"，增援王明。十一月下旬，朱令赟率部进抵皖口（今安徽安庆西南），在大雾中为王明、刘遇等各部宋军"聚兵"包围，朱令赟不明敌情，下令以火攻突围，不料风向突转，大火反烧了自己：

> 令赟独乘大航，高数十重，上设旗鼓，蔽江而下。王师聚而攻之，矢集如猬，令赟窘不知所为，乃急发火油以御之，北风暴起，烟焰涨空，军遂大溃，令赟死之。①

> 王师聚攻之。令赟先创巨舟，实葭苇，灌膏油，欲顺风纵火，谓之火油机。至此势蹙，乃以火油机前拒，而反风回煽，自焚大筏，水陆诸军不战而溃，令赟投火死，粮器俱焚，烟焰不绝者浃日，自是金陵绝无外援，以至于亡。②

> 令赟所乘舰尤大，建大将旗鼓，王师舟小，聚攻之，令赟以火油纵烧，王师不能支，会北风，反焰自焚，水陆诸军十五万，不战皆溃，令赟煌骇赴火。③

综合上述详略不同的记载，可以看出，在这次决战中，南唐军队首先使用了"火油机"，宋军则以密集的箭矢压制住对方。在宋军"矢集如猬"的箭阵中，是否包括"火箭"，史书上没有明确记载。很可能激战之初风向就突变，大火反烧了南唐军队，宋军已不需要使用太多的"火箭"了，原来准备的数万支"平唐火箭"没有派得上

---

① （宋）史温：《钓矶立谈》。
② （宋）马令：《马氏南唐书》卷17《朱令赟传》。
③ （宋）陆游：《陆氏南唐书》卷5《朱令赟传》。

大用场。

"时来天地皆同力,运去英雄不自由。"①南唐方面最强大的一支生力军就这样被消灭了,主帅朱令赟投火而死,金陵、湖口本来的呼应之势也随之丧失,金陵"由是孤城愈危蹙矣"②。

到十一月,金陵已经被围九个月了。曹彬再三致书劝李煜投降,但李煜却不死心,一方面不断派兵偷袭宋军围城部队,另一方面又再次派徐铉、周惟简入宋求和。

十一月辛未,宋太祖在偏殿接见了徐、周二使。接受了上次的教训,徐铉这次是从谈诗论文入手的,他先是盛称南唐国主李煜"博学多艺,有圣人之能",并举例说李煜有一首"秋月"诗,天下人人传颂。宋太祖则大笑着说:"寒士语尔,吾不道也。"意思是李煜的诗有小家子的寒酸气。徐铉不服,反怼宋太祖"大言无实",即只会说大话,其实根本不知诗为何物。此言一出,满朝文武"惊惧相目"。宋太祖却很轻松地回道,我年轻寒微时就作过"咏月诗"了:

> 吾微时自秦中归,道华山下,醉卧田间,觉而月出,有句曰:"未离海底千山黑,才到天中万国明。"铉大惊,殿上称寿。③

徐铉没有能从诗文上讨得便宜,转而拿"礼法"说事。说南唐对宋朝的"礼数"一直很周详、很恭顺,故宋朝举兵来伐,师出无

---

① 此为唐代诗人罗隐所作《筹笔驿》诗句,全诗为:"抛掷南阳为主忧,北征东讨尽良筹。时来天地皆同力,运去英雄不自由。千里山河轻孺子,两朝冠剑怨谯周。唯余岩下多情水,犹解年年傍驿流。"罗氏此诗流传一时,据《资治通鉴》卷293记载,周世宗显德元年(954),南唐在后周进攻下节节败退,"唐主问神卫统军朱匡业、刘存忠以守御方略,匡业诵罗隐诗曰:'时来天地皆同力,运去英雄不自由。'"朱匡业恰是朱令赟的伯父,《陆氏南唐书》卷5《朱令赟传》即言:"朱令赟,大将军业(避宋太祖讳)之子。"《长编》卷6乾德三年正月条又记载,后蜀王昭远兵败后,"悲嗟流涕,自尽肿,惟诵罗隐诗曰:'运去英雄不自由。'"
② 《长编》卷16开宝八年十月条。
③ (宋)陈师道:《后山诗话》卷1。

名。他越说越激动,"声色愈厉",宋太祖却早就有些不耐烦了,不由得也动起怒来:

> 按剑谓铉曰:"不须多言,江南亦有何罪,但天下一家,卧榻之侧,岂容他人鼾睡乎!"

宋太祖发怒倒是没有吓住徐铉,但跟在他旁边的周惟简却吓得满头大汗,惶恐万分地表白道:"臣本居山野,非有仕进意,李煜强遣臣来耳。臣素闻终南山多灵药,它日愿得栖隐。"①周惟简如此自贬,徒然增加了宋太祖对他的鄙视。南唐灭亡后,徐铉因出使时能遇事力争,不辱使命而被宋太祖视为忠臣,受到重用;周惟简四处钻营,也没有人愿意再搭理他了。② 这是后话。

这边宋太祖拒绝了南唐的求和,那边的曹彬马上给李煜下了最后通牒,令其在十一月二十七日以前无条件投降。

此时金陵城中乏粮,斗米万钱,死者相枕藉。市面上更是飞短流长,谣言四起,一会传说宫苑中饲养的鹿忽作人语,喝斥养鹿人道:"明年今日,汝等俱作鬼物。"③又有传说浔阳江头捕获大鳝,"形如大堤,长数十丈,食其肉者多死……识者曰:'鳝者,鲤(李)类,今死则国亡。'"甚至,连那几年一直是金陵城中最流行的"天水碧",现在也被认为是不祥之物了,因为"碧"与"逼"谐音,天水乃赵姓的郡望,这不是赵宋逼迫江南之兆吗?更令金陵市民惊慌的是,围城以来,气候物象亦多显现怪异,忽而"白昼如晦",忽而"白虹贯日",④十月下旬,"又见枭雁自北而飞,迨千群至城侧叫啸悲鸣,遗粪于城屋及女墙上,皆白而臭,月余乃止"⑤……

国之将亡,多谣传,多谶语,多假譬,多变异。真真假假,铺天

---

① 《长编》卷16开宝八年十一月条。
② 《十国春秋》卷30《周惟简传》。
③ (清)陈耀文:《天中记》卷54"鹿"条引《金陵志》,文渊阁四库全书本。
④ 《十国春秋》卷17《南唐本纪三》。"天水碧"事,《五国故事》卷上云:"又建康染肆之榜多题曰'天水碧'。"
⑤ (宋)龙衮:《江南野史》卷3,文渊阁四库全书本。

盖地而来,"城中人惶怖欲死",南唐方面的精神已被挤压到崩溃的边缘。

于是,某日,沿江的那一排安有"将军号"的大楼船,忽有一艘"吼声如雷,闻数十里";于是,金陵城中出现了一个自号"酒秃"的和尚,"日夜剧饮,醉则从小儿数十,浩歌道中,歌曰:'酒秃、酒秃,何荣何辱,但见衣冠成古丘,不见江河变陵谷。'"有人认出这"酒秃",说是玄寂大师,曾经还为国主讲过《华严经》,是国主的座上贵客①……

作为一国之主的李煜,他这时的表现似乎要"淡定"一些:"城中之人惶怖无死所,后主方幸净居室,听沙门德明、云真、义伦、崇节讲《楞严》、《圆觉》经。"②他也需要麻醉,需要解脱。"佛"宣布这个世界是虚幻的,他正可以在这幻灭中逃避现实的痛苦和严酷。当然,他浪漫的性格决定了他永远也成不了虔诚的佛教徒,即使在此时,他还是少不了笙歌醉梦,据说就是在城破之际,他还有一首"蝶翻金粉双飞"的《临江仙》没有写完呢。③

接到曹彬的最后通牒后,李煜答应先派其子仲寓入朝投降,但一直到二十四日,还不见其出城。曹彬派人去催,得到的回答竟是:"仲寓趣装未办,宫中宴饯未毕,二十七日乃可出也。"

曹彬却容不得李煜再这样拖下去了,根据宋太祖此前"朕宁不得江南,不可辄杀人也"的指示,于二十五日会集诸将,强调军纪,进行攻城总部署。这天,曹彬还与诸将上演了一幕看似"桥段",实则极有深意的"焚香约言":

(曹彬)忽称疾不视事,诸将皆来问疾,彬曰:"余之病非

---

① (宋)陆游:《南唐书》卷7《毛炳传》。
② (宋)陆游:《南唐书》卷3《后主本纪第三》。
③ (宋)阮阅:《诗话总龟后集》卷11"评论门"载:"自古文人虽在艰危困踬之中,亦不忘于制述,盖性之所嗜,虽鼎镬在前不恤也。况下于此者乎?李后主在围城中,可谓危矣。犹作长短句,所谓:'樱桃落尽春归去,蝶翻金粉双飞。子规啼月小楼西。'文未就而城破。"周本淳校点本,人民文学出版社1987年版。

药石所愈,须诸公共为信誓,破城日不妄杀一人,则彬之疾愈矣。"诸将许诺,乃相与焚香约言。①

尽管此次南征,宋太祖反复强调过军纪,甚至还给了曹彬随时处决违纪将领的特权,但作为一名参与了宋初几乎所有重要战役的统帅,曹彬深知,大军破城之际,任何一个微小的疏忽,都可能引起军纪的失控。只有用军中人人敬畏又人人都能理解的方式来统一将领的认识,层层贯彻下去,皇上关于"不可辄杀人也"的命令才能落到实处。后来的事实证明,曹彬的这幕"焚香约言"确实起到了作用:

> 江南文武官吏,赖王(曹彬后来被追封为曹武惠王)保全,皆得其所。亲属有为军士所掠者,王即时遣还之。因大搜军中,无得匿人妻女。仓廪府库,悉委转运使按籍检视,王一不问。振乏绝,恤鳏寡,仁人之心,无所不至。吴(南唐)人大悦。及归,舟中无他物,惟图籍衣被而已。②

《宋史·曹彬传》则讲得更明确:

> 煜(李煜)之君臣,卒赖保全。自出师至凯旋,士众畏服,无轻肆者。

宋代一直有一种说法:曹彬的后代多为名臣、名将,其孙女还做了宋仁宗的皇后,这都是曹彬当年战场上所积"阴德"所致。另外,据周汝昌、杨向奎等人的研究,清代大文学家曹雪芹,也是曹彬的后代,③这当然与"阴德"无关,但曹彬当年对"煜之君臣"的竭力"保全",还是可以给人许多文化联想的。

再回到宋军围攻金陵的战场。十月二十七日,大风突起,尘沙

---

① 《长编》卷16开宝八年十一月条。
② (宋)朱熹:《五朝名臣言行录》,朱杰人等主编:《朱子全书》第12册,上海古籍出版社2010年版,第28页。
③ 参见周汝昌:《曹雪芹家世生平丛话》第二节"将军后"和"辽阳一籍"》,《光明日报》1962年1月30日;杨向奎:《曹雪芹世家》,《文史哲》1988年第6期。

蔽日,"天地晦冥"。宋军按计划对金陵发起了总攻。关于这次攻城,史书记载比较简略,马令《南唐书》称,南唐"诸将战没者犹数十人";《十国春秋》称:"城陷,将军咼彦、马承信及弟承俊帅壮士数百,力战而死。"看来,南唐方面也是进行了一定的抵抗,但规模不会太大,而且李煜和主持国政的陈乔、张洎等也并没有出面组织抵抗。故宋军攻城进行得很顺利,金陵城当天就被攻陷,曹彬率兵列队而入。

此时,南唐宫中已经乱成一团。

李煜早就命人在宫中堆下了柴草,声称要"聚室自焚,终不作他国之鬼"①。但死到临头,生的欲望却又是那么强烈地诱惑着他,毕竟是在荣华富贵中长大的,他对人世间的生活有着一种本能的依恋,如果他生性坚强,或许还可以克服这种本能的依恋,从容一死,可他偏偏又是一个性格怯懦的人。

陈乔身为执政大臣,自感对城破国亡负有不可推卸的责任,因而在城破时,与同样是执政大臣的张洎相约,要以死殉国。可张洎却并不想死,他把妻子老小、金银细软都搬到了宫中,然后又拉着陈乔的手,同到李煜面前做最后的诀别。李煜自己已不愿死了,自然要对他俩极力劝解。陈乔回答说:"陛下纵不杀臣,臣亦何面目见国人乎?"张洎在旁边也作出一副慷慨请死的姿态,拉着陈乔登阁闭户,要自缢殉国。可当陈乔自缢后,他却溜了下来,厚着脸皮对李煜说:"臣与乔共掌枢务,今国亡,当俱死,又念陛下入朝,谁与陛下辨明此事,所以不死者,将有待也。"②张洎健壮挺拔,平日里慷慨激昂,又写得一手好文章,但其为人却极为龌龊,是一个典型的无行文人。降宋后,他巧于逢迎,在宋太祖面前装出一副辞色不挠、大义凛然的样子,居然骗得了"忠臣"的美名,受到宋太祖和

---

① (宋)龙衮:《江南野史》卷3。
② 《长编》卷16开宝八年十一月条。

宋太宗的重用。他得势后,对李煜不但全无一点旧谊,反而仗势欺人,多次向生活已很拮据的李煜敲诈勒索①。

陈乔已死,张洎主降,李煜遂率领南唐文武四十五人,肉袒迎拜曹彬于宫城门外,奉表纳降。立国三十九年的南方头号大国,并且实力一度强大到很有希望统一全国的南唐政权,至此正式灭亡。宋朝又"得州十九,军三,县一百有八,户六十五万五千六十有五"②,国力、财力大大加强。

平定南唐,是宋太祖统一南方的最后一仗,也是宋王朝奠定了统一大局的关键一战。南宋朱熹就认为,只是在平定了南唐之后,宋朝才名副其实地成为一个统一王朝,此前"天下未一,宋亦列国耳"③。此时南方只剩下了吴越的钱氏政权和漳泉的陈氏政权。这两个政权不但势力极为有限,而且早就对北宋表示臣服了,对于他们,只须稍加政治压力而完全不必再用干戈。事实上,分裂长达七八十年的广大南方地区至此已经完成了统一。

平定南唐,首尾十五个月,是宋初统一进程中历时最漫长的一次战争,但也是最成功的一次战争。南唐是当时中国最富庶的地区,粮食生产占江南地区的百分之六十,丝织品、铜、银、茶,约占全国的二分之一;南唐也是当时中国文化的中心,李璟、李煜父子,"江左三徐",以及冯延巳、顾闳中、董源等文化大家辈出;南唐的教育发达,典籍完备,史称:"五代之乱也,礼乐崩坏,文献俱亡,而儒衣书服盛于南唐。"④宋初国家藏书仅万余卷,而南唐藏书竟达十余万卷(这也超过了盛唐时期国家藏书的八万卷),难怪张洎奉命使宋后作诗嘲笑北宋文化荒芜,如"一堆灰"⑤。宋初平定南唐

---

① 《十国春秋》卷30《张洎传》。
② 朱熹:《资治通鉴纲目·凡例》,国家图书馆出版社2005年版。
③ 《长编》卷16开宝八年十二月条。
④ (宋)马令:《南唐书》卷13《儒者传论》。
⑤ 参见吴枫、任爽:《五代分合与南唐的历史地位》,《东北师大学报》1994年第5期。

最大的成功,就是在战争过程中最大限度地避免了对当地经济、文化的破坏。自开战以来,宋太祖曾数次遣使者传令"勿伤金陵城中人","城陷之日,慎无杀戮,设若困斗,则李煜一门不可加害",①甚至有"朕宁不得江南,不可辄杀人也"的指令。南宋吕中曾慨叹说:"自古攻取之主,其视民生殆若草菅,则我太祖待之曲加存抚,江南兴师,不戮一人。"②这段话虽有溢美,但与十年前宋太祖在后周时所从事的"三征南唐"相比,③的确有了根本性的变化。自然,这也对宋初政权的巩固,宋代经济文化的繁荣,产生了十分积极的影响。

---

① 《长编》卷16开宝八年十二月条,《东轩笔录》卷1。
② 《宋大事记讲义》卷2。
③ 后周"三征南唐"时,据史温《钓矶立谈》记载:"周师之出也,亩无栖粮,廪无留藏;卷地以往,视人如土芥;坟墓圮毁,老幼系缧;墟落之地,骴腐骨填:里鼓绝响,殆无炊烟"(《册府元龟》卷401)。宋太祖当时作为后周的统帅之一,对战争的残酷有直接的感受,也有反思。这是他在此次平南唐时反复强调军纪的一个重要原因,也说明了他在政治上的成熟。

第五章　朝廷与地方

第一节　根除藩镇动乱的"三大纲领"

在南北用兵，统一中国的同时，一系列巩固统一、确保长治久安的策略也在运筹和实施。

其中最重要的一次决策，产生于建隆二年(961)七月。

七月，按当时农历节气已是初秋了。秋日的汴京是平和的，天高云淡，落叶无声。没有春的躁动和夏的火爆。整个夏季一直涨水的汴河已失去了喧嚣，平静地淌进西水门，悄悄地向东南流去。一阵西风掠过，汴水发出了"钬钬铮铮"的响声，既不燥利，又不绵靡。"汴水秋声"，正是汴京城最平和，又最动人意兴的时节。因为上一年已陆续平定了李筠、李重进的叛乱，宋太祖此时的心情也像汴京城的秋天一样，宁静平和了许多。帝业初固，"威德日盛"的他，可以从更深的层次考虑国家的长治久安了。

就是在这初秋七月的某一天，赵普受到宫中急宣，传他立刻去见皇上。此时的赵普刚刚过了四十岁生日，并获得了"推忠佐理功臣"的名号。这一名号是对那些为王朝作出突出贡献大臣的嘉誉，一般朝臣没有这种待遇。此时他虽然还只是一个官阶从四品的右谏议大夫、枢密直学士，但是朝野上下却都把他作为"真宰相"看待。① 皇帝一家更不把他当外人，杜太后常说，赵家的事，还

---

① 北宋建国的第五个年头，赵普才官拜宰相。宋太祖在《赵普拜相制》中对赵普五年来的工作给予了高度评价，其中有"泊赞枢机之务，屡陈帷幄之谋"。

劳"赵书记"费心教导。① 这年三月,为了君臣议事方便,太祖特赐赵普一座宅第,位置就在皇宫的旁边。现在,当他从这座新宅匆匆赶往宫中时,心中想必是充满了"推忠佐理"的责任感。

《长编》卷二建隆二年七月条,记载了赵普入宫后君臣二人讨论的主要内容:

> 初,上既诛李筠及重进,一日,召赵普问曰:"天下自唐季以来,数十年间,帝王凡易八姓,战斗不息,生民涂地,其故何也?吾欲息天下之兵,为国家长久计,其道何如?"普曰:"陛下之言及此,天地人神之福也。此非他故,方镇太重,君弱臣强而已。今所以治之,亦无他奇巧,惟稍夺其权,制其钱谷,收其精兵,则天下自安矣。"语未毕,上曰:"卿无复言,吾已喻矣。"

这是宋初有关国家长治久安的一次最重要的讨论。宋代的官私文献中,对这次讨论的情况大都有详细记载,对这次讨论的意义更有极高评价,如司马光说:"曩非赵韩王(赵普)谋虑深长,太祖聪明果断,天下何以治平?"邵伯温也认为:"向非韩王谋虑深远,太祖深明果断,天下无复太平之日矣,圣贤之见,何其远哉!"②今人对此也有较高的评估,将"稍夺其权,制其钱谷,收其精兵"称之为宋初收夺地方权力,加强中央集权的"三大纲领":

> 考唐末以来,藩镇之所以恣睢暴戾且敢公然叛变者,端以恃有土地、人民,把持财赋以治甲兵耳。故赵普对太祖揭橥三大纲领——夺其权柄,制其钱谷,收其精兵——以弱其势。良以藩镇倘无作乱之资与犯上之力,然后自不敢不俯首就范也。③

应当说,赵普对局势的分析是切中要害的。

---

① (宋)司马光:《涑水记闻》卷1。
② 参见《涑水记闻》卷1,《邵氏闻见录》卷1,《太平治迹类统》卷1等。
③ 聂崇岐:《宋史丛考》上册,第275页。

从中唐安史之乱到整个五代十国时期,中国曾长时间地陷入分裂动乱。动乱的主要祸根有二:一是地方节度使(藩镇)独揽各地行政权、财权、兵权,结果地方权力过大,中央与地方关系失调,"内(中央)轻外(地方)重"、"尾不大掉",构成频繁的"藩镇动乱";二是中央禁军将帅不断地发动兵变,直接推翻皇帝,"黄袍加身",如"陈桥兵变"就是其中的一次。这两种动乱,用当时人的话说,前者是"肢体之祸",后者是"腹心之祸"。因为中央禁军的向背直接关系到皇帝的生死安危,一旦发生政变,一夜之间就可以改朝换代,所以,这种"腹心之祸"较之于地方节度使专权的"肢体之祸"自然更危险,是需要首先防范的。宋太祖自己就是刚刚利用禁军兵变而"黄袍加身"的,自然深知个中利害,所以即位以后,一方面通过"杯酒释兵权"解除了"腹心之祸";另一方面,则要通过控制和收夺地方节度使的权力,以解除"肢体之祸"。只有这样,才能保证宋王朝的长治久安。

正是基于这种认识,宋太祖君臣才揭橥控制地方节度使的"三大纲领"。其中的"制其钱谷"和"收其精兵",一望而知,就是收夺地方藩镇的财权和兵权;有了这两项,"稍夺其权",就应该是指收夺节度使在各地的行政、司法诸权①。

"三大纲领"尽管涉及了收夺藩镇权力的方方面面,是一个很全面的筹划,但也不必评价太高。因为提出这样三条纲领,并不需要特别的政治识见。赵普所谓的"无他奇巧"云云,并非自谦;而

---

① 对"稍夺其权"这句话,宋人的记载大都一致,但聂崇岐据《邵氏闻见录》所载,称其为"夺其权柄"(《宋史丛考》,第 275 页),今查《邵氏闻见录》,仍作"稍夺其权";张其凡据《宋大事记讲义》卷 2 所载,以为宋初"所施行之措施,非'稍夺',而系'削夺'也"(《赵普评传》,北京出版社 1991 年版,第 90 页)。就用语的对仗工整而言,"夺其权柄"与"制其钱谷"、"收其精兵"颇为相合;就语义的清晰通晓而言,"削夺其权"亦较胜于"稍夺其权"。聂、张二人所言,不为无据。不过,"稍"字,有"逐渐"的意思,"稍夺其权"就是有步骤地、渐进地收夺藩镇的行政、司法诸权。这倒比较符合宋初政治运作的基本特点,也符合当时收夺藩镇权力的实际情况。

太祖的"卿无复言,吾已喻矣",显然也是一种了然于胸的神态。

朝廷(中央)与地方,本来就是对立统一的关系。地方权力过于膨胀,必然会造成无视朝廷、各自为政,甚至分裂战乱的局面。因而,尽可能地控制地方权力,防止分裂割据就成为历朝历代的一项最基本的国策。唐代安史之乱后,尽管中央对地方几乎完全失控,但这项基本国策却没有丢,如何控制、削弱地方藩镇的势力,正是朝野上下议论最多的问题。

唐宪宗元和十二年(817),一个风雪弥漫的冬夜,在宰相裴度的部署下,大将李愬率领九千精兵,疾行一百三十余里,突袭淮西镇的驻节地蔡州城,于次日寅时活捉了当时藩镇中最为桀骜不驯的淮西节度使吴元济,平定了持续三十余年的淮西之乱。当年十一月,当吴元济在长安人头落地时,诗人刘禹锡写了《平蔡州三首》,散文家柳宗元完成了《奉平淮夷雅表》,名气更大的文坛领袖韩愈花了一个月的时间,撰成了著名的《平淮西碑》,在一片胜利的欢呼声中,一名亲自参加过淮西平乱的将军乌重胤,上书提交了"杀节镇之权"的策略①:一是节度使不应干预属下各州的政事,二是节度使军队应分别由各州刺史统领。他还带头将自己担任的横海节度使属下的德、棣、景三州政事"各还刺史职事",军队也"并令刺史收管"。唐宪宗推行乌氏的措施,收到了一定成效②。乌氏的策略,虽然从效用上看,与宋初"三大纲领"的贯彻不可同日而语,但至少已涉及了收夺藩镇的行政权和兵权两个问题。北宋理学家程颢有一次与弟子们闲谈时,就提到:

> 赵普除节度使权,便是乌重胤之策,以兵付逐州刺史。③

---

① 《旧唐书》卷161《乌重胤传》。宋人一般认为:"乌重胤欲杀节镇之权,我宋实用以弭五代之祸。"见南宋叶适《习学记言序目》附录《孙之弘序》,中华书局1997年版,第760页。
② 参见吕思勉:《隋唐五代史》,上海古籍出版社1984年版,第350页。
③ (宋)程颢、程颐:《二程集·河南程氏遗书》卷3。

从唐末至五代,也不断有人从加强中央政府财力、限制藩镇势力的角度提出过一些财政方面的措施,如《资治通鉴》卷二三二唐贞元三年七月条载:

> 时关东防秋兵大集,国用不充,李泌奏:"自变两税法以来,藩镇、州、县多违法聚敛。……请遣使以诏旨赦其罪,但令革正,自非于法应留使、留州之外,悉输京师。"

又,同书卷二八〇后晋天福元年十一月条载:

> 初,帝(石敬瑭)在河东,为唐朝所忌,中书侍郎、同平章事、判三司张延朗不欲河东多蓄积,凡财赋应留使之外尽收取之。

可见,无论是"稍夺其权",还是"制其钱谷"、"收其精兵",都是前人已经实施过的策略,宋初的"三大纲领",正是在前人基础上总结出来的。

"三大纲领"虽然是由赵普明确提出的,但宋太祖却不止同赵普一个人讨论过类似的问题。北宋张舜民《画墁录》就记载说:

> 太祖深鉴唐末五代藩镇跋扈,即位尽收诸将之兵,列之畿甸,节镇惟置州事,以时更代,至今百四十年,四方无吠犬之警,可谓不世之功矣。或云陈希夷之策。

"深鉴"云云,说明太祖本人对藩镇跋扈的问题已有相当成熟的思考;"或云陈希夷之策",则说明除赵普之外,太祖应该还曾与其他人讨论过类似的问题①。陈希夷即五代宋初的"高道"陈抟。研究道教史的学者对陈抟评价极高,认为他是继老子、张道陵以后的又一道教至尊,称之为"陈抟老祖"。从宋代理学的形成和发展来看,陈抟对于理学的奠基人周敦颐有直接而重要的影响,于理学具有不可忽视的开源之功。他创立的先天易学,开创了宋明以来易

---

① 聂崇岐云:"内外兵权之收,群书皆言计出赵普。赵普一学究耳,然能谋深虑远如此,亦不可谓非人杰。"(《论宋太祖收兵权》)所谓"群书皆言"云云,与史实稍有不符。

学研究的规模与传统。其内丹修炼的理论,又为宋元道教内丹派的形成奠定了初步的理论基础,开拓了一个宏大的学派。① 而史学家蒙文通对陈抟的评价则是:"不徒为高隐,而实博学多能;不徒为书生,而固有雄武大略。真人中之龙耶!方其高卧三峰,而两宋之道德文章,已系于一身。""观其流风所被,甄陶群杰,更足验也。"②就其"雄武大略"和"甄陶群杰"而言,陈抟提出根除藩镇跋扈之策也完全有可能。更重要的是,《画墁录》中的这段记载,还启示了一个新的问题——"三大纲领"的实际运作:如何"稍夺其权"?如何"制其钱谷"?如何"收其精兵"?这应该是比"三大纲领"的提出更为关键的问题。如《画墁录》中的"尽收诸将之兵,列之畿甸",与乌重胤的"应在州兵,并由刺史收管",虽然都是剥夺节度使的兵权,但操作方法显然大不相同。在宋人的议论中,已经注意到了类似问题:

> 禁卫之兵骄,方镇之权重,五代以下,以智力取之而不足,太祖以杯酒宴笑收之而有余。人徒见其收之易,而不知其收之者固自有本也。……太祖之所以能收其权者,正孟子所谓为政不得罪于巨室,裴度所谓处置得宜,有以服其心。不然,无故而行削权之策,岂不动七国之变哉!③

应当说,宋初削夺方镇之权的策略之所以进展顺利,颇见成效,有其历史的必然性,是"分久必合"、"乱久必治"的历史大势推演的结果。

第一,中唐以来,强藩大镇各自为政,一方面对抗朝廷,另一方面,藩镇之间也是相互兼并,相互吞噬,长此以往,就不断演化出数败俱伤的结局,从总体上削弱了各地藩镇的势力。"无其势者无其心",藩镇总体实力的下降,使其政治野心受到抑制。这就为宋

---

① 李远国:《试论陈抟的生平及其学术渊源》,《中国道教》1987年第2期。
② 蒙文通:《陈碧虚与陈抟学派》,四川省图书馆编:《图书集刊》1948年第8期。
③ (宋)吕中:《宋大事记讲义》卷2《处藩镇,收兵权》。

初收夺藩镇之权创造了有利的条件。

第二,长期以来,一方面是藩镇公开向中央政府示威,不断地制造动乱;另一方面各个藩镇内部也是变乱迭起,其属下的骄兵悍将为谋求财货赏赐,常常逐杀节度使,"变易主帅,如同儿戏"。如魏博节度使手下的牙军,大都是军中子弟出身,他们"父子世袭,姻党盘牙,悍骄不顾法令",几任魏博节度使都是他们拥立,又都死在他们手里。其要求稍有不得满足,即鼓噪哗变,杀死节度使,"害之无噍类"①。藩镇原来倚任为爪牙的将校兵卒,竟逐步成为令人恐怖的异己力量。在这种情况下,有相当一部分藩镇,从消灾免祸的角度出发,也不希望辖属过多的军队,这也就为宋初"三大纲领"的实施(尤其是"收其精兵"),提供了一个重要的前提。

第三,五代时期,先是朱温由宣武节度使变为后梁的开国皇帝,原来属于宣武镇的地方兵力也就随着朱温开进京城,变为中央禁军;此后随着各个强藩大镇不断地入主中央,改朝换代,大批的地方部队转化为中央禁军,"累朝相积"的结果,使中央禁军的实力在总体上超过了地方藩镇的兵力,这就为宋初进一步收夺地方的兵权、财权、行政权,迫使其就范,提供了保障。

由于上述三大军政格局的变化,宋太祖实施的"三大纲领"自然也就易见成效了。

不过,也不能因此便把宋初"三大纲领"的实施,看成是一个水到渠成、自然而然的过程。事实上,整个军政格局的变动是一回事,而如何顺应这种变动一展身手又是一回事,"成事"固然"在天",而"谋事"却又从来是"在人"。"三大纲领"的实施,不可能不触动藩镇的实际利益,如何在不激化与藩镇的矛盾的情况下(即"不得罪于巨室","不动七国之乱"),使"三大纲领"的实施取得成效,的确需要政治智慧和手段。宋太祖就是在后一点上,

---

① 《新唐书》卷 210《罗绍威传》。

表现出其过人的才识,用当时的话说就是"极有术","此方是英雄手段"。①

第二节 如何"稍夺其权"

为了不被宋太祖的"英雄驭臣之术"迷乱了本节的叙述头绪,我们先将学术界一段有关"稍夺其权"最权威的研究结论照录于下:

> 稍夺其权。为削夺节度使的行政权力,把节度使驻地以外的州郡——"支郡"直属京师。同时派遣中央政府的文臣出任知州、知县,"列郡各得自达于京师,以京官权知"。这一制度逐步推行后,到宋太宗初年,西北边境州郡也都换上了文官,宋代虽然保留了节度使的名义,但在北宋初年,事实上已降为某一州郡的长官,后来更徒具虚名,而不到节度使驻地赴任。即使如此,宋太祖仍恐州郡长官专权,一面采取三年一易的方法,使州县长官频频调动,一面又设置通判,以分知州之权,利用通判与知州之间的相互制约,使一州之政不致为知州把持,防止偏离中央政府的统治轨道。②

从这一段论述中可以看出,宋初的"稍夺其权"主要有这样几条措施:

1. 废罢节度使统辖的支郡。
2. 以中央政府的文臣任节度使辖下各州的知州。
3. 以中央政府的文臣任节度使辖下各县的知县。

---

① (宋)黎靖德编:《朱子语类》卷127《本朝一·太祖朝》:"或言'太祖受命,尽除五代弊法,用能易乱为治。'曰:'不然,只是去其甚者,其他法令条目多仍其旧。大凡做事底人,多是先其大纲,其他节目可因则因,此方是英雄手段。'"
② 邓广铭主编:《中国大百科全书·中国历史·辽宋西夏金史》,中国大百科全书出版社1988年版,第21页。

4. 知州每三年一调换。

5. 设置通判与知州相互制约。

这五条中的最后两条措施与"削夺节度使的行政权力"关系不大,它们主要是为了限制知州的权力,或者说是为了防微杜渐——防止知州因久居一地,把持一州之政,而演化成为新的地方割据势力。所以,宋初真正在"削夺节度使的行政权力"方面产生直接作用的,只是前三条措施。

正是这三条措施的实行,使节度使丧失了节度地方的权力,成为"徒具空名",而无任何行政执掌的空衔。那么,"支郡"是怎样被废罢的呢?废罢"支郡"与文臣任知州、知县之间有什么关联?是废罢支郡的"同时"或之后,才有了文臣任知州、知县?还是文臣任知州、知县导致了废罢支郡? 只有搞清这些问题,才能准确回答宋初是如何强化中央权力的。

上述措施是按两条线索齐头并进的。

一条线索伴随着南征北战,在新的占领区实行新的行政体制;旧的支郡体制,节度使辖州、辖县体制等在这些区域当中不再实行。①

另一条线索,在原来宋朝统治的北方地区,逐步废除节度使辖县、辖州体制和支郡体制。其操作的步骤大致是:第一步,自乾德二年(964)起,宋太祖开始派遣中央政府的文臣带原衔至节度使属下各州郡任知县(常参官知县)。知县在行政上仍隶属于节度使,故"常参官知县"表面上似乎并不影响节度使的行政权力,更"无碍藩镇辖境之大"。但随着这一措施的逐步推行,"五代以来,诸侯(节度使)强横,令宰不能专县事"的局面则得以改观,县令理政,不再"听命于帅府(节度使)"。这就从县一级,或者说从"本根"上架空了各地节度使的行政职掌,同时,也为军队的调动

---

① 《宋会要辑稿》职官四七之三载:"凡下州郡,即命朝臣领之。"

迁徙、罢免节度使而代之以中央政府的文臣("以文臣知州事")创造了条件。第二步,自开宝年间(968—976)起,大批节度使被调迁、罢免,大批中央文臣则乘机充实到原节度使辖下的本郡和支郡(一个节度使在行政上可统领数州,其中驻节州为本郡,其余为支郡)担任知州、知府。这又从州一级更进一步架空了节度使的行政职掌。第三步,节度使既然已无多少实际权力,故宋太宗即位不久,即宣布废领"支郡",使中唐以来统领数州的节度使事实上已降为某一州郡的长官,而那些不兼任知州、知府的节度使,更是"徒具空名",无任何行政执掌,甚至根本"不到节度使驻地赴任"。宋初的"稍夺其权"至此才算基本完成。

以上两条线索是同时并进、交叉进行的;而第二条线索中的三个步骤,则是逐渐推进的,后一步是以前一步为基础的,而不是"同时",更不是步骤倒置。其中含蕴的政治智慧,使新旧体制在波澜不惊中完成了转换。

乾德元年(963)四月,宋太祖平定了南平、湖南后发布的一道诏令,可以看作是在南方占领区实施新的行政体制的标志。《宋会要辑稿》职官三八之二是这样记载的:

> 始唐及五代,节镇皆有支郡。太祖平湖南,始令潭、朗等州直属京师,长吏得自奏事。

节度使本为军职,按理无权过问驻地的行政、司法诸事,但自唐开元(713—741)以后,节度使就成为上马统兵、下马管民的实权人物。他们自行选官,委派麾下将领充任地方州县长官,"不用朝廷法令,官爵、甲兵、租赋、刑杀皆自专之"。当时,一个节度使不但要主管驻节州的政务,甚至还兼理附近各州的政务。如山南道节度使,驻节襄州,除主管襄州政务外,同时还要兼管与襄州相邻的均州、复州、房州诸州郡的政务。就像一棵大树分出若干枝杈一般,均、复、房诸州都就是节度使的"支郡"。支郡的行政长官大都由节度使任命,支郡处理各自的政务时,必须禀报节度使,而中央政府往往无权过问。宋人王栐《燕翼诒谋录》卷一就曾有这样的记载：

> 唐末,藩镇诸州(支郡)听命帅府(节度使),如臣之事君,虽或因朝命除授而事无巨细,皆取决于帅,与朝廷几于相忘。

由此可见,解决"支郡"的确是收夺藩镇权力,尤其是收夺其行政权的一个值得充分重视的环节。这道诏书,令新征服地区仍可保留节度使,但节度使驻节州以外的各州郡则"直属京师"。这些州的政务不再禀报节度使,"长吏得自奏事",即直接向中央奏事。这样,"支郡"在南方新征服地区就被废罢了。

此后,无论是四川的后蜀、两广的南汉还是江南的南唐,被征服后都不再允许节度使统辖"支郡"。在这些占领区内的州县,在行政上都直接隶属于中央,藩镇辖领"支郡"的体制不复存在。

与南方占领区相比,对北方藩镇行政权的收夺就不可能这么干脆了。如何"处置得宜"？这是宋太祖考虑较多的问题。

对北方藩镇行政权的收夺,是从"常参官知(知为动词,下同)县"开始的。

"常参官知县",就是"以中央政府的文臣任知县"。"常参官知县",作为收夺藩镇行政权的一项措施,虽早已为论者所提及,但往往是一笔带过,对这一措施的意义,缺乏足够的重视。① 其实,"常参官知县"在"削夺藩镇之权"方面所发挥的作用和影响并不亚于"罢领支郡",甚至可以说"罢领支郡"正是以"常参官知县"为前提的,若没有这一前提,后来的"罢领支郡"是很难顺利完成的。

"常参官知县"的措施推行较早,《长编》卷四乾德元年六月条云：

---

① 如聂崇岐认为："削夺藩镇之权,其术不止一端,惟最要紧者,则为添置通判与罢领支郡二事。余如遣京官带原衔出知外县以隆位望,俾藩镇有所顾忌,则多无影响者也"(《论宋太祖收兵权》,《宋史丛考》,中华书局1980年版,第277页)。

> 命大理正奚屿知馆陶县,监察御史王祜知魏县,杨应梦知永济县,屯田员外郎于继徽知临清县。常参官知县,自屿等始也。时符彦卿久镇大名,专恣不法,属邑颇不治,故特选强干者往莅之。

符彦卿当时以天雄军节度使、大名府尹的身份驻节大名府。大名府是其驻节州郡,大名府下辖馆陶、魏县、永济、临清等县,直接由其统辖。除此之外,他还领有博、贝诸州为"支郡",是北方的头号强藩。此次宋太祖遣奚屿、王祜、杨应梦等为知县,正是为了限制符彦卿这一北方头号强藩的行政权力。符彦卿任天雄军节度使兼大名府尹,对大名府所辖各县有"法定"的行政统辖权,可问题是,现在宋太祖所选派的几个县令都是"朝廷大员",他们带着原职出任大名府下的各县县令,其地位远非一般知县可比。《长编》卷四同上条载:

> 其后右赞善大夫周渭亦知永济(县),彦卿郊迎,渭揖于马上,就馆,始与彦卿相见,略不降屈。

周渭上任伊始,就已经不把符彦卿这位顶头上司放在眼中了。更重要的是,像周渭这一批"常参官知县",常常越过天雄军节度使兼大名府尹符彦卿,直接听命于朝廷,并不向符彦卿禀报。如《宋史》卷三〇四《周渭传》载:

> 时魏帅符彦卿专恣,朝廷选常参官强干者莅其属邑,以渭知永济县。……县有盗伤人而逸,渭捕获,并暴庹匿者按诛之,不以送府。

又如《长编》卷二建隆二年八月条载:

> 曹州冤句令侯陟以清干闻……节度使袁彦颇为不法,陟抗章言之。

这与五代时期州县长官"皆听命于帅府,如臣事君","事无巨细,皆决于帅"的情况,不啻霄壤。

"常参官知县",这正是宋太祖削夺藩镇的行政权力,即"稍夺其权"的一条重要措施。当时在京城任职的官吏有两种,一种是能够参与朝谒(朝见皇帝)的称"常参官""升朝官",亦简称"朝官";而不能参与朝谒者称"京官"①,故这项措施也可称之为"以朝官为县令"。如北宋王辟之《渑水燕谈录》卷五即云:

> 建隆中,择才能之士出宰大邑。大理正奚屿知大名府馆陶县,监察御史王祐知魏县,选朝官知县自此始。太祖重县令之任至矣。

前引《长编》卷四记载说,"常参官知县,自屿等始",其系年为乾德元年,《渑水燕谈录》云,"选朝官知县自此始",其年系为"建隆中"。二者系年略有差异。李焘在《长编》卷四的注文中则称:

> 诸书皆言朝官知县自奚屿等始。按《实录》建隆二年十一月己丑,以祠部郎中王景逊为河南令,职方员外郎边珝为洛阳令,左司员外郎段思恭为开封令,驾部员外郎刘涣为浚仪令,代卢辰、张文遂、边玕、宋彦昇等。不知何故诸书乃言知县始此,岂令与知县不同乎?当考。

大约奚屿之前虽有朝官为知县,但未形成制度,自奚屿之后,"常参官知县"则成为一项制度在全国推广,故北宋诸多官私文献均言"常参官知县,自屿等始"。

"常参官知县"的制度,收到的成效是很明显的。节度使大都兼任驻节州府的行政长官,同时四处伸手,干预驻节州府以外各支郡的行政事务。与支郡相比,藩镇们历来是把驻节州府所辖各县作为"后院"看待的。现在,大批朝官进入各驻节州府,做了知县。虽然从行政隶属上,他们还是各节度使的属员,但与中央的关系却更密切、更直接。他们秉承朝廷旨意,直接处理各县政务。藩镇的行政权力开始被"架空"。

《长编》中两条具有对比意义的记载就颇能说明"常参官知

---

① (宋)陆游:《老学庵笔记》卷8,中华书局1979年版。

县"的成效。

一是《长编》卷三建隆三年十二月条载：

> 五代以来,节度使补署亲随为镇将,与县令抗礼,凡公事专达于州,县吏失职。

这条记载说明五代时期,节度使对"县令"的制约和专横严重妨碍了县级行政权的正常运转。尽管北宋建国已有两年多的时间,这种不正常的政治状态尚未得到有效改变。

二是《长编》卷十一开宝三年三月条载：

> (忠正节度使王)审琦镇寿春……所部邑令以罪停其录事史,幕僚白令不先谘府,请按之。审琦曰："五代以来,诸侯强横,令宰不能专县事。今天下治平,我忝守藩,而部内宰能斥去黠吏,诚可赏也,何按之有!"闻者叹服。

这条记载则说明,到了北宋建国的第十个年头,节度使已经十分尊重县令的职权,连王审琦这样的开国元勋也开始尊重县令"专县事"的权力。

所以,尽管从表面上看,"常参官知县"似乎并不影响藩镇的行政辖权,更"无碍藩镇辖境之大"。但实际上,随着这一措施的推行,却首先从县一级架空了节度使的行政职掌。特别是在节度使直接统辖(兼任知州或知府)的诸州府,因为大批常参官为知县,更是从"本根"上架空了节度使。节度使在直接统辖的"本郡"都无实权,又遑论"支郡"!

更重要的还在于,随着节度使在本郡的"本根"上被架空,在其经营多年的驻节之地也难以作威作福,这就为宋初大规模地调迁、罢免节度使创造了条件。如前文所提到的天雄军节度使符彦卿,"久镇大名,专恣不法",在大名府(魏州)盘踞了十几年,可谓根深蒂固。随着奚屿、周渭、王祜等大批朝官出知大名府各县,符氏则被逐渐架空。开宝二年(969),宋太祖一道调令,将符氏从大名府调出,出任凤翔节度使,符氏不敢有任何异议。宋太宗曾说过,周世宗时,每调离一位节度使,往往如临大敌,"必先发兵备御,然后降诏"。两相对照,正可以看出宋初的"常参官知县"所产生的影响。

与"常参官知县"有类似意义的另一项重要措施,则是"以朝官知州",即选派朝官带职出任地方州郡一级的行政长官(如知州、知军、府尹等),用以取代节度使本人兼任的州郡职务,或取代节度使委派的各支郡的行政长官①。

"以朝官知州",在后周时已经开始实行。《宋会要辑稿》职官四七之一一载:

> 周朝州镇有阙,或遣朝官权知。太祖始削外权。伯牧之阙,止令文官权莅,其后文武官参为知州军事。

由此可以看出周、宋在处理这一问题上的承继关系。但后周的"遣朝官权知",不可能全面推开。因为,"当此之时藩镇各据方面,威福由己"②;"若恩泽姑息,稍似未遍,则四方藩镇,如群犬交吠"③。在这种情形下,所谓"州镇有阙,或遣朝官权知",一般只能限于某一藩镇死后,乘机"遣朝官权知"。上述引文中的"或遣"云云,也说明这一措施的随机性。宋初的"以朝臣知州事"则不同。《国老谈苑》卷一曰:

> 太祖尝语赵普曰:"唐室祸源,在诸侯难制,何术以革之"。普曰:"列郡以京官权知,三年一替,则无虞。"因从之。

"列郡"云云说明,"以朝官知州"是作为一种制度在全国各地推行

---

① 关于"以朝官知州"的举措,李昌宪认为:"宋初立国仍自然沿用唐、五代以来出现的以他官'知州府事'以代理节度使、刺史等正官的做法,于太宗、真宗之际确立了文官充当州郡主官的知州制,取代了唐末、五代以来方镇赖以维系其统治的地方官僚体系"(《略论宋代知州制的形成及其历史意义》,《南京大学学报》1996年第4期)。
② 《长编》卷38至道元年十二月条。
③ 《长编》卷32淳化二年正月条载:"前代武臣,难为防制,苟欲移徙,必先发兵备御,然后降诏。若恩泽姑息,稍似未遍,则四方藩镇,如群犬交吠。周世宗时,安审琦自襄阳来朝,喜不自胜,亲幸其第。"

的。推行的方式大致有三种：

一是"因其卒"，就是待某藩镇死后，派朝臣出任该藩生前所领之州的长官。如建隆四年（963）五月，凤翔节度使王景死，即命枢密学士、尚书左丞高防权知凤翔府。这是一条比较平稳的途径。

二是"因其迁徙、致仕"，就是将某藩镇调往他藩，或令其退休，然后命朝臣接替该藩所辖州郡职务。如开宝三年（970）夏四月，昭义节度使（驻潞州）李继勋调任天雄军节度使（驻魏州即大名府），随即以朝臣丁德裕（内客省使）权知潞州。而值得特别注意的是，早在前一年，天雄军节度使所辖的魏州大名府已改由朝臣为知州，故李继勋调任天雄军节度使，已无实际职掌，不过是一个虚衔而已。

三是"因遥领他职"，就是给某藩镇一荣誉职务，以换取其在地方州郡的实权。如开宝二年（969）以凤翔节度使王彦超为右金吾卫上将军，安远节度使武行德为太子太傅，罢免了他们的节度使职务。

如果说"因其卒"是一条较平稳的途径的话，那么，后两条途径——"因其迁徙、致仕"，"因遥领他职"，则有相当风险，容易引起藩镇的抵触和反抗。前面引用的后周"移镇"时的种种剑拔弩张、一触即发的记载，就是明证。但宋初却没有出现这种情形。

这正与宋太祖、赵普等人的"措置得当"有关。

宋初并没有急于撤罢藩镇，直接实施"以朝臣知州事"的部署。而是首先从县令这一级着手——"常参官知县"在表面上并不影响节度使在州郡的行政权力，也可以为节度使所接受。但是，正如前面已经讨论的，这一举措却从"本根"上架空了节度使的行政职掌。这就为尔后调离迁徙和罢免节度使，以朝臣取而代之创造了条件。关于这一层关联，从前述天雄节度使符彦卿的例子可以看得很清楚。

所以，尽管早在北宋建国的第一年（960）就定下了收夺藩镇权力的"三大纲领",甚至定下了"列郡以京官权知"的总体方案,但从建隆至乾德年间(960—967),主要是通过"常参官知县"的方式来架空藩镇,至于直接罢废藩镇,"以朝官知州郡",则是在开宝年间(968—976)。乾德元年(963)十二月,宰相范质在一份奏疏中说:"臣窃见七八处大藩,方皆要害之处,即日并未有主帅,皆是儒士。"①但建隆、乾德年间,以朝官代替在任节度使掌州郡的例证几乎没有。范质言"七八处",可能仅限于"因其(节度使)卒而代之以朝臣",也可能是指南方部分新征服地区而言的,因为在统一南方诸国时,大部分州郡已"直属京师"。再者,不论范质所言何种情况,"七八处"云云,也是一个极小的数字。

到开宝年间,或者准确地说从开宝二年(969)开始,上述情况有了一个明显的变化。

开宝元年(968)十二月,宋太祖合祭天地于南郊,并受尊号。天雄军节度使符彦卿、灵武节度使冯继业、天平节度使石守信等十二位最著名的藩镇主帅前来庆贺,宋太祖令他们"留京师,未还镇",②这预示着在处置藩镇问题上,将有大的动作。果然,从次年七月开始,一系列人事调换任免的命令就出台了。《长编》卷十开宝二年载:

> (七月)丙寅,以天雄军节度使符彦卿为凤翔节度使。彦卿镇大名十余年,委政于牙校刘思遇。思遇贪而黠,招权黩货,军府久不治。于是,始议择官代之。

> (八月)己亥,户部员外郎、知制诰王祐权知大名府。辞日,上谓之曰:"大名,卿之故乡,古人所谓昼锦者也。"西京留守向拱在河南十余年,专修饰园林、第舍,好声妓,日纵酒,恣所欲。政府坏废,群盗白日劫人于市,吏不能捕。上闻之怒,

---

① (宋)赵汝愚编:《宋朝诸臣奏议》卷120范质:《上太祖谏伐河东》。
② 《长编》卷9开宝元年十二月条、卷10开宝二年正月条。

庚子,徙拱为安远节度使。

(九月)丁未,以左武卫上将军长社焦继勋知河南府。谕继勋曰:"西洛久不治,卿无复效向拱也。"继勋视事月余,都下清肃。

(八月己卯)灵武节度使冯继业既杀兄,代父领镇,颇骄恣。……庚辰,以继业为静难军节度使。……(九月)朝廷择可使代冯继业者,时考功郎中段思恭知泗州,上以思恭尝有功眉州,乃召赴阙,命知灵州。先诏之曰:"冯继业言灵州非蕃帅主之,戎人不服,虽卫、霍名将,必见逐矣。意谓非我,他人不能治也。汝能治之乎?"思恭曰:"谨奉诏。"上壮之,又谓曰:"唐李靖、郭子仪皆出儒生,立大功,岂于我朝独无人耶?"厚赐遣之。……思恭既视事,矫继业之失,悉心绥抚。

(十月)己亥,上宴藩臣于后苑,酒酣,从容谓之曰:"卿等皆国家宿旧,久临剧镇,王事鞅掌,非朕所以优贤之意也。"前凤翔节度使、兼中书令王彦超喻上指,即前奏曰:"臣本无勋劳,久冒荣宠,今已衰朽,乞骸骨,归丘园,臣之愿也。"……前安远节度使白重赞、前保大节度使杨廷璋,竞自陈攻战阀阅及履历艰苦,上曰:"此异代事,何足论也。"庚子,以行德为太子太傅,从义为左金吾卫上将军,彦超为右金吾卫上将军,重赞为左千牛卫上将军,廷璋为右千牛卫上将军。

从开宝二年(969)这次大规模撤罢藩镇的安排看,也显示出宋太祖的政治智慧。此次被撤罢的藩镇,全是"久临剧镇"的"国家宿旧"。这些老牌藩镇虽然都有一番叱咤风云的经历,但毕竟年事已高,英雄迟暮,恋栈贪位之心虽存,政治野心则远不如少壮派藩镇,只要给予他们优厚的经济待遇,是不难在"优贤"的名义下,收回他们手中的权力的。

"万事开头难"。有了开宝二年的良好开端,此后的撤罢藩镇就颇有破竹之势了。开宝五年(972)宋太祖在与赵普的一次谈话

中称:

> 五代方镇残虐,民受其祸。朕今选儒臣干事者百余人,分治大藩,纵皆贪浊,亦未及武臣一人也。①

宋初所辖州府一百一十八座,收荆湖、灭后蜀、吞南汉,到开宝四年(971),新增一百一十六州,均直隶京师,以朝臣为知州。故太祖开宝五年所谓"儒臣百余"、"分治大藩"云云,当是指北方一百一十八州而言。也就是说,至开宝五年,中央派遣的朝廷儒臣基本控制了北方一百余州的政权。此时,虽然节度使的名义还保留着,但实权反而不抵一州知州。这就为太宗初年的废除支郡,撤罢节度使创造了条件。《长编》卷十八太平兴国二年八月条云:

> 上(太宗)初即位,以少府监高保寅知怀州。怀州故隶河阳,时赵普为节度使,保寅素与普有隙,事颇为普所抑,保寅心不能平,手疏乞罢节镇领支郡之制。乃诏怀州直属京,长吏得自奏事。

从表面看,"太宗之罢藩镇支郡,导因于赵普与高保寅之争",其实,这只是一个偶然因素。更根本的是,朝官出任支郡的知州,自然要减弱节度使对支郡的支配权,而正是这一点,为太宗彻底废罢支郡铺平了道路。所以,在太宗罢赵普的支郡、以怀州直属京师后,马上引起连锁反应,同日右拾遗李瀚即上书,主张废罢天下支郡。于是太宗一道诏书"尽罢节镇所领支郡矣"。

《长编》对上述过程有简要的概述:

> 始,唐及五代节镇皆有支郡。太祖平湖南,始令潭、朗等州直属京,长吏得自奏事,其后大县屯兵,亦有直属京师者,兴元之三泉是也。(太平兴国二年八月)戊辰,上(太宗)纳(李)瀚言,诏邠、宁、泾、原、鄜、坊、延、丹、陕、虢、襄、均、房、复、邓、唐、澶、濮、宋、亳、郓、济、沧、德、曹、单、青、淄、兖、沂、

---

① (宋)彭百川:《太平治迹统类》卷2《太祖圣政》。

贝、冀、滑、卫、镇、深、赵、定、祁等州并直属京,天下节镇无复领支郡者矣。①

以上诸州,分属静难节度使、彰化节度使等十八个节镇的支郡。太宗时全国节度使不下三十余,而太平兴国二年(977)所罢支郡仅十八镇,为什么说"天下节镇无复领支郡者矣"?

其实,太平兴国二年八月只是彻底废罢支郡的最后时限,而此前已有若干支郡被废罢,这些支郡自然也就不必出现在此时的诏令上了。如《长编》卷五乾德二年七月条:己丑,诏阶、成二州并直隶京师;卷八乾德五年三月条:辛亥,诏商州直隶京师;卷十一开宝三年三月条:庚午,诏泽州直隶京师;卷十一开宝三五月条:丁卯,诏通远军直隶京师;卷十八太平兴国二年八月条:诏怀州直属京。以上诸州分别为雄武(阶州、成州)、静难(庆州)、镇国(商州)、昭义(泽州)、朔方(通远军)、河阳(怀州)诸军节度使所领支郡,它们都是较早与节度使脱钩而直隶中央的。

从上述情况看,自宋太宗太平兴国二年八月戊辰诏后,的确是"已尽罢节镇所领支郡","天下节镇无复领支郡者"。其成功的基础,则是宋太祖时期奠定的。

第三节 如何"制其钱谷"

"制其钱谷",主要是针对藩镇非法聚敛财富和大量截占中央财税而言的。

非法聚敛财富和截占中央财税,与藩镇的为官素质有关,但更主要的是与当时的体制有关。中唐以后,逐步形成的财税"三分制"②,使得节度使可以在"留使""留州"的名目下,"合法"地截占

---

① 《长编》卷18太平兴国二年八月条。
② 上供,上交中央的财税;留使,又称送使,留节度使调用的财税;留州,留州郡使用的财税。由于节度使大都兼任知州、知府,所以,"留州"实际上也等于"留使"。

税赋,进而也可以"合法"地掌管税赋的征收。于是,征收税赋时的豪夺盘剥和上交税赋时的截占滞留,就成为藩镇聚敛财富的主要手段:

> 自唐天宝以来,方镇屯重兵,多以赋入自赡,名曰留使、留州,其上供殊鲜。五代方镇益强,率令部曲主场院,厚敛以自利。①

与"稍夺其权"一样,"制其钱谷"也是多措并举。

第一步,是建隆年间(960—963)开始的"以朝官掌税收"或曰"以京官知场务",首先限制了藩镇在征收财赋时的横征暴敛。用一句俗语说,这一步叫作"不让你(藩镇)多拿"。

第二步,以"乾德二诏令"的颁行为标志,在财税分配体制上进行了重要的整改:废罢了货币(现金)分配方面的"送使"制,变"三分制"(留州、送使、上供)为"二分制"(留州、上供)。"二分制"下的货币分配,要求诸州将经费以外的现金悉数上供,但同时也默许诸州在"度支经费"时高估多留,其唯一的目的就是废止"送使",切断地方节度使,即强藩大镇占留钱币的主要渠道。由于当时藩镇的擅赋聚敛,"多是征纳见(现)钱",故钱币分配方面的这一变化,事实上也意味着整个"送使"制的废罢。考虑到中唐以来的政治动乱主要表现为藩镇的拥兵争强,这又与其专擅军赋,尤其是截占巨额钱币有着最直接的关系,那么,把"乾德二诏令"的颁行看作国家由乱而治过程中最有意义的措施,似乎也不为过。这一步,用一句俗语说,就是"不让别人给你(藩镇)多送"。

不让多拿,不让多送,但强藩大镇手中原来仍聚积着大量财富,尤其是聚集着大量钱币。同时,地方各州在废除"送使"制后,由于度支经营时高估多留也存有若干钱物。于是又有了第三步措施:开宝初年"便钱务"的设置和开宝末年的"留州钱物尽数系

---

① 《长编》卷6乾德三年三月条。

省"。前者(便钱务)力图以一种雏形的市场汇兑的方式,将强藩大镇和地方诸州手中的钱币回笼到京城;后者则是以行政命令的方式,将以往以地方经费名义存留于州郡的钱、物系于中央名下,或者说是将其"所有权"归中央(使用权仍归地方,称"系省得用钱"),中央要监督、控制其使用,"毋得妄有支费"。所以这一措施可以叫作"不让你随便用"。

从行政建制上控制地方财权,则是"制其钱谷"的第四个重要环节。"一州之财,置通判掌之",而数州之上再设"路"一级组织,路置"转运使",负责一路税赋的转运和监督。转运使一职,唐代已设,负责将税赋运送至京城或中央指定的地方,但唐末五代时期,由于藩镇以"留州"、"送使"的名目大肆截留财赋,转运使实际上无物转运。宋太祖乾德元年(963)开始任命转运使,此后四五年间才渐次构成逐路(或"诸道")建置的全国性组织,至开宝末年,转运使已具备了察举部内知州、通判、监临物务京朝官等的督查职能,可代表朝廷随时巡视州县,"取索点检"账籍文书,查点仓储库存。这样,就从行政体制上确立了中央对地方财政的宏观控制。

宋初在实施上述几步措施时,并不像走路那样,一步迈完再迈下一步。事实上,许多措施都是互为作用、压茬进行的。但从其大致趋向看,前三步应该说是顺序实施,前后衔接的。最后一项,即通判和转运使对地方财政的监控,虽然贯穿于前三步之中,但其作用和影响与前三步相比,还是有明显区别的。例如,"以京官知场务"是为了限制藩镇在征收税赋时横征暴敛,而转运使的一个重要职责却是监视"知场务"的"京官"的("监临物务京朝官")。

"制其钱谷"的第一步就是"以朝官掌税收",即派遣中央政府的官员至各地掌领税收,从赋税征收的环节上控制财权。这一措施,始于建隆二年。《长编》卷二建隆二年二月条载:

> 先是,藩镇率遣亲吏视民租入,概量增溢,公取余羡。符彦卿在天雄军,取诸民尤悉。上闻之,即遣常参官分主其事,民始不困于重敛。

至乾德年间,这一措施已在全国各地推开,如乾德三年(965)五月,太祖一次就"遣常参官十八人分往诸道受民租"①。

"以朝官掌税收",主要为了解决两方面的问题。

一是限制藩镇在税收时的"概量增溢,公取余羡"。自唐末至五代,地方节度使大都派遣亲信将吏掌管州县的税收,将超征的部分作为"余羡"收归已有。这会导致横征暴敛,重困百姓,同时也极大地干扰了中央政府的财税收入。《旧五代史》卷九十七《范延光传》载:

> 牙校孙锐者,与(魏博节度使范)延光有乡曲之旧,军机民政,一以委焉。故魏博六州之赋,无半钱上供。

这种"无半钱上供"的情形极为普遍,正如南宋叶适所云:

> 唐末藩镇自擅,财赋散失,更五代而不能收。加以非常之变屡作,排门空肆,以受科敛之害,而财之匮甚矣!②

所以,宋初的"以朝官掌税收",既是为了限制藩镇的横征暴敛,又有另一方面的作用,即限制藩镇截占中央税赋。宋人吕中曰:"遣使监输民租,其意将以利商旅耳,亦所以革方镇擅利之弊。"③正点出了"以朝官掌税收"的双重意义。

"以朝官掌税收",最主要、最直接的环节是派遣京朝官直接分领场务(税收地点)、仓库,即"以文臣权知所在场务"④。建隆元年(960)十一月,宋太祖平定了扬州的李重进后,即派朝官(枢密直学士)杜辇掌监扬州税务⑤,这可以看作是"以文臣权知所在

---

① 《长编》卷6乾德三年五月条。
② (宋)叶适:《水心集》卷4《财总论二》。
③ (宋)吕中:《宋大事记讲义》卷3《蠲租省刑》。
④ 《宋史》卷179《食货志下一》。
⑤ 《文献通考》卷14《征榷考一》。

场务"的开始。此后"方镇阙守帅,稍命文臣权知所在场院,间遣京朝官廷臣监临"①。同时,严禁藩镇"遣仆从及亲属掌厢镇局务"②。至乾德、开宝年间,朝官文臣监掌场务已成为制度,颇见成效。《曲洧旧闻》卷一云:

> 五代以前官制及士大夫碑碣,并不见有场务监官。太祖亲见所在场务多是藩镇差牙校,不立程课法式,公肆诛剥,全无谁何,百姓不胜其弊。故建隆以来,置官监临,制度一新,利归公上,官不扰而民无害。

除"以朝臣知场务"外,还有一些辅助性的环节。一是"分遣常参官诣诸州度民田"③。"度民田",有时被称为"均田",但"均田"并不是均平土地,而是均平赋税。事实上,均平赋税也不是宋初"度民田"的主要目的,该措施还是为"制其钱谷"这一中心任务服务的。因为土地是税赋征收的依据,掌握了民田的数量,可以有力地限制各地强藩大镇的非法聚敛和肆意截留税赋,进而达到"制其钱谷"的目的。"以常参官度民田"是在建隆二年(961)正月,一个月后,"以朝官掌税收"的政策就随之出台了,两者之间的关系可谓一目了然。二是发放"公粟"或"公使钱"。这与"以朝官掌税收"更是紧密地联系在一起。《宋史》卷二五一《符彦卿传》云:

> (彦卿)镇大名余十年,政委牙校刘思遇……时藩镇率遣亲吏受民租,概量增溢,公取其余羡,而魏郡(大名府)尤甚。太祖闻之,遣常参官主其事,由是斛量始平,诏以羡余粟赐彦

---

① 《长编》卷6乾德三年三月条。
② 《长编》卷11开宝三年五月条。
③ "分遣常参官诣诸州度民田",在后周显德年间(954—960)就曾实行过,但由于选官不当,这一措施很快就夭折了。宋太祖即位后的建隆二年正月,力主恢复了"遣使度田":"上将循世宗之制,欲先事戒敕之,因谓侍臣曰:'比遣使度田,盖欲勤恤下民也,而民弊愈甚,得非使臣图功幸进,致其然哉? 今当精择其人,以副朕意。'"当时就有大批"常参官"被"分遣"到各地"度民田"(《长编》卷2建隆二年正月条)。为了保证"度田"工作的公正、准确,宋太祖严肃处理了一批度田不力的朝官,"苛暴失实者辄遣黜"(《宋史》卷173《食货志上一》)。

卿,以愧其心。

从表面看,符彦卿对税赋的敛占只是换了一个名目:"余羡"变成了"公粟",他并没有损失什么,朝廷似乎也没有得到什么。这一举措唯一的意义似乎只是为了"愧其心"。其实不然。当符彦卿以"公粟"的形式,同样可以得到原来由亲吏掌税收的那份"余羡"时,对宋太祖的"遣常参官分主其事(税收)"的抵触、疑惧自然就会减轻,"以朝官掌税收"这一新的措施也就可以较为顺利地出台,中央政府由此而获得了征收赋税的主动权。

符彦卿的这个经验,很快就推向全国各地,也都取得了同样的成功。王巩《闻见近录》记载说:

> 太祖即位,患方镇犹习故常,取于民无节,而意多跋扈。一日,召便殿赐饮款曲,因问诸方镇:"尔在本镇,除奉公上之外,岁得自用,为钱几何?"方镇具陈之。上喻之曰:"我以钱代租税之入,以助尔私,尔辈归朝,日与朕相宴乐,何如?"方镇再拜。即诏给侯伯随使公使钱,虽在京,亦听半给。州县租赋,悉归公上,民无苛敛之患。至今侯伯尚给公使钱,以此也。

一笔"公使钱",换取了藩镇所把持的赋税征收权,"州县租赋,悉归公上",百姓的"苛敛之患"亦因此而减轻。当然,上述过程恐怕不会像《闻见近录》所记载的那样简单,但也不会有太大的周折。收夺藩镇的财权,说到底,还是一个如何处理皇帝与官僚之间利益的问题。在这一问题上,宋太祖有一个贯彻始终的原则,如在"杯酒释兵权"时,他是以"多积钱谷"的许诺,换取禁军将帅的统兵权;此处,他又是以"公粟"、"公使钱"的发放,换回为藩镇所把持的税赋征收权。宋初的某些治国方略易于成功的奥妙,正在于此。当然,这也反映了传统政治的特征与局限。

"以朝官掌税收"是宋太祖"制其钱谷"的第一步。他的第二个步骤则是颁行了著名的"乾德二诏令"。

乾德二年、三年(964、965),宋太祖发布了两道有关地方财政向朝廷集中的诏令。一道见载于《长编》卷五乾德二年十二月条：

> 是岁，始令诸州自今每岁受民租及筦榷之课，除支度给用外，凡缗帛之类，悉辇送京师，官乏车牛者，僦于民以充用。赵普之谋也。

另一道诏令见载于《长编》卷六乾德三年三月条：

> 自唐天宝以来，方镇屯重兵，多以赋入自赡，名曰留使、留州，其上供殊鲜。五代方镇益强，率令部曲主场院，厚敛以自利。其属三司者，补大吏临之，输额之外辄入己，或私纳货赂，名曰贡奉，用冀恩赏。上始即位，犹循常制，牧守来朝，皆有贡奉。及赵普为相，劝上革去其弊。是月，申命诸州，度支经费外，凡金帛以助军实，悉送都下，无得占留。

这就是著名的"乾德二诏令"。这两道诏令最核心的内容是要求各州府在扣除所需的货币经费之后，要将所余铜币悉数上缴朝廷。需要注意的是，"乾德二诏令"中的"金帛"、"缗帛之类"，并不泛指各色财物，而是指国家的法定货币铜钱。第一道诏令中的"凡缗帛之类"一句，也已很清楚地表明，所谓"缗帛"只是"民租及筦榷之课"中的一类，并非泛指。至于第二道诏令，则是对第一道诏令的重申，其"金帛"的含义自然与第一道诏令中的"缗帛之类"无异，同样不会是泛指各色赋入财物。诏令中强调"官乏车牛者，僦于民以充用"一语也表明，当时所要求的"悉辇送京师"之物在运输时并不需要花费很大的力量，对部分州郡来说，只需要动用官属车牛即可解决问题。对部分官车不足的州郡来说，也不过是采取租用民牛的方式，而无需更多的烦扰百姓。这显然不是辇送大宗各色财物的架势。①

宋初平定诸国后，全国每年的财政总收入中，其属于钱币的部

---

① 参见陈登原：《国史旧闻》卷23《北宋收地方财权》，中华书局2000年版；王育济：《"乾德二诏令"求是》，《文史哲》1991年第4期。

分约为一千六百万缗。① 以一千六百万贯钱币平均分担于宋平定诸国后的三百余座州郡②,则每一州郡也不过五万贯左右。五万贯,对一般拥有兵丁、官牛、官车的州郡来说,即使是悉数起辇,也不会很困难。如果再扣除本州所需的货币经费,所余部分"悉送都下"就更易于完成了。

那么,宋太祖为什么单单要求钱币"悉送都下"呢?除了钱币作为一般等价物,可以最大限度地满足当时中央政府的各种需要以外,最主要的是,还与钱币在当时军事活动中的独特地位和作用有关。

中唐以后,募兵制成国家兵制的主导形态。在这种兵制下,士兵受招募雇佣而来,他们以军人为职业,不仅自己的衣食要直接取给于军队,而且由于他们大都是家庭中的男性青壮年,故其父老妻子往往也依靠其兵饷存活。对这些背井离乡,抛离老小,终身四处征战的士兵来说,发放货币为兵饷显然要比发放实物更便于养家糊口。文同《丹渊集》卷三十九《龙图毋公墓志铭》中曾经记载了毋湜与士兵的一次对话,就颇能说明问题:

> 公尝谓戍兵曰:"尔得赐帛与易之以钱也何利?"众云:"帛亦货诸市,利莫如以钱,便诸用……得钱且幸。"

可见,士兵们得到绢帛以后也是要到市场上去兑换成现钱的,现钱对士兵来说,是最方便使用的("便诸用")。故士兵们最欢迎的是发放钱币而不是绢帛为兵饷。

---

① (宋)李心传:《建炎以来朝野杂记》甲集卷14"国初至绍熙天下岁收数"条云:"国朝混一之初,天下岁入缗钱千六百余万。"梁方仲的《中国历代户口、田地、田赋统计》乙表十七《两宋历朝岁出入缗钱数》据此将宋初(960—997)全国岁入缗钱数定为一千六百万贯。除上引《杂记》所载以外,《建炎以来系年要录》卷193绍兴三十一年十月癸丑条、《玉海》卷186《食货》、北宋张方平《乐全集》卷25《论免役钱札子》亦有相同或相近的记载。
② 聂崇岐:《宋代府州军监之分析》,《宋史丛考》上册,中华书局1980年版,第122—123页。

可以同样说明这一问题的事例,又见于张齐贤的《洛阳缙绅旧闻记》卷一"梁太祖优行文士"条:

> 福建人徐夤下第,献《过梁郊赋》。梁祖览而器重之,且曰:"古人酬文士有一字千金之语,军府费用多,且一字奉绢一匹。"

这条记载正如彭信威所言,实际上反映了当时钱币不足的事实①。在钱币不足的情况下,作为军府首长(宣武军节度使)的朱温自然首先要考虑士兵对钱币的特殊需求,于是就发生了对徐夤酬绢而不酬钱之事。从这一记载中我们同样可以看出当时军队中对钱币和绢之类的实物所持的不同态度。

《二程集·河南程氏遗书》卷二十二下也记载了一个很少为史家所注意的事例:

> 太祖初有天下,士卒人许赏二百缗。及即位,以无钱久不赐,士卒至有题诗于后苑。太祖一日游后苑见诗,乃曰好诗,遂索笔和之。以故,每于郊时,各赐赏给,至今因以为例,不能去。

太祖"陈桥兵变"后,对士兵并非没有赏赐,但因为铜钱紧张,没有满足士兵对钱的渴求,结果引起了士兵极大不满,将抗议书写到皇宫的后苑中了。

由上述三件事情再来讨论学术界经常论及的中唐五代时期的兵变问题,就会有一些新的发现。

论者多谓中唐五代时期的兵变主要表现为骄兵悍将的"邀噪求利",此说固是。但若就其"邀求"的具体指归再作根究的话,就很容易看到,其往往都是要坐实到"钱币"而不是其他实物上。如《资治通鉴》卷二二八所载唐德宗建中四年(783)著名的"泾原兵变":

> 上发泾原诸道兵救襄城。冬十月丙午,泾原节度使姚令言将兵五千至京师。军士冒雨,寒甚,多携子弟而来,冀得厚赐遗其家。既至,一无所赐,丁未,发至浐水,诏京兆尹王翃犒

---

① 彭信威:《中国货币史》,上海人民出版社1988年版,第358—360页。

师,惟粝食菜啖;众怒,蹴而覆之,因扬言曰:"……闻琼林、大盈二库,金帛盈溢,不如相与取之。"乃攘甲张旗鼓噪,还趣京城。……上遽命赐帛,人二匹;众益怒,射中使。……又命出金帛二十车赐之;贼已入城,喧声浩浩,不复可遏。

胡三省于此处大盈库下作注称:"玄宗时,王鉷为户口色役使,征剥财货,每岁进钱百亿,宝货称是,入百宝大盈库,以供人主宴私赏赐之用。"可见,大盈等内库所"盈溢"的"金帛",主要是指铜钱和具有货币意义的"宝货"即金银珠玉之类①,这正是"冀得厚赐遗其家"的兵士们最需要的。由此即不难理解何以兵士们被"赐帛"二匹时会"益怒"了,除了嫌少以外,更重要的恐怕还是因为没有得到其最想得到的东西——这又可以从"众益怒"之后,唐德宗急忙"出金帛二十车"而不是增赐绢帛的行动上得到一定的证实。

正因为如此,中唐五代之际拥兵自重的强大藩镇对钱币的积聚行为就不能不予以特别的注意。前引《长编》卷六乾德三年三月条载:"自唐天宝以来,方镇屯重兵,多以赋入自赡,名曰留使留州。"而据《册府元龟》卷四八八《邦记部》载,方镇"留使留州钱,即闻多是征纳见钱(现钱)"。自中唐迄于宋初,强藩大镇聚敛货币的现象的确是十分突出的。前辈学者已举《旧唐书·食货志》所载"京师闾里区肆所积多方镇钱,王锷、韩弘、李惟简,少者不下五十万贯"的事实说明过这一点。② 而宋初,这种情形同样很突出。"陈桥兵变"后,"国家无钱"赏赐士兵,但在京的藩镇却个个"所畜不赀",宋太祖深感"可患"。于是每人赐地一方,令其自费建造府宅,"所费皆数万"。其间还发生过一个故事:

又尝赐宴,酒酣,乃宣各人子弟一人扶归。太祖送至殿门,谓其子弟曰:"汝父各许朝廷十万缗矣。"……翌日,各以

---

① 从"宝货称是"的语意上看,"宝货"似为附带提及,不及"每岁进钱百亿"重要,则大盈等库聚集最多的当为钱币。
② 李埏:《略论唐代的"钱帛兼行"》,《历史研究》1964年第1期。

表进如数。①

宋太祖略施手腕,一夜之间,就从在京的每个藩镇手中获得十万缗现钱,藩镇积币之巨,由此可见一斑。其实,以上所举还只是藩镇们用于京城中生息获利的钱币,至于各藩镇在地方所聚敛的钱币就更可观了。如韩弘,任宣武节度使经年,"四州征赋,皆为己有,有私钱百万贯"②。镇国军节度使韩建"重征"商贾百姓,二年即"得钱九百万缗",后来这笔私款又为宣武节度使朱温"尽取之"③。如泰宁节度使安审信积钱无计其数,后晋朝廷至兖州征缗钱十万贯,"值审信不在,拘其守藏吏,指取钱一困,已满其数"④。与宣武、镇国、泰宁这些"近关重镇"相比,那些离京较远的节镇,如河朔诸镇,其占留钱币,"积镪巨万"的情形则更为普遍:"魏博六镇,无半钱上供"⑤,曾做过魏博节度使的罗绍威,半年之间仅"赂遗"朱温军队的私钱即"近百万(贯)"⑥;卢龙节度使刘仁恭"骄侈贪暴,常虑幽州城不固,筑馆于大安山,曰:'此山四面悬绝,可以少制众。'……悉敛境内钱,瘗于山颠,令民间用堇泥为钱。又禁江南茶商无得入境,自采山中草木为茶,鬻之"⑦。他们对钱币的聚敛,已到了不择手段的癫狂程度。

"节度使富强者,辄怀跋扈之志"⑧,藩镇如此疯狂地聚敛钱币,除了经济上的目的之外,更主要的还是为了笼络士兵,操纵和控制军队,在政治上大显身手。这方面的例子俯拾皆是,也就不必专门列举了。

---

① 《二程集·河南程氏遗书》卷22下。
② 《旧唐书》卷156《韩弘传》。
③ 《资治通鉴》卷262天复元年十一月条。
④ 《资治通鉴》卷284开运元年四月条。
⑤ 《旧五代史》卷97《范延光传》。
⑥ 《资治通鉴》卷265天祐三年七月条。
⑦ 《资治通鉴》卷266开平元年三月条。
⑧ 《长编》卷5乾德二年六月条。

宋太祖和赵普为什么单单要求各地将剩余的钱币"悉辇送京师"？在了解了钱币在当时的军事政治活动中具有的那种远非他物可比的独特地位和作用之后，这一问题也就迎刃而解了。

按"乾德二诏令"的要求，当时诸州钱币"辇送京师"的实际情形又是怎样的呢？由于诏令中有"悉辇送京师"之语，这很容易给人造成一种印象，以为当时诸州辇至京师的钱币一定很多。如顾炎武《日知录》卷十二《财用》即云："及宋太祖乾德三年诏诸州度支经费外，凡金帛悉送阙下，无得占留，自此一钱以上，皆归之朝廷。"其实并非如此。就事理而言，辇京钱币的多少，取决于各州留用钱币的多少，如果其留用较多，那么即便是所有宽剩悉数起辇，其数量也不会很大。此其一。其二，各州留用钱币的多少，在很大程度上又取决于其度支经费时是否有明确的上限，若无上限，则其高估多留的情形必然十分严重。

"乾德二诏令"显然没有规定任何上限，所以，当时可能辇送至京师的钱币估计不会很多，不可能达到"一钱以上，皆归之朝廷"的程度。

尽管如此，"乾德二诏令"的颁行仍有其不可否定的意义。其中一个最为重要，却又一直为人们所忽略的意义是，它们的颁行是对中唐以来财税"三分法"的一次较彻底的变革。

关于"留州""送使""上供"的财税"三分制"及其与藩镇动乱的关系，学术界已多有论及，此不赘言。自中唐迄于五代，虽然不断有人从加强中央政府财力，限制藩镇势力的角度提出过一些财政方面的措施，但大抵都没能触动"三分制"的根本。① 而"乾德二

---

① 如《资治通鉴》卷232贞元三年七月条载："时关东防秋兵大集，国用不充，李泌奏：'自变两税法以来，藩镇、州县多违法聚敛。……请遣使以诏旨赦其罪，但令革正，自非于法应留使、留州外，悉输京师。'"又同书卷280天福元年十一月条载："初，帝(石敬瑭)在河东，为唐朝所忌，中书侍郎、同平章事、判三司张延朗不欲河东多蓄积，凡财赋应留使之外，尽收取之。"从这两条记载可以清楚看出，"留使"、"留州"和"输京师"这种"三分制"始终没有被触动。

诏令"就不同了,"申命诸州,度支经费外,凡金帛以助军实,悉送都下",这一规定一望而知,是将钱币的分配划分为"留州"和"上供"两部分,而自中唐以来一直盛行的"三分制"中的"送使"部分已被废罢。

由此看来,诸州度支经费后,其钱币是否已经悉辇京师?这并不是认识"乾德二诏令"意义的唯一角度。它最为主要的意义并不在此,而在于首先从货币经费的使用方面废罢了中唐以来所形成的财税"三分制","留州"、"送使"、"上供"已经改变为"留州"、"上供"。这就切断了强藩大镇占留钱币的一个主要通道。正如前文已经强调过的,中唐以来的政治动乱主要表现在藩镇的拥兵争强上,而藩镇的拥兵争强又与其截占巨额铜币有着密不可分的关系。就此而言,将完全可以把"乾德二诏令"的颁行,看作是唐宋之际国家由乱而治过程中的一项最具纲举目张之义的措施。

与"乾德二诏令"相配套的"便钱务",是宋太祖收夺地方财权的第三个步骤。对此,《长编》卷十一开宝三年五月条有一则重要记载:

> 五月丁巳,京师始置便钱务。

何谓"便钱务"?"便"是"便利""方便"之义,"务"是当时一般事务性(尤其是经济事务)机构常用的称谓,类似于当今的"厅""局"等。"便钱务",是为人们提供货币方便的一种机构。

原来,铜币作为当时主要的现金货币,有一个很大的缺点,就是携带运输十分不便。十枚标准的唐代开元钱,据《通典》卷九记载,其重量是"一两"。一千枚即一贯,则重"六斤四两"(十六两为一斤),大约相当于今天的四公斤(八市斤)。依此计算,一万贯开元钱重六万二千五百斤,约相当于今天的八万斤。[①] 其携带的不

---

① 五代和宋朝,铜币的重量减轻,一贯大约是四斤,比唐标准的开元钱少二斤四两。见《长编》卷23太平兴国七年四月条。

便性是显而易见的。南朝诗中有"腰缠十万贯,骑鹤下扬州"之句,假若真有一个贾客"腰缠十万贯"而下扬州,情况该怎样呢?"十万贯重六十多万斤,即令没有关津官吏的勒索,途中强人的劫夺和江湖积压之覆,也是任重道远,极不容易的。"①自然,解决这一问题的办法也是有的,那就是唐代出现的"飞钱"、"便换"。其方法是某商人将在京所售货物的款项交给各地节度使、各地州郡设在京城的办事处——进奏院之类的机关,或交给多地设有联号的京城富商,该商人至各地后,就可凭票券在当地取款办事了。从事汇兑"飞钱"业务的富商大贾和地方在京办事机构,不仅仅只是充当信用支付的简单中介人,更重要的是通过办理汇兑,可以将社会上分散的铜币集中起来将其转化为商业资本或高利贷资本,进而掌握甚至操纵社会资金的流向和使用。在这一过程中,如果说富商大贾所感兴趣的只是趁机生利、获取财富的话,那么,各地节度使、地方州郡除了经济目的外,又往往会在政治上有所图谋,正所谓"富强者辄怀跋扈之志"。正因为如此,"飞钱"、"便换"一出现,即为唐中央政府"所嫌恶",多次明令禁断②。但因为"飞钱"、"便换"毕竟适合商业贸易的需要,方便于市场,故始终是禁止不了,"铜钱依然不翼而飞"。

  为了收夺地方财权,宋太祖自然不会对地方节度使、州郡通过"飞钱"控制甚至操纵货币金融的状况听之任之,但他也没有徒劳地再行禁绝,而是做了正好相反的事情:设立"便钱务"。《文献通考》卷九《钱币考二》记载为:

    太祖时,取唐飞钱故事,许民入钱京师,于诸州便换。……开宝三年,置便钱务,令商人入钱者诣务陈牒,即日辇致左藏库,给以券。仍敕诸州,凡商人赍券至,当日给付,不

---

① 李埏:《从钱帛兼行到钱楮并用》,《宋史研究论文集》,上海古籍出版社 1982 年版。
② 参见李剑农:《魏晋南北朝隋唐经济史稿》,中华书局 1963 年版,第 240 页。

得住滞,违者科罚,自是无复停滞。

以往由于富商巨贾、强藩大镇出面经营"飞钱"汇兑,结果社会上分散的铜币都回笼集中于富商和藩镇手中,现在朝廷直接出面经营此项业务,彻底改变了上述状况。除此之外,还有一个十分微妙的作用。在唐代"飞钱"、"便换"时,商人要先向各地驻京办事处交付款项,然后才能到各有关地方凭券取款,而此时情形却发生了根本的变化:商人们在京并不向各地驻京办事处交付款项,而是向中央政府的国库——左藏库交付铜币,由"便钱务"发给票券,商人则持券至各州提取自己所需的铜币。在这样的一种汇兑关系中,中央国库中的铜币是只进不出,而各州的铜币却是只出不进,地方州郡积聚大批铜币的情形得到有效的控制。

于是,"便钱务"的设立与"乾德二诏令"之间的关系就十分明显了。"乾德二诏令"只是要求诸州在"度支经费"之后,要把所有宽剩钱款悉数辇送京师,它无法解决诸州在"度支经费"时的高估多留。但它在原则上却把诸州经费以外的铜币全部系在了中央的名下,这就为此时"便钱务"的汇兑业务提供了法理上的依据。所以,完全可以把"乾德二诏令"的颁行和"便钱务"的设置看作是相辅相成、前后关联、互为配套的两项措施。"乾德二诏令"为"便钱务"所开展的兑换业务提供了法理上的依据,而"便钱务"兑换业务的开展,正如上述,必将有效地控制各地州郡对钱币的积聚,从而解决了"乾德二诏令"中所无法解决的一个问题——诸州"度支经费"时的高估多留。

如果说"乾德二诏令"重在解决诸州郡向藩镇的"送使"问题,"以朝官掌税收"重在解决藩镇本身把持税收、非法聚敛和占留的问题,那么"便钱务"则重在控制州郡财政。控制州郡财政与"制其钱谷"既有联系,又有区别,它虽然不是宋初最为迫切的任务,但却具有防微杜渐的意义。

"以朝官掌税收"、"乾德二诏令"的颁行,以及"便钱务"的设置,是宋初收夺地方财权的三个主要步骤。除此之外,最值得注意的就是通判和转运使的设置。

通判的设置,为的是"消弭五代藩镇跋扈之弊"。南宋朱熹说:

> 自唐末,大抵节镇之患深。……故太祖皇帝知其病而疏理之。于是削其支郡以断其指臂之势;置通判以夺其政;命都监监押以夺其兵;立仓库场务之官以夺其财。向之所患,今皆无忧矣。①

这段为人们广泛称引的议论,道出了"置通判"在消弭"节镇之患深"中的作用。但它只是从"夺其政"即削弱藩镇的行政权方面立论,却又难免以偏概全。其实,通判在"制其钱谷"方面同样有着重要的作用。如《长编》卷六乾德三年三月条在论及宋初的"制其钱谷"时,就特意点出了通判的作用:

> 及赵普为相,劝上革去其弊(指节度使垄断税赋)。……申命诸州,度支经费外,凡金帛以助军实,悉送都下,无得占留。时方镇阙守帅,稍命文臣权知,所在场院,间遣京朝官廷臣监临,又置转运使、通判,为之条禁,文簿渐为精密,由是利归公上而外权削矣。

南宋李攸和陈傅良对此有更明确的说法:

> 凡一路之财,置转运使掌之;一州之财,置通判掌之。②

> 国家肇造之初,虽创方镇专赋之弊,以天下留州钱物,尽名系省。然非尽取之也。当是时,输运毋过上供。而上供亦未尝立额。郡置通判,以其收支之数上之计司,谓之应在。③

转运使的设置,也加强了中央对地方财政的控制。"转运使"之名,唐代已有,主要负责税赋粮的转运调拨。唐末五代,由于各

---

① 《朱子语类》卷110。
② (宋)李攸:《宋朝事实》卷9"官职"条。
③ (宋)陈傅良:《止斋集》卷19《赴桂阳军拟奏事札子》。

地方镇把持税赋,转运使已无物可以"转运",至多负责军前粮草的督运事宜,一般随事而设,事已则罢。宋初再置转运使,与前代相比,已有很大不同。唐代的转运或称为"天下转运使",或为"水陆转运使",或为"盐铁转运使",或为"江淮河南转运使",其与地方的行政建置基本没有关系。唐朝本来很早就将全国划分为十道,后又增至十五道,但转运使却并未按道设置。宋初的行政区划类似于唐,将全国划分为十五路,形成了路、州、县三级地方组织,"路"相当于唐代的"道"。乾德元年(963),宋太祖首次任命两位转运使:沈义伦为京西路转运使,韩彦卿为淮南路转运使。这样,转运使一职就与"路"联系在一起,转运使所在的转运司也就成为一路的常设机构。南宋学者王应麟称:"诸道(路)置转运使始见此。"[1]此后经过四五年的时间,即"渐次构成'逐路'(或'诸道')建置的全国性组织"[2]。

转运使的职责也更为明确:"掌经度一路财赋,而察其登耗有无,以足上供及郡县之费;岁行所部,检察储积,稽考帐籍,凡吏蠹民瘼,悉条以上达,及专举刺官吏之事。"[3]其"转运"的职能已不明显,而代表中央政府对一路的财赋进行调控、监督的职能则更为突出。因此,宋初即便没有转运税赋粮储之事,转运使也不得清闲,"无事不得端坐",必须巡视州县,随时"取索点检"账籍文簿,查视仓储库。[4] 开宝九年(976)十一月,宋太宗发布了一道重要诏令:

> 诏诸道转运使,各察举部内知州、通判、监临物务京朝官等,以三科第其能否,政绩尤异者为上;恪居官次、职务粗治者为中;临事弛慢、所莅无状者为下,岁终以闻,将大行诛

---

[1] (宋)王应麟:《玉海》卷182"乾德转运使"条。
[2] 郑世刚:《北宋的转运使》,《宋史研究论文集》,河北大学出版社2002年版,第324页。
[3] 《宋史》卷167《职官志七》。
[4] 《宋会要辑稿》食货四九之九。

赏焉。①

这样,就形成了中央对地方财政的层层监控:京朝官监临场务,令掌税赋;通判主一州之财;转运使则代表中央通过对"监临物务京朝官"和通判的监察、督理,控制一路的财政。"其具则日密,法令则日烦,禁防束缚,自不可动"②,从组织、行政体制上确立了中央对地方财政的控制。

"制其钱谷"的任务,至此大致完成。

第四节 如何"收其精兵"

"收其精兵",就是收编藩镇所辖的地方军队。

自定下"稍夺其权,制其钱谷,收其精兵"的三大纲领后,如何"收其精兵",就成为宋太祖和赵普等人"最为留意"的问题③。至乾德三年(965)八月,朝廷终于发布了收编地方军队的第一道命令:

> 令天下长吏择本道兵骁勇者,籍其名送都下,以补禁旅之阙。又选强壮卒,定为兵样,分送诸道,其后又以木梃为高下之等,给散诸州军,委长吏、都监等召募教习,俟其精炼,即送都下。

这个方案的主旨就是要将各道节度使、各个州郡所属军队中的身强力壮之兵选调到中央禁军,从而达到加强中央武力和削弱地方武力的双重目的。

命令下达不到两个月,由各地选调到中央的骁勇之兵即达数万名,经进一步严格挑选,得马步军兵士万余名。④

---

① 《长编》卷17开宝九年十一月条。
② (宋)叶适:《水心集》卷5《纪纲二》。
③ 南宋宰相赵鼎曰:"祖宗于兵政最为留意"(《建炎以来系年要录》卷33)。
④ 《长编》卷6乾德三年八月、九月条。

说起来,如何解决地方藩镇拥有重兵的问题,本来也是中唐以来朝野最为关心的问题。"五代为国,兴亡以兵","兵权所在,则随以兴;兵权所去,则随以亡"①。这其中的道理不难理解。但中晚唐时期,由于中央政府的军力有限,没有迫使藩镇就范的实力,所以要解决藩镇拥有重兵的问题,条件尚不成熟。自五代朱温代唐以来,中央开始拥有强大的禁军,军事上由原来的"内(中央)轻外(地方)重"转向"内重外轻",解决地方藩镇拥兵跋扈的条件已经具备。顺应这种变化,一些旨在解决藩镇武力的措施也开始推行。这些措施主要有二点:一是派遣禁军进驻地方;二是调动部分藩镇的兵力出戍外镇。这些措施虽然收到了部分效果,但总的说来,还是在如何"控制"地方兵力上做文章,远非釜底抽薪之策。所以五代时期一方面中央禁军的力量的确不断加强,并远远超过了藩镇;但另一方面,强藩大镇因"兵强马壮"而恣意跋扈,甚至反叛中央政府的情形却又时有发生,这种情形直到周世宗时也没有多大变化,以至于周世宗不得不感叹说:"骁勇之士,尽为藩镇所蓄。"为此,他采取了一个相应的措施,"诏募天下壮士咸遣诣阙……选其尤者为殿前诸班"。这一从民间招募壮士的做法,固然可以加强中央禁军的力量,但却无法改变骁勇之士已为藩镇所蓄的局面(起码暂时无法改变)。事实上,周世宗的注意力一直是单纯地放在如何整顿和加强中央禁军上,而对于"收夺"藩镇精兵的问题未曾拿出得力的措施。宋太祖即位之初,昭义节度使李筠、淮南节度使李重进,主要就是以其所掌握的强大的地方军队而起兵的。

与周世宗和五代其他统治者的方案不同,宋太祖采取了选调藩镇军中"骁勇之士"的方案。这一方案,可以达到加强禁军和根除藩镇拥兵构乱的双重目的。可以说,这是唐宋之际最具政治远

---

① (宋)范浚:《范香溪先生文集》卷4《五代论》,四部丛刊续编本。

见的一个方案①。

在颁布上述收编方案之前,建隆二年(961)五月,宋太祖还颁布了一道颇令朝臣们费解的诏令:

> 令殿前、侍卫司及诸州长吏阅所部兵,骁勇者升籍,老弱怯懦者去之。②

这道诏令只是要求中央禁军(殿前、侍卫二司)和各地藩镇所属的军队淘汰老弱残疾,并在淘汰之时重新调整士兵的等级,将"骁勇者升籍"。为什么要发布这样一道诏令呢?朝臣们对此都有些莫名其妙。尤其是对地方部队中的"升籍"一事更是不理解。因为对地方强藩来说,其所升籍的士兵越多,就越有理由占留和"奏讨"大量财赋为兵费,这岂不是养虎遗患?

其实,这正是宋太祖的精心设计:不如此,怎么能使地方部队中的骁勇力壮者兵额全部上报呢?很明显,宋太祖是有意将选调地方精兵的工作分两步走的。试想,没有这第一步,那么四年之后的"令天下长吏择本道兵骁勇者,籍其名送都下,以补禁旅之阙"的工作又如何能如此顺利呢?这可算是宋太祖在"收其精兵"过程中一个两步到位的方案。

收编地方精兵入京,还存在许多实际困难。困难之一,就是国家的财力问题。《文献通考》卷一五二《兵考四》曰:

> 周显德后,克淮甸,有东南之漕,京师仓廪稍实,得以聚兵为强干之术。

宋初,一方面有后周的"仓廪稍实"作基础,另一方面,随着对地方财权的收夺("制其钱谷"),中央的财力较前已大有增强。这为收

---

① 后唐清泰初年(934),曾"诏诸道选骁果以实禁卫"(《旧五代史》卷124《刘词传》),这是中唐五代时期唯一的一次有关选调地方士兵充实禁军的记载。但这次选调是如何进行的,结果如何,均不见记载,显然是一时之举,与宋太祖的方案实不可同日而语。
② 《长编》卷2建隆二年五月条。

编地方精兵提供了财政上的保证。如前述乾德三年（965）九月，太祖选编万余名地方士兵入京后，立即向他们发放了一大笔缗钱，"厚其赏赐"，使其安家、娶妻①。但当时聚集在京城的禁兵已有"数十万"之众，若再大规模收编地方精兵入京，整个部队的军资供应的确又是一个很难解决的大问题。

与五代时期的那些前辈相比，宋太祖的确有其幸运的一面，这就是他手中拥有"累朝相积"的"数十万"禁兵，这是他威慑地方，并敢于断然提出收夺地方精兵的资本所在。但另一方面，这"累朝相积"的数十万禁军不仅"老少相杂，强懦不分"，而且本身也成为收夺地方精兵的一大障碍。人满为患，以当时朝廷财力而言，供养这数十万禁军已是极为紧张了，又哪有余力再供养从地方收夺的精兵呢？

显然，不解决这一问题，对地方精兵的收夺至多只能收一时一事之效，是很难持久的。五代时期，包括周世宗这样有作为的君主之所以没有从"收其精兵"的角度对藩镇军队加以收编，大概这也是一个原因。

宋太祖是怎样解决这个问题的呢？他的方法很简单，但其思路却颇为独特。

方法就是"吐故纳新"，即针对原来禁军"老少相杂，强懦不分"的实际情况，首先汰除老弱，进而以各地选调至京的"骁勇"补其阙额。如此简单的方法，人们以前为什么就是没想到呢？原来募兵制下的士兵，大都是因丧失田园家产，而不得不把应募入伍作为求生之路的人。所以，他们要自觉不自觉地把生活的希望与军籍联系在一起，尤其是在其戎马半生，老弱残疾，"至于衰老无所归"时，更是要力保军籍以求活路，这是募兵制下特有的"军旅之情"。如果忽略这种"军旅之情"，必然会引起军心不稳，甚至造成

---

① （宋）司马光：《涑水记闻》卷1；《宋史》卷187《兵志一》。

"人言汹汹"的哗变态势。在这种情况下,军队的裁减淘汰工作事实上是无法进行的。以英武果敢著称的周世宗,曾多次慨叹道:"宿卫之士,累朝相承,务求姑息,不欲简阅,恐伤人情,由是羸老者居多,但骄蹇不用命,实不可用,每遇大敌,不走则降,其所以失国多由此。"①

看来是要转换一下决策思路了。既然将老弱残疾者汰除出军队的方法是行不通的,那么,是否可以设想在保留其军籍的前提下进行调整呢?老弱残疾者披甲上阵固然不行,但是否可以将其单独编为一军,用于其他方面的劳作,如修河、铺路、土木营作等呢?这样既保证老弱士兵有一条基本的求生之路,又可以省下国家别的方面的财费支出。

宋太祖可能很早就萌生了上述思路,建隆元年(960),其刚刚即位不久,就试验着将这一思路付诸行动了:

> 诏殿前、侍卫二司各阅所掌兵,拣其骁勇,升为上军,老弱怯懦,置剩圆(员)以处之。②

这一措施并没有在禁军中引起大的波动,故从建隆二年起,遂开始在禁军中正式设置"剩员"③。剩员仍保留军籍,但已不是完全意义上的军人。第一,他们"不任征战"④,即不再参加军事训练和战斗,有军人之名而无军人之实;第二,因为他们不再冲锋陷阵,故其兵饷的领取只是一般士兵的三分之一,甚至更低;第三,剩员的任务是"给官府、宫观、园苑、寺庙、仓廪之役",相当于国家雇佣的劳工。有了这批人,国家原来所雇佣的各种劳工大大减少,国家原来用于这方面的财费支出亦相应减少。这样,在宋代兵制中就出现了"国有武备之兵,又有力役之兵"的特殊现象。这支"力役之兵"

---

① 《资治通鉴》卷292 显德元年十月条。
② 《文献通考》卷152《兵考四》。
③ 《长编》卷2 建隆二年五月条。
④ 《司马文正公传家集》卷42。

的出现,既为老弱残疾士兵提供了一条可以勉强为生的活路,顾及募兵制下的"军旅之情",同时,又从几个方面节省了经费,故南宋陈傅良曰:"剩圆(员)之置,不但以仁赢卒,亦以省冗食也。"①

自从有了淘汰老弱、设置剩员的思路,"便殿阅武"就成了四五年内宋太祖的主要日常工作,《文献通考》卷一五七《兵考九》载:

> 帝每御讲武殿,亲临教阅。其法刻木为箭镞,裹以毡罽,命强者两相射,避即捶之。取其不避者,又以木梃为马挝,施韦鞘,俾驰骑相击,取其尤胜者,各分等级以迁隶之。自是师旅皆精锐。

宋太祖常常是早出晚归,即便是雨雪天气,也不例外。如乾德二年(964)底,汴京大雪,宋太祖"设毯帷于讲武殿,衣紫貂裘帽以视事"②。后来,还有人专门作了一篇《太祖皇帝阅武便殿颂》来赞扬宋太祖的不辞辛劳:

> 至于三年,乃屈銮辂,御便殿而阅武。陛戟百重,彤廷如砥,扛鼎翘关之雄,落雕穿杨之技,彯缨鸣剑之锐,并效其能。天容日表,不违咫尺。视其勇怯,以为殿最。赏春罚秋,风动营垒。用能东征西讨,显有丕功。③

"便殿阅武"中,对士兵"勇怯"的甄别是相当严格的:"太祖既稍收节度兵柄,故汰兵使极少,治兵使极严。"④不符合标准的禁兵,大都被汰淘为"剩员"。合乎标准的也要严格区分等级。如兵饷最高的头等禁兵,往往"千百人中始得一二"⑤。

经过严格的甄别淘汰,宋初在京禁军的数量急剧减少,由原来

---

① 《文献通考》卷152《兵考四》。
② 《长编》卷5乾德二年十二月条。
③ (宋)吕祖谦:《东莱集》外集卷4,浙江古籍出版社2008年版。
④ (宋)叶适:《水心集》卷5《兵总论二》。
⑤ 《长编》卷4乾德元年九月条。

的"数十万"下降到"十二万"①,中央财政已由周世宗时的"京师仓廪稍实"转为"其馈兵军常足","沛然有余"。

这样,影响收编地方精兵的一个最大的困难——中央财力紧张的问题就基本解决了。当然,建隆、乾德年间(960—968),随着"制其钱谷",即对地方财政的控制,中央财政从收入方面看也大有改观,这也同样有助于对地方精兵的收编。

"三大纲领"中,"稍夺其权,制其钱谷"之后,才是"收其精兵",这不仅是一个表述的先后,实际上也意味着执行次序的孰先孰后。虽然"收其精兵"对赵宋统治的安危来说最为急迫,但是,若无充足的财力,"收其精兵"是根本不可能实行的。这也是为什么"稍夺其权"、"制其钱谷"的工作均在建隆、乾德年间全面推开,而第一道收编地方精兵的命令却要缓至乾德三年(965)八月才公布。

不过,从宋初尤其是太祖在位十六年的情况看,中央财力之所以能够达到"馈兵军常足"的程度,主要还不是因为中央财政收入大增,而是因为"置剩员"、"省冗食"之类的精简政策所致。②

"剩员"的设置,可以说是进退维谷中产生的一个变通之法。因为不对"累朝相积"的数十万禁军进行一番大淘汰,中央就根本没有余力大规模选调地方精兵入京。可由于募兵制所造成的"军旅之情",又使淘汰老弱的措施行不通。正是在这样一个历代政治家,包括周世宗等杰出政治家均感两难、无从下手的问题上,宋

---

① 吕陶说:"艺祖受命之初,国家之兵十有二万。"(《历代名臣奏议》卷221)此外,《乐全集》卷23《再上国计事》、《长编》卷159庆历六年七月条、《历代名臣奏议》卷200陈襄奏议等多处记载亦相同。参见王曾瑜:《宋朝兵制初探》,中华书局1983年版,第22页。

② (宋)蔡襄:《蔡忠惠公文集》卷18《上䤅宸箴》中的一段议论就涉及这一点:"我太祖太宗朝,四方未一……圻甸未广,租赋未丰,其馈运兵军常足也。……盖当时所用之兵,养薄而艺精"(上海古籍出版社1996年版)。置剩员后,兵费减少,故"养薄";而部队战斗力亦因置剩员,汰老弱而提高,故"艺精"。

太祖却开通了一条带有某种妥协性质的出路。关于在中央禁军设置"剩员"与收编地方精兵的关系,以《文献通考》卷一五五《兵考七》交代得最清晰:

> 太祖皇帝建隆初,诏殿前、侍卫二司各阅所部兵,拣其骁勇者为上军;老弱者为剩员。又诏诸州长吏选所部兵送都下,以补禁旅之阙。

也就是说,宋太祖是先于建隆初(建隆元年)在中央禁军中设置"剩员",使禁军出现大量"阙额",然后("又诏")才是四年之后即乾德年间选调地方精兵入京,"以补禁旅之阙"。从某种意义上说,这其实也是一个两步到位的方案。

选调地方精兵入京,要克服三个方面的障碍。一是地方藩镇对选调的阻挠和不合作:隐瞒精壮骁勇士兵的数量,是其主要手段;二是中央政府要克服自身"养兵之费"紧张的局面,否则不能容纳相应的地方精兵;三是克服地方士兵恋乡惮行的情绪[①]。如果说第一个两步到位的方案,巧妙地化解了各地藩镇对"收其精兵"的阻挠的话;那么,第二个两步到位的方案,则又有效地解决了后两个障碍:剩员的设置,从几个方面节省了中央政府的财政支出。《文献通考》卷一五二《兵考四》载:

> 太祖太宗以雄略英武,平一海内,惩累朝藩镇跋扈,尽收兵于京师。于时天下山泽之利悉入于官,帑庾充牣,得以赡给。

正是由于"帑庾充牣",中央政府才有能力"尽收兵于京师"。同样,也是由于"帑庾充牣",中央政府才能用"厚其赏赐"的方法,化解各地士兵"恋乡惮行"的情绪,顺利地将他们选调入京。范仲淹的《答手诏条陈十事》就约略点出后一方面的关联:

---

① 参见《宋史》卷304《范正辞传》载:"会诏令料州兵送京师,有王兴者,怀土惮行,以刃故伤其足,正辞斩之。"

唐衰,兵伍皆市井之徒,无礼义之教,无忠信之心,骄蹇凶逆,至于丧亡。我祖宗以来,罢诸侯权,聚兵京师,衣粮赏赐丰足。①

由于上述若干配套措施的实行,故宋初的"收其精兵"进行得很顺利。乾德三年(965)秋九月的那次讲武殿阅兵,宋太祖亲自挑选出万余名由各地送入京城的骁勇之兵,是规模较大的一次。此后,对地方部队的收编工作,就开始按部就班地进行了。一是由地方军队报送骁勇之士入京,由京城军头司复验,符合标准的分送禁军各部,不符合标准的退回地方;二是由宋太祖"数遣使者分诣诸道,选择精兵"②。

另外,借统一战争的机会,对藩镇辖属的地方军队和"诸国"的军队加以收编,也是"收其精兵"的一个重要方面。

乾德元年(963)春天,在灭亡荆南和湖南时,宋太祖只是出动了禁军数千人,而主力则是"安、复、郢、陈、澶、孟、宋、亳、颍、光"十州的州兵③。这种安排,并不是因为京城禁军兵力不足,而是为了借助战争这架机器来吞噬部分地方军队。当然,为了防止地方部队在战争过程中发生变故,指挥战争的统帅和主要将领必须由朝廷选派信得过的人担任,并要有京官监军。此后,在平定后蜀、两伐北汉和平定南汉的战争中,大致都是按类似的部署进行的。只有在开宝九年(976)攻打南唐时,才真正以禁军为主。此时收夺地方精兵的工作已基本完成,地方部队已无法再派兵员承担军事任务了。

当年,宋太祖和赵普讨论"稍夺其权,制其钱谷,收其精兵"时,宋王朝还只是半壁江山,随着对南方诸国的平定,诸国军队中的"精兵"也同样被抽调到京城。乾德三年三月,宋军刚刚平定后

---

① (宋)吕祖谦编:《宋文鉴》卷43。
② (宋)司马光:《涑水记闻》卷1。
③ 《长编》卷4乾德元年正月条。

蜀,宋太祖即"诏发蜀兵赴阙,并优给装钱"。蜀兵中的精锐后来就被编为禁军中的"奉义"①、"怀恩"、"怀勇"、"怀爱"等军。宋太祖还特意从这批士兵中挑选出"材貌魁伟,熟习射"者,共一百二十名,组成"川班内殿直"。灭亡南汉时,其原有军队的精兵也被抽调至京编为"广德军",成为殿前司的一支;南唐降兵中的精锐则被改编为"归政"、"新立归化"等军。

这样,北宋统治下的所有地区的精兵强卒都被抽调到中央禁军之中了,自中唐以来,地方拥兵自重,长期跋扈的情形从根本上得到了改观。古人对这一变化予以很高的评价:

> 太祖既纳韩王之谋,数遣使者分诣诸道,选择精兵,凡其才力技艺有过人者,皆收补禁军,聚之京师,以备宿卫,厚其粮赐,居常躬自按阅训练,皆一以当百,诸镇皆自知兵力精锐非京师之敌,莫敢有异心者,由我太祖能强干弱支,致治于未乱故也。②

> 太祖太宗平一海内,惩累朝藩镇跋扈,尽收天下劲兵,列营京畿,以备藩卫。……是以天下晏然,逾百年而无犬吠之惊,此制兵得其道也。③

当然,成功也不是没有代价的。苏辙说:

> 臣闻汉唐以来,重兵分于四方,虽有末大之忧,而馈运之劳不至于太甚。祖宗受命,惩其大患而略其细故,敛重兵而聚之京师,根本既强,天下承命而服,然而转漕之费,遂倍于古。凡今东南之米,每岁溯汴而上,以石计者至五六百万,山林之木,尽于舟楫,州郡之卒,疲于道路。④

---

① 《宋史》卷 187《兵志一》作"奉议",而《长编》卷 6 作"奉义",后者近是。
② (宋)司马光:《涑水记闻》卷 1。
③ 《文献通考》卷 152 引《两朝国史志》。另,《画墁录》、《宋史》卷 382《曾开传》、《曲洧旧闻》卷 9 等亦多有类似的议论。
④ (宋)吕祖谦编:《宋文鉴》卷 56。

这显然是肯定中又有所批评,认为收地方精兵于京师,造成了粮饷运输供应的艰难。不过苏辙也承认,这是"惩其大患而略其细故"。也就是说,"收其精兵"在总体上还是应该被肯定的。

随着地方军队中的"骁勇"被抽调到中央,地方军队中只剩下老弱残疾,其军事职能也日渐消失。与这种状况相适应,所谓的地方军队有了一个较为恰切的名称——"厢军"。

"厢"这个字,古今最通用的意思是指正房两边的房屋,即"厢房"。最早把"厢"与军职连缀在一起的,是南北朝时的侯景,大概是取"厢"字的一左一右护侍正房之意,他把自己身边的心腹军将加封了一个"左右厢公"的封号。中唐以后,中央军尽管势力寡弱,但毕竟是"正"兵,而地方藩镇之兵相应地可能就有了"厢军"的名称,故南宋史家薛季宣说:"厢军之置即唐方镇之兵是也。"①不过,大概没有哪个方镇愿意把自己的军队看作偏师而呼之厢军的,所以直到五代时期,还是很难见到"厢军"的名称的。宋初,随着地方军队中的"骁勇"被尽数抽调到中央,地方军队中只剩下老弱残疾,根本无法与中央禁军相比,至此,地方部队成了名副其实的偏师,"厢军"的名称也逐渐地叫开了。厢军同"剩员"一样,名为军队,其实主要是承担治河、修桥、筑城及其他劳役,很少承担军事任务,甚至连一般的军事训练,也很少进行:

> 厢兵者,诸州之镇兵也。太祖鉴唐末方镇跋扈,诏选州兵壮勇者悉部送京师,以备禁卫。余留本城,本城虽或戍更,然罕教阅,类多给役而已。②

这也是宋太祖收夺地方精兵过程中有意安排的结局。仅仅将地方军队中的骁勇抽调到中央禁军,在宋太祖看来,还远远不够。因为随着时间的推移,今后地方部队在补充兵员时,仍有可能招募

---

① (宋)薛季宣:《浪语集》卷16《召对札子二》。
② 《文献通考》卷152《兵考四》。

到骁勇精兵,从防微杜渐的角度看,这自然是不能允许的。解决这一问题的唯一途径就是彻底取消地方军队的军事功能,令其变为一支同"剩员"一样的纯粹的劳役军队。在这一思想的指导下,北宋军队在招募之际就有了严格的区别,凡身强力壮者则募为禁兵,"不及尺度而稍怯弱者,籍之以为厢兵"。可见,厢军在招募之始,就已丧失了军事功能。厢军不但要接纳募兵之初不符合禁军条件的"短弱"者,同时还要收留"诸军老弱之兵"。北宋习用的"落厢"一词,就是指由禁军淘汰到厢军。这样,京城中也有了厢军,"厢军"也就取代了宋初禁军中的"剩员"一类的名目,所谓"国有武备之兵,又有力役之兵",也就是指禁军和厢军了。至此,禁军和厢军原来作为中央军和地方军的差别,实际已转化为功能方面的差别了,所谓地方部队其实已不复存在了。

地方军队既然不复存在,那么地方和边疆的武备问题,也就只能依赖于中央禁军的外派了。《宋史》卷一九三《兵志七》云:

> 禁卫兵所以重根本、威外夷。太祖聚天下精兵,在京者十余万,州郡亦十余万。

为什么要安排为在京十余万,外派地方十余万呢?《曲洧旧闻》卷九解释说:

> 使京师之兵足以制诸道(地方),则无外乱;合诸道之兵足以当京师,则无内变。内外相制,无偏重之患。天下承平百余年,盖本于此。

如此安排自然实现了"内外相制"的目的,但如何防止外戍的禁兵盘踞一方,形成一股新的地方势力的问题,也摆到了宋太祖的面前。很明显,不解决这一问题,对地方精兵的收夺很可能会绕了一个圈子之后又回到了原地。这方面的教训宋太祖是知道很多的。五代时,中央为了控制地方藩镇,也曾多次令禁军进驻地方。禁军作为中央力量进驻地方,一开始确实对地方藩镇构成了一定的威慑,但另一方面,禁军出戍以后,久居一地,事实上,也就变成了地方部队中的一支,甚至完全与地方藩镇合势,如后唐明宗时,就不得不允许"承前禁军出戍,便令逐处守臣管辖断决"①,这反倒加强了地方藩镇的军事实力。

为了解决这一问题,宋太祖又在禁军中实行"更戍法"。所谓"更戍法"就是一种按期更换军队驻防地(戍地)的方法。当时规定,驻戍在各地的禁军每隔一二年,最多三年就要更换一次驻地或调入京城休整,更换时,调动士兵而不调动将领,这样就可以达到"兵无常帅,将无常师"的目的,使领兵将帅无法在军队中形成根深蒂固的势力,从而有效地降低了地方割据势力发动叛乱的概率:

及将天下营兵,纵横交互,移换屯驻,不使常在一处,所以坏其凶谋也。②

太祖皇帝惩唐末五代之乱,始为军制,联营厚禄,以收才武之士。宿重兵于京师,以消四方不轨之气,番休互迁,使不得久而生变,故百余年天下无事。③

"更戍法"主要是为了防止地方武装割据局面的出现和提升部队战斗力,还可以部分解决财政方面的一些问题,可谓一举三得。④

至此,我们可以对宋太祖"收其精兵"的举措做一个简单的小结了。

宋初的"收其精兵",就是收编乃至取消地方武力。五代政治家一般把重点放在控制地方藩镇辖属的军队上。是一种"治标"而非"治本"的方式;而宋初的"收其精兵",则把重点放在收编方镇辖属的军队上。从"防控"到"收编",表明宋初的"收其精兵",是唐宋之际最具政治远见的一个方案。

---

① 《旧五代史》卷43《明宗纪八》。
② 《历代名臣奏议》卷317。
③ 《长编》卷301元丰二年十一月条。
④ 参见王曾瑜:《宋朝兵制初探》,中华书局1983年版,第58页。

为落实这一方案,宋初采取了两步到位的操作方式。第一步,建隆二年(961)首先令各地调整所辖各军中的兵等,将"骁勇者升籍",以取得相应的兵费供给。这样,就巧妙而准确地掌握了各地精兵强将的情况。第二步,"乾德三年(965),始命天下长吏择本道兵骁勇者,籍其名送都下"。如果说这一种两步到位主要属于操作技巧的话,那么,另一种两步到位则从根本上保证了"收其精兵"的成功。第一步,建隆元年,首先在京城禁军中推行"剩员"制度,大批禁军被淘汰为"剩员","剩员"保留军籍,但不任战事,只从事劳役,领取较低的"兵"饷,这既照顾了募兵制下特殊的"军旅之情",更主要的是从多方面节省了财政支出。这就为第二步,乾德三年及以后大规模、多途径地收编地方精兵提供了"沛然有余"的财力保障。

各地精兵尽收京师,地方军队丧失了军事功能,于是成为一支仅供工役劳作的"力役之兵"——厢军,地方武力已不复存在。"更戍法"的推行,又进一步杜绝了外戍各地的禁军膨胀为新的地方军事割据势力的可能。

总之,从大批淘汰禁军,设置"剩员",到大规模收编地方精兵入京以补禁军之阙,再到把地方军队变成一支毫无军事功能的厢军,直至禁兵外戍、内外相制和"更戍法"的推行,宋太祖不但完成了对地方原有军队的收编,而且也杜绝了地方军事力量重新膨胀的可能。"收其精兵"的工作至此基本完成,自中唐以来,主要由于地方(节度使)军事力量的过度膨胀而导致的政治动乱,至此才可以说得到了较为彻底的根除。

第五节　靖宁:京城、州府与边圉

宋太祖所开创的宋王朝延续了三百余年,其中的一百六十七年是以东京开封府为京城的,这是朝廷的所在地,是中央政府统辖地方州县的中枢。

开封位于黄河中下游,华北平原北缘,战国时期魏惠王曾在此修筑国都大梁城,秦始皇二十二年(前225),王贲攻魏,引浚仪渠水灌大梁,大梁城被破坏,秦在此地设浚仪县,并建有浚仪城。南北朝时期浚仪成为州治所在,称为汴州。唐德宗建中二年(781),宣武军节度使李勉将原驻宋州的衙署迁至汴州,并重新拓筑了汴州城。五代初(907),朱温建立后梁,将汴州升为开封府,并定都于此。此时的开封城周长约二十里,汴河在城南穿城而过,城墙共有七座城门,东为宋门、曹门,西为郑门、梁门,北有酸枣门、封丘门,南有尉氏门。皇宫(大宁宫)坐落于城市的北部,周长约四里,原为宣武军节度使的衙署,在后梁时略有增建,皇宫正对着一条宽阔的大街,大街东侧坐落着规模宏大的大相国寺——这便是宋太祖十二岁时跟随父亲赵弘殷迁居到此时所见到的开封城。后周显德二年(955),周世宗下令在原来汴州城墙的外面再修筑一座外城(罗城),工程征发民夫十万人,历时一年多完成。由于开封一带俗称"汴卤"之地,土质疏松,富碱性,不宜筑城,周世宗特命从百里之外的虎牢关一带取土,史载城墙"坚密如铁"。修成的外城墙周长超过四十八里,大大扩大了开封城的面积,将北边的五丈河与南边的蔡河也纳入了城区范围,使之穿城而过,这奠定了北宋开封城的基本规模和格局。①

宋太祖成为这座城市的主人时,开封城在五代时期已经断断续续地具有了二十六年"国都"的历史,但均是国祚不长的短命王朝。

---

① 关于周世宗所修外城墙的长度,历史记载稍有参差,《宋史·地理志》、《玉海》、《宋会要辑稿》均记为"48里233步";另有"48里230步"、"48里223步"之说。太祖朝未对外城墙进行大规模施工,真宗、神宗时曾有拓建,拓建之后总长"50里165步",与今天考古遗址的测量数据29120米基本吻合(宋代一里约576米,一步约合1.6米)。参见李长傅:《开封历史地理》,商务印书馆1958年版;周宝珠:《宋代东京研究》,河南大学出版社1992年版;刘春迎:《北宋东京城研究》,科学出版社2004年版。

单从地理形胜上说,开封也存在显而易见的缺陷:地处平原,属于东西南北都无自然屏障的"砥平冲会之地",一旦大兵压境,几乎无险可守。虽然有着诸多的缺憾,但宋太祖还是选择了开封,究其原因,除了强大的历史惯性之外,也与当时国家的基本政策紧密相关。

前文已述,为了避免重蹈五代的覆辙,宋太祖实行"稍夺其权,制其钱谷,收其精兵"的策略,这不但有力地强化了朝廷对地方政治和经济上的掌控,也将地方的武装力量收归朝廷,京城及近郊常年驻扎着数十万战斗部队,"连营畿甸",形成了京城对地方的绝对军事掌控。这种状况就是北宋名臣范仲淹、包拯等人所讲的:"祖宗以来,罢诸侯(藩镇)权,聚兵京师……所以重京师也"①,"京师者,乃天下之本也。王畿之内,列营屯聚,此强本之兵也……本固且强,兼济中外,天下何所患也"②。

这种强干弱枝的政策,避免了唐末五代的藩镇祸患,但同时却不可避免的产生了另一个问题——京师地区集中了全国的精锐兵力,还包括庞大的中央政府的官僚群体,如何解决这么多人的吃饭问题?这就不得不仰仗开封城便利发达的漕运水系了。

当时开封的漕运通道主要有三条:北边的五丈河、中间的汴河、南边的蔡河。五丈河又名广济河,因河宽五丈而得名,向东连通曹、济、郓等京东十七州;蔡河,又名惠民河,可连通陈、颍、许等淮北六州;汴河的地位最为特殊,它即是隋炀帝时所修的通济渠,上引黄河水,下通淮河,南接邗沟和江南河,可直达南方的膏腴之地。

至此,我们大概可以推定出宋太祖选择开封作为首都的基本原因:宋初的最大问题是要解决地方藩镇尾大不掉的问题,这是唐末五代留下来的最为惨痛的"殷鉴",而要解决这个问题,迁都显然作用不大,最佳的选择就是拓展中央的军事实力,让中央始终保

---

① 《长编》卷143庆历三年九月条。
② 《长编》卷166皇祐元年二月条。

持绝对优势的武装力量。而要保持这支武装力量,最关键的是选择漕运便利的城市作为首都。开封尽管没有"山河之固",但它所蓄养的中央兵团就是最好的铁壁铜墙,而这三条发达的漕运河道又可以保证军粮给养的顺利抵达。关于这些问题的相互影响,北宋中期多年掌管财政的三司使张方平曾有过精辟论述:

> 今之京师,古所谓陈留,天下四冲八达之地者也;非如函秦天府百二之固,洛宅九州之中,表里山河,形胜足恃。自唐末朱温受封于梁,因而建都,至于石晋,割幽蓟之地以入契丹,遂与强敌共平原之利。故五代争夺,戎狄乱华,其患由乎畿甸无藩篱之限,本根无所庇也。祖宗受命,规摹毕讲,不还周秦之旧,而梁氏是因,岂乐是而处之,势有所不获已者。大体利漕运而赡师旅,依重师而为国也。则是今日之势,国依兵而立,兵以食为命,食以漕运为本,漕运以河渠为主。……今仰食于官廪者,不惟三军,至于京师士庶,以万亿计,大半待饱于军稍之余。故国家于漕事至急至重。京,大也;师,众也。大众所聚,故谓之京师。有食则京师可立。①
>
> 今京师砥平冲会之地,连营设卫,以当山河之险。则是国依兵而立,兵待货食而后可聚。此今天下之大势也。②
>
> 太祖皇帝深虑安危之计,始削诸节度之权,屯兵于内,连营畿甸……夫猛虎所以百兽伏者,以其爪牙利也。若虎而去其爪牙,则犬豕鹿麇皆可以相狎。兵卫者国之爪牙也,足兵足食,乃可以威服四方,弹压奸乱矣。③

所以,只有选择"利漕运而赡师旅"的开封作为首都,才能保证中央政府统辖地方的绝对优势,中唐安史之乱以来,由于地方节度使权力过大所形成的"尾大不掉"的局面才可以得到彻底的改

---

① (宋)张方平:《乐全集》卷27《论汴河利害事》。
② (宋)张方平:《乐全集》卷24《论国计事》。
③ (宋)张方平:《乐全集》卷21《论京师卫兵事》。

观,中央与地方的关系也就随之翻开了新的一页。

宋初中央政府直接下辖的地方政府大致分为三级:第一级是"道"或"路",当时尚未完全定型。① 第二级是州,与州平行的是府、军、监等,凡称为"府"、"军"、"监"者,一般都是政治地位、军事地位或经济地位比较特殊的州级建置。第三级则是县,县之下的镇、寨等则并非常规机构。

"路"这一级机构是从唐代的"道"沿袭过来的。唐代贞观年间曾将全国分为十个行政大区,号称"十道",开元年间进而又划分为"十五道"。宋初即以"道"为单位,将其统辖的行政区域分为十道。乾德三年(965)三月,开始设立诸道转运使,总一道之财赋,开宝八年(975),始见"道"名改成"路",诸路转运使为宋初的"制其钱谷"发挥了很关键的作用。② 宋太宗至道三年(997)全国分为十五路,以转运司管理辖区的路级体制形成③。

---

① 宋代地方行政是路、州、县三级区划,还是州、县二级?是虚三级,还是实三级?在学术界仍存在不同意见。争议主要集中在"路"这一级区划。李昌宪、王文楚、龚延明、余蔚等认为宋代的路是地方最高一级行政区划。金毓黻、聂崇岐、朱瑞熙、陈振、张希清、包伟民、苗书梅等认为宋代的地方行政是两级,路并不是一级完整的行政区划。周振鹤认为宋代的路不成为严格意义上的最高一级行政区划,可称作二级半或虚三级制。漆侠则认为,"路"级机构的设置以分割事权为指导思想,坚持兵权与财权的分离,可称之为"高层"政区,路制下设州(府、军、监),被称为"统县"政区,州之下为县级政区,这是在全国普遍设置的正式政区。参见余蔚:《宋代地方行政制度研究》,复旦大学博士学位论文,2003年。

② 宋初,"路"与"道"并称,没有明确设置道一级的长官,只是以诸道转运使总管本道财赋,战时常常设置随军转运使。宋太宗至道三年(997),将全国分为15路,此后屡次分合,"路"成为宋代州以上较为固定的行政区划。一般认为宋代路制形成于宋太宗时期。李昌宪则认为宋代路制起源于"五代的方面都部署"和"五代的方面转运使",因此他指出,宋代在宋太祖朝已经在所统辖的区域内"全部设置转运司,宋代路制已粗具规模"。宋代的"路"并非作为单一的行政区划而设置,同时还具有军事、监察、财政、司法等区划的功能。在"路"一级,常设的四个官僚机构地位相当,互不统属,一些机构的治所常常异地而设,区划范围也不尽相同(李昌宪:《中国行政区划通史》宋西夏卷,复旦大学出版社2007年版),共同代表朝廷监督所辖州县。

③ 《玉海》卷18《至道十五路》。

"路"一级管理区,虽然笼盖下属州、府、军、监的财赋、刑狱与监察,但并无统一的行政主管机构,即不像州、府、军、监与县二级,各自均有长吏为中心的权力机构,这种格局的形成,源自宋初的强干弱枝政策。宋太祖、太宗,为了削弱藩镇势力、加强中央集权,派遣京朝官直接掌握州、县二级的权力,从而一举打破了节度使等武臣专制地方的局面。此举有利又有弊。全国三百多个州、府、军、监,无异于三百多条权力渠道通向朝廷,中央实难以直接管理。于是,"路"之转运司,率先由经度一路财赋入手,进而代中央政府实行对州县官吏的监督。为了防止"路"这一级的权力过大,诸"路"由三个平行机构共理,即转运司(漕司)、提刑司(宪司)、提举常平司(仓司)。三司互不统属,互为制衡,分别对中央政府负责,代表朝廷对地方进行分口监督管理。

可以看出,宋代"路"一级的行政设置,所体现的始终是太祖时代的基本原则与精神。

州,以及与州平行的府、军、监,是宋代地方政府的第二个层级,也是最重要的一个层级建制。宋太祖即位之初,所辖州一级的行政区域为一百一十八个,其中,直接统辖的为一百一十一个(州一〇五,府六),另外七个,均在西北地区:"党项拓跋氏(即后日之夏)据夏绥银宥垂八十年,虽奉中朝封爵正朔,实无异于小国之王;而府州折氏、麟州杨氏以及灵州冯氏皆世据一方,亦几等于自主;倘不计四氏所据七州,则宋初所有者实一百一十一州……此读史者不可不知也。"[①]其中的党项拓跋氏,后来建立西夏王朝,长期与宋朝对峙。而府州的折氏家族、麟州杨氏家族后来都成为北宋战功卓著的军功家族,如扑灭宋江、方腊的折可存就是折氏家族的成员;著名的"杨家将"的故事,则是以麟州杨氏为底本演绎而成

---

① 聂崇岐:《宋代府州军监之分析》,《宋史丛考》上册,中华书局1980年版,第121页。

的;最著名的"佘太君"、"天波府",则是根据"折"、"佘"同音虚构出来的。

随着宋初统一战争的进行,朝廷所能管辖的地方州府也急剧增加。加之前几节提到的持续不断地推行削弱藩镇的种种举措,直接隶属于中央政府的州、府、军、监等数量也在持续增长:

> 宋初削藩镇兵权,支郡概直属京师,旧日之军遂亦渐与州府并列。太祖始基,沿袭于周之军有七:曰通远,曰定远,曰乾宁,曰保顺,曰德清,曰汉阳,曰天长。建隆以后,以势所需要,更置十二军(北海、平晋、保塞、光化、建安、永安、怀安、广安、梁山、高邮、云安、荆门),二监(富义、大宁),升军为州一(潍),降州为军一(义阳)。又其时府州折氏、灵州冯氏皆矢忠朝廷,入觐请命;而麟州杨重勋亦于开宝五年内徙,于是中枢威权所及又增三州焉。综计太祖末年所有府、州、军、监:承于周者,府六、州一百五、军七;灭国所得者,府三、州一百二十一,军三、监一;自置者,军十二、监二;收于藩镇者,州三;由军升州一,由州降军一:都府九,州二百二十九、军二十二、监三,合府、州、军、监共二百六十三。①

但是,《宋史·地理志序》、《玉海》及《宋会要辑稿》均记载太祖在位的最后一年,即开宝九年凡有二百九十七②,根据聂崇岐的推断,这是连同州府管辖的军、监一并计算的。民间戏曲、小说常言宋太祖"一条盘龙棍打下天下四百州""一条杆棒等身齐,打四百座军州都姓赵",显系艺术的夸张,倘说是"打下天下三百州"则基本属实了。数量增加的同时,中央政府对州府的控制力也在增强,"三大纲领"的实施,使得中唐安史之乱以来所形成的藩镇跋扈、坐大地方的状况,得到了根本性的扭转。

---

① 聂崇岐:《宋代府州军监之分析》,《宋史丛考》上册,中华书局1980年版,第122页。
② 《宋会要辑稿》方域七之二五。

这里可以看王审琦在寿州的例子。

王审琦与宋太祖是同年参军的战友,二人经历几乎是一模一样:都是后汉乾祐三年(950)投入郭威军中的,又同在郭威手下做低级军官,甚至都担任过东西班行首。郭威废汉建周后他们二人又同时为郭威的养子,即后来的周世宗看中,调为部下。随后又同在高平之战中崭露头角,成为颇有影响的少壮派将领。只是高平之战以后的几个月中,赵匡胤被连连提升为殿前都虞候、殿前都指挥使,拜定国军节度使,成为禁军的统帅之一,王审琦这时还只是中级将领。赵王二人不但是同年参军的战友,而且还是结拜兄弟,在他们结拜的"义社十兄弟"中,赵与王的关系最密切。

"陈桥兵变"后,宋太祖依功行赏,王审琦被任命为殿前都指挥使,领泰宁军节度使。"杯酒释兵权"后,王审琦交出了禁军的统帅权,以"忠正军节度使"的头衔驻节寿春(寿州治所),成为地方藩镇。

王审琦在"稍夺其权,制其钱谷,收其精兵"的大背景下,被太祖外派到寿州出任节度使,成为统协一方的大藩镇。他到任不久,就发生了这样一件事情:寿州某县的县令,将县衙的一个犯罪的"录事吏"开除了。这本是县令权限范围内的事,但按五代藩镇强横的惯俗,县令应先将此事上报于节度使,征得同意后,才能将县吏开除。现在该县令居然"自行其是",帅府的幕僚们很是恼火,要求王审琦严肃处理县令,"按治其罪"。王审琦却说:"五代以来,藩镇强横,县令不能独立行使职权。现在天下治平,我们做藩镇的岂应再干涉地方行政。该县令依法罢免恶吏,此事诚可嘉奖,何罪之有?"王审琦对此事的处理,不仅仅是一个宽厚和大度的问题,更重要的是体现出他对"三大纲领"实施的准确认识。所以,这件看似平凡的事情当时即引起朝野舆论的普遍关注,"闻者叹服"[①]。

王审琦任忠正军节度使八年,一方面认真履行自己的职责,一

---

① 《长编》卷11开宝三年三月条。

方面又尊重地方州县的权力,"为政宽简","民颇安之",使寿州及周围州郡成为治理最好的地区之一。《宋史·王审琦传》中有一段很重要的记载:

> 审琦重厚有方略,尤善骑射,镇寿春,岁得租课,量入为出,未尝有所诛求。

很显然,对地方财政,他是依据赋税(租课)收入的情况,严格控制支出的,这不但树立起一个廉洁的地方大吏形象,更重要的是,他的这种做法,与宋初的"三大纲领"中"制其钱谷"的要求是一致的,改变的是中唐五代以来各地藩镇任意截留地方财政、拥兵自重的"百年痼疾",这对"三大纲领"在各地的实施,具有示范性的意义。史称"审琦之政成下蔡(寿州及周围地区古称下蔡),重赟之功宣广陵,卓乎可称"①,充分肯定了他的模范作用。

王审琦在寿州八年,正是宋太祖全面实施"三大纲领"的时期,所以王审琦的情况并非个例。只是有的地方藩镇会自觉顺应"三大纲领",有的则是被迫转变。无论哪种情况,都意味着朝廷权威的重建,中唐五代以来由于藩镇权力过大而造成的中央与地方关系的失调,以及随之而来的地方动乱、分裂割据的恶性循环得到了彻底改善:

> 自祖宗肇造区夏,划削藩镇,分天下为十八路,置转运使副……唯本朝之法,上下相维,轻重相制,如身之使臂、臂之使指。民自徒罪以上,吏自罚金以上,皆出于天子;藩方守臣,统制列城,付以数千里之地、十万之师、单车之使、尺纸之诏,朝召而夕至,则为匹夫。是以百三十余年,海内晏然,谋闭而不兴,寇窃乱贼而不作,舟车所至,海隅出日,无异近地。不唯祖宗仁恩德泽深结于民,亦由制置郡县最得其道,前此所未

---

① 《宋史》卷250"论曰"。

有也。①

宋太祖确定了路、州府、县与朝廷的体制关系,杜绝了由于中央与地方关系失调而造成地方动乱与分裂割据,即所谓"制置郡县最得其道",这是他最大的贡献。此外,他生前还有一个类似的重要贡献,就是确立并实施了和平统一"吴越"、"漳泉"的方针,使得宋王朝在他身后二三年间就收获了极为富庶的十六座州府。

五代时期,一直统治两浙地区的"吴越"是当时中国最富庶的地方,其"都城"杭州更是美丽繁荣,陌上花开,游人缓缓,号称"人间天堂"。在宋太祖即位的第一年,吴越国主钱俶就接受了宋王朝"兵马大元帅"的虚职,同时也开启了北宋和平统一吴越的"建隆共识"。与吴越相似的还有陈洪进集团统治的福建漳泉地区,也是一个具有一定独立性质的区域性政权。宋初,陈洪进接受了宋太祖任命,以宋朝"平海节度使、泉漳观察使"的身份行使对当地的统治。吴越与泉漳每年都要派人至东京朝贡,宋太祖对他们也是以礼相待,同时辅以相应的政治压力,以保证和平统一进程的顺利实施。美国学者海格尔在《中国宋朝的危机和昌盛》中指出:"赵匡胤是一位军人,但他不相信军事能解决问题……虽然宋朝近似于中国历史上的其他主要王朝,但在坚持不相信军事解决问题的一点上,宋朝是独一无二的,是始终如一的。"②说宋太祖"不相信军事能解决问题",当然是不确切的,但他尽量避免战争,尽量运用战争之外的政治手段解决问题,这则是实情。

宋太祖去世前的最后一年,即开宝九年(976),征召钱俶入京汇报境内治理状况。当年二月,赶在宋太祖的生日之前,钱俶即带着妻室儿孙进京了。钱俶临行前,曾在杭州西湖边的宝石山建保俶塔,祈愿平安回到吴越。太祖如约送他回吴越,只是临别时,赐

---

① 范祖禹:《范太史集》卷22《转对条上四事状》;又见《历代名臣奏议》卷139。
② [美]J.W.海格尔:《〈中国宋朝的危机和昌盛〉导言》,赵嘉珠摘译,《中国史研究动态》1981年第8期。

给他一个黄包袱,途中钱俶打开包袱一看,里面全是宋臣要求扣留自己的奏章。宋太祖这样做无非是让钱俶早下决心,和平归顺。陈洪进也是在这一年接到进京汇报的要求,他行至南剑州(福建南平),听到太祖逝世的消息,又急忙折回泉州。

宋太祖死后,宋太宗按照宋太祖的既定方针,继续对吴越和漳泉施加压力,终于不动干戈,迫使钱俶和陈洪进纳表献土,以两浙和福建地区的十五州一军一百县归降北宋。在此基础上,宋太宗一鼓作气,灭亡了北汉,又获十州一军的土地,延续了数十年之久的分裂割据局面终于结束,除了辽所控制的燕云十六州以外,汉族所聚居的中原地区和南方的广大区域重新获得了统一。这时,离宋太祖逝世刚刚三年。

太祖逝世后的第三年所形成的这三百余座府州,是北宋中央政府直接统治的府州,也基本上奠定了北宋的疆域。其方位大约是东南至海,北以今天津海河、河北霸县、山西雁门关一线与辽接界;西北以陕西横山、甘肃东部、青海湟水流域与西夏、吐蕃接界;西南以岷山、大渡河与吐蕃、大理接界,以广西与越南接界,①总面积大约为二百五十万平方公里。②

这一"疆域"只是北宋中央政府所直接统辖的地区,是朝廷设立路、州府军及县的行政区域,也就是传统文献中所说的"职方之土"、"正朔之地"。其周边的许多少数民族政权,如契丹族的辽朝、白族的大理国,以及西北地区吐蕃、回鹘、党项等民族所建立的独立、半独立性质的政权,也都是中华民族的一部分,这些区域中

---

① 我国历朝疆域,以元为最大,清次之,汉唐又次之,秦晋隋明更次之,宋朝的三百余座府州所含领土与各朝相较,"仅可次第九而已"。宋代州府"全盛"时有26路、34府、254州、63监、1234县(《宋史》卷85《地理志一》)。但这是宋徽宗好大喜功的花样。虽然有"燕云十六州"的"收复",但旋即为"靖康之难"所淹没,宋王朝被迫南迁,仅保有长江以南的领土。参见聂崇岐:《宋代府州军监之分析》,《宋史丛考》,中华书局1980年版,第119页。
② 参见袁震:《宋代户口》附表三,《历史研究》1957年第3期。

既有汉民族聚居的燕云十六州,也有汉唐时期着力经营过的河西、朔方地区,丰饶的河西走廊和瑰丽的敦煌沙洲等,均属于大唐故土,更是古代丝绸之路的咽喉,是连接东西方的重要桥梁。

依据传统帝制时代的分法,北宋朝廷直接统辖的三百余座府州是"正朔之地"。其外围少数民族聚集的地区,为"四夷之地";"四夷"更外的则为"四裔",如高丽、天竺(印度)、安南(越南),以及日本等海中诸国等。这种区分,大致也是宋太祖及其他政治家用于确定内政外交的基本架构。

宋初虽然不乏"普天之下,莫非王土"之类的传统论调,但这只是一种文化上的自我安慰。[①] 宋太祖总的对外政策是"不勤远略"[②],不但没有真正意义上的对外战争,对"四夷"之地,即中国境内的各个少数民族的区域性独立政权,也大致采取守势,尽可能地保持和平往来,以安靖边圉为上策。

当时的"四夷"之首,就是宋朝东北方向契丹族所建立的辽王朝。这是一个在宋太祖出生前十一年就已经称帝的大帝国,其首都设在上京临潢府(今内蒙古自治区巴林左旗),其"国号"则在"辽"与"契丹"中变化着使用。

宋初对辽采取的是守势,对契丹占据的燕云十六州,太祖首选的是和平赎买的政策,而将武力收复放到了逼不得已的中下策。关于这一点,我们在"先南后北"的统一方略中已经有所讨论。太祖在位的十七年,宋辽之间也发生过八次小规模的军事冲突,在这八次冲突中,"有五次是北汉和契丹联合的。宋太祖两次围攻太原,也都遇到契丹的干涉。最后一次虽是在双方建立邦交以后,但

---

① 这些"自我安慰"的调子典型言论就是宋太祖第一次殿试时所录取的进士柳开的话:"皇王之道,混成如天,包笼四周,俾莫能越",见(宋)柳开:《河东集》卷8,雍熙四年十二月十五日《上郭太傅书》。参见邓小南:《祖宗之法——北宋前期政治述略》,生活·读书·新知三联书店2006年版,第401页。
② 《宋史》卷253"论曰"。

是契丹还是派了宰相耶律沙等领兵前来阻扰,宋军终于得不到任何战果"①。其中,宋军以开宝三年(970)的战绩最辉煌。李焘记载说:

> 初,契丹以六万骑至定州,命判四方馆事田钦祚领兵三千御之。上谓钦祚曰:"彼众我寡,但背城列阵以待之,敌至即战,勿与追逐。"钦祚与敌战满城,敌骑少却,乘胜至遂城。钦祚马中流矢而踣,骑士王超以马授钦祚,军复振。自旦至晡,杀伤甚众,夜入保遂城。契丹围之数日,钦祚度城中粮少,整兵开南门,突围一角出。是夕至保塞,军中不亡一矢。北边传言:"三千打六万。"②

开宝七年十一月,辽朝方面主动致书,提出休战讲和的建议。这一建议受到宋太祖的重视与响应,宋辽双方很快互派使者,互致国书,国书的题头格式为"大宋皇帝(或大契丹皇帝)谨致书于大契丹皇帝(或大宋皇帝)阙下",由此开启了宋辽之间的和平外交。宋太祖对这一和平局面的出现颇为自豪。开宝八年,他两次接见辽朝的来使,并在长春殿欢宴。送走辽使后,他十分感慨地说:"自五代以来,北敌(契丹)强盛,盖由中原衰弱,遂至晋帝蒙尘,亦否之极也。今景慕而至,乃时运使然,非凉德能致。"③"非凉德能致"是古代帝王常用的一种故作谦虚的说法。从他的谦虚中我们仍可以看出他对和平局面的期待与自豪。但可惜的是,这种和平局面只维持了四年,在宋太祖逝世后的第二年即宣告破裂。

西北地区在太祖时代也保持了和平安定的局面。这一地区大体包括了今天的陕西甘肃的一部分,以及宁夏、新疆、青海、西藏。

新疆当时主要活跃着由"回纥"族演化而来的"高昌回鹘"(亦称"西州回鹘")。宋太祖时期,双方相安无事。太祖死后的第二

---

① 张家驹:《赵匡胤传》,江苏人民出版社 1959 年版,第 151 页。
② 《长编》卷 11 开宝三年十一月条。
③ 《长编》卷 16 开宝八年三月条。

年,高昌回鹘开始称宋帝为"阿舅天子",双方确立了甥舅关系。另一支回纥后人则是控制甘肃宁夏河西走廊一带的"甘州回鹘"。甘州回鹘以"归义军节度使"的名义建立了自己的政权,宋太祖即位的当年,归义军即遣使入京,太祖乾德二年(964),归义军首领曹元忠始称"大王"、"敦煌王"等,也得到宋朝方面的认可。乾德三年十二月,"甘州回鹘可汗、于阗国王等遣使来朝,进马千匹、橐驼五百头、玉团五百、琥珀五百斤"①。开宝元年(968)十一月,甘州回鹘"宰相鞠仙越亦遣使来贡马"②。

甘州回鹘地处"丝绸之路"的要道,是东西方世界沟通的一个重要渠道。以《宋会要辑稿》方域二十一之一四的记载为证:"太祖乾德四年,知凉[州]府折逋葛之上言,有回鹘二百余人、汉僧六十余人,自朔方来,为部落劫略。僧云欲往天竺取经,并送达甘州讫。"由此可以看出宋初"丝绸之路"的通畅和积极的文化交流。③

宋代西北地区势力最强大的是党项的李氏家族。李氏家族本姓拓跋,因其先人在唐末平定黄巢有功,被赐李姓。唐末五代以来他们长期据有西北地区,其境内"北有阴山与狼山,西有贺兰山,西南有祁连山,东南有六盘山,黄河自西南向东北流,直贯其中"④。宋初其首领为李彝兴(其实他本名叫李彝殷,为避太祖之父赵弘殷讳而改名),大约掌控着夏、银、绥、宥等四州之地。宋太祖即位的第三个年头,李彝兴以"定难军节度使"的名义遣使前来朝贡,送上骏马三百匹。宋太祖亲自接见了来使,交谈中得知李彝兴腰腹肥大,不禁赞叹"汝帅真福人",遂专门为李彝兴定制一条

---

① 《宋史》卷2《太祖本纪二》。
② 《宋会要辑稿》蕃夷四之二。
③ 参见漆侠主编:《辽宋西夏金代通史·陆·周边民族与政权卷》,人民出版社2010年版,第51页。又据日本学者前田正名的研究,"宋初进入河西之后经由灵州到达宋朝内地的所谓的西域交通,在乾德三四年时甚为活跃,尤其是河州、瓜州、于阗、高昌、回鹘等来往很多"(《河西历史地理学研究》,陈俊谋译,中国藏学出版社1993年版)。
④ 李蔚:《简明西夏史》,人民出版社1997年版,第11页。

大腰围的玉带。这一个细节让李彝兴大为感动,他也由此成为宋王朝最积极的拥戴者,李氏家族所统治的夏州一带也就成为宋太祖巩固西北局势的重要基地。乾德五年(967)李彝兴逝世,太祖特追封其为夏王,以其子李光睿袭封"定难军节度使"。夏州李氏与宋朝的这种友好关系持续了近二十年,极大地稳固了宋初西北地区的安定局面。宋太祖逝世后的第七年,由于宋太宗在处理夏州李氏的问题上出现了一系列重大失误,引发了李氏家族的"李继迁反宋,成为夏州政权与宋公开决裂的契机",从此夏州李氏逐渐发展成为足以抗衡辽、宋的地方政权,至宋仁宗时,公开建国称帝,史称"西夏",宋的西部边境几无宁日。①

宋初西南地区的"大理",是云贵高原的白族所建立的一个地方政权,辖八府、四郡、三十七部,国内佛教盛行,庙宇遍布,有"妙香国"之称。自段思平建国至蒙古平定大理(938—1254),共存在了三百一十六年。在大理与宋之间,有一个众多少数民族分布区,即传统文献记载的"黎州诸蛮"、"叙州三路蛮"、"泸州蛮"等。宋朝建立后,"黎州诸蛮"等开始与宋朝接触,时时遣使朝贡,并分别被宋封为诸如"归德"大将军、"怀化"将军等,以此表示各部与宋的臣服关系。

乾德三年(965),宋兵平定后蜀,统帅王全斌建议乘胜攻取大理,宋太祖则手执玉斧,在地图上划大渡河为界,声称不对大渡河以外之地用兵。这就是"宋挥玉斧"典故的来历,在《宋史·宇文常传》和《滇载记》中有绘声绘色的记载。然而也有学者认为,"宋挥玉斧"为虚构,断不可信②。无论"宋挥玉斧"的真伪如何,宋太祖对大渡河以外的大理政权没有"吞并"之心则是肯定的。大理与宋之间,保持了和平共处的态势,这一态势维系了三百多年。

---

① 参见李华瑞:《宋夏关系史》,河北人民出版社1998年版,第18页。
② 参见宁超:《"宋挥玉斧"辨》,《思想战线》1978年第4期;刘复生《从"宋挥玉斧"说起》,《历史知识》1981年第4期。

可以看出,在宋太祖时代,无论是东北、西北,还是西南的少数民族政权,大都与宋王朝保持着和平共处的关系,形成了边圉靖宁的安定局面。这对宋太祖专心于中原地区的统一和治理是有利的,对繁荣中原与"四夷"的经济文化发展也是有利的,对促进汉民族与各少数民族之间的文化交融更是有着深层的意义。

宋初边圉靖宁的局面,当然也离不开得力的政治军事策略。前面提到,太祖在治理朝廷与地方关系时,极力推行的是"稍夺其权,制其钱谷,收其精兵",但对驻守边圉的将帅,以及沿边州府的政务,所实施的则是有明显不同的特殊策略。

例如驻守边圉的将帅,太祖起用的是一批职位不高的中下级将领,放手让他们长期任职,以熟知边情;有战功则重赏,但职位却不一定升迁得很快:"率皆十余年不易其任,立边功者厚加赏赉,其位皆不至观察使。盖位不高则朝廷易制,任不易则边事尽知,然后授以圣谋,来则掩杀,去则勿追。"①对沿边将帅的经济利益也给予了"特权式"的保障。与内地的"制其钱谷"政策不同,对这些边将不但允许他们随时动用地方财政,还特许他们从事边境贸易,以便他们有充裕的军费招募骁勇,激励士气。宋太祖对这项政策的解释是:

> 安边御众,须是得人。若分边寄者能禀朕意,则必优恤其家属,厚其爵禄,多与公钱及属州课利,使之回图(即官方边境贸易),特免税算,听其召募骁勇,以为爪牙。苟财用丰盈,必能集事。②

关于宋太祖的沿边军事部署以及用将策略,宋代学者李焘、罗从彦、吕中、朱熹等都有概括性的梳理,其中以罗从彦的下述梳理最为系统:

---

① 《宋史》卷266《钱若水传》。
② 《长编》卷3建隆三年十二月条。

太祖垂意诸将,命李汉超屯关南,马仁瑀守瀛州(今河北河间),韩令坤镇常山(今河北正定),贺惟忠守易州,何继筠镇棣州(今山东惠民),以拒北敌。

又以郭进控西山,武守琪戍晋州,李谦溥守隰州(今山西隰县),李继勋镇昭义(今山西长治),以御太原。

赵赞屯延州(今陕西延安),姚内斌守庆州(今甘肃庆阳),董遵诲屯环州(今甘肃环县),王彦昇守原州(今甘肃镇原),冯继业镇灵武,以备西戎。

其家族在京师者,抚之甚厚。郡中筦榷之利,悉与之;恣其图回贸易,免所过征税。许令召募骁勇,以为爪牙。凡军中许便宜从事。每来朝,必召对命坐,赐以饮食,锡赉殊异以遣之。由是边臣皆富于财,得以养募死力,使为间谍,洞知蕃夷情状。每外敌入寇,必豫为之备,设伏掩击,多致克捷。二十年间,无西北之忧,以至命将出师,吊民伐罪,平西蜀,复湖湘,下岭表,克江南,兵力雄盛,武功盖世。良由得猛士以守边,推赤心以御下之所致也。①

在总体军事部署中,也常常会发生一些半真半假却饶有趣味的小插曲。

如上述边将中的董遵诲,年轻时曾挤兑、羞辱过宋太祖,当接到太祖初次召见的命令时,他心头发冷,与家人泣别。后来的结局自然是太祖"推赤心以御下",董遵诲感恩效命,成为宋初镇守西北边防的名将:"在通远军凡十四年,安抚一面,夏人悦服。"②

另一位镇守南关的名将李汉超,智勇双全,但却有着多年养成的兵痞习气。某日,有两名百姓进京,一名状告李汉超强借钱财不还,另一名状告他强占自己的女儿为妾。太祖请两位上告人喝酒

---

① (宋)罗从彦:《豫章先生文集》卷1。
② 《宋史》卷273《董遵诲传》。

说:李将军之前,辽兵天天骚扰,掠去你们多少钱财,现在有李将军在,辽兵不敢来犯,他所保卫的财产远远超过借你的那点钱吧!再说你们的女儿,以前所嫁的都是乡野村夫,现在的这个女儿入嫁朕的爱将,又有什么不好呢?劝退了两名百姓后,太祖安排专人给李汉超送去一笔经费,让他抓紧还清借款,并告诉他说,以后缺钱直接找皇上就行。这种恩威并用的方法,不但让李汉超羞愧感奋,其他边将也受到教育。李汉超和他的子孙都常年在边防军中任职。在后来的一次战役中,遭遇敌军伏击,李汉超的三位儿孙同时阵亡,也是一门英烈。

  以上两个故事,反映的虽然都是传统帝王的"驭人之术",但大致也可以看出宋太祖选派和使用边将时的一些特点。与内地实行的"收其精兵"、"制其钱谷"不同,太祖对派到边防的将领显然给予了更大的空间和自由,恩威并重,恩大于威,故他们之间的往来和交流也就更赤诚、更坦然。

  这些特点也表现在他对沿边土著豪族的信任和使用上。其中最著名,也是最成功的就是对府州折氏家族的重用。

  府州(即今陕西府谷县)折氏,是党项部族,世居河西,自五代以来"控扼西北,中国赖之"。周世宗时任命折德扆为永安军节度使。① 建隆二年(961),宋太祖"以其捍边之功,召令折德扆入觐,待遇有加"。② 乾德二年(964)折德扆逝世后,以其子折御勋袭封,并确立了折氏子孙世袭府州军府的模式。从此之后,折氏一族世代居守西北,"世笃忠贞",良将辈出,成为北宋稳定西北边防的主要力量:

    五代之季,边圉之不靖也久矣。太祖之兴,虽不勤远略,而向之陆梁跋扈而不可制者,莫不竭忠效节,虽奔走僵仆而不

---

① 《宋史》卷253《折德扆传》。
② 《长编》卷2建隆二年十二月条。

避,岂人心之有异哉?良由威德之并用,控御之有道也。折氏据有府谷,与李彝兴之居夏州初无以异。太祖嘉其向化,许以世袭,虽不无世卿之嫌,自从阮而下,继生名将,世笃忠贞,足为西北之捍,可谓无负于宋者矣。①

《宋史》中的这段"赞论",既是对太祖重用折氏家族的赞扬,也是有感而发,是对太祖时代边圉政策的一个定评。

---

① 《宋史》卷253"论曰"。

第六章　皇帝与文臣武将

第一节　二府与一日罢三相

在宋初乃至宋代的政治和权力体系中，居于皇帝之下的最高权力阶层，是以宰相和枢密使为代表的宰辅执政阶层。

当时，宰相所在的权力机构为"中书门下"，主管民政，具体的办公地点为"政事堂"，故称"政府"；枢密使则主管军政，办公场所为枢密院，故称"枢府"。"政府"与"枢府"分东西排列，政府在东，又称"东府"；枢府在西，又称"西府"。人们将这两个高层中枢执政机构合称为"二府"、"二司"或"二地"，其中以"二府"这一名称最为流行，而"二府大臣"也是宋代通行的称谓，一般包括宰相、副宰相（参知政事）和枢密使、枢密副使等。

宋太祖登基之初，从稳定局势的角度考虑，仍任命和使用后周旧臣为二府大臣。如原宰相范质、王溥、魏仁浦官职依旧，继续担任新王朝的宰相，同时，他们三人还分别兼任枢密使或参知枢密院事，另一位枢密使吴廷祚也是后周旧臣。

表面上看一仍其旧，但变化也在悄悄发生。

以往，宰相与皇帝在殿前议政时，都是赐坐君侧，从容讲论，赐茶而退，称为坐论大政、坐而论道。但范质等人出任新朝宰相的第二天，这种待遇就发生了改变：

> 自唐以来，大臣见君，则列坐殿上，然后议所进呈事，盖坐而论道之义。艺祖即位之一日，宰执范质等犹坐，艺祖曰："吾目昏，可自持文书来看。"质等起，进呈罢，欲复位，已密令

中使去其坐矣,遂为故事。①

> 故事,执政奏事,坐论殿上。太祖皇帝即位之明日,执政登殿,上曰:"朕目昏,持文字近前。"执政至榻前,密遣中使彻其坐。执政立奏事,自此始也。②

这是两则有些戏剧化的记载。从中或可以看出,宋太祖是暗施小计,不无幽默地将宰相的"坐论殿上"变成了"站立奏事"。但在宋人另外的记叙中,宰相的座位是在宋太祖的严厉呵斥下撤去的:

> 国初宰执大臣,有前朝与太祖俱北面事周,仍多在己上,一日即位,无所易置,左右驱使,皆委靡听顺,无一人敢偃蹇者。始听政,有司承旧例,设宰相以下坐次,即叱去之。如太阳东升,焜耀万物,无敢仰视者。③

与上述两种说法都不同,北宋名相王曾在《王文正公笔录》中对此事又有另一种解释:

> 旧制,宰相早朝上殿,命坐,有军国大事则议之,常从容赐茶而退。自除号令、除拜、刑、赏、废置,事无巨细,并熟状拟定进入。上于禁中亲览批,纸尾用御宝,可其奏,谓之"印画",降出奉行而已。由唐室历五代,不改其制。抑古所谓"坐而论道"者欤?国初,范鲁公质、王宫师溥、魏相仁溥在相位,上虽倾心眷倚,而质等自以前朝相,且悼太祖英睿,具札子:"面取进止,朝退各疏其事,所得圣旨,臣等同署字以志之。如此,则尽禀承之方,免误之失。"帝从之。自是,奏御浸多,或至旰昃,啜茶之礼寻废,固弗暇于坐论矣。于今遂为定式。自鲁公始也。④

---

① (宋)邵博:《邵氏闻见后录》卷1。
② (宋)王巩:《闻见近录》。
③ (宋)朱弁:《曲洧旧闻》卷1,又见司马光《涑水记闻》佚文辑补。
④ (宋)王曾:《王文正公笔录》,中华书局2017年版。

这是说，由于每次上朝时，需要处理的公文太多，而宰相们又畏服太祖的英明，事事都要请示，这样，就要不断地站起来前呈奏札，等待批示，常常是从早晨站到中午，连赐茶的时间都没有，几天下来，宰相站着同皇帝说话就成为常态了。

不论上述记载哪一种更为可信，最终的结局是一致的：宰相毕恭毕敬地站在皇帝面前奏事自此成为"定式"。① 可见宋太祖即位伊始就在宰相和百官面前树起了开国之君的威严形象——"岂容测度"的"天姿圣度"。皇帝与宰相之间的"权力悬距"也通过这种形式的变动得以更明显的确认——"如太阳东升，焜耀万物，无敢仰视者"。

如果说废止宰相"坐论"还只是更多地体现了形式上的某些微妙变化，那么，宋太祖即位一个月后正式颁布的一道制书中就有了更为明确的指向。这是一道专门为范质、王溥、魏仁浦三位"二府大臣"加官晋爵下发的制书，②所加的都是一些虚职，但三人关键性的实职——宰相和枢密院的职务则发生了变化：范质、王溥"皆罢参知枢密院事"，只剩下魏仁浦一人以第三宰相的身份兼任枢密使。

与宰相这一古老的职务不同，枢密使出现的历史较短。唐永泰二年（766），开始有了内枢密使一职，至唐宪宗元和年间（806—820）设枢密使。"枢密"有中枢机密的意思，所以枢密使一职最初都是由内臣，即皇帝身边的宦官担任，"使之掌机密文书"，枢密院也就成为"出纳帝命之司"。当时一般的程序是，皇帝有旨意，往往由"枢密"宣付宰相所在的"中书门下"实行，其权力已经"侔同

---

① 在汉唐宰相与皇帝进行"坐而论道"被废除之后，宋朝形成了"站而论道"，洎乎明清则跪拜之礼发达起来，尤其是清朝，身体礼仪更加强化，发展为对皇帝的"三跪九叩"（参见［日］平田茂树：《宋代政治结构研究》，上海古籍出版社2010年版，第313页）。

② 该制书全文参见《宋大诏令集》卷59"范质等进官制"，《宋宰辅编年录》卷1也有收录，但文字有较大差异。

宰相"。至唐僖宗、唐昭宗时,枢密院演化成为正式的职能部门。五代朱温废唐建后梁后,不用宦官任枢密使,并改枢密院为崇政院。后唐同光元年(923),又恢复了枢密院的名称,枢密使一职仍由大臣而不是宦官担任,如当时的名臣"郭崇韬、安重诲相继领其事,皆腹心大臣。则是宰相之外复有宰相,三省之外复有一省矣"①。当时权力的基本格局是,"(枢密使)与宰相分秉朝政,文事出中书,武事出枢密"②。而在五代那种"以兵立国"的战乱年代,"枢密之权独重"③,"其权重于宰相"④也就是很自然的事情了。有的记载甚至说:"五代自朱梁以用武得天下,政事皆归枢密院……当时宰相但行文书而已。"⑤所以五代时期的朝廷显要如郭崇韬、安重诲、桑维翰、郭威、王朴等都担任过枢密使。当然,他们当中由宰相兼任枢密使的也不在少数,这又从另一个侧面表明了枢密使的重要性。

宋太祖出生在郭崇韬任枢密使时期,此后的二十多年中,他耳闻目睹了上述几乎所有枢密使的所作所为,对其中的一些人印象颇深,甚至还同他们直接打过交道,所以对枢密使位重权大的局面了然于胸。"陈桥兵变"后,令范质等人职务依旧的同时,他特意安排自己最亲信的心腹赵普进入枢密院,担任枢密直学士。一个月后,范质、王溥在枢密院的职务被罢免,赵普在枢密院的实际权力得到加强⑥。

然而,枢密直学士毕竟还不是枢密院的主官,从官职上看赵普还没有进入"二府大臣"这一宰辅执政阶层。七个月后,即建隆元

---

① 《文献通考》卷58《职官考十二》,另参《旧五代史》卷149《职官志》。
② (宋)欧阳修:《归田录》卷2。
③ (宋)范祖禹:《论曹诵札子》,《范太史集》卷26。
④ 《长编》卷431元祐四年八月条司马光语。
⑤ (宋)王铚:《默记》卷上。
⑥ 张其凡在《赵普评传》对此有透彻之论:"宋初,罢范质、王溥参知枢密院事,是剥夺他们的实权;让赵普进枢密院,则是避虚就实,去掌握实权的"(北京出版社1991年版,第50页)。

年八月①,宋太祖平定了李筠之乱,赵普以军功擢升为枢密副使,成为枢密院名副其实的决策者。此时,范质、王溥只任宰相,已无权过问枢密院事务;魏仁浦以第三宰相兼枢密使,一望可知,他在东西二府中都不可能起到主要作用;另一位枢密使吴廷祚则是后周老臣,"年齿渐高",平生以收藏图书为乐,无心于政事。所以,此时的枢密副使赵普,应该说是基本上控制了枢密院。

这样,在坐上皇位的头八个月中,宋太祖完成了对中央宰辅执政阶层的第一次权力调整。

转眼到了建隆三年(962)的下半年。六月的一天,宋太祖单独将枢密使吴廷祚召进宫中谈话,告诉他明天朝廷将要发布一道很重要的制书,改任吴廷祚为雄武军节度使,出守秦州:"卿久在枢要,年齿渐高,今与卿秦州,以均劳逸。"虽然吴廷祚的官衔、品级仍然依前不变,但离开中枢执政机构,从二府大臣变为地方节度使,毕竟是一个不小的变化,所以宋太祖要提前向他透个信——"恐卿以离左右,不能无忧,故先告汝云"②。可以看出,宋太祖对二府大臣的调整极为细心和谨慎。

罢免了吴廷祚之后,由赵普出任枢密使似乎是水到渠成了。但宋太祖却迟迟不表态,让枢密使一职虚悬了四个月③。直到这年十月,赵普才由枢密副使升任枢密使。任命制书道:

> 王者端居九重,驭朽敢忘于大业;躬决万务,坐筹思得于良臣。而况萧曹故人,燕赵奇士,霸府早推于佐命,公朝允协于陟明。具官赵普,识洞化原,才优王佐。契风云之玄感,禀象纬之纯精。首参开国之功,实负致君之略。已升宥密,方隆乃睠之恩;未正枢机,岂称畴庸之典。俾膺重任,用奖元勋。

---

① 赵普为枢密副使的时间,《长编》卷1记为八月戊子,即二十一日,《宋史》卷256其本传则记为八月甲申,为十七日。
② 《宋宰辅编年录》卷1。
③ 魏仁浦此时仍兼枢密使,但此为兼员,非正员。

尔其佐佑冲人,缉熙庶绩,无忝股肱之寄,勉伸帷幄之谋。往其钦哉,服我光宠。①

这其中除了对赵普才干和功绩的激赏(当然也有一些常见的套话)外,特别提到"已升宥密,方隆乃睠之恩;未正枢机,岂称畴庸之典"的问题,也就是说,赵普此前虽然已经进入"宥密"即枢密院②,但毕竟是"未正枢机",只是一个副职,这与其贡献和才干太不相称。在赵普升任枢密使的同时,李处耘由宣徽北院使升为枢密副使。此人在后周时就"隶太祖帐下","陈桥推戴,处耘临机决事,谋无不中",和赵普一样,是宋太祖最为信任的开国谋臣之一。

经过建隆三年(962)十月的这次调整,宋太祖才算完成了对枢密院的权力调整,将枢密院置于开国谋臣的控制之中。

在此前后,处境尴尬的范质等三名宰相,已开始不断地向宋太祖提出辞职请求,并推荐赵普为宰相③。而宋太祖既然已经控制了枢密院,对更换宰相之事就不急了。更何况,范质等人留任相职,一方面可以起到安抚后周旧臣的目的,另一方面也可以利用范质等人"自以前朝旧臣,稍存形迹"④的心理,对相权进行限制,而这种限制随着时间的延展又会固化为政治传统,具有长久的示范作用。在这类问题上,宋太祖素来深虑过人。

乾德二年(964)正月,宋太祖又一次收到了范质等三位宰相的辞呈。

---

① 《宋宰辅编年录》卷1。
② 枢密院又称"宥府"或"宥密"、"宥廷"。参见龚延明:《宋代官制辞典》,中华书局1997年版,第103页。
③ 如建隆元年八月,范质就曾上书举荐赵普、吕余庆二人为宰相:"端明殿学士吕余庆、枢密副使赵普,富有时才,精通治道,经事霸府,历岁滋深。自陛下委以重难,不孤倚任。每因款接,备睹公忠。伏乞授以台司,俾申才用。今宰辅未备,以二臣之器能,攀附之幸会,置之此任,孰谓不然!"载《长编》卷2建隆二年七月条;《宋宰辅编年录》卷1亦从《长编》中过录此文,但字句有脱漏,无"置之此任"四字,故其文意不通。中华书局1987年校补本此处亦脱校。
④ 《宋宰辅编年录》卷1。

三人此次申请辞职,可谓恰逢其时。就在半个月前,殿中侍御史郑起、右拾遗杨徽之突然被贬为西河和天兴两县县令。郑、杨两人,人们都不陌生,周世宗在世时,他们就是宋太祖的政敌,极力主张罢免宋太祖的兵权。尤其是郑起,在路上遇到宋太祖时竟"横绝前导而过"。宋太祖即位之初,曾动过诛杀他们的念头,皇弟赵光义说:"此周室之忠臣,不宜深罪",劝阻了宋太祖。四年过去了,赵宋王朝的统治已经稳定,像郑起、杨徽之这类曾经的政敌,还可能留在朝廷吗?

范质等三位旧相虽然不像郑、杨那样得罪过宋太祖,但"一朝天子一朝臣",作为前朝旧臣,实在也不合适在宰相的位子上待下去了。所以三人的辞呈一上,宋太祖马上批准,一道制书,尊范质为"太子太傅",王溥为"太子太保",魏仁浦为"右仆射"①,一律免去政事,不再担任政事堂宰相的职务。

一日而罢三相,这是宋初政治史上很有名的一件事情。

第二节 独相十年:赵普的任免

三相被罢后的第三天,赵普被任命为新宰相。这时,发生了一个小插曲——三相尽罢,任命新宰相的敕书由谁来签署呢? 宋太祖不太在乎地说:"由我签署好了。"赵普哭笑不得地说:"这是臣子职责内的事,皇上怎么能签呢?"于是急忙召翰林学士陶穀、窦仪商讨此事。陶穀为人机灵,说:"自古宰相一职没有空虚的,只是唐朝太和年间的'甘露之变'后数日无宰相,当时任命宰相的敕书是左仆射令狐楚等签署的。现在也应该援引此例。"窦仪为人沉稳厚重,他反驳说:"陶穀所说的是乱世的典故,不足为凭,现今

---

① 此据《宋宰辅编年录》、《宋会要辑稿》职官七八及《宋史》卷249《魏仁浦传》。《长编》卷5乾德二年正月条记载稍有差异,称:"仁浦为左仆射。"

皇弟赵光义为开封府尹、同平章事,也是宰相的官衔,应该由他签署。"宋太祖依从了窦仪的提议。赵普顺利地登上了相位。

赵普任相后,君臣之间有过这样一次对话。

宋太祖说:"汝虽为相,见旧相,班立坐起,也须且让他。"

赵普回答:"陛下初创业,以为相,正欲弹压四方。臣见旧相,臣须在上。"

据记载,宋太祖对赵普的回答特别欣赏——"太祖嘉之"。此后,在朝会的排列上,果然就将范质等旧相排到后列,而赵普则"独出百官之首"。[①]

在任命赵普为宰相的当天,宋太祖又命李崇矩为枢密使,几天后,王仁赡出任枢密副使。李与太祖曾同在周世宗幕府共事,王是太祖称帝前的幕僚,二人都与太祖有着非同一般的关系。至此,宋太祖基本上完成了对二府大臣,即宰辅阶层的权力调整,无论是中书门下,还是枢密院,其核心权力都从后周旧臣手中转移出来了。

依据"中书门下"与"枢密院"对掌文武大政的体制,二府之间的权力应是相互制约的。但"继赵普之后出任枢密使的李崇矩,号称忠厚长者,与太祖关系又不深,于是中央事权便随着赵普的出任宰相,从枢密使又移到了中书。枢密院虽与中书号称二府,但军国大事都决于中书"[②]。而当时的中书,除赵普一人外,也未再任命其他宰相,与此前范质等"三相并立"的局面已大不相同。更主要的是赵普没有"前朝旧臣"的自卑心理,他既是"佐命元勋",又与太祖一家保持着同姓同宗之类的私谊,再加上他"沉毅果断"的性格,很快就树立起了开国宰相的权威。

赵普任相后的第四个月,宋太祖又为他配备了两名副手——薛居正、吕余庆。他们二人的职务,就是后来在宋代政治体

[①] (宋)潘汝士:《丁晋公谈录》,中华书局2012年版。
[②] 张其凡:《赵普评传》,北京出版社1991年版,第52页。

制中发挥着重要作用,可以同宰相并称宰辅的"参知政事"。

不过,此时的"参知政事"还只是宰相的下属①。宋太祖设立此职时,就明确规定这一职务"下宰相一等","不宣制,不押班,不知印",甚至于不能在政事堂办公;朝会位于"宰相后",签署文件时要"降宰相数字","月俸杂给"是宰相的一半②。这一系列规定的目的很清楚,就是要突出赵普在二府大臣中的地位和权威③。

在这样一种体制下,宰辅阶层中实际上只有赵普一人可以裁决政务,皇帝同二府大臣的关系,一定程度上就变成了宋太祖同赵普一个人的关系。这种体制维持了近十年:

> 普独相凡十年,沈毅果断,以天下事为己任,上倚信之,故普得成其功④。

> 世多言本朝任相不专,自罢坐论之礼始。尝观赵普相太祖十年,虽置参知政事,而不押班,不知印,普亦自信不挠,讫用成功。⑤

"独相十年",应该是相当大的时段了。在这样大的时段中,赵普"佐太祖……定天下,平僭伪,大一统",以他的"沈毅果断"和"自信不挠",展示了一位开国宰相的才干和器识。"独相十年",又是以宋太祖对赵普的信任、理解和支持为前提的,没有这一前提,赵普也很难有所作为⑥。

有两则传记颇广的故事,正可以对上述两个方面增添一些具

---

① (宋)王栐:《燕翼诒谋录》卷1载:"此官(指参知政事)之设,几于宰相之属。"
② 《长编》卷5乾德二年四月条。
③ (宋)释文莹:《玉壶清话》卷6载:"参政吕余庆、薛居正虽副之,但奉行制书,备位而已。不宣制,不预奏事,不押班,每府候对长春殿庐,启沃大小之务,尽决于公(赵普)。"《宋宰辅编年录》卷1也说:"盖上意未欲令居正等与普齐也。"
④ 《长编》卷14开宝六年八月条。
⑤ 《宋宰辅编年录》卷1乾德二年条。
⑥ 如南宋学者吕中在《宋大事记讲义》卷4"宰相"条中对比赵普在太祖、太宗两朝的政治作为说:"赵普之再入相也,与乾德之初入相不同。盖太祖时规模广大,故普慨然以天下自任而敢于任事;太宗规模繁密,故普不免远嫌疑,存形迹,而救过之不暇。"

体说明。

故事之一。一次,赵普提议授某人为某官,宋太祖不同意;次日,赵普再奏此事,太祖仍不答应。第三天,赵普又强硬地提出这一议题时,太祖大怒,将赵普的奏章撕裂,掷在地上。赵普神态自若,缓缓地拾起奏章,回家补缀完整,第四天又呈到了太祖面前。这一次太祖终于感悟,批准了他的奏章。赵普推荐的这个人后来"果以称职闻"。

故事之二发生在开宝元年(968)十月。时任大理寺判官雷德骧对自己的下属"附会宰相"十分不满,于是"愤惋求见"宋太祖,因为心中激愤,未待安排传引,他就直奔讲武殿,历数赵普的种种不法行为,"辞气俱厉"。然而,在皇帝心中,宰相乃社稷之臣,如同象征国家权力的鼎铛都铸有一双提耳一样,皇帝与宰相就是鼎铛与提耳的关系,本为一体,密不可分,岂能容别人随意离间。他当即怒斥道:"鼎铛尚有耳!汝不闻赵普吾之社稷臣乎?"说着,顺手抄起身旁的一把玉斧打过去,把雷的两颗上齿撞了下来,随后又将他贬到地方上做官。① 司马光在评论这一故事时,曾感慨道,"太祖宠待赵韩王(赵普)如左右手。"在宋代政治中,"鼎铛有耳"和"左右手"都是很著名的典故。②

在上述两个故事当中,赵普"沈毅果断"、"自信不挠"的强

---

① 此据《长编》卷9开宝元年十月条。另外的一些史书对这一故事的记载在情节上有差异,如司马光《涑水记闻》卷1载:"太祖宠待赵韩王(赵普)如左右手,御史中丞雷德骧劾奏赵普强市人第宅,聚敛财贿。上怒,叱之曰:'鼎铛尚有耳!汝不闻赵普吾之社稷臣乎?'命左右曳于庭数匝。徐使复冠,召升殿,曰:'今后不宜尔,且赦汝,勿令外人知也。'"雷德骧攻击赵普一事,其背后可能还与宋初不同政治集团的斗争有关。皇弟赵光义和宰相赵普这两大政治巨头当时矛盾极深。雷德骧对赵普的攻击,应该有皇弟赵光义的背后支持。详见本书第十章相关论述。

② 如南宋学者罗大经即云:"余谓国初相权之重,自艺祖'鼎铛有耳'之说始。赵韩王定混一之谋于风雪凌厉之中,销跋扈之谋于杯觞流行之际,真社稷臣矣。雷德骧何人,乃敢议之,宜艺祖之震怒也。"(宋)罗大经撰,王瑞来点校:《鹤林玉露》丙编卷2,中华书局2013年版。

硬风格和宋太祖对他的信任、理解以及支持都表现得很充分。历史上,像这样的君臣"知遇"并不是很多。尤其两位很有个性的政治家,能够在冲突中坦诚合作,更是一段难得的政治佳话。

然而,仅如此理解宋太祖与赵普的关系,却又流于表面,因为在他们的关系中还包含了一些更为新颖、更有价值的内容。这从太祖与赵普的另一次争执中可见端倪:

> 又有立功者当迁官,上素嫌其人,不与。普力请与之,上怒曰:"朕故不与迁官,将奈何?"普曰:"刑以惩恶,赏以酬功,古今之通道也。且刑赏者,天下之刑赏,非陛下之刑赏也,岂得以喜怒专之!"上弗听,起,普随之。上入宫,普立于宫门,良久不去,上卒从其请。①

"刑赏者,天下之刑赏,非陛下之刑赏也。"这正是从宋代开始形成的某种新的政治共识。与传统的"朕即国家"相比,这种观念显然带有一定的民主和理性的色彩,反映出宋代政治的积极变化(这一点将在后文中详论)。宋太祖与赵普这一对个性极强的皇帝和宰相,往往能在分歧、争执、冲突中最终达成一致,结局也大都比较愉快,最主要的原因即在于此。《国老谈苑》卷一记载:

> 赵普在中书,每奏牍,事有违戾太祖意者,固请之于上。或拂之于地,普缓拾之,振尘以献。有及再三者,理遂而已。

"理遂而已",这是一句点睛之语,道出了当时政治生活中所守持的基本观念。

在中国传统政治中,"理"与"势"(威势)的关系一直是一个大问题。早在战国时期,荀子等思想家就明确提出过"从道不从君"的观点,把"道"作为更高的准则,放在"君主威势"之上。后来

---

① 《长编》卷14开宝六年八月条。

的思想家更是直接倡导"理尊于势"的原则,认为"天地间惟理与势最尊,理又尊之尊者也。庙堂之上言理,则天子不得以势相夺"①。然而,思想家的观点并不等于政治家的理念,政治理念落实到具体政治行为,这之间的距离就更大了。所以,在历史上,人们看到更多的是天子"以势夺理"和大臣"违理从势"。但在宋初,这种情形的确不多,这既与宋太祖本人的政治素养和政治风度有关,更是时代因素使然。

开宝五年(972)九月,发生了赵宋开国以来有记载的第七次日食②。

十分巧合的是,这时又传来了宰相赵普与枢密使李崇矩结为姻亲的消息。就像太阳上蒙上了一层黑影,这一消息也在宋太祖心中投下阴影③。

他迅速作出反应。

长春殿是宋太祖平日听取宰相和枢密使汇报工作的场所。以往,赵普与李崇矩常常同时进殿汇报,在等候皇帝时,二人也是落座在同一间休息室。九月的事情发生后,宋太祖为他们二人分别安排了候对的场所,一般也不让他们同时汇报了。此时,李崇矩的门人郑伸见有机可乘,就上书告发李崇矩平日受贿舞弊的种种不法行为。宋太祖虽然并不完全相信郑伸所言,但还是借机免去了李崇矩的枢密使职务,让他到地方担任镇国军节度使去了。

李崇矩被罢后,一直到开宝九年二月,曹彬以平南唐之功被擢升枢密使之前,枢密使一职一直空缺,时任枢密副使的沈义伦就成为实际上的枢密院长官。此人也是宋太祖上台前的幕府旧僚,而

---

① (明)吕坤著,吴承学、李光摩校注:《呻吟语》卷1,上海古籍出版社2001年版。
② 《宋史》卷52《天文志五》。
③ 《长编》卷13开宝五年九月条载:"枢密使李崇矩与宰相赵普厚相交结,以其女妻普子承宗。上闻之,不喜。"

且素来同赵普不睦①,由他来主持枢密院,赵普显然就无法再像以前那样独揽军政大权了。

宋太祖的这种反应很正常。一对儿女亲家担任帝国的最高军政长官,无论从哪个角度考虑都不合适。撤罢李崇矩后,太祖对赵普和宰相的权限问题也有了更多的思考。史书记载说,"自李崇矩罢,上于普稍有间","赵中令末年,太祖恶其太专"②等等,都是指此而言。

其实,宋太祖对权力的问题,尤其是宰相的权限问题,一直很关注。一则曾广泛流传的故事,就说明了这一点。一天,他未提前通知,突然来到赵普的宰相府。刚一进门,就看到房廊中摆放着十个包装严密的瓶子。赵普解释说,这是杭州的吴越国主钱俶刚刚送到的海物。太祖道,此海物必佳,令人打开看看,结果发现瓶子里装的是灿灿发光的瓜子金。赵普尴尬地辩白道:"臣还没有来得及看钱俶的书信,实不知他们送来的居然是金子。"宋太祖的回答和事情的结局很精彩:

上笑曰:"但取之,无虑。彼谓国家事皆由汝书生耳。"因命韩王(赵普)谢而受之。韩王东京宅,皆用此金所修也。③

可以相信赵普在这件事上确不知情,也可以认定宋太祖对赵普是充分信任,"待之如左右手"。但这都不影响问题的本质——"彼谓国家事皆由汝书生耳?"作为一国之君,作为一个最高统治者,宋太祖牢牢地掌握着最终决定权,权力的阶梯没有错置。

---

① 《长编》卷13开宝五年九月条注云,李崇矩罢后,"时枢密使(实为副使)沈义伦一人,六年义伦作相,以楚昭辅为副使,亦止一人在院"。《王文正公笔录》记载:"沈伦(即沈义伦,避宋太宗讳改)以明经事太祖潜跃中。伐蜀凯旋,奏事称旨,遂有意于大用。其后,命伦为相,赵普执奏,以为不可。上曰:'如伦者,忠孝谨饬,虽守散钱亦可。'普无以对。翌日制下。"
② 分见《长编》卷14开宝六年六月条、《石林燕语》卷5。
③ (宋)司马光:《涑水记闻》卷3。

所以,赵普的"独相十年",从根本上说,只是宋太祖根据当时的政治需要,而有意"放权"的结果。随着国家局势的稳定,随着权力体系的逐步恢复和完善,原先由赵普独掌相权的局面肯定要有所变化。

当然,赵普在"独相十年"期间,也的确发生过很多问题,其性格和品行上的缺陷也比较突出。

一是心胸不宽,为人忌刻。关于这一点,宋人文献众口一词,已成定评。故元人在修《宋史·赵普传》时,虽然很全面地肯定了赵普的才干和能力,但论及其为人时,称其"多忌刻",并举了一个具体的例子:赵普做宰相后,常常在宋太祖面前提及自己未发达时某某人欺侮过自己,意欲报复,太祖批评他说:"若尘埃中可识天子、宰相,则人人都会争相交结了。"[1]以太祖的豁达,对赵普的这种性格自然不会喜欢。

二是为官不廉,受贿聚敛。出于笼络人心考虑,宋太祖对高层官员的贪贿聚敛一般采取纵容的态度,所以达官贵人"专务聚敛,积财钜万"[2]者不在少数,赵普就是其中的一个。他倚仗宰相的身份,贩木规利,经营邸店,广受贿赂;又大兴土木,于"两京起第",所营相府的壮丽"见之使人竦然"[3]。据《梦溪笔谈》记载,在修建赵府时,花费"麻捣钱一千二百余贯,其他可知"[4]。南宋的一位学者曾解释说,赵普如此热衷于聚钱和贪财,是袭用汉代萧何的故智,以表明自己没有政治野心。即使如此,从实际影响上看,也极大败坏了赵普作为开国宰相的形象。事实上,宋太祖对赵普为官不廉也是持批评态度的,他心目中的"真宰相"还是像范质那种不

---

[1] 见《宋史》卷256《赵普传》。史书中对于赵普的这种性格多有批评,如司马光《涑水记闻》卷1说赵普"为人阴刻,当时以睚眦中伤人甚多";曾巩《隆平集》卷4《赵普传》亦谓赵普"性多忌刻"。

[2] 《宋史》卷250《石守信传》。

[3] (宋)张舜民:《画墁录》。

[4] (宋)沈括:《梦溪笔谈》卷24《杂志一》,中华书局2015年版。

事聚敛、"不殖私产"的官员①。所以,当他得知赵普以修房为名,大规模地贩木营利时,又绵里藏针地下了一道诏旨:修完赵宅后,剩余的木材可上供给我。②

三是专权强横,刚愎自用。作风强硬是赵普理政的特点,在一定意义上说,也是一种优点。宋太祖正是通过充分发挥赵普的这一特点,迅速树立起新王朝的政治权威。但在这一过程中,赵普的权力欲也迅速膨胀。一次,宋太祖单独留枢密副使王仁赡谈话,赵普对此大为不满,以为这是对自己权力的冒犯,竟上书抗议。宋太祖生气地在赵普的奏书中批道:"你莫肠肚儿窄,妒他。我又不见是证见,只教外人笑我君臣不和睦。"③赵普的刚愎专横,更表现在他与群臣的关系上。他任宰相期间,曾在办公室中专门放置了一个大瓦壶,朝臣和地方官员的表章疏奏,凡是他不愿办的,便统统丢入壶中,装满后就捆起来烧掉。这种傲慢和轻蔑,显然伤害了群臣的自尊,也是赵普"多得谤咎"的直接原因。与此同时,赵普对自己所下达的批示却看得比诏书还重,要求群臣不折不扣地执行,"其堂帖势力重于敕命","堂帖之行,与诏敕无异"④,这更在群臣中造成了普遍的逆反心理。

四是赵普的学识已不适合新形势的要求。赵普作为开国元勋,是一位有能力的宰相。但是随着宋王朝的巩固,各项事业百废待兴,赵普的缺陷就显露出来了,如读书不多、见识不广,全面处理问题的能力不足等等,宋太祖就多次劝赵普要多读书,广增见识。南宋吴曾《能改斋漫录》卷十还记载过他们君臣二人的一次对话:

> 太祖尝与赵普议事,有所不合。太祖曰:"安得宰相如桑维翰者与之谋乎!"普对曰:"使维翰在,陛下亦不用,盖维翰

---

① 《宋史》卷249《范质传》。
② (宋)张舜民:《画墁录》。
③ (宋)龚鼎臣:《东原录》。
④ (宋)曾巩:《隆平集》卷4"宰臣"。

爱钱。"太祖曰:"苟用其长,亦当护其短。措大眼孔小,赐与十万贯,则塞破屋子矣。"

桑维翰是科举出身的名臣,通晓古今治要,故处理政务有一种举重若轻的风度,这就是他的"长"处。《资治通鉴》卷二八四记载,开运元年(944)六月,后晋"复置枢密院,以维翰为中书令兼枢密使,事无大小,悉以委之。数月之间,朝廷差治";"时军国多事,百司及使者咨请辐凑,维翰随事裁决,初若不经思虑,人疑其疏略;退而熟议之,亦终不能易也"。欧阳修说:"昔五代桑维翰为晋相,一夕除节度使十五人为将,而人皆服其精。"①宋太祖推崇桑维翰,显然也是在间接批评赵普能力不足。

上述几方面原因,促成了宋太祖对相权的再度调整。

开宝五年(972)十一月,即撤罢了李崇矩枢密使职务之后两个月,宋太祖开始有意识地扩大参知政事的权力:命薛居正兼提点三司淮南、湖南、岭南诸州水陆转运使事,吕余庆兼提点三司荆南、剑南诸州水陆转运使事②。转过年的四月,又开始对宰相办公厅的具体办事人员——中书堂吏进行考评。这十五名中书堂吏自赵普任相以来,就"不曾替换"③,大都是赵普的心腹。宋太祖通过此次考核,重新选用堂吏,以相应地限制赵普的权力。

选用堂吏的工作至五月结束。六月,另一桩事件发生,给了赵普致命一击。

前面提到过的那位雷德骧,五年前由于攻击赵普而被宋太祖敲掉两颗门牙。他被贬到商州为司户后,仍不甘心,还是不断地向朝廷递呈材料,揭发赵普。商州知事奚屿是赵普的亲信,又是一位很有才干的官员,他认定雷德骧的所作所为意在"讪谤朝廷",结果在他的操作下,雷德骧被削去官籍,流放到西部边境的灵武。雷

---

① (宋)欧阳修:《欧阳修集》卷104《论张子奭恩赏太频札子〈庆历四年〉》。
② 《长编》卷13开宝五年十一月条。
③ 《长编》卷14开宝六年四月条。

德骧的儿子雷有邻知道这一切都是因为宰相赵普。于是,他白天四处搜集材料,晚上在灯下汇总整理,凡是涉及赵普及其身边人的违法行为,都一一记录下来。在准备好了充足的证据后,他跑到皇宫前,擂响了登闻鼓,将一桩受贿大案公之于众。此案虽然只是涉及赵普手下的两名中书堂吏,但百官心里都明白,堂吏们的这些事情,不经赵普点头,是办不成的。宋太祖令御史台迅速受理此案,审讯核实后,除对涉案的全部犯官予以严惩外,又在几天之内下达了两道与宰相赵普直接有关的诏令:

> 壬寅,诏参知政事吕余庆、薛居正升都堂,与宰相同议政事。

> 庚戌,复诏薛居正、吕余庆与普更知印押班奏事,以分其权。①

这两道诏令,明确地把参知政事提升到几乎等同于宰相的地位,薛居正、吕余庆两位参知政事不但与赵普同堂议政,而且还与赵普轮流执掌宰相大印,每人一天。赵普"独相十年"的时代至此结束。

就传统的权力结构和政治体制而言,"独相"局面的结束也有其必然性。宰相虽然号称"一人之下,万人之上"的"百僚之长",皇帝虽然也必须依赖宰相来治理天下,但是,在君主专制的政体下,皇权在本质上是独占和排他的,不允许出现皇权之外的另一个权力中心。所以,历代皇帝一方面要通过宰相处理政务,另一方面,又要采取种种措施来削弱和制约宰相的权力。赵普虽然是宋太祖最亲信的"左右手",但他"独相十年",军政大权独揽,同样也难免遭到皇帝的猜忌②。宋太祖此时提拔"参知政事",正是削弱和限制赵普宰相权力的一个重要举措。

两个月后,一纸罢相的诏书摆在了赵普的面前:

---

① 《长编》卷14开宝六年六月条。
② 如叶梦得《石先生文林燕语》卷6即曰:"韩王独相十年,后以权太盛,恩遇稍替。"罗从彦《豫章先生文集》卷1更明确地说:"太祖尝患赵普专权。"

代天治物,厥功既成;仗钺临戎,所委尤重。虽弼谐而是赖,且劳逸以宜均。眷惟孟津,介于河洛,寔为奥壤,况乃近藩;爰命台绅,俾分闑寄。尚书左仆射、门下侍郎平章事、昭文馆大学士赵普,昔在霸府,实为元勋。治当草昧之初,首赞经纶之业。千载起兴王之运,十年居调鼎之司。帷幄伸谋,股肱宣力。燮和万汇,已施济物之功;镇抚三城,适表藩垣之实。帅坛受任,相印兼荣,永隆屏翰之权,更励始终之节。可特授检校太傅、同中书门下平章事、使持节孟州诸军事、孟州刺史、充河阳三城节度、孟怀等州观察、处置、管内河堤等使,仍改赐推忠佐运同德翊戴功臣。①

这道诏书的措辞平和,强调了赵普在宋朝建国和"独相十年"间的突出贡献;"均劳逸"和"使相"的荣衔等等,也给这位开国元勋留足了体面。但"更励始终之节"一句,却有些严厉,似乎又有一些深意,好像宋太祖仍然期待着这位开国重臣能有所作为。事实上,赵普"独相十年"的结束,原因的确很复杂。除了上述所有相关背景外,另外的一层重要背景是他与皇弟赵光义之间的矛盾。出于大局的考虑,宋太祖最终选择了罢免赵普,以维护赵光义的"储君"地位。这一点在本书第十章中会有更具体的讨论。

赵普罢相后,宋太祖还就"君臣之道",专门对继任为相的薛居正讲了一番意味深长的话:

> 自古为君者鲜克正己,为臣者多无远略,虽居显位,不能垂名后代,而身陷不义,子孙罹殃,盖君臣之道有所未尽……观古之人臣多不终始,能保全而享厚福者,由忠正也。②

这显然是有感而发的,既包含着对赵普的批评,也包含着对自己的反思,更包含着"保全"开国功勋的苦心。可以想见,此时若

---

① 《赵普罢相授使相制》,参见《宋大诏令集》卷65《宰相十五·罢免一》,但颁布的时间误为"开宝元年八月甲辰",应为"开宝六年八月甲辰"。
② 《宋史》卷264《薛居正传》。

任由赵普与赵光义之间的矛盾激化，未必不会给赵普的未来带来噩运。

八月，赵普离开了京城，到地方出任河阳三城节度使。

九月，宋太祖对二府大臣进行了开国后的第二次大规模调整：中书方面，改变赵普独相的局面，确立宰相集体领导体制，吏部侍郎、参知政事薛居正升任门下侍郎、同中书门下平章事、监修国史，为第一宰相；户部侍郎、枢密副使沈义伦升任中书侍郎、同中书门下平章事、集贤殿大学士，为第二宰相；翰林学士、兵部员外郎、知制诰卢多逊升任中书舍人、参知政事，即副宰相。枢密院方面，枢密使一职继续空缺，由左骁卫大将军判三司楚昭辅升任枢密副使，主持枢密院。

在这个四人组成的宰辅执政班子当中，薛居正是一位"性孝行纯"的老实人，沈义伦、楚昭辅和赵普一样，也是宋太祖任后周节度使时的幕僚，都算得上是北宋老资格的"开国功臣"。不过，他们年龄老迈，魄力不足。如薛居正六十二岁，沈义伦六十五岁，楚昭辅六十岁，都比宋太祖（当时四十七岁）以及刚刚罢相的赵普大得多。一般说来，年老则多暮气，政治上往往保守一些。就像南宋学者吕中所评论的那样："居正、义伦，不过方正靖介，自守之相耳。"①相比而言，在这届二府大臣中，唯有副宰相卢多逊正值年富力强的盛年（时年四十岁），已在翰林学士的岗位上表现出不俗的才干。宋太祖曾当面对赵普说："汝争得如他多识！"太祖的名言"宰相须用儒者"，据说也是因这位年轻的翰林学士而发的。看来，宋太祖对卢多逊是比较中意的，希望经过一定的历练，为新王朝培养出一位知识精英型的宰相（详见后文）。但可惜的是，卢多逊后来也卷入了皇位传立的矛盾中，其政治前程也因此被葬送。

---

① （宋）吕中：《宋大事记讲义》卷2《宰相》。

第三节　三司使与封桩库

在宋代的权力架构中,地位仅次于二府执政大臣的是"掌邦国财用之大计,总盐铁、度支、户部之事,以经天下财赋而均其出入"①的三司使。

三司使的办事机关是三司,即盐铁、度支、户部三部。按照《宋史·职官志》的相关记载:盐铁部,主要负责商税的征收和盐、铁、茶等禁榷的收入;度支部负责财政支出;户部负责田赋和榷酒的收入。在盐铁、度支、户部三部之下又设具体的部门"案",对口处理相关财政事务。宋太祖时共设有二十四个"案",盐铁下辖六个,户部下辖四个,度支下辖十四个②。后来经过调整,合并成了二十个"案"。宋太祖时,三司使之下不设副职,仅盐铁、度支、户部三部各设判官一员主管本部事务,作为三司使的高级属官。三司的机构十分庞大,到宋太祖的后期,三司的吏员总数就达到了千余人之多③。

三司使"位亚执政",较宰相、枢密使地位略低,与参知政事(副宰相)、枢密副使大致相当。不过,宋代政治体制的基本框架是"中书主民,枢密院主兵,三司主财,各不相知"④,互不统属,皆分别奏事,直接向皇帝负责,以便皇帝居中操纵,统揽大权。⑤ 宰

---

① 《宋史》卷162《职官志二》。
② 《长编》卷7乾德四年十月条。
③ 《长编》卷19太平兴国三年三月条。
④ 《长编》卷179至和二年四月条。
⑤ 关于宋初三司与中书的关系,张其凡认为:"太祖一朝,中书是始终干预三司之事的,三司并未能与中书抗衡分权"(《三司·台谏·中书事权——宋初中书事权再探》,《暨南学报》1987年第3期)。付礼白则认为,就宋代整体情况看,三司提出的财政方案是要向二府汇报的,二府认为无益者可以否决;三司机构的调整也要由宰相决定;更重要的是,三司使往往是宰相的预备人选,拜相后自然对财政有更多的发言权(《北宋三司使的性质与相权问题》,《山东大学学报》1991年第1期)。

相的地位虽然高于三司使,但对于具体的财政事务,在一般情况下却是无权干预,否则就被视为"侵权"。这样一来,三司使实际上与宰相、枢密使鼎足而三,其地位十分重要,所以三司使在宋代也被称作"计相"。

三司使晋升二府执政大臣的途径也比其他职务顺畅:"国朝除用执政,多从三司使、翰林学士、知开封府、御史中丞进拜,俗呼为'四入头'。"①尤其到后来,官员要担任宰相、枢密使,一般都应有一段三司使的履历,这成了宋代的政治惯例。②

宋太祖即位后,周世宗时的三司使张美继续留任原职,成为北宋三司的首任长官。

张美是一位老资格的财政官员。他早年在三司从地位卑微的小吏做起,凭借精明强干,得以逐步晋升。后周初年,张美外放为澶州粮料使。在这里,他与镇守澶州的柴荣有了结交的机缘,柴荣即位后,张美遂作为"从龙"旧人得到重用,从显德二年(955)起就一直担任三司使,且建树颇多:"美强力有心计,周知其利病,每有所条奏厘革,上多可之,常以干敏称。世宗连年征讨,粮馈不乏,深委赖焉",③"治财精敏,当时鲜及,故帝以利权授之。帝征伐四方,用度不乏,美之力也"④。

在建隆元年(960)宋太祖讨伐李筠的战事当中,张美更是表现突出:

> 李筠镇上党,募亡命,多为不法,渐倨强难制。美度筠必叛,阴积粟于怀、孟间,后筠果叛,太祖亲讨之,大军十万出太行,经费无阙,美有力焉。⑤

---

① (宋)洪迈:《容斋续笔》卷3,中华书局2005年版。
② 《宋会要辑稿》职官六之二四。
③ 《宋史》卷259《张美传》。
④ 《资治通鉴》卷292显德二年七月条。
⑤ 《宋史》卷259《张美传》。

对张美来说,这也是他向宋太祖作出的政治表态。

平定李筠是北宋开国后的第一仗,其重要意义不言而喻。当七月大军凯旋之后,宋太祖对有功之臣大加封赏。张美也因功被外放为定国军节度使,他在中央的三司使职务则自动解除。

张美被解职之后,继任者是李崇矩。李崇矩出身武将,却担任了财政主管三司使,可说是用非所长。从建隆元年(960)到乾德二年(964),李崇矩担任了长达四年多的三司使,但在《宋史》本传中竟找不到一条他在财政方面的政绩。乾德二年正月,李崇矩升任枢密使之后,宋太祖命泰州刺史赵玼接任。因为赵玼官衔较低,只用了"权点检三司"的名义①。这又是一个出人意料的安排。

赵玼(921—978),本来是后蜀驻防成州的观察判官,后周大军进攻秦、凤、阶、成四州时,他临阵倒戈,从而加速了蜀军的崩溃,算是为后周立了一功。降臣的身份,决定了赵玼在后周以及北宋朝廷中都没有什么根基。可以说,在群星闪耀的宋初政坛之上,赵玼是一个很不起眼的小角色。然而,就是这样一个小人物,在不到一年的时间里,竟能青云直上,一跃出任"位亚执政"的"计相",也真是时来运转了。

本来,赵玼在朝廷上毫无根基,同宰相赵普也毫无渊源,这是他仕途升迁的负面因素,但在宋太祖有意以三司使制衡宰相财权的时候,这些因素反而成了好事:与赵普没有交往,有利于对赵普形成制约;在朝廷中没有根基,则决定了赵玼只能百分之百地效忠于皇帝。赵玼的经历当中还有一个细节值得重视:建隆初年,赵玼曾经出任过宗正一职。宗正是一个没有实权的闲职,由于它主要负责皇家的宗庙、陵墓以及族谱等一类事务,因而自古以来只由"宗姓"官员担任。赵玼虽然是降臣出身,可沾了姓赵的光,加以

---

① (宋)沈括:《梦溪笔谈》卷2《故事二》载:"三司使班在翰林学士之上。旧制,权使即与正同。"

当时朝中"文班阙宗姓"①,就由他做了北宋的第一任宗正。赵玭借此同皇家有了一层渊源。更微妙的是,赵玭个性倔强,"性狂躁讦直",跟谁都合不来。赵玭的这些特点,恰恰符合宋太祖的需要:一个敢于同宰相赵普分庭抗礼的三司使。由赵玭扮演这样的角色,可说是出人意料,却又在情理之中。

赵玭出任三司长官之后,果然与宰相赵普"不协",双方的关系逐渐紧张起来。② 开宝四年(971)三月的一天,赵玭竟拦住上朝的赵普,当众破口大骂。宋太祖听说后,随即让赵玭与赵普在御前当面对质。赵玭抛出了他掌握的赵普纵容手下违法私贩木材的重磅材料。这时,前任宰相王溥站出来替赵普说情,并断定是赵玭"诬罔大臣"。宋太祖转而命武士把赵玭痛打了一顿,将其贬到汝州了事。赵玭从此在政治舞台上消失了。

赵玭在三司使的任上除了牵制赵普之外,还帮助宋太祖完成了一件财政方面的大事,这就是乾德三年(965)前后,在皇宫内创立了封桩库(后更名为"内藏库")。

北宋建国后,本来是沿用五代制度,设左藏库作为国库,其事务由三司负责。而封桩库则另设于国库之外,③独立于三司之外,它所藏的金钱由皇帝个人掌握和支配。无论是太祖时的"封桩库",还是后来由此发展而来的"内藏库",都是由皇帝亲选心腹宦官负责看管,"专以内臣掌之,不领于三司,其出纳之多少、积蓄之虚实、簿书之是非,有司莫得而知也"④,后来又专门规定:"内藏库专副以下,不得将库管钱帛数供报及于外传说,犯者处斩!"⑤"其

---

① 《宋会要辑稿》职官二〇之一。
② 《长编》卷8乾德五年二月条。
③ 据《长编》卷6乾德三年三月条记载:"国初,贡赋悉入左藏库,及取荆、湖,下西蜀,储积充羡。上顾左右曰:'军旅饥馑,当预为之备,不可临事厚敛于民。'乃于讲武殿后别为内库,以贮金帛,号曰封桩库,凡岁终用度赢余之数皆入焉。"
④ (宋)司马光:《传家集》卷25《论财利疏》。
⑤ 《宋会要辑稿》食货五一之一。

籍秘严,虽大臣(指宰相与执政)及主计者(指三司使),莫得知其详实"①。赵玭以皇家"宗正"的身份担任三司使,在三司使的任上帮助皇帝建成了"封桩库",也称得上是人尽其才了。

随着宋初统一战争的进行,缴获江南各国的金银财宝源源不断地进入封桩库,再加上三司每年的盈余,因此其库存数量十分庞大,到宋太祖晚年时已经是"金帛如山"。据有关学者研究,宋代封桩库(内藏库)所藏的财富要远远超过三司②。这就是说,随着封桩库的设立,宋太祖绕过了宰相和三司,把国家最大的一部分收入,变成了由他本人绝对控制的"小金库"和"私房钱"。

宋太祖曾为封桩库的设立提出了一个冠冕堂皇的理由——赎买燕云十六州的故土:

> 太祖别置封桩库,尝密谓近臣曰:"石晋苟利于己,割幽蓟以赂契丹,使一方之人独限外境,朕甚悯之。欲俟斯库所蓄满三五十万,即遣使与契丹约,苟能归我土地民庶,则当尽此金帛充其赎直。如曰不可,朕将散滞财,募勇士,俾图攻取耳。"会晏驾,不果。③

后来,宋太宗等人也都就封桩库设立的理由和用途等向大臣们反复进行解释:"此盖虑司计之臣不能节约,异时用度有阙,复赋率于民。朕不以此自供嗜好也。"④宋真宗则对宰相说:"祖宗置内藏,所贮金帛,以备军国之用,非自奉也。"这些解释倒也符合事实,封桩库中的财物确实也主要是用在军国大事上:

> 二圣(宋太祖、太宗)削平诸国,亲祀郊丘,所费不赀,皆出于是(指封桩库)。三司所假,凡六千万,自淳化迄景德,每岁多至三百万,少亦不下百万。三年不能偿,即蠲除之。此库乃为

---

① (宋)吕海:《上英宗乞今后奉宸诸库宜谨出入》,《宋朝诸臣奏议》卷107。
② 程民生:《论北宋财政的特点与积贫的假象》,《中国史研究》1984年第3期。
③ 《长编》卷19 太平兴国三年十月条。
④ 《宋史》卷179《食货志下一》。

计司备经费耳。故仁宗后,西北事起,大率多取给于内藏。①

不过,不管封桩库创立的理由如何,也不论最后封桩库的金钱怎样使用,都无法改变封桩库由皇帝个人绝对控制这个最根本的事实。北宋政府和三司也确实可以使用封桩库的钱物,但必须向皇帝"借",尽管经常是有借无还,但既然双方是"借"的关系,那么从理论上说,可以借,也可以不借,决定权完全在皇帝个人。一个"借"字,清晰点明了封桩库属于皇帝个人"小金库"的本质。

皇帝本来"富有四海",可宋太祖这位开国皇帝偏偏要设置这样一个"小金库",难怪当时就有大臣表示不理解,后人更嘲笑他有守财奴之风了。如清初学者王夫之在《读通鉴论》和《宋论》当中就反复批评宋太祖设封桩库是"为财所累","翁妪之智,畜金帛以与子,而使讼于邻,为达者笑"②。清代学者昭梿则认为宋太祖设立封桩库的初衷虽好,但积累的巨大财富反而诱发了其子孙的奢靡之心,"子孙不知爱惜,反消耗于声色土木之间"③。这些说法都有其道理,如宋真宗以及后来的宋徽宗等人都当了败家子,也不能不说与宋太祖设置的这个不受体制约束的"小金库"有相当的关系。

---

① (宋)李心传:《建炎以来朝野杂记》甲集卷17《内藏库》;又见《长编》卷67景德四年十月条。
② (清)王夫之:《宋论》卷1《太祖十二》。王夫之在《读通鉴论》卷29《五代中》更加详细地评论说:"天子以天下为藏者也。知天下之皆其藏,则无待于盈余而不忧其不足,从容调剂于上下虚盈之中,恒见有余,而用以舒而自裕。开创之主,既挟胜国之财为其私橐,愚昧之子孙,规规然曰:此吾之所世守也。以天子而仅有此,则天下皆非其天下,而任之以贪窳之臣,贪者窃而窳者废,国乃果贫;则虐取于民,而民乃不免于死。侈者既轻于纵欲,吝者益竞于厚藏;侈犹可言也,至于吝而极矣。朽敝于泥土之中,乾没于戚宦之手,犹且羡前人之富而思附益之。卒有水旱,民填沟壑,或遇寇乱,势穷输将,乃更窃窃然唯恐所司望吾私积,而蔽护益坚。若田野多藏之鄙夫,畏人之求贷而蹙额以告匮,恶知有天下之为天子哉!守其先世之宝藏以为保家之愞夫而已。匹夫而怀是心,且足以亡家而丧其躯命,况天子乎?"
③ (清)昭梿:《啸亭杂录》卷2《宋置封桩库》。

但是，一个时代有一个时代的具体情况。五代宋初，作为皇权重要支柱的"君权神授"的神秘光环，早在血雨腥风中烟消云散了。"天子兵强马壮者当为之，宁有种耶?"就是那个时代的普遍认识，而"兵强马壮"所依靠的就是充足的财力支撑。五代以来的大多数皇帝都是用金钱去换取臣下的效忠，用金钱去换取士兵的战斗力，才得到天子宝座，一旦手中无钱，往往会"欲为匹夫不得"。后唐李从珂就是因为无法筹措到足够的金钱，"竭左藏旧物及诸道贡献，乃至太后、太妃器服簪珥皆出之"①，也兑现不了给士兵的许诺，结果旋即从皇位上跌落了下来。对那个时代的皇帝而言，金钱不仅意味着奢侈享受，更是皇权须臾不可或缺的保障。宋太祖创设"小金库"性质的封桩库，原因就在于此。

据《铁围山丛谈》、《避暑漫抄》等文献记载，自从创立封桩库后，宋太祖只要有所闲暇，就亲自骑着马一个库房接一个库房地巡视。为了更好地掌握封桩库中的金钱，防止他人偷盗冒领，北宋皇帝还发明了一种特殊的"记账"方法：

> 内藏财库，每千计用一牙钱记之。凡名物不同，所用钱色亦异，他人莫能晓，匣而置之御阁，以参验帐籍中定数②。

这个"钱匣子"，只由皇帝个人掌管，到晏驾的时候，再传给继任者。如宋太宗在把"钱匣子"传给宋真宗时就语重心长地说："善保此，足矣。"③

据说当时还有一条不成文的规定："凡天下之好名色钱容易取者、多者，皆归于内藏库、封桩库。惟留得名色极不好、极难取者，乃归户部。"④这样一来，封桩库就更加旱涝保收了。赵玭在三司使的任上，帮助宋太祖建立起封桩库，使得皇帝在处理与宰相、

---

① 《资治通鉴》卷279清泰元年四月条。
② 《宋会要辑稿》食货五之五。
③ 《宋会要辑稿》食货五之五。
④ （宋）黎靖德编：《朱子语类》卷111《论财》。

三司和军队的关系时更为得心应手了。

赵玭去职之后,宋太祖任命楚昭辅为三司长官。楚昭辅是宋太祖在后周时的亲信,也是"陈桥兵变"的核心人物之一。开宝六年(973),楚昭辅升任枢密副使。开宝七年,张澹曾短期主持过不到一个月的三司事务,不久病死。此后的一段时间,三司使出现了空缺。直到宋太祖去世的那一年,即开宝九年,才又任命王仁赡为三司使。王仁赡的三司使,一直当了近十年,直到宋太宗太平兴国七年(982)才被解职。随着封桩库的日益充实,帝国的财政重心已经由三司的左藏库转移到皇帝个人掌控的内库,太祖晚年对三司使的选任似乎也不太上心了。

第四节　翰林学士的选任

在宋太祖的周围,地位仅低于二府大臣,与三司使等并列为"四入头"之一的高级文官是翰林学士。

宋代的翰林学士长期带"知制诰"的加衔,二者的职权又比较近似,故宋人通常把翰林学士和知制诰合称为"两制",翰林学士为"内制",知制诰为"外制"[①]。知制诰的地位要低于翰林学士,按照宋代的制度,一般是先任为知制诰,再由知制诰晋升翰林学士[②]。又因为翰林学士随侍皇帝的左右,有权按要求随时出入皇

[①] 关于翰林学士和知制诰的关系,据宋人林駉《古今源流至论·后集》卷2记载:"国朝未改官制之前,翰林学士带知制诰者乃其为内制之职,而他官带知制诰者为外制之职。若不带知制诰而但为翰林、中书者,是特寄禄官之称。官制既行,则翰林、中书自为职官,不复带知制诰之衔。"参见陈振:《关于宋代的知制诰和翰林学士》,《宋史研究论文集》,河北教育出版社1989年版。

[②] 知制诰的职掌,据《宋史》卷161《职官志一》记载,是"主行词命,与学士对掌内外制",负责中书门下日常命令文书的起草。其办事机构是中书舍人院,直属于宰相。因此,宋代在称翰林学士为"天子私人"的同时,也称知制诰为"宰相判官",由此不难看出翰林学士与知制诰二者性质和地位的不同。

官,"承宴闲,备顾问,以论思献纳为职"①,所以宋人也称翰林学士为皇帝的"侍从之臣"或"天子私人",即高级秘书。

翰林学士的职掌主要有两项:一是"代王言",即充当皇帝的喉舌,替皇帝起草各种重要诏令,包括任命宰相等高级官员的文书。二是"备顾问",即充当皇帝的智囊团,"乘舆行幸,则侍从以备顾问,有所献纳,则请对,或奏对"②。按照宋代制度的规定:翰林学士在起草文书的时候,若认为皇上的批示有不妥之处,有权"论奏贴正",即提出个人的修正意见。除此之外,从宋太祖时开始,还常命翰林学士担负考核官员、主持科举、编纂书籍、出使辽朝等方面的临时性事务;宋初,翰林学士有时还兼知开封府。

翰林学士通常都是选拔科举出身,且在士大夫中有盛名的文化名流担任。反过来,位列学士,则意味着其文坛地位得到肯定,也就会更加为士大夫所宗仰。宋代的文化名家,如欧阳修、王安石、司马光、苏轼、苏辙等人都曾出任过翰林学士。

翰林学士与三司使相类似,也是唐代逐渐发展起来的一个新官职。如果说三司使基本取代了宰相辖下的户部尚书的权力,翰林学士则是部分取代了宰相辖下的中书舍人(主要负责起草诏令,宋代即为舍人院的"知制诰")的权力,把后者降到了"外制"的地位。

在古代皇权独尊的专制政体之下,一个官职实际权力的伸缩,主要取决于它同皇帝关系的亲近程度,皇帝身边的秘书人员,近水楼台先得月,往往就会成为皇帝借以制约宰相权力的首选。他们先是分割宰相的决策权,进而发展成为实际上的宰相,最后成为名实相符的宰相,这是中国古代政治制度演变的一条规律。魏晋的宰相"尚书令",隋唐的宰相"门下省"和"中书省"的长官,原本都

---

① (宋)欧阳修:《乞定两制员数札子》,《欧阳修全集·奏议集》卷4。
② 《文献通考》卷54《职官考八》。

是皇帝身边的秘书人员。翰林学士,既然是"天子私人",它后来能够逐渐发展成为"内相",如明代的内阁大学士,也是循着这一规律而来的。故《历代职官表》说:"内阁职司票拟,其官创自明初,原不过如知制诰之翰林,并非古宰相之职。"①

宋太祖所用的翰林学士,总共九人,其大致情况见下表。

宋太祖朝翰林学士表②

姓名 生卒年	入宋前职位	任学士前职位	任学士年龄	任学士时间	后迁职	备注
陶穀 903—970	后周翰林学士承旨	礼部尚书	58—68	建隆元年正月至开宝三年十二月卒		开宝三年使吴越;开宝三年罢承旨
窦俨 918—960	后周翰林学士	礼部侍郎	42	建隆元年正月至六月卒		
王著 928—969	后周翰林学士	中书舍人	33—36 41—42	建隆元年正月至乾德元年;乾德六年至开宝二年卒	黜为比部员外郎	翰林承旨
李昉 925—996	后周翰林学士	中书舍人	36—38 48—58	建隆元年正月至建隆三年七月;开宝五年九月至开宝六年三月;开宝六年五月至太平兴国七年十一月	迁给事中;责授太常少卿;文明殿学士	开宝二年至五年九月直学士院;三年、五年知贡举;累至参知政事,宰相
扈蒙 915—986	后周知制诰	中书舍人	48—49	建隆三年七月至乾德元年十月	黜为太子左赞善大夫	翰林承旨

① (清)黄本骥:《历代职官表》卷2。
② 表据《宋史》、《学士年表》、《宋会要辑稿》、《续资治通鉴长编》、《宋中兴学士院题名》等史料辑成。太祖朝任用的9个翰林学士中,除欧阳迥一人外,其他8人均为北方人。参见杨果:《宋翰林学士人员结构考述》,《武汉大学学报》1988年第6期。

续表

姓名 生卒年	入宋前职位	任学士前职位	任学士年龄	任学士时间	后迁职	备注
窦仪 914—966	后周翰林学士、端明殿学士	工部尚书	50—53	乾德元年十月至乾德四年十一月卒		
欧阳炯 896—971	后蜀翰林学士承旨、平章事	左散骑常侍	70—76	乾德三年八月至开宝四年六月		
卢多逊 934—985	后周左拾遗	兵部员外郎知制诰	38—40	开宝四年十二月至开宝六年九月		开宝二年直学士院，三年知贡举，六年使南唐；后为宰相
张澹 919—974	后周右司员外郎、知制诰	仓部郎中知制诰	54—55	开宝六年（权直学士院）至开宝七年六月卒		开宝七年六月权点检三司事

"陈桥兵变"之后，宋太祖全部留用了后周的翰林学士，他们是陶穀、王著、李昉和窦俨。这四位"前朝学士"，都是当时的名儒，他们为宋太祖所作的诏令文书中，有许多出彩的大手笔，甚至连"敌国"的文臣也称赞说："宋有天下，四方诸侯屈服面内，凡下诏书皆合仁义，此汤武之君也。"①宋太祖在宋初就获得了"汤武之君"的美名，学士们的宣传显然功不可没。

但是，翰林学士的作用，除了起草诏令文书之外，更重要的是充当皇帝的心腹智囊，参与决策。因此，翰林学士应该是"侍从亲密"的"天子私人"，是文武百官当中与皇上关系最为亲密的群体之一。按照这一标准来衡量，这些"前朝学士"就不合格了。

---

① 《长编》卷2建隆二年九月条。

在这四位当中,王著是周世宗最为亲信的"幕府旧僚"之一,周世宗弥留之际,留有以王著为宰相辅助幼主的遗命,只是由于宋太祖和范质联手废匿而未能实现。这是宋太祖得以成功发动"陈桥兵变"的重要前提之一,此事在本书前面的章节中已有论述。王著虽然没有当上宰相,但从中不难看出王著和周世宗关系密切的程度。

李昉则是周世宗生前亲自选拔的"大笔杆子"。周世宗此前就曾经读过李昉在《相国寺文英院集》中所作的诗文,赞叹道:"吾久知有此人矣。"①凭借周世宗的赏识,李昉被破格提拔为知制诰。显德四年(957),又晋升翰林学士,成为周世宗倚重的文臣之一。

正因为如此,王著、李昉在"陈桥兵变"前同宋太祖都没有多少个人交往,更没有参与他的密谋;"陈桥兵变"后,虽然迫于大势,不敢明显抗争,但都以自己的方式公开表达了对宋太祖取代后周的不满。

陶穀的情况则有所不同。他文采出众,"十余岁,能属文","有诗名","强记嗜学,博通经史,诸子佛老,咸所总览;多蓄法书名画,善隶书,为人隽辩宏博",是五代宋初文坛的领袖人物之一。起草诏令文书是他的强项,故其在后晋时就已经担任知制诰,"兼掌内外制。词目繁委,穀言多委惬,为当时最"②。后周显德初,陶穀出任翰林学士,显德三年(956)又升任翰林学士的长官翰林学士承旨,是五代资历最深的翰林学士,被公认为"自五代之国初,文翰为一时之冠"③、"国初文章,惟陶尚书为优"④。他并不是周世宗的亲信,在"陈桥兵变"前就曾努力地向宋太祖靠拢:

---

① 《宋史》卷262《李昉传》。
② 《宋史》卷269《陶穀传》,又见《渑水燕谈录》卷9。
③ (宋)魏泰:《东轩笔录》卷1,又见《长编》卷11。
④ (宋)释文莹:《续湘山野录》。

  太祖北征,群公祖道于芳林园,既授绥,承旨陶穀牵衣留恋,坚欲致拜。上再三避,穀曰:"且先受取两拜,回来难为揖酌也。"①

这是"陈桥兵变"前夕,宋太祖率兵离京"北征"时的一个场景,陶穀坚持要对还是禁军统将的宋太祖拜上两杯酒,是因为他知道,这次北征回来,对方就是皇帝了,那时就不可能再平等"揖酌"了。据说此时他还早早地备好了改朝换代的"制书",后来也果然派上了用场。

  但是,这两件事的效果都适得其反,"太祖由是薄其为人"②,说陶穀是"一双鬼眼"。"一双鬼眼",字面上可能是指"机灵鬼"、"鬼精灵"一类的意思,但宋太祖真正的本意恐怕是认定陶穀是一个见风使舵的"投机分子",也就此把陶穀打入了不可重用的另册之中。

  窦俨,蓟州渔阳(今天津蓟县)人,"幼能属文",周世宗显德末年担任翰林学士。窦俨出身名门,兄弟五人都考中了进士,人称"窦氏五龙"③。他的哥哥窦仪,是宋太祖十分器重的人物,两人在后周时就有过交往,因而在这四位学士当中,也许惟有窦俨与宋太祖关系最近。但窦俨在北宋开国当年的七月就病逝了,没有能发挥太大的作用,对宋太祖来说,这可能是件遗憾的事情。

  宋太祖对翰林学士的第一次大规模人事调整,一直拖到了四年后的乾德元年(963)。

  这其中最直接,也是最重要的原因,就是宋太祖身边的亲信中缺乏学识广博的文士,难有合适的人选取代"前朝学士"。

  宋太祖集团以"义社十兄弟"为核心,都是靠"长枪大剑"起家的;其幕府成员大都是粗通文墨的文吏,如赵普是一个"早年读书

---

① (宋)张舜民:《画墁录》。
② (宋)司马光:《涑水记闻》卷1。
③ (宋)释文莹:《玉壶清话》卷2。

不多,知识面不广,文化水平不高"的人物①。吕余庆、沈义伦、刘熙古等其他幕府中人,虽然有文士之称,但"基本是以吏治才干著称的,文学水平却不高"②。考虑到这些因素,宋太祖没有简单照搬调整中书、枢密院和三司的经验,而是根据翰林学士院的特殊情况,给予"前朝学士"们以充分的尊重和使用,以更为缓和,也更为稳妥的方式完成过渡。事实证明,宋太祖的这一做法收到了成效,因为时间毕竟对他有利,经过一段过渡期之后,即使是像李昉这样以后周"忠臣"自居的人物也终于改变了立场,站到了宋太祖一边。③ 这对北宋统治的巩固,政局的安定显而易见都十分有利。

宋太祖有一个十分突出的特点,就是行事讲究水到渠成,不激化矛盾。许多棘手的难题,他都能在谈笑中化解。如此用心地协调与"前朝学士"的关系,正是这种政治智慧的表现。

翰林学士院的调整虽然要滞后得多,但"前朝学士"若要继续晋升为执政的二府大臣,显然也不太可能。

陶穀不明白这个道理,或者说是心存幻想,乃鼓动党羽向宋太祖游说,结果留下了"依样画葫芦"的笑谈:

> 穀文翰冠一时,自以久次,意希大用,然为人倾侧很媚,魏仁浦在中书,穀自言出于魏氏,以舅事仁浦,每见辄望尘下拜。妻孙氏淫恣,穀不能制。上素薄之,选置宰辅,未尝及穀。穀不能平,一日,使其党因事风上,言穀在词禁,宣力实多,上笑曰:"我闻学士草制,皆检前人旧本稍改易之,此谚所谓依样

---

① 张其凡:《经世谋臣·宋朝名相赵普》,兰州大学出版社2002年版,第120页。
② 张其凡:《宋初政治探研》,暨南大学出版社1995年版,第112页。
③ 据《后山谈丛》卷5记载:宋太祖决定再次起用李昉出任翰林学士的时候,君臣之间曾有过这样一番对话,昉曰:"臣前日知事周而已,今以事周之心事陛下。"上大喜,曰:"宰相不谬荐人。""今以事周之心事陛下",李氏此语,既是李昉立场转变的表白,也恰好揭示出了宋太祖如此煞费苦心想要达到的目的,难怪他听到后"大喜"。

画胡卢尔,何宣力之有乎!"縠因作诗题翰林壁,颇怨望。上益薄之,遂决意不用。①

此事在《续湘山野录》、《东轩笔录》等宋人笔记当中也有详细的记载,而且文笔要比《长编》更为活泼,也更为传神。如《续湘山野录》说:

> 国初文章,惟陶尚书縠为优,以朝廷眷待词臣不厚,乞罢禁林。太祖曰:"此官职甚难做,依样画胡芦,且做且做。"不许罢,复不进用。縠题诗于玉堂,曰:"官职有来须与做,才能用处不忧无。堪笑翰林陶学士,一生依样画胡芦。"驾幸见之,愈不悦,卒不大用。

这些记载,都把陶縠未得晋升执政的原因,归于太祖"素薄之"。其实,"复不进用"不是针对哪个人的,而是宋太祖对"前朝学士"的共同态度。终宋太祖一朝,没有任何一位"前朝学士"升任执政。翰林学士本来离执政只有一步之遥,宋太祖却使之成为"前朝学士"们永远无法跨越的一步。

为了从根本上解决"前朝学士"的问题,理顺皇帝与翰林学士的关系,宋太祖决心培养选拔自己的翰林学士。梁周翰、卢多逊等人陆续进入了他的视野。

除了忠诚于本朝、进士出身、文才出众这些必备条件外,梁、卢二人还有一个共同的特点,就是身上带有极其明显的儒学色彩,常常以"儒臣"、"儒者"、"文士"自励,对儒家观念的传承和"以儒治国"、"以儒处世"等也都有着特别的热情和执着。梁周翰甚至还对唐代韩愈所提出的"儒道学统"有过十分专注的讨论,是宋代理学(道学)兴起前最早关注韩愈"道统"说的先驱人物。②

最早进入宋太祖视线的是梁周翰。

---

① 《长编》卷11开宝三年十二月条。
② 程千帆、吴新雷:《两宋文学史》,上海古籍出版社1991年版,第23页。

梁周翰的父亲是太祖当年在军中的好友,算是宋太祖"发迹变泰"前的患难之交。梁周翰"幼好学,十岁能属词",年轻时与高锡、柳开、范杲等人齐名,是宋初散文大家之一。① 所以,在宋太祖的眼中,梁周翰既是"故人"之子,又富有文才,显然是出任翰林学士的合格人选。可惜的是,梁周翰书生意气太浓,缺乏必要的政治经验,又少年得志,以"天下名士"自居,结果却犯了一个很低级的错误。据《宋史》卷四三九《梁周翰传》记载:

> 初,太祖尝识(梁周翰父)彦温于军中,石守信亦与彦温旧故。一日,太祖语守信,将用周翰掌诰,守信微露其言,周翰遽上表谢。太祖怒,遂寝其命。

任命尚未正式公布,他即抢先谢恩,不但给人以急躁冒失的印象,还有要挟的意味。另外,此举既出卖了石守信,也触动了皇帝的忌讳。"杯酒释兵权"以来,宋太祖推行以"文制武"的基本国策,利用文武矛盾,来制约和限制武人干政,所以说,文人和武将之间的密切来往是宋太祖十分忌讳的事情。不仅是宋太祖,整个宋代的情况大致都是如此。所以,宋太祖在收到了梁周翰的谢表之后,当即搁置了他出任翰林学士的动议,还把他外放到远离京城的四川任地方官。开宝三年(970)梁周翰回到京城,出任绫锦院的总监,直到宋真宗咸平三年(1000),梁周翰才总算得到了翰林学士的职位。这时离北宋开国已经过去了四十年。

新任翰林学士的目标,最终锁定在了卢多逊身上。

关于卢多逊,在前文已有简单交代。他是北宋初年政治舞台上最为活跃的人物之一,与宋太祖、宋太宗以及宰相赵普之间错综复杂的恩恩怨怨,构成了宋初政治史的主线之一。②

---

① 《长编》卷12开宝四年十月条。
② 参见庞明启:《相权、儒术、勋旧的三重奏——赵普与卢多逊之争探论》,《云南民族大学学报》2015年第3期。

卢多逊于后周世宗显德初年得中进士,是五代宋初士大夫阶层中的"新生代"人物。由于资历太浅,"陈桥兵变"前,卢多逊同宋太祖之间没有什么值得一提的关系,甚至可能都没有往来的机会。然而,在北宋开国后的第二年,即建隆二年(961)卢多逊即晋升为知制诰①,一跃成为引人瞩目的政治新星。

当年十月,宋太祖又命卢多逊替自己"看详进策献书人文字,升降以闻",这是一个强烈的信号,预示着对卢多逊进一步的重用。果然,从乾德到开宝年间,卢多逊的官位不断得到提升,到开宝二年(969)四月,卢多逊已经与李昉一起"直学士院";开宝四年,正式晋升翰林学士。以此为标志,"前朝学士"垄断学士院的局面才开始有了真正的改观。

开宝六年,随着宰相赵普的罢相,卢多逊更青云直上,升任参知政事,在当时的三位执政薛居正、沈义伦和卢多逊当中,惟有卢多逊资历最浅,年纪最轻,可见其在宋太祖心目中的地位。宋太宗即位,卢多逊遂得以和薛居正、沈义伦二人并列为宰相,一直到太平兴国七年(982),因牵连到宋太祖三弟秦王赵廷美的案子才被罢相。由于薛居正、沈义伦二人"不过方重靖介自守之相耳"②,年皆老迈,因此从宋太祖开宝六年至宋太宗太平兴国七年的十年间,中枢真正发挥决策作用的,其实是卢多逊。

卢多逊既没有风云际会的从龙背景,又没有显赫的家世和资历,他能够跻身宋太祖特别赏识的"新贵"行列,主要靠以下两条:

一是学识过人,"博涉经史,聪明强力,文辞敏给。"他不仅熟读儒家经典,而且对历代帝王年历、功臣事迹、天下州县图志、沿革

---

① 此据《长编》卷2建隆二年十月条的记载,《宋史》卷264《卢多逊传》则说:"建隆三年,以本官知制诰。"
② (宋)吕中:《宋大事记讲义》卷2"宰相"。

典故等皆了如指掌。① 二是政治才干突出,"好任数,有谋略"②,被公认为"权谋之士"。他最令人惊异的谋略是建议宋太祖在河北镇州建立临时首都,以收复被辽朝占据的幽蓟诸州:

> 卢多逊,权谋之士也。太祖尝患耶律氏据幽、蓟,未有策以下之。多逊进说,愿权都镇州,经画攻取,俟恢复汉土,则还跸于汴,闻者异之。③

宋太祖伐南唐的决策,也是在卢多逊的参与下作出的。开宝八年(975)八月,宋军受阻金陵坚城之下,军中又瘟疫流行,久经战阵的宋太祖产生了动摇:"上议令曹彬等退屯广陵,休士马,以为后图"④。此时退兵,不仅前功尽弃,更重要的是,由于宋太祖在第二年就病逝了,此消彼长,统一的进程必将遭到极大挫折。在这关键的时刻,幸而卢多逊说服了宋太祖,"遂寝前议",才最终平定了这江南唯一一个可与北宋相抗衡的大国。凭这一件事,卢多逊就不愧为有谋略、有决断的合格宰相,他能够脱颖而出,不是偶然的。宋太祖不拘亲疏、不拘资历,破格重用卢多逊,也说明他的知人善任。

卢多逊的飞黄腾达,当然也得益于机遇:

> 太祖皇帝以神武定天下,儒学之士,初未甚进用。及卜郊肆类,备法驾,乘大辂,翰林学士卢多逊摄太仆卿,升辂执绥,且备顾问。上因叹仪物之盛,询政理之要,多逊占对详敏,动皆称旨。他日,上谓左右曰:"作宰相须用儒者。"卢后果大用,盖兆于此。⑤

正是君臣之间这样一次愉快的同车而行,使卢多逊成为朝廷

---

① (宋)潘汝士:《丁晋公谈录》。
② 《宋史》卷264《卢多逊传》。
③ (宋)田况:《儒林公议》卷上。
④ 《长编》卷16开宝八年秋七月条。
⑤ (宋)王曾:《王文正公笔录》。

当中"儒学之士"的代表人物。既然宋太祖确立了"宰相须用儒者"的方针,提拔卢多逊也就是很自然的事情了。① 机遇只会垂青有才能、有准备的人,说到底,卢多逊还是依靠自己的过人才华,牢牢抓住了这次同车而行的机会。②

宋太祖和"前朝学士"之间的尴尬关系,从开宝二年(969)卢多逊"直学士院"开始,初步得以理顺,《国老谈苑》卷一记载:

> 太祖一日祖褉幸翰林院,时学士卢多逊独直。上行与语,引入寝殿,因指所御青縑帐、紫绫褥,谓多逊曰:"尔在外,意朕丰侈耶?朕用此,犹常愧之。"

这样亲切、私密的对话表明,皇帝和学士之间显然已有了十分亲密的关系。但是,皇帝和学士的关系理顺了,学士与宰相,即卢多逊与赵普之间却紧张了起来。卢多逊与赵普的矛盾由来已久,两人在乾德初年即已结怨,《石林燕语》卷七记载说:

> 卢相多逊,素与赵韩王不协。韩王为枢密使,卢为翰林学士。一日,偶同奏事,上初改元乾德,因言此号从古未有,韩王从旁称赞。卢曰:"此伪蜀时号也。"帝大惊,遽令检史视之,信然。遂怒,以笔抹韩王面,言曰:"汝争得如他多识!"韩王经宿不敢洗面。翌日奏对,帝方命洗去。自是隙益深,以及

---

① 庞明启认为:"卢多逊以过人的学识、谋略、功业取代赵普,升任宰辅,是'宰相须用儒者'的'祖宗家法'的成型及初步实践"(《相权、儒术、勋旧的三重奏——赵普与卢多逊之争探论》,《云南民族大学学报》2015年第3期)。

② 卢多逊在政治上垮台之后,就被扣上了"顾望咒诅,大逆不道"的政治帽子,由于他的案子是由宋太宗钦定的,关于他的负面记载也多了起来。如《长编》和《东都事略》都记载了这样一件事情:"上好读书,每遣使取书史馆,多逊预戒吏令遣白所取书目,多逊必连夕阅览以待问。既而上果引问书中事,多逊应答无滞,同列皆服。上益宠异之"(《长编》卷9开宝元年四月条,《东都事略》卷31《卢多逊传》)。南宋袁文所撰《瓮牖闲评》卷8更据此直截了当地评论说,卢多逊"善取媚人主,以希进用"。其实,"善伺人主意"、"取媚人主"尽管可能是卢多逊得以腾达的必要前提,却不是最为关键的因素。何况,宋太祖是一位精明强干的开国之君,从来就不缺乏识人之明,不是此类小伎俩就能轻易欺骗得了的。

于祸。

赵普原本就是一个睚眦必报的人,此次因卢多逊的缘故在宋太祖面前丢了面子,就把一腔愤恨都记在了卢的身上。卢多逊年轻气盛,也不是易与之辈,两人从此成了水火不容的政敌。史书记载,卢多逊升任翰林学士后,"每召对,多攻普之短"[①],"卢多逊在翰林,因召对,数毁短普,且言普尝以隙地私易尚食蔬圃,广第宅,营邸店,夺民利"[②],"多逊初为学士,阴倾宰相赵普"[③]。

卢多逊之所以敢"攻普之短",主要在于"时赵普专政,帝患之,欲闻其过"[④],也就是说,是皇上支持的结果。这种支持倒不是怀疑赵普,更多的还是君权排他性的体现:宋太祖既要使用赵普,对他也必然有所防范,而方法就是权力制衡。宋太祖希望朝中有人敢于同赵普争斗,也有意扶植这样的人物,以便居中操纵,这是典型的帝王权术。三司使赵玼的作用是如此,翰林学士卢多逊的作用亦是如此。宋太祖的这种做法,后来作为"祖宗家法"之一,被两宋历任帝王所继承,发展成为宋代政治当中很有特色的"异论相搅"传统。[⑤]

开宝六年(973),赵普罢相,卢多逊由翰林学士升任参知政事,进入二府执政大臣的行列;同年,"前朝学士"李昉东山再起。这说明,翰林学士的新陈代谢仍有很长的路要走。

开宝九年,也就是宋太祖生命中的最后一个年头,宋太祖接受了南唐后主李煜的投降。此时的李后主,虽然已经沦为阶下囚,但他的文采风流还是立即使宋太祖折服,在一次招待宴会上,宋太祖

---

① 《宋史》卷264《卢多逊传》。
② 《长编》卷14开宝六年六月条。
③ 《长编》卷16开宝八年十二月条。
④ (宋)江少虞:《宋朝事实类苑》卷11。
⑤ 至于"异论相搅"的目的则如宋真宗所言:"且要异论相搅,即各不敢为非"(《长编》卷213熙宁三年七月条)。参见邓广铭:《宋朝的家法和北宋的政治改革运动》,《中华文史论丛》1986年第3期。

指着李煜,对身边的近臣说道:"好一个翰林学士!"①太祖此语,不仅是对李煜文采风流的赞叹,显然也包含着对自己手下翰林学士们的期许。

当然,李后主是不可能在北宋出任翰林学士的,但他手下的徐铉、汤悦在宋太祖去世后不到一个月,果然"并直学士院",张洎也"直舍人院"②,翰林学士院开始成为"江南文士"的天下。终北宋一代,翰林学士群体始终以"江南文士"为主体,欧阳修、王安石、苏轼等人就是他们当中的杰出代表。宋太祖称李后主"好一个翰林学士",也可以说是为这些江南才子进入翰林院,以及为普遍意义上的"文官政治"作了预告。

第五节 三衙与枢密院:统兵体制

禁军,是宋代的中央军兼野战军,宋太祖朝禁军总兵力约有二十万人,③分为殿前军和侍卫亲军两大系统。殿前军,下辖殿前诸班、铁骑(骑兵)、控鹤(步兵)等番号的部队;侍卫亲军,又分为侍卫马军、侍卫步军两支,分辖龙捷(骑兵)、虎捷(步兵)等番号的部队。

---

① (宋)叶梦得:《石林燕语》卷4。
② 《长编》卷17开宝九年十一月条。
③ 关于宋初的军队数量,缺乏权威的统计数字。仁宗朝的王拱辰言:"太祖时兵十二万,太宗时十八万"(《长编》卷159庆历六年七月条)。张方平言:"太祖皇帝……所畜兵不及十五万"(《长编》卷161庆历七年十二月条)。《宋史》卷187《兵志一》的记载是"开宝之籍总三十七万八千,而禁军马步十九万三千"。宋神宗的说法则是:"艺祖养兵止二十二万,京师十万余,诸道十万余"(《长编》卷327元丰五年六月条)。按:宋太祖建国之时,因"累朝相积"之故,当时当有军队三四十万之众,后经过他的裁汰整编,大部分划为厢军,此时禁军数量约为十二万,后经过几轮扩充,禁军数量最后增加到二十万左右。王拱辰所言的"十二万",张方平所言的"十五万",《宋史》中的"十九万三千",以及宋神宗所谓的"二十二万",当为太祖朝不同时期的禁军数量。参见程民生:《宋代军队数量考》,《社会科学战线》2009年第5期。

后周时,侍卫亲军是五代以来的老牌部队,兵力远超殿前军,侍卫亲军同级将领的地位也要略高于殿前军。但因为宋太祖是从殿前军起家开创帝业的,所以北宋时期殿前军的重要性远过于侍卫亲军,殿前军同级将领的地位也高于侍卫亲军。在侍卫亲军当中,马军将领的地位又要高于同级的步军将领。按照宋代的制度,将领的升迁通常沿着侍卫步军、马军,以及殿前军的顺序进行。

殿前和侍卫两军的"宿卫诸将"都设有专门的公署。后周和宋太祖初期,是"两司",即殿前司和侍卫亲军司;"杯酒释兵权"前后陆续废除了"两司"的最高统帅之后,侍卫亲军司又在事实上分成了侍卫步军司、侍卫马军司,同殿前司一起,组成了宋代历史上著名的"三衙"①。

在宋代的政治体制当中,三衙具有特别重要的地位。其职权据《宋会要辑稿》职官三二之四引《哲宗正史·职官志》记载为:

殿前司:掌殿前诸班直及步骑诸指挥之名籍,凡统制、训练、番卫、戍守、迁补、赏罚,皆总其政令。入则侍卫殿陛,出则扈从乘舆。大礼则提点编排,整肃禁卫、卤簿仪仗,掌宿卫之事。

侍卫亲军马军司:掌马军诸指挥之名籍,凡统制、训练、番卫、戍守、迁补、赏罚,皆总其政令。侍卫扈从及大礼宿卫,如殿前司官。

侍卫亲军步军司:掌步军诸指挥之名籍,凡统制、训练、番卫、戍守、迁补、赏罚,皆总其政令。侍卫扈从及大礼宿卫,如殿前司官。②

---

① 三衙的全称是殿前都指挥使司、侍卫亲军马军都指挥使司和侍卫亲军步军都指挥使司。
② 《宋史》卷166《职官志六》,《文献通考》卷58《职官考十二》所记略同。

三衙各部军校的任命、迁补及举荐外任，军人狱讼、军事训练、拣选、淘汰老弱等，皆由三衙负责，战时则由三衙管军将领领兵出征①。此外，三衙还要承担修河、建筑、防火、武举考试等事务，以及护卫、仪仗等许多礼仪性的职责。

由此可见，"三衙"是北宋军队常设的统帅机构，所谓"凡天下之兵柄皆在焉"②。在"稍夺其权，制其钱谷，收其精兵"后，地方节度使所部精兵锐卒收归中央，地方上保留的老弱之兵，随之被改编为"厢军"。厢军基本上丧失了军事职能，但在编制"名籍"上，仍划归侍卫司管理。

随着对南方诸国的平定，诸国军队中的"精兵"也同样被抽调到京城，隶属于殿前、侍卫两司。至此，北宋统治下所有地区的精兵强卒都被抽调到中央禁军之中，统归三衙统领。"三衙的统兵权由中央扩大到全国，以使藩镇之兵和三衙之兵统统成为天子之兵。禁兵原意是指天子亲兵，随着三衙统兵范围的扩大，事实上已成为北宋的正规军……北宋所以仍保留禁兵这个并不恰当的名

---

① 此为三衙将帅职权所在，责无旁贷。以宋太祖朝几次大的战事为例，建隆元年（960）平定李筠、李重进二役，侍卫亲军副都指挥使石守信、殿前副都点检高怀德、殿前都指挥使王审琦等三衙将帅实总其任。乾德二年（965）四月，侍卫马军都指挥使刘光义先是"领兵赴潞州，备北汉也"（《长编》卷5），寻于当年十一月南下为伐蜀归州路主帅。是役，侍卫步军都指挥使崔彦进也同时领兵出征，任凤州路宋军副帅。开宝二年（969），宋太祖亲征北汉，事先即"命宣徽南院使曹彬，侍卫步军都指挥使党进等，各领兵先赴太原"（《长编》卷10）。开宝七年宋伐南唐，侍卫马军都虞候李汉琼、步军都虞候刘遇则分别担任先锋（《宋会要辑稿》兵七之二九）。开宝九年八月再伐北汉，也是以侍卫马军都指挥使党进为主帅，宿将潘美亦位居其下（《长编》卷17）。有学者认为宋太祖朝"禁军将帅……一般不派其领兵出征。"（张其凡：《五代禁军初探》，第105页）此说似不妥，因上文所举事例足可证明，凡是大的战事，三衙将帅通常要领兵出征。宋太宗、真宗两朝也是如此，如真宗景德年间辽宋大战，除殿前都指挥使高琼扈卫真宗亲征之外，其余三衙管军将帅皆在前线统兵御敌。仁宗之后各朝，由于沿边例设经略安抚司，由经略安抚使即帅臣统兵，情况方有了明显的变化，除地位较低的三衙都虞候、四厢都指挥使往往外任为边将，归帅臣节制外，三衙长官一般不再直接领兵出征。

② （宋）章如愚：《群书考索》后集卷40《兵门》。

称,也含有循名责实,要使天下的正规军都成为'天子卫兵'之意。"①唐末五代藩镇的职称,如节度使、观察使、防御使、团练使、刺史之类,逐渐成为武将的虚衔。自中唐以来,地方拥兵自重、节度使跋扈称雄的情形从根本上得到了改变。宋太祖以后的北宋统治者皆奉行上述体制,故南宋高宗有云:"祖宗故事,军马未有不隶三衙。"②

三衙的"宿卫诸将"与皇帝之间具有复杂的关系。一方面,皇帝都是以自己的心腹出任"宿卫诸将",所谓"管军之臣,乃人主爪牙,所以自卫"③,用宋太祖的话说,这是"备肘腋,同休戚"的生死与共关系。另一方面,在专制体制之下,兵权始终是皇家的禁脔,染指者终难逃被猜忌的厄运。尤其在"天子,兵强马壮者当为之"的时代大背景下,"宿卫诸将"们手握强大的禁军精锐力量,无疑处于距皇权既可望,又可即的位置,一旦条件许可,"宿卫诸将"们就可能发动兵变,取而代之,这样的事例在五代比比皆是。

正因为如此,整个五代,皇帝与"宿卫诸将"之间的关系既亲密异常又充满血腥,"五代之君,多因猜忌杀无辜,故享国不永"④,最终导致两败俱伤,政权覆灭。宋太祖如此精心安排三衙制度,显然是与五代这种"殷鉴"分不开的。

对领袖人物而言,用人永远是第一要务。军队的指挥权事关政权的生死存亡,当然更是如此。但是,仅有人事调整,显然也是不够的。当年周世宗匆忙撤换殿前都点检张永德,代之以他认为更加忠诚可靠的赵匡胤,反而加速了后周的灭亡,类似的历史教训都深刻地表明:人事调整不是万能的,它必须在制度完善的基础之上方能发挥作用。

---

① 王曾瑜:《宋朝兵制初探》,中华书局1983年版,第7—8页。
② (宋)章如愚:《群书考索》后集卷41"兵制门·州兵"。
③ 《长编》卷450元祐五年十一月条。
④ 《宋史》卷269《王祜传》。

正是在这一点上,宋太祖的眼光要高于周世宗等五代帝王。他在进行一系列人事调整,以自己的亲信将领执掌兵权的同时,以更大的精力进行了制度的改革和完善,从而在更为根本的层面上扭转了五代"兵制不立"和"将帅权倾"的格局,实现了对宿卫诸将的绝对控制。

建隆二年(961)闰三月,宋太祖发表了一道极为重要的命令:

> 殿前都点检、镇宁军节度使慕容延钊罢为山南西道节度使,侍卫亲军都指挥使韩令坤罢为成德节度使。自是,殿前都点检遂不复除授。

这就意味着不但慕容延钊被解除了"殿前都点检"的职务,而且这一禁军最高统帅的职位,从此也不再设立了。四个月后,即七月的"杯酒释兵权"后,这种制度性的变化更加明显了:"殿前副都点检、忠武节度使高怀德为归德节度使","殿前副都点检自是亦不复除授云"。建隆三年九月,"天平节度使、侍卫马步军都指挥使、同平章事石守信表解军职,许之,特加爵邑",侍卫亲军马步军都指挥使就此同样"不复除授"。在此以前,侍卫亲军的马步军副都指挥使和马步军都虞候[①]两职也都在实际上予以废除了。

建隆三年十月,就在石守信表解军职,侍卫亲军都指挥使在事实上被裁撤的同时,宋太祖又发布了一道重要的人事安排命令,"以枢密副使、兵部侍郎赵普为检校太保、充枢密使。枢密使不带

---

① 北宋开国后,首任侍卫亲军马步军副都指挥使为石守信,建隆二年闰三月他接替侍卫亲军都指挥使韩令坤的职务后,侍卫亲军副都指挥使即就此空缺。此后整个北宋未有人再出任是职,惟孙逢吉《职官分纪》卷35《侍卫亲军司》中说,宋真宗时傅潜"后迁副都指挥使"。但《宋史》本传及《长编》、《宋会要辑稿》等皆无记载,当为误记。北宋首任侍卫亲军马步军都虞候为张令铎,他在建隆二年九月的"杯酒释兵权"后外放为镇宁节度使,据《长编》卷27雍熙三年七月条记载说,"自张令铎罢马步军都虞候,凡二十五年不以除授"。宋太宗、宋真宗时的田重进、傅潜、王超三人曾短暂出任该职,王超罢职以后"无复任者"。

正官,自普始也"①。此前,赵普先后担任枢密直学士、枢密副使,一直在枢密院中任职。

枢密院与殿前、侍卫司将帅关系的失衡,是五代兵制问题的关键所在,也是五代兵变频繁的主要症结所在。

侍卫司是五代新发展起来的一支中央部队。随着地方节度使不断入主中央,他们把自己在地方的军队带进中央,故侍卫司的兵力逐渐增多,唐代"外重内轻"的格局开始有了改观,"中央的军力完全压倒了地方,控制了地方"②。但是,中央兵力的强大,并没有能够带来政治上的安定。恰恰相反,"五十三年之间,易五姓十三君,而亡国被弑者八,长者不过十余岁,甚者三、四岁而亡"③,其动乱的剧烈程度远甚于藩镇割据。而且愈往后,朝代更迭愈速,后汉、后周享国皆不足十年。个中原因,其实也不难理解。地方节度使虽强横,但毕竟彼此互相牵制,反而不易直接威胁皇室的安全;而聚禁军重兵于中央,固然有利于加强中央对地方的控制,但由于缺乏制衡力量,其危险性也随之加大,如若禁军兵权落入权臣、大将之手,反而可能成为统治者的腹心之患:变起肘腋,一夜之间就可能颠覆政权。后汉、后周的灭亡皆是如此。而具备这个实力的,往往就是枢密使或禁军将帅。

宋太祖开国以后,汲取了后汉、后周的历史教训,以赵普出掌枢密院为主要标志,双管齐下,注重从制度上防微杜渐,确立了枢密院、三衙互相制衡的"枢密院—三衙"统兵体制,以防止其中任何一方兵权独揽,"三衙、枢密于是乎尽屏五代余习矣"④。这种体制的核心内容有三点:

第一,重新树立了枢密院作为军事最高决策和复核机关的地

---

① 《长编》卷3 建隆三年十月条。
② 张其凡:《五代禁军初探》,第93页。
③ (宋)欧阳修:《欧阳修全集·居士集》卷17《本论》,中华书局2001年版。
④ (宋)章如愚:《群书考索》续集卷44《兵制门·宋朝兵》。

位,三衙被定位于枢密院之下的执行机构。宋太祖得国伊始,为改变此前禁军大将几近失控的局面,在"杯酒释兵权"的同时,着重以最信任的"文吏"型官员充实枢密院:赵普于"陈桥兵变"后即出任枢密直学士,很快迁升任枢密副使,建隆三年(962)遂拜枢密使;李处耘在"陈桥兵变"后亦出任枢密承旨,同年拜枢密副使;王仁赡于建隆二年为枢密承旨,乾德二年(964)拜枢密副使。

这三人都是宋太祖幕府中的亲信,也是非军人出身的"文吏"型人才。《宋史》各本传称:李处耘"临机决事,谋无不中";王仁赡"少倜傥"、"材可用";赵普则"性深沉有岸谷"、"刚毅果断,未有其比",是"陈桥兵变"实际的指挥者,在军队当中威信素著。由他们出掌枢密院,显然足以恢复对殿前、侍卫司禁军大将的控制权。

两宋时期,一直奉行宋太祖的这一既定国策,将禁军的决策权和复核权划归枢密院,①举凡军校的选任、升迁、军人狱讼、禁军训练等相关政策、法规,皆由枢密院负责制定,然后交由三衙具体实施执行。对三衙的执行情况,枢密院有权加以复核,并纠正三衙在执行中出现的误差。通过这些细密的规定,枢密院完全掌控了三衙将帅。"祖宗时,武臣莫尊三衙,见(二府)大臣必执梃趋庭,肃揖而退,非文具也,以为等威不如是之严,不足以相制。"②

第二,确保了皇帝对各级军官的任免权。不论是枢密院,还是三衙"宿卫诸将",对各级军官的选拔最多只有建议、推荐权,最终任命必须有宋太祖的"御笔"批示同意后方能生效。殿前、侍卫两军中高级将领的任免自不待言,都是宋太祖乾纲独断。下级军官甚至普通军校,情况也大致如此,"补一小校,汰一羸老,必奏籍于

---

① 《宋史》卷162《职官志二》记载,北宋枢密院初设兵、吏、户、礼四房,元丰后至兵、吏、礼、刑、工、北面、河西、支差、在京、教阅、广西、兵籍、民兵、知杂、支马、小吏、时政记房等十余房,分掌军政:"掌军国机务、兵防、备边、戎马之政令,出纳密命,以佐邦治。凡侍卫诸班直,内外禁兵招募、阅试、迁补、屯戍、赏罚之事,皆掌之。"

② (宋)汪藻:《浮溪集》卷1《行在越州条具时政》,文渊阁四库全书本。

中而俟上命"①,甚至地方厢军将领升迁,同样需由皇帝"御笔"决定。按照朱熹的说法,太祖"用纸一大幅,题其上曰'宣付指挥使某',却不押号,而以御前大宝印之。军员得此极重,有一人而得数宣者"②。

宋太祖任命各级将领的"御笔",到一百多年后的南宋时期,还保留有相当的数量:

> 太祖时公案,乃是蜀中一州军变,复申来乞差管摄军马。枢密院具已经差使使臣,及未经差使姓名,内一人姓樊。注云:"樊爱能孙。只有一人。"注:"此人清廉可使。"太祖就此人姓上点一点,就下批四字云:"只教他去。"后面有券状云:"杂随四人,某甲某乙。"太祖又批其下云:"只带两人去。""小底二人,某童某童,大紫骝马一疋,并鞍辔;小紫骝马一疋,并鞍辔。"太祖又批其下云:"不须带紫骝马,只骑骝马去。"又乞下铨曹,作速差知州,后面有铨曹拟差状。约只隔得一二日,又有到任申状。其兵马监押才到时,其知州亦到了。其行遣得简径健速如此。③

> 呈发遣差补十将,御笔云:"我曾与你作指挥,问定远都头有家累,无家累?且发遣铁骑都头。"④

另外,一位名叫王子存的南宋官员家里还藏有宋太祖"批出递迁军头、都虞候、指挥使"的御笔整整一卷。掌握了各级军官的任免权,也就把军队置于皇帝的绝对指挥之下了。

第三,统兵权和调兵权一分为二,三衙、枢密院分掌其一,由皇帝居中控制。禁军归三衙统领,但三衙手中却无调兵权,"国

---

① 《全宋文》卷1714《李清臣》。
② (宋)黎靖德编:《朱子语类》卷128《本朝二·法制》。
③ (宋)黎靖德编:《朱子语类》卷127《本朝一·太祖朝》。
④ (宋)周密:《志雅堂杂抄》卷上。

家以三衙管军,而一兵之出,必待密院之符"①。调发军队的符印虽在枢密院,但是,枢密院手中却无一兵一卒,"枢密惟总符印,而兵则管于三衙四厢",所谓"今枢密院号为典兵,仓卒之际,要得一马使也没讨处!"②正是从这个角度出发,在宋人眼里,由三衙改任枢密,虽属升迁,却被视为解除实际"兵权",如宋真宗朝张耆由侍卫马军副都指挥使升枢密副使,在宰相王旦看来就是"使解兵柄"之举③。如此一来,就收到了枢密院、三衙彼此制衡的成效。对这一项关键措施的意义,宋人有很强的自豪感:

> 祖宗制兵之法,天下之兵本于枢密,有发兵之权而无握兵之重;京师之兵总于三帅,有握兵之重而无发兵之权。上下相维,不得专制。此所以百三十余年无兵变也。④

> 先儒论本朝兵制之善,谓天下之兵本于枢密,有发兵之权而无握兵之重。京师之兵总于三帅,有握兵之重而无发兵之权,意深矣远矣。历数百年而无兵患,可为法于天下,后世愈久而愈无弊也。⑤

> 三衙之权若重耳,然兵之尺籍虽在三衙,兵之大权实在枢密。故三帅有握兵之重,而无发兵之权;枢密有发兵之权而无握兵之重。彼此相制,罔敢异志,内安得而不固乎?⑥

这些议论,虽有溢美,但却基本符合事实。通过分割领兵权和调兵权,使得"枢密院和三衙长官都不可能对皇权构成威胁"⑦。

---

① (宋)汪藻:《浮溪集》卷1《行在越州条具时政》。
② (宋)黎靖德编:《朱子语类》卷128《本朝二·法制》。
③ 《长编》卷86大中祥符九年正月条。
④ (宋)范祖禹:《范太史集》卷26《论曹诵札子》。
⑤ (宋)何坦:《西畴老人常言·评古》。
⑥ (宋)林駉:《古今源流至论》续集卷2《兵权》。
⑦ 王曾瑜:《宋朝兵制初探》,中华书局1983年版,第4页。

第六节　殿前司将帅的选任

殿前司统领的殿前军是宋代禁军的两大主力之一。前面说过,宋太祖是殿前军的主要缔造者,他的命运与这支部队紧密相关,殿前军壮大的过程,也是他个人由将校而统帅而天子的过程。殿前军既是他成功发动"陈桥兵变"的主要基础,也是兵变后他掌控整个禁军的依靠力量。

建隆二年(961),宋太祖以"杯酒释兵权"的方式解除了老一代禁军大将的统帅权力,此后的十五六年中,殿前、侍卫两军的大将几乎无一例外都具有殿前军的背景,且都曾经是宋太祖下辖的殿前军的嫡系亲信。不属于这个小圈子的将领,通常很难进入禁军统军大将的行列。①

宋太祖的殿前军嫡系可以分为两种类型,一类是宋太祖的"嫡系部下",另一类则是宋太祖在后周时的"亲兵卫士"。宋太祖先通过"杯酒释兵权"解除了禁军大将的兵权,于是禁军指挥权向宋太祖的"嫡系部下"转移,再由宋太祖的"嫡系部下"向"亲兵卫士"群体转移,这是太祖朝兵权演变的大概路径。

宋太祖的"嫡系部下",也就是他辖下的殿前诸班的指挥官和铁骑、控鹤厢都指挥使、军都指挥使等殿前军中下级军官们,这一

---

① 曹翰就是一个例子。曹翰善于用兵,"多智数","智勇无双"(《宋史》卷260《曹翰传》,《长编》卷20太平兴国四年正月条),是宋初公认的名将,曹翰参加了伐后蜀、平南唐、灭北汉、征幽州等宋初几乎所有的大战役,而且都有卓越表现;宋太宗时,曹翰又参加了灭北汉之役,出色完成了最艰苦的太原西北面方向的攻坚任务,后又参加围攻幽州之战,在宋军主力于高梁河全部溃败退却时,曹翰是部队损失最小的将领。然而,就是这样一位战功突出的悍将,却始终未能进入禁军统帅的行列。宋太宗时,他还曾因事丢官罢职,曹翰愤愤不平,赋诗曰:"曾因国难披金甲,耻为家贫卖宝刀。他日燕山磨峭壁,定应先勒大名曹"(《玉壶清话》卷7)。太宗阅后,亦觉不忍,遂赐其大量钱物。曹翰的不得志主要就是因为他不属于殿前军系统。

群体的代表人物有韩重赟、刘光义、罗彦瓌、马仁瑀、李汉超、党进、李进卿等十余人。

与禁军大将相比,这些中下级将领不仅地位要低得多,而且都是宋太祖一手提拔起来的,是宋太祖真正的"嫡系部下"。后周时,宋太祖对禁军大将的人事安排可能至多只有建议权,而对中下级军官的选拔权应该完全掌控在他手中。宋太祖对殿前军的这批中下级军官们,既有长官之威,又有知遇之恩;他们作为宋太祖多年的部下,对宋太祖更是唯命是从。史称宋太祖"自殿前都虞候再迁都点检,掌军政凡六年,士卒服其恩威",指的主要就是这一群体,他们也是宋太祖发动"陈桥兵变"的"群众基础"。

更为重要的是,这批人在后周时都没有独立指挥大战役的经历,所以也没有大的战功,当然也就不会"有人望",提拔他们担任禁军大将来统军,宋太祖是放心的,使用起来也更为顺手。据《宋史》各人本传并参照《东都事略》和《长编》的相关记载统计,他们在"陈桥兵变"前的职务及北宋建国后的职位变迁简况,详见下表:

宋太祖嫡系武将职位变迁表

姓 名	"陈桥兵变"前	"陈桥兵变"后	平定二李时	"杯酒释兵权"时	乾德元年后
罗彦瓌	散指挥都虞候	控鹤左厢都指挥使	侍卫步军都指挥使	彰德节度使	乾德二年改安国军节度使
王彦昇	散员都指挥使	铁骑左厢都指挥使	出为唐州刺史		乾德初为申州团练使,开宝元年为原州防御使
李汉超	殿前指挥使都虞候	散指挥都指挥使	控鹤左厢都指挥使	齐州防御使兼关南兵马都监	

续表

姓名	"陈桥兵变"前	"陈桥兵变"后	平定二李时	"杯酒释兵权"时	乾德元年后
马仁瑀	内殿直都虞候	散员都指挥使、铁骑右厢都指挥使、虎捷左厢都指挥使	龙捷左厢都指挥使		乾德元年为密州防御使
张廷翰	殿前散都头都虞候	铁骑第二军都指挥使	控鹤左厢都指挥使	龙捷右厢都指挥使	乾德五年为侍卫马军都虞候
韩重赟	控鹤军都指挥使	龙捷左厢都指挥使	侍卫马军都指挥使	殿前都指挥使	乾德五年外放彰德军节度使
刘光义	铁骑右厢都指挥使	龙捷右厢都指挥使		侍卫马军都指挥使	开宝六年外放镇宁军节度使
崔彦进	东西班都指挥使	控鹤右厢都指挥使	虎捷右厢都指挥使	侍卫步军都指挥使	乾德五年责授昭化留后
党进	铁骑都虞候	铁骑都指挥使	虎捷右厢都指挥使		乾德五年侍卫步军都指挥使，开宝六年侍卫马军都指挥使
李汉琼	左射指挥使	铁骑第二军都指挥使		控鹤、虎捷左厢都指挥使	开宝六年侍卫马军都虞候
刘遇	控鹤副指挥使	御马直指挥使			开宝二年虎捷右厢都指挥使，六年侍卫步军都虞候
杨光美	铁骑都指挥使	内殿直都知			开宝六年虎捷右厢都指挥使
李进卿	内殿直都虞候			铁骑左厢都指挥使	乾德二年为虎捷左厢都指挥使，五年为侍卫步军都虞候，开宝六年为侍卫步军都指挥使

405

续表

姓　名	"陈桥兵变"前	"陈桥兵变"后	平定二李时	"杯酒释兵权"时	乾德元年后
马全义	铁骑第二军都指挥使	内殿直都知、控鹤左厢都指挥使	虎捷、龙捷左厢都指挥使		

在"陈桥兵变"中拥护宋太祖最为积极,功劳最大的嫡系部下,是散指挥都虞候罗彦瓌、散员都指挥使王彦昇、殿前指挥使都虞候李汉超、内殿直都虞候马仁瑀四人;与宋太祖关系最为亲近的,则是铁骑右厢都指挥使刘光义、铁骑都指挥使杨光美、控鹤军都指挥使韩重赟三人,他们都在宋太祖的"义社十兄弟"之列,属于宋太祖赖以起家的小圈子中的核心成员。最早得到提拔重用的也是这些人。

罗、王二人在"陈桥兵变"中表现得最为积极,罗彦瓌先是亲手把黄袍披到宋太祖的身上①,又第一个拔剑指向宰相范质等后周文臣,逼迫他们承认宋太祖的君主地位;王彦昇先是参与了兵变的筹划②,大军入城后又跃马急追韩通,亲手杀死了韩通以及他的几个儿子,除掉了宋太祖最为忌惮,也是唯一一个试图用武力阻止"陈桥兵变"的政敌。这两位嫡系部下都在"陈桥兵变"中抢得了头功。

宋太祖上台以后,论功行赏,罗彦瓌得以晋升为控鹤左厢都指挥使,然后在当年的八月,就接替了赵彦徽的职务,跃居侍卫步军都指挥使、武信军节度使的高位。在宋太祖的嫡系旧部当中,罗彦瓌是最早进入统军大将行列和"建节"(晋升为节度使)的人。不

---

① (宋)邵伯温:《邵氏闻见录》卷7。
② 《长编》卷1建隆元年正月条李焘注引《国史》曰:"处耘见军中谋欲推戴,即遽白太宗,与王彦昇谋。"

过,在建隆二年(961)七月的"杯酒释兵权"中,罗彦瓌也和石守信等一起被解除了军职,外放为彰德节度使,后改任安国军节度使和镇国节度使。开宝二年(969),罗彦瓌去世,年四十七。

王彦昇的情况则要复杂一些。他虽然也得以晋升铁骑左厢都指挥使,但他在"陈桥兵变"中杀掉韩通的行为,毕竟与宋太祖刻意追求的"以揖让得天下"的形象不符,因而在事定之后,宋太祖反以"弃命专杀"为由,怒责王彦瓌,并"以其专杀韩通,终身不授节钺"。开宝七年,王彦昇病逝,年五十八。

李汉超和马仁瑀在军中曾以兄弟相称,都是殿前军中有名的猛将。特别是马仁瑀,十六岁投军,是有名的神射手,"弓力最劲,而所发多中"①。高平之战时,他跟随宋太祖向北汉军发起反攻,跃马出阵,接连射死对方军兵数十人,极大地鼓舞了士气。他们两人都是宋太祖器重的心腹爱将,如宋太祖曾对人说,李汉超是"朕之贵臣"②。据宋代官修《国史》对"陈桥兵变"的记载,当赵光义、赵普、李处耘等人筹划兵变时,首先召见"定议"的就是李汉超和马仁瑀二人③。

北宋开国后,李汉超和马仁瑀都得到了宋太祖的提拔重用。平定李重进后,李汉超被宋太祖外放为齐州防御使兼关南兵马都监④。这并不意味着李汉超失去了太祖的宠信,因为他所担任的关南兵马都监,其辖区就是周世宗北伐契丹时收复的三关地区,一直是防御契丹最重要的前线和屏障,可以说是当时最为关键的地

---

① 《宋史》卷273《马仁瑀传》。
② 《宋史》卷273《李汉超传》。本传记李汉超在后周时的军职是:"(世宗)即位,补殿前指挥使,三迁殿前都虞候。"按:从殿前指挥使三迁不可能晋升至殿前诸班的总指挥殿前都虞候,当时殿前都虞候实为王审琦,此处的记载明显是错误的,李汉超当时升任为殿前指挥使都虞候,此为殿前军的中级军职。
③ 《长编》卷1建隆元年正月条李焘注引《国史》言:"遂召马仁瑀、李汉超等定议。"
④ 此处用《宋史·李汉超传》的说法,《长编》卷5乾德二年十二月条则记载李汉超在该月方兼关南兵马都监。

方军职。李汉超在此任上,有权指挥齐、雄、霸、莫、瀛等与契丹接境诸州的宋军,"凡军中事悉听便宜处置"①,如乾德四年(966)正月,李汉超就统帅以上五州的宋军"校猎于幽州境上,以耀威武"②。在前面"京城与边圉"一节中我们已说过,李汉超没有辜负宋太祖的期望,他先后镇守关南长达17年,多次挫败契丹的骚扰,堪称宋初的北面长城。

马仁瑀在开国之初曾连升三级,可见宋太祖对他的激赏。可惜的是,马仁瑀倚仗皇帝的信任,做了不少过格的事。马仁瑀私下把一名考生保荐给了科举主考官薛居正,薛居正"阳诺之",实际上这名考生还是落榜了。马仁瑀恼羞成怒,大闹闻喜宴(朝廷为新晋进士举行的宴会),当众辱骂薛居正。宋太祖闻知此事后,"虽怒,曲为容忍"。不料,马仁瑀又与同在龙捷军中当厢都指挥使的"国舅爷"王继勋闹得水火不容,竟到了"欲相图,阴勒所部兵,私市白梃"③的程度。宋太祖知情后,于乾德元年(963)八月断然解除了马仁瑀的禁军军职,外放为密州防御使。

相比于上述四人,韩重赟、刘光义和杨光美等三人在后周时的地位更低一些,也都没有什么像样的战功,但他们在北宋开国之后很快就后来居上,真正在禁军的统帅机构站稳了脚跟。毕竟他们都是宋太祖的"义社十兄弟",与宋太祖关系亲近,这是罗彦瓌等人所无法比拟的。

三人当中,杨光美最为年轻,他在"陈桥兵变"后出任地位相当重要的内殿直都指挥使一职。建隆三年(962),宋太祖却将他外放为青州北海军军使,这显然不是贬斥,因为杨光美仍然是带着内殿直都指挥使的头衔上任的,宋太祖还专门把青州北海县提升

---

① 《长编》卷17开宝九年十一月条。
② 《长编》卷7乾德四年正月条。
③ 《长编》卷4乾德元年八月条。

为"军"一级(与"州"平行)的建制①。这是因为,以青州为中心的今山东地区,在宋初未能统一江南的时候,是中原王朝主要的物资供应地,是维持宋初财政的主要支柱,其地位的重要性不言而喻。

韩重赟和刘光义的升迁要比杨光美快得多。特别是韩重赟,他在"陈桥兵变"前还仅仅是殿前军中一个很不起眼的控鹤军都指挥使,北宋开国后即跃升为禁军大将。建隆二年(961)"杯酒释兵权"之后,韩重赟又取代了王审琦的位置,晋升为殿前都指挥使、领义成军节度使,已经是北宋禁军最高级别的统帅了。从控鹤军都指挥使到殿前都指挥使,韩重赟用了不到两年的时间,升迁速度之快是空前的。从建隆二年至乾德五年(967)的六年间,殿前都指挥使一直由韩重赟担任。

刘光义的情况与韩重赟类似,建国后的第二年就被破格提拔为禁军大将,出任侍卫马军都指挥使,并领宁江军节度使。刘光义担任侍卫马军都指挥使的时间很长,一直到开宝六年(973),前后达十三年之久。

韩重赟和刘光义两人在任上基本都采取明哲保身的态度,小心谨慎,奉命行事。即便如此,韩重赟在殿前都指挥使任上还是垮台了。当时宋太祖甚至有意诛杀这位最信任的大将,幸亏有宰相赵普的解救,他才得免一死。《长编》卷八乾德五年二月条记载:

> 殿前都指挥使、义成节度使韩重赟罢军职,出为彰德节度使。先是,有谮重赟私取亲兵为腹心者。上怒,欲诛之,谋于赵普。普曰:"陛下必不自将亲兵,须择人付之。若重赟以谗诛,即人人惧罪,谁敢为陛下将者。"上怒犹未解,普开陈愈切,上纳其言。止命重赟出镇。重赟闻普救己,他日诣普称

---

① 《长编》卷3建隆三年五月条。

谢,普拒弗见。

据当代学者研究,这是一桩牵涉面很大的政治案件,除了当事人之外,皇弟赵光义、宰相赵普等最重量级的人物都有牵连[1],这也不奇怪,殿前都指挥使掌握兵权,很容易成为政治势力角逐的焦点。

韩重赟就此离开了殿前都指挥使的位置,外放为彰德军节度使。对韩重赟个人来说,却也算是就此解脱。他在节度使的职位上倒是有不俗的表现,尤其是开宝二年(969)五月宋太祖亲征北汉时,他指挥本部军兵拦截增援的契丹军,"大破其众,获马数百匹"[2]。宋太祖闻讯大喜,亲笔下达了嘉奖的诏书。

除了上述诸人以外,马全义也是宋太祖特别赏识和最先提拔的嫡系部下。此人以勇猛善战著称。高平之战时,马全义和马仁瑀一样,都是最先响应宋太祖号召,一起向北汉军发起反击的英雄人物,他们也由此结下了战斗情谊。高平之战后,宋太祖跃升殿前都虞候,马全义则升为殿前诸班的散员指挥使,成为宋太祖的嫡系部下。

北宋开国后,宋太祖立即擢升马全义为内殿直都知、控鹤左厢都指挥使。当年六月,宋太祖御驾亲征,围攻李筠的大本营泽州城,泽州城"城小而固",李筠又死守待援,宋太祖挥师猛攻十多天,仍然未能得手。在战事陷于僵持局面的时候,马全义建议宋太祖果断发起总攻,他以大将的身份亲临战斗的第一线,率数十名敢死队员冲锋在前。激战中,马全义的胳膊被敌箭射穿,"流血被体",他拔掉箭头,登上云梯,当先攻占了泽州城头。在这场北宋

---

[1] 蒋复璁认为,潘害韩重赟,是太宗或党附太宗的人干的,是太宗继除掉张琼,以图控制禁军的另一步骤(《宋太祖时太宗与赵普的政争》,《珍帚斋文集》卷3《宋史新探》,台湾商务印书馆1985年版)。何冠环也赞成此说,认为:"蒋氏的怀疑是合理的,只有太宗的进言,才会使太祖要杀自己亲信的大将。"他还进一步推测说:"《长编》和《宋史》不点出进谗者是谁,一个可能是进谗人身份不详,另一个可能是太宗就是进谗者而史官不得不讳言"(《北宋武将研究》,中华书局香港有限公司2003年版,第43页)。

[2] 《长编》卷10开宝二年五月条。

开国第一战中,马全义立下了头功,再一次成为禁军中的英雄人物。① 直到北宋末年,马全义攻打泽州的英雄事迹仍在广泛流传。②

攻灭李筠之后,马全义又跟随宋太祖亲征李重进,受命统一指挥控鹤、虎捷两支步兵部队,"贼平班师,录功居多"。可惜的是,这位猛将在开国后的第二年(961)即重病卧床,由此错过了"杯酒释兵权"后提拔年轻将领的机会③。马全义卧病后,宋太祖每天都派御医给他诊治,"中使劳问不辍",并曾专门派人传密谕说:"候疾少间,当授河阳节钺。"但马全义还是一病不起,于建隆三年(962)年底去世。宋太祖闻讯后十分悲伤,赠马全义为镇国军节度使,还把他七岁的儿子收养在皇宫中,赐名马知节④。马知节后来在宋太宗、真宗两朝屡立战功,官至枢密使,成为北宋最有声望的"宰辅大臣"之一。

宋太祖时期的三衙将帅中,还有一批是从他的"亲兵卫士"中选拔出来的。

这些人大都是后周时由宋太祖招募入伍的,或入伍后被宋太祖选拔到自己麾下充当"亲兵卫士"的。这个群体的代表性人物有张琼、杨义⑤、史珪、石汉卿、田重进、李怀义⑥、米信、崔翰、谭延美等十余人,"杯酒释兵权"后,他们大都步入高级将领的行列。

---

① 《宋史》卷278《马全义传》,又见《长编》卷1建隆元年六月条。
② (宋)晁说之:《景迂生集》卷3《负薪对》,上海古籍出版社1987年版。
③ 何冠環认为:"马全义本传只说平李重进后,他'俄被疾',而没载他染病具体年月。猜想他在平李重进后即卧病在床。按太祖在建隆二年七月更换禁军宿将时,本来担任殿前都虞候的最佳人选,论资格、能力以至可靠程度,都应是马全义;但后来太祖还是挑了张琼,可接受的解释,是马全义卧床不起,太祖只好退而求其次了"(《论宋初功臣子弟马知节》,《北宋武将研究》,中华书局香港有限公司2003年版,第148页)。
④ 《长编》卷3建隆三年十二月条。
⑤ 本名杨义,后避宋太宗讳,改名杨信。
⑥ 本名李怀义,后避宋太宗讳,改名李怀忠。

简单地说,宋太祖与留用的"后周大将"之间是战友关系,石守信、王审琦等人是他的"布衣旧交"、"昔常比肩",他们是"杯酒释兵权"的主要对象;宋太祖与自己殿前军中"嫡系部下",则是长官与下级的关系;与"亲兵卫士"们则要更进一层,是"养"与"被养"的关系,是带有强烈依附色彩的主仆关系。

按照当时军中的惯例,主帅平时提供给亲兵们高于普通士兵的生活待遇,战时亲兵则跟从主将出征,"每出入敌阵,得以随身"①,负责保卫主帅的个人安全。在政治上,主帅与亲兵之间也结成了一损俱损、一荣俱荣的胶固联系,亲兵几乎都是主将的"腹心"。正如宋太祖对亲兵李怀义所说:"汝曹皆我所训练,无不一当百,所以备肘腋,同休戚也。"②这些亲兵卫士们也无一例外地绝对效忠于宋太祖个人,在后周的时候,他们视宋太祖为衣食父母,只知有"赵点检",不知有后周朝廷,是不折不扣的"赵家兵";北宋开国后,他们更是只知有皇帝,不知有他人,例如田重进即曾公开说:"我只知有官家(太祖),谁人能吃他人酒食乎?"③。

单纯从职位上看,建隆二年(961)"杯酒释兵权"以后,宋太祖"亲兵卫士"群体中的佼佼者也只是取得了殿前军都虞候一级的职位,官职要低于殿前都指挥使和马军都指挥使、步军都指挥使等,但他们都是禁军中的"通天人物",依仗着与皇上的特殊关系,"多所陵轹"、"禁旅畏惧"、"挟势骄倨,多凌蔑将帅"④。在禁军中发挥主导作用的,实际上就是这个群体。

这批亲兵卫士中最活跃的是张琼、史珪、石汉卿和杨义四人。

张琼,曾在战场上多次冒死掩护过宋太祖,这在本书第二章已有叙述。北宋开国第二年(961)七月,即"杯酒释兵权"后,张琼就

---

① 《长编》卷30端拱二年正月条。
② (明)杨士奇:《历代名臣奏议》卷70。
③ (宋)释文莹:《玉壶清话》卷7。
④ 《长编》卷4乾德元年八月条。

跃居殿前都虞候,成为禁军大将,晋升速度惊人。为了服众,宋太祖不得不进行一番解释:"殿前卫士如虎狼者不下万人,非张琼不能统制。"①在宋太祖的亲兵卫士群体当中,张琼是进入殿前、侍卫统军大将行列的第一人。他所出任的殿前都虞候一职更是非同寻常:宋太祖本人是由殿前都虞候开创帝业的,宋太祖的弟弟宋太宗同样是由殿前都虞候一职起家的。宋太祖任命张琼接替皇弟赵光义为殿前都虞候,显然是把他视为最可信赖的亲信加以重用的。

不过,殿前都虞候一职的重要性,也决定了它必然是各种政治力量角逐的焦点,具有特殊的敏感性。张琼是一个纯粹的武将,本来就"性粗暴,多所陵轹",也缺乏官场经验;圣眷之下骤居高位,难免恃功而骄,从而为自己的垮台埋下了伏笔。宋太祖把张琼这样一员性格刚烈的勇将放在如此敏感的位置上,恐怕也是用非所长,从后来的情形看,也可以说是害了他。

与张琼不同,史珪和石汉卿则是亲兵卫士当中的另外一种类型,他们的特长不在于勇猛善战,而是"多智数"、"性桀黠,善中人主意"。"陈桥兵变"后,史珪和石汉卿都成为殿前军中的中级将领。不过,二人的实际作用要比他们的职位重要得多,因为他们都承担了皇帝赋予的特殊使命。据《长编》记载:

(石)汉卿性桀黠,善中人主意,多言外事,恃恩横恣,中外无敢言者。

上初临御,欲周知外事,令军校史珪博访。珪廉得数事,白于上,案验皆实,由是信之,累迁马军都军头,领毅州刺史,渐肆威福。②

所谓"欲周知外事"云云,都是史家的委婉说法,其实就是负责监视禁军将校中的可疑分子和可疑动向。在宋太祖的眼里,史珪和

---

① 《长编》卷2建隆二年七月条。
② 参见《长编》卷10开宝二年五月条、卷15开宝七年二月条。另据《宋史》卷274《史珪传》,此处"马军都军头"实为马步军副都军头。

石汉卿的重要性不亚于张琼,都是他掌控殿前军的重要棋子。

出乎宋太祖意料的是,他苦心安排在殿前军中的三个亲信之间却发生了权力冲突,斗争愈演愈烈,最终竟以张琼自杀而告终。此事发生在乾德元年(963)八月,事情的经过,《长编》卷四详细记载道:

> 壬午,殿前都虞候、嘉州防御使张琼自杀。琼性粗暴,多所陵轹,时军校史珪、石汉卿等方得幸,琼轻目为巫媪,珪、汉卿衔之切齿。琼尝擅选官马乘之,又纳李筠仆从于麾下。珪、汉卿因谮琼养部曲百余人,自作威福,禁旅畏惧,且诬毁皇弟光义为殿前都虞候时事。时上已下郊祀制书,方欲肃静京都,召琼面讯之,琼不伏。上怒,令击之,汉卿即奋铁树击其首,气垂绝,乃曳出,遂下御史府按鞫。琼自知不免,行至明德门,解所系带以遗母,即自杀。上旋闻其家无余资,止有奴三人,甚悔之,责汉卿曰:"汝言琼部曲百人,今安在?"汉卿曰:"琼所养者一敌百耳。"亟命优恤琼家,官给葬事。以琼子尚幼,乃择其兄进为龙捷副指挥使。然亦不罪汉卿。

此事据当代史家的研究,认定是一件牵涉很广的政治事件,除了前台的张琼、史珪和石汉卿三人以外,皇弟赵光义也被牵扯进去①,甚至还涉及皇位继承人的安排这一敏感问题,这里暂不详表。

张琼的死,为宋太祖另外一位亲兵卫士的崛起铺平了道路,他就是在宋太祖一朝长期担任殿前军统帅的杨义。

杨义,后周显德初年即已归宋太祖麾下,是宋太祖手下最为资深的亲兵卫士之一。北宋开国之初,杨义以"从龙"新贵的身份得

---

① 何冠環即认定:"张琼与史、石之争的背后,其实是禁军中的拥太宗派和反太宗派的角力。""张琼之死可以说是禁军中反太宗派的一大挫折,由于太祖一面倒地支持太宗,全心培植他为皇位继承人,也就助长了投机小人去攀龙附凤,依附太宗,而造成军中支持太宗的势力膨胀"(《北宋武将研究》,中华书局香港有限公司2003年版,第32—34页)。

授内外马步军副都军头,是张琼的副手。"杯酒释兵权"后,杨义的职务迅速晋升,历任铁骑、控鹤军都指挥使,领贺州刺史,进入中级将领的行列。张琼于乾德元年(963)八月自杀后,宋太祖破格提拔杨义为殿前都虞候,由他接替张琼的职务。这说明,以最亲信的亲兵卫士出任至关重要的殿前都虞候一职,是宋太祖始终未变的思路。

作为殿前都虞候,杨义有两个突出的长处:一是对宋太祖的忠心,是时人公认的"忠直无他肠"①的人物。据史书记载,宋太祖有一次在后苑教练水战,杨义闻听鼓噪之声以为宫中有变,衣衫未换即领兵入宫救驾,宋太祖对身边的人慨叹道:"此真忠臣也。"②二是质朴厚道,不像张琼那样高调,因而是各方面都能接受的合适人选。乾德四年(966),杨义突发急病,变成了"口不能言"的哑巴,但宋太祖却找不出比他更合适的替代人选,仍由他担任了六年殿前都虞候,直至开宝六年(973)晋升殿前都指挥。

第七节　侍卫司与武德司的将领

前面已经说过,北宋禁军是由殿前司、侍卫司两大系统组成的。殿前司是宋太祖在后周时期一手组建、逐渐成长为禁军主力的;而侍卫司作为老牌禁军,也是一支不可忽视的力量。"杯酒释兵权"后,宋太祖选任的殿前司将帅均出自"嫡系部下"和"亲兵卫士",虽然很好地控制了殿前司的兵权,但从韩重赟、张琼的悲剧来看,其总体上是不太成功的。

侍卫司将帅的选拔,相对来说则比较成功。"杯酒释兵权"之后,侍卫司将帅仍是从殿前司的"嫡系部下"中选派。但可能考虑

---

① 《长编》卷7乾德四年三月条。
② 《长编》卷10开宝二年十月条。

到是"跨系统"选任,所以宋太祖特别强调了资历、能力、战功以及忠心这几方面的条件。正是在这一思路的指导下,党进、张廷翰和李进卿三位在禁军中有一定资历的将领得以脱颖而出。

党进,朔州马邑(今山西朔州)人,出身奚族,原为后晋禁军大将杜重威的家奴,晋、汉之际参军入伍,后周初年晋升为下级军官。张廷翰,泽州陵川(今山西陵川)人,是后汉太祖刘知远的亲兵卫士,后周初升迁为护圣指挥使。李进卿,并州晋阳(今山西晋阳)人,后晋时即已是禁军的下级军官,后周初升为龙捷指挥使。可见,三人的"资历"不仅是张琼、王继勋、史珪、石汉卿等人所无法比拟的,就是同宋太祖比起来也毫不逊色。但"高平之战"后,宋太祖"后来居上",奉命扩编殿前军,三人都成为宋太祖麾下的嫡系将领。他们共同的特点是为人忠朴。如党进发迹以后,"杜重威子孙有贫困者,进分月俸给之,士大夫或有愧焉。"①党进的忠诚实在,很得宋太祖的欣赏:

> 先是,禁军校自都虞候以上,悉以所掌卒伍之数细书于所执之梃,谓之"杖记",如笏记焉。进本出外裔,不识文字,上一日问进兵籍几何,进不能对,举梃曰:"尽在是矣。"上笑,谓其忠实,益厚之。②

李进卿也有忠心耿耿的表现:

> 上尝幸讲武池,临流观习水战。因谓左右曰:"人皆言忘身为国,然死者人所难,言之易耳。"进卿对曰:"如臣者,令死即死耳。"遂跃入池中。上急令水工数十人救之得免,几至委顿。上能得诸将死力,类此。③

开宝二年(969),宋太祖亲征北汉时,就以李进卿为留守开封的主将。开宝四年,宋太祖又专门赐给党进、李进卿等"推诚佐运

---

① 《宋史》卷260《党进传》。
② 《长编》卷7乾德四年九月条。
③ 《长编》卷8乾德五年正月条。

同德宣力"①的封号,可见他们两人在宋太祖心目中的分量。

更重要的是三人都是能征善战的猛将。

张廷翰和李进卿,都"少以骁勇"闻名,在后周和宋初屡立军功。尤其是在伐蜀战役中,两人分别出任归州路行营的马军都指挥使和步军都指挥使,冲锋陷阵,为平定后蜀立下了大功,如最为易守难攻的四川锁钥——夔州,就是由张廷翰指挥宋军攻克的。党进则是宋初禁军中最具传奇色彩的猛将,"每擐甲胄,则髭髯皆磔竖,目光如电,视之若神人"②,"党太尉"的威名军中皆知。

宋太祖在开国初期,就把党进由殿前司调往侍卫司,任虎捷右厢都指挥使,后不断升迁,乾德四年(966),党进以龙捷左右厢都指挥使的身份,主持侍卫步军司,乾德五年正式晋升侍卫步军都指挥使,领彰信军节度使。与党进相似,张廷翰、李进卿也是早早地由殿前司入调侍卫司并在侍卫司中快速升迁,乾德年间,张廷翰晋升为侍卫马军都虞候,领彰国军节度使;李进卿则晋升为侍卫步军都虞候,领保顺军节度使,三人都成为侍卫司中的统帅。

此次人事调整的效果,不久就在开宝二年(969)讨伐北汉的战役中得到了检验。是役,宋太祖乾纲独断,决心很大,几乎投入了殿前、侍卫两军的全部精锐,意图一举荡平北汉。宋军包围北汉国都太原后,党进与号称"杨无敌"的北汉名将杨业在战场上面对面交锋,将杨业打得大败而逃:"党进挺身逐继业(即杨业),麾下数人随之,继业走匿壕中,北汉兵出援之,继业缘绹入城,获免。"③终宋太祖一朝,党进始终是宋军对抗契丹和北汉的主将之一,连契丹君主都称赞:"闻中朝有党进者,真骁将!"④

在这场硬碰硬的较量当中,侍卫司的表现可圈可点:一是党进

---

① 《宋会要辑稿》礼五九之二二。
② 《宋史》卷260《党进传》;《长编》卷7乾德四年九月条。
③ 《长编》卷10开宝二年三月条。
④ 《长编》卷18太平兴国二年五月条。

力挫北汉骁将杨业,大振了宋军的士气。二是党进的副手李谦溥仅以侍卫亲军的数百伐木勤杂兵,主动增援被北汉偷袭的城西宋军,使宋军转败为胜。三是宋军在退兵的时候,殿后的数百人被北汉包围,幸而侍卫马军的骁雄军副指挥使孔守正指挥所部,奋力拼杀,解救出了被包围的宋军,也保障了宋军撤退时的安全。侍卫军的出色表现,令联合作战的殿前司相形见绌,也令宋太祖"甚悦",对侍卫司刮目相看。

打得赢才是硬道理。这说明,宋太祖选派党进等人出掌侍卫司是成功的,党进等人就职以后,在他们的努力下,侍卫司战斗力得以迅速提高。

开宝年间,侍卫司的张廷翰、李进卿先后去世,三位统帅中只剩下党进一人。依据此前的成功经验,宋太祖又本着同样的选拔标准,提升了同样出身于殿前司的李汉琼、刘遇,使之分别担任侍卫马军都虞候和侍卫步军都虞候。

李汉琼,河南洛阳人;刘遇,沧州清池(今河北沧州)人。他们两人的情况和党进相类似,都是晋、周之际参军,周世宗时升为殿前军的中下级军官的。李汉琼任殿前军左射指挥使,刘遇任殿前军控鹤副指挥使,都是有较长军中资历的猛将,如李汉琼"体质魁岸,有膂力"、"性木强,使酒难近,然善战有功"[1],刘遇"少魁梧,有膂力"、"尤善射"[2]。

终宋太祖一朝,侍卫司的将帅格局,没有再进行大的调整,侍卫亲军的战斗力也始终保持着较为强劲的势头,成为统一战争中可以依靠的劲旅。开宝八年宋太祖灭南唐,前线作战的宋军主力,就是由李汉琼和刘遇直接统率的侍卫司所部。战后,两人都因突出的战功得以建节:李汉琼为振武军节度使,刘遇为大同军节度

---

[1] 《宋史》卷260《李汉琼传》。
[2] 《宋史》卷260《刘遇传》。

使。直至宋太祖去世后的第二年,即宋太宗太平兴国二年(977),党进、李汉琼和刘遇三人才同时离开侍卫司统帅的岗位,分别外放为节度使。

与侍卫司的战斗力迅速提升相类似,宋初对武德司的改编也比较成功。

武德司(由于宋太宗时将其改名为皇城司,因而在宋人笔下往往将其称为皇城司)是五代时期从处理皇宫日常事务的机构发展起来的,其名称的出现更可上溯至唐代中期。① 武德司的长官武德使官位虽低,通常仅为正七品,但都由皇帝的心腹担任,发挥皇帝"耳目"的作用,在实际上已经成为有能力影响到政局的实权人物。如后唐庄宗时史彦琼为武德使,"帝待以腹心之任,都府之中,威福自我,正言以下,皆胁肩低首,曲事不暇"②。至后晋、后汉时,武德使更是对"宿卫诸将"和枢密院都形成了相当的制约③。不过,后周的末期,武德司却归于沉寂,"陈桥兵变"之前,武德司没有发挥任何防范、制约的作用,说明这一皇帝的"耳目之司"已经完全瘫痪了。

北宋开国,宋太祖以王仁赡出任武德使,情况很快就有了明显的变化。

前面说过,王仁赡与赵普、李处耘、楚昭辅等人,同属宋太祖最

---

① 日本学者佐伯富在《论宋代的皇城司》一文中认为:"作为宋代侦察机关的武德司,从它的名称、职掌上,可以推察出它起源于五代的后唐时期。"载《日本学者研究中国史论著选译》,中华书局1993年版,第351页。程民生《北宋探事机构——皇城司》一文则依据北宋陈师道《后山谈丛》卷3"吕余庆知益州"条的记载,认为武德司是"乾德三年(965)后,则特设专职情报机构",载《河南大学学报》1984年第4期。赵雨乐在《试析宋代改武德司为皇城司的因由》一文中考证说:"武德使本为唐代中叶以后兴起的宦官使职。"不过,作者又认为,中唐时"从各种资料显示,武德所主者为兵器",与五代宋初的武德有所不同。见《宋代历史文化研究》,人民出版社2000年版,第275页。
② 《旧五代史》卷34《庄宗纪八》。
③ 后汉隐帝诛杀宰相杨邠、侍卫军都指挥使史弘肇,并拟一并铲除枢密使郭威的惊天之举,就主要出自武德使李业的谋划。

为亲信的"幕府旧僚",他是军人出身,统兵才干也在书生出身的赵普之上,一直是宋太祖处理军务方面的主要助手。宋太祖派他出掌武德司,使武德司无所作为的局面很快就得以扭转,甚至连权势煊赫的宰相赵普都感受到了他的压力。

王仁赡之后,先后出任武德使的是刘知信和王继恩。其中,刘知信是宋太祖的姨表弟,其母为杜太后的亲妹妹,北宋开国后被封为京兆郡夫人。开宝三年(970)十月姨母去世时,宋太祖"不视朝,素服发哀于讲武殿,文武百僚进名奉慰,仍追封为齐国太夫人"。刘知信年幼丧父,三岁时就寄养在赵家,以"敏慧"而深得太祖父亲的喜爱,是宋太祖兄弟的发小。开宝五年,宋太祖任命刘知信出掌武德司,"以戚里致贵,尤被亲任,中外践历,最为旧故",是太祖晚年"最受信任用亲近的外戚"[①]。宋太宗继位后,刘知信仍受重用,任武德使至太平兴国六年(981),这一年宋太宗把武德司改名为皇城司,刘知信又担任了近一年的皇城使。王继恩则是宋太祖最为赏识的宦官,"继恩初事太祖,特承恩顾"[②],其名字也出自宋太祖的御赐。他是在宋太祖去世前一个月被任命的,与刘知信同领武德司。二人的分工上,王继恩可能更侧重于皇宫之内的安全保卫。

按照北宋制度,武德司(皇城司)下辖的部队番号有两个,[③]编制近六千人。据宋太祖本人所说:"虽京师有警,皇城之内已有精兵数万,况天下乎?"[④]可见,宋太祖时武德司的实际兵力超过六千人,有数万之众。这是一支绝对忠于皇帝个人的精锐力量,"最为

---

① 《宋史》卷463《刘知信传》;何冠環:《北宋武将研究》,中华书局香港有限公司2003年版,第71页。
② 《宋史》卷466《王继恩传》。
③ 一是"亲从官"五指挥,包括上一指挥、上二指挥、上三指挥、上四指挥、上五指挥;二是"亲事官"五指挥,主要有下一指挥、下二指挥、下三指挥、下四指挥、下五指挥等,这是宋太宗以后的制度,宋太祖的时候,没有"亲从官"的编制,"亲从官"是宋太宗太平兴国四年从"亲事官"中选拔材勇而组建的。
④ (宋)章如愚:《群书考索》续集卷44《兵制门·宋朝三衙四厢等兵》。

亲兵","掌宫城出入之禁令,凡周庐宿卫之事,宫门启闭之节皆隶焉"①,专门负责皇宫的保卫,殿前司、侍卫司等皆不得插手。仁宗朝的张方平曾谈道:

> 国初循周制,置诸班直,备爪牙士,属殿前司;又置亲从官,属皇城司,掌启闭扫除之役,守卫扈从之严。其宿卫之法,殿外则相间设庐,更为防制;殿内则专用亲从,最为亲兵也。②

所以,从指挥关系上看,武德司下辖的军队,专门负责保卫皇宫,不属于殿前和侍卫两军的系统,而是自成体系,从而与殿前、侍卫两军形成了内外相制之势。宋太祖如此安排,显然是吸取了"陈桥兵变"时后周宫廷毫无抵抗能力的教训。

武德司(皇城司)除了保卫皇宫之外,更兼职伺察、探事,"在内中,最为繁剧,祖宗任为耳目之司"③。司马光在《论皇城司巡察亲事官札子》中即清楚地谈道:"臣等窃以祖宗开基之始,人心未安,恐有大奸,阴谋无状,所以躬自选择左右亲信之人,使之周流民间,密行伺察。"④显然,武德司(皇城司)也是宋代的情报、监视机关,宋人有时直接称之为"皇城探事司",其探事卒,"俗呼为察子"⑤。但武德司最要紧的探事职能,还是针对殿前、侍卫两军的,监视"宿卫诸将"的动向是武德司的主要职责。⑥ 宋太祖是发动禁军兵变上台的,当然会着力防范军中有人如法炮制,《儒林公议》卷上记载:

> 太祖尝密遣人于军中伺察外事,赵普极言不可,上曰:

---

① 《宋史》卷166《职官志六》。
② (宋)张方平:《乐全集》卷18《再对御札一道》。
③ 《宋会要辑稿》职官三四之二三。
④ (宋)司马光:《温国文正公文集》卷21,上海书店1989年版。
⑤ (宋)吴曾:《能改斋漫录》卷2,中华书局1960年版。
⑥ 如宋神宗曰:"此辈(指皇城司)本令专探军中事,若军中但事严告捕之法,亦可以防变"(《长编》卷240熙宁五年十一月条)。哲宗朝御史中丞刘挚亦曰:"夫皇城司之有探逻也,本欲伺知军事之机密,与夫大奸恶之隐匿者"(《长编》卷375卷元祐元年四月条)。

"世宗朝尝如此。"普曰:"世宗虽如此,岂能察陛下耶?"上默然,遂止。

所谓"遂止"云云,是旧史家的泛泛之词,因为赵普既有"世宗虽如此,岂能察陛下耶"这句话,宋太祖听后的正常反应只会是强化对"军中"的监察。史称宋太祖"采听明远,每边阃(边防)之事,纤悉必知。"①能够做到这一点,很大程度上依靠的是武德司。

武德司的另一项重要职责是近距离保护皇帝的安全,据史书记载:

> 上左右内侍数十人,皆善武艺,伉健,人敌数夫,骑上下山如飞。其慰抚养育,无所不至,然未尝假其威权。泗州槛生虎来献,上令以全羊臂与之,虎得全肉,决裂而食,气甚猛悍。欲观之也。俄口呿不合,视之,有骨横鲠喉中,上目左右,内侍李承训即引手探取,无所畏。尝因御五凤楼,有风鸢堕南角楼鸱尾上,上顾左右曰:"有能取之否?"一内侍,失其姓名,摄衣,攀屋角以登缘,历危险,取之以献,观之胆落,盖试其矫捷也。②

这"数十人"是武德司中的精锐,组成了皇帝的"贴身卫队"。

在五代政权走马灯式更迭的历史背景下,军情不稳、祸起萧墙是非常现实的威胁,因而,加强皇帝对军队的绝对控制,是压倒一切的当务之急。宋太祖以武德司监视、制衡禁军统帅的做法,是成功的,也是必要的。正如王安石在著名的《本朝百年无事札子》中评价说:

> 伏惟太祖躬上智独见之明,而周知人物之情伪,指挥付托必尽其材,变置设施必当其务。故能驾驭将帅,训齐士卒,外以扞夷狄,内以平中国。③

---

① 《玉壶清话》卷6,另《涑水记闻》、《宋朝事实类苑》等均有此说法。
② (宋)江少虞:《宋朝事实类苑》卷1。
③ (宋)王安石:《临川先生文集》卷41,复旦大学出版社2016年版。

第七章　国计民生

第一节　"不抑兼并"

太祖去世后的第二十个年头,一位名叫陈靖的太常博士向宋太宗上疏,要求朝廷关注日益严重的土地兼并问题,制定措施限制每户所占有的土地数量①。宰相吕端听说此事后明确表示反对,"谓靖所立田制,多改旧法"。如此一来,陈靖的建议就被束之高阁了。

吕端是一年前刚被宋太宗提升为宰相的。当时有人说他为人糊涂,宋太宗回答说:"端小事糊涂,大事不糊涂。"这一句话使吕端成为中国历史上的知名人物——"诸葛一生唯谨慎,吕端大事不糊涂"。吕端一生处理的大事确实不少,上面提到的搁置陈靖的限田建议一事,就涉及中国历史上一个具有转折意义的大变化。

三十五年前,宋太祖甫一登基,就用"杯酒释兵权"的方式解除了石守信等人的兵权。酒席间宋太祖对石守信等人说了这样一席话:

> 尔曹何不释去兵权,出守大藩,择便好田宅市之,为子孙立永远不可动之业,多置歌儿舞女,日饮酒相欢,以终其天年。我且与尔曹约为婚姻,君臣之间,两无猜疑,上下相安,不亦善乎!②

---

① 据《长编》卷40至道二年七月条载,陈靖上疏宋太宗,拟效北魏孝文帝"均田法",次年,陈靖又提出类似的建议,"又下三司议,皆不果行"。
② 《长编》卷2建隆二年七月条。

这番话原非谈论土地问题,但一句"择便好田宅市之",却成为宋代放开土地买卖、放任土地兼并的政策性标志。① 关于这一政策,在宋代曾被标榜性地概括为以下一段话:

> 不务科敛,不抑兼并。曰:富室连我阡陌,为国守财尔。缓急盗贼窃发,边境扰动,兼并之财,乐于输纳,皆我之物。②

所谓"不务科敛",当然并非不征敛赋税,而是说"本朝"按照民户土地多少征收赋税,无地民户不在征税之列。正因为如此,"本朝"对土地买卖也就不必限制,大土地所有者"连我阡陌",按土地多少纳税,实际上也就是"为国守财"。"不务科敛,不抑兼并"由此成为宋代最有特点的土地政策。

开宝二年(969),"不抑兼并"的土地政策被以法律的形式予以确认:"始收民印契钱,令民典卖田宅输钱印契"③。也就是说,朝廷不但不再反对土地兼并,而且还以土地买卖公证人的角色,为双方出具加盖官印的契约,并借此收取一笔手续费④。

正因为建国伊始宋太祖立下了"不抑兼并"的土地政策,所以在陈靖提出抑制兼并的建言时,吕端才批评他是"多改旧法"。在这种有关"祖宗定制"的大事上,吕端确实不糊涂。

宋以前的历代王朝,为了有足够的自耕小农以保障国家所必

---

① 漆侠指出:"正是在这种政策(指宋太祖'杯酒释兵权'中的许诺)的支持、鼓动之下,宋初文武官僚无不广占田产……而所谓不抑兼并,又是在承认土地私有的前提下对土地兼并不加干预"(《宋代经济史·上》,《漆侠全集》第3卷,河北大学出版社2008年版,第226页)。葛金芳也说:"以宋太祖'杯酒释兵权'为标志的不抑兼并政策,则是中唐以降地主阶级大土地所有制在当时土地关系的总体结构中逐步确立自身优势地位的逻辑结果"(葛金芳:《试论"不抑兼并"——北宋土地政策研究之二》,《武汉师范学院学报》1984年第2期)。
② (宋)王明清:《挥麈后录·馀话》卷1。
③ 《文献通考》卷19《征榷考六》。
④ 大概是觉得这种做法太露骨,当时有的大臣解释说:"民间典卖田产,必使之请官契,输税钱。其意不徒利也,虑高赀之家兼并日增,下户日益朘削,是亦抑之之微意"(《文献通考》卷19《征榷考六》)。

需的赋税徭役,几乎都实行过一系列限制土地买卖、抑制土地兼并的政策,如汉代的"限田",王莽新朝的"王田",东汉的"度田",魏晋的"屯田"、"占田",南北朝和隋唐的"均田"等等。这些措施带来的实际效果虽各有差异,但起码说明,各朝的政策和法律都是限制和抑制土地兼并的,没有任何一个王朝和皇帝敢公然标榜"(本朝)不抑兼并"。从这一点看,宋太祖在土地问题上的这种做法的确令人诧异。

其实,宋太祖也只不过是"不抑兼并"这一新土地政策的代言人而已。从根本上说,"不抑兼并"的土地政策,是中国传统土地关系经过长期变化后的必然结果。正如经济史学家傅筑夫所言:

> 以土地自由买卖为基础的土地所有制的形成,乃是一系列经济发展变化的结果,其自身的发展变化亦为客观的经济规律所支配,不以人们的主观意志为转移,因而也决不是任何人可以任意改变的,凡是想扭转这种发展方向的政策或措施,无一不遭到失败。因为,中国整个封建制度是建立在这个基础之上的,如果改变了这种土地制度,也就改变了中国封建社会的性质。①

所以,历代封建王朝抑制土地兼并的过程就是一个从"摧抑——失败",到"再摧抑——再失败",直至放弃摧抑的过程。汉代推行"限田"政策时,规定每户田数不得超过三十顷,这一政策失败后,西晋推行"占田制",规定每户占田不得超过五十顷,而王公大臣等还可以按品级在京城附近再占十五顷。国家在条文的规定上已对土地兼并有了相当程度的放开。南北朝、隋唐时期,国家主要通过"均田制"来限制土地兼并,而一部均田制度史,也就构成了一部不断对兼并势力退让的历史:

---

① 傅筑夫:《中国经济史论丛》,生活·读书·新知三联书店1980年版,第112页。

北魏的均田制主要将土地划分为"露田"和"桑田"两部分，"露田"的所有权归国家所有，不论在什么情况下都不得买卖和继承；"桑田"的所有权则归个人所有，当时规定"皆为世业，身终不还，恒从现口，有盈者无受无还，不足者受种如法，盈者得卖其盈，不足者得买其不足，不得卖其分，亦不得买过所足"①。这实际上是北魏王朝对原有土地兼并既成事实的承认，"表示地主原有的地产国家分毫不动，但同时也隐隐暗示，此后私有土地应该冻结在原来数字上，不能再买了。这一条，实际包括两条内容，一是对地主的让步，二是规定土地买卖的限度，实际上是开个后门"②。

到北齐实行"均田制"时，这个"后门"开得更大了，不仅"桑田"可以买卖，"露田虽复不听卖买，卖买亦无重责"，并且规定"均田制"主要在"外州远郡"进行，这无异于放纵了京畿和近畿地区对于土地的恣意买卖兼并行为。

到唐代实行"均田制"时，更进一步放宽了对于土地兼并的限制，"露田"（唐称"口分田"）在多种情况下均"可买卖"；至于"桑田"（唐称"永业田"）更是"买卖典帖"，毫无限制。至中唐以后，"法制隳弛，田亩之在人者，不能禁其卖易，官授田之法尽废"③，由此带来了"均田制"的彻底崩溃。

"均田制"的土崩瓦解，标志着历代摧抑兼并政策的最终破产。此后，历晚唐至五代一百余年的时间，朝廷对土地兼并采取了承认和放任自流的政策——"兼并者不复追正，贫弱者不复田业"④，只不过是当时无人用正式的政令或法律将这些政策表述出来而已。

---

① （北齐）魏收：《魏书》卷110《食货志》，中华书局1974年版。
② 赵俪生：《中国土地制度史》，齐鲁书社1984年版，第104页。
③ 《文献通考》卷3《田赋考三》。
④ 《文献通考》卷3《田赋考三》。

通过上述史实的简单梳理和分析,大致可以断定,宋太祖应是以法令、法规形式阐释"不抑兼并"这一土地政策的第一人①。不过,这其中也发生过一件似乎"异样"的插曲:

乾德二年(964)九月,刚刚离任七个月的宰相范质因病去世。范质一生"以廉介自持",不置田产,死后家无余财。宋太祖闻知范质的死讯后,在例行的抚恤性赏赐中,特令赐范质家眷绢五百匹,粟麦各百石,并对周围的大臣说:"朕闻范质居第之外,不殖资产,真宰相也。"②这种褒扬与两年前他鼓励石守信等人"择便好田宅市之"的做法大相径庭。由此看来,宋太祖或许对官员增殖田产的问题有其个人的看法和道德上的评判。然而,个人的看法却不影响他用法律的形式将"不抑兼并"的土地政策确定下来。毕竟,从中唐"均田制"崩溃以后,土地兼并已经"习成风俗",形成一股不可改变的历史潮流,宋太祖也不得不在这种客观趋势面前作出现实和理智的选择。这情形,正如二百年后南宋学者叶适所讲的那样:"今俗吏欲抑兼并,破富人以扶贫弱者,意则善矣。此可

---

① 关于宋代是否存在"不抑兼并"的土地政策,学界目前的观点基本一致,但表述的重心略有差异。葛金芳、林文勋、刘复生等人认为宋代的确实行"不抑兼并"的土地政策:"所谓'不抑兼并',是指法律上不限制土地的买卖……'许民辟土'和'不抑兼并'两大土地政策,前代均曾有之,但都是暂时的,或非法律意义上的。宋代二者都是非临时实施的在法律意义上的既定政策,可以说是'划时代'的"(刘复生:《理想与现实之间——宋人的井田梦以及均田、限田和正经界》,《四川大学学报》2006年第6期)。但也有学者如杨际平、耿元骊等人认为宋代政府对土地兼并仍实行"抑制"的措施:"宋朝政府仍然实行抑制土地兼并政策,只是其抑制土地兼并的措施与此前的北朝隋唐多有不同而已……宋代各种抑制土地兼并的措施,虽然实际执行中都打了很大的折扣但都不是一纸空文"(杨际平:《宋代"田制不立"、"不抑兼并"说驳议》,《中国社会经济史研究》2006年第2期)。但后一种意见也强调,宋代的抑制兼并只是防止权势对土地买卖的介入,而对正常土地买卖并无限制。正如杨际平在另外一篇文章中指出的:"宋朝政府不再规定一般地主占田的最高限额,并允许土地自由买卖,因而宋代土地兼并之风比北朝、隋唐更盛"(杨际平:《唐宋土地制度的承继与变化》,《文史哲》2005年第1期)。
② 《长编》卷5乾德二年九月条。

随时施之于其所治耳,非上之所恃以为治也。"①

"不抑兼并"的土地政策,打开了地主兼并农民土地的绿灯,加速了自耕小农破产的进程。宋代以前,历代王朝的初期,占有小块土地的自耕农阶层十分庞大,土地占有不均的情形并不严重,相应的,阶级矛盾亦较为缓和。但这种情形在宋初已不复存在,赵普在一道奏章中说:"邓州五县,其四在山,三分人家,二皆客户。"②客户就是没有土地的佃户。这一阶层居然占了总人口的三分之二,可以看出宋初土地集中和自耕农破产的严重性。而且这种情况并非个案,无论是在中原地区还是江南水乡,无论是在边远地区还是天子脚下,"兼并恣横"导致的自耕农破产的情形都十分严重③。土地占有不均、贫富不均以及由此引发的社会矛盾已十分突出。在宋太祖过世后的第十七个年头,四川爆发了一场数十万人参加的大规模农民起义,其领导者王小波、李顺在谈到起义的动机时说:"吾疾贫富不均。"④"贫富不均"当然不完全是指土地,但土地占有不均无疑是导致贫富不均的最主要原因。

在漫长的中国传统社会中,宋初是农民起义的一个转折点。此前的农民战争,其斗争的矛头主要指向朝廷的横征暴敛,尤其是指向朝廷的兵役、徭役征调。而从王小波、李顺起义开始,斗争的矛头则明确指向了社会上的"贫富不均"(到明末李自成起义,在"均贫富"的内容中,又明确增加了"均田"的要求)。这种转折的背景,正是土地占有严重不均所导致的贫富差距加大。宋初是"不抑兼并"土地政策正式确立的开始,因此农民阶级也就理所当

---

① (宋)叶适:《习学记言序目》,中华书局1977年版。
② 《长编》卷27雍熙三年五月条。
③ 关于宋初土地兼并的情形,可参见漆侠:《宋代经济史·上》,《漆侠全集》第3卷,河北大学出版社2008年版,第491—492页。
④ (宋)王辟之:《渑水燕谈录》卷8《事志》记载:"吾疾贫富不均,今为汝均之。"

然地把"均贫富"作为自己的斗争目标。从某种意义上来说,"吾疾贫富不均",就是"不抑兼并"政策之下的受害者所发出的第一波抗议。

然而,贫富是否平均,却远非观察一项政策的全部指标。"(本朝)不抑兼并",意味着统治者开始放弃了"普天之下,莫非王土"的过时思维,是对"田各有主"这一现实的理性认可。这一点应该是中国土地制度史上最富积极意义的变化。

秦汉以降,虽然先秦时代的土地国有制已土崩瓦解,但"普天之下,莫非王土"的观念,却极其顽强地存留于一代又一代统治者的头脑中,并屡屡演化为国家对土地私有制的实际干预。汉唐之间,"王田"、"限田"、"度田"、"屯田",以及"占田令"、"均田制"等等,无一不是国家凭借政治权力直接将荒地和私有土地一并收夺,或者是凭借政治权力将私有土地套上"永业"、"口分"之类的条条框框,从而使民田成为国家"授予"私人的土地。土地既然属于国家所有或国家授予,那么私人间的土地买卖即所谓"兼并"自然就为国家所不允许。当然,土地私有制也不会顺从于国家权力的这种干预,它总是以"土地兼并"的方式与国家进行对抗。"兼并"和"抑制兼并"也就成为土地私有制发展过程中的斗争焦点。宋太祖确立"不抑兼并"的土地政策,标志着这种斗争的基本结束。自此,土地私有制虽然尚未蜕变为"纯粹"的土地私有制,但国家权力对土地私有制的干预力度却发生了质的变化。清代学者顾炎武就看出了这种明显的变化:

> 汉武帝时,董仲舒言:"或耕豪民之田,见税什五。"唐德宗时,陆贽言:"今京畿之内,每田一亩,官税五升,而私家收租有亩至一石者,是二十倍于官税也。降及中等,租犹半之。夫土地,王者之所有;耕稼,农夫之所为。而兼并之徒,居然受利。望令凡所占田,约为条限,裁减租价,务利贫人。"仲舒所言则今之分租,贽所言则今之包租也,然犹谓之"豪民",谓之

"兼并之徒",宋已下则公然号为"田主"矣。①

确如顾炎武所言,正是由于"不抑兼并"的土地政策,大土地所有者的称谓才由"豪民"、"兼并之徒"变为"田主"。翻检宋代史籍,"田主"一词频见于各种文献,表明这一称谓确实已经得到了社会的广泛认同。

从"豪民"、"兼并之徒"到"田主",称谓的变化反映了深刻的历史变迁。与"豪民"、"兼并之徒"等称谓带有明显贬义不同,"田主"则表明了土地所有权的正当性与合法性,这正是土地私有制成长和成熟的表现,"不抑兼并"顺应了这种趋势,其意义是积极的。

"(本朝)不抑兼并"在体现着"田主"的"产权正当性与合法性"的同时,自然也包含着对买卖土地的完全开放。中国传统社会的土地兼并,大致是通过两条途径进行的,即"富者有赀(钱)可以买田,贵者有力(权力)可以占田"②,尽管"富者"往往同时也是"贵者","有力"往往也就意味着"有赀",但这两种土地兼并方式还是有所不同的。"以赀买田",是纯经济领域之中的流通;"以力占田",则是外力强加于经济领域中的表现。汉唐之间,国家实行的一系列"摧抑兼并"的政策,一直对"以赀买田"和"以力占田"的行为进行限制和打击。但是,由于"摧抑兼并"的土地政策建立在国家对土地私有财产的干预之上,所以在很多情况下,它又不可避免地演化为对"以力占田"的纵容和支持。其中一个具体表现即为国家对王公贵族、达官贵人的大量赐田。这并不难理解,既然是"普天之下,莫非王土",那么,作为这种观念的外化,自然可以予夺唯意。这样一来,一方面国家不断颁行限田、度田之类"摧抑兼并"的法令,甚至于

---

① (清)顾炎武:《日知录》卷10《苏松二府田赋之重》。
② 《文献通考》卷2《田赋考二》。

夺私田作公田；另一方面又大量地向权贵赐田，不断满足权贵"奏讨"山泽官田的要求，此类情形在汉唐治下十分普遍，这些还仅仅是"合法"的占田，至于依仗权势的非法霸占更是屡见不鲜。

相较于汉唐之间实行的"摧抑兼并"政策，宋太祖"不抑兼并"的土地政策，基础是国家对土地私有制的承认和尊重，"普天之下，莫非王土"的观念已经为"田各有主"的观念所取代，国家不能夺彼予此。相应的，"土地兼并"也就主要表现为纯经济领域中的交易，即所谓"富者有赀可以买田"；而"贵者有力可以占田"这样一种汉唐时期非常普遍的社会现象在宋代已经极为少见了①。

这一点在"杯酒释兵权"时就表现得非常明显。宋太祖对石守信等人交出兵权的补偿条件，并不是赐予他们大量的土地，而是要他们"择便好田宅市之"②。一百六十余年后，北宋的第八代皇帝宋徽宗为了酬赏杨惟忠擒获方腊之功，特命"于京兆府赐官田十顷，官宅一所"③。消息传出后，舆论大哗，许景衡立即上疏称：

> 窃谓一夫侥幸，虽未足信，诚恐同时立功之人，各怀觖望之意。盖朝廷既开此例，则无以杜绝后来。若偏裨皆冒横恩，则在官田宅将不胜其求矣。古者惟大勋劳，则赐田赐第，而祖宗以来，将相大臣功德卓越者，亦止于赐宅而已。④

---

① 漆侠指出："在宋代土地兼并的过程中……'富者有赀可以买田'，则起着经常性的并且是具有决定性的作用。因之，'富者有赀可以买田'在土地兼并过程中具有突出的地位"(《宋代经济史·上》,《漆侠全集》第3卷，河北大学出版社2008年版，第239页)。
② （宋）司马光：《涑水记闻》卷1。
③ 《全宋文》卷3087《许景衡三》。
④ （宋）许景衡：《横塘集》卷9《奏免赐杨惟忠田宅札子》，文渊阁四库全书本。

从许景衡的奏章中可以看出,在"不抑兼并"土地政策确立的同时,"贵者有力可以占田"的路子的确走不通了①。当然,"富者有赀可以买田"也好,"贵者有力可以占田"也好,无非都是对自耕小农的"吞噬"和"兼并"。但正如有学者所指出的:"直接凭政治权势的'吞噬''兼并',与通过土地买卖形式的'吞噬''兼并',却不能说彼此间毫无区别。因为它们终究是不同历史阶段的现象,是社会前进的标志。"②事实上,"以赀买田"应该说是土地兼并中的正常形态,作为纯经济领域中的流通,自身要受正常的市场规律的制约和调节;而"以力占田",则是土地兼并中的畸形状态,常常造成土地兼并的恶性膨胀,给自耕小农带来的痛苦和灾难,远甚于"以赀买田"。

总的来说,"不抑兼并"是宋代的土地政策,自然也是关乎国计民生的重大国策。这一国策彻底放弃了"普天之下莫非王土"的陈旧观念,是国家在政策、法规层面对土地私有制的一次十分明确的认可。在中国土地制度史上,有两次重大的政策转型,一是商鞅变法的"废井田(国有制),开阡陌",国家第一次承认了私有土地的合法性;二是宋初的"(本朝)不抑兼并",是国家对私有土地的产权流通与转移在法规意义上的正式认可。此前的近千年里,土地产权的流转一直在"合法"与"不合法"的困扰下进行,而宋太祖则是第一位正视这一现实的皇帝。在这一点上,他的贡献是不可磨灭的。商鞅时代的"废井田,开阡陌",最大的意义是直接提升了秦国的生产力,并为秦始皇统一天下打下了坚实的基础,宋初土地政策的转型同样具有巨大的正面意义。

首先,"不抑兼并"的土地政策意味着政治权势在经济领域的

---

① 这里仅指合法的"占田",至于依仗权势非法霸占田亩的情形,虽然仍旧大量存在,但却是国家法律所不允许的。所谓"不抑兼并",并不保护此类兼并。
② 梁太济:《两宋阶级关系的若干问题》,河北大学出版社1998年版,第126页。

退出。国家不再以政权的力量干预土地买卖与流转,自然也不再以政权的力量参与土地的占有和分配。所以,"不抑兼并",呈现的是一种相对纯粹的土地买卖关系,即"有钱则买,无钱则卖"[1],而土地买卖是以双方契约的形式,在官府完成相关手续。这两点在宋初文献中都有明确记载,例如:

> 大宋开宝八年岁次丙子三月一日立契,莫高百姓郑丑挞,伏缘家内贫乏,债乏深计,无许方求,今遂口分地舍出卖与慈惠乡百姓沈都和,断作舍物,每尺两硕贰斗五升。准地皮尺数,算著舍价物贰拾玖硕五斗陆升九合五圭。[2]

又如,《宋刑统》规定:

> 质举及卖田宅……皆得本司文牒,然后听之。[3]

以上事例,都可以看出"有钱则买,无钱则卖"的基本情况。

当然,"贵者有力可以占田",在宋代也是屡屡发生的,但这既非主流,更系非法。即便权贵"合法"的占田,如宋徽宗要向爱将赐田十顷,也会被批评为不符合"祖宗以来"的国策而遭到劝止。

其次,"有钱则买,无钱则卖",大大加快了土地产权的流转速率:"千年田,八百主"[4]。在如此频繁的地权流转下,大土地所有者很难在空间上真正形成"连我阡陌"。在地权相对集中而地段

---

[1] (宋)袁采:《袁氏世范》卷下《治家》,中华书局1985年版。
[2] 沙知:《敦煌契约文书辑校》,江苏古籍出版社1998年版,第33页。
[3] (宋)窦仪等撰,薛梅卿点校:《宋刑统》卷13《户婚律》,法律出版社1999年版,第231页。
[4] (宋)释道原:《景德传灯录》卷11。有部分学者认为这种说法仅是文人笔下的一种夸张,而实际情况则是土地仍然处于强凝固、慢流通的状态。但郦家驹根据日本静嘉堂所藏宋残本《名公书判清明集》统计,户婚门共二十二类一百三十二条,其中涉及土地所有权归属的就有八十三条,占总数的百分之六十二。明隆庆刊十四卷本《名公书判清明集》,户婚门凡三卷,三十七类一百八十二条,其中涉及土地所有权转移内容的共有一百一十条,占总数的百分之六十。由此可以看出两宋时期的土地流转之活跃。参见郦家驹:《两宋时期土地所有权的转移》,《中国史研究》1988年第4期。

又十分分散的状态下,"田主"不可能对租种者(佃农)实行直接集中管理,于是分田出租的契约关系成为租佃关系的主流,佃农的人身自由、生产经营的自由因此而得到提高。宋代的佃农,有一个通行的名称——"客户"[1]。"客户"相对于"主户"("田主"),彼此之间是有一种"客情"的,而且"客"字本身,也暗藏了往来自由的含义。虽然田主仍然会通过地租剥削"客户",但这毫无疑问已是一种新型的生产关系。南宋朱熹对这种新型关系有一段很透彻的分析:

> 乡村小民,其间多是无田之家,须就田主讨田耕作,每至耕种耘田时节,又就田主生借谷米,及至秋冬成熟,方始一并填还。佃户既赖田主给佃生借以养活家口,田主亦藉佃客耕田纳租以供赡家计,二者相须,方能存立。今仰人户递相告戒,佃户不可侵犯田主,田主不可挠虐佃户。[2]

上述"田主"与"客户"之间的新型生产关系,可以调动土地所有者和使用者共同的积极性[3],同时也促进了宋代农业生产以及国计民生的全局性发展。宋代农业生产及社会经济的高度繁荣,已经是国内外史学界的共识,而土地所有权带来的生产关系的变

---

[1] 根据陈振的研究,"(唐代)'客户'是指离开原居住地、迁居于他乡的客籍户,也称寄庄户或寄居户……宋代的'客户',已不是指寄居户,而是指没有常产的普通民户,有常产的民户则称为'主户'。宋太祖开宝七年(974),下诏对原后周统治区的四五十个府、州、军,'宜令诸州判官,互相往彼与逐县令佐子(仔)细通检,不计主户、牛客、小客,尽底通抄',这里的'主户'即指有常产,主要是有田产的民户;而'牛客'、'小客'则分别指有牛和没有牛的佃户,他们逐渐被概括为'客户'编入户籍。'客户'遂有了与唐代完全不同的、崭新的含义"(陈振:《宋史》,上海人民出版社 2003 年版,第 98 页)。

[2] (宋)朱熹:《劝农文》,《晦庵先生朱文公文集》卷 100,北京图书馆出版社 2006年版。

[3] 王棣的研究表明,宋代"无论国家政府还是个人都已公开承认私有产权的合法性,达成了社会共识,从而激发了土地产权拥有者利用土地资源创造财富的积极性,对宋代农业乃至整个社会经济起到了巨大的促进作用"(王棣:《宋代赋税的制度变迁》,《华南师范大学学报》2011 年第 3 期)。

革,正是一个极其重要的原因①。

其三,"不抑兼并"的土地政策和由此形成的新型生产关系,在很大程度上改变了宋代农民起义的斗争指向,避免了发生大规模农民起义的可能性。宋人王柏对此曾有一段很经典的描述:

> 嗟夫,田不井授,王政堙芜,官不养民而民养官矣。农夫资巨室之土,巨室资农夫之力,彼此自相资,有无自相恤,而官不与也,故曰官不养民。农夫输于巨室,巨室输于州县,州县输于朝廷,以之禄士,以之饷军,经费万端,其始尽出于农也,故曰民养官矣。②

也就是说,在新的土地政策下(田不井授,王政堙芜),自耕农的数量锐减,国家与自耕农的矛盾已不是社会主要矛盾,而大土地所有者(巨室)与佃户(农夫)之间的矛盾开始成为两宋社会的基本矛盾。由于"农夫输于巨室,巨室输于州县,州县输于朝廷","农夫"与"朝廷"的矛盾是间接的,而"农夫"与"巨室"的矛盾是直接的,这样,以往农民与国家之间所集中存在的矛盾就分散成为各个"农夫"与各个"巨室"之间的矛盾。社会经济矛盾的这种变化,自然使农民起义难以形成全国性的规模③。

---

① 林文勋的研究表明,"虽然土地向富人集中是以大批小农失去土地的残酷现实和富人出租土地剥削佃农为前提的,但我们也不能由此全部去否定它对生产有利的一面。唐宋时期,我国古代社会经济之所以能够迅速发展并达到一个历史高点,创造出经济社会全面发展与进步的辉煌,重要原因之一就是这一时期商品经济的发展推动了产权制度的变革,产权制度的变革又反过来促进市场的纵深发展,形成了商品经济与产权制度变革同步展开的结构性突破。离开这一点,只单纯地从生产力发展的角度来探讨唐宋社会经济的发展,势必难以做出令人信服的解释"(林文勋:《唐宋社会变革论纲》,人民出版社2011年版,第92—93页)。
② (宋)王柏:《鲁斋集》卷7《赈济利害书》,上海商务印书馆1936年版。
③ 参见王育济:《宋代社会的基本经济矛盾和农民战争的规模》,《东岳论丛》1983年第5期;赵继颜:《中国农民战争史》,湖北人民出版社1991年版,第189页;林文勋:《唐宋社会变革论纲》,人民出版社2011年版,第177页。

第二节　税制的调整

由于在土地买卖问题上明确放弃了摧抑、限制的政策,而代之以"不抑兼并"的土地政策,宋太祖得以把主要精力放在了税制的整顿上。

中国传统社会的赋税征收,至唐中期以后,有一个大的变化。此前,主要是按每户人口的多少(主要是成年男子的多少)来征收赋税的,即所谓"以丁身为本";而土地财产征收的赋税所占的比重则极少。如秦代基本上是"舍地而税人","头会箕赋,输于少府"①,即主要按每户人口的多少(头会)而不是土地的多少征税。汉代按人口征收赋税(即算赋、口赋和更赋,皆征钱)的比例很大,相当于按土地征收的赋税的四倍以上。魏晋南北朝时期,按土地征收赋税的比例又进一步减少。唐代前期的正税为"租、庸、调"三种,均是按丁征收的,而按土地财产征收的地税和户税则只是一种微不足道的附加税。汉唐之间所流行的这种"以丁身为本"的赋税制度,显然是与汉唐时期的土地占有关系紧密相关的。只有社会上绝大多数居民都占有(自行占有或依据国家的某种土地法令,如"占田制"、"均田制"等而得以占有)一定数量的土地的情形下,才有可能实行这种基本不以土地财产而以人丁多少作为征收依据的赋税制度。关于这一点,古人已经有过极为精辟的说明:

> 自秦废井田之制,隳什一之法,任民所耕,不计多少,于是始舍地而税人……然汉时亦有税人之法……(魏晋)其赋(户口之赋)益重。然晋制男子一人占田七十亩,女子及丁男丁女占田皆有差,则出此户赋者亦皆有田之人,非凿空而税之……然至元魏(北魏)而均田之法大行,齐、周、隋、唐因之。

---

① 《淮南子·氾论训》。

赋税沿革微有不同……然大概计亩而税之令少，计户而税之令多，然其时户户授田，则虽不必履亩论税，只逐户赋之，则田税在其中矣。至唐始分为租、庸、调……然口分、世业，每人为田一顷，则亦不殊元魏以来之法，而所谓租、庸、调者，皆此受田一顷之人所出也。中叶以后，法制隳弛，田亩之在人者，不能禁其卖易，官授田之法尽废，则向之所谓输庸、调者，多无田之人矣。乃欲按(户)籍而征之，令其与豪富兼并者一例出赋，可乎？①

唐中叶以来土地占有关系方面的变化，使汉唐之间一直盛行的"以丁身为本"的赋税制度发生了根本性的变化。这一变化终于在唐德宗建中元年(780)得到确认，那个在著名的"红叶题诗"的故事中表现出很大同情心的德宗皇帝，上台伊始就听从宰相杨炎的建议，宣布废除租庸调制，实行新的税法。新税法被称为"两税法"。"两税法"主要是不再依据丁身、户口，而是依据实际占有土地的数量征税。

依据土地的多少征税，意味着国家变相承认土地兼并的合法性。然而，无论是唐德宗，还是此后近百年间的其他统治者，都是一方面在推行"两税法"，另一方面却又不肯明确承认"土地兼并"的现实，并且不断开出一些"摧抑兼并"的空头支票，实际上并没有对土地兼并产生任何抑制作用，反倒引起田制与税制上的混乱，使"两税法"像一个"私生子"一样，尽管存在于世上，却又常常得不到应有的重视，更不要说相关制度的巩固和完善了。

上述状况到宋太祖时期发生了明显变化。"不抑兼并"的土地政策作为法令的颁布，终于使税制与田制之间的种种不协调得到了改善。从此以后，官方不再讳言兼并与两税之间的关

---

① 《文献通考》卷3《田赋考三》。

系——"盖口分、世业之田坏而为兼并,租庸调法坏而为两税"①,"两税法"正是与土地的自由"买易兼并"相适应的一种税制。

基于此,"两税法"的完善和发展也就是水到渠成的事情了。

建隆二年(961)正月壬子(十六日),举国臣民刚刚度过建国后的第二个元宵之夜,当大家的脑海里还满是明德门前的灯山火树、管弦百戏之时,宋太祖就召集亲近大臣商讨"度田"之事。几天后,一批精心挑选出来的朝官随即奔赴各州,指导"度田"事宜。所谓"度田",就是测量土地面积、度量土质肥沃程度以据此征收赋税。这项工作本该与"两税法"的颁布同步进行,但却拖延了百年之久。在这期间,皆由"田主"自报田亩的面积和肥瘠(申报不实者,允许告发,加倍征收)作为征税的依据,这就给贪官污吏与豪强大户相互勾结、浑水摸鱼大开方便之门,导致"以田为本"的征税原则很难落到实处,贫弱者地少者税多,甚至"产(产田)去而税存",豪强大户恣意兼并土地却"十分田地,才税二三"②。直到后周末年,世宗才下令由朝廷派官到各地统一"度田",但此次"度田"因用人不当,很快就陷入了停顿。汲取了周世宗"度田"的教训,宋太祖对执政大臣强调说:

> 比遣使度田,盖欲勤恤下民也,而民弊愈甚,得非使臣图功幸进,致其然哉?今当精择其人,以副朕意。③

在此次"度田"的实施过程中,宋太祖一反优待前朝大臣的宽仁作风,首先对周世宗时期"度田"不实的官员进行了严肃处理,如崔逊等一批后周旧臣因此被降职或削官。建隆二年(961)四月,宋太祖又连续查处了两起"度田"不实的案件:

> 甲午,给事中常准夺两官,授兵部郎中免。先是,大名馆陶民郭贽诣阙诉括田不均,诏令他县官按视,所隐顷亩皆实。

---

① 《新唐书》卷51《食货志一》。
② 《全唐文》卷651《同州奏均田状》。
③ 《长编》卷2建隆二年正月条。

上怒,本县令程迪,决杖流海岛。准实为括田使,故责之。己未,杖杀商河县令李瑶,左赞善大夫申文纬除籍为民。文纬奉诏按田,瑶受赃,文纬不之察,为部民所诉故也。①

这种绝不姑息、雷厉风行的做法使得朝野上下为之震动。据《文献通考》记载,自此之后,"人始知畏"②。

从查处这三例"度田"不实的案件可以看出,当时的"度田"是以县为单位进行的,主要由县令主持,而朝廷所遣常参官则负责监视和督促。由于史书的记载过于简略,有关此次"度田"更为具体的过程已经无法详知。何炳棣在论及古代土地丈量一事时曾指出:

> 自秦始皇三十一年"使黔首自实田"以来,自实即成为重要原则,即使在国家拥有大量土地的初唐时期,受田制的基本程序仍是"手实"。南宋经界法和明初的核田定税无一不从自实始。除了偶尔必要的复核以外,自实就是避免真正丈量的繁难工作的最自然的办法。除两浙区的有些州县以外,明初的所谓丈量是基于自实原则本不足怪。③

南宋的"经界法"和明初的"核田"都曾是中国土地丈量史上轰动一时的大事,如果他们没有使用丈量的手段,依旧采用"手实"的办法来核实纳税田亩,那么,宋太祖的此次"度田"恐怕就更难有所突破。

---

① 《长编》卷2建隆二年四月条。
② 《文献通考》卷4《田赋考四》。其实,违法的事情依旧难以杜绝,如《长编》记载建隆三年"十二月丙戌,左赞善大夫段昭裔坐检视民田失实,责授海州司法参军"。
③ 何炳棣:《南宋至今土地数字的考释和评价(上)》,《中国社会科学》1985年第2期。"手实",亦称"首实法",是唐宋时官府令民户自报田地和财产作为征税根据的办法。"经界法"是南宋整理地籍的办法。宋南渡后,人户流徙,地籍散乱。势家兼并土地,大地主田多无税,农民无田有税,相率逃亡,影响赋役征收。其时方田均税法既废,就采用知平江府章谊及两浙转运使李椿年意见,行"经界法"。绍兴十二年(1142)命李椿年在平江府设经界局试行按图核地,十四年以李椿年为户部侍郎加以推广。

如此说来,此次"度田"与此后百余年间通行的民户"手实田亩"就没有意义了吗?显然不是。首先,此次"度田"是在中央政府的统一部署下进行的,这就为民众的"自实"提供了统一的标准。其次,此次"度田"的官员都是经过朝廷精心选调的在朝官员(常参官),他们位高权重,地方政府不敢轻视①,凡"度田"不实都要受到严厉的处罚,这就一定程度上提高了民户"自实"的可信度。这两点与晚唐五代时期各州县的"各行其是",显然是有很大区别的(据何炳棣研究,明初核实田亩,编绘鱼鳞图册之所以实效卓著,盖因于此两方面着重用力之故)。也正是因为如此,宋太祖的这次"遣官度田"在核田以定税方面还是取得了相当大的成果。史书记载,宋淳化年间(990—994)全国的田地是按三等征税的:

> 以膏沃而无水旱之患者为上品;虽沃壤而有水旱之患、塉瘠而无水旱之虑者为中品;既塉瘠复患于水旱者为下品。上田人授百亩,中田百五十亩,下田二百亩,并五年后收其租,亦只计百亩,十收其三。②

"淳化"是宋太宗时的年号,但是宋太宗时期并没有组织过对土地的度量,所以当时的田制三品,必然是宋太祖"遣官度田"后的结果。关于这一点,在宋人鲍廉《琴川志》中对宋太宗初年(976)苏杭地区按"天下之通法"均定税数的记载能够看出,早在宋太祖时期,已将大片地区的田亩核定为上、中、下三等了,并据此均定税数。

宋太祖的"遣官度田"还有一个更大的意义,即导致了"两税法"本身的变革。

唐代的两税,包括户税和田税。户税按民户资产总和(包括

---

① 故南宋淳祐八年监察御史陈求鲁在谈到如何"正其经界"即度量田地时,就指出可效仿宋太祖令常参官度田的经验——"法艺祖出朝绅为令之典,以重其权"(《宋史》卷174《食货志上二》)。
② 《宋史》卷173《食货志上一》。

土地、房屋、浮财等各种不动产和动产以及人丁)征钱,田税则纯按民户土地的多少征粮,皆分夏秋两次征收。而宋代的两税却发生了大的变化,即废除了户税,把税收主要集中在田税上,所谓"州县人户岁输夏秋两税,并系本户所有田产花利"①即指此。这是一个有着多方面意义的重要变化。第一,它使"两税法"之不以丁身而以田亩为本的原则更为突出②。第二,仅以田亩作为征税依据,要比以田亩和其他资产共同作为征税的依据更便于掌握,更容易做到公平合理。因为民户的房屋、浮财等等,很难公正合理地折算出价值,这无形中给豪强大户和贪官污吏提供了浑水摸鱼的机会。第三,放弃对土地以外的其他财产的征税,对工商业经济的发展起到了一定的促进作用。第四,废除户口税后,国家对农民的人身控制相应地有所减轻,劳动者的人身自由有了大幅提升。以建隆二年(961)"遣官度田"为契机的这些重要变化的发生,使国家的赋税重心完全转移到了田亩之上。反过来,它又进一步促进了国家对"核田以实税"的重视。此后,北宋中期的"方田均税",南宋初的"经界法",直至明初"创鱼鳞图册,'图其田之方圆,次其字号,悉书主名及田之丈尺四至,编类成册,其法甚备',说明了统治者对田税的重视达到了空前的程度"③。

赋税征收的重点完全转移到田亩上之后,与农业耕作节律相适应的征税时间也有了更为合理的规定。唐代两税的征收时限为夏税不得过六月,秋税不得过十一月④。对于一个地域辽阔的国

---

① 《宋会要辑稿》食货一〇之二四《赋税杂录》。
② "北宋定税的依据是土地……这和唐后期以资产多少定等并据此而定两税的办法有很大的不同。北宋两税(夏、秋税)明确是田亩税,而唐代的田亩税仅指斛斗这一色,当时两税不等于田亩税"(郑学檬主编:《中国赋役制度史》,厦门大学出版社 1994 年版,第 341 页)。
③ 胡如雷:《中国封建社会形态研究》,生活·读书·新知三联书店 1979 年版,第 401 页。
④ 两税的缴纳期限,一般是"夏输无过六月,秋输无过十一月"(参见《宋史》卷 174《食货志上二》)。

度来说,各地地形、气候等自然条件的显著差异,会造成农作物收获时间的差异。所以,唐代夏税均要在六月之前,秋税均要在十一月之前缴纳完毕的规定显然是不合理的。虽然唐代"两税法"中也曾有"俗有不便者正之"的条文,允许按照风土气候的不同对征税时间作更正,但真正照此办理的却不多。由于唐代征税时间短促,造成的结果是一方面有许多地方庄稼尚未成熟,就已到了征税的期限,另一方面是各级官吏为了保证在征税期限内完成任务,常常提前开征。聂仲夷咏田诗中的"六月禾未秀,官家已修仓"、"二月卖新丝,五月粜新谷"就具体描述了这两种"先期而苛敛"的心酸情形。至五代时期,两税的征敛比以前更为峻急了,"蚕未茧而欲丝,麦初芒而督税"①,税民哭泣,无从可诉。这种情形直到后周世宗时才稍有所改观:

> 今后夏税以六月一日起征,秋税至十月一日起征,永为定制。②

后周这次硬性规定,夏秋税均须在六月一日之后和十月一日之后开征,不得私自提前。但这种"一刀切"的规定,显然十分粗疏,而落实起来更有难度,所以无法从根本上解决各级官吏"先期而苛敛"的行为。

关于后周这项规定对宋代的影响,南宋学者吴曾讲道:"本朝夏秋二税,起催以六月、十月一日……乃知本朝徇用周制。"③其实,宋太祖对后周这一"永为定制"的规定并不以为然,他更倾向于根据各地的具体气候,以不同的规定来从根本上解决问题:

> 开封府等七十州,夏税旧以五月十五日起纳,七月三十日毕。河北、河东诸州气候差晚,五月十五日起纳,八月五日毕。

---

① 《全唐诗》卷636。
② (宋)王钦若:《册府元龟》卷488《赋税》,中华书局1960年版。
③ (宋)吴曾:《能改斋漫录》卷2"事始二"、"二税起催用周制"。

颍州等一十三州及淮南、江南、两浙、福建、广南、荆湖、川峡五月一日起纳,七月十五日毕。秋税自九月一日起纳,十二月十五日毕,后又并加一月。或值闰月,其田蚕亦有早晚不同,有司临时奏裁。继而以河北、河东诸州秋税多输边郡,常限外更加一月。江南、两浙、荆湖、广南、福建土多秔稻,须霜降成实,自十月一日始收租。①

以上规定的征收时限只是征收两税的"常限",若情况特殊,还可以进一步放宽期限。"其输之迟速,视收成早暮而宽为之期,夏有至十月,秋有至明年二月者"②。这些新的规定,充分考虑了农作物生长期的差异,无疑是"两税法"颁行百年间最为科学与合理的纳税期限政策。

虽然中唐五代时期战乱不已,赋税征调皆因军事需要,容易染上苛敛的色彩,但这并不是中唐五代时期强调征收税赋时间一致的主要原因(因为宋初也是不断地南北用兵),主要的原因恐怕还是"大一统"的观念在作祟。这种观念使统治者形成了一种求同恶异的思维定式,迷恋整齐划一的效果。从这一角度来看,宋太祖对两税征纳期限的新规定的确不同凡响。

自唐代后期变"租庸调制"为"两税法"之后,历五代宋元一直到明代,国家的财政收入始终是以两税为主。所以在中国赋税史上,这一段又被称为"两税时代"。在这长达八百余年的"两税时代"中,宋太祖无疑是一位值得注意的人物。"不抑兼并"的土地政策,使因土地占有关系变动而生的"两税法"得到了最终的确认和本质上的说明;"遣官度田"和废除户税,则进一步突出了"两税法"、"以田为本"的征税原则;至于对两税征纳期限的完善,虽不如前两点重要,却也使"两税法"颁行以来迁延近二百年的社会性

---

① 《宋史》卷174《食货志上二》。
② 《文献通考》卷4《田赋考四》。

问题得到了合理的解决。凡此种种,都有效完善和发展了"两税法"。

合理与公正,是判断一个朝代赋税状况的两大指标。一般而言,"合理"主要取决于"法",即一定的赋税制度;而"公正"则主要取决于"人",即实际执"法"者的行为。宋太祖本人由士兵而将帅,由将帅而天子,对官场中的实际情形熟稔详知。所以,对赋税的整顿,他更多寄希望于健全税制,力求使贪官污吏无隙可乘。但这决不意味着他对官员们在税收中的贪腐行为漠然视之。恰恰相反,对官场现实的清醒认识,使他对这一问题的态度更为严肃了。再则,中国传统治国理论的着重点是"人",所谓"有治人而无治法",强调"人存则政存,人亡则政亡",这对宋太祖也会有影响。

因而,宋太祖即位不久,就向京畿和各地派出了两类"监输民租"的使者。一类由朝廷大员充任,重在监视藩镇、知州、县令等各级官吏,另一类则是秘密的"侦者",他们不但要监视各级地方官吏,而且还负有对前一类使者侦告的职责。由此也可以看出宋太祖"事为之制,曲为之防"的理政风格。宋太祖以"侦者"监视税收,时常可以发现一些隐晦的问题。据《长编》记载,右府率薛勋、著作佐郎徐雄等人因"监纳民租概量失平",在量器上动手脚而被"侦者"告发免官①。户部郎中阎式擅自以大斗加收税粮,被"侦者"查知,结果阎被免官,与其合谋的仓吏则被斩首示众。②

除了派遣各种特使监察地方征税外,宋太祖还鼓励各级官吏之间相互纠举,甚至"募民"告发官吏在赋税上的不法行为。对违法者的纠举并不限于他们在任与否,一旦有人告发,即使已经离任也要追查到底。如太子中允李仁友知兴元府时"私收渡钱数十万并强置女口",后经人告发,被审判处死;殿中丞赵尚因"知汉州日

---

① 《长编》卷2建隆二年正月条。
② 《文献通考》卷4《田赋考四》。

擅税竹木",事发后被除去官籍,永不叙用①。

在惩治贪浊、整治税制的过程中,宋太祖又特别注意解决某些带有普遍性的问题。因为这些问题得不到妥善解决,贪官污吏就会有机会浑水摸鱼。比如,各地的税收大致都有一个定额,以往的地方官吏因害怕完不成定额而影响自己的仕途前程,常常将逃亡人户所负的税赋摊给其亲戚邻里。宋太祖即位后不久,便下诏:"自今民有逃亡者,本州具其户籍顷亩以闻,即检视之,勿使亲邻代输其租。"②也就是说,只要各州将逃亡人户的田亩如实上报,国家就会相应的据此减轻该州的税额,这就在一定程度上减少了地方官员以完成税额为名对百姓进行横征暴敛的行为。

五代时期,还有一种常见的税收弊端,即所谓"会州"制度。每当夏税征收完毕,各州皆要照例调集各属县官吏至州政府"会文钞",即核对账目。其实,核对是假,借机勒索是真。县吏赴州核对账目之前都要向里胥敲诈一番以行贿州吏,里胥则把这一负担转嫁到民户身上。后来,敲诈勒索竟演变成税收程序中的"潜规则",每次税收完毕后,又要再征一次,"民甚苦之"。乾德元年(963)正月,宋太祖明令"无得追县吏会州",乾德四年正月再次下令"诏诸路州府,自今后收税毕,勿得追县吏计会"③,就此彻底废除了"会州"制度。

历代赋税征调中,最容易出问题的是品官权势之家。在宋代,人们一般习惯于称品官权势之家为"形势户",它既包括官户,也包括充当州县衙门的公吏和乡里的基层政权头目。大致说来,在"两税法"以前,赋税基本上"以丁身为本",在这一时期,品官权势之家享有许多明文规定的免除赋役的特权,因为品官权势之家占社会总人口的少数,所以在"以丁身为本"的情况下,免除他们的

---

① 《长编》卷 15 开宝七年八月条。
② 《长编》卷 2 建隆二年三月条。
③ 《宋会要辑稿》食货七〇之一《赋税杂录》。

赋役对国家赋役状况的影响甚微。至"两税法"、"据田亩出税"以后,情况就不同了。此时"天下田畴,半为形势所占"①,如果这一群体不缴纳赋税,国家财税来源就会受到致命的影响。所以,中唐五代时期,品官权势之家所享受的免税特权已经大大减少。而与此同时,品官权势之家倚仗政治特权,非法逃避、转嫁赋税的情况却与日俱增。"两税法"颁行半个世纪以后,唐武宗在一道诏书中批评说:"或本州百姓,子弟才沾一官……输税全轻,便免诸色差役"②,并宣称要严加查禁,可实际上却是禁而不止。五代时期,品官权势之家依仗政治特权逃避、转嫁赋税的行为又有了新的发展。就在宋太祖出生的那一年,后唐明宗在诏书中,以无可奈何的口吻承认:"访闻富户田畴,多投权势影占(庇护),州县不敢科役。"③

宋太祖即位后,没有公布任何关于品官权势之家享受免税特权的规定,中唐五代时期残存的某些优待权贵的赋税政策基本被废除。④ 对品官权势之家非法逃避、转嫁赋税的问题,他也采取了一些具体的防范措施:

> 太祖建隆四年诏:"每遇起纳税赋,告谕人户赴指定仓库送纳。初限已前未得校料,中限将终全未纳者,即追户头或次家人,令、佐同共校料,不得阙禁及各行校料。仍令逐县每年造形势门内户夏税数文帐申本州,写送合纳仓库,才至起纳时,点检户钞,封送本州,委本判官销注催促。内顽猾逋欠者,校料须于限内前半月了足。本判官不切点检,致有违欠,依令、佐催科分数停罚。其中等已下见系州县差役,及虽是旧日文武职官、见今子孙孤贫不济者,不得一例依形势门内户供

---

① (宋)章如愚:《群书考索》续集卷51。
② 《全唐文》卷78《加尊号后郊天赦文》。
③ 《全唐文》卷105《南郊赦文》。
④ 据王曾瑜、朱家源研究,"除了科配以外,(宋代)官户一般并无免税特权"。参见《宋代的官户》,《宋史研究论文集》,上海古籍出版社1982年版。

通。如将见任文武职官及州县势要人户隐漏不供,其干系官吏并行朝典"。①

也就是说,权势之家即"形势户"不仅要单列纳税籍账,同时还要将拖欠的税赋在纳税期限前半个月完成缴纳。后来这一规定演变成北宋时期的一项制度:各州府专设"形势版籍"。"形势户"纳税要比一般的纳税户早半月,不如期完税者,则加重处罚。品官权势之家历来是逃避赋税的渊薮,宋初所采取的一系列措施虽然不可能完全扭转这种状况,但同其他朝代相比,北宋前期品官权势之家逃避赋税的情况确实大为减轻了。

税收的程序和名目复杂,也常常为贪官污吏提供了上下其手的机会。"两税法"原则上只征钱币和粮米两项,但在实际执行过程当中,政府为了满足自己其他方面的需求,往往按照一定的比价将钱或米折算为他物征收,这就是"折科",亦称"折纳"②。因为折算的标准很难做到合理,这就造成了"官吏假此为侵渔工具,政府于财政困难时,亦假此为增加税收之巧计,而民户之负累遂至不可终日"的现象③:

> 私家无钱炉,平地无铜山。胡为夏秋税,岁岁输铜钱。
> 钱力日已重,农力日已殚。贱粜粟与麦,贱贸丝与绵。
> 岁暮衣食尽,焉得无饥寒。吾闻国之初,有制垂不刊。
> 庸必算丁口,租必计桑田。不求土所无,不强人所难。
> 量入以为出,上足下亦安。兵兴一变法,兵息遂不还。
> 使我农桑人,憔悴畎亩间。谁能革此弊,待君秉利权。④

---

① 《宋会要辑稿》食货七〇之一至二《赋税杂录》。
② 《全唐文》卷867《上治道事宜疏》记载窦俨言:"今编户之,以债成俗。赋税之外,罄不偿债。收获才毕,率无囷仓。官有科折之弊,私有酤酿之繻。倍称速息,半价速卖。"《宋史》卷375《冯康国传》记载:"四川税色,祖宗以来,正税重者科折轻,正税轻者科折重,科折权衡与税平准,故无偏重。"
③ 李剑农:《宋元明经济史稿》,生活·读书·新知三联书店1957年版,第221页。
④ (唐)白居易:《白氏长庆集》卷2《赠友人·一年十二月》,吉林出版集团2005年版。

晚唐诗人白居易的这首诗就为我们展现了当时民户为完成两税征钱,不得不贱卖粮米丝绵的痛苦情形。不过,在当时商品货币经济并不发达的情形下,两税的"折科"又有一定的必然性。从国家方面来说,如果国家所需要的物品不能完全通过货币和市场解决的话,那么,以税钱折物,或以税粮折物(不征粮米而折征其他实物)也是不可避免的。

所以,宋太祖并没有简单废止赋税中的"折科",他的方针是在保留"折科"的情况下,限制"折科"的范围,简化"折科"的手续,尽量减少由此可能引发的弊端。

开宝三年(970)四月,宋太祖连续颁布了两道重要诏令:

> 诏三司,诸路两税折科物,非土地所宜者,勿得抑配。又诏诸州,凡丝绵、绸绢、麻布、香药、毛翎、箭笴、皮革、筋角等,所在约支二年之用,勿得广有科市,以致烦民。①

这两道诏令主要是针对两税"折纳"中的以物折物而言。之前将两税中的粮米折征为他物时,常常漫无边际,有许多东西在当地可能并不生产,贪官污吏恰好可以借此敲诈勒索,由此给农民造成了巨大的负担。宋太祖从"土地所宜"和"约支二年之用"两个方面对以物折物的问题进行了必要的限制,这不但可以减轻民户的负担,而且对贪官污吏的非法行为也起到了抑制作用。

宋初的另一个重要举措,是降低两税中"税钱"的比重。唐建中初期行"两税法"时,每年征收的税钱高达三千万余贯。这一庞大的数字,靠的是农桑人"贱粜粟与麦,贱贸丝与绵"完成的,结果很快出现了诸如通货紧张、钱重货轻,民户不堪重负等一系列社会问题,"自两税法实施以后,直至唐亡的一百二三十年内,朝臣间对此争论不休,在当时的社会条件下,始终没有,也无力很好予以

---

① 《长编》卷11开宝三年四月条。

解决……以钱折纳实物,长期折磨着广大劳苦大众"①。

所以,只有尽量降低两税中"税钱"的比重,才能使民户不至于贱卖更多的农产品以应付庞大的"税钱"征纳,同时,随着两税中"税钱"比重的降低,"税钱折纳"也就必然相应地会有所减少。宋太祖正是按照这一思路对两税进行整顿的。北宋初年,"税钱"在整个税收中的比重急剧下降,当时两税的"税钱"与盐、酒专卖及商税等加在一起约有一千五百万贯左右,其中两税"税钱"不足一百万贯。"税钱"所占比例如此之低,应该说主要是太祖主动调整的结果。

经过这一调整,马上就形成了良性循环。

首先,由于"税钱"在两税中的比重大大下降,民户基本上以缴纳实物为主,中唐时期施行"两税法"后,民户为了完成"税钱"而"贱粜粟与麦,贱贸丝与绵"的问题基本得到了解决。其次,由于"税钱"的征纳很少,为一般民户可以承担,故"税钱折纳"也大大减少了,通货紧张的情况遂得以缓解,以往"税钱折纳"中比价不合理以及官吏因缘为奸、上下其手的状况也得到了一定程度的纠正。

在赵宋治下的绝大多数时段,两税的"折纳"等一系列做法可谓一大弊政,②似乎只有在宋初的一段时期,这种情况才略有不同,对此应该予以关注与肯定。

第三节 募兵制——百代之利?

徭役、兵役、赋税是影响传统社会发展的三个维度。一方面,社会运转与安定,离不开徭役、兵役的征调和赋税的征收;另一方

---

① 张泽咸:《唐五代赋役史草》,中华书局1986年版,第153页。
② 南宋朱熹在论及宋代税收时,曾批评说,"历代刻薄之法,本朝皆备"(《朱子语类》卷128),主要就是指"折纳"所带来的弊政。

面,三者的负担往往会积累和激化社会矛盾,甚至成为社会动乱的直接原因。其中,兵役的问题又尤为突出。

> 暮投石壕村,有吏夜捉人。老翁逾墙走,老妇出门看。
> 吏呼一何怒,妇啼一何苦。听妇前致词,三男邺城戍。
> 一男附书至,二男新战死。存者且偷生,死者长已矣。
> 室中更无人,惟有乳下孙。有孙母未去,出入无完裙。
> 老妪力虽衰,请从吏夜归。急应河阳役,犹得备晨炊。
> 夜久语声绝,如闻泣幽咽。天明登前途,独与老翁别。①

唐代大诗人杜甫这首著名的《石壕吏》,作于"安史之乱"尚未平定的唐肃宗乾元二年(759)。就在这年春天,唐将郭子仪等九位节度使以号称六十万的大军围攻叛军安庆绪部,为了补充兵力,在洛阳、潼关一带强行征兵征夫。此时,杜甫正由洛阳经潼关前往华州赴任,一路上耳闻目睹了沉重的兵役征发给民众带来的无边苦难,遂写下了"三吏"、"三别"等不朽诗篇,记叙了人民的苦难和自己的悲愤。《石壕吏》就是"三吏"中的一首。

据南宋学者罗大经《鹤林玉露》记载,北宋名相韩琦在对比宋太祖所确立的募兵(养兵)制度与汉、唐的征兵制(调兵于民)时,就曾经引用了杜甫的《石壕吏》,他说:

> 养兵虽非古,然亦自有利处。议者但谓不如汉唐调兵于民,独不见杜甫《石壕吏》一篇,调兵于民,其弊乃如此。后世(宋代)既收拾(招募)强悍无赖者,养之以为兵,良民虽税敛良厚,而终身保骨肉相聚之乐,父子兄弟夫妇免生离死别之苦,此岂小事?②

募兵制的确立是一件关乎国计民生的重大决策。

宋太祖在北宋王朝建立后不久,就明确将募兵制度宣布为基

---

① 中国社会科学院文学研究所选注:《唐诗选》,人民文学出版社2009年版,第250页。
② (宋)罗大经:《鹤林玉露》乙编卷4《养兵》,中华书局2008年版。

本国策,规定宋代的军队"或募土人就所在团立,或取营伍子弟听从本军,或募饥民以补本城,或以有罪配隶给役"①,其中,除罪犯是强制为兵之外,其余基本源自招募。在因连年战火导致的灾荒年代,于大量嗷嗷待哺的饥民中招募合格的兵员,被宋太祖列为"可为百代之利"的军国大政:

> 太祖既定天下,尝令赵普等二三大臣,陈当今已施行、可利及后世者。普等历言大政数十。太祖俾更言其上者,普等历毕思虑,无以言,因以为请。太祖曰:"吾家之事,唯养兵可为百代之利,盖凶年饥岁,有叛民而无叛兵;不幸乐岁变生,有叛兵而无叛民。"

据说,赵普等大臣在募兵制颁布确立之后,随即称赞宋太祖"此圣略,非下臣所及"②,后来者更是就此颂扬宋太祖"雄材大略,深虑远谋,并一四海,降慑群雄,措子孙帝王万世不拔之规模"③。臣子的这些话,当然不免包含溢美的成分,④但不能否认的是,在募兵制度的确立上,宋太祖确实表现出了一名优秀政治家高人一等的眼光。

中唐以后,随着地主土地所有制的不断发展和成熟,"均田制"彻底瓦解了,⑤自耕农民不可避免地走上了佃农化的道路。因此史学界大多数人认为,汉唐之际以自耕农民为主体的农民阶级,行至北宋时期已经完成了佃农化的过程。也正是在这一过程中,征兵制赖以生存的第一个基本条件就被破坏了。另一方面,唐宋之际的社会生产力和经济水平都有了很大的提高,个体农民的自

---

① 《宋史》卷193《兵志七》。
② (宋)邵博:《邵氏闻见后录》卷1。
③ 《长编》卷372元祐元年三月条。
④ 在宋太祖确立募兵制度之前,募兵制度其实已经经过了一个较长的历史发展过程,只是未成为主流形态。《宋史》卷193《兵志七》所说:"召募之制,起于(唐代)府兵之废"是不很准确的。
⑤ 参见王仲荦:《隋唐五代史》上册,上海人民出版社1988年版,第270页。

主能力有所增强,经济上对国家的依附逐渐减轻,人身依附也随之削弱。在这种情况下,以直接人身依附为特征的"兵农合一"的征兵制度必然会遭到他们的反对。在此背景下,"府兵制"遂彻底瓦解,募兵制度的兴起则成为一种必然的趋势。①

募兵制区别于征兵制的最主要特点,就在于募兵制是以"自愿投募"为原则的,应募者是"情愿"而不是被"强征"入伍的。但在战乱不休的唐末五代时期,这一原则并没有得到遵守,存在着严重的逼迫入伍和抓兵现象。例如,刘仁恭强令境内十五岁至七十岁的男子全部当兵②;又如,后梁将领王彦章将五百骑,"皆新捉募之兵,不可用"③。所谓"捉募",就是强行抓人当兵。

宋太祖在开国伊始,即着手解决上述问题。他在《登极大赦诏书》中说:

> 诸军有草寇处,仰所在州府及巡检使臣晓谕招唤。若愿在军食粮者,并与衣粮;如愿归农者,亦听取便。④

虽然是募"草寇"为兵,但仍突出了募兵过程中的"情愿"原则。既然连"草寇"是否应募为兵都要视其是否"愿在军食粮",不得强迫,那么,正常募兵自然就更得坚持"情愿"原则了。不仅于此,前面提到的宋太祖著名的"荒年募兵"的政策,其主旨同样是"情愿"原则的体现。其中蕴含的道理很简单:丰年熟岁,则"少人投军",唯饥荒歉年,百姓"填壑是惧","情愿"从军者才可能大批出现。

本着"情愿"这一原则,宋太祖在平定江南各国的过程中陆续下达诏令,释放各国被强征入伍的百姓,并遣散征自民众的乡兵。⑤ 即便是在毗邻契丹的国防前线河北,宋太祖也曾下令遣散

---

① 参见张国刚:《唐代藩镇研究》,湖南教育出版社1987年版,第33页。
② 《资治通鉴》卷265。
③ (宋)欧阳修:《新五代史》卷32《王彦章传》。
④ (宋)李攸:《宋朝事实》卷2《登极赦》。
⑤ 《长编》卷4乾德元年六月条、十月条,《长编》卷6乾德三年四月条,《长编》卷12开宝四年十月条,《长编》卷16开宝八年十二月条。

了"十户出一丁"的一千余名镇州弓箭手①。

宋太祖在募兵制度中确立的"情愿"原则,被宋朝历代皇帝所继承,成为朝野上下的共识。如李觏就谈道:"既曰募人,须从所愿。"②王安石也说:"凡使人从事,须其情愿,乃可长久。"③从北宋中期开始,"情愿"原则进一步发展,不但要本人自愿入伍,还需要征得应募者家长的同意,当时规定:"(河北保甲)其不愿充军,如祖父母、父母愿令投军者,委州郡长吏寄招","祖父母在,无子孙成丁,委亲投军者,杖一百,限一年许尊长自陈,取厢耆或邻人委保放停"④。虽然强制入伍、抓兵的现象在当时并没有完全绝迹,但已属违法行为,按照北宋制度规定:凡是不"情愿"入伍的,即使已经被强制刺字为兵,也需要改正,如宋徽宗崇宁五年(1106)诏书说:"抑勒(强迫)诸色人投军者,并许自身及亲属越诉。其已刺字,仍并改正。"⑤

宋太祖坚持确立募兵制为基本国策,并对募兵制进行了上述若干重要的改革和完善,那么募兵制是否真的如他所期待的那样,成为国家的"百代之利"呢?对此,可以从三个方面加以讨论。

一是兵源和军队的素质问题。

募兵制度的突出特点之一,就是把"情愿"原则制度化和规范化,军队最主要的兵源都是来自"情愿"应募入伍者,故而兵源的充足与否,在很大程度上由"情愿"者的多寡决定。在宋太祖统治时期,兵源问题尚不足为虑,如王安石曾经谈道:"太祖时,接五代,百姓困极,公侯多自军中起,故豪杰以从军为利。"⑥但这种局面并没有得以延续,从宋真宗朝开始,兵源严重缺乏的问题就明显

---

① 《长编》卷2建隆二年十二月条。
② (宋)李觏:《李觏集》卷28《寄上富枢密书》,中华书局1981年版。
③ 《长编》卷262熙宁八年四月条。
④ 分见《长编》卷371元祐元年三月条、卷439元祐五年三月条。
⑤ 《宋史》卷191《兵志五》。
⑥ 《长编》卷236熙宁五年闰七月条。

暴露出来。

随着社会经济的恢复和繁荣,自真宗咸平、景德年间始,宋朝已经是"家给人足……民以车载酒食,声乐游于通衢"①的太平盛世景象,此后一直"承平百年","百姓安业乐生,易以存济","例皆衣食无缺,岂有情愿充军之人?"②

北宋虽然地大国富,人口众多,但就像王安石所说的:"今养兵虽多,及用则患少。"③兵源的紧张直接造成了军力的不足。北宋在军力上与辽、夏相比并不占优势,甚至在局部还时常处于劣势,如仁宗朝范雍就曾经谈道:"天兵(指北宋军队)有数,而敌众(指西夏军队)无限。"④神宗朝知定州滕甫也在奏章中说:

> 臣窃谓中国之兵与夷狄之兵,常患多寡之不敌,其故无他,盖中国兵有定数,至于平民则素不使之知战。夷狄之俗,人人能斗击,无复兵民之别,有事则举国皆来,此所以取胜多也。⑤

确实,与北宋实行募兵制不同,辽、夏、金等政权仍然推行由氏族部落制发展而来的全民兵役制,如辽"凡民年十五以上五十以下者,皆隶军籍"⑥,西夏"壮者皆习战斗,而得军为多……年六十以下、十五以上,皆自备介胄弓矢以行"⑦,金"皆是民兵(合一),平时赋敛至薄,而缓急以丁点军"⑧。这些虽然都是早期的兵役形态,但较之于北宋的募兵,却更容易最大限度地动员全社会的整体力量。例如人口不过百万,不及宋陕西一路五六分之一的西夏,竟

---

① (宋)邵伯温:《邵氏闻见录》卷3。
② 《长编》卷236熙宁五年闰七月条、卷133庆历八年八月条。
③ (宋)朱熹:《跋王荆公进邺侯遗事奏稿》,《晦庵先生朱文公文集》卷83。
④ 《长编》卷126康定元年二月条。
⑤ 《长编》卷217熙宁三年十一月条。
⑥ (元)脱脱:《辽史》卷34《兵卫志》。
⑦ (宋)曾巩:《隆平集》卷20,中华书局2012年版。
⑧ (明)杨士奇等编:《历代名臣奏议》卷90《经国·上边事备御十策》,上海古籍出版社1989年版。

拥有不下十五万①的大军,对北宋形成了巨大的压力和威胁。

与兵源紧张紧密相连的,是军队素质的急剧下降,原因是募兵制度下难以实现大量招募身体素质强壮之兵员的目标。宋太祖的本意是以全体适龄丁壮为募兵对象,"联营厚禄,以收才武之士","敛强悍之民以为兵",甚至还定下了募兵的基本体能标准:"要琵琶腿,车轴身,取多力。"②但意愿归意愿,实际情况却是身强力壮者自有生存门路,只有身体"疲软"、"尪孱"、"不任田亩"者才把"当兵吃饭"作为一个糊口的职业:

> 今之卒伍,例非劲健,必也少有材力,自己别营衣食,安肯涅墨而就拘哉?唯无聊之人,填壑是惧,不得已而为之耳。谓之怯也,不亦宜乎!……观其疲软之容,动辄取笑……虽无武功,自谓禁旅。③

> 然募置之法,则异于古,皆惰游无根蒂;莫容其身者,乃来应募。④

> 尪孱贫瘘,不任田亩,徒博饮酒,计穷力尽之人乃起而为兵。⑤

身体素质的"例非劲健",也带来士气乃至整个军人形象的崩塌。据邓广铭研究,"后代所广泛流行的那句'好男不当兵,好铁不打钉'的谚语,就是从北宋一代开始编造出来并广泛传布的"⑥。宋太祖本人就曾碰到过一件与此相关的尴尬事情:当"雄武军"编练成军后,按照宋太祖乐观的估计,这支精锐部队中的单身汉,"当有

---

① 乔幼梅:《西夏兵制初探》,《宋辽夏金经济史研究》,齐鲁书社1995年版,第301页。
② (宋)张舜民:《画墁录》。
③ (宋)李觏:《李觏集》卷28《寄上富枢密书》。
④ 《长编》卷163庆历八年二月条。
⑤ (明)杨士奇等编:《历代名臣奏议》卷231《征伐》。
⑥ 邓广铭:《王安石对北宋兵制的改革措施及其设想》,《邓广铭治史丛稿》,北京大学出版社2010年版,第113页。

愿与为婚者",但实际情况却是愿者寥寥,统领这支部队的王继勋只好纵容部下"掠人子女,里巷为之纷扰","上(宋太祖)闻大惊,即命捕得,人情始安。"①即使是精锐部队,也几乎没有人家愿意将女儿相嫁为妻,普通士兵的社会地位也就可想而知了。

北宋募兵还承袭了五代时期的一项恶政,规定凡应募入伍者大多要在面部刺上军队番号等文字,是为"黥面"②。后梁太祖朱温"命军士皆文其面以记军号"③,刘仁恭"悉发男子十五岁以上为兵,涅其面,曰定霸都;士人则涅其臂,曰一心事主"④。"黥面",本属"五刑"之一,即"黥刑",自古就是一种针对犯人施用的刑罚。晚唐五代,"黥面"成为防止士兵逃跑的手段,并逐渐成为募兵的一道必经程序。由此不难看出,宋朝廷把"黥面"作为入伍后的必要程序,反映出的正是士兵地位普遍降低的基本事实。南宋学者章如愚说,"(士兵)而又一遭黥涅,类不得与齐民齿,终身执兵,无休免之期"⑤,堪称一语中的。

在宋初统一全国的军事行动中,宋军总体来说尚表现出了较强的战斗力。一方面,因五代为乱世,大批身强力壮的平民无法从事正常的社会生产,因而"应募入伍"就成了一条最现实的选择,如青年时的宋太祖"漫游无所遇"后就投靠到郭威军中。另一方面,宋太祖非常重视军士的选拔与训练,故而在征伐南方诸国时具有明显的优势,甚至与契丹大军遭遇也不落下风。太祖之后,上述特殊背景不复存在,所面临的对手又是辽、西夏等"全民皆兵"的国家,宋军士兵由于身体素质偏弱、士气衰落而造成的战斗力低下的情况就十分严重了。无论是在与辽和西夏的长期对峙中,还是

---

① 《长编》卷6乾德三年十一月条。
② 只有少数士兵可以不刺面。参见朱瑞熙:《宋代的刺字和纹身习俗》,《宋史研究论文集》,云南民族出版社1997年版。
③ 《文献通考》卷152《兵考四》。
④ 《新唐书》卷212《刘仁恭传》。
⑤ (宋)章如愚:《群书考索》续集卷44。

在女真、蒙古铁骑的冲击下,宋军始终处于被动挨打的境地。对此,南宋马端临慨叹道:

> 自募兵之法行,于是择其愿应募者。而所谓愿应募者,非游手无藉之徒,则负罪亡命之辈耳,良民不为兵也。故世之詈人者,曰黥卒,曰老兵,盖言其贱而可羞。然则募兵所得者,皆不肖之小人也。夫兵所以捍国,而皆得不肖之小人,则国之所存者,幸也。纪纲尚立,威令尚行,则犹能驱之以亲其上、死其长,否则溃败四出,反为生民之祸,而国祚随之矣。可胜慨哉!①

二是募兵制度对宋代政局的影响问题。

宋代,尤其是北宋,虽然对外用兵往往是"十出而九败",但其内部却比较安定,"民变"和大大小小的"兵变"尽管也时有发生,但都没有引发大规模的社会动乱,社会呈现出长时间稳定发展的局面。宋人将其称为"本朝百年无事"、"承平百年"或"百年无心腹患"、"百年无内乱"等等,并认为这是超越汉唐的盛世:

> (本朝)百余年天下无事,虽汉唐盛时,不可以为比。②

之所以会出现这种"百余年天下无事"的局面,宋代不少人都将其归功于宋太祖的募兵制度,如宋神宗认为募兵制度使"太平之业定"、"天下承平百余年",因此宋太祖是"自古未有及者"的一代帝王③。宋神宗还不止一次地解释过宋太祖实行募兵制的思路,他说:

> 禁军无赖乃投募,非农民比,尽收无赖而厚养之,又重禄尊爵养其渠帅,乃所以弭乱。

> 前世为乱者,皆无赖不逞之人。艺祖平定天下,悉招聚四方无赖不逞之人以为兵,连营以居之,什伍相制,节以军法,厚

---

① 《文献通考》卷154《兵考六》。
② 《长编》卷301元丰二年十一月条。
③ 《长编》卷327元丰五年六月条。

禄其长,使自爱重,付以生杀,寓威于阶级之间,使不得动,无赖不逞之人既聚而为兵,有以制之,无敢为非,因取其力以卫养良民,各安田里,所以太平之业定,而无叛民,自古未有及者。①

在宋神宗看来,太祖皇帝实行募兵制度的一个重要目的,就是"乃所以弭乱",能够在无形之中解决宋王朝所面临的几个严重威胁国家社会安定的因素。在这些因素当中,有些是一直困扰历朝统治者的普遍问题,如荒年由饥民潮引发的社会动乱,以及危害地方治安的盗贼、匪徒滋事等等;另外也有一些唐末五代以来产生的新问题,其中主要是门阀政治瓦解、凝固的等级秩序紊乱之后,如何满足社会各阶层,其中也包括统治者所谓的"失职犷悍之徒"、"强梁无赖"、"无赖不逞"、"亡命奸猾"等群体对社会地位的追求。

在面对饥民潮这一普遍问题时,募兵制度所发挥的作用一目了然:"凶年饥岁、背井离乡、饥寒无告的农民——即历史上农民起义的后备军或直接发动者,宋政府制定的荒年招兵政策,鼓励守宰尽力招募,对'募兵满率者赏之',这一做法也就把那些足以危害、动摇甚至颠覆封建统治的重要因素转化为宋专制主义中央集权统治的力量了。"②

在面对唐末五代以来产生的新问题时,募兵制度更能凸显其重要作用。我们知道,自安史之乱至唐末五代,战乱持续了二百余年,虽然背后存在极为复杂的政治、军事等具体因素,但其中一个大背景不容忽视,这就是门阀政治瓦解之后,整个社会对追求个人社会地位的热情空前高涨,尤其是挣脱了血缘、门第观念束缚的社会中下阶层,更是不惜借助血与火的战争来实现个人的"贵达"梦

---

① 分见《长编》卷262熙宁八年四月条、卷327元丰五年六月条。
② 漆侠:《知困集》,河北教育出版社1992年版,第51页。

想,甚至表现出一种"苟有万人之众,万金之蓄,一旦蹶起,而即褒然南面"、"称王称帝者如春雨之蒸菌,不择地而发"、"延及石(敬瑭)、刘(知远)之际,无人不思为天子矣"①的社会性亢奋状态。北宋建国之后,这仍然是一个不容忽视的时代性要求。包括宋太祖本人在内的宋初统治者,原本就是这种社会性亢奋的得益者②,对个中的利害自然不乏体会。宋人王栐的一段议论就部分地涉及了这一问题:

> 唐末,进士不第,如王仙芝辈唱乱,而敬翔、李振之徒,皆进士之不得志者也。盖四海九州之广,而岁上第者仅一二十人,苟非才学超出伦辈,必自绝意于功名之途,无复顾藉。故圣朝广开科举之门,俾人人皆有觊觎之心,不忍自弃于盗贼奸宄……况进士入官十倍旧数,多至二十倍。而特奏之多,自亦如之。英雄豪杰皆汨没消靡其中而不自觉,故乱不起于中国,而起于夷狄,岂非得御天下之要术欤?苏子云:"纵百万虎狼于山林而饥渴之,不知其将噬人。艺祖皇帝深知此理者也,岂汉唐所可仰望哉!"③

王栐是把"募兵制"与"科举制"联系起来讨论的。在他看来,社会成员提升自身社会地位的途径分为科举和从军两种,但一是科举所能容纳的人数有限,二是"强梁无赖"、"亡命奸猾"等等"失职犷悍之徒",大多来自破产家庭,没有条件接受文化教育。对他们来说,通过科举提高自身社会地位显然是不现实的。在这一问题的解决上,宋太祖设计的募兵制度发挥了不可替代的关键性作用,它为这一部分社会下层成员提供了一条政治出路。以下两条文献,也说明了募兵制度在这一方面的意义:

> 至于山林之材武,田里之凶悍,放荡无著之人,一隶于伍

---

① (清)王夫之:《读通鉴论》卷29《五代中》。
② 参见王育济:《论"陈桥兵变"》,《文史哲》1997年第1期。
③ (宋)王栐:《燕翼诒谋录》卷1。

符尺籍,食其粟,衣其帛,俯首受笞而不敢肆。居则学弓剑,出则效首级,积岁月以取禄位,有其才必得其养。①

其军,制亲卫殿禁之名;其营,立龙虎日月之号。功臣勋爵优视公卿,官至检校、仆射、台宪之长,封父祖,荫妻子,荣名崇品,悉以与之。郊祀赦宥,先务赡军飨士,金币绢钱,无所爱惜。②

这两则史料,前者为苏辙所言,后者为宋太祖的诏令。二者的思路、理念是一致的,都认为募兵制不但为没有文化的下层失业人群提供了一条生存之路,更为其提供了通往上层社会的进阶之梯。当社会底层的这些"失职犷悍之徒"被募兵制度源源不断地吸引到军队当中,幻想通过"弓剑"博得"封父祖,荫妻子"时,这类"不稳定的因素就转化为支持宋封建统治的力量了"③。

从上述角度讲,宋太祖关于募兵制度"利百代"的设计,是通过复杂的社会整合,曲折地实现了其政治方面的部分目标。

三是募兵制度与北宋经济发展的关系问题。

募兵制度给北宋财政造成的重负是有目共睹的。宋太祖在晚年曾多次谈到这个问题,并表现出深深的忧虑④。确实,募兵制度下的军队是职业军队,无论用兵与否,养兵费用都成为国家必须承担的常年开支。正如仁宗朝三司使张方平所云:

昔唐自天宝之乱,肃、代之后,禁军乏饷,畿甸百姓至捋穗以供兵食,登都城门以望贡奉之至,王室可为危蹙矣。然患难既平,则兵有时而解,兵解则民力纾矣。今禁兵之籍,不啻百万人,坐而衣食,无有解期。⑤

---

① (宋)苏辙:《苏辙集》,《栾城后集》卷11《历代论五·兵民》,中华书局1990年版。
② (宋)陈傅良:《历代兵制》卷8,广州出版社2003年版。
③ 漆侠:《知困集》,河北教育出版社1992年版,第51页。
④ 《长编》卷17开宝九年四月条。
⑤ 《长编》卷161庆历七年十二月条。

宋太祖时,军队的总人数在三十万左右,宋太宗之后,历朝积累,北宋的常备军始终在百万之上。朝廷与入伍士兵之间的关系从根本上讲是一种利益交换,朝廷方面迫于兵源的不足,为吸引民众入伍当兵,只能以不断提高士兵的兵饷,因而促使单兵军饷一路攀升。以禁军为例,大致经过了宋初的十七贯到二十贯,仁宗庆历年间的三十贯,嘉祐年间的五十贯,徽宗朝的六十贯,以及南宋初年的二百贯等几个阶段①。这种增长所带来的财政负担是不言而喻的。对此,宋人论者籍籍②,其中代表性的言论有:

富弼:"自来天下财货所入,十中八九赡军。"③

蔡襄:"一岁所用,养兵之费常居六七。"④

贾昌朝:"以一岁之入,仅能充朝廷之用,三分之二在军旅,一在冗食。"⑤

张方平:"景祐以前兵五十万,三司财用无余。"⑥

军费开支的持续增长无疑会影响宋代的社会经济发展。从这个角度出发,也可以认为:"募兵制度是北宋王朝积贫的最主要原因之一"⑦,"养兵政策是造成北宋中期以后国困民穷的根源之一"⑧。那么,是否可以就此得出募兵制度对北宋社会经济的发展基本上起负面作用的推论?答案同样是复杂的。

一方面,关于北宋朝廷财政状况的评估,即所谓"积贫"问题的定性方面,本身就存有较大争议。宋代就已经有人认为,中央长

---

① 参见王育济:《关于北宋"养兵之费"的数量问题》,《山东大学学报》1990年第1期。
② 参见汪圣铎:《两宋财政史》下册"两宋人关于军费及养兵支费在财政支出中所占比例的议论简表",中华书局1995年版,第171页。
③ 《长编》卷124宝元三年九月条。
④ (宋)蔡襄著,吴以宁点校:《蔡襄集》,上海古籍出版社1996年版,第390页。
⑤ 《文献通考》卷24《国用考二》。
⑥ 《长编》卷161庆历七年十二月条。
⑦ 邓广铭:《北宋的募兵制度及其与当时积弱积贫和农业生产的关系》,《邓广铭治史丛稿》,北京大学出版社1997年版,第94页。
⑧ 张德宗:《北宋的养兵政策》,《河南师范大学学报》1982年第4期。

期的财政紧张并非真正意义上的"国困",而主要是一个"天下财物,皆藏州郡"、"富藏天下",还是"尽归朝廷"①,即中央与地方、朝廷与民众间的分配问题。当代研究者也有不少人认为宋代的"积贫"不过是一个"假象",认为"古代财政支出分配概念与原则不同于现在,古代财政支出主要即用于军费官费,极少用于其他"②,故兵费占总支出的"十之七八"也并不奇怪。

另一方面,以养兵费用的支出为代价,宋代民众在较大程度上赢得了"安于田亩","乐职而安业",即安心从事生产的环境,这对经济发展的促进是巨大的。关于这一点,宋人就有许多精彩的评论:

> 宋兴,拨乱世反之正。太祖外削藩服,而归之轨道;内操师旅,而束以法制。天下之恶子,非鳍之以刑,而自列于行伍;非驱之以暴,而自就于绳墨。以镇城邑,以戍疆场。非独为朝廷之用,其于天下之良民,得以乐职而安业者,实赖其力。③

> 宋有天下,承平百年,二广之丁米不除,江南榷酒而收曲钱,民不得盐而入米,比五代为加赋矣。嘉祐中,许商通茶,乃立租钱,茶租以税为本,比国初又加赋矣。虽然,民生不见兵革,安于田亩,而以财力奉公家,未告病也。④

> 思昔祖宗之制兵也,敛强悍之民以为兵,赋淳良之民以给兵。征伐之苦,兵任之,民不知也;屯戍之苦,兵任之,民不知也。天下之民,安居暇食,优游以生死,仰事俯育,终其身相保。虽日赋月敛,有不暇恤,曾谓不以为利而反以为病乎?⑤

正是由于募兵制度的实施,宋代农民的兵役负担同其他朝

---

① (宋)苏辙:《栾城集》卷41《转对状》;(宋)楼钥:《攻媿集》卷95《陈傅良神道碑》,文渊阁四库全书本。
② 程民生:《论北宋财政的特点与积贫的假象》,《中国史研究》1985年第3期。
③ (宋)曾巩:《曾巩集》卷30《请西北择将于东南益兵札子》,中华书局1984年版。
④ 《长编》卷324元丰五年三月条。
⑤ (宋)章如愚:《群书考索》续集卷44。

代相比,确实有了大幅度减轻①。这就在很大程度上保证了农业生产有充足的劳动力,用宋人的话说就是"免废农亩而夺耕民,真长久之画(谋画)也"②。这与宋太祖"百代之利"的预估是一致的。

在兵役负担得到化解的同时,宋代民众的徭役负担也大为减轻。一是夫役,即所谓"科差丁夫役使"③的劳役,多由厢军承担,征发民夫的现象不是没有,但已经不占主流。二是职役,即在乡村基层政权和州县衙门当差(主要有衙前、弓手、散从官、手力、耆长、壮丁等名目),其雇募的成分都在逐步增长④。而这两个变化的出现,关键就在于募兵制度下有"剩员"、"厢军"这一类专门承担劳役的军种的存在:

> 自三代之后,凡国家之大役,皆调于民,故民以劳弊。宋有天下,悉役厢军,凡役作、工徒、营缮,民无与焉,故天下民力全固,承平百年。⑤

"悉役厢军"、"民无与焉"等描述,难免有溢美和夸大成分,但从总体上看,募兵制度下数十万厢军分担劳役,宋代农民"除二税之外,更无大段差徭"⑥的说法是能够成立的。从北宋中期开始,尽管不断有人批评厢军"不任征战而耗衣食"为"冗兵",但厢军却始终维持着一定规模,一个主要原因也就在于此。

兵役和徭役负担前所未有地大幅度减轻,对宋代社会经济的繁荣有着多方面的意义。

第一,加快了人口的增长。"封建时代人口的增加和减少,在

---

① 参见王曾瑜:《宋朝阶级结构》,河北教育出版社1996年版,第219页。
② 《长编》卷63景德三年六月记王钦若语。
③ (宋)谢深甫:《庆元条法事类》卷48《科敷》,国家图书馆出版社2014年版。
④ 参见王曾瑜:《宋朝阶级结构》,第215页。
⑤ (宋)彭百川:《太平治迹统类》卷30,广陵书社1990年版。
⑥ (宋)司马光:《上英宗乞罢刺陕西义勇》第四状;(宋)赵汝愚:《宋朝诸臣奏议》卷123。

一定时期内是生产发展与否的一个标志"①。两汉人口最多时为五千多万,唐代开元天宝之际达到六千万上下,千年之久,人口不过增长了千万。人口增长缓慢的原因很多,其中征兵与徭役征调造成的人民生活动荡与夫妇长期分居,就是对人口增殖很不利的一个因素。然而宋朝人口却增长极快,"从宋仁宗时起,户数即已超过了一千二百万,已经超过了汉代,与唐相等;至宋徽宗年间,户数超过两千万,每户以五口计算,人口已超过了一亿,远远超过了汉唐,几乎是汉唐的两倍"②。这其中的一个最重要的原因,就是王安石和宋神宗讨论这一问题时所提及的,募兵制下,大多数农民避免了兵役、徭役造成的家庭分离,"生齿蕃息"得到了充分保障:

> 上论及天下户口之数,王安石等奏:"户口之盛,无如今日。本朝太平百年,生民未尝见兵革。"……上曰:"累圣以来,咸以爱民为心,既未尝有大征役,又无离宫别馆缮营之事,生齿蕃息,盖不足怪。"③

第二,由于不必因战事突起、徭役忽来而中断生产,这就使得宋代的生产技术避免了非正常的干扰,可以在稳定中传承,在不断积累中创新。宋代的科学技术之所以会达到中国传统社会的巅峰状态,与此不无关系。

第三,也是最关键的,募兵制度下兵役负担的基本解除和徭役的大幅度减轻,意味着国家对劳动者人身束缚的进一步放松,包括"客户"在内的广大农民的身份地位有了显著提高,从而极大提升了他们的生产积极性。这也是宋代社会经济高度繁荣的一个最重要的原因。

综合上述三点可以看出,同样是经过复杂的社会整合,宋代募

---

① 漆侠:《宋代经济史·上》,《漆侠全集》第3卷,第44页。
② 漆侠:《宋代经济史·上》,《漆侠全集》第3卷,第44页。
③ 《长编》卷247熙宁六年九月条。

兵制度曲折地实现了宋太祖关于"百代之利"的某些设想。

第四节 漕运、水利与治黄

开宝九年(976),宋太祖在位的第十六个年头。

这年初春,天气格外寒冷。近些年来,黄河每每泛滥,去年又在河南两度决口,这都让宋太祖寝食难安。按照以往的惯例,一年一度整顿漕运、加固河堤的工程依旧在京城四周展开,宋太祖本人要亲临工地,现场视察和慰勉兵夫。不过这一次,繁忙的政务令他难以脱身。就在这年正月,被俘的南唐后主李煜一行经过汴河抵达东京,宋太祖主持了盛大的受降仪式;二月,宋太祖接见前来朝拜的吴越王钱俶;三月,宋太祖又起身前往西京洛阳祭拜祖陵……政务虽十分繁忙,但他仍然牵挂着修河工程的进度。当吴越王钱俶私下献给宋太祖一条名贵的宝带时,宋太祖若有所思地说:"朕有三条宝带,与此不同。汴河一条,惠民河一条,五丈河一条。"[①]此话道出了漕运与水利在宋太祖心目中的重要位置。

宋太祖对漕运与水利的重视,有其特殊的历史背景。

一方面,宋初实行强干弱枝的政策,收夺地方节度使的财、刑、兵权,"州郡精兵悉归京师"、"诸营列峙相望"、"云屯数十万众";另一方面,则由于都城开封本是四方毫无天险可依的"四战之地",这就迫使北宋王朝不得不将大批军队集结在京城,"连营设卫,以当山河之险,则是国依兵而立"[②]。重兵屯集于京,造成了军粮的紧缺,漕运自然成为宋太祖急需解决的头等大事。这些问题,在本书的第五章中已有交代。

建国伊始,宋太祖便把很大一部分精力放到了漕运工程上。

---

① (宋)范镇:《东斋记事·补遗》,中华书局1980年版。
② (宋)张方平:《乐全集》卷24《论国计奏事》。

一是强化机构。北宋初期的漕运延续了隋唐时期的"转般法",主要在江淮各水道附近设置"转般仓",实卸纳东南诸路漕粮,再换船分段转运至京城。要管理好这样漫长而复杂的漕运,显然需要专职的机构。建隆二年(961)九月,宋太祖任命鸿胪少卿卢浚为发运使,专门负责京畿东路广济河的漕运工作,此为宋代设置发运使之始,然而这只是临时性的任命,并非常职。开宝九年(976),太祖将发运使之职固定化,并为其配备了办公机构——发运司。太宗时发运司制度开始在其他诸路漕运推广:在淮南真州设发运司负责汴河漕运,在黄河设发运司负责西北漕粮财赋转输,在广济河设辇运司负责京东诸路财赋调遣,在蔡河设拨发司负责京西诸路粮米运转。全国范围内逐渐建立了一个系统的漕运机构体系。

二是选用专业人才。陈承昭是南唐著名的水利学家,后周三征南唐时被俘,入宋后,"太祖以承昭习知水利,督治惠民、五丈二河,都人利之。"①据《玉壶清话》卷三记载:

> 承昭先以緪都量河势长短,计其广深,次量锸之阔狭,以锸累尺,以尺累丈,定一夫自早达暮合运若干锸,计凿若干土,总其都数,合用若干夫,以目奏上。太祖叹曰:"不如所料,当斩于河。"至讫役,止衍九夫,上嘉之。②

陈承昭身为江南降臣,年过六旬却得到重用,可谓幸事。不过,宋太祖给他的这一任务却并不轻松。宋初百废待兴,尽管宋太祖的决心很大,但一时难以抽出太多的人力、物力来支持修浚河渠。陈承昭悉心筹划,只用了不到两年的时间,就完成了惠民河、五丈河的修浚。开宝二年(969),七十四岁的陈承昭病逝,太祖特派中使护丧,五六十年后,陈家的子孙仍受到朝廷的优待。

---

① 《宋史》卷261《陈承昭传》。
② (宋)释文莹:《玉壶清话》卷3。

三是开凿新渠。建隆二年(961)春天,宋太祖诏令开凿了金水河,"引水过中牟,名曰金水河,凡百余里,抵都城西,架其水横绝于汴,设斗门,入浚沟,通城濠,东汇于五丈河。公私利焉"①。乾德二年(964)二月,宋太祖又命陈承昭"帅丁夫数千凿渠"②,引溴水至京,并于京师开凿朱明池,引蔡水入灌。开宝八年(975),组织和州民夫开凿了横江渠③以方便军粮运输。开宝九年,"帝步自左掖,按地势,命水工引金水由承天门凿渠"④。

四是定期疏浚漕渠。从建隆元年(960)开始,"岁调丁夫开浚淤浅"⑤,组织疏通汴河、蔡河(后改名惠民河)、五丈河(后改名广济河)等几条主要水系。此外,由于黄河河道变动无常,汴河渠首也随之发生改变:

> 大河(黄河)向背不常,故河口岁易;易则度地形,相水势,为(汴河)口以逆之。遇春首辄调数州之民,劳费不赀,役者多溺死。⑥

可见,这也是一项必须常年开展的工程。由于汴河多引用黄河浊水,泥沙淤积的问题尤其严重,一到雨季,常发生决堤事件。为确保水道通畅,宋初不仅规定每年都要在冬季和第二年初春的枯水时节定时清淤,还在河床埋有石板和石人作标记,要求每次清淤都必须挖到石板和石人处,以保证汴河能够"水行地中"。⑦

---

① 《宋史》卷94《河渠志四》。
② 《长编》卷5乾德二年二月条。
③ 《长编》卷16开宝八年九月条。
④ (明)李濂撰,周宝珠、程民生点校:《汴京遗迹志》卷7《河渠志三》,中华书局1999年版。
⑤ 《长编》卷1建隆元年正月条。
⑥ 《宋史》卷93《河渠志三》。
⑦ (宋)王巩:《闻见近录》记载:"汴河旧底有石板、石人,以记其地里。每岁兴夫开导,至石板、石人以为则。岁有常役,民未尝病之,而水行地中。"(中华书局2017年版)

宋太祖在位十七年,平均不到两年就有一项重大的漕运工程①:

建隆元年(960)四月丙戌,"命中使浚蔡河,设斗门以节水,自京距通许镇"。

建隆二年正月丁巳,"诏发京畿、陈、许丁夫数万,以右领军卫上将军陈承昭督之,道闵水自新郑与蔡水合,贯京师,南历陈、颍,达寿春,以通淮右舟楫。"

二月壬申,"命给事中范阳刘载往定陶督曹、单丁夫三万,浚五丈渠,自都城北历曹、济及郓,以通东方之漕。"

三月,"初,五丈河泥淤,不利行舟,诏右监门卫将军陈承昭于京城之西,夹汴河造斗门,自荥阳凿渠百余里,引京、索二水通城壕入斗门,架流于汴,东汇于五丈河,以便东北漕运。甲辰,新水门成,上临视焉。"

乾德元年(963)九月,"诏募诸军子弟数千人,引五丈河造西水硙,以八作使赵璲领其役。戊寅,硙成,上亲临视,赐丁夫钱。"

乾德二年二月,"命右神武统军陈承昭帅丁夫数千凿渠,自长社引潩水至京,合闵河。潩水出密之大騩山,历许田,会春夏霖雨则大溢害稼。及渠成,民无水患,闵河之漕通流焉。"

乾德三年(965)四月癸亥,"募诸军子弟导五丈河,贯宫城,历后苑,内庭池沼,水皆至焉。"

开宝间,"议征江南。诏用京西转运使李符之策,发和州丁夫及乡兵凡数万人,凿横江渠于历阳,令符督其役。渠成,以通漕运,而军用无阙。"

---

① 以下十条史料分见:《宋史》卷94《河渠志四》,《长编》卷2建隆二年正月条,《长编》卷2建隆二年二月条,《长编》卷2建隆二年三月条,《长编》卷4乾德元年九月条,《长编》卷5乾德二年二月条,《长编》卷6乾德三年四月条,《宋史》卷96《河渠志六》,《长编》卷17开宝九年正月条,《长编》卷17开宝九年三月条。

开宝九年(976)正月,"浚洛水";三月,"发卒千人,自洛城菜市桥凿渠抵漕口二十五里,以通馈运。"

随着上述工程的完工,基本形成了由黄河、汴河、惠民河(原称闵河、蔡河,开宝六年改名)、五丈河(开宝六年改名广济河)等水系所构成的发达的漕运网络。① 开封成为"八荒争凑,万国咸通"的"天下之枢"②。各州郡的粮食布匹等财赋,均可以通过南北水路源源不断地运抵开封:

> 本朝定都于汴,漕运之法分为四路。江南、淮南、浙东西、荆湖南北六路之粟,自淮入汴至京师;陕西之粟,自三门、白波转黄河入汴至京师;陈、蔡之粟,自闵河、蔡河入汴至京师;京东之粟,自十五丈河历陈、济及郓至京师,四河所运惟汴河最重。③

> 今天下甲卒数十万众,战马数十万匹,并萃京师,悉集七亡国之士民于辇下,比汉唐京邑,民庶十倍。甸服时有水旱,不至艰歉者,有惠民、金水、五丈、汴水等四渠,派引脉分,咸会天邑,舳舻相接,赡给公私,所以无匮乏。唯汴水横亘中国,首承大河,漕引江、湖,利尽南海,半天下之财赋,并山泽之百货,悉由此路而进。④

> 广济河所运多是杂色粟豆,但充口食马料;惠民河所运止给太康、咸平、尉氏等县军粮而已;唯汴河所运,一色粳米,相兼小麦,此乃太仓蓄积之实。……有食则京师可立,汴河废则

---

① (宋)孟元老:《东京梦华录》卷1载:"穿城河道有四。南壁曰蔡河,自陈、蔡由西南戴楼门入京城,迤逦自东南陈州门出……中曰汴河,自西京洛口分水入京城,东去至泗州入淮,运东南之粮,凡东南方物,自此入京城,公私仰给焉……东北曰五丈河,来自济、郓,般挽京东路粮斛入京城,自新曹门北入京……西北曰金水河……从西北水门入京城,夹墙遮拥,入大内灌后苑池浦矣"(中华书局2006年版)。
② (宋)孟元老:《东京梦华录》序;《宋史》卷93《河渠志三》。
③ 《文献通考》卷25《国用考三》。
④ 《宋史》卷93《河渠志三》。

大众不可聚,汴河之于京城,乃是建国之本,非可与区区沟洫水利同言也。①

四条漕运河道中,汴河最为繁荣,是北宋王朝的"建国之本"。江、淮粮米自楚、泗等州起运,通过汴河至东京各仓卸下,往返一次只需八十天,每年可运三次。情况紧急时,还可以做到一年四运②。"东京有汴渠之漕,岁致江淮米数百万斛,都下兵数十万人,咸仰给焉"。③ 著名的《清明上河图》中就生动描画了汴河漕运的繁荣状况。

黄河水患问题在宋初也得到高度重视。

黄河自东汉以来,曾有近千年的安流局面,基本上是利多害少。但晚唐五代以来,黄土高原的植被遭到破坏,水中泥沙量剧增,加之战乱频仍,军阀人为"毁堤淹敌",致使黄河水患频发。五代五十四年间,有记载的黄河决口达十八次之多,后周显德元年(954),黄河再度大溃于杨刘(今山东东阿杨柳乡):

> 河自杨刘至于博州百二十里,连年东溃,分为二派,汇为大泽,弥漫数百里;又东北坏古堤而出,灌齐、棣、淄诸州,至于海涯,漂没民田庐不可胜计,流民采菰稗,捕鱼以给食,朝廷屡遣使者,不能塞。④

为平息此次水患,周世宗征调六万民夫,由宰相李穀亲自主持,"自阳谷抵张秋口以遏之,水患少息",然而"决河不复故道,离而为赤河"⑤。这次黄河改道对河南、山东等地造成了极大的影响,著名的"八百里水泊梁山"就与这次黄河决堤有很大关系。⑥

宋太祖建国后,山东等地仍是一片泽国,"虎牢迤东距海口三

---

① (宋)张方平:《乐全集》卷27《论汴河利害事》。
② (宋)释文莹:《玉壶清话》卷8。
③ 《长编》卷17开宝九年四月条。
④ 《资治通鉴》卷292显德元年十月条。
⑤ 《宋史》卷91《河渠志一》。
⑥ 参见王乃昂:《梁山泊的形成和演变》,《兰州大学学报》1988年第4期。

二千里,恒被其害,宋为特甚"①。据《长编》、《宋史》和《宋会要辑稿》的记载加以统计,从建隆元年至开宝八年(960—975)的十六年间,黄河发生河决、水溢等灾害二十余次。其中,乾德元年至五年(963—967)、开宝四年至八年(971—975)更是连年河决,淹没田舍、毁坏财物不计其数。

摆在宋太祖面前的河防问题显然十分严峻。

这不仅是由于黄河的安定与否直接关系到漕运的畅通,更因为黄河泛滥,连接漕运要道的汴河等水系亦会随之发生洪水、溃堤,从而催生大批灾民,从根本上动摇宋初脆弱的国本。在中国的文化传统中,洪灾往往被赋予上天对现实政治不满的特殊涵义,宋太祖对此当然不会等闲视之。开宝五年(972)五月,黄河又一次大决口,宋太祖"日夜焦劳,罔知所措",他沉痛地说:"霖雨不止,又闻河决,朕信宿以来,焚香上祷于天,若天灾流行,愿在朕躬,勿施于民。"宰相赵普安慰他说:"陛下临御以来,忧勤庶务,有弊必去,闻善必行,至于苦雨为灾,乃是臣等失职。"②

宋太祖曾有根治黄河水患的计划。他派遣特使巡行黄河改道后形成的赤河,准备集中全国的力量,恢复杨刘大决口以前的黄河故道。但因工程过于浩大,这一雄心勃勃的治河方案没有得以实现。

尽管如此,宋太祖努力推行的一些治理黄河的措施还是产生了成效的。

一是动用军队果断堵塞决口。黄河水患一向以决口为甚,滔滔洪水自决口肆虐而出,若不及时堵塞,会引发一系列灾难性的后果。如后周显德元年(954)的黄河溃堤,就是因为迁延不决,旷日持久(近十个月),后来虽然修复了大堤,却无法挽回黄河改道的

---

① 《宋史》卷91《河渠志一》。
② 《长编》卷13开宝五年五月条。

局面。宋初接受前朝的教训,开始大量动用军队参与治河。这种做法,第一是可以减轻民众的劳役负担,第二是军队组织严密,训练有素,在抗洪抢险的关键时刻能起到核心作用,第三是可以防止灾后生乱,戒备不虞①。军民配合,在宋初的抗洪中收到了很好的效果:乾德四年(966)黄河决堤,宋太祖快速调派殿前都指挥使韩重赟、马步军都军头王廷义等大将,督率士卒丁夫数万人,一鼓作气地堵塞了决口,"堤成,水复故道"②。开宝五年(972)黄河大决口,宋太祖立即派大将曹翰带领五万兵夫投入整治,堵塞了溃堤。

二是常年维护河堤。乾德元年(963),宋太祖命水利专家陈承昭领数万丁夫修筑河堤③。乾德五年正月,宋太祖指派使者行视并征发各县壮丁数万修治河堤④,从此定下了每年例修的制度⑤。对河堤的维护,还包括沿河植树。这既可保障河堤安全,防止水土流失,抵御洪水,又能就近为修河提供必需的木材。宋太祖于建隆三年(962)九月下诏,在严禁毁坏防护林的同时,申令:"黄、汴河两岸,每岁委所在长吏课民多栽榆柳,以防河决。"开宝五年(972)正月,更进一步规定:

> 诏自今沿黄、汴、清、御等河州县,除准旧制种艺桑枣外,委长吏课民别种榆柳及土地所宜之木,仍按户籍上下定为五等,第一等岁种五十本,第二等以下递减十本。民欲广种蓺者听逾本数,有孤寡穷独者免之。⑥

对黄河的治理逐渐由消极、被动的堵塞,转变为积极、主动且有目的性的防治,这是一个很大的进步。

---

① 郑肇经:《中国水利史》,商务印书馆1993年版,第15页。
② 《长编》卷7乾德四年七月条。
③ 《长编》卷4乾德元年正月条曰:"丁巳,发近甸丁夫数万,修筑河堤,左神武统军陈承昭护其役。"
④ 《宋史》卷91《河渠志一》。
⑤ 张家驹:《赵匡胤传》,江苏人民出版社1959年版,第132页。
⑥ 《长编》卷13开宝五年正月条。

三是明确防河职责。为职有专掌,防止推诿,乾德五年,宋太祖令开封、大名府、郓、澶、滑、孟、濮、齐、淄、滨、德、怀、博、卫、郑等黄河沿岸州府长官同时兼任该地"河堤使",开宝五年(972),又增置"河堤判官"一员,由上述各州的通判担任①。这是历史上最早的"河长制"。宋太祖规定,地方官不仅要具体负责本地区河段的治理,担负带领本地民众抗洪的责任,还要时常巡察河堤,发现险情要及时处理和上报。如若地方官对黄河水患漠不关心,或知情不报,欺上瞒下,都要受到严厉制裁。开宝四年十一月,黄河决口于澶州,但当地官员没有及时上报,结果洪水东汇于郓、怀二州,冲毁大量民田②。宋太祖闻讯后,震怒异常,下令把澶州知州、通判一并逮捕查办。知州杜审肇是宋太祖的亲舅舅,虽然碍于情面不好严厉处理,但也被撤职;通判姚恕是皇弟赵光义的亲信幕僚,最后还是被处死,尸体抛于黄河之中。③ 此事曾在宋初官场中引起巨大震动。

四是奖励民间治河良策。开宝五年五月黄河特大水灾后,宋太祖诏令天下:

> 近者澶、濮等数州霖雨洊降,洪河为患,朕以屡经决溢,重困黎元,每阅前书,详究经渎。至若夏后所载,但言导河至海,随山濬川,未尝闻力制湍流,广营高岸。自战国专利,堙塞故道,小以妨大,私而害公,九河之制遂隳,历代之患弗弭。凡搢绅多士,草泽之伦,有素习河渠之书,深知疏导之策,若为经久,可免重劳,并许诣阙上书,附驿条奏,朕当亲览,用其所长,勉副询求,即示甄奖。④

当时山东有个叫田告的隐士,把自己撰写的防河著作《禹元

---

① 《宋史》卷167《职官志七》。
② 《宋史》卷91《河渠志一》。
③ 《长编》卷12开宝四年十一月条。
④ 《长编》卷13开宝五年六月条。

经》十二篇献给了宋太祖。宋太祖阅后很感兴趣,立即召见了田告,向他"询以治水之道"。第二年三月,又有一位叫王德芳的百姓上疏论修河利害,宋太祖也认真阅读后授予他官职。这些做法激发了民间的热情,对黄河治理起到了推动作用。

  前面曾说过,晚唐五代以来,黄土高原的植被开始被破坏,这是导致黄河洪患的主要原因。宋太祖时期对河患的整治力度很大,但治河需要大量木材,因而对林木的砍伐规模更大,更频繁。到北宋中期,不但齐、鲁之间的松树林皆遭砍伐,而且直接延伸到太行山、吕梁山、秦岭及黄河上游地区。黄河两岸水土流失严重,造成黄河更频繁的决口或改道。北宋一百六十八年间,黄河决溢多达八十九次。① 黄河治理成为宋代最沉重的工程:"自古竭天下之力以事河者,莫如本朝","盛宋之隆,河数为败。"② 这不但耗费了巨大的社会财富,也给社会经济的持续发展和后代留下了难以逆转的隐患。虽然这一失误是"时代性"的,不能归咎于某一个人,但太祖时期,毕竟是黄河生态恶化的关键期。

第五节　救荒与农业生产

  建隆元年(960)正月十五上元节(元宵节),宋太祖登基不足半个月,饥荒告急的地方奏报就如雪片般"不期而至"。到了初春时节,眼见大地迟迟得不到甘霖的滋养,忧心忡忡的宋太祖坐卧不宁,正巧此时,开封降下大雨,"今岁二麦必倍收",宰相范质的一句话令宋太祖稍觉宽慰。可就在四月初,宋太祖前往城郊玉津园游乐途中,就"偶遇"了大批"不请自到"的"客人"——在家乡走投无路的饥民们,一路逃荒来到了京师开封。七月,又传来了澶州

---

① 参见邱云飞:《中国灾害通史·宋代卷》,郑州大学出版社2008年版,第92页。
② 分见《宋史》卷91《河渠志一·黄河上》;《曾巩集》卷49《本朝政要策·黄河》。

蝗虫成灾的坏消息,宋太祖"遣使督官吏分捕"①……

此后的几年中,北方地区的灾情仍不见好转。根据李华瑞的相关研究,建隆元年至乾德五年(960—967)八年间,先后共发生水灾三十一次,旱灾八次,蝗灾十次,地震三次,风灾二次,雹灾十二次,潮灾七次,寒冷二次,疫灾一次,鼠害三次。总计七十九次。②

太祖开国之初的六七年间,一方面是灾荒不断,呈现出密度高、地域广的特点;另一方面则是宋太祖确立了有灾必救的原则。③ 其普遍推行的救荒措施,主要有两个方面:

一是授权地方官可以第一时间宣布免除灾民的租税负担。如《长编》记载,建隆二年正月,"壬子,商州言群鼠食苗,诏蠲其常赋"。乾德二年(964)四月,宋太祖诏"诸州长吏视民田旱甚者即蠲其租,勿俟报"。乾德五年七月,宋太祖再次下诏重申:"令诸州长吏告民无转徙,被灾者蠲其赋。"这都是为了安定灾民的情绪,避免他们因无助而出现流亡的情况。

二是授权地方官可以第一时间开仓济贫。这样就不必因囿于繁琐的奏报程序而耽误救灾时间。乾德三年三月,"诏诸道发义仓赈饥民者,勿待报"④,地方官员拥有了自行发义仓之粮赈济灾民的权力。开宝元年(968)七月,宋太祖又明令"诸州察民有饥者,即发廪贷之"。⑤ 李华瑞认为:"北宋的救荒措施及仓廪制度集汉唐以来之大成。……北宋初期以来所实施的募饥民隶军籍、宽减饥民'强盗'死罪、推广'劝分'救荒,以及中后期不断改进的社会救济制度,对缓和当时的社会矛盾起了积极的作用,也是宋代文

---

① 据《长编》卷1建隆元年正月条、四月条、七月条。
② 李华瑞:《宋代救荒史稿》,天津古籍出版社2014年版,第32—33页。
③ 参见邓云特:《中国救荒史》,上海书局1984年版,第377页。
④ 《长编》卷6乾德三年三月条。
⑤ 《长编》卷9开宝元年七月条。

明进步的重要表现……体恤下情,关心民瘼,重视人的生命价值。这是北宋前期统治者救荒之政的一大特点和亮点。"①

古代农民主要靠天吃饭,一旦遇到天灾,极易出现流离失所的现象。但是,政府只要应对得当,救灾及时,还是能够把自然灾害造成的损失控制在较小的范围。总括宋太祖即位后的救灾简况,可以看出他推行的赈灾措施还是得力的,尽管天灾频发,但却未曾出现大规模的饥民潮,不仅维持了社会的基本稳定,而且为恢复农业生产创造了条件。

经过近七年的艰苦努力,到乾德四年(966),转机终于出现了。

这年"夏麦既登,秋稼复稔"②,北方绝大多数地区在夏、秋两季都取得了大丰收。果州一带谷子丰收,竟有"一茎十三穗"者;京兆府则收获了大量的野蚕茧③。这是宋朝开国后第一次全国范围内的大丰收,政府仓库也因此而大为充实。转过年来,乾德五年正月十五,又是一个上元节。宋太祖以"时平年丰"为由宣布:为了庆贺丰收,与民同乐,从此"增上元张灯为五夜"。消息传出,京师民众无不欢腾,热热闹闹地狂欢了五天。这个上元节的气氛,与七年前的上元节,已完全不同了。

从此之后,宋太祖在粮食问题上显得颇有些游刃有余:乾德五年(967)七月,宋太祖蠲免了江陵等二十五州府的欠赋;十一月,更因此改元"开宝",彻底蠲免了各地民众乾德五年以前的所有欠赋;开宝元年(968)因江南饥荒,宋太祖一次调拨"麦十万斛"④,这是五代以来不曾有过的情况。可以说,唐末五代以来北方农业衰敝的状况,至此得到了明显的改观,北方社会经济初步恢复。这

---

① 李华瑞:《北宋荒政的发展与变化》,《文史哲》2010年第6期。
② 《宋会要辑稿》刑法二之一。
③ 《宋史》卷2《太祖本纪二》。
④ (宋)李𡌴:《皇宋十朝纲要》卷1,中华书局2013年版。

是一个来之不易的重要成就。

开国之后的首次大丰收,并没有使宋太祖高枕无忧,对于灾荒的深刻体会时刻拨动着他那根"忧患"的神经。在宋太祖看来,这种主要得自风调雨顺的大丰收是偶然的,要想真正解决粮食问题、改善国计民生,还得靠田地的大量开垦。乾德四年(966)闰八月,宋太祖颁布了一道堪称具有重大历史意义的《劝栽植开垦诏》:

> 五代以来,兵乱相继,国用不足,庸调繁兴。围桑柘以议蚕租,括田畴以足征赋。逋逃所失,均出里间。致树艺之不得勤,污莱之不敢辟,虚遗地利,重困生民。朕历试艰难,周知疾苦,四方甫定,七载于兹。节用爱人,敦本抑末,有经费未尝加赋,闻灾沴即议蠲除。方致小康,固无重敛。爰颁诏旨,遍谕忧勤。庶几畎亩之间,各务耕耘之业。宜令所在,明加告谕:自今百姓有能广植桑枣、开荒田者,并令只纳旧租,永不通检。其诸县令佐,如能招复逋逃,劝课栽植,旧减一选者,更加一阶。凡尔蒸黎,当体朕意。①

这道诏书自豪地宣布,仅用七年时间,宋朝已经实现了"小康"的局面,并将这一重大成就的取得,归功于皇帝"历试艰难,周知疾苦"、"节用爱人,敦本抑末,有经费未尝加赋,闻灾沴即议蠲除"。在诏书中,宋太祖对五代以来北方"田多荒芜"和民众难以温饱的原因进行了总结,认为问题的关键是官府的苛征暴敛。尤其是每当民众有新垦土地和新种桑枣,官府就迫不及待地加重赋税,从而导致民众不敢垦殖。应该说,宋太祖抓到了农业难以恢复的要害。在这一基础上,诏书极其有针对性地颁布了鼓励民众开垦荒地的四条措施:

第一,承认民众对新垦田地的所有权。不管什么人,只要有能

---

① 《宋大诏令集》卷182《政事三十五·田农·劝栽植开垦诏》。

力开荒,就自动取得了新垦田地的所有权①。

第二,永久免除对新垦田地的租赋征收。这是当时民众最为渴望的政策,正如漆侠所指出的:宋太祖此诏"顺应了包括自耕农在内的各类土地所有者的要求,而且也顺应了广大无地农民——佃户的要求"②,极大地提高了民众开垦田地的积极性,是宋代开国之初重要的惠农政策。

第三,鼓励民众在种植粮食之外,广泛种植桑树、枣树等经济树木。新种植的桑、枣树,一律免征赋税。

第四,督促地方官员招抚流亡、募民垦荒,凡能劝课栽植者,给予优先提拔等奖励。

这一诏令颁布后,得到各地,尤其是北方民众的响应,至宋太祖开宝九年(976),宋朝的垦田总数已经达2.95亿亩③。这是太祖在位十七年间,所取得的一项了不起的成就。此后,宋太宗在位的二十年间,虽然版图扩大了不少(吴越、漳泉、北汉先后列入北宋版图),但垦田面积也不过3.12亿亩。宋代垦田面积的最高纪录是宋神宗元丰六年(1083)的7.2亿亩,这"不仅是前代未曾达到,即使是后来的元明两代也未超过此数额"④。这一巨大成就的基础,正是太祖时期奠定的。

除推动民众开垦土地之外,宋太祖还极力鼓励人口的增殖,由此带来劳动人口的大幅增长,又进一步推动了垦荒面积的扩大。遍观中国历代王朝,无不重视人口的增殖问题,赵宋王朝自然也不例外。开国的第一年,宋太祖就将京城外的各县划分为望(四千户以上)、紧(三千户以上)、上(二千户以上)、中(千户以上)、中

---

① 穆朝庆:《北宋前期农业政策初探》,《中州学刊》1986年第3期。
② 漆侠:《宋代经济史·上》,《漆侠全集》第3卷,河北大学出版社2008年版,第59页。
③ 《宋史》卷173《食货志上一》。
④ 漆侠:《宋代经济史·上》,《漆侠全集》第3卷,第57页。

下(不满千户)、下(五百户以下)六等。① 县的等级直接与地方官的待遇相挂钩,其目的之一就在于督促地方官招抚流亡,促进辖区人口的增加。建隆三年(962)十一月,宋太祖又具体诏令:"州县官抚育有方,户口增益者,各准见户每十分加一分,刺史、县令各进考一等……若抚养乖方,户口减耗,各准增户法亦减一分,降考一等。"②此后,每逢救荒,宋太祖都要训令地方官以安抚民众、避免民众流亡。

关于宋太祖时期全国人口增长的状况,详见下表③:

年　　　度	户　　数
建隆元年(得后周领土户数)	967 953④
建隆四年取荆南得户	142 300
平湖南得户	97 388
乾德三年平蜀得户	534 029⑤
开宝四年平南汉得户	170 263
开宝八年克江南得户	655 065
开宝九年	3 090 504

需要注意的是,从建隆元年(960)的九十六万户,至开宝九年(976)的三百万户⑥,宋太祖一朝的户数猛增了二百余万,扣除平定各国所得的近一百六十万户,增数仍有约五十二万户。这五十

---

① 《文献通考》卷63《职官考十七·县令》。
② 《长编》卷3建隆三年十一月条。
③ 表据梁方仲《中国历代户口、田地、田赋统计》甲表32制成,上海人民出版社1980年版,第122页。
④ 《宋史》卷85《地理志一》记载:"宋太祖受周禅,初有州百一十一,县六百三十八,户九十六万七千三百五十三。"
⑤ 《宋史》卷85《地理志一》记载:"乾德三年,平蜀,得州、府四十六……县一百九十八,户五十三万四千三十九。"
⑥ 《宋会要辑稿》食货一一之二六:"太祖开宝九年,天下主、客户三百九万五百四。"

二万户的增长,主要集中在北方。至开宝九年(976),随着户数的增加,全国人口数更是发展到一千五百多万人。也就是说,在这十七年的时间里,北宋户口增长了近50%,这无疑是一个惊人的成就。宋太祖之后,历任皇帝承袭他的政策,始终将户口增长与否作为考察地方官员"四最"的第一条。①

宋初垦田面积的扩大和人口的增加,还有一个重要原因,那就是尽量避免战争所带来的破坏。

乾德元年(963),荆南、湖南平定,宋太祖在六月即"诏荆南兵愿归农者听,官为葺舍,给赐耕牛、种食"。七月,"赐荆南管内民今年夏租之半"、湖南"赐管内民今年夏租"。十月,又"令襄州尽索湖南行营诸军所掠生口,遣吏分送其家;放潭、邵州乡兵数千人归农;减江陵府民旧租之半"②。

乾德三年(965),后蜀平定,宋太祖诏令"除管内逋赋,免夏税及沿征物色之半"③。乾德四年,四川形势得以稳定,宋太祖于当年二月诏令"赐西川诸州今年夏租之半,无苗者复之"④;七月,诏罢剑南道米面之征,赐川、峡诸州民今年秋租之半。乾德五年十二月,再"赐西川三十七州府来年夏租之半"⑤,等等。

开宝四年(971),南汉平定,宋太祖诏令:"岭南诸州刘鋹日烦苛赋敛并除之,平民为兵者释其籍,流亡者招诱复业。"⑥

开宝八年,南唐平定,宋太祖立即下令发放十万石粮食,以赈济金陵城中的饥民,并同时下诏宣布:"曾经兵戈处,百姓给复二

---

① (宋)谢深甫,戴建国点校:《庆元条法事类》卷五《考课·考课令》,黑龙江人民出版社2002年版,第69—70页;邓小南:《课绩·资格·考察:唐宋文官考核制度侧谈》,大象出版社1997年版,第47页。
② 《长编》卷4乾德元年十月条。
③ 《宋史》卷2《太祖本纪二》。
④ 《长编》卷7乾德四年二月条。
⑤ 《长编》卷8乾德五年十二月条。
⑥ 《长编》卷12开宝四年十月条。

年,不经兵戈处,给复一年。……赋敛繁重者,蠲除之。"①

对吴越,更是从一开始就确定了和平统一的国策,并在宋太宗初年得以顺利实现。这就使得当时农业生产最为发达、社会经济最为繁荣的江浙地区得以保全,成为此后宋代农业和社会经济、文化高度繁荣的坚实基础。这是宋太祖历史性的重大贡献。

开宝七年(974)、开宝八年(975),又是连续两年大丰收。宋太祖兴奋地对宰相说:"年谷丰登,人物繁盛,若非上天垂祐,何以及此。所宜共思济给,振举阙政,庶成开泰之基也。"②

在北方连年丰收和南北已大致统一的背景下,宋太祖开始以极大的热情关注南北作物的交流③。他特别重视水稻在北方的引种,开宝八年四月,宋太祖"幸玉津园观种稻";次年五月,又"幸玉津园观稼"。玉津园是开封城的四大名园之一,建于后周显德年间(954—960),位于开封城正南门"南熏门外,夹道为两园,中引闵河水别流贯之",因此又名南御园。该园原本是种植小麦的,皇帝一般"仲夏驾幸观获麦,赐从臣宴饮,及赏赉园官、啬夫有差。又进麦穗三百秉,面百囊,命分赐中外"④。由于宋太祖的关注,玉津园在播种小麦的同时,很快又发展成为一个著名的皇家水稻种植中心,每逢稻花飘香时节,玉津园就呈现出一片北方江南的喜人景象。这对扩大水稻在北方的种植很有意义。十数年后,玉津园的植稻就已经变为京郊美景:

> 屈曲沟畎,高低稻畦。越卒执耒,吴牛行泥。霜早刈速,春寒种迟。春红粳而花绽,簸素粒而雪飞。何江南之野景,来辇下以如移。雪拥冬苗,雨滋夏穗……⑤

---

① 《长编》卷16开宝八年十二月条。
② 《长编》卷16开宝八年二月条。
③ 曾雄生:《中国农业通史·宋辽夏金元卷》,中国农业出版社2014年版,第408页。
④ 《宋会要辑稿》方域三之一〇。
⑤ (宋)杨侃:《皇畿赋》,(宋)吕祖谦编:《宋文鉴》卷2,中华书局1992年版。

在水稻北上的同时,宋太祖也开始推动小麦等北方作物的南下,鼓励江南民众种植。至宋太宗时期,北方种稻,南方种麦、谷、豆等,一律免除田租。正如有研究者所指出的:"稻田种麦不收租赋,这对于减轻农民负担,保护农民的种麦积极性起到重要作用。"①这一政策,极大地推动了小麦等北方作物在江南的种植。北方种植水稻也许只有一定的辅助意义,但南方普遍种植小麦,则使得一年两熟的稻麦复种制开始在长江流域逐渐得以实现②。宋代农业发展,由此找到了一条新路,开始了被后人誉为"农业革命"的新繁荣。③

---

① 曾雄生:《中国农业通史·宋辽夏金元卷》,中国农业出版社 2014 年版,第 431 页。
② 中国历史上稻麦复种制的推广,是一个比较漫长的渐进过程,学术界对于这一问题的看法也有差异。李根蟠认为,"唐代江南尽管很可能已经有稻麦复种,但说那时稻麦复种已获得推广,是缺乏充分根据的"(李根蟠:《中国古代耕作制度的若干问题》,《古今农业》1989 年第 1 期)。"长江下游的稻麦复种到宋代,尤其南宋才有一个较大的发展,形成一种有相当广泛性的、比较稳定的耕作制度,而长江三角洲在这一发展中处于领先地位"(李根蟠:《长江下游稻麦复种制的形成和发展——以唐宋时代为中心的讨论》,《历史研究》2002 年第 5 期)。葛金芳等认为,"到宋代,在江南、福建沿海、成都平原等经济发达地区,我们看到,耕作制度已从一年一熟变为一年二熟……宋代的双熟制有稻麦连作、稻稻连作、麦豆连作等多种形式,大体集中在两浙地区和福建沿海平原,此外,成都平原、江南东路和长江中下游沿岸的某些地区也有双熟制出现"(葛金芳、顾蓉:《宋代江南地区的粮食亩产及其估算方法辨析》,《湖北大学学报》2000 年第 3 期)。
③ 日本学者大泽正昭认为宋代的农业革命表现在四个方面:一是水利农田的大规模开发;二是占城稻的广泛种植及一年二作制的普及;三是粮食单产及人口的增加;四是出现了以《陈旉农书》为代表的高水平农业技术。尤其是粮食单产的增加,被众多学者视作"宋代农业革命"的标志。以江南地区的水稻亩产为考查对象,余也非估计唐代为 1.5 石,宋代则增至 2 石;吴慧估计唐代为 1 石,宋代增至 2 石,漆侠对宋代的估计则更高,认为仁宗时有二三石,南宋初有三四石,南宋晚期则增至五六石。近年来,也有学者对此表达质疑,如李伯重认为,南宋江南的水稻亩产仅为 1 石左右,"宋代农业革命"只是一个"虚像"(参见李伯重:《"选精"、"集粹"与"宋代江南农业革命"——对传统经济史研究方法的检讨》,《中国社会科学》2000 年第 1 期)。

第六节 "艺祖":手工业与军工技艺

美国学者黄仁宇对宋太祖的"艺祖"称呼,有一种别出心裁的理解:

> 我们从《宋史》的本纪里看到赵匡胤幸造船务、观制造战舰、观水硙、阅炮车、视察练习水战、亲授医官黜其艺之不精者,前后不绝。他自己也武艺高强,骑马射箭均是第一流能手,未做皇帝前曾以大将的身份亲自参加战斗,所以宋朝人也称之为"艺祖"。①

应该说,"艺"的第一个含义的确是指"才艺"、"多才多艺"。"艺犹才也",这是汉代郑玄对"艺"的标准释读。"艺祖"这个词出现得也很早:《尚书·舜典》中记载大舜巡守四岳归来后,至文祖之庙祷报,而"文祖"在这里就被记载为"艺祖"。唐初大儒孔颖达对此的解读是:"才艺文德,其义相通,故艺为文也。"②"艺"的第二个含义则是"种植"、"植艺",如《周礼》中的"宫正"职责就包括"教稼穑树艺",又如孟子的名言:"教民稼穑,树艺五谷。"种下一棵树、开垦一片田,从而开创出一方繁衍生息的热土,或许更符合开国者的身份定位。从这个角度来说,宋人称太祖为"艺祖",其实更多的是从"艺植一个王朝"的定义出发,认为他是"种植、开创"宋王朝的领袖。清代顾炎武也从类似的角度出发,认为"艺祖"是历代开国皇帝的"通称"③。

宋人似乎特别喜欢称宋太祖为"艺祖",宋代文献中触目皆是

---

① [美]黄仁宇:《赫逊河畔谈中国历史》,"宋太祖赵匡胤",生活·读书·新知三联书店1992年版,第140页。
② (唐)孔颖达:《尚书注疏》卷二。
③ 顾炎武认为,"艺祖"为"历代太祖之通称也"(《日知录》卷24《艺祖》)。但历代开国皇帝并非都称"太祖",如汉高祖、唐高祖。《全唐文》卷41《起义堂颂序》即称唐高祖李渊为"艺祖"。

"艺祖",出现频次之高是其他朝代的开国皇帝无法比肩的。或许,在宋人的心目中,他们的开国皇帝,正是以其多才多艺,植艺了一个丰裕富足的王朝。

宋代的这位开国"艺祖",的确担得起"多才多艺"的美誉。如他对手工、军工技艺就有着强烈的兴趣,他的这种兴趣带动了宋初手工业、军事工业的发展。宋太祖在位十七年中,仅据《长编》中的记载,他正式"车驾临幸"各类手工业作坊、军工作坊就达十四次之多①:

建隆二年(961)二月至三月间,宋太祖连续三次"幸造船务"。

建隆三年十月,"幸造船务"。

乾德元年(963)正月,"幸造船务观创战船"。八月,"幸造船务"。

乾德五年二月,"幸造船务"。

开宝三年(970)二月,"幸西茶库"。

开宝四年十月,"幸绫锦院"。

开宝八年五月,"幸新修染院"。十月,"又幸染院"。十一月,"幸绫锦院"。

开宝九年八月,"幸东染院"。九月,"幸绫锦院"。

在古代,皇帝的出行称之曰"幸",是非同小可的大事。在重本(农业)抑末(工商业)的传统观念中,像造船务、绫锦院、染院等手工业作坊,以往很难获得皇帝频繁"临幸"的荣耀。宋太祖却如此"前后不绝"地频繁地驾临这些场所,这也从侧面反映了他非同寻常的兴趣和眼光。得益于宋太祖的关注,纺织业、瓷器生产、盐业、矿冶业、造纸和印刷业、造船业和兵器制造业等官府手工业得到了较快的恢复和发展。

---

① 以下史料分见:《长编》卷 2 建隆二年二月条、三月条,卷 3 建隆三年十月条,卷 4 乾德元年正月条,卷 8 乾德五年二月条,卷 11 开宝三年二月条,卷 12 开宝四年十月条,卷 16 开宝八年五月条,卷 17 开宝九年八月条。

纺织业在宋初恢复得最快,其规模与水平,堪称当时手工业的代表。

平定后蜀之后,乾德五年(967)十月,宋太祖特地下令,将当时纺织技术较高的四川地区的六百名织锦工匠迁居开封,设立绫锦院[①],命常参官进行管理。绫锦院是当时规模最大的官营手工业作坊,直属于少府监,主要生产专供皇家乘舆服饰之用的锦、绮、绫、罗等高级用品[②]。洛阳、真定、青、益、梓等州府,也都开设有织造场院。此外,河南、河北、两川、江南等地区,丝织业都很发达,江宁、润州有织罗务,梓州有绫绮场,潭州有绫绸务,湖州又有织绫务[③]。四川的"蜀锦"是公认的一流产品,"与'蜀锦'并列为全国第一的还有'东绢'"[④],"东绢"即山东青州的丝织品。除了这两个区域,其他各地的丝织品也都是异彩纷呈。如"(江西)临川、上饶之民,以新智创作醒骨纱,用纯丝蕉骨相兼捻织。夏月衣之,轻凉适体。"[⑤]又如安徽亳州在宋初也生产一种轻纱,"举之若无,裁以为衣,真若烟雾。"[⑥]河北地区的丝织品不但质量精美,产量也大,如镇州的瓜子罗、孔雀罗,定州的两窠纹绫、罗绮等,"缣绮之美,不下齐鲁"[⑦]。宋初全国有"九福",其中之一就是"燕赵衣裳福"[⑧]。另外,虢州和滑州的方纹绫、花纱和绢,扬州的锦和白绫,杭州的白编绫,昇州的纹绫,湖州的吴绫,越州的越绫等也都各具特色。宋太祖不断吸收江浙、川蜀、湖州的织锦工匠,使各种工艺

---

① 《长编》卷8乾德五年十月条。
② 漆侠主编:《辽宋西夏金代通史·三·社会经济卷》,人民出版社2010年版,第282页。
③ 《文献通考》卷20《市籴考一》。
④ 漆侠:《宋代经济史·下》,《漆侠全集》第4卷,河北大学出版社2008年版,第611页。
⑤ (宋)陶穀:《清异录》卷下。
⑥ (宋)陆游:《老学庵笔记》卷6。
⑦ (宋)苏籀:《双溪集》卷9《务农札子》。
⑧ (宋)陶穀:《清异录》卷上。

汇集京城,形成了独具特色的"汴绣"。

开宝八年(975)五月,又设立了染院(开宝九年分为东西染院),负责染色印花,"专管染丝枲币帛"①;当时主管染院的刘蟠、主管绫锦院的梁周翰都是科举出身的文人,尤其是梁周翰,是宋初文坛的领袖人物之一,号称"天下名士"。任用他们掌管纺织印染,不但可以看出宋太祖对这一行业的重视,也显示出他与传统帝王、传统士大夫十分不同的眼光与思路。②

与纺织业一样,瓷器生产也是中国传统手工业的优势领域。

宋初名气最大的是柴窑,这是后周时期建立的瓷窑,主要烧制青瓷,其"雨过天青"的青色在宋初稳定发展为主流色调,有"青如天,明如镜,薄如纸,声如磬"的美誉。漆侠认为,柴窑带动了宋代青瓷"突飞猛进"的发展③,有国外学者认为,"宋代陶瓷才是贯通古今东西、人类所能得到的最美的器物",主要也是指"青瓷"这种直逼天然玉石色调的古雅与沉静。④

钧窑是北宋初年新建的瓷窑,其产品以釉色见长,其中的名品有"胭脂红",还有一种因窑变导致釉色流入表面裂纹中的花纹,

---

① 《宋史》卷165《职官志五》。
② 刘蟠是后汉乾祐二年(949)进士,曾任河阳节度推官、保义军掌书记,北宋乾德五年(967)任监察御史,他就是以"监察御史"的身份主管染院事务的。梁周翰是后周广顺二年(952)进士,曾官至翰林学士,与高锡、柳开、范杲等并为宋初诗文名家,时有"高梁柳范"之称,著有《翰苑制草集》。刘、梁二人均是标准的士大夫,宋太祖委派他们主管织印事务,体现了宋太祖对这一行业的重视。但他二人似乎是"心有不甘"。宋人龚鼎臣所撰《东原录》记载:"艺祖尝以梁周翰补阙管绫锦院,多决工匠,不能处。及驾幸本院,即欲决周翰。周翰急,曰:'臣天下名士!'既而宰相救解,艺祖言:'欲决,教知滋味。'遂释之。"《长编》卷16记载:"(刘)蟠时领染院,乙丑,车驾临幸,蟠伺上将至,辄衣短后衣,芒屩持梃,亲督役,头蓬不治,遽出迎谒。上以为能勤其官,赐钱二十万。"两则材料中的当事人都流露出对自己以"文人"身份管理工匠事务的不情愿、不理解。
③ 漆侠:《宋代经济史·下》,《漆侠全集》第4卷,第667页。
④ 参见[日]小岛毅:《中国思想与宗教的奔流·宋朝》,何晓毅译,《讲谈社·中国的历史》,广西师范大学出版社2014年版,第9页。

被行家誉为"蚯蚓走泥"。柴窑和钧窑都是官方掌控的官窑。

宋初民窑中以磁州窑、耀州窑、龙泉窑、哥弟窑影响较大。龙泉窑、哥弟窑都在浙江处州的龙泉县,均以青瓷产品著名,有的如碧玉,有的如青玉,有的色青但表面多裂纹,号称"百圾碎",亦称"千峰翠色",是青瓷中的精品。磁州窑以生产白瓷为主,瓷胎坚固细腻,纹画的生活气息很浓。其生产的瓷枕中,曾纹画了宋太祖"陈桥兵变"时的场景。一般民众对"兵变"是厌恶和排斥的,但"陈桥兵变"却被当作一件美好的事情烧绘在瓷枕上,①这也可以看出宋太祖"开国启运"的平和与明朗。耀州窑原来生产白瓷、黑瓷,宋初改烧青瓷,当时耀瓷中有一项号称"小海瓯"的产品,风靡一时:

> 耀州陶匠,创造一等平底深碗,状简古,号小海瓯。②

中国古代的两大瓷都——景德镇、博山,宋初都是生产瓷器的重镇。平定南唐后,宋太祖在景德镇建立管理瓷器生产的官方机构。景德镇的瓷器名品是介乎青白瓷之间的"影青",同时也生产全国其他名窑中的各色产品;博山生产的白厚瓷和黑瓷,也是有名的产品。不过,两大瓷都的繁荣,包括其生产的许多名品,都是北宋中期以后的事情了。

盐业与国计民生关联最密切,所以自古以来都是由官府掌控,宋代也不例外,以淮东盐场为例,可以看出宋太祖时期对盐业监管之严密:

> 淮东盐场,祖宗以来吏部差注,有催煎官,专管诸场煎盐;有买纳官,专管买亭户盐;有支盐官,专支客人盐;又以诸煎盐场各有地分,故旧来差注巡检,以捕违法者,其巡检不许至亭户场内,恐其骚扰也。内外关防,可谓详矣。③

---

① 参见史树青:《北宋磁州窑"陈桥兵变"图瓷枕》,《历史教学》1979年第1期。
② (宋)陶穀:《清异录》卷下。
③ 《宋会要辑稿》食货二六之三五。

当时盐产的种类,主要有四种:

> 今公私通行者四种:一者"末盐",海盐也,河北、京东、淮南、两浙、江南东西、荆湖南北、福建、广南东西十一路食之。其次"颗盐",解州盐泽及晋、绛、潞、泽所出,京畿、南京、京西、陕西、河东、襄、剑等处食之。又次"井盐",凿井取之,盖、梓、利、夔四路食之。又次"崖盐",生于土崖之间,阶、成、凤等州食之。①

末盐,主要出产自河北、山东、淮南、江南、岭南等道的沿海一带。淮南的通州、泰州和海陵监,是最著名的末盐产地,其次是楚州的盐城监和浙西的嘉兴、临平二监。盐田生产者称亭户。亭户用人和牛牵曳刺刀,先刮取碱土作卤,贮入卤槽,然后载运入灶屋,用火煎煮,便可成盐。宋初淮南盐所规定的年产量,即"岁额"约六千七百万斤;浙盐的"岁额"是三千万斤。②

颗盐,即池盐,又称解盐,出产自西北一带,最著名的产地是解州(今山西运城);其次是灵、盐、宥等州。在盐池上从事生产的工人称为畦夫,宋初每年在解州从事盐业生产的畦夫有 380—760 人不等。畦夫于每年二月垦地为畦,四月引池水灌入,叫作种盐。经过太阳的蒸发,水分逐渐干涸,便制成盐。《天工开物》云:"凡引水种盐,春间即为之,久则水成赤色。待夏秋之交,南风大起,则一宵结成,名曰颗盐,即古志所谓大盐也。"③宋初解州安、邑两池的"岁额"约四千三百万斤。

井盐,出产于两川。富国、陵井、富顺、大宁等监,都是著名的产地。制盐的井户,从井里汲水,加以煎煮,便可成盐。

---

① (宋)沈括:《梦溪笔谈》卷11《官政一》,中华书局2015年版。
② 以下相关宋初盐产量的数字参考自戴裔煊《宋代钞盐制度研究》(中华书局1981年版)、郭正忠《宋代盐业经济史》(人民出版社1990年版)的相关章节。
③ (明)宋应星:《天工开物》卷上《作咸·池盐》,上海古籍出版社2013年版,第41页。

崖盐,出产于陕西、甘肃,是当地岩洞中自然形成的土盐,不需煮炼,直接刮取食用。

宋初盐业虽然有很严格的生产和管理,但并不能完全满足民众的消费需求。乾德三年(965),两川地区的主要盐井"陵州井"坍塞,造成了当地"民艰食盐"。此后很长一段时间,四川及周边地区"民间食盐不足"。①

同盐业一样,矿业和冶铸,也主要控制在官府手里。

宋初,"坑冶凡金、银、铜、铁、铅、锡,监冶场务二百有一"。发展到太平兴国八年(983),全国有金、银、铜、铁、锡冶场总共271处,其中金11,银84,铜46,铁77,铅30,锡16,丹砂2,水银5②。具体情况,以张家驹《赵匡胤传》的梳理最为简要而准确:

> 宋初最大的铁冶,要数兖州附近的莱芜监、徐州附近的利国监;铜矿在东南比较集中,江南的宣、池、饶、信州和兴国军,都是产铜较多的地点。有的铜矿产区,同时也出产银,如上述的池、饶、信州,福建的汀州等都是。西南一带像黔、夷、费、思等州,以产水银、朱砂著名。铸造铁器,首推邠州(今陕西邠县)和舒州(今安徽安庆)。前者打造的剪刀和火筯,技术精好,国内闻名。桂州(今广西桂林)的铜器,益州(今四川成都)的铜盆,扬州的铜镜,都是当地劳动人民著名的制作。③

除了大规模的矿冶生产和大件冶铸产品,小件冶铸产品在宋初也有名品产生。如耒阳生产的钢针,"四方所推金头黄钢小品,医工用以砭刺者;大三分以制衣,小三分以作绣。"④这种精细化生产,反映了当时冶炼水平的高超。中国历史博物馆还收藏有一块

---

① 参见郭正忠:《论两宋的周期性食盐"过剩"危机——十至十三世纪中国食盐业发展规律初探》,《中国社会经济史研究》1984年第1期。
② 《宋史》卷181《食货志下三》;《文献通考》卷18《征榷考五》。
③ 张家驹:《赵匡胤传》,江苏人民出版社1959年版,第137页。
④ (宋)陶穀:《清异录》卷下。

宋代中期"济南刘家功夫针"的广告牌,从其中的文字可以看出宋初以来制针技术的传承。

宋初造纸业的中心在南方,潭州、金陵(南京)、徽州都是造纸业的重镇。宋初统一战争中,南方造纸业大都得到保护,归宋后,则得到了快速发展,如开宝五年(972)二月,宋太祖从潭州(治长沙)一次调入纸品一百七十八万余幅,[①]足见造纸业的发达。

与造纸业几乎同步,唐、五代开始应用的印刷术,到宋初也有了突破性的发展。此前印刷术主要用来印刷佛教经卷和简单的日历,宋初开始,大部头的法典《宋刑统》、大部头的医书《开宝本草》,以及成套的儒家经典等都开始广泛印刷了,这创造了中国印刷史上的诸多第一。宋代国子监刻印的书,后世称为监本。各地官府也刻印书籍。民营的书坊、书肆、书籍铺,分布更广,刻书、卖书,称为世业。如宋初四川著名的毋公印书,就是当时最大的民营书坊,其经营情况,受到宋太祖的关注和支持。民营书坊刻印的书,后世称为坊本。宋太祖时期,成都刻《大藏经》十三万板,国子监刻儒家经史十多万板,从这两个数字,可以看出当时印刷业规模之大。

宋太祖时期所奠定的宋代印刷业基础,使得宋代成为中国印刷史上的"黄金时代"。其中最突出的成就是北宋中期布衣毕昇发明的胶泥活字印刷术,这是对人类文明的伟大贡献。而宋代印刷术所留下的"宋体字"、"宋版书"和"蝴蝶装"则是中华文化生生不息的重要载体。

造船业在宋初极为发达。漕运的重要性使得船只成为不可或缺的运输工具,加之海外贸易兴盛以及统一江南时需要强大的水军,也都促进了造船业的进步。宋太祖时,于各州建立了一大批官办和民办造船场。官府主导的,开封城有造船务(初称教船务),

---

① 《长编》卷13开宝五年二月条。

相州(今河南安阳)和天雄军(今河北大名)也有造船务;陕西的阳平有造船场。《宋史》载阳平造船场"凡一舟调三户守之,岁役户数千"①,仅此一地每年造船即超过千艘。到宋太宗至道末年(997),各州每年造船数量达到了三千三百三十七多艘。此外,广西的海门镇,湖南的朗州,都是当时造船业的中心;沿海的明州、漳州和广州,海船制造业都很发达。长江两岸交通要冲还设有专门修船的场所。

官营作坊以造漕船(纲船)为主,同时造座船(官船)、战船、运兵船(马船)等,供官府自用;民营作坊则制造商船及游船。宋代舟船的技术特点是:船头小,尖底呈 V 字形,便于破浪前进;身扁宽,体高大,吃水深,受到横向狂风袭击仍很稳定;同时,结构坚固,船体有密封隔舱,加强了安全性;底板和舷侧板分别采用两重或三重大板结构;船上多樯多帆,便于使用多面风;大船上都备有小船,遇到紧急情况可以救生、抢险;船上一般都有大小两个锚;行船中有探水设备,适合远洋航行。这些技术的成熟大约用了一百多年的时间,北宋末年的《宣和奉使高丽图经》载:"客舟长十余丈,深三丈,阔二丈五尺,可载二千斛粟,以整木巨枋制成。船十橹,木桅高十丈,头桅高八丈。"这种客舟分三个舱:前舱底作为炉灶与安放水柜之用。中舱分为四室。后舱高一丈余,四壁有窗户。"上施栏楯(即栏杆),采绘华焕而用帘幕增饰,使者官属各以阶序分居之。上有竹篷,平日积叠,遇雨则铺盖周密。"②这种高水平的造船技术,在宋初已经出现了,《梦溪笔谈·补笔谈》即载有二十丈船:"国初,两浙献龙船,长二十余丈。"③

宋太祖是中国历代帝王中视察"造船厂"最频繁的一位皇帝,他对造船技术也有着工程师般的兴趣。平定荆南后,他曾从当

---

① 《宋史》卷 276《张平传》。
② (宋)徐兢:《宣和奉使高丽图经》卷 34《客舟》,商务印书馆 1937 年版。
③ (宋)沈括:《梦溪笔谈·补笔谈》卷 2,岳麓书社 1998 年版。

地选择了一批精通技术的造船军工,安排在造船务工作,他还下令在京城的朱明门外开挖了一个巨大的水池,可以容纳一百艘"楼船"①。这个后来被称为"讲武池"的水面主要用来试验新船的军事实用性,开宝八年(975)十月,征战南唐的水军就是从"讲武池"出发的。在他主持的殿试中,甚至还出现过"龙船习水战"的专门题目。

在关注造船的军事实用性的同时,宋太祖对刚刚萌芽的火药武器也表现出极大的兴趣。这里有两条史料值得注意。一条是南宋学者章如愚所著《群书考索》后集卷四十三所载:"开宝二年,兵部令史冯继昇等进火箭法,太祖命试验,赐衣物束帛。"此事又见于南宋学者王应麟所作《玉海》卷一五〇:"开宝二年三月,冯继昇、岳义方上火箭法,试之,锡束帛。"《宋史》卷一九七《兵志十一》的记载也大致相同,只是系其事于开宝三年(970)五月。

另外一条,是南宋史学家徐梦莘《三朝北盟会编》卷九十七引《朝野佥言》一书说:直到北宋末年,开封武库当中仍然保存有"太祖平唐火箭二万支"②。

综合上述史料,可以看出,开宝二年(969),北宋对火药武器的研发已经取得了重要进展。冯继昇、岳义方等人不但制造出了火箭的样品,而且掌握了火箭的发射和使用方法,从而使火箭具备了真正的战斗力。此时的火箭,"施火药于箭首,弓弩通用之"③。根据相关学者研究,"这里所说的'火箭',指将火药包绑在箭上,点燃后以弓、弩射出,可称为'火药箭'(gunpowder arrow)……以弓发射者称'弓火药箭',以弩发射者称'弩火药箭'。冯继昇和岳

---

① (宋)曾公亮:《武经总要》卷11云:"楼船者,船上建楼三重,列女墙战格,树幡帜,开弩窗、矛穴,外施毡革御火;置炮车、檑石、铁汁,状如小垒。其长者步可以奔车驰马。"
② (宋)徐梦莘:《三朝北盟会编》卷97引夏少曾《朝野佥言》载,北宋灭亡时,内侍李谩曾向金人献出"太祖平唐火箭二万支、金汁火炮样、四胜弩"。
③ (宋)曾公亮、丁度:《武经总要》前集卷13,商务印书馆2017年版。

义方是最早见于文献著录的火器发明家和火药技术的奠基人。"[1]这被公认为是火药武器发展史上划时代的成就。由于冯、岳都是"兵部"官员,因而可以认定这是一项官府组织的有计划的火药试验。宋太祖亲临了试验现场,事后还重赏了冯继昇和岳义方等人,表现出了对"火箭"这一新式火药武器的浓厚兴趣和高度重视。正是由于最高层的重视,从开宝二年至开宝八年(969—975),在大约六年的时间里,火箭等火药武器的生产取得了长足进步。开宝八年征伐南唐,战后剩余的火箭数量就多达两万支,这说明,南征的宋军已装备了火箭,并运用或计划运用到实战中。这种大规模火药武器的生产和应用,毫无疑问是宋太祖支持的结果。

从宋太祖开宝年间冯继昇和岳义方等首创火箭开始,一些相关的重要发明在此基础之上不断地涌现,如《长编》载,宋真宗咸平三年(1000)九月,"神卫水军队长唐福献火箭、火毬、火蒺藜"[2];咸平五年九月,"冀州团练使石普自言能为火毬、火箭,上召至便殿试之,与辅臣同观焉"。[3] 1040年刻印的《东京记》中曾追溯说,在宋代重要的军工生产部门——"广备攻城作"中,排名首位的就是"火药作",专门负责火药和火药武器的生产。而且火药的配方是保密的,只允许相关人员心中默记,不准形诸文字。宋仁宗时成书的《武经总要》(1044)总结了宋初的这些发明成果,并记录了三种军用火药的配方。这是公认的世界上最早和最完整的文字记载的军用火药配方。《武经总要》的刻印,也把宋初以来严格保密的火药配方公之于世了。从此中国发明的火药和火药武器逐步向周边地区传播,并很快传到了欧洲等地区,加速了人类文明的进程。

火箭等新式武器的研发在宋太祖时期取得突破绝非偶然,这

---

[1] 潘吉星:《中国古代四大发明:源流、外传及世界影响》,中国科学技术大学出版社2002年版,第249页。
[2] 《长编》卷47咸平三年九月条。
[3] 《长编》卷52咸平五年九月条。

与当时整个军工生产体系的高效、发达相辅相成。宋初军工生产的发达主要表现在以下几个方面：

其一，以都城开封为中心，设立了一整套内部分工极其细密的军工生产体系。至宋太祖统治后期，都城开封所设置的中央军工生产机构已经发展成四大部门：

一是作坊，"造兵甲之所，作坊使领之"[①]，负责"掌造兵器、戎具、旗帜、油衣、藤漆、什器之物，以给邦国之用"[②]，这是军工生产最主要的承担者[③]，地位最为重要。建隆二年（961），即北宋开国后的第二年，宋太祖曾亲临作坊视察，"上步自明德门，幸作坊"[④]。又据《古今源流至论》的记载，宋太祖还曾"幸司弓署，按循作工，赐以布帛"、"幸弓矢舍，赐及作工"[⑤]。至开宝九年（976）九月，宋太祖把作坊扩建为南、北两部分，称"南、北作坊"，后则改称"东、西作坊"。

二是弓弩院，负责"造弓弩、甲胄、器械、旗剑、御镫之名物"[⑥]，于开宝九年由作坊分离出来，主要负责弓弩和弓箭、弩箭的生产。

三是八作司，分为泥作、赤白作、桐油作、石竹、瓦作、竹作、砖作和井作，负责火药兵器生产的"火药作"后来也隶属于八作司。伐南唐时，宋太祖"遣八作使郝守濬率丁匠自荆南以大舰载巨竹絙，并下朗州所造黄黑龙船，于采石矶跨江为浮梁"[⑦]。

四是作坊皮角所和物料库，负责保证作坊的原料供应。

其二，扩大人员规模。宋太祖巡视洛阳时，兵器作坊曾派遣"本坊匠少壮者二千余人"负责运输物质[⑧]，其规模之大可见一斑。

---

① 《资治通鉴》卷289胡三省注。
② 《宋会要辑稿》方域三之五〇。
③ （宋）孙逢吉：《职官分纪》卷44载："唐有作坊，五代置使，国朝因之。"
④ 《长编》卷2建隆二年二月条。
⑤ （宋）黄履翁：《古今源流至论》别集卷9，上海古籍出版社1992年版。
⑥ 《宋会要辑稿》职官一六之二四。
⑦ 《长编》卷15开宝七年十月条。
⑧ 《宋史》卷270《魏丕传》。

据记载,宋太祖时的作坊,"南坊兵校及匠三千七百四十一人,北兵校及匠四千一百九十人"①;弓弩院,"领兵匠千四十二人"②;八作司,辖有杂役四指挥,工匠三指挥,约为三千五百人。地方的兵器"作院"规模虽远远小于开封,但其人数通常也有几十人,由于各地作院数量众多,总计工匠人数也在万人以上。如此看来,宋初从事军工生产的工匠合计在三万人上下。如此大规模的军工生产,是宋代以前各个朝代所无法比拟的,在当时的世界上也可以说是首屈一指了。

其三,严格生产标准,加强质量考核。从宋太祖时期开始,宋代的军工生产已经实现了一定程度的标准化制式生产,所谓"皆有制度作用之法"③,宋人称之为"法式"。宋太祖极其重视军工生产的质量,对作坊上交的产品亲自查验,确立了著名的"旬课"制度:

  京师所造兵器,十日一进,谓之旬课,上亲阅之,制作精绝,尤为犀利。④

  太祖时中都二坊制造兵器,旬一进视,谓之旬课。⑤

其四,选拔干才,强化管理。宋太祖即位后不久,即任命魏丕主持作坊的事务,并嘱咐说:"作坊久积弊,尔为我修整之。"⑥此后,终宋太祖一朝,魏丕一直是军工生产的主要负责人,直至宋太宗雍熙四年(987),才离职晋升为户部使,前后任职长达十八年。

魏丕,字齐物,相州(今河北临漳)人。他和宋太祖关系亲密,两人早年曾在周世宗镇守澶州时的幕府中共事,宋太祖任马直军使,魏丕任司法参军。魏丕是一位"本以儒进"的标准文人,"好歌

---

① 《宋会要辑稿》方域三之五〇、五一。
② 《宋会要辑稿》职官一六之二四。
③ (宋)王得臣:《麈史》卷上《朝制》。
④ 《文献通考》卷161《兵考十三》。
⑤ (宋)章如愚:《群书考索》后集卷43。
⑥ 《长编》卷17开宝九年三月条。

诗,颇与士大夫游接,有时称",著有诗集《东亭集》六卷,"人多诵之"①。魏丕曾和南唐后主李煜有过诗赋唱和,他外放知州的时候,当时的文坛领袖、西崑体代表人物杨亿也赋诗相送:"几年供奉宣徽殿,一旦腰悬刺史鱼。戚里园林甲京洛,将坛家世阅诗书。离筵惜别空银榼,官舍思归梦玉除。四十专城谁不羡,骖騑千骑拥干旗。"②在宋初开国的文臣武将中,这种高素质的知识精英可谓凤毛麟角。

魏丕主掌作坊后,依靠宋太祖的支持,充分发挥了自己学识渊博、精明强干的特长,采取了许多行之有效的措施,如"撤本坊旧屋,为舍衢中,收僦直及鬻死马骨,岁得钱七千余缗,工匠有丧者均给之"③,从而大大调动了工匠们的生产积极性,使得军工生产的面貌为之一新。据《长编》记载:"丕在职甚尽力,居八年,乃迁正使。上讨泽潞、维扬,下荆、广,收川、峡,征河东,平江南,皆先期谕旨,令治兵器,无不精办。"④魏丕的事迹,南宋时还常常被提及,人们往往将宋太祖委任魏丕主持军工之举,称颂为用人所长、用人不疑的成功典范。如南宋学者吕中说:

> 国初之不轻用人如此,盖其始也择之精,其终也任之久。择之精,则小人不得以滥其选;任之久,则君子举得以尽其职。赵中令之相凡十二年,郭进之守西山凡二十年,李汉超之守关南凡十七年,作坊至卑贱也,而魏丕典之至十余年,皆久任而成功也。⑤

宋太祖的以上措施,收到了十分显著的成效。当时,北宋兵器等军工生产持续、高效地发展,达到了很高的水平。据综合相关文

---

① 《宋史》卷 270《魏丕传》。
② (宋)杨亿:《作坊魏使知隰州》,《武夷新集》卷 4,文渊阁四库全书本。
③ 《宋史》卷 270《魏丕传》。
④ 《长编》卷 17 开宝九年三月条。
⑤ (宋)吕中:《宋大事记讲义》卷 2《中丞久任》,文渊阁四库全书本。

献统计,宋太祖时北宋的军工部门已经具备每年生产各式兵器两三千万件以上的强大能力,①不仅为宋太祖统一战争提供了保障,每年还有大量富余可供入库收藏备用。宋太祖专门在皇宫中设立了五个兵器库②,用来贮存这些兵器。在后来宋太宗、宋真宗时期对辽和西夏的大规模战争中,这些兵器都发挥了重要作用。

太祖时期生产的军械质量上乘,被公认为"器械精明,后世鲜及"、"戎器精劲,近古未有焉"、"制作精绝,尤为犀利"③。王安石之子王雱曾经谈道:"闻今武库太祖时所为弓尚有弓弦如新者,而近世所造往往不可用。"④南宋学者王明清在《挥麈录》中也记载了这样一件事情:

> 承平时,扬州郡治之东庑,扃锁屋数间,上有建隆元年朱漆金书牌云:"非有缓急,不得辄开。"宣和元年,盗起浙西,诏以童贯提师讨之,道出淮南,见之,焚香再拜,启视之,乃弓弩各千,爱护甚至,俨然如新。贯命绋以试之,其力比之后来过倍,而制作精妙,不可跂及,士卒皆叹服。施之于用,以致成功。此盖太祖皇帝亲征李重进时所留者。仰知经武之略,明见于二百年之前,圣哉帝也。⑤

所谓宋太祖"经武之略,明见于二百年之前",虽属夸大之辞,但此事从侧面说明了宋太祖时期所生产的兵器质量过硬。

---

① 据《曾巩集》卷49《本朝政要策·兵器》、《宋史》卷197《兵志十一》、《玉海》卷151《兵制》与此略同,《文献通考》卷161《兵考十三》的记载则更为详细。
② 按照宋人的看法,宋太祖对武器的设置,也包含有防微杜渐的远见卓识,如宋高宗曾对大臣说:"祖宗有内军器库,在讹门,几百间,所藏弓弩器甲不可胜计。及军器库,在酸枣门外,数亦称此。原祖宗置库有内外之异,及弓弩弦箭亦各异藏,分官主之,皆有深意。"参见《建炎以来系年要录》卷113。黄履翁《古今源流至论》别集卷9、章如愚《群书考索》后集卷43也有类似记载,《群书考索》还明确地说:"此非神宗制也,抑亦祖宗制也。"
③ (宋)章如愚:《群书考索》后集卷43;(宋)曾巩:《曾巩集》卷49《本朝政要策·兵器》;《文献通考》卷161《兵考十三》。
④ 《宋史》卷197《兵志十一》。
⑤ 《文献通考》卷161《兵考十三》引。

在军工生产技术方面,除上文谈到的火箭等新式武器的发明之外,许多传统武器的生产工艺在宋太祖时期也有了不小的突破,其中以床子弩和砲最为典型。

床子弩,是当时军中的重武器,以射程远、威力大、能够连发见长,缺点是需要用四脚木架作为弩座,因而机动性较差,发射时也要配备多名弩手。宋太祖当年征讨南唐的时候,曾被南唐守军"发连弩射之,矢大如屋椽;牙将馆陶张琼遽以身蔽之,矢中琼髀,死而复苏"。① 北宋开国后,在宋太祖的关注下,床子弩的制造技术取得了重大的突破,射程由七百步提高到了一千多步:

> 陈从信者,心计精敏……魏丕为作坊使,旧制,床子弩止七百步,上令丕增至千步,求规于信。信令悬弩于架,以重坠其两端,弩势负,取所坠之物较之,但于二分中增一分以坠新弩,则自可千步矣。如其制造,后果不差。②

一步为五宋尺,依每宋尺约合 0.31 米计,一千步就是一千五百米左右,这是有史以来弩箭射程达到的一个新的纪录③。在亲征北汉、围攻太原的战斗中,宋太祖曾下令把床子弩安装在战船上向城中发动攻击,取得了一定的成效。宋真宗朝,在与辽国的战争中,床子弩也显现出强大的威力。④

除了床子弩之外,太祖朝时对单兵弩的研发也取得了突破,其中最著名的单兵弩为"神臂弓"。"神臂弓",射程为三百步,约合四百五十米以上,"能洞重札"、"最为利器"⑤。一般认为"神臂弓"出现于宋神宗熙宁元年(1068),但《四朝闻见录》有云:

---

① 《资治通鉴》卷 293 显德三年三月条。
② (宋)释文莹:《玉壶清话》卷 8。江少虞《宋朝事实类苑》卷 14 引《魏王别录》与此略同,《长编》卷 17 开宝九年三月条则仅提及魏丕,未提陈从信。
③ 王曾瑜:《宋朝兵制初探》,中华书局 1983 年版,第 259 页。
④ 其中最著名的战例就是宋真宗景德元年(1004)底,辽军先锋大将挞览在澶州前线督战时,被宋军的床子弩击毙,参见《长编》卷 58 景德元年十一月条。
⑤ (宋)沈括:《梦溪笔谈》卷 19《器用》,又见(宋)洪迈:《容斋随笔·三笔》卷 16《神臂弓》,中华书局 2005 年版。

> 太祖即位之三年,作神臂弓以威天下。①

这是一条以往史家较少措意的重要史料。叶绍翁是南宋大学者叶适的学生,其所撰《四朝闻见录》"记载详博,事得实而词旨微婉",被公认为是研究宋史尤其是南宋史不可或缺的重要著作之一。按照叶氏的说法,宋太祖即位的第三年,即建隆三年(962),北宋已经研发出了威力较大的"神臂弓"。

不论是床子弩,还是单兵弩,"其箭皆可施火药"②,这无疑可以产生更大的威力。

砲,即抛石机,是利用杠杆原理,抛射石头等重物以杀伤敌方目标的武器,因为底座上安装有四个轮子以便移动,也叫"砲车"。太祖朝时,宋军中已有独立编制的砲兵部队,番号"飞山雄武",其军营称作"飞山营",隶属于侍卫步军司。宋太祖曾多次亲临飞山军营,主持并检阅抛石机的作战演练,如建隆二年(961)二月,"幸飞山军营,阅砲车";开宝九年(976)十月,"幸西教场,观飞山军士发机石"③,等等。

值得注意的是,太祖时期,军队的"砲"已经由抛发石块,发展到了抛射火药包、火药球等爆炸性的火药弹,称为"火砲"。前面说过,宋太祖平定南唐时,曾大量使用过"火箭",战后所剩的"火箭"多达"二万支"。同样,开封武库中除了"太祖平唐火箭二万支"以外,还保存有宋太祖时的"金汁火砲样"。王曾瑜认为,这"无疑应是火药兵器"④。虽然此时的相关制造技术还十分粗糙和原始,但其在战争中展现出的巨大威力却不容小觑。现代战场上有"战争之神"美誉的火炮,就是从这里开始起步的。

---

① (宋)叶绍翁:《四朝闻见录》甲集"词学",中华书局1989年版。
② (宋)曾公亮、丁度:《武经总要》前集卷13。
③ 分见《长编》卷2、卷17。
④ 王曾瑜:《宋朝兵制初探》,中华书局1983年版,第271页。

科技发展取得的突破总是优先运用于军事领域,反过来,军事技术的革新又会极大地带动科技的发展,这是人类科技发展史上的基本规律。宋太祖时期在火箭、床子弩、抛石机等多种武器装备上取得的突破,集中代表了当时最高的科技成就,尤其是"火箭"、"火砲"等火药武器,标志着"四大发明"之一的"火药"已进入战场实用阶段。恩格斯说:"火药和火器的采用决不是一种暴力行为,而是一种工业的,也就是经济的进步。"① 宋代是中国古代科技发展史上的一个巅峰时期,宋太祖的"多才多艺"和他的"艺植"之力,着实功不可没。

第七节 货币、城市与商业政策

工商业的发展和城市的繁荣,离不开合理稳定的币制。

但自唐末五代以来,由于政治上的分裂割据,货币体系的紊乱也日甚一日,主要表现在三个方面:一是币种繁多,混乱不堪。五代时期的割据政权纷纷自行发行货币,其货币形制各异,兑换困难,甚至有的货币,如幽州刘仁恭发行的泥钱,以泥土为材质,是货币史上所仅见的畸类。二是铸造额和发行量严重不足。尤其是中原王朝,由于铜材稀缺,只能"相承用唐旧钱,其别铸者殊鲜"。铜钱的紧缺,使自中唐已出现的"钱荒"现象愈演愈烈。② 为防止铜钱外流,后唐明宗时规定:"其诸城门所出现钱,如五百已上,不得放出。"③ 后周世宗曾销毁大量铜佛像铸钱,但发行量仍远远不能满足市场的需要。三是劣币泛滥。唐代后期,夹铅、夹锡的劣质铜钱屡禁不止。后晋天福三年(938)至四年,又一度允许私人铸钱,

---

① 恩格斯:《反杜林论》,人民出版社2015年版,第177页。
② 《宋史》卷180《食货志下二》。参见乔幼梅:《从中唐到北宋钱荒问题的考察》,《历史研究》1990年第2期。
③ (宋)王溥:《五代会要》卷27《泉货》。

"令三京诸道州府无问公私,应有铜者,并许铸钱"①,从而使得私铸盗铸之风更盛,轻薄小钱、铁镴钱、铅锡钱等劣币充斥市场。北宋初年,市场中流行的大都是民间所盗铸的小钱,每十钱才重五钱半,其极小薄者仅重二钱半,"侵紊法制,莫甚于此"②。

宋太祖建国伊始,即针对上述问题采取措施,开始对币制进行整顿。

一是将铸币权完全收归中央,厉禁私人铸钱。建隆四年(963)颁布的《宋刑统》卷二十六"私铸钱"条规定:

> 私铸钱及造意人及勾合头首者,并处绞,仍先决杖一百。从及居停主人加役流,仍各先决杖六十。若家人共犯,坐其家长。若老弱残疾不坐者,则归罪其以次家长。其铸钱处,邻保配徒一年,里正、坊正、村正各决杖六十。

二是强制性收缴市面上的各种劣质货币。如建隆三年(962)诏:"禁诸州铁镴钱及江南所铸'唐国通宝'钱,民间有者悉送官,所在设棘围以受之,敢有藏隐,许人陈告,重置之法。"③乾德五年(967)进一步要求:"诸州轻小恶钱及铁镴钱等,限一月悉送官,限满不送者罪之有差,敢私铸者弃市。"④经过这两次大规模收缴,唐末五代时期屡禁不止的劣币基本退出了流通领域,在北宋王朝的原统治区内,铜钱成为唯一的合法货币。

在此基础上,宋太祖于开宝初年铸造"宋通元宝"钱⑤。这是北宋首次铸造新币,宋太祖极为重视,规定钱监所铸新铜钱,必须

---

① 《文献通考》卷9《钱币考二》。
② 《长编》卷8乾德五年十二月条。
③ 《长编》卷3建隆三年正月条。
④ 《长编》卷8乾德五年十二月条。
⑤ (宋)欧阳修《归田录》卷1曰:"国家开宝中所铸钱,文曰'宋通元宝'。"《宋史》卷133《食货下二》亦曰:"太祖初铸钱,文曰'宋通元宝'。"但《文献通考》卷9《钱币考二》则作:"宋初,钱文曰'宋元通宝'。"此处采用《归田录》及《宋史》中的记载。

"并依元样",凡经验收"粗怯不如样"的次品,均需当即退回重铸①。宋通元宝的形制为"圆形方孔,径一分,重一钱",厘定了北宋货币的基本规范。②宋人庄绰曾评价:"自开宝以来铸宋通、咸平、太平钱,最为精好。"③

北宋初期铜矿主要被江南各国控制,"宋通元宝"铸造量甚少,而且"清理流通领域里的污滥,并不像清理垃圾那样容易。旧的细小杂钱被清除了,如果流通领域里铜钱不足,又会出现新的细小恶钱"④。为防止诸如此类恶性循环的往复,宋太祖采取了三方面的措施,强化对铜币的国家管控。

首先是严禁铜钱外流江南、塞外和南蕃诸国。建隆三年(962)曾下诏:"近日缘边州府多从蕃部将钱出界,枉钱销熔,许人告捉,不以多少,并给与告人充赏。其经历地分,应干系兵校并当重断,十贯以上处死。"⑤后来又加大了惩治力度,改为五贯以上即处死刑。⑥开宝六年(973)三月又诏"禁铜钱不得入蕃界及越海至化外"。⑦

其次是通过各种措施将南方地区的铜钱集中于中央的掌控之下。如要求南唐每年都要以进贡的形式向北宋上缴大量的铜钱,其中仅庆贺宋太祖生日(长春节)一项,每年就需"别贡(铜)钱三十万"。由于铜钱大量上贡,南唐不得不在乾德二年(964)改行铁钱。又如平定后蜀之后,宋太祖命令转运使沈伦等"悉取铜钱上供"⑧,将后蜀政权多年积存的铜钱全数北运。开宝三年

---

① (宋)罗大经:《鹤林玉露》卷9。
② 参见姚兆余:《北宋货币政策发展演变述论》,《史学月刊》1994年第6期。
③ (宋)庄绰:《鸡肋编》卷中,中华书局1983年版。
④ 乔幼梅:《宋辽夏金经济史研究》,齐鲁书社1995年版,第147页。
⑤ (宋)章如愚:《山堂考索·后集》卷60《财用门·铜钱类》,中华书局1992年版。
⑥ 《长编》卷9开宝元年九月条。
⑦ 《续资治通鉴》卷7《宋纪七》。
⑧ 《宋史》卷478《南唐李氏世家》,《宋史》180《食货志·下二》。

(970)底又在四川雅州百丈县兴置钱监,"岁铸铁钱九千余贯,增十炉"①,下令当地只允许铁钱流通,"禁铜钱入两川"②,目的也是用铁钱套购当地民间的铜钱。平定南汉、南唐之后,宋太祖同样规定:"听权用旧钱(铁钱),勿得过本路之境。"③当时的北宋政权尚无力在全国范围内完全统一币制,这种政策可视为权宜之计,但借机收夺南方铜钱以充实国库,也是宋太祖的目的之一。

最后,也是最重要的,为了从根本上解决铜钱不足的问题,宋太祖不断加大国家货币的铸造额和发行量。尤其是在平定铜矿丰富的江南地区后,即命专人"经度采铜",在当地设监铸钱。据《玉海》卷一八〇记载:"太祖平吴(南唐),因旧制开监于鄱阳。"至开宝九年(976),仅饶州永平监一处的年铸币额就高达七万贯,而整个江南地区的铜钱铸造额则达到三十万贯,这已经与盛唐时期全国的铜钱铸造额相差无几了④。在此基础之上,北宋的铜钱铸造额连年增长:

> 拿宋代铸造的铜钱与唐代来比,唐玄宗天宝年间为31.7万贯,唐宪宗元和年间为13.5万贯,宋太宗至道年间的80万贯就分别为唐代以上两个数字的2.5倍和6倍,而宋神宗元丰三年的506万贯则分别为唐的19倍和37倍。由此看来,与采掘冶炼业一样,宋代铸钱业的发展之快和增长幅度之大也是惊人的。⑤

---

① 《玉海》卷180。
② 《宋史》卷180《食货志·下二》,又见《长编》卷11开宝三年十二月条。
③ 《文献通考》卷9《钱币考二》。
④ 《宋会要辑稿》食货一一之四。沈括《梦溪笔谈》卷12载:"国初初平江南,岁铸钱七万贯。"今人论著往往据此认定宋太祖的铜钱铸造"规模极小,没有实际的经济意义"。但据前引《宋会要辑稿》的说法,七万贯只是饶州永平监一处的铸造额,按《玉海》卷180的记载,"(开宝)九年七月,昇州言岁铸三十万缗",则仅江南地区在宋太祖朝末年的铸币额即达到了大约三十万贯。
⑤ 漆侠:《宋代经济史·下》,《漆侠全集》第4卷,第587页。

日本学者内藤湖南对唐宋货币曾有一个很概括的看法："唐代虽然货币的铸造一直不断,但流通量相对较少。货币的大量流通到宋代才开始。唐代虽然不是实物经济,但不少物品在利用货币表示价值之余却以绢布来交换。宋代则以铜钱代替绢布、绵等使用,发达的时候还盛用称为交子、会子的纸币……以前的钱币称为两或铢,这不用说是重量的名称……宋代废除重量的名称,而以钱的个数来表现(即一个铜钱为一文,一千个铜钱为一贯),从中可知钱的使用在当时是如何的盛大。"①以钱的"个数"来表现货币的单位,正是从宋太祖的"宋通元宝"开始的,由此开启了宋代"盛大"的货币经济。另外一件值得关注的事情是,大致在宋太祖去世后的第五个年头,世界上最早的纸币——交子②开始在四川地区发行。

　　盛大的货币流通,促进着商业的繁荣。

　　商业繁荣,首先表现为商人地位的提高。

　　中国古代一直存在"重农抑商"的传统,历代王朝对工商业者,尤其是对商人大多采取鄙夷、打压的歧视政策,如唐玄宗朝撰修《大唐六典》时,以法律明文划分了士、农、工、商的"四人"界限:"凡习学文武者为士,肆力耕桑者为农,工作贸易者为工,屠沽兴贩者为商",规定:"工商皆为家专其业以求利者","工巧业作之子弟,一入工匠后,不得别入诸色","工商之家不得预于士"③。此外,还规定工商业者不得乘马,商贾妻子不得乘奚车及檐子,衣着服饰及丧葬器用亦不得越制等,把工商业者归入"杂色之流",视为"贱类","看作唯利是图的无耻小人,加以人格和道德的丑化,

---

① [日]内藤湖南:《概括的唐宋时代观》,《日本学者研究中国史论著选译·第一卷·通论》,中华书局1993年版,第15—16页。
② 关于交子最早的发行时间,诸说不一。此据李埏、林文勋:《宋金楮币史系年》,云南民族出版社1996年版,第3—5页。
③ (唐)李林甫:《唐六典》卷3《尚书户部》、卷7《尚书工部》,中华书局1992年版。

制造不利于民间私营工商业生存发展的社会氛围"①。

宋初,这种状况有了明显的改变。在北宋开国的当年(960)四月,宋太祖颁布了一道重要诏令:

> 所在不得苛留行旅,赍装非有货币当算者,无得发箧搜索。②

诏令要求各地关卡,不得随意扣留、刁难商旅,对铜钱之外的货物也不得搜查。在商人长期被视为"杂色之流"、"贱类",遭受官吏欺凌、勒索已属司空见惯的历史大背景下,这道尊重商人权益的诏令,不仅反映了宋太祖对商品流通领域的重视,更是提高宋代商人社会地位的开端,具有不容忽视的意义。

开宝七年(974)五月,又发生了一件颇具转折意义的事件:

> 京师民有市官物或不当价者,马军都军头史珪密遣人伺之,告其诬罔,往往坐诛,列肆为之昼闭。上既闻其事,乙丑,降诏曰:"古人以狱市为寄者,盖知小民惟利是从,不可尽绳以法也。且先甲之令,未始申严,苟陷人于刑辟,深非理道,将禁其二价,宜示以明文。自今应市易官物有妄增损价直、欺罔官钱者,案鞫得实,并以枉法论。其犯在诏前者,一切不问。"自是,珪所言上愈不用矣。③

前面章节中曾说过,史珪是太祖最亲信的宠臣之一,太祖将其视作自己的耳目。但当开封城的商人以"列肆昼闭",即通过集体罢市来表达对史珪迫害商贾的不满时,宋太祖不仅专门下诏书向商人们进行解释和让步,还因此疏远了史珪。由此可以看出,商人在宋太祖心目中已经不再是予取予夺的"贱民"了。

这的确是一个富有时代特点的积极变化。

---

① 刘玉峰:《唐代工商业形态研究》,山东大学出版社2012年版,第17页。
② 《文献通考》卷14《征榷考一》,《宋会要辑稿》食货一七之一〇,这道诏令在《长编》、《宋史》中都没有收录。
③ 《长编》卷15开宝七年五月条。

唐末以来,随着门阀政治的彻底瓦解和社会底层成员的广泛崛起,门第、血缘观念逐渐淡薄,自我奋斗、白手起家的精神开始为社会所提倡。在这种历史大背景下,经济领域中凭本事致富的商人,其地位逐渐得到时人的认可,经商作为"本业"之一,得到了更多的理解与重视。如欧阳修就主张:

> 夫欲诱商而通货,莫若与之(商人)共利,此术之上也。①

北宋名臣邓绾更明确指出:

> 行商坐贾,通货殖财,四民之益也。②

南宋时期,商人应为"一等齐民"的主张就更明显了:

> 古有四民,曰士,曰农,曰工,曰商。士勤于学业,则可以取爵禄;农勤于田亩,则可以聚稼穑;工勤于技艺,则可以易衣食;商勤于贸易,则可以积财货。此四者,皆百姓之本业,自生民以来,未能易之者也。③

> 士、农、工、商,各有一业……同是一等齐民。④

与上述观念相适应的是,宋代商人不但可以正当经营,商人子弟有权进入州县官学读书,也有参加科举考试的资格⑤,如仁宗朝状元冯京的父亲便是商人。而商人地位的提高,带来的最直接结果就是经商者数量的剧增,如哲宗朝初年,仅东京城内从官府"市易务"贷款的大小商户就达二万七千多户。⑥ 宋代商业的空前繁荣,是与商贾群体的庞大分不开的。

作为开国之君,宋太祖对商人权益的尊重,顺应并开启了上述

---

① (宋)欧阳修:《欧阳修全集》卷45《通进司上书》,中华书局2001年版。
② (宋)王偁:《东都事略》卷98《邓绾传》,文渊阁四库全书本。
③ (宋)陈耆卿:《嘉定赤城志》卷37《风俗门·土俗·重本业》,中华书局1990年版。
④ (宋)黄震:《黄氏日抄》卷78《又晓谕假手代笔榜》,文渊阁四库全书本。
⑤ 关于宋代商人社会地位的提高,可参看朱瑞熙:《宋代商人的社会地位及其历史作用》,《历史研究》1986年第2期;叶坦:《宋代社会发展的文化特征》,《社会学研究》1996年第4期。
⑥ (宋)苏辙:《栾城集》卷38《乞放市易欠钱状》,上海古籍出版社1987年版。

时代潮流,对两宋商业的发展起到了重要的推动作用。

商业繁荣的另一个标志是城市与市场规模的扩大。

传统"重本抑末"的一个重要举措就是在时间和空间上对商业行为进行管控,如唐代只允许在州县以上的中心城市设市①。大中城市虽然可以设市,但依然受到"坊市"制度的限制。坊是指居民区,市则是商贸聚集区。如都城长安,市一般占据一坊或数坊之地,有门,有围墙,内部还建有市楼,市门有军兵、市吏把守,管理市场的官员在市楼上办公,市场内有军兵往返巡逻,并有市吏居高临下监视商贸活动。市场的开放和关闭都有固定的时间,"凡市,以日中击鼓三百声而众以会,日入前七刻击钲三百声而众以散"②,散市后再进行的交易,就属于非法行为。从唐代中叶开始,商业发展开始逐步突破上述种种时间与空间的限制。例如非中心城市的草市(于乡镇或交通要道)等虽依旧被视为不合法,但却已自发形成并初具规模,夜市也在合法与非法的边缘中顽强出现。③

"草市"的合法化是从宋代开始的。从目前已知的史料可以得知,宋太祖时就有"乡落墟市,贸易皆从民便"④的政策。草市、镇市、墟市等由此得到了官府的承认,开始迅速发展。它们与大中城市一起,共同构成了宋代商业的市场网络。

以草市的合法化为起点,"坊市"制度在宋初也逐渐松动,⑤商

---

① (宋)王溥:《唐会要》卷86《市》,中华书局1955年版。
② (唐)李林甫:《唐六典》卷20《京都诸市令》。
③ 关于唐代草市、夜市的发展情况,参见张泽咸:《唐代工商业》,中国社会科学出版社1995年版,第242—244页。
④ 《文献通考》卷14《征榷考一》。
⑤ 朱瑞熙:《宋代商人的社会地位及其历史作用》,《历史研究》1986年第2期。另,日本学者加藤繁《宋代都市的发展》(《中国经济史考证》第一卷,吴杰译,商务印书馆1959年版)、木田知生《关于宋代城市研究的诸问题》(《东洋史研究》第37卷第2号)、梅原郁《宋代的开封与城市制度》(《鹰陵史学》三、四号合刊)认为坊市制度的崩溃发生在真宗、仁宗时期;中国学者陈振认为坊市制度的崩溃大概是在太宗末、真宗初(《宋代社会政治论稿》,上海人民出版社2007年版,第175页)。

业活动不再局限于此前固定区域的市内进行,而是较多地集中到街道上,形成了许多热闹的商业街或商业区。以都城东京为例,临街的坊墙已被拆除,允许人户临街修盖凉棚、起楼阁,实际上就是准许临街开店、面街而居,将交易区扩展到城市的各个角落,东京也由此成功完成了由封闭型(坊市分离)向敞开型(坊市合一)的转化。

在"坊市制"瓦解的同时,"日中为市,日落闭市"的禁令也在宋初被废止。乾德三年(965)四月,宋太祖下达了一道重要诏令:

令京城夜市,至三鼓已来,不得禁止。①

这就以法律的形式,将自发形成的夜市固定下来了。另外,每逢元宵、端午、七夕等节日,商业经营更是通宵达旦。

关于宋代市场在空间和时间上的"解放",现代学者大多给予较高的评价,认为是市场形态从"古典市制"转变为"近代市制"的突破性发展②;认为近代商业市容面貌从宋代开始形成,宋都东京是中国古代最早形成的敞开型城市,具有典型的历史意义。③ 从前面的叙述可以看出,这些历史性变化的起点,都可以追溯到宋太祖时期。

伴随着市场的解放与扩大,统一和规范商税征收就成为宋代国家理财的一个重要方面。

苛重和混乱的商税,是五代时期的一大弊政,也是商品流通的一大障碍。建隆元年(960),宋太祖下诏免除了沧、德、棣、淄、齐、郓等州三十九处黄河渡口的津渡钱④,对沿五丈河、汴河等沿河州县民众贩运粮食、米面的船只,也采取了免除其商税的优惠政

---

① 《宋会要辑稿》食货六七之一。
② 参见秦晖:《汉唐商品经济比较研究》,《陕西师范大学学报》1991 年第 2 期;魏天安:《宋代行会制度史》,东方出版社 1997 年版。
③ 周宝珠:《〈清明上河图〉与清明上河学》,河南大学出版社 1997 年版,第 6—7 页。
④ 《宋史》卷 186《食货志·下八》。

策。① 在平定南汉之后,为解决当地缺医少药的问题,宋太祖在开宝八年(975)还专门下诏规定"商人以生药度岭者免算(商税征收)"②。

宋太祖减轻商税最重要的措施,是建隆元年开始制定并颁布全国通行的商税法规——《商税则例》。据《文献通考》记载:

> 宋太祖皇帝建隆元年……又诏榜商税则例于务门,无得擅改更增损及创收。③

南宋学者陈傅良更详细地解释说:

> 恭惟我艺祖开基之岁,首定商税则例,自后累朝守为家法。凡州县小可商税,不敢专擅创取,动辄奏禀三司取旨行下。④

《商税则例》颁布,具有十分重要的意义。

一是实现了全国范围内的税法统一,不仅解决了唐末五代诸割据势力各自为政造成的商税滥征苛敛、畸繁畸重问题,而且打破了割据者们为盘剥本地财赋而人为设下的重重障碍,大大方便了商品的流通⑤。

二是把增减商税征收项目的权力完全收归中央,各州县包括部分关镇设立的税务只能依例收税,无权擅自增加,从而保护了商业贸易的有序发展。

三是明确了征税范围和税率。按照宋初《商税则例》的规定,"钱帛、什器、香药、宝货、羊豕,民间典卖庄田、店宅、马牛、驴骡、橐驼及商人贩茶皆算;有敢藏匿物货为官司所捕获,没其三分之一,仍以其半与捕者",而"除商旅货币外,其贩夫贩妇细碎交易,

---

① 《宋会要辑稿》食货一七之一〇。
② 《长编》卷16开宝八年五月条。
③ 《文献通考》卷14《征榷考四》。
④ 《文献通考》卷14《征榷考一》。
⑤ 漆侠:《宋代经济史·下》,《漆侠全集》第4卷,第967页。

并不得收其算"①。至于税率,分为过税(即商品流通中的关税)和住税(即商品交易中的市税)两类,《文献通考》卷十四载:

> 行者赍货,谓之过税,每千钱算二十;居者市鬻,谓之住税,每千钱算三十。大约如此,然无定制,其名物各从地宜而不一焉。

综合相关文献记载可知,宋初的商业税大致是按货物价值计算,过税征税百分之二,住税征税百分之三。除此之外,宋太祖明确规定征税范围和税率都要"颁行天下,揭于板榜,置官宇之屋壁"②,以使过往商人对应交税款一目了然,对违规的苛捐杂税则可以拒绝缴付。

宋太祖编定的《商税则例》,奠定了两宋商税制度的基础。尽管后来曾多次修订,但其"惠通商贾,懋迁百货"③的基本精神却被"累朝守为家法",对两宋商业的长期繁荣起到了重要的促进作用。

与规范商税相一致,宋初的国家专卖制度也有明显调整。

对盐、酒(包括酒曲)、茶等生活必需品,宋初继续沿用前朝的"官榷专卖"制度,即由官府控制其生产、运输和销售,以获取丰厚的利润。不过,宋太祖并不是简单地照搬旧制,而是根据宋初的实际情况,对原本五代十分严苛的盐、酒专卖采取放宽政策,重点加强对新增榷茶的管理。

榷盐、榷酒、榷茶等国有垄断工商业,其利润主要用于军费、官俸等财政开支。满足财政需要是国家垄断部分工商业经营的直接目的,这是传统社会由来已久的一种政府财政经济或称政治经济。这种经济模式主要依靠政治权力和强制性的垄断价格而牟利,背离了经济运行的法则和要求,扰乱甚至完全破坏了价值规律的正

---

① 《宋会要辑稿》食货一七之一三。
② 《宋会要辑稿》食货一七之一三。
③ 《宋会要辑稿》食货一七之三八。

常运行,其垄断利润越高,对社会经济健康发展的伤害就越大。①

在继续实行"官榷专卖"制度的同时,宋太祖似乎也关注到了上述问题,并多少采取了一些解决问题的措施。

一是调低官盐、官酒(曲)的价格。如开宝七年(974)六月,"减京城曲价,斤止百钱"②;七月,"川峡盐,承伪制官鬻之,于是诏减十钱,以惠远民"③;开宝九年七月更是大幅度地调低了盐价,"先是,令诸州卖盐,斤六十钱者减为五十,四十者为三十。至是,颗盐(海盐)减至四十四。乙酉,令复减四钱"④。

二是特许一些地区不实行盐酒专卖。五代时期就规定,河北禁止私人贩盐,宋朝开国后的第四年,宋太祖开始命令河北邢、洺、磁、镇、冀、赵六州城外二十里"通行盐商"。至开宝三年四月,宋太祖正式下达手诏,废除河北全境盐禁之制,允许盐商自由贩卖,"过者斤税一钱,往者倍之"⑤。据沈括《梦溪笔谈》卷十一记载:

> 河北盐法,太祖皇帝尝降墨敕,听民间贾贩,唯收税钱,不许官榷。其后有司屡请闭固。仁宗皇帝又有批诏云:"朕终不使河北百姓常食贵盐。"献议者悉罢遣之。河北父老,皆掌中掬灰,藉火焚香,望阙欢呼称谢。

宋太祖开放河北地区的盐禁是有其特殊考虑的,如仁宗朝余靖指出:

> 臣尝痛燕蓟之地,陷入契丹几百年,而民忘南顾心者,大率契丹之法简易,盐曲俱贱,科役不烦故也。昔太祖推恩河朔,故许通商,今若榷之,价必腾踊,民苟怀怨,悔将何及。河朔土多盐卤,小民税地不生五谷,惟刮碱煎盐以纳二税,禁之

---

① 刘玉峰:《唐代工商业形态研究》,山东大学出版社 2012 年版,第 19 页。
② 《长编》卷 15 开宝七年六月条。
③ 《长编》卷 15 开宝七年七月条。
④ 《长编》卷 17 开宝九年七月条。
⑤ 《长编》卷 11 开宝三年四月条。

必至逃亡。盐价若高,犯法亦众,边民怨望,非国之福,乞且仍旧通商。①

与盐业专卖有特殊的政策相仿,"酒榷"在内地的陈、滑、随、郢、均、邓、金、房州、信阳军等军州,也不再实行国家专卖。平定南汉后,开宝四年(971),"广南转运使王明言:广州酒曲元无禁法,军民取便酝卖,诏依旧不禁";当年十月,"知邕州范旻言:本州元无曲法,诏如广州例"②。岭南地区也不实行榷酒。榷酒政策的放宽,不但繁荣了酒的买卖,也促进了民间造酒技术的发展。如高度蒸馏酒,即后来流行的"白酒"、"烧酒"在北宋开始出现,③极大影响和丰富了中国人的生活。

在放宽盐、酒专卖的同时,宋太祖却对"榷茶"给予了格外的重视。

中国是茶树原产地,是世界上最早饮茶、种茶的国家。蜀汉时期,文献上已有蜀地种茶、卖茶的记载。历经魏晋南北朝,茶树栽培扩展到长江流域,饮茶渐成风俗,茶叶贸易初具规模。进入唐朝后,饮茶已风靡全国,种植茶树和销售茶叶所带来的利润日趋丰厚,官府也开始对茶征税。唐德宗建中元年(780),"税天下茶、漆、竹、木十取其一",但时征时停。至贞元九年(793)后,方"税茶无虚岁","每岁得钱四十万贯"④,茶税成为国家的一项重要收入。唐文宗、武宗两朝,又规定茶叶由国家统购,"禁民私卖茶,自十斤至三百斤,定纳钱决杖之法"⑤。不过,在五代时期,或许是与茶叶产地主要被南方各政权控制有关,北方各王朝基本放弃了茶叶专卖,允许商人自行贩卖江南茶叶。如周世宗柴荣在发迹之前,就曾

---

① 《宋史》卷181《食货志·下三》。
② 《宋会要辑稿》食货二〇之三。
③ 李华瑞:《中国烧酒起始探微》,《历史研究》1993年第5期。
④ 《文献通考》卷15《征榷考五》。
⑤ 《长编》卷5乾德二年八月条。

经远赴江陵等地长途贩运过茶叶,民间传说河北赵州桥上的车辙,就是周世宗推车贩茶时留下的。

北宋建国后不久,宋太祖着手恢复唐代国家对茶叶统购统销的政策。据《长编》卷五载:

> (宋太祖乾德二年八月)辛酉,初令京师、建安、汉阳、蕲口并置场榷茶。……于是令民茶折税外悉官买,民敢藏匿而不送官及私贩鬻者,没入之,计其直百钱以上者,杖七十,八贯加役流。主吏以官茶贸易者,计其直五百钱,流二千里,一贯五百及持杖贩易私茶为官司擒捕者,皆死。

从这段记事可以看出,宋初在京师等地设场行榷茶之制,规定种茶园户要将折充两税之外的余茶全部卖给政府,不得私自出卖,否则即处以没收和刑罚,并惩治主掌茶务的官吏。[①] 宋太祖之所以推出如此严厉的榷茶政策,主要还是看中了丰厚的茶利,更何况北方数十年未曾大规模榷茶,相比盐、酒的利尽入官,茶利则有较大的增长空间。这种严厉的规定很快就得到落实,并没有引起太多的阻力。因为相对于盐来说,茶虽然也是生活必需品之一,但榷茶对中下层民众生活的影响相对较小。

其实早在建隆初年,宋太祖就选派监察御史刘湛在蕲春一带进行榷茶实验,结果"岁入增倍",成效显著。宋太祖十分高兴,"以监察御史刘湛为膳食郎中。湛奉诏榷茶于蕲春,岁入增倍。迁拜越级,非旧典也"[②],刘湛因榷茶业绩突出获得了越级提拔。

至乾德二年(964),北宋政权平定了江陵、湖南,控制了当时茶叶主产区之一的两湖地区,榷茶的条件更加成熟。第二年九月,又采纳淮南转运使苏晓的建议,派他"尽榷舒、庐、蕲、黄、寿五州茶货,置十四场,一萌一蘖,尽搜其利"[③]。

---

① 参见刘玉峰:《唐代工商业形态研究》,山东大学出版社2012年版,第165页。
② 《长编》卷3建隆三年正月条。
③ (宋)释文莹:《玉壶清话》卷2。

开宝七年(974)四月,宋太祖又派另一个"能吏"刘蟠担任特使,于庐、舒等州巡视榷茶状况。刘蟠假装成贩私茶的商人,骑着一头骡子,"抵民家求市,民家不疑,出茶与之,即擒置于法"①。

经过上述三次严厉的整饬,宋太祖建立起了一套较为完整的榷茶制度。一是淮南一带出产茶叶的茶园都隶属于官府设立的十四个山场(后改为十三个),茶农称为"园户",有专门的户籍,出产的茶叶都必须按照官府规定价格售予山场,不得"藏茶于私家"。二是"淮南之外"的其他各路,官府也设置了很多"山场",允许种茶园户以茶折税,剩余的茶叶全部由官府收购。② 三是商人经营茶叶,须按官府规定价格先在京城开封缴纳现金,获批准后才能执官方批文到官府指定的榷茶地点领取茶叶。这三方面的规定,大都是在宋太祖乾德年间形成的,故被称为"乾德茶法"。这一茶法的基本原则就是"政府居于生产者与商人之间,一手专买,一手专卖,获取垄断利益"③。如此一来,通过禁止茶农和商人间的直接贸易,茶利源源不断地流入官府,成为宋代财政的重要支柱。

虽然宋初实施严格的茶叶专卖制度,但对茶叶的种植和茶饮的普及并没有产生太大的负面影响,至北宋中期,饮茶已成为一种日常的习尚。如王安石曾谈道:"夫茶之为民用,等于米盐,不可一日以无也。"④宋人刘弇亦有言:"(茶)百年已来,极于嗜好,略与饮食侔者。"⑤

总的看来,宋太祖颁布的上述工商业政策是成效显著的,当时每年的茶利高达百万贯⑥,河北一地仅盐商商税也达到十五万贯

---

① 《长编》卷15开宝七年四月条。
② 李晓:《北宋榷茶制度下官府与商人的关系》,《历史研究》1997年第2期。
③ 沈冬梅:《太祖时期的社会经济形势与乾德茶法》,《宋史研究论文集》第十辑,兰州大学出版社2004年版。
④ (宋)王安石:《临川先生文集》卷70《议茶法》。
⑤ (宋)刘弇:《龙云集》卷28《策问中·茶》,文渊阁四库全书本。
⑥ 《长编》卷6乾德三年九月条。

之多①,而北宋初期政府全年的总收入才不过"缗钱千六百余万"②,吏禄兵廪支出"全岁不过百五十万缗"③。可见,工商业的丰厚利润对改善北宋初年的财政经济状况发挥了重要作用。

太祖朝虽然不乏"重本抑末"的传统提法,但其含义与以往的抑制工商业已经有了根本性的变化,正如南宋学者陈傅良指出的:

> 自建隆圣人专务宽厚,不忍以加赋厉农,而禄士、饷军、堤防、大河、固围三边与夫宾赐祭享,凡邦国大用不可已者,往往十有六七仰给于征榷之吏。④

"建隆"是宋太祖的第一个年号,"建隆圣人"的治国思路虽然不能道德化的概括为"专务宽厚",但其中的确有新的思路,即通过工商业的发展和工商税的收取,以减轻农民的赋税负担,农民得以惠享工商繁荣。这不仅使得经历五代战乱之后的农业生产得以迅速恢复,农业、工商业走上了协调发展、互相促进的良性循环,同时也一定程度上缓和了社会矛盾,避免了大规模农民战争的爆发。从这一意义上说,将宋太祖冠以"建隆圣人"之名也是恰当的。

商业空间的扩大,商业的繁荣还表现在对外贸易上。

宋代对外贸易的大格局,尤其是海上丝绸之路的发达,也是在宋初奠定的。宋太祖时期有两条对外贸易通道,一条是起源于西汉的陆上丝绸之路,一条是在唐朝时新开辟的海上丝绸之路。自唐中期以来,受割据和战乱的影响,陆上丝路贸易已经衰落,虽然在宋太祖时期曾得到了恢复,并一度繁荣,但太宗之后又基本中断了。海上丝路是太祖时期,也是两宋时期最主要的对外贸易通道。

最早与宋建立起海外交流关系的是三佛齐。建隆元年(960)

---

① 《宋史》卷181《食货志下三》。
② (宋)李心传:《建炎以来朝野杂记》甲集卷14"国初至绍熙天下岁收数"条。
③ (宋)李心传:《建炎以来朝野杂记》甲集卷17"国初至绍兴中都吏禄兵廪"条。
④ (宋)陈傅良:《止斋先生文集》卷38《代胡少钦监酒上婺守韩无咎书》,商务印书馆四部丛刊初编本。

九月,"三佛齐王悉利大霞里坛遣使来贡方物"①,使者带来的犀角中有"宋"字的纹饰,这让刚刚开国登基的宋太祖着实兴奋了一阵子,这个故事在本书第三章已经交代过。第二个国家是占城国:

> 太祖建隆元年十二月,其王释利因塔蛮遣使菩诃萨布君等以方物、犀角、象牙来贡。
>
> 二年正月,其王释利因陀盘遣使莆诃散等来朝。表章书于贝多叶,以香木函盛之。贡犀、牙、龙脑、香药、孔雀四、大食瓶二十。使回,赐赍有差,仍以器币优赐其王。②

在三佛齐和占城之后,高丽、大食、交趾、真腊、印度等国亦纷纷来朝,"蕃夷"们将犀角、象牙、香药等"贡于上国",宋则"赐赍有差"——这实质上已经形成贸易关系,史学界称之为"贡赐贸易"。贡赐贸易不是单纯的经济活动,还附带有政治外交功能,但所"贡"与所"赐"也并非没有商业考量,宋朝一般会先评估所贡物品的价值,然后再回赐相关物品。总体上,保持着"薄来厚往"的原则③。

与"贡赐贸易"相伴而行的是"私觌贸易",即朝贡使团除了携带"贡品"以外,也往往会夹带私货(珠宝、香料、犀角等特产),在完成差事之余,会以私人身份进行贸易。这种贸易因是建立在平等交易的基础上,虽然不正式,但是商业性反而更纯粹。太祖时期这种贸易就已随朝贡而兴起,当时赵宋王朝统治尚未稳定,需要借助外国来朝以扩大声望,因而"对私觌互市采取相当容忍的态度,甚至给予减免商税"④。朝贡使团往往因此而获得非常优厚的利润,故而入贡频繁,使团队伍也不断扩大。

---

① 《长编》卷1建隆元年九月条。
② 《宋会要辑稿》蕃夷四之六二至六三。
③ 陈少丰:《宋代海外诸国朝贡使团入华之研究》,福建师范大学博士学位论文,2013年。
④ 廖大珂:《宋代私觌贸易初探》,《南洋问题研究》1991年第1期。

比之于"贡赐贸易"与"私觌贸易",官方的"市舶贸易"要大得多,也最接近现代的国际贸易。五代时期的南方诸政权对海外贸易均采取鼓励政策,尤其是南汉和闽国,更是乘地利之便,积极发展海上对外贸易,它们的财政收入有很大一部分即来源于此。①开宝四年(971)二月,宋军统帅潘美等率兵攻灭南汉。四月末,将南汉皇帝刘𬬮押解到开封,五月正式受降,而到了六月份,宋太祖就下令在新占领的广州城建立一个全新的政府机构"市舶司"②,专门负责管理海外贸易,"壬申(初八),初置市舶司于广州,以知州潘美、尹崇珂并兼使,通判谢玭兼判官"③。潘美是攻灭南汉的宋军统帅,兼任广州的最高行政长官,此时又兼市舶使。从该机构成立之快和规格之高,可以看到宋太祖对海上贸易是非常重视的。开宝四年六月初八,应该是宋太祖下旨成立市舶司的日子,第二天,即"遣使祀南海"④。显然,成立"市舶司"与"遣使祀南海"是紧密相关的两件事,前者是为了掌控海外商贸带来的大量税收,以充盈国库,后者是为了祈求南海贸易一帆风顺,以保证海上贸易正常进行。此举的意义微妙而深远,"宋政府借此成为了航海活动的组织者,理所当然,也就成为了航海活动的管理者。这既是宋朝政府重视海外贸易的表现,又是宋政府加强对海外贸易控制的重要措施和标志"⑤。

宋初市舶司的职能包括:港口修缮和维护、船舶进出港管理、走私缉查、贸易征税、招徕互市、贡使审查与接待,当然还包括祭海祈风。市舶司的重点任务是"招徕远人",为了吸引外国商人,宋

---

① [美]贾志扬:《宋代与东亚的多国体系及贸易世界》,《北京大学学报》2009年第2期。
② 唐朝虽有市舶使,但无市舶司。参见黎虎:《唐代的市舶使与市舶管理》,《历史研究》1998年第3期。
③ 《长编》开宝四年六月条。按,在《宋会要辑稿》职官四四之一记载兼任市舶判官者为"谢处玭"。
④ 《宋史》卷2《太祖本纪二》。
⑤ 黄纯艳:《宋代海外贸易》,社会科学文献出版社2003年版,第81页。

太祖对离境的船舶实行犒宴送行的制度,"广州自祖宗以来……每年发舶月分,支破官钱,管设津遣。其蕃汉纲首(中外货主)、作头(船长)、梢工(船员)等人,各令与坐,无不得其欢心"①。善待外商的做法,显示了宋代海外贸易的开放与自信。

宋初开放的海外贸易政策,为宋代历代皇帝所继承。其后京东路之密州,两浙路之江阴、秀州、杭州、明州、温州,福建路之泉州均设置了市舶司、市舶务或市舶场,与中国建立海上贸易关系的国家和地区达50多个,遍及欧亚非三大洲,在当时的世界贸易体系中居于支配地位,是中国海上丝绸之路最发达的时期。当然,在这种双赢的贸易关系中,中国也获益极丰,"在11世纪大部分时间里,政府从海外贸易(市舶收入)中获取的财政收入每年增长50万贯,到了12世纪早期,增长额超过100万贯,而到了1159年的时候,增长额度已经达到大约200万贯"②,占到当时国家财政收入的百分之二十,无怪乎宋高宗曾感叹说:"市舶之利最厚,若措置得当,所得动以百万计,岂不胜取之于民?朕所以留意于此,庶几可以少宽民力尔。"③

西北地区的陆上丝绸之路原来有三条干线:"南道"为经今天水、陇西、临洮、临夏、乐都、西宁,再从扁都口入张掖;"中道"为经今天水、陇西、兰州、永登,越乌鞘岭至武威;"北道"为经今平凉、固原、景泰,沿腾格里沙漠南沿至武威。唐朝末年,这三条道路的所在地为吐蕃、党项等部族占据,他们阻断交通,打劫商旅,往来行人视为畏途。在这种情况下,使者、商旅不得不改道由灵州过黄

---

① 《宋会要辑稿》职官四四之一四。
② [美]贾志扬:《宋代与东亚的多国体系及贸易世界》,《北京大学学报》2009年第2期。按,此处的"增长额"指的应该就是当年收益,而不是相较去年的增长。目前未见关于太祖时期从市舶司所获收益的记载,但《宋史》卷268《张逊传》称太平兴国三年(978)市舶收入为30万缗,此去太祖朝仅两年,则太祖时期的收入也差不多是这个数字。
③ 《宋会要辑稿》职官四四之二〇。

河,穿过今阿拉善左旗所在的腾格里沙漠,而达凉州,从而形成了以灵州为中心的一条新的丝绸之路①。在这条新开辟的贸易道路上,回鹘人成为中外交流的中间商。

宋太祖时期,这条贸易通道一度很活跃,这在本书的第五章中已有所交代。太宗时,处理党项问题出现重大失误,其首领李继迁率部反宋,终于在宋真宗咸平五年(1002)攻陷灵州。西夏对来往商贾课以重税,并且严禁马匹、骆驼等战略物资出口到宋,"西夏并不是丝绸之路的终结地,它的强盛无疑对宋与西域的联系有阻碍作用……(西夏占据灵州后)长达二百五十年之久、以灵州为中心大规模的西北国际商贸活动宣告终止"②。

宋朝的两条丝路贸易演绎出两条截然不同的命运,如果追根溯源,似乎也可以说,是宋太祖亲手种下了这两种不同命运的种子:宋朝武力不张,故其陆上丝路趋于没落;开放自信,故海上丝路得以日臻繁荣。这两条丝路恰恰揭示出关于宋朝国力的一个悖论:政治军事上"不勤远略",经济文化上"辐射万邦"。

第八节 医药:皇帝的兴趣与官方的推动

中国传统医学的发达主要体现在医者与病人的个体行为上,宋朝虽然没有改变这种格局,但官方在医药方面的热情则有显著提高,医药成为国计民生的重要组成部分。从事中国古代医学史研究的学者有一个共识性的评价,即"中国历代政府重视医学者,无过于宋"③,"综观中国医学发展史,在历代皇帝中,重视并主要发挥积极影响者,当以宋代为最"④。考古学家宿白在研究唐宋雕

---

① 参见周伟洲:《五代时期的丝绸之路》,《文博》1991年第1期。
② 罗丰:《五代、宋初灵州与丝绸之路》,《西北民族研究》1998年第1期。
③ 谢观:《中国医学源流论》,福建科学技术出版社2003年版,第33页。
④ 李经纬:《北宋皇帝与医学》,《中国科技史料》1989年第3期。

版印刷时,特别关注到宋太祖时期的一个突出现象,即"北宋肇建,最急切的是刊印安定社会秩序的法律文书和恢复人民健康的医药书籍"①,这也从侧面反映了宋初医药学的重要地位。

宋代官方对医药学的重视,与宋太祖对医药学的强烈兴趣和积极推动是分不开的。根据相关记载,宋太祖年轻时极为推崇"灸艾"之术②,原因就像他自己后来所说的:"我尝灸,得力。"③可以想见,在早年颠沛流离的漫游经历中,必定是这种简便易行、颇具奇效的灸艾术,为他解除了许多疾病痛苦,因而吸引他精心习学并毕生不忘,甚至于视其为包治百病的灵丹妙药,经常推荐给其他人使用。

在后周军中时,宋太祖作为带兵大将,与名医刘翰关系密切。陈桥兵变时,宋太祖就特地把刘翰安排在自己的大军中。④ 刘翰,沧州临津(今河北黄骅)人,出身名医世家,著有《经用方书》(三十卷)、《论候》(十卷)、《今体治世集》(二十卷)等多种医学著作。从周世宗时起,刘翰就一直担任翰林医官院的太医。宋太祖可以通过此人及时掌握周世宗病重期间的身体状况,在陈桥兵变的关键时刻,又让刘翰跟随在自己的身边,说明两人之间的关系颇不寻常。北宋开国后,刘翰先后担任翰林医官、尚药奉御,宋太宗时晋升为翰林医官使,在太祖、太宗两朝一直是地位最高的太医。

宋太祖在后周军中的老上级张永德,军中都称他为"张道

---

① 宿白:《北宋汴梁雕版印刷考略》,《唐宋时期的雕版印刷》,文物出版社1999年版,第13页。
② 艾灸,是传统针灸术的一种,使用点燃的艾草柱来灼热穴位和经络以治病,唐宋时甚为流行。宋人陈元靓的《事林广记》中就有专门的《灸艾门》,其辛集卷6记载说:"灸艾,皆以日正午已后,方可下火灸,谓阴气未至,灸无不着,午前平旦,谷气虚,令人癫眩。不可卧灸,谨之谨之! 大概如此,卒急者又不可拘此。若遇阴雾大起,风雪忽降,猛雨炎暑,雷电虹霓,且暂时停候,待清明即再下灸。灸时不得伤饱、太饥、饮酒、生硬物,兼不许思虑愁忧、怒呼骂叫、吁嗟叹息,一切不祥,忌之大吉"(中华书局1999年版)。
③ 《长编》卷10开宝二年二月条。
④ 《宋史》卷461《刘翰传》。

人",也是一位重视并擅长医道的将领。在征伐南唐的时候,宋太祖就曾经和张永德一起,进行过一次大胆的医学解剖:

> 太祖皇帝与永德泊当时宿将数人,同从周世宗征淮南,战于寿春,获一军校,欲全活之,而被疮已重,且自言素有癫风病,请就戮。及斩之,因令部曲视其疾患之状,既而睹其脏腑及肉色。自上至下,左则青,右则无他异,中心如线直分之,不杂发毫焉。

这条以往研究者较少措意的重要史料,出自宋真宗朝状元宰相王曾所撰《王文正公笔录》。从中可以看出,这是一次由宋太祖和张永德二人主持的,纯粹出于医学目的的人体解剖活动,观察的对象主要是人体内脏的位置和风瘫病的症状表现,其所取得的成果,直至北宋真宗年间人们依然耳熟能详。我们知道,中医内科和脏腑学说在宋代的发展,是与人体解剖学的进步紧密相连的,如宋仁宗庆历年间和宋徽宗崇宁年间由地方官对处决犯人所进行的两次解剖,其成果就被绘制成了医学史上著名的《欧希范五脏图》和《存真图》。相比而言,宋太祖所主持的这次解剖,手术上相对简单一些,但毕竟发生的年代较早,故在解剖学发展史上应有一席之地。

做了皇帝后,宋太祖对医药的兴趣始终不减。宋孝宗在谈及宋太祖的业绩时,曾有一段很少为当代研究者所注意的说法:"祖宗不特明治道,又达养生之理,所以治道清静。"[1]这个说法显然是有依据的。仅据《长编》所载简单统计,宋太祖亲自参与的医疗活动就有以下多次[2]:

乾德元年(963)七月,湖南发生瘟疫,宋太祖遂"赐行营将士药"。同年闰十二月,山南东道节度使慕容延钊病重,宋太祖"自

---

[1] (宋)李心传:《建炎以来系年要录》卷200。
[2] 以下史料分见:《长编》卷4乾德元年七月条、十二月条,卷10开宝二年二月条、五月条,卷12开宝四年四月条,卷17开宝九年正月条,卷17开宝九年六月条。

封药以赐"。

开宝二年(969)二月,客省使卢怀忠出使南唐,返回途中疾病发作,宋太祖亲自"和艾以赐怀忠",还派人宽慰卢怀忠说:"我尝灸,得力,汝当勉之。"同年五月,宋军围攻太原,当时军中疾疫流行,宋太祖"携药剂、果饵慰抚士卒"。

开宝四年(971)四月,永兴节度使吴廷祚病重,宋太祖"亲临阅","命爇艾灸其腹,遣中使王继恩监视之"。

开宝九年(976)正月,济州团练使李谦溥病重,宋太祖亲自为他配制汤药,"遣中使持汤剂就赐之,又遣太医诊视"。

开宝九年(976)六月,宋太祖的弟弟、晋王赵光义病重,"殆不知人",宋太祖"亟往问,亲为灼艾,王觉痛,上亦取艾自灸,自辰及酉,王汗洽苏息,上乃还"。

宋太祖喜饮且擅饮,对酒所特有的药用价值颇为通晓。据宋代科学家沈括在《梦溪笔谈》中记载,宋太祖曾经参照方书,配制过一种名叫"苏合香酒"的药酒:"每一斗酒,以苏合香丸一两同煮。"其功效是"可以和气血,辟外邪"、"极能调五脏,却腹中诸疾"[①]。苏合香酒的制作,一直被视为宫廷中的秘方,宋太祖等宋代皇帝在冷天寒夜处理政务的时候,都要喝上一杯。到宋真宗时,这一秘方才由宫廷传播出去,人们争相仿制,成为朝野上下流行的药酒。

宋太祖对毒药、解毒术,以及中药配伍中毒性药材的使用也较为重视,据史书记载,他在皇宫中设置了一座专门的毒药贮藏室,其中保存有各式各样的毒药:

> 拱宸门之左,对后苑东门,有一库无名号,但谓之苑东门库,乃贮毒药之所也。外官一员共监之,皆二广、川、蜀每三岁

[①] (宋)沈括:《梦溪笔谈》卷9《人事一》,中华书局2015年版。

一贡。药有七等,野葛、胡蔓皆与,鸩乃在第三,其上者鼻嗅之立死。①

这些毒性药材保管严密,一直到北宋末年,才由宋徽宗下令销毁。②

宋太祖重视医药,频繁地参与医疗活动,对中医药发展的促进作用是显而易见的。因为,在宋代以前,制约中医药发展的一大因素,就是医生的社会地位低下。如唐代大学者韩愈在其名篇《师说》中有言:"巫医乐师、百工之人,君子不齿。"③医药学家孙思邈也曾痛心地指出:"朝野士庶咸耻医术之名,多教子弟诵短文,构小策,以求出身之道,医治之术,阙而弗论。"④

宋太祖以帝王之尊亲自行医,最直接的效果就是确立了宋代朝廷重视医学的传统。如宋太宗就在其影响下,闲暇时日十分重视研习医术,曾收藏医方数千且各有功效,即位后更是主持编撰了《太平圣惠方》等著名医书。宋真宗、宋仁宗、宋神宗、宋徽宗、宋高宗等人,也都是医学史上公认的重视医学的皇帝。⑤ 可以说,从宋太祖开始,重医、习医,实际上成为"祖宗家法"之一,为宋朝历代皇帝所继承。

流风所及,宋代的士大夫中也出现了"儒医"辈出的局面,像高若讷、富弼、苏轼、苏颂、沈括等士大夫中的名流,都勤于研究医

---

① (宋)蔡絛:《铁围山丛谈》卷1。
② 《铁围山丛谈》卷1还谈到了宋徽宗将皇宫所藏毒性药材加以销毁的理由:"取会到本库称,自建隆以来不曾有支遣。此皆前代杀不庭之臣,藉使臣果有不赦之罪,当明正典刑,岂宜用此。"宋太祖之后,中医对毒药的认识,和解毒术的发展,都进入了一个新的研究时期。如据《事林广记》卷5《解毒备急》的记载,当时作为生活常识被人们广泛使用的解毒术和详细的药方,就包括"解桃生毒"、"解中蛊毒"、"解砒霜毒"、"解野菌毒"、"解药过剂毒"、"食丹药毒"、"解百药毒"、"解诸药毒"、"解金石毒"、"解酒食毒"、"解果菜毒"、"中禽鱼毒"、"中诸肉毒"、"中诸杂毒"等14大类,甚至还有"解一切毒"方。
③ (唐)韩愈:《师说》,《新刊经进详注昌黎先生文》,上海古籍出版社1994年版。
④ (唐)孙思邈:《千金方衍义·序》,中国中医药出版社1998年版。
⑤ 参见李经纬:《北宋皇帝与医学》,《中国科技史料》1989年第3期。

学。宋代士大夫的领袖人物范仲淹更是提出了"不为良相,愿为良医"的名言,认为从医"上以疗君亲之疾,下以救贫民之厄,中以保身长年。在下而能及小大生民者,舍夫良医,则未之有也"①。至宋徽宗时,不但设有太医学,"教养士类,使习儒术者通《黄》、《素》,明诊疗,而施于疾病,谓之儒医"②,以培养"儒医"为目标,而且破天荒地为医学设立了科举专科,从而彻底改变了医生"流品不高,士人所耻,故无高识清流习尚其事"③的窘境。随着"儒医"的出现,宋代医生群体的文化素质明显提高,不论是对实践经验的总结提炼,还是对医药理论的发展,都起到了重要作用。

更为关键的是,宋太祖对医药学的兴趣直接推动了宋初医药事业的整体发展,使之成为国计民生的一部分。

其一,整顿和充实翰林医官院。

北宋建国后,在皇宫中设翰林医官院,作为官办最高医疗机构。宋神宗时,翰林医官院改称翰林医官局。翰林医官院的医生,以翰林医官使和副使为正副长官,地位最高,其下依次称直院、尚药奉御、翰林医官、翰林医学、祗候医人,他们也被笼统地称为"太医"。其编制通常是:翰林医官使二人、副使二人、直院四人、尚药奉御六人、翰林医官三十人、翰林医学四十人、祗候医人十三人,总共约百人。这是宋仁宗时期的制度,到宋徽宗时,翰林医官局的人数达二百八十三人之多。

太祖时,翰林医官院的人数要少一些,大约有三四十人,在《长编》、《宋史》中有记载的有王袭、米琼、王守愚、刘翰、翟煦、张素、吴复珪、王光祐、陈昭遇、赵自化等人。在翰林医官院,宋太祖建立了严格的奖惩和考核措施,赏罚分明。如赵自化(949—

---

① (宋)吴曾:《能改斋漫录》卷13《记事·文正公愿为良医》。章如愚《群书考索》续集卷37作"达则愿为卿相,穷则愿为良医"。
② 《宋会要辑稿》崇儒三之二〇。
③ 《宋会要辑稿》崇儒三之一一。

1005),先世本德州平原(今山东平原)人,后避难南迁,居洛阳,业医。后周显德年间(954—959),赵自化与其父兄一起来京师,三人皆以医术闻名一时。入宋后,其兄赵自正经考试补翰林医学,而赵自化治愈宋太祖的女儿秦国长公主的病,被任命为医官,加授"尚药奉御"。赵自化后撰有《四时颐养录》、《名医显秩传》三卷。建隆二年(961)三月,翰林医官王袭、米琼分别治好了范质、王溥两位宰相的疾病,宋太祖当即晋升王袭为光禄寺丞,米琼为都水监主簿;又如开宝九年(976)六月,翰林医官刘翰和道士马志医好了皇弟开封府尹赵光义的重病,太祖便提升刘翰为"尚药奉御",马志为通议大夫,还赏赐两人鞍马和大量的钱财。

对医术不精者,则加以黜退。如乾德元年(963)十二月,翰林医官王守愚"进药不精审"①,导致王皇后病逝,太祖震怒,将王守愚流配海岛。紧接着,太祖又下令由太常寺主持,对翰林医官院所有医生加以严格考核,结果发现有二十二人不合格,于是将他们全部罢黜。

以此为契机,宋太祖下达诏书,令各地方州府选拔、推荐名医,给予优厚的待遇,让他们前来开封任职,充实翰林医官院。诏书全文如下:

《周礼》有疾医,掌万民之病;又汉置本草待诏,以方药侍医。朕每于行事,必法前王,思得巫咸之术,以实太医之署。其令郡国,求访医术优长者,咸籍其名,仍量赐装钱,所在厨传给食,速遣诣阙。②

对僧道中的医术人才,宋太祖也能破格任用,发挥他们的特长。如道士马志,因参与了对皇弟赵光义疾病的医治,宋太祖赐予他"玄秘大师"的称号和通议大夫的官阶。马志是一个学识渊博

---

① 《长编》卷4乾德元年十二月条。
② 《宋大诏令集》卷219。

的道长,后来还主持过《开宝详定本草》的工作。又如和尚洪蕴,以医术闻名于开封,宋太祖专门召见了他,赐紫方袍,号"广利大师"。洪蕴擅长诊切,"汤剂精至",每当"贵戚大臣有疾,多诏遣诊疗"。总之,太祖时翰林医官院的医术水平是很高的:"时太祖求治,事皆覆实,故方技之士必精炼。"①

更有意义的是,宫廷中的太医,原本仅限于为皇帝、后妃、宗室服务,只是偶尔遵照皇帝的命令为达官贵人诊治。宋太祖则突破了这个界线,在北宋开国当年(960)的九月,他就专门下达诏书:"文武常参官请病告过三日,以名闻,当遣太医诊视之。"②从而把太医为文武百官诊治定为制度。此后,宋太祖又进一步规定翰林医官院也要为士兵治病,在特定情况下甚至向缺医少药的民众开放服务。翰林医官陈昭遇自述说:"我初来都下,持药囊,抵军垒中,日阅数百人。"③由此可以看出宋太祖时期翰林医官院面向士兵的普及服务。《宋史》对此概括说:

> 自建隆以来,近臣、皇亲、诸大校有疾,必遣内侍挟医疗视,群臣中有特被眷遇者亦如之。其有效者,或迁秩,赐服色。边郡屯帅多遣医官、医学随行,三年一代。出师及使境外、贡院锁宿,皆令医官随之。京城四面,分遣翰林祗候疗视将士。暑月,即令医官合药,与内侍分诣城门寺院散给军民。上每便坐阅兵,有被金疮者,即令医官处疗。④

应该说,宫廷太医面向普通"军民"服务,这是宋太祖的一项最了不起的创举。此后,宋朝的历代皇帝大都能传承宋太祖的这一精神,使医药在国计民生中发挥更广泛的作用。如宋神宗创立官办的和剂局、太医局熟药所,配制良药,以优惠的价格提供给普通民

---

① 《宋史》卷461《洪蕴传》《刘翰传》。
② 《长编》卷1建隆元年九月条。
③ (宋)杨亿:《杨文公谈苑》。
④ 《宋史》卷461《冯文智传》。

众,这就是中国医学史上著名的"太平惠民局"。

其二,以国家行政的力量打击巫术,推广医药。

信巫不信医,是古代社会中根深蒂固的陋俗。北宋开国时这一问题仍然突出,如唐、邓两州(今河南唐河、邓州),就是巫术泛滥之地,史云"唐、邓之俗,家有病者,虽父母亦弃去弗省视,故病者辄死"①。乾德元年(963)七月,宋太祖采纳了时任武胜节度使张永德的建议,下令严刑禁止巫术,推广医药。

开宝四年(971)二月,宋军平定了割据两广地区的南汉政权。当地信巫不信医的陋俗尤其严重,如邕州(今广西南宁)"俗重祠祭,被病者不敢治疗,但益杀鸡豚,徼福于淫昏之鬼"②;琼州(今海南海口)"俗无医,民疾病但求巫祝"③。在平定南汉的当年,宋太祖选派的邕州知州范旻,就下令禁止巫术活动,"出俸钱市药物,亲为和合,民有言病者给之。获痊愈者千计,乃以方书刻石龛置厅壁,部内化之"④。琼州方面,宋太祖下诏赐予当地《方书》和《本草》。为鼓励商人把药物贩运到两广,宋太祖在开宝八年五月特地下诏,"以岭表之俗,疾不呼医,自皇化攸及,始知方药,商人赍生药度岭者勿算(即不征商税)"⑤。

其三,由政府出面,刊印和编撰高质量的医书。

在统一战争中,宋太祖十分重视对医书的搜集,每平定一个地区,都将当地官府和民间的医书保护起来,汇总到翰林医官院,并派人对《本草》、《千金方》等医学典籍着手加以整理。在此基础之上,新医书的编撰也逐步展开,其中最突出的成果是在开宝七年最终完成,并由国子监镂板刊行的《开宝本草》。

---

① 《长编》卷4乾德元年七月条。
② 《长编》卷12开宝四年十月条。
③ 《长编》卷16开宝八年十一月条。
④ 《长编》卷12开宝四年十月条。
⑤ (宋)王偁:《东都事略》卷2《太祖本纪二》,《长编》卷16开宝八年五月条所载较略。

《开宝本草》内容二十卷,目录一卷,初稿名为《开宝详定本草》,完成于开宝六年(973),次年随即进行了修订,更名为《开宝重定本草》,或《重定神农本草》。其实际主持者是翰林医官院的刘翰和道士马志,前后参与其事的还有翰林医官翟煦、张素、吴复珪、陈昭遇等,翰林学士李昉、卢多逊,知制诰王祐等人则作了文字审订①。此书"言药之良毒,性之寒温、味之甘苦,可谓备且详矣"②,是一部在中医药发展史上具有里程碑意义的著作,其所取得的突出成就主要体现在以下几个方面:

一是校刊精审,雕版印刷,是我国乃至世界上第一部印刷刊行的医学书籍。《开宝本草》的底本是唐代官修的《唐本草》,由于《唐本草》是抄写本,既难广传,也易讹误,至于歧义、疏漏等现象更无法避免。到北宋开国时,《唐本草》等传下来的医书已经是"朱字墨字,无本得同;旧注新注,其文互阙"③,"公私所藏,鲜有善本。简编倒错,事理不伦。肆习之流,常以为患"④。《开宝本草》的编撰者对《唐本草》的不同版本详加比勘,结合医药实践中的经验,同时参照了后蜀官修的《蜀本草》和唐代中药学家陈藏器所撰的《本草拾遗》、唐代道士李含光所撰的《本草音义》等官私著作,做到了择善而从。经过此番精心修订之后,方交国子监刻板印刷,从而使得《开宝本草》成为历史上第一部校订精审的医籍印刷善本。

二是体例得当。《开宝本草》采用正文和注文相结合的方式,以白字(阴文)突出《神农本草经》,作为正文。南朝医药学家陶弘景所著《本草经集注》、《唐本草》和《开宝本草》编撰者的意见以及增补的药物,都作为注文,用黑字(阳文)排印,排列在相应正文

---

① 《宋史》卷207《艺文志六》记修纂《开宝详定本草》的领衔者是卢多逊,《开宝重定本草》的领衔者是李昉,但《长编》卷14开宝六年四月条的记载则是"知制诰王祐等上《重定神农本草》二十卷"。
② (宋)苏颂:《苏魏公文集》卷65《本草图经序》,中华书局1988年版。
③ 《宋史》卷461《刘翰传》。
④ (宋)苏颂:《苏魏公文集》卷65《校定备急千金要方序》。

之下。"陶注"和《唐本草》完全保留各自的原貌,为了区别出处,"陶注"前冠以"陶隐居"的标志,《唐本草》则称为"唐本注",其所新增药物也注明"唐附"。为《开宝本草》所增加的药物,标明"今附";《开宝本草》编撰者的意见,凡是根据当时药物知识、纠正前人错误的,标为"今注";凡根据文献资料所作的阐发,则标为"今按"[1]。既体例严谨,条目清晰,又不掠前人之美,仍能存其旧貌。这一编撰体例,为宋代以后的医书普遍采用,为医书文献的保存作出了范例性的贡献。[2]

三是新增大量药物。《开宝本草》共载药物九百八十三种,其中旧药物八百五十种,新增药物一百三十三种。像珍珠、何首乌、芦荟、豆蔻、橙子、乌药、蛤蚧、天麻、蝎子、核桃、猕猴桃、魔芋、延胡索、没药、五灵脂、使君子、山豆根、罂粟等,至今仍属常用的中药材,其药性和基本药方,都被中医史学界公认由《开宝本草》最早记录保存。

《开宝本草》的编撰成功,与宋太祖的高度重视是分不开的。他最早提出了编撰的设想,不仅"两诏近臣,总领上医"[3],两次专门下诏书督促展开编撰工作,而且选拔刘翰、马志等名医各尽其才、各司其职。书稿完成后,又命令由国子监雕版印刷,向全国推广。参与此书编撰的李昉在《开宝重定本草序》中曾特别强调了宋太祖所发挥的作用,认为"非圣主抚大同之运,永无疆之休,其何以改而正之哉!"[4]

医疗保健事业的发展在一定程度上提升了宋代民众的健康水平。宋初曾流行过天下"九福"之说,其中就有"病福"和"药福"

---

[1] 《宋史》卷461《刘翰传》。
[2] 参见李林:《北宋官刻雕板医书浅谈》,《中华医史杂志》1997年第3期。
[3] (宋)苏颂:《苏魏公文集》卷65《本草图经序》。
[4] (宋)李昉:《开宝重定本草序》,《证类本草》卷1,文渊阁四库全书本。又见《宋史》卷461《刘翰传》。

两种。"病福"说的是东京药铺多、药品全、名医多,民众看病方便,实为病者之福;"药福"说的是四川的药材全、质量好,可造福于民众。① 天下九福,有两种涉及医药卫生,足以说明宋太祖时期医药已经成为国计民生的重要组成部分。这是中国古代其他王朝所罕见的一项善政。

---

① （宋）陶穀:《清异录》卷上"九福"。

第八章　铁衣士：文治与法制

第一节　铁衣士与半部《论语》

宋代是中国历史上公认的"文治"时代,这一时代是由宋太祖开创的:

> 艺祖革命,首用文吏而夺武臣之权,宋之尚文,端本乎此。太宗、真宗其在藩邸,已有好学之名,作其即位,弥文日增。自时厥后,子孙相承,上之为人君者,无不典学;下之为人臣者,自宰相以至令录,无不擢科,海内文士,彬彬辈出焉。①

> 艺祖造宋,首崇经术,加重儒生。列圣相承,后先一揆。感召之至,七八十年之间,豪杰并出。……凡尧、舜、禹、汤、文、武,至于孔子、子思、孟子授受之道,至是复皦然大白于天下,使学者皆得以求端用力于斯焉。呜呼,元气之会,而天运人事之相参,乃至如此,猗欤盛哉!②

"文治"所包含的内容十分丰富。其中重视儒学、重视文化、重视教育与读书等,是"文治"最为明显的标志。与后面几节所要讨论的科举、法律等政策、制度或体制层面的"文治"不同,本章前两节所叙述的尊儒崇文、武臣读书等,更多地表现为理念与风气。理念和风气虽然看似虚泛,但所潜隐的价值取向,却又足以成为宋代文治与法制的最深根基。

---

① 《宋史》卷439《文苑传·赞论》。
② （宋）魏了翁：《鹤山大全文集》卷38《成都府学三先生祠堂记》,文渊阁四库全书本。

"尊儒"是宋朝创建时所必需的"文化逻辑"。

陈桥兵变时太祖加身的"黄袍",是儒家为新王朝披上的文化合法性的外衣。此后的登基大典、登基文告,以及定都、立后、议国号、"定国运为火德王"①等等,也无一不是按照儒家的纲纪精神和"追慕尧舜"的儒家理想设定的。可以说宋朝自开国之始,就运行在儒家文化千百年来所形成的强大逻辑中。

当然,宋太祖并不是被动的、盲目的,或只是表面化地被这种逻辑所左右。朱熹说:

> 国初人便已崇礼义,尊经术,欲复二帝三代,已自胜如唐人。但说未透在。直至二程出,此理始说得透。②

一个"崇"字、一个"尊"字,表明了太祖时对儒学的积极意态。"二帝三代",指的是尧帝、舜帝和夏商周三代,是儒家追慕的理想社会,也是儒学的最高政治信仰;"欲复二帝三代"中的"欲复"二字,更生动地传达出宋太祖对这种理想政治的向往。当然,"国初"百废待兴之际,难以对儒家思想体系与新王朝的关系形成"透彻"的学说。诸如新王朝为什么要崇礼义、尊经术,礼义与经术对新王朝的肇建与巩固有何重大价值,以及为何要坚定"二帝三代"的奋斗理想与信仰,等等。要将这些儒学的时代性课题"说得透",显然不是宋太祖这类政治家之所长。直至北宋中期,即"程朱理学"发端时,以"二程"为代表的知识群体的出现,方将上述问题及其理论建构作出了较为深透的解析,但是最终的结论却也简单明了:

---

① 据古代"五德终始"理论,唐朝为土德,后梁为金德,后唐取代后梁后,视后梁为伪朝,不予承认,且自视其上承李唐,遂定国运为土德,其后之后晋、后汉、后周则相应依次为金德、水德、木德。宋建立后,"有司言国家受周禅,周木德,木生火,当以火德王,色尚赤,腊用戌,从之"(《长编》卷1建隆元年三月条)。参见刘复生:《宋朝"火运"论略——兼谈"五德转移"政治学说的终结》,《历史研究》1997年第3期。

② (宋)黎靖德:《朱子语类》卷129,中华书局1986年版。

> 太祖皇帝立法,极合《春秋》之义。①

"极合"二字,道尽了太祖皇帝与孔子《春秋》之间的全部渊源,也道尽了太祖皇帝"尊儒"立场的清晰与坚定。

这种清晰与坚定,与他的成长,尤其是读书经历是密不可分的。

前面的章节中,我们讨论过太祖家族早年的"儒学"身份,也讨论过在"周孔礼教之乡"的洛阳,他从小所受的正规教育。从军后,太祖"尤好读书",是后周将领中藏书最多、读书最多的统帅,周世宗甚至就军事统帅是否应在藏书、读书上花费巨大精力的问题与他专门争论过;即位后,儒家经典和史书是宋太祖用功最多的两类书籍。在制定法律时,他曾与分管刑律的御史台官员同读《汉书》中有关张释之、于定国的记载,认为张、于是"儒臣治狱"的典范。他不但劝宰相赵普读《论语》,还与另外一名宰相详细讨论过《尚书》中的《尧典》、《舜典》,这是儒家经典中阅读难度很大的原典。就读书的深度和广度而言,连一些进士出身的高级官员都常常要提前做好功课,才能在太祖提问时"应答无滞",前面提到的宰相卢多逊就是如此。

关于太祖的读书和文化素养,还有一则非常重要的史实,记载于北宋末年蔡絛的《铁围山丛谈》中。当时因新的国家书画收藏机构落成,宋徽宗遂将皇室内部世代收藏的太祖皇帝的一轴书法出示群臣:

> 秘书省自政和末既徙于东观之下,宣和中始告落成。上(徽宗)因踵故事为幸之,御手亲持太祖皇帝天翰一轴,以赐三馆,语群臣曰:"世但谓艺祖以神武定天下,且弗知天纵圣学笔札之如是也。今付秘阁,永以为宝。"于是大臣近侍,因得瞻拜。太祖书札有类颜字,多带晚唐气味,时时作数行经子

---

① (宋)程颢、程颐:《二程集·河南程氏遗书》卷22下,中华书局2004年版。

语。又间有小诗三四章,皆雄伟豪杰,动人耳目,宛见万乘气度,往往跋云"铁衣士书",似仄微时游戏翰墨也。①

由此可见,宋太祖擅长翰墨,甚至熟悉经子,能作诗。其楷书出于颜真卿的颜体,以端正大方沉稳为主要特点;而"晚唐气味",则是北宋中期后才受推崇的一种书法风格。欧阳修说:"自唐末干戈之乱,儒学文章扫地而尽。宋兴百年之间,雄文硕儒比肩而出,独书学久而不振,未能比踪唐人,余每以为恨。"②欧阳修每以为恨的"书学不振",不是因为当时的书法家少,而是在风格上难以企及晚唐书法的境界。由此可见,太祖的书法,不但有政治家的风格——"雄伟豪杰,宛见万乘气度",也有一些"晚唐"的气质,暗合了宋代士大夫的审美要求。最引人注意的,还应该是宋太祖在书法中的落款——"往往跋云'铁衣士书'"。看来,"铁衣士"是他经常使用的落款,这也充分地表达了一位职业军人对"士"的热烈向往。

整个宋代,皇帝的文化素养普遍较高,大多能为文作诗、擅丹青笔墨,每个皇帝死后都建阁收藏其生前御笔、御制,如太宗龙图阁、真宗天章阁、仁宗宝文阁、神宗显谟阁等。这种情况的出现,与宋太祖的"带入"是分不开的。"自古创业垂统之君,即其一时之好尚,而一代之规模可以预知矣。"③宋初的"尊儒"就是在这位以"铁衣士"自诩的皇帝的带动下,蔚然深秀,春色满园的。

一是对孔子的尊崇。

宋太祖"既受禅,即诏有司增葺祠宇,塑绘先圣、先贤、先儒之

---

① (宋)蔡絛:《铁围山丛谈》卷1,中华书局1983年版。
② (宋)欧阳修:《范文度摹本兰亭序二》,《集古录跋尾》卷4,《欧阳修全集》卷137。参见[美]艾朗诺:《美的焦虑:北宋士大夫的审美思想与追求》,上海古籍出版社2013年版,第26页。
③ 《宋史》卷439《文苑传序》。

像。上自赞孔、颜,命宰臣、两制以下分撰余赞,车驾一再临幸焉",同时规定孔子庙"用一品礼,立十六戟于文宣王(孔子)庙门"①。在他的带动下,宋初三帝都在尊崇孔子这件事情上做足了文章。②

在宋初的一系列尊孔、祭孔的活动中,最有深意的是宋太祖为孔子和孔门大弟子颜回亲笔撰写的两则"赞"。"赞"是中国古代的一种颂扬性的文体,主要用于表达对历史人物、历史事件的钦慕和赞叹。从前面引述的文字可以看出,建隆三年(962)六月开始了全国性的"祠宇"修缮工程,"塑绘先圣、先贤、先儒之像"。在为这些塑像写赞时,"上自赞孔、颜,命宰相、两制以下分撰余赞"。显然,为孔子、颜回所作的两则"赞"为太祖亲笔所为。

宋太祖为孔子所撰的"赞",称为"宣圣赞",共八句三十二字:

  王泽下衰,文武将坠。尼父挺生,河海标异。祖述尧舜,有德无位。哲人其萎,凤鸟不至。③

为颜回所撰的"赞",标为"颜子赞",也是八句三十二字:

  生值衰周,爵不及鲁。一箪藜藿,陋巷环堵。德冠四科,名垂千古。没表万邦,遂封东土。④

在对孔子的赞文中,宋太祖准确提炼出孔子之道对于"王泽"、"文武"等国家政治根基和国政建构所具有的维系意义,指出在周王朝"下衰",周文王、周武王所开创的事业"将坠"的历史大变动时期,孔子"挺生"的意义——传承尧舜以来中国文化的根脉,为河海之间的中国照亮精神道德的天空。"祖述尧舜,有德无位"八个字虽难言工整雅训,带有"铁衣士"的为文风格,但却清晰地凸显了"布衣素王"的孔子作为中国精神领袖的崇高地位,同时

---

① 《长编》卷3建隆三年六月条。
② 参见徐红:《北宋初期进士研究》,人民出版社2009年版,第190—191页。
③ (宋)孔传:《东家杂记》,商务印书馆1936年版。
④ (清)孔继汾:《阙里文献考》卷38,乾隆刻本。

包含了关于儒学与政治关系的深度思考,也从侧面昭示了太祖皇帝期望儒生、儒学改变宋初政治局面的良苦用心。"哲人其萎,凤鸟不至"表达了对孔子所代表的儒圣、儒道的深切怀念和诚挚呼唤。

在孔子之外的众多先儒中选定颜回,则可以看出宋太祖对儒家精髓的理解。在对颜回的赞文中,除表达对颜回安贫乐道的钦敬外,亦显露出对儒道核心的"德"的推崇。"一箪食,一瓢饮,在陋巷,人不堪其忧,回也不改其乐。"①这就是著名的"孔颜之乐",也是后来"宋明理学"追求"内圣"的最高境界。正如冯友兰先生所指出的,"孔颜乐处,所乐何事?"这是宋明理学思考的一个大问题。"从回答这个问题开始,这就得到了进入道学(理学)的门径。从理论上回答了这个问题,就是懂得了道学。从实践上回答了这个问题(不仅知道有这种'乐',而且实际感到这种乐),就是进入了道学家所说的'圣域'。"②

宋太祖将孔颜合赞,可以说是宋代对"孔颜之乐"的最先阐释。另外值得关注的是,对孔子,宋太祖更多的是强调儒家"外王"的一面;对颜子,宋太祖更多的是强调了箪食陋巷中的道德修为,即儒家"内圣"的一面。这也可以看出,宋太祖的尊孔尊儒,已经有了"内圣外王"的完整架设。

尊儒的第二个方面是礼乐制度的建设。

如同对"先贤"、"先儒"有着自己的选择和理解一样,对儒家的礼乐教化,宋太祖也有一种"铁衣士"的标准:

> 太祖初即位,朝太庙,见其所陈笾豆簠簋,则曰:"此何等物也?"侍臣以礼器为对。帝曰:"我之祖宗宁曾识此!"命彻去,亟令进常膳。亲享毕,顾近臣曰:"却令设向来礼器,俾儒

---

① 《论语·雍也》。
② 冯友兰:《中国哲学史新编》第5册,人民出版社1988年版,第122—123页。

士辈行事。"

陶尚书(穀)为学士,尝晚召对,太祖御便殿,陶至望见上,将前而复却者数四,左右催宣甚急,穀终彷徨不进,太祖笑曰:"此措大索事分!"顾左右取袍带来,上已束带,穀遽趋入。①

从这两个故事中,可以看出太祖在对待儒家礼制方面的鲁莽与精细。第一个故事的前半节,的确反映出太祖口无遮拦,但通读整个故事,又不难看出他在这个问题上的精细与认真。祭祀先祖时,他先是反对陈列"笾豆簠簋"等高级礼器,坚持要用平常人家的"常膳",因为自己的先祖都是平常百姓,先祖有灵,只会认识和享用这种"常膳"。但在自己祭祀完先祖后,太祖却马上安排近臣依据正规祭礼,陈列"笾豆簠簋",为的就是符合儒家的礼仪规制——"令设向来礼器,俾儒士辈行事"。第二个故事,反映的同样是太祖对文人和儒家衣冠礼制的尊重:晚间召请翰林学士,因与正规的朝仪不同,所以太祖穿着随意了一些。但陶学士对这种随意有些不适应,故彷徨再三,不肯进殿。太祖自然是了解衣冠礼仪在"措大"(读书人的戏称)心目中的分量,所以他没有说"私下相见,不必拘礼"一类的话头,而是马上让左右取来朝袍,束好衣带。从这个细节中可以看出,这位"铁衣士"对"礼"的认真与重视。宋太祖这种不拘泥于制度,又不违背礼法要求的做法,得到了宋代大儒邵雍的高度评价:"太祖皇帝其于礼也,可谓达古今之宜矣!"②

---

① 分见(宋)邵伯温:《邵氏闻见录》卷1,(宋)欧阳修:《归田录》卷1。这两个故事,常为学术界所称引,大都认为:"藉此二事,我们可以看出,尽管太祖适时地提出了'重文'的治国方向,但是在具体实施特别是在自身实践上并没有达到自觉,虽然太祖的态度和举动前后都有所调整,但他身上不难找到存留的武将习气。"这样解读,固然有一定的道理,但转换一个视角,却也可以从中看出宋太祖对待礼制与儒臣的细致与认真。

② (宋)邵伯温:《邵氏闻见录》卷1。

陶穀觊觎的故事,李焘在《长编》中认为发生在窦仪身上,"或谓此事为陶穀,误也,穀必不办此"。但实际上此种情形也可能在两者身上都发生过,所不同的是,窦仪待太祖束好衣冠入觐时又很严肃地说:"陛下创业垂统,宜以礼示天下,臣虽不才,不足以动圣顾,第恐豪杰闻而解体也。"①这番话让太祖更明确地意识到礼制与政权稳定的密切关系,也更加坚定了太祖崇儒复礼的态度:

> 太祖初定天下,扫五代之失,日不暇给矣,然犹命汪彻定宗庙,窦俨典礼仪,聂崇义正礼器,和岘修雅乐,揽访儒术,畴咨治道。②

与此同时,祭天地、祀五岳、祈雨雪等祭祀仪式也得到恢复,并成为定制。一次偶然的,但却是关键时刻的祈晴成功,恰好成为证明太祖奉天承运的重要依据。开宝年间,霖雨经月不停,太祖遂"遣中使赍三木与岳神约……又使祷无畏三藏塔……及期始晴霁",以至于百姓感动涕泣,奔走相告:"我辈少经乱离,不图今日复观太平天子仪卫。"③通过这一件事,宋太祖也愈发意识到传统的礼乐仪式仍然在民间有巨大影响。④

尊儒的第三方面,是对忠孝节义等儒学精神的提倡。《宋史·忠义传序》称:

> 士大夫忠义之气,至于五季,变化殆尽。宋之初兴,范质、王溥,犹有余憾,况其他哉!艺祖首褒韩通,次表卫融,足示意向。⑤

韩通是后周大将,前面提到过,陈桥兵变时,他打算率军抵抗而被

---

① 《长编》卷7乾德四年十一月条。
② (宋)罗从彦:《豫章文集》卷2《遵尧录一·太祖》,文渊阁四库全书本。
③ 《长编》卷17开宝九年四月条。
④ 参见徐红:《北宋初期进士研究》,人民出版社2009年版,第31—32页。
⑤ 《宋史》卷446《忠义传序》。

杀害。兵变过后,宋太祖专门下诏褒奖其临难不苟。卫融是北汉的宰相,他被宋军俘获后,非但不屈服,反而对宋太祖扬言:"陛下纵不杀臣,臣亦不为陛下用","大丈夫死或重于泰山,或轻于鸿毛,今之死正得其所尔!"宋太祖大为赞叹:"此忠臣也!"①遂将卫融释放并给予重赏。

除了"首褒韩通,次表卫融"外,太祖在位期间始终努力于振作忠义之气。他赞扬忠于南唐的徐铉、张洎为忠臣;对身为后周文臣,却早早拟好周宋禅代之诏的陶穀终身不予大用;对叛南唐投宋的杜著、薛良,或处斩或配隶,如此种种,均意在提倡忠节。这也在当时《旧五代史》的修撰中有所展现。以冯道为例,《旧五代史》在用了大量篇幅叙述冯道的美德,高度评价"道之履行,郁有古人之风,道之宇量,深得大臣之体"后,笔锋一转,说"然而事四朝,相六帝,可得谓之忠乎?"第一次从忠事一朝的角度对冯道提出了批评。这强烈地昭示出政治风向的转变。② 这种风向的转变是很重要的:

> 厥后西北疆场之臣,勇于死敌,往往无惧。真、仁之世,田锡、王禹偁、范仲淹、欧阳修、唐介诸贤,以直言谠论倡于朝,于是中外搢绅知以名节相高,廉耻相尚,尽去五季之陋矣。③

与倡导忠义精神相辅相成的,是对孝悌的弘扬。五代时期政治动荡,朝廷和皇帝朝夕更迭,在"忠无君主,爱无国家"的政治态势下,忠义的实践难免窘迫。但儒学的孝悌伦理,无论是在民间还是在社会上层,仍然是千万家庭奉行不变的道德准则,因而在新王朝中对孝悌的旌表也有了更大的力度,宋初更是把《孝经》提到群

---

① 《宋史》卷482《北汉刘氏世家》。
② 参见陈晓莹:《历史与符号之间——试论两宋对冯道的研究》,《史学集刊》2010年第2期。
③ 《宋史》卷446《忠义传序》。

经之首、万行之宗的地位①。

开宝三年(970)正月,太祖"诏诸州官吏次第审察民有孝弟彰闻、德业纯茂者,满五千户听举一人……所举得其实状,等级加赏,不如诏者罪之"②,同年十一月,又令诸道所举有德行者"皆集阙下,命学士院试问吏理"③,这意味着"宋朝统治者向德行之士敞开了仕宦之门,从而使得士人的修身行德不仅符合传统儒学对士阶层的道德要求,而且还有着实际政治利益的驱动,这样就必然会造就一大批顺应时代潮流和合乎朝廷需要的道德方正之士,以满足官僚阶层的需要"④。到太宗皇帝时期,更是提出"搢绅当以德行为先"⑤的观点,将士人的修身行德放在首位。真宗亦认为"德为百行之本,德行之门必有忠臣孝子"。⑥

据朱瑞熙研究,太祖和太宗时,每逢地方官府申报"数世同居者",朝廷"辄复其家",即免除其家族的赋役,同时"旌其门闾"。这些家族在五代十国社会动乱的年代,因其凝聚性而安身保家,延续至北宋,显示出顽强的生命力。《宋史·孝义传》记载宋代受到朝廷表彰的"义门"共五十八家,其中太祖、太宗时期就高达十九家。这些"义门"中,最有影响的是江州德安(今江西德安县)陈氏和南康军建昌(今江西永修县)洪氏。陈氏在唐僖宗时已被"诏旌其门",南唐时立为义门,免除徭役。至宋太祖开宝初年(968),陈

---

① 宋朝统治者号称"以孝治天下",他们特别提倡孝道,强调"行莫先于孝,书莫先于《孝经》"。《孝经》被抬高到了"群经之首,万行之宗"的地步,被列为皇亲国戚尤其是宗室子弟的必读书。参见张邦炜:《宋代皇亲与政治》,四川人民出版社1993年版,第337页。
② 《长编》卷11开宝三年正月条。
③ 《长编》卷11开宝三年十一月条。
④ 徐红:《浅论宋初进士的道德特征》,《历史教学》2008年第9期。
⑤ 《长编》卷34淳化四年十月条。翰林学士张洎知吏部选事,尝引对选人,上顾之,谓近臣曰:"张洎富有词藻,至今尚苦心读书,江东士人中首出也。然搢绅当以德行为先。苟空恃文学,亦无所取。"
⑥ 《长编》卷44咸平二年四月条。

昉为族长时,已十三世同居,长幼七百口,"不畜仆妾,上下姻睦,人无间言"。一日三餐,全部在大食堂吃饭,未成年人另桌;建造书楼,"延四方之士,肄业者多依焉"。在陈昉家族的影响下,"乡里率化,争讼稀少"。多代同居,同产同餐,显示了一种传统宗法的孝义精神。《宋史·孝义传序》说:"兴孝以教民厚,民用不薄;兴义以教民睦,民用不争。率天下而由孝义,非'履信思顺'之世乎。"统治者期望通过旌表义门家族,以其为榜样,宣传孝悌和义礼,"激励民俗","以厚人伦",消除百姓之间的矛盾,稳定社会秩序。

宋太祖尊儒对于有宋一代的效用如何,几十年后,恪守祖训、力行崇儒的宋真宗在其亲自撰写的《崇儒术论》中的一番话道出了真谛:"儒术污隆,其应实大,国家崇替,何莫由斯。故秦衰则经籍道息,汉盛则学校兴行。其后命历迭改,而风教一揆。有唐文物最盛,朱梁而下,王风寖微。太祖、太宗丕变弊俗,崇尚斯文。朕获绍先业,谨遵圣训,礼乐交举,儒术化成,实二后垂裕之所致也。"①

需要提及的是,在宋初尊儒的大背景下,还曾出现了"半部《论语》治天下"的故事。

故事的主人公是宰相赵普。目前可知最早记载这一故事的史籍是南宋龚昱于宋孝宗淳熙五年(1178)所编的《乐庵语录》,该书《附录》提到李衡对弟子说:

> 太宗欲相赵普,或谮之曰:"普山东学究,唯能读《论语》耳。"太宗疑之,以告普。普曰:"臣实不知书,但能读《论语》,佐太祖定天下,才用得半部,尚有一半,可以辅陛下。"太宗释然,卒相之。

此事又经南宋王偁《东都事略》、罗大经《鹤林玉露》,以及《宋史》

---

① 《长编》卷79大中祥符五年十月条。

等后人著作的转述,而逐渐形成了赵普"半部《论语》治天下'的典故。①

然而,这一说法却经不住推敲。距离赵普生活时代最近的材料,是宋太宗赵光义亲自撰写的《赵普神道碑》,该碑文只字未提赵普如何以半部《论语》辅助其致太平之事;后来朱熹撰《五朝名臣言行录》,以赵普为首,李焘编《续资治通鉴长编》,对赵普亦着笔甚多,二书却均无赵普"半部《论语》"佐政太祖、太宗的内容,甚至连他读《论语》的记载都付之阙如。所以,历代学者,尤其是当代学者洪业等人经过辩证,认为"半部《论语》治天下"的故事,基本是不可靠的,"从《论语》之为书的角度,从赵普之为政的角度,从史料之重轻的角度,共三方面,来辩论赵普半部《论语》之传说,是不可信的。"②

即便如此,"半部《论语》治天下"的表达,仍有着政治文化史的意义:这是否是宋初尊儒政策的导向性结果? 宋太祖即位后,马上就"命茸修先圣庙,并励武人读书",此后,他又提出"宰相须用儒者",并"由是大重儒者"。"半部《论语》治天下",与其说是历史事实,毋宁说是在宋初尊儒风气的影响下,对儒家"治天下"学说提出的一种具有可操作性的期许,以及由宋太祖亲赞孔、颜所引发的儒学复兴和文化自信。

---

① 《东都事略》卷26:"普佐太祖、太宗定天下,平僣伪,大一统。当其为相,每朝廷遇一大事,定一大议,才归第,则亟阖户,自启箧,取一书而读之,有终日者,虽家人,不测也。及翌日出,则是事决矣,用是为常。后普薨,家人始得开其箧而见之,则《论语》二十篇。"《宋史》卷256《赵普传》:"普少习吏事,寡学术。及为相,太祖常劝以读书,晚年手不释卷。每归私第,阖户启箧取书,诵之竟日。及次日临政,处决如流。既薨,家人发箧视之,则《论语》二十篇也。"
② 洪业:《洪业论学集》,中华书局1981年版,第426页。参见谭景玉:《半部论语治天下:历史真伪与文化价值》,《中国历史评论》第1辑,上海古籍出版社2014年版,第93—113页。

第二节 崇文重教与武臣读书

"崇文"的范围极其广泛,首先表现为对教育的重视。

国子监,是隋唐以来的国家最高学府,五代时多有废弃,宋太祖上台后的头几年中,曾十分密集地视察国子监。见诸《长编》记载的有①:

建隆二年(961)"十一月己巳,幸相国寺,遂幸国子监。"

建隆三年正月"癸未,幸国子监。"

建隆三年二月"丙辰,幸国子监,遂幸迎春苑,宴从官。"

乾德元年(963)四月"丁亥,幸国子监,遂幸武成王庙,宴射玉津园。"

除了《长编》中的记载之外,南宋吕中的《宋大事记讲义》中也对宋太祖"幸国子监"有过自己的统计:"建隆元年,幸国子监。二年,又幸。三年正月幸,二月又幸,增修学祀自赞孔颜。乾德元年四月幸,七月又幸。"吕中为此感叹说:

> 当倥偬不暇给之时,而独留意于学校,此正转移人心之大机也。②

国子监作为宋代的最高学府,当时其实并无太大的规模,教育质量更是平平。③ 宋初军费开支庞大,使得政府尚无足够的精力与财力来发展教育。但太祖连续性地视察国子监,的确引领了文化风气,具有重要的导向作用。其中最明显的成效就是带动了地方和民间教育的发展。如朱熹说:"前代庠序之教不修,士病无所于学,往往相与择胜地,立精舍,以为群居讲习之所,而为政者乃或

---

① 史料分见:《长编》卷2建隆二年十一月条、卷3建隆三年正月条、卷3建隆三年二月条、卷4乾德元年四月条。
② (宋)吕中:《宋大事记讲义》卷3。
③ 参见王育济等:《中国文化发展史》宋元卷,山东教育出版社2013年版,第82页。

就而褒表之。"① 吕祖谦在《白鹿洞书院记》中也分析了宋初书院兴起的原因，认为"国初斯民，新脱五季锋镝之厄，学者尚寡，海内向平，文风日起，儒生往往依山林，即闲旷以讲授，大率多至数百人。嵩阳、岳麓、睢阳及此洞（指白鹿洞）尤为著，天下所谓四书院者也"。② 这些言论，大致道出了宋初书院兴起的原因。宋初两朝，地方州县学校大都因袭五代之旧，稍加修葺即招生授学。这期间，尽管政府少有经费支持，但由于风气的转移，不少开明的地方官员已经主动创办学校，如睦州学、简州学、泉州学、秀州学、郁林州学、镇江府学、南安军儒学、慈溪县学、奉符县学、来宾县学、兴国县学、溧阳县学、陆川县学、淳安县学等均在这个时期相继建立，成为宋代首批地方官学。③

以岳麓书院和白鹿洞书院为例。岳麓书院本是僧人在岳麓山下建的一所儒学，太祖开宝年间，潭州知府朱洞和通判孙逢吉以官学的名义对其加以扩建，兴办了岳麓书院，书院共有五个教室和五十二个房间。④ 这也说明，至迟在太祖末年，政府对教育的重视，已经由象征意义的提倡，转变为实际支持，尽管支持的力度还不算很大。

白鹿洞书院则是南唐政府在庐山白鹿洞所办的官学，谓之"白鹿国庠"，由精通经学的太学教师任教，政府还拨予书院数十顷良田供学生伙食之用。开宝八年（975），宋军攻灭南唐，白鹿洞还有学生百人，宋朝政府虽然没有接管，但在"尊儒重文"的大风气下，这所学校仍发展为江南著名的民间书院，短短数年之间已发展至"学徒数千人"⑤。只是由于改朝换代，它不能再称为"国

---

① （宋）朱熹：《朱文公文集》卷79《衡州石鼓书院记》，《四部丛刊》本。
② （宋）吕祖谦：《吕东莱文集》卷6《白鹿洞书院记》，《丛书集成初编》本。
③ 参见郭宝林：《北宋的州县学》，《历史研究》1988年第2期。
④ 袁征：《宋代书院的兴衰——兼论中国古代书院教育的发展》，《学术研究》1995年第6期。
⑤ （宋）欧阳守道：《巽斋文集》卷7《赠了敬序》，见《玉海》卷167《岳麓书院》。文中称宋太宗太平兴国年间该书院已有"学徒数千人"。

庠",遂由"白鹿国庠"改称"白鹿洞书院"。①

同样具有导向意义的是对教师的尊重。前面曾经说到,太祖小时候曾跟随辛文悦学习过,即位后,他不忘业师,授其太子中允、判太府寺。据《长编》卷十一载,开宝年间,太祖还特别接见了常年在民间教书的著名学者王昭素:

> (王昭素)少笃学,有志行……著《易论》三十三篇,学者多从之游。上闻其名,召见便殿,时年已七十余,上问曰:"何以不仕?致相见之晚。"昭素谢不能。上令讲《乾卦》,至"九五飞龙在天",则敛容曰:"此爻正当陛下今日之事。"引援证据,因示风谏微旨。上甚悦,即访以民事,昭素所言诚实无隐,上益嘉之。又问治世养身之术,昭素曰:"治世莫若爱民,养身莫若寡欲。"上爱其语,尝书屏几间。

受皇帝召见、听讲,并将其嘉言"书屏几间",这对于一位民间教书先生来说,是莫大的荣耀。宋太祖对王昭素的恩遇,除请教问学外,明显有以此为示范,旌表学者、尊师重教之意。

值得注意的是,幼学教育在太祖时期也得到明显的发展。在中国传统社会,最流行的儿童蒙学课本是《三字经》、《百家姓》和《千字文》。这三本书是中国传统社会最基础的教材,被称为"三百千"。"三百千"中,宋朝贡献了《三字经》和《百家姓》两种,其中的《百家姓》即编成于宋初太祖时期。《百家姓》将四百多个姓串为四言韵语,开头两联是"赵钱孙李,周吴郑王。冯陈褚卫,蒋沈韩杨"。此书的编者一般认为是宋初江浙一带人,当时统治这个地区的吴越臣服于宋朝,故以宋太祖的赵姓为首,接下来是吴越王钱俶的姓,第三是钱俶之妻的孙姓,第四是

---

① 参见漆侠主编:《辽宋西夏金代通史·肆·教育科学文化卷》,人民出版社2010年版,第128—129页。

南唐国主李煜的姓。①

太祖时期,仅用了十几年的时间,就已经形成了从中央的国子监到州县学,从官学到民间办学,从成人教育到幼儿教育的多元化、多层次教育体系,这是一项了不起的成就。

"崇文"的另一个重要的方面是重视图书典籍的积累与传播。

在传统社会中,图书典籍是文化传承发展的主要载体,也是人伦、道德、纲纪,以及文脉、国运的指征,具有相当的神圣性。所以,自汉代刘向整理宫廷藏书以来,由朝廷出面积累、整理、颁行图书就成为历代王朝的优良传统之一。宋初朝廷藏书不多,宋太宗说:

> 丧乱以来,经籍散失,周礼之教,将坠于地,朕即位之后,多方收拾,抄写购募,今方及数万卷,千古治乱之道,并在其中矣。②

其实,在太祖时期,已经开始了对图书的大规模"多方收拾,抄写购募"工作。如乾德三年(965)平定后蜀后,遣右拾遗孙逢吉"往西川取伪蜀法物、图书、经籍、印篆赴阙。至四年五月,逢吉以伪蜀图书、法物来上。其法物不中度,悉命毁之,图书付史馆";开宝九年(976)"江南平,命太子洗马吕龟祥就金陵籍其图书,得二万余卷,送史馆。伪国皆聚典籍,惟吴、蜀为多,而江左颇精,亦多修述"③。同时还下诏搜求遗落于民间、有收藏价值的图书,如乾德四年闰八月"诏求亡书。凡吏民有以书籍来献者,令史馆视其篇目,馆中所无则收之。献书人送学士院试问吏理,堪任职官,具以名闻"。这次征集亡书成效显著,"应诏献书,总千二百二十八卷"④。

---

① (宋)王明清:《玉照新志》卷3,中华书局1985年版。参见喻本伐:《中国幼儿教育发展史》,华中师范大学出版社2012年版,第63页。
② (宋)程俱、周必大:《麟台故事 淳熙玉堂杂记》卷4《储藏》,中华书局1991年版。
③ 《宋会要辑稿》崇儒四之一五。
④ 《长编》卷7乾德四年闰八月条。

太宗、真宗二朝,举数十年之力,编出了号称"宋朝四大书"的《太平御览》、《文苑英华》、《太平广记》和《册府元龟》,在编修书籍方面取得了突出成就,这与宋太祖以来寻访书籍、奖励献书的政策有直接关系。①

大规模的典籍印刷,也在太祖时期取得明显成效:

> 上(太祖)好书,命使尽取蜀文籍及诸印版归阙。忽见板后有毋氏姓名,乃问欧阳炯,炯曰:"此是毋氏家钱自造。"上甚悦,即命以板还毋氏,至今印书者遍于海内。②

太祖时期,朝廷出面组织的几项大部头的印刷工程,如《大藏经》、《道藏》等都是在蜀地完成的,《文选》、《初学记》以及"九经诸书"等公众读物,皆由蜀地毋氏主持,以民间出版的方式大量印刷。成都由此成为全国的印刷中心之一。另一印刷中心为首都开封。太祖时期,开封重视法律、医药及儒家典籍的印刷,并取得了突出成就。景德二年(1005),宋真宗至国子监视察库书,问印书的经版有多少,得到的回答是:"国初不及四千,今十余万,经、传、正义皆具。臣少从师业儒时,经具有疏者百无一二,盖力不能传写。今版本大备,士庶家皆有之,斯乃儒者逢辰之幸也。"③

与"崇文"并行的是"令武臣读书",这一举措最具风气转移意义。

如前所述,宋太祖综合运用人事调整和制度革新等多种手段,确立了皇帝对"宿卫诸将"和军队的绝对控制,"上之制下,如臂使指"④。但是,不论是人事调整,还是制度上的防微杜渐,都不出一个"防"字。正如治水,有"防"有"堵",更需有"疏",毕竟"防"总是被动的,与"疏"相结合方能事半功倍。宋太祖在处理与武将关

---

① (宋)陈振孙:《直斋书录解题》卷14,上海古籍出版社1987年版。
② (宋)委心子:《新编分门古今类事》卷19《毋公印书》。
③ 《宋史》卷431《邢昺传》。
④ 《长编》卷32淳化二年正月条。

系的问题上,也是如此,除了"防"和"堵"以外,还采取了"疏"的策略,就是要使"宿卫诸将"们自觉按照儒家道德规范行事,忠于皇帝。令武臣读书,即是"疏"的策略之一。

据《长编》卷三记载,"杯酒释兵权"半年后,宋太祖就与执政大臣讨论过"武臣读书"的问题:

> 上谓近臣曰:"今之武臣欲尽令读书,贵知为治之道。"近臣皆莫对。

这次讨论在司马光的《涑水记闻》卷一中也有记载,只是"读书"在《涑水记闻》中作"读经书",联系到同书同卷载宋太祖曾经对秦王侍讲曰:"帝王之子,当务读经书,知治乱之大体,不必学作文章,无所用也。"可以看出,"令武臣读书"主要是读儒家经典,希望武将能够按儒家的伦理规范行事。而"近臣皆莫对"一句也很传神,说明当时群臣尚未认识到这个问题的重要性。

应该说,"忠君",强调君臣父子伦理纲常,是儒家学说的主旨,其对维持统治秩序的重要意义,不需要多高的政治智慧就能感受得到。但具体到五代时期,"礼乐崩坏,三纲五常之道绝,而先王之制度文章扫地而尽"①,萦绕在各位皇帝心头的,始终是长枪大剑,真正能够认识到武臣习学儒家经书价值的,可以说是寥寥无几。以五代最优秀的皇帝周世宗为例,他对部下的要求也是:"卿方为朕作将帅,辟封疆,当务坚甲利兵,何用书为!"②"何用书为"与"欲尽令读书",周世宗和宋太祖在这个问题上的差距一目了然,也展现出了宋太祖的更高境界。

《宋史》卷二七五评论宋初诸将说:"宋初诸将,率奋自草野,出身戎行,虽盗贼无赖,亦厕其间,与屠狗贩缯者何以异哉?"五代以来,皇帝与"宿卫诸将"的关系持续紧张,除了政治因素之外,与

---

① 《新五代史》卷17《晋家人传》。
② 《长编》卷7乾德四年五月条。

当时武将群体文化素质的低下也有密切关系。五代时期的武将多数是文盲,直到北宋初年,武将中一字不识者依然比比皆是,所谓"武夫悍卒,皆不知书",如党进"不识字",田重进"不事学",米信"不知书",高琼"不识字",等等。他们对儒家经典缺乏学习,自然也就缺乏儒家伦理纲常的熏陶,"在位无复有知君臣之义、上下之礼者"①,"兵骄则逐帅,帅强则叛上"②是那个时代的普遍现象。

这种状况若不改变,君臣之间的秩序就很难稳定。宋太祖"令武臣读书"的第一个目标就是"有意于治",即让武臣懂得一个国家治理所需的礼法、尊卑、秩序、名分,并能够自觉践行和维护。

当然,"令武臣读书"的另一个目标也绝对不能忽视,这就是通过读书获得领兵打仗的谋略和本领。开宝二年(969)九月,宋太祖在论及唐代名将郭子仪、李靖时说:"唐李靖、郭子仪皆出儒生,立大功,岂于我朝独无人耶?"③这次谈话的重点显然是在名将的"能文能武"上,最终的落脚点是"立大功"。由此可见,宋太祖"令武臣读书"的目的有三:一是改变武将们的兵痞习气;二是让武将知书达理,守规矩本分,明君臣大义;三是通过读书使武将"增智虑",有勇有谋,以提高军队的战斗力。没有文化的军队是愚蠢的军队,而愚蠢的军队是不可能战胜敌人的。这个道理,也是古今优秀政治家的通识。

这三个方面也是宋太祖评价历代"名将"的标准。《长编》卷四乾德元年六月条载:

> 初,上幸武成王庙,历观两廊所画名将,以杖指白起曰:"起杀已降,不武之甚,胡为受飨于此?"命去之。左拾遗、知制诰高锡因上疏论王僧辩不克令终,不宜在配飨七十二贤之列。乃诏吏部尚书张昭、工部尚书窦仪与锡别加裁定,取功业

---

① (宋)王安石:《临川先生文集》卷39《上仁宗皇帝言事书》。
② (宋)欧阳修等:《新唐书》卷50《兵志》。
③ 《长编》卷10开宝二年九月条。

始终无瑕者。癸巳,昭等共议请升汉灌婴,后汉耿纯、王霸、祭遵、班超,晋王浑、周访,宋沈庆之,后魏李崇、傅永,北齐段韶,后周李弼,唐秦叔宝、张公谨、唐休璟、浑瑊、裴度、李光颜、李愬、郑畋,梁葛从周,后唐周德威、符存审凡二十三人;退魏吴起,齐孙膑,赵廉颇,汉韩信、彭越、周亚夫,后汉段纪明,魏邓艾,晋陶侃,蜀关羽、张飞,晋杜元凯,北齐慕容绍宗,梁王僧辩,陈吴明彻,隋杨素贺若弼、史万岁,唐李光弼、王孝杰、张齐丘、郭元振凡二十二人。诏塑齐相管仲像于堂,画魏西河太守吴起于庑下,余升退如昭等议。

此事最可注意的是,宋太祖对"名将"提出的新标准:"功业始终无瑕。"也就是说,"名将"既要有勇,更要有谋,只有文武双全,才能"始终"立于不败之地。另外,"名将"要明晰纲常伦理,守规矩,知进退,忠心耿耿,这样才能使君臣之间互不猜忌,善始善终。这就是"功业始终无瑕"的新标准。按照这一新的标准,关羽、张飞虽然英勇,但勇而无谋,在功业上都有亏,如"大意失荆州"等;韩信虽有军功,但却不知进退,比不得灌婴善始善终,所以他们都被宋太祖清除出了"名将"行列。白起虽然很能打仗,但滥杀俘虏,违背了战争伦理,同样不得列入"名将"的行列。而管仲自"入职"为将相后,以文武全才,全心全意辅佐齐桓公大成功业,自己也善始善终,故宋太祖特为其塑像,其规格要高于一般"名将"。吴起在忠君、功业方面都无亏欠,但因杀妻,有失礼教底线,故对他很难评定,宋朝君臣几经斟酌,最终还是将其画像绘于庑下。根据《长编》及《宋史》所记,此事尚有后情。君臣议定之后,时任秘书郎、直史馆梁周翰曾提出异议,认为古今圣贤"鲜克具美","而欲责其磨涅不渝,求其终始如一者",是强人所难。宋太祖对此态度则很坚决,毫不留情地否定了梁周翰的意见。在宋太祖看来,此事的意义在于"有所惩劝",即打破旧的"名将"标准,树立起新的"名将"标准,使自己手下的武将要文武兼备、德才兼备。这与他反复提倡"令武臣读书"是一致的。①

当然,宋太祖"欲尽令读书",更多时候只能是宋太祖的个人设想,真正落到实处的难度不小,毕竟是否读书、能否读书、读后是否理解践行,均为个人行为。不过,正所谓"楚王好细腰,宫中多饿死",在传统君主政体之下,君主个人好尚对群臣的影响是极大的。宋太祖提倡读书,对"宿卫诸将"的引导作用之大也是毋庸置疑的。这里有一个颇具戏剧性的例子,即侍卫马军都指挥使党进的"掉书袋":

> 党进者,朔州人,本出溪戎,不识一字。一岁,朝廷遣进防秋于高阳,朝辞日,须欲致词叙别天陛,阁门使吏谓进曰:"太尉边臣,不须如此。"进性强很,坚欲之。知班不免写其词于笏,俾进于庭,教令熟诵。进抱笏前跪,移时不能道一字,忽仰面瞻圣容,厉声曰:"臣闻上古其风朴略,愿官家好将息。"仗卫掩口,几至失容。后左右问之曰:"太尉何故忽念此二句?"进曰:"我尝见措大们爱掉书袋,我亦掉一两句,也要官家知道我读书来。"②

"上古其风朴略",出自唐玄宗为《孝经》所写的序文,"好将息"则是颇为文气的一个说法,意思是好好休息,别操心。党进大字不识一个,竟然也能如此"掉书袋",表明宋太祖引导武将读书的努力取得了一定的成功;"要官家知道我读书来",最是画龙点睛,说明武将读书与宋太祖的提倡和鼓励是密不可分的。

宋太祖"令武臣读书",在党进这一代武将身上已有影响,而对宋初新成长起来的年轻一代武将的影响则更为明显。这方面的典范是马知节。马知节的父亲马全义是宋太祖的战友和爱将,前面提到过,他于"杯酒释兵权"前夕病逝。七岁的马知节被宋太祖

---

① 参见路育松:《试论宋太祖时期的忠节观建设》,《中州学刊》2001年第6期。
② (宋)释文莹:《玉壶清话》卷8。

收养在宫中,太祖末年,二十多岁的马知节出任四川彭州兵马监押,他从军队的基层做起,经历太祖、太宗、真宗三朝,官至枢密使。史书记载,马知节有三个突出特点:一是勇猛善战,"慷慨以武力智谋自许";二是文化素养较高,"能好书"、"喜读书",擅长鉴别图画,著有文集二十卷;三是受儒家思想影响大,"宾友儒者"、"立朝争事,以刚正称天下"①,是真宗朝最有名望的"忠臣"之一。故后人对他有很高的评价,如范仲淹赞誉马知节是"天下之至直",王安石专门为他撰写过《神道碑》,南宋朱熹编《五朝名臣言行录》时,也把马知节列入其中。马知节的文武双全,可以肯定地讲,是经由太祖"培育而成的"②,他代表了太祖心目中较为理想的武将形象。宋太祖之后,马知节类型的武将愈来愈多,"为将而好儒者"比比皆是。例如,狄青折节读书,悉通秦汉以来将帅兵法;燕达"起行伍,喜读书,平时手不释卷"③;姚兕"力学兵法,老不废书,尤喜颜真卿翰墨,曰:'吾慕其人耳'"④;岳飞"好贤礼士,览经史,雅歌投壶,恂恂如书生"⑤。

唐末五代那种武将动辄反叛的现象,在宋代一去不复返了。追根溯源,宋太祖的"今之武臣欲尽令读书",确实起到了转变风气的作用。⑥

---

① 《宋史》卷278《马知节传》。
② 何冠环:《北宋武将研究》,中华书局香港有限公司2003年版,第151页。
③ (宋)王偁:《东都事略》卷84《燕达传》,淮南书局1980年版。
④ 《宋史》卷349《姚兕传》。
⑤ 《宋史》卷365《岳飞传》。
⑥ 关于宋太祖"令武臣读书"的实际影响,还可以举出一些不大为研究者所关注的例子。如康延泽一门三代为将,他本人参与过平定后蜀的战争。战后,因杀降兵被贬官为唐州教练使,乃"筑室垦田聚书训子而已"(《小畜集》卷28《前普州刺史康公预撰神道碑》)。又如宋初开国名将王审琦的儿子王承衍是宋太祖之女昭庆公主的驸马,"善骑射,晓音律,颇涉学艺,好吟咏。"王承衍的弟弟王承衎也是"颇涉学,喜为诗……晓音律,多与士大夫游"(《宋史》卷250《王审琦传》)。

第三节　科举改革与文官政治

建隆元年(960)二月,宋朝第一次科举考试顺利完成,共计十九位进士及第,杨砺极其幸运地成为宋太祖一朝的"龙飞榜"状元,也就是赵宋王朝的第一位状元①。此时,宋王朝刚刚开国两个月。说起来杨砺等新科进士们,都是后周的末代举子,他们上年九月投考之时还是大周王朝,考前入皇宫觐见的也还是小皇帝周恭帝。但新旧转换按部就班,一切都进行得很顺利。

这也不难理解,虽然经历了改朝换代,但以考试选官为目标的科举取士制度,自隋朝创立以来,经过三百余年的发展,至宋初早已形成了一整套固有的程序。对宋太祖而言,新朝开国,正是南征北战的千头万绪之际,承袭成例开科取士自然是一个最现实的选择。

宋初的科举取士,在形式上继承了唐代制度,尤其是五代后唐、后周的制度,大致分为常科、特科两大类。

常科,也称"常举"、"常选",包括"进士"和"诸科",因为由尚书省礼部主持,也称"礼部贡举"。常科要定期举行,太祖时期基本上每年开考一次。② 常科在科举取士中的地位最为重要。常科的考试内容,进士科包括诗、赋、论、策以及帖经和墨义,通常是:试诗、赋、论各一首,策五道,帖十帖,墨义十条。诗、赋,主要考应试者的文才。论、策,都是议论文,大致"论"是考察对历

---

① 杨砺,京兆鄠(今陕西户县)人,建隆元年状元及第,故《宋史·杨砺传》称:"杨砺遭遇龙飞,致位崇显。"其实他在太祖朝一直赋闲家居,太宗朝才进入仕途。但毕竟是"龙飞"之年的状元,最后还是位列执政大臣,官至枢密副使。
② 所谓"常科",简言之即常设之科,朝廷预定考试的内容和方法,定期举行考试。宋太祖时期除开宝七年因谋攻南唐、开宝九年因出巡洛阳而"权停贡举"之外,共开贡举十五榜。有学者称,太祖朝每年均行科举,不够准确(参见祝尚书:《宋代科举与文学》,中华书局2008年版,第7页)。

史人物和史实的论述,"以观其识";"策"则是对时政发表见解,"以观其才"。帖经,类似于今天的填空题,也叫"填帖","以所习经掩其两端,中间开唯一行,裁纸为帖。凡帖三字,随时增损"①,考察考生对经书的掌握程度。墨义,则类似于默写,考察考生对经书权威注疏的掌握程度。帖经、墨义,通常只要能答对十分之四,就算合格。进士科,是唐宋以来最为人推崇的科目。诸科包括一系列的具体科目,地位由高而低依次是:《九经》、《五经》、《开元礼》(开宝六年改为《开宝通礼》)、《三礼》、《三传》、学究、明法等。

常科的考试,宋初为二级制,即由地方解试(发解试)和礼部省试两级考试组成。开宝六年(973),宋太祖创立"殿试"制度之后,常科(贡举)考试由解试、省试两级制发展成为解试、省试和殿试三级制。通常是:每年秋季(通常为九月),地方州府主持举行解试(发解试),称"秋闱"。考试合格者,即取得进京考试的资格,通称为"举人"(贡举人),俗称"举子"。举子限冬季入京候试,宋太祖时规定是必须在十月二十五日之前至礼部报到,仁宗后延长到十一月。举人到京之后,先要集体入皇宫觐见皇帝,称"群见"②。"群见"之后,再须往国子监参拜孔子像,称"谒先师"③。

次年二月中旬或三月,朝廷选派高级文臣以"知贡举"或"权知贡举"的名义担任考官,赴礼部主持举行"省试"。宋初还没有专门的礼部贡院,省试考场通常设在武成王庙④。进士科考试分四场即四天进行,唐代举人可以夜以继日、挑灯夜试,直至三鼓时

---

① 《文献通考》卷31《选举考四》,此唐代制度,宋亦大致如此。
② (宋)彭乘:《墨客挥犀》卷9《举人到阙皆入对》,《全宋笔记》第3编第1册。
③ (宋)王辟之:《渑水燕谈录》卷6《贡举》。
④ 龚延明、祖慧:《宋代科举概述》,《宋登科记考》,江苏教育出版社2009年版,第33页。

分,故时人有诗曰:"三条烛尽,烧残学士之心。八韵赋成,笑破侍郎之口。"①宋代则禁止"继烛",规定只能在白天答卷。②

太祖乾德二年(964)规定:"进士、九经判中者,并入初等职官。"③初等职官,指防御、团练、军事州的推官与军、监判官。开宝六年(973),各州设立司寇参军(太宗后改名司理参军)一职,主掌司法。新及第进士通常授予州司寇参军之职,这也是宋太祖强化法治的一项主要措施。

宋太祖一朝共开贡举十五榜,进士科及第者,共计一百八十三人,加特赐进士及第、出身四人,共一百八十七人(详见下表的"进士"栏)。

时间	知贡举	进士	诸科	状元	特奏名
建隆元年二月二十日	扈蒙	十九人	佚	杨砺	
建隆二年二月十日	窦仪	十一人	佚	张去华	
建隆三年三月十九日	王著	十五人	佚	马适	
乾德元年二月二十二日	薛居正	八人	佚	苏德祥	
乾德二年三月二日	陶穀	八人	佚	李景阳	
乾德三年二月十五日	卢多逊	七人	佚	刘察	
乾德四年二月十七日	王祐	六人	九人	李肃	
乾德五年二月二十三日	卢多逊	十人	佚	刘蒙叟	
开宝元年三月十日	王祐	十人	佚	柴成务	
开宝二年二月二十日	赵逢	七人	佚	安德裕	
开宝三年三月三日	扈蒙	八人	佚	张拱	一百〇六人
开宝四年二月二十四日	卢多逊	十人	佚	刘寅	
开宝五年闰二月三日	扈蒙	十一人	十七人	安守亮	

① (宋)江少虞:《宋朝事实类苑》"词翰书籍"条,上海古籍出版社1981年版。
② (宋)王辟之:《渑水燕谈录》卷6《贡举》。
③ 《长编》卷5乾德二年七月条。

续表

时间	知贡举	进士	诸科	状元	特奏名
开宝六年二月二十八日	李昉	二十六人	一百〇一人	宋准	
开宝八年二月二十四日	王祐、扈蒙、梁周翰、雷德骧	三十一人	三十四人	王嗣宗	

资料出处:《宋登科记考》卷1,江苏教育出版社2009年版,第1—11页。

与"进士"并列的是"诸科",其及第人数有确切记载的,仅乾德四年、开宝五年、开宝六年、开宝八年四榜(详见上表"诸科"栏)。将两组数字作对比可以看出:诸科及第数皆要略多于进士科。再加上开宝六年诸科及第的特例,可以推测宋太祖一朝的诸科及第者应在三百人上下。进士科与诸科合计,及第者当在五百人左右(如果再加上开宝三年的"特奏名",则总数有六百人左右),平均每榜约三十余人。南宋学者王栐有言:"国初,进士尚仍唐旧制,每岁多不过二三十人。"①王氏此说,应该是准确的。

除了"常科"外,宋太祖时期也实行"特科"录取。特科,即"制科",是由帝王临时降诏举行的不定期的科举考试。所谓:"制举无常科,所以待天下之才杰,天子每亲策之。"②宋初沿袭后周制度,"制科"尚由层层推荐选拔。乾德二年(964)正月十五日,宋太祖诏令改制科为"诣阙自陈,临轩亲试",即个人自荐,由皇帝亲试。但这项选举推行了两年,并没有选到特别优秀的人才。③ 此后,宋太祖未再开制科。④

---

① (宋)王栐:《燕翼诒谋录》卷2,中华书局1985年版。
② 《宋史》卷156《选举志二》。
③ 《宋会要辑稿》选举一〇之六至七《制科》。
④ 在常科和制科之外,还有恩科。恩科,宋初时主要是指"特赐第",即"特赐进士及第",属于皇帝的特权,是指皇帝赐予得赐者进士及第、出身、同进士出身等科举功名。宋太祖一朝,共计"特赐第"十五人。得赐者大多并不参加科举考试,因此"特赐第"在严格意义上不属于科举的范围。

所以，宋太祖对科举关注的重心还是在"常科"上，尤其是"常科"中的进士科。

建隆元年（960）二月的首次进士科，曾演出了一场闹剧。省试结果张榜之后，开封城某私学教书先生孙兰"乘醉突入贡部，喧哗不已"，原因是"孙兰治《左氏春秋》，聚徒教授，其门人有被黜退者"。宋太祖闻讯后十分恼火，下令将孙兰"决杖配商州"。① 这场闹剧的真正起因已无法查考，但在一定程度上暴露了当时科场的混乱状况。

宋太祖当时忙于战事，只是就事论事处罚了"闹事"的孙兰。在局势稳定之后的建隆三年九月，他寻即颁布了一道关于整饬科举的重要诏令：

> 国家悬科取士，为官择人。既擢第于公朝，宁谢恩于私室？将惩薄俗，宜举明文。今后及第举人，不得辄拜知举官子孙弟侄，如违，御史台弹奏。应名姓次第，放榜时并须据才艺高低，从上安排，不得以只科为贵。兼不得呼春官为恩门、师门，亦不得自称门生。②

这道诏书的重点在于禁止科举及第者呼考官为"恩门"、"师门"，不得自称"门生"，考官与考生之间形成公开的亲密关系，就此成为非法。考生更不能在考前走考官的门路，包括"拜知举官子孙弟侄"。在同近臣交谈时，宋太祖更清晰地表达了自己的意图，他说：

> 闻及第举人呼有司为恩门，自称门生，见知举官辄拜之。此甚薄俗，非推公取士之道。又搢绅间多以所知进士致书主司，谓之"公荐"。朕虑误取虚誉，当悉禁之。③

---

① 《长编》卷1建隆元年二月条。
② 《宋会要辑稿》选举三之一。
③ （宋）罗从彦：《遵尧录·太祖》，《全宋笔记》第2编第9册，大象出版社2006年版。

宋太祖这里言及的"公荐",是自唐朝科举制以来考生请托考官的一个重要手法。因为考官都是临时指定的,所以考生往往是以所谓的"行卷",即自荐文才为幌子,行贿当朝重臣,待确定考官之后,再由重臣出面向考官游说和请托。但建隆三年(962)的这道诏书里对此并未加以明文禁止。

或许正是因为这个缘故,乾德元年(963)薛居正主持科举时,就发生了一桩与建隆元年相类似的又一场闹剧。考前,有举子走通了禁军将领马仁瑀的门路,马仁瑀专门请托考官薛居正,让他录取该举子。薛居正"实不许而阳诺之",该举子也就落榜了。气急败坏的马仁瑀和孙兰一样"乘醉携所属士谩骂居正"。事件发生之后,御史中丞刘温叟立即弹劾马仁瑀。因为马仁瑀是心腹爱将,宋太祖"虽怒,曲为容忍",但几个月后还是将其外放为密州防御使,随后又以此事为契机颁布了一道诏书:

"礼部贡举人,自今朝臣不得更发公荐,违者重置其罪。"
故事,每岁知举官将赴贡院,台阁近臣得保荐抱文艺者,号曰"公荐",然去取不能无所私,至是禁止。①

"公荐"由此也成为非法。开宝六年(973)四月诏书再度重申:"今后凡中外文武官僚荐嘱举人,便即主司密具闻奏,其被荐举人,勒还本贯重役,永不得入举场。其发荐之人,必行勘断。"②宋太祖对舞弊考官与举子的惩治力度,无疑是相当大的。

乾德二年,宋白知贡举③,"多受金银,取舍不公",他担心张榜之后舆论沸腾,就想借助皇帝的威势堵他人的嘴,"乃先具姓名以白上,欲托上旨以自重"。宋太祖斥责他说:"吾委汝知举,取舍汝

---

① 《长编》卷4乾德元年八月条、九月条。
② 《宋会要辑稿》选举三之三。
③ 乾德二年的知贡举为陶穀。且宋白于建隆二年方中进士,当时资历尚浅,似不可能单独或与陶穀共同知贡举(实际上,在开宝八年之前,一直都是由一位官员主持贡举),因而此事极可能是陶穀所为。

当自决,何为白我?我安能知其可否?若榜出别致人言,当斫汝头以谢众。"吓得宋白赶紧"悉改其榜,使协公议而出之"。①"当斫汝头以谢众"云云,当然是皇帝的气话,但宋太祖对舞弊考官的处置还是毫不手软的。开宝六年(973)知贡举李昉就因被人举报"用情,取舍非当",被连降数级,其他考官亦皆坐责。②

显贵子弟参加科举,自然近水楼台先得月,这是科举始终难以根绝的一大痼疾。宋太祖对此十分警觉。开宝元年柴成务榜,翰林学士陶穀之子陶邴以第六名进士及第,在陶穀前来谢恩之时,宋太祖就对左右近臣言道:"闻穀不能训子,邴安得登第?"下令中书门下加以复试。复试的结果,陶邴倒有真才实学,得以再次及第。③即使如此,宋太祖还是以此事为教训,下诏规定:

> 取士之道,责实为先。今岁辟礼闱,明悬科级,贤良之选,务在得人。世禄之家,尤宜笃学。如闻搢绅之内,朋比相容,论才苟爽于无私,擢第即成于滥进。自今应诸色举人内有父兄骨肉食禄者,委礼部贡院于奏名之时,并别具开析,当议更与覆试。贵于公道,无所屈焉。④

"世禄之家"即官宦子弟及第者必须严加复试,就此成为定制。宋太祖之所以如此,不仅是加强科举的公正性,还因为他对官宦子弟有一个基本的判断:"贵家子弟,唯知饮酒弹琵琶耳,安知民间疾苦。"⑤

在整饬科场积弊的同时,太祖时期出台的《发解条例》,以及创立特奏名和殿试等一系列制度建设,也进一步推动了科举制度的完善。

---

① (宋)司马光:《涑水记闻》卷1,中华书局1989年版。
② 《长编》卷14开宝六年三月条。
③ 《长编》卷9开宝元年三月条。
④ 《宋会要辑稿》选举三之二。
⑤ (宋)司马光:《涑水记闻》卷1。

先看《发解条例》。"发解"指各州府向中央上报科举考试的合格生源,发解举子质量如何,是从源头保证科举得人的关键。宋代首个地方《发解条例》,颁行于乾德二年(964)九月:

> 诸州解发进士,差本判官考试,如本判官不晓文章,即于诸从事内选差。所试并得合格,方可解送。诸科差录事参军考试,如录事参军不通经义,即于州县官内抡选。本判官监试,如有遥口相授,传与人者,即时遣出,不在试限。纸先令长印书,至时给付。凡帖经对义,并须监官对面,同定通否,逐场去留,合格者即得解送。仍解状内开说:当州府元若干人请解,若干人不及格落下讫,若干人合格见解。其合申送所试文字,并须逐件朱书通否,下试官、监官仍亲书名。若合解不解、不合解而解者,监试官为首罪,并停见任,举送长官,闻奏取裁。诸科举人,第一场十否者,殿五举;第二场、第三场十否者,殿三举;其三场内有九否者,殿一举。其所殿举数,于试卷上朱书,封送中书门下,请行指挥及罪发解试官等,令重举旧章,庶绝侥滥。①

《发解条例》强调了地方官在"发解"的每个环节中应负的具体责任和具体的奖惩制度,其细密的程度至今仍有启示意义。

再看太祖时期的"特奏名"。这是皇帝特赐多次省试落榜举人以科举出身的制度。开宝三年(970)三月,宋太祖令礼部将那些经历过十五次以上考试而落榜的举人加以统计,从中选拔了司马浦等一百零六人,然后颁布诏书,特赐他们"科举及第"的名分("特奏名"):

> 汉诏有云"结童入学,白首空归。"此盖愍乎耆年无成,而推恩于一时也。朕务于取士,期在得人,岁命有司,大开贡部。

---

① 《宋会要辑稿》选举一四之一三、一四。

> 进者俾升上第,退者俟乎再来。而礼闱相继籍到十五举已上贡士司马浦等一百六人,皆困顿风尘,潦倒场屋,学固不讲,业亦难专,非以特恩,终成遐弃。浦等宜各赐本科出身,今后不得为例。①

诏书写得很有人情味。一次录取一百零六人,也是空前的数字,占太祖朝全部科举及第者的六分之一,而开宝三年进士科及第者仅八人。

"特奏名"也的确是一个很有宋太祖个人风格的政策。

首先,它是科举制度的必要补充。科举考试的竞争过于残酷,金榜题名者当然是春风得意,但沦落失意者永远是绝大多数,"结童入学,白首空归",甚至于无家可归者也绝非罕见。注意到这个失意群体的艰难,并给予一定的政策关照,是必要的,也是人性化的。

其次,"特奏名"的确立,使科举取士在为王朝选拔人才的同时,兼具笼络落榜文人,维持政治稳定的特殊职能:

> 唐末,进士不第,如王仙芝辈唱乱,而敬翔、李振之徒,皆进士之不得志者也。盖四海九州之广,而岁上第者仅一二十人,苟非才学超出伦辈,必自绝意于功名之涂,无复顾藉。故圣朝广开科举之门,俾人人皆有觊觎之心,不忍自弃于盗贼奸宄……而特奏之多,自是亦如之。英雄豪杰皆汩没消靡其中而不自觉,故乱不起于中国,而起于夷狄,岂非得御天下之要术欤?苏子云:"纵百万虎狼于山林而饥渴之,不知其将噬人。艺祖皇帝深知此理者也,岂汉、唐所可仰望哉!"②

当代研究者更是认为:"只有在宋朝创立特奏名制度之后,才使科

---

① 《宋会要辑稿》选举三之三,《长编》卷11开宝三年三月条。
② (宋)王栐:《燕翼诒谋录》卷1。

举真正成为'赚得英雄尽白头'的长策;只有宋代帝王,才更有资格说:'天下英雄入吾彀中矣!'在这一点上,唐宗是稍逊色于宋祖的。"①

"特奏名"在太祖朝只是初创,经过太宗、真宗两朝的发展,至仁宗朝才得以制度化。整个宋代,贡举取士共十一万余人,其中"特奏名"五万二千五百余人,占登科总数的百分之四十五以上,其在宋代科举中的重要地位可以想见。

宋太祖对科举改革最有影响的举措是创立了殿试制度。②

殿试,指的是皇帝在皇宫中亲自主持的对省试合格"准进士"的复试,又称"御试"、"亲试"、"廷试",是宋代贡举三级考试中最高、最后一级考试,也是后来元明清六百年中始终奉行的一项制度,在中国科举史上占有十分重要的地位。③

这项制度的产生,与考生的一次集体"闹事"有关。开宝六年(973),新科进士的录取工作已完成,当这些人上殿谢恩时,宋太祖发现进士武济川、刘濬等人"材质最陋,应对失次",便将二人黜除。再一查,武济川是知贡举李昉的同乡,李昉似乎有徇私舞弊的嫌疑。恰在此时,落榜进士徐士廉等一干人"打鼓论榜"揭发李昉,于是宋太祖连夜召见处理,并最终采纳了徐士廉关于皇帝"亲试之"的建议,让贡院重新统计名单,于讲武殿亲自出题面试:

---

① 张希清等主编:《中国科举制度通史·宋代卷》,上海人民出版社2015年版,第541页。
② 关于殿试制度的创立,有人认为始于唐代武则天。如南宋谢采伯认为:唐代武则天时的永昌元年,"始试进士于洛城殿,殿试自此始"(《密斋笔记》卷2,文渊阁四库全书本)。元代马端临在《文献通考》中也认为殿试最早始于唐代武则天:"殿前试士始于唐武后。"但马氏强调说,当时的殿试并不是一级考试,只是女皇武则天对考生的一种荣誉性接见,"非于考功已试之后再试之也",与宋代的殿试有本质上的差别,所以他认为:"国初殿试,本覆试也。唐以来,或以礼部所取未当,命中书门下详覆。至宋,艺祖、太宗重其事,故御殿覆试"(《文献通考》卷32《选举考五》)。
③ 张希清等主编:《中国科举制度通史·宋代卷》,上海人民出版社2015年版,第260页。

太祖皇帝开宝六年,命令仆射李公(昉)考试贡举人,取士有不能尽……(徐士廉)旦伏阙下,太祖夕召与之见,廉即具道贡举人事,请太祖亲试之,曰:"方今中外兵百万,提强黜弱,日决自上前,出无敢悖者。惟岁取儒为吏,官下百数,常常赘戾,以其授于人而不自决故也。为天下国家,止文与武二柄取士耳,无为其下鬻恩也。"太祖即命礼部试所中、不中贡举人,于讲武殿廷试之,得百有二十七人,赐登高第。①

《宋会要辑稿》对这次"殿试"的由来有更详细的记载:

> 三月十九日,帝御讲武殿,覆试新及第进士宋准并下第进士徐士廉、终场下第诸科等。内出《未明求衣赋》、《悬爵待士诗》题,召殿中侍御史李莹、右司员外郎侯陟、国子监丞郝益为考官。得进士宋准已下二十六人,诸科五经已下一百一人,乃诏曰:"国家悬科取士,校艺求人,有司虽务于搜罗,积岁不无其漏落。所以亲临考试,精辨否臧,或悯其年深,或允其才进,俾咸登于上第,谅克叶于至公。其进士宋准等百二十七人,并赐及第、出身。"先是,礼部放准等十一人、五经郝镕等二十一人及第,谢于讲武殿。进士武济川、三传刘濬以人质蕞陋及占对失次,命黜去。又下第进士徐士廉等挝登闻鼓上言,以久困场屋,无由奋发,及诉知举李昉取舍非当,即诏贡部籍入策进士并终场经学,与准等并亲覆于殿庭。御试举人,自兹始也。②

据此可以知道,这次殿试共录取进士二十六人,除了原李昉拟录取的十一人中刷掉了一人外,其余十人仍按原顺序录取,但又增加了十六人,其中包括击鼓告状的徐士廉和宋初散文名家柳开等。

---

① (宋)柳开:《河东先生集》卷8《与郑景宗书》。
② 《宋会要辑稿》选举七之一。《长编》卷14开宝六年三月条亦曰:"自兹殿试遂为常式。"

"殿试"录取的二十六名进士[①],再加上"诸科五经"所录取的一百零一人,此次共录取一百二十七人。

在讨论"殿试"的创立时,古今史家无不重视徐士廉击鼓献策的作用,这当然是正确的。但是戏剧化的情节虽然能引人注目,却往往会冲淡甚至掩盖历史的关键所在。徐士廉的击鼓献策,其实只是宋太祖推行殿试的一个契机。早在乾德二年(964)的"特科"考试中,宋太祖已经确立了由皇帝本人"临轩亲试"的制度,开宝六年(973)的殿试,也可以理解成将"特科"之成制向"常科"的正常推广。更重要的是,在乾德五年、开宝元年两榜的进士科录取中,太祖曾连续命令由中书门下"覆试"礼部合格举人,"覆试"之后方可赐进士及第,这等于在原来的二级考试中又增加了一个级别。特别值得注意的是,在开宝五年的科举考试中,宋太祖"召对讲武殿,始下诏放榜。新制也"[②]。"新制也",此三字乃是关键,因为此前"省试"即为终考,皇帝只是在放榜后接见一下及第新进士;而这次则不然,是在皇帝"召对"(面试)之后,方得以放榜公布。毫无疑义,这就是"殿试"的先声。正是已经有了上述成熟的铺垫,开宝六年行殿试之制方能水到渠成,徐士廉的击鼓献策只不过是适逢其时。

开宝六年的这场科考,还给宋太祖提了一个醒:由一个人单独主持科举考试,很容易发生徇私舞弊的情况。李昉虽然并不一定有徇私之举,但也脱不了嫌疑。故而在开宝八年的科举中,太祖除了安排王祐"权知贡举"外,另安排扈蒙、梁周翰、雷德骧"同权知贡举"。从此之后,选派多人共同主持科举也成为"定制"。当王

---

① 龚延明、祖慧编撰的《宋登科记考》收录此次殿试的进士录取人数为 28 人。据韩冠群《宋开宝六年进士登第人考辨》(载姜锡东主编:《宋史研究论丛》第 12 辑,河北大学出版社 2011 年版)考证,确切人数应为 26 人。《宋登科记考》中收录的黄相、董箱,当为"索湘"的重复收录。
② 《宋会要辑稿》选举二之一。

祐等人将省试选拔的人员呈上来之后，宋太祖循开宝六年之成例举行了第二次殿试，"二月二十五日，帝御讲武殿试礼部奏名进士，内出《桥梁渡长江赋》、《龙船习水战诗》题，得王嗣宗已下三十一人，赐及第出身"。次日，又取"诸科"三十四人。① 与开宝六年殿试相比，此次"殿试"更是彻底与"省试"脱钩，省试的排名只作为参照，省试的第一名王式就在殿试中被降为第四名，本来名次不靠前的王嗣宗却由宋太祖钦定，成为状元。② 当年的省试合格进士二百九十人，殿试只录取进士三十一人，黜落二百五十九人，淘汰率是相当高的。宋代殿试的基本模式，由此得以确立。在宋太祖朝及此后一段时间，科举考试最终能否及第，取决于殿试，省试合格而殿试落榜者比比皆是。③ 直至宋仁宗嘉祐二年（1056），殿试才通常不再黜落，而只决定排名次序。

"在中世有些贵族能夸耀他的门第比天子还光荣，可是在宋代，天子却是一切荣誉的源泉。"④由天子主持殿试，最大限度地提高了科举考试的政治地位，及第者当然成为令人艳羡的"天子门生"。殿试也推动科举制由二级制发展成为解试、省试和殿试三级制，科举考试程序更加完备，其公正性与科学性也大为提高。正

---

① 《宋会要辑稿》选举七之二。
② 王嗣宗，汾州（今山西汾阳）人，开宝八年（975）状元及第。王氏才兼文武，能力十分突出，在中央、地方任职时都有政绩。他状元及第，难免恃才傲物，屡屡敢言人所不敢言之言，行人所不敢行之事，为官场所不容。如任秦州司寇参军时，因批评顶头上司知州路冲滥行苛政，被路神陷害下狱；任河州知州时，将奉宋太宗命前来监视的武德卒"械送京师"，并直言进谏："陛下不委任天下贤俊，猥信此辈以为耳目，臣窃不取。"惹恼了皇帝，被贬官下狱；任御史中丞时，与宰相王旦等相争执，还抨击宋白、郭贽、邢昺等"七十不请老"，故而得罪了清流元老，遭到排挤。虽然王嗣宗为官孤傲、蔑视同侪，偏偏却能屡落屡起，大中祥符七年（1014）七月出任枢密副使，进入了二府执政大臣之列，官阶也由观察使晋升为节度使。说到底，太祖钦点状元这块金字招牌，就是他最大的资本（《宋史》卷287《王嗣宗传》）。
③ 参见《文献通考》卷30《选举考三》。
④ ［日］宫崎市定：《宫崎市定论文选集·上》，中国科学院历史研究所翻译组编译，商务印书馆1963年版，第131页。

如开宝八年殿试时太祖晓谕参试举人所言:

> 向者登科名级,多为势家所取,致塞孤寒之路,甚无谓也。今朕躬亲临试,以可否进退,尽革畴昔之弊矣。①

在当时的历史条件下,通过殿试,使得科举的公正性达到了有可能达到的最高水准,更有利于选拔出真正的优秀人才。

殿试最大的意义是强化了皇权与知识群体、知识精英的关联,即所谓"天子重英豪,文章教尔曹,万般皆下品,惟有读书高"②。读书人通过殿试成为"天子门生",获得了很高的社会声誉,皇帝则可以放手使用自己亲手选拔的科举文臣来运作朝政,从而形成了"士大夫与皇帝共治天下"的文官政治。

从皇帝的角度说,科举取士的目的很明确,即宋太祖所强调的:"设科取士,本欲得贤以共治天下。"③只有经历科举殿试而成为"天子门生",才最符合皇家与之"共治天下"的"政治要求":

> 自唐以来,进士皆为知举门生,恩出私门,不复知有人主。开宝六年,下第人徐士廉挝登闻鼓,言久困场屋。乃诏入策进士、终场经学并试殿庭。三月庚午,御讲武殿覆试新进士宋准以下一百二十七人……大哉宏谟,可谓知所先务矣!④

从"士人"这个角度来看,"朝为田舍郎,暮登天子堂"⑤,一方面能够通过"天子重英豪"由"布衣"而"卿相",使他们对皇帝的依附性大大增强;另一方面,通过"发奋读书"、"个人奋斗"而出人头地,这使得"科举群体"的自豪感和社会责任感显著增加。所

---

① 《长编》卷16开宝八年二月条。
② (宋)汪洙:《神童诗》。包含《全宋诗》在内的现存宋元文献都未记载汪洙的神童诗,今人搜集到的六十余首神童诗大多都辑自各类明清文献。
③ (宋)陈亮撰,邓广铭点校:《陈亮集》(增订本)附录《建康军节度判官陈亮诰》,见《邓广铭全集》第5册,河北教育出版社2005年版,第418页。
④ (宋)王栐:《燕翼诒谋录》卷1。
⑤ (宋)汪洙:《神童诗》。

以,"开口揽时事,议论争煌煌"①,"每感激论天下事,奋不顾身"②,"国有大事,谠论间发"③,成为这一群体基本的行事风格;而"先天下之忧而忧,后天下之乐而乐","为往圣继绝学,为万世开太平",则成为他们共有的主流意识。

健全的科举制度,是联结"文人"与"官僚"的桥梁,也是国家治理的体制保障。宋太祖对科举制度的调整与改革,为秦汉以来的文官政治发展提供了坚实的基础,并将其推向了一个新的高度。《宋史·宰辅表》共列宋代宰相一百三十三名,其中由科举出身者一百二十三名,占总数的92.4%④,足见科举所造就的"文官"已经成为宋代政治的"中坚"⑤,传统"文官政治"至此才走向成熟。而宋太祖对科举制度的整饬和改革,尤其是殿试制度的创立,则是传统文官政治成长与成熟的根基。

伴随着文官政治的成熟,宋代士大夫阶层的知识结构日趋完善。"文官"不是"文人",应该兼备知识、道义、政治、军事等多方面的综合能力。⑥ 这种综合能力,古人表述为:"在布衣为名士,在州县为能吏,在边境为名将,在朝廷则又孔子之所谓大臣者。"⑦宋

---

① (宋)欧阳修:《镇阳读书》,《欧阳修全集》卷2,中华书局2001年版。
② 《宋史》卷314《范仲淹传》。
③ (宋)罗大经:《鹤林玉露》丙编卷2《无官御史》,中华书局1985年版。
④ 参见郭齐家:《中国古代考试制度》,商务印书馆1991年版,第114页。
⑤ 钱穆谓:"宋以后,进士考试遂独占了政治上的崇高地位"(参见钱穆:《国史大纲》,商务印书馆1995年版,第492页)。柳诒徵亦曰:"盖宋之政治,士大夫之政治也。政治之纯出于士大夫之手者,惟宋为然"(参见柳诒徵:《中国文化史》下卷,东方出版中心1988年版,第516页)。孙国栋在其《唐宋之际社会门第之消融》一文中,以晚唐五代北宋各代人物之出身家世统计作为基础,讨论动乱前后社会各阶层人物升沉转换、兴衰交替之迹象,指出:"唐代以名族贵胄为政治、社会之中坚,五代以由军校出身之寒人为中坚,北宋则以由科举上进之寒人为中坚"(参见孙国栋:《唐宋史论丛》,上海古籍出版社2010年版,第285页)。
⑥ 如宋太祖在开宝六年第一次举行殿试时,就特别注重"文武兼备"型人才的选拔,把功夫突出的王嗣宗位次前移,钦定为状元。
⑦ 金代元好问论范仲淹语。见《遗山先生文集》卷28,国家图书馆出版社2014年版。

代皇帝在重用文臣,尤其是选拔执政大臣时,一般会按三条标准考虑人选:文学、吏事、经术。① 正如当代研究者所言,"兼涵学术、文章并发为节义、论于政事的全能型知识结构已成为北宋知识分子共同追求的价值取向"②。这一点,在欧阳修的一段议论中表述得尤为透彻:

> 张芸叟言,初游京师,见欧阳文忠多谈吏事,张疑之,且曰:"学者之见先生,莫不以道德文章为欲闻者,今先生多教人吏事,所未谕也"。公曰:"不然,吾子皆时才,异日临事当自知之,大抵文学止于润身,政事可以及物。吾昔贬官夷陵,彼非人境也,方壮年未厌学,欲求《史》《汉》一观,公私无有也。无以遣日,因取架阁陈年公案,反复观之。见其枉直乖错不可胜数,以无为有,以枉为直,违法徇情,灭亲害义,无所不有。且以夷陵荒远偏小,尚如此,天下固可知矣。当时仰天誓心:'自尔遇事不敢忽也。'迨今三十余年,出入中外,悉尘三事,以此自将。今日以人望我,必为翰墨致身,以我自观,亮是当年一言之报也。"张又言:"自得公此语,至老不忘。"是时,老苏父子间亦在焉,尝闻此语。其后,子瞻亦以吏能自任。或问之,则答曰:"我于欧阳公及陈公弼处学来"。③

"文学止于润身,政事可以及物",所以必须"文学"、"政事"二者并重,这正是"文官政治"中所要求的综合能力。对这种综合能力的追求,丰富和完善了宋代士大夫阶层的知识结构,提升了这一群体与皇帝"共治天下"的水平,也带来了宋代的稳定与繁荣。

---

① 《宋史》卷316《唐介传》。宋神宗欲重用王安石,唐介表示反对,神宗反驳说:"文字不可任耶?吏事不可任耶?经术不可任耶?"
② 陈植锷:《论北宋知识分子的知识结构》,《社会科学研究》1988年第1期。
③ (宋)吴曾:《能改斋漫录》卷13《欧阳公多谈吏事》条。

第四节 《宋刑统》

法制建设是太祖时期"文治"的重要内容之一。

一般来说,法制愈完善,文化愈繁荣,文治则愈昌明。当代史家陈寅恪认为:"华夏民族之文化,历数千年之演进,造极于赵宋。"与这一判断暗合,美籍华裔法律史专家徐道邻曾言:"中国的传统法律,到了宋朝,才发达到最高峰。"①这一论断,得到学术界的广泛响应。②

北宋法制承接于五代,然而五代是中国法制最混乱最严苛的一个时期:"五代乱世,本无刑章,视人命如草芥,动以诛戮为事。"③五代的法制有两个特点:立法严酷,司法滥刑。④ 北宋初年,宋太祖针对这两个问题,采取了一系列改革措施,而他本人也成为将中国法制从低谷拉向"最高峰"的关键人物。

立法是法制的基础。

北宋开国之时,国家行用的法律比较混乱,"国初,用唐律令格式外,又有元和删定格后敕,太和新编后敕,开成详定刑法总要格敕,后唐同光刑律统类,清泰编敕,天福编敕,周广顺续编敕、显德刑统,皆参用焉"⑤,诸法并行,难免有扞格抵牾之处。另外,这些法律或产生于百年前的唐朝,或产生于政局动荡的五代,许多条

---

① [美]徐道邻:《中国法制史论集》,台湾志文出版社1975年版,第89页。
② 例如:王云海在《论宋代法制》一文中认为:宋代是"中国封建社会法制成就最高的朝代";张晋藩在《中华法制文明的演进》一书中将宋代视为"继唐之后成就最辉煌的朝代",并且"有些规定既超越于唐,也为明清所未能企及"(参见汪庆红:《宋代法制历史地位的再认识——对20世纪以来宋代法制史研究成果的检视与分析》,《法治研究》2012年第5期)。
③ (清)赵翼:《廿二史札记》卷22《五代滥刑》。
④ 参见张晋藩主编:《中国法制通史·卷四》,法律出版社1999年版,第804—805页。
⑤ 《宋会要辑稿》刑法一之一。

文早已不适用。故宋太祖登基的第二年,即着手更定法律:

建隆二年(961)二月,定窃盗律;

建隆二年四月,颁私炼货易盐及货造酒曲律;

建隆三年二月,更定窃盗律;

建隆三年八月,复立更戍法;

建隆三年十二月,颁捕盗令;

乾德元年(963)三月,颁新定"五刑之制";

乾德元年七月,颁重定刑统……

"一个开国皇帝在短短几年中,制定、颁布如此之多的法律、法令,这在中国历史上是前所未有的。所定律令,其内容涉及面颇为广泛,包括政治、经济、军事、窃盗、受贿、枉法诸方面。"①这种密集的律令颁布,显然是为了树立新王朝的权威,同时也与"五代乱世,本无刑章"的法制乱象划清了界限。

五代法制的混乱和黑暗可谓触目惊心:"不问罪之轻重,理之所在,但云有犯,便处极刑,枉滥之家,莫敢上诉"②;"凡按罪人,无轻重枉直,必命骰子,使之对掷,胜者宥之,否则杀之,而案牍不复参决,但一概诛戮"③。此类种种残酷行为是五代"法制"之常态,不胜枚举。④

宋太祖成长于乱世之中,对于五代时期法制的黑暗、混乱与严苛有着深切的体会,《宋史·太祖本纪》载,"(太祖)晚好读书,尝读二典,叹曰:'尧、舜之罪四凶,止从投窜,何近代(五代)法网之密乎!'"所谓"四凶"是尧舜时代的四个反叛首领,宋太祖认为,尧

---

① 乔宗传:《赵匡胤重视法治的原因和策略》,《史学集刊》1985年第4期。
② 《旧五代史》卷107《史弘肇传》。
③ (宋)范坰等撰:《吴越备史》卷1,中华书局1991年版。
④ 学术界对于五代法制的主流评价是"刑法残酷",但也有学者认为:"通观五代各朝刑法,唯后汉一朝残酷,其他各朝的刑法还算持平……五代时期的官员确有种种残酷行为……但这些只是局部时间,个别地区出现的现象,不能说明整个五代时期的情况"(参见杜文玉:《五代刑法残酷说质疑》,《渭南师专学报》1992年第1期)。

舜没有杀他们,只是将其流放①,这与五代时期法网严酷,动辄获死的情况形成了强烈反差。前文已经谈到过,宋太祖虽是马上天子,但"尤好读书",治理国家亦多遵循儒家理念,这一点也体现在他的立法实践中,他主张慎刑宽典治国,曾言:"禁民为非,乃设法令,临下以简,必务哀矜……近朝(五代)立制,重于律文,非爱人之旨也。"②建隆二年以来颁布的各类法律,忠实地贯彻了他的这一思想,如"五代暴乱,承用重刑。盗一钱以上径坐死"③。建隆二年(961)二月,宋太祖重定《窃盗律》,规定窃盗铜钱三千,判死刑。次年,又更定《窃盗律》,改为窃盗铜钱满五千死罪。窃盗三、五贯(一千文为一贯)铜钱即判死刑,比五代时盗一文铜钱即为死罪,虽然减轻了很多,但就量刑而言,似乎仍然是偏重的。这主要是当时的"钱荒",即铜币紧缺造成的。在前面的章节中曾经讨论过,铜币是当时掌控军队最紧俏的战略性物资。考虑到这一背景,建隆年间这两次《窃盗律》的量刑就属于"宽典"了。

宋太祖在对一般犯罪示以宽典的同时,对官员的贪赃枉法则进行严格管束。赵翼在《廿二史札记》中说:"宋以忠厚开国,凡罪罚悉从轻减,独于治赃吏最严。盖宋祖亲见五代时贪吏恣横,民不聊生,故御极之后,用重法治之,所以塞浊乱之源也。"④这一点在后面还会详细讨论。

在太祖朝所颁布的法律中,建隆四年(即乾德元年,963)的《重定刑统》无疑是集大成之作。这部法典是有宋一代的基本法,在此之后宋朝的法律体系才算最终确立。关于这部法典,当时称

---

① 《舜典》的原文是"流共工于幽州,放欢兜于崇山,窜三苗于三危,殛鲧于羽山,四罪而天下咸服"(《史记·五帝本纪》)。可见,所谓"止从投窜"一说并不周延,至少鲧是被诛杀了。
② 《宋史》卷199《刑法志一》。
③ 《水心别集》卷2《国本下》,(宋)叶适著,刘公纯等点校:《叶适集》,中华书局1961年版。
④ (清)赵翼:《廿二史札记》卷24《宋初严惩赃吏》。

为《建隆重详定刑统》,《宋史·刑法志》称之为《新定刑统》,后世则一般称之为《宋刑统》。这是继《唐律》之后我国封建社会出现的另一部重要法典,也是我国历史上第一部刻版印行的法典。有宋一代,用之不废①,行用的时间有三百余年。

编撰《宋刑统》的动议起于建隆三年(962)十二月,此时北宋政权已趋稳定,有一位叫张自牧的乡贡明法(科举"名分"之一,主修法律)上书言事,指出现行法律的种种不当之处。② 他的上书引起宋太祖的重视,诏令有关部门讨论参议,次年二月,工部尚书判大理寺窦仪即上书奏请修律:

> 建隆四年二月五日,工部尚书判大理寺窦仪言:"《周刑统》科条繁浩,或有未明,请别详定。"③

窦仪的建议当即获允,半年之后的八月份,《宋刑统》编撰完成。中国古代的法律编撰一般都需要很长的时间,如《汉律》六十篇自汉高祖至汉武帝前后经历了七八十年的时间,《北齐律》历时十余年,《唐律》历时则更为漫长,经过武德、贞观、永徽、垂拱、开元年间多次修订。《宋刑统》为什么能在如此短的时间内完成呢?

第一,《宋刑统》充分借鉴了前代法典,尤其是《唐律疏议》、《显德刑统》(即《周刑统》)的编撰成就。《宋刑统》在整体布局上沿用了《唐律疏议》篇、卷、条的总体结构,二者的篇目、内容也大致相同。不同之处在于《宋刑统》收录了五代时通行的部分敕、

---

① 太祖乾德四年、神宗熙宁四年、哲宗绍圣元年、高宗绍兴元年有数次驳议修改,但改动很少。关于《宋刑统》在北宋后期及南宋时期的地位问题,学术界有人认为:随着"编敕"行为的不断发展,《宋刑统》的地位不断下降,至宋神宗时以"律(刑统)不足以周事情"而将刑统"存之备用"了,从此进入"以敕代律"的时代。也有学者认为虽然刑统地位下降,但依然是有宋一代的常法,敕只是"补律之为详","纠律之偏颇","变律之僵化"(参见江必新、莫家齐:《"以敕代律"说质疑》,《法学研究》1985年第3期)。
② 《玉海》卷66载:"先是,建隆三年十二月,乡贡明法张自牧尝上封事驳《刑统》之不便者凡五条,诏下有司参议而厘正之。"
③ 《玉海》卷66。

令、格、式,形成了一种律令合编的法典结构。

第二,《宋刑统》中删掉了《唐律疏议》每篇前的历史渊源部分,以突出刑统的实用性。同时,也避免了在历史渊源方面的过多讨论。

第三,《宋刑统》之所以快速编撰完成,也与当时的政治形势密不可分。北宋政权建立后,政权尚未稳固,"为了巩固来之不易的安定局面,尤其是要革去五代之苛法,消除法制不统一的状态,必须建立与本朝相适应的法律制度……当宋太祖通过杯酒释兵权的方式稳固政权之后,接下来要做的事情就是要尽快制定出一部本朝的法典"①。

除了上述三个原因外,一支高水平的工作团队也是《宋刑统》得以快速修成的重要保障。关于这个工作团队的人员组成,窦仪《进刑统表》一文中写得非常清楚:

> 臣与朝议大夫、尚书屯田郎中、权大理少卿、柱国臣苏晓,朝散大夫、大理正臣奚屿,朝议大夫、大理寺、柱国臣张希逊等,恭承制旨,同罄考详;刑部大理法直官陈光义、冯叔向等俱效检寻,庶无遗漏。夙宵不息,缀补俄成……草定之初,寻送中书门下请加裁酌,尽以平章。今则可否之间,上系宸鉴。

参与人员都有在司法机构工作的经历,大都参与了后周《显德刑统》的编撰。他们各有分工,其中窦仪当为总负责,主持全书的体例制定和各方面的协调工作,并与苏晓、奚屿、张希逊等"同罄考详",即对每个分类进行研究审定;陈光义、冯叔向等人负责法律资料的搜集整理工作。当《宋刑统》草定之后,则送中书门下进行审核,经中书门下评议之后,再经宋太祖亲自审定后颁布。在整个编撰、审读、颁布流程中,前面章节中多次提到的大理寺负责人窦

---

① 郑显文:《〈宋刑统〉说略》,王宏治编:《历代法典说略》上,北京燕山出版社2012年版,第262—263页。

仪无疑是一个关键人物。

建隆四年(963)八月,《宋刑统》制定完成,宋太祖即下诏"付大理寺刻版摹印,颁行天下",《宋刑统》遂成为中国历史上第一部面向全国刻版印行的法典。应该说,印刷业的发展为《宋刑统》的刊行流布创造了前所未有的技术条件:法律原文经过仔细校勘后雕版印刷,既减少了因手抄誊写产生的讹误,又可以在短期内大量发布,极大地提高了法律的普及程度。乾德五年(967)的一份奏报为我们透露了《宋刑统》刊印后的施行情况:

> 朝廷自削平川、峡,即颁刑统、编敕于管内诸州,具载建隆三年三月丁卯诏书及结状条样。而州吏弛怠,靡或遵守,所决重罪,只作单状,至季末来上。状内但言为某事处斩或徒、流讫,皆不录罪款及夫所用之条,其犯者亦不分首从,非恶逆以上而用斩刑。此盖兵兴以来,因寇盗之未静,率从权制,以警无良。今既谧宁,岂可弗革?望严敕川、峡诸州,遵奉公宪,敢弗从者,令有司纠举。①

宋太祖于乾德二年(964)十一月发兵征蜀,次年一月告捷,《宋刑统》即随之颁行这一地区。然由于平蜀将领恣意贪暴,导致蜀地反抗不断。为了弹压反抗势力,故司法比较严苛,"率从权制"。两年后,反抗已基本被镇压,但当地官员依然未能"遵奉公宪",即依《宋刑统》办案,这引起了朝廷的不满,这份奏报根据"刑统"所确立的法制精神,严厉批评了川峡当地官员没有依"刑统"行事的种种现象:"不录罪款及夫所用之条"、"不分首从"、"非恶逆以上而用斩刑"等等,认为当今天下已定,不应该在继续使用战乱时期的"权制"之法,对于那些"敢弗从者",则"令有司纠举"。

《宋刑统》的普及还可以从另外一个侧面体现出来:法典刊行全国之后,一位叫傅霖的"律学博士"曾将律文的要旨,用韵文体

---

① 《长编》卷8乾德五年四月条。

裁撰为律学普及读本,名曰《刑统赋》,其文曰:

> 律义虽远,人情可推。能举纲而不紊,用断狱以何疑。立万世之准绳,使民易避;撮诸条之机要,触类周知……①

《宋刑统》分为十二篇三十卷②,共包含律文502条,分为213门,以门统律。律条的正文之间,附有注文和问答。律文之后,附有敕、令、格、式,这种编排形式与《唐律疏议》大体相同。刑统中收录的敕、令、格、式上起于唐开元二年(714),下至宋建隆三年(962),窦仪等人对近二百多年的敕、令、格、式,经过筛选、分类,附于相关律条后,其文首都加一"准"字,表示已经得到皇帝的批准。这些敕、令、格、式"皆是《唐律》中所未有的规定和律疏中没有解释明白的事项,且系以前已经反复行用,如今仍然适用的敕令……是最能体现宋初时代要求和特点的现行法律条文"③。另外,窦仪等人又撰写了三十二条"起请",附在律文之后,文首冠以"臣等参详",以示区别,其内容为参与立法的大臣们对某些具体的法律问题提出的自我解释或处理意见。这也是《宋刑统》编撰体例上的一大创新。需要说明的是,这些内容同样经过了皇帝批

---

① 参见《中国大百科全书·法学卷·刑统赋条》,中国大百科全书出版社1984年版。
② 其中第1—6卷为"名例篇",主要规定刑制、法定刑的种类、"十恶"以及法律适用原则;第7—8卷为"禁卫篇",是有关皇帝宫殿、庙苑、京城宫城门守卫以及边防、关律、武库守卫等方面的规定;第9—11卷为"职制篇",是关于国家机构编制、官吏选拔考核、官员具体行为职责等方面的规定;第12—14卷为"户婚篇",是关于户籍、土地赋役、婚姻、家庭财产继承等方面的法律规定;第15卷为"厩库篇",是关于公私牲畜饲养和管理、官府仓库管理等方面的规定;第16卷为"擅兴篇",是关于军事管理和工程兴修方面的规定;第17—20卷为"贼盗篇",是关于惩治危害封建政权、侵犯人身及财产犯罪的法律规定;第21—24卷为"斗讼篇",是关于惩治斗殴及告发诉讼方面的法律规定;第25卷为"诈伪篇",是关于惩处伪造印宝、符节、诈欺官私财物等方面的法律规定;第26—27卷为"杂律篇",凡无法收入其他各篇的法律条文列于该篇,其中包括博戏赌财物、医药误伤杀人、走车马伤人等等;第28卷为"捕亡篇",该篇主要是关于逮捕逃亡和处罚逃亡方面的法律规定;第29—30卷为"断狱篇",是关于囚禁、取证、审讯、判决、法官责任等诉讼方面的规定,带有程序法的性质。
③ 郭东旭:《宋朝法律史论》,河北大学出版社2001年版,第54页。

准,与正文有相同的法律效力。

《宋刑统》中贯穿了宋太祖"务存仁恕"的立法思想,将宋初为缓解苛法而颁布的相关法律敕令系统地融入刑统之中。如建隆三年(962)修订的《窃盗律》被附入《宋刑统》十九卷之中,前文已述,这一版本的《窃盗律》将盗窃死刑的标准从三千钱提高到五千钱,大大放宽了量刑标准。同样是在十九卷中,还增设了不得刑讯逼供嫌疑人员的规定:"凡有盗贼刑狱,并须用心推鞠,勘问宿食行止,月日去处。如无差互,及未见为恶踪绪,即须设法取情,多方辩听,不得便行鞭拷……"这项司法规定来自宋太祖建隆三年十二月的一则批文,同样也被吸纳到了《宋刑统》当中。

除了减轻相关刑罚这种显性的"仁恕"之外,《宋刑统》中另外增创的"折杖法",也变相减轻了刑罚的痛苦。在此之前,法定的刑罚有五种,即通常所说的"五刑",包括:笞、杖、徒、流、死。① 宋代在继续沿用这五种刑罚的同时,另辟"折杖法"。所谓"折杖法",通俗来讲就是用脊杖或臀杖即"打板子"代替流刑、徒刑、杖刑、笞刑。细而言之,就是原来的笞刑和杖刑一律用"臀杖","打板子"的数量也显著减少;原来的"徒刑"改用脊杖,杖后即行释放,不再命服劳役;原来的"流刑",也改用脊杖,杖后,再命罪犯服劳役,并不远流。

"折杖法"在五代时期就已出现,当然,在刑罚畸重的五代,统治者发明"折杖法"的目的肯定不是为了缓解苛法,而是迫于当时的社会政治状况不得已而采取的一种权变措施。五代政治有两个特点:一是军阀割据,二是政权频繁更迭。军阀割据之下每个政权控制的地域都很有限,这使得动辄数千里的"流刑"不太可能实

---

① 古代"五刑"有一个逐渐发展变化的历史过程,最初为:墨、劓、剕(也作腓)、宫、大辟。此五刑从夏代开始逐步确立,直到汉初文帝废除肉刑。笞、杖、徒、流、死五刑最初在隋《开皇律》中作为刑罚体系得以体现,后由唐朝律疏进一步完善。笞,用竹板、荆条或鞭子拷打犯人脊背或臀腿;杖,用大竹板拷打犯人脊背臀腿;徒即徒刑,服刑过程中往往伴随强制劳役;流,把罪犯押解到边远地方服劳役或戍守;死,即死刑。隋、唐定死刑为斩、绞两等。

现;政权频繁更迭,则意味着频繁的大赦天下,这便使得原来的"徒刑"效力大打折扣。在这种司法困境下,现时现地"打板子",倒是一种除了死刑之外近乎唯一有效的惩戒手段了。①

将"折杖法"作为一种消减苛刑的措施,还是在宋初。建隆四年(963)三月,吏部尚书张昭等奏言:

> 准诏徒、流、笞、杖刑名应合该除免当赎上请外,据法书轻重等第用常刑杖施行,令臣等详定可否闻奏者。伏以五刑之制,百代所遵,虽沿革之不同,贵重轻之无挠,仰承睿旨,别定明文,俾官吏之依凭,绝刑名之出入,请宣付有司颁行……旧据狱官令用杖,至是定折杖格……②

通过这段文字,我们可以看出,张昭等人是根据宋太祖的"睿旨"拟定了与流、徒、杖、笞四种刑罚相对应"折杖格",呈请太祖审定,太祖认可了张昭提出的折杖方案,并颁行天下,"折杖格"正式成为一项法定制度,史称"建隆折杖法"③。由此可见,折杖法的诞生与太祖本人有直接关系。后世史家评论说:"流罪得免远徒,徒罪得免役年,笞杖得减决数。而省刑之意,遂冠百王。"④

《宋刑统》的另一特点是顺应和肯定了唐末五代以来的社会结构变化。例如,以往的法定"贱民"和长期被列入"市籍"称为"杂类"的商人,在宋朝皆成为国家法定的"编户齐民",尤其是以契约形式确立的租佃关系、雇佣关系中的佃客、雇工、人力、女使等前代"贱民",都成为国家良民,其人身权受到法律保护。再如,随着土地商品化的发展,土地的所有权、占有权和使用权分离,并可以独立进行有偿转让;在借贷关系中,出现了以典权、抵押权、质权

---

① 参见殷啸虎:《关于〈宋刑统〉研究诸问题之探讨》,司法部法规教育司编:《政法论丛》,法律出版社2001年版。
② 《长编》卷4乾德元年三月条。
③ 《宋刑统·名例·五刑门》中对折杖法的具体标准有详细规定(参见魏殿金:《宋代"折杖法"考辨》,《南京大学法律评论》2003年春季号)。
④ 《文献通考》卷168《刑考七》。

为内容的担保物权。这些新生事物和现象都需要有一套相应的法律体系加以规范,而《宋刑统》则恰恰有效回应了这些社会需求。①

较之《唐律疏议》,《宋刑统》新增条款二百多条,其中民事条款占很大一部分,这些条款集中分布在"户绝资产门"、"死商钱物门"、"典卖指当论竞物业门"、"婚田入务门"中,对当事人的行为能力、所有权、负债情况、遗产分配、不当得利等内容均有详尽规定。《宋刑统》中的这些新加入的民事法律规定,是对唐宋时期中国传统社会结构性变化的一次系统性确认,进而为宋初经济的恢复和发展奠定了法制基础。

《宋刑统》的这些成功之处,与宋太祖本人的努力是分不开的。窦仪在叙述《宋刑统》成稿的过程时讲得很明确,"草定之后,寻送中书门下请加裁酌"。意见不一,难成定论时,则最后交由宋太祖定议:"可否之间,上系宸鉴。"从某种意义上说,《宋刑统》中最疑难的一部分内容,是由宋太祖亲自解决的。

宋初的立法活动,除了编制《宋刑统》之外,还产生了一个附产品——《建隆编敕》,这同样也是对唐末五代时期编敕行为的一种继承②。《建隆编敕》现已经佚亡,据《宋会要辑稿》刑法一记载,《建隆编敕》的条律来源:一是从《显德刑统》中"别取"犹可适用的"格令宣敕",二是北宋开国以来敕诏中的"要用者"。其篇幅规模也不算大,共分四卷,合计"一百六条"③。在太祖朝的此次立

---

① 参见郭东旭:《宋朝法律史论》,河北大学出版社 2001 年版,第 9—10 页。
② 中国古代的各王朝除了制定具有普遍约束性的法典之外,帝王还会针对特定的人或事颁布诏书敕令,因为是代表了最高权力的意志,这类诏敕也具有法律效力。不过,诏敕的作用对象是特定的,也是临时性的,而若欲使其法律效力普遍化和持续化,就需要对这些诏敕进行删选、编集,赋予其普适性,这就是古代立法中的"编敕"行为(参见苗书梅、葛金芳:《南宋全史(三)・典章制度卷上》,上海古籍出版社 2012 年版,第 276 页)。
③ 这里的"一百六条"是 160 条,还是 106 条,学界犹有分歧(参见张晋藩主编:《中华法学大辞典・法律史学卷》,中国检察出版社 1999 年版,第 170 页)。按:根据古人的表达习惯,"一百六"当指 106。又,《宋史》卷 199 中记载:"建隆初,诏判大理寺窦仪等上《编敕》四卷,凡一百有六条",故可以认定是 106 条,而非 160 条。

法活动中,"律"与"敕"的界限分得比较清晰,其中《宋刑统》之中的律条专属刑事法规,而与刑名无关的则编入《建隆编敕》。①

《宋刑统》和《建隆编敕》,以及一系列专门法的颁布,基本奠定了宋朝的法典体系,同时也确立了两宋三百年间的法制取向,《宋史·刑法志》称:

> 宋兴,承五季之乱,太祖、太宗颇用重典,以绳奸慝,岁时躬自折狱虑囚,务底明慎,而以忠厚为本。海同悉平,文教浸盛。士初试官,皆习律令。其君一以宽仁为治,故立法之制严,而用法之情恕。

在"务底明慎"的前提下"以忠厚为本",在"立法之制严"的前提下"用法之情恕",这正是《宋刑统》编撰的基本原则,同时也是整个宋代法制的基本特点。日本学者宫崎市定说:"宋代的政治被人称为在历代政府中是最卓越的,就其达到的某一程度来说是真实的,《宋史》之所以有《循吏传》而没有《酷吏传》,不是纯粹的偶然和故意,而是确实表现了宋代政治的一个侧面。"②

第五节 武人秉法到文人执法

法治的实现,最终还是要由"法典"落地到司法实践,落实到司法人员的行为上。

北宋开国之初,国家行政系统中保留着常规和非常规两套司

---

① 参见上海社会科学院政治法律研究所:《宋史刑法志注释》之前言,群众出版社 1979 年版。
② [日]宫崎市定:《从部曲走向佃户》,刘俊文主编:《日本学者研究中国史论著选译》第 5 卷,中华书局 1993 年版,第 47 页。为"酷吏"列传,始于《史记》,其后《汉书》、《后汉书》、《魏书》、《隋书》、《旧唐书》、《新唐书》等均有《酷吏传》。自然,正史中无《酷吏传》并不一定意味着这个朝代法制"宽仁",例如,《宋史》之后的《元史》、《明史》、《清史稿》亦皆无《酷吏传》,但众所周知,元明清三朝的法制其实颇为严苛,而这三朝的正史中没有单列《酷吏传》,恐怕是照《宋史》依样画葫芦的缘故。

法机关。

常规的司法机关包括中央的大理寺、刑部、御史台,地方的州署和县衙,县以下还有乡官、里正,这类司法机关都是国家和平时期的常设机关。

非常规的司法机关则包括中央层面的军巡院,以及地方各州的马步院、子城司等。这类非常规的司法机关都是由各种军事机构演化而来,其最初的职能不涉司法,而是或维护治安,或维持军纪。但在五代乱世,一方面由于缺乏必要的权力约束,另一方面原有的司法体系也不足以应付乱世中的不法之徒,于是一些军事机构就逐渐发展成为国家重要的司法力量。

军巡院原本主要负责巡警京师、捕捉盗贼。《五代会要》载:"梁开平三年(909)十月,始设军巡院。"此时的军巡院隶属于侍卫亲军,其长官称军巡使,军巡使之下设军巡判官,均从军官中选任。五代时期,武人地位迅速拔升,军巡院的职能也得以拓展,除了巡警京师、维护治安之外,还逐渐获得了司法职能,包括"侦缉录问"、"审断案件"、"刑狱羁押"等,大大侵夺了大理寺、刑部和御史台的司法职能。与军巡院一样,马步院也是五代时期由军事部门而演化成的司法机构。马步院在晚唐时期已设立[①],最初是一个军中执法机构,隶属于地方军队系统,其任务是逮捕和惩罚违反军纪的军人。但是在五代的动荡中,马步院的权限迅速膨胀,"把一般民事刑狱在触犯军法的借口下也移归其裁决,使州县司法权部分为其所控制"[②]。《文献通考》记载:"五代以来,诸州皆有马步

---

① 据(宋)范坰等撰《吴越备史》记载,李继徽:"父师悦,乃徐州马步院之小吏也。属王仙芝作乱,遂投伍役。后以献黄巢首级功,遂授是郡。"可知在唐晚期已经有马步院的存在了。严耕望在《唐代府州上佐与录事参军》一文中对马步院的源头亦有所推测,他说:"河东节度府所属有马步司,置虞候,职涉刑狱,此殆五代马步院之萌芽。然此为使府之职。盖其后诸州亦置,遂夺州院法曹参军掌刑狱之权"(载《严耕望史学论文选集·下》,中华书局 2006 年版,第 454 页)。
② 杜文玉、李洪涛:《五代立法与司法制度初探》,《思想战线》1986 年第 4 期。

狱,以牙校充马步都虞候,掌刑法,谓之马步院。"①由此可见,马步院在地方各州是普遍存在的,其长官为马步都虞候。马步都虞候在军队的地位仅次于马步军都指挥使②,自然也只能由地方节度使的亲信武官担任,马步都虞候之下另设有马步判官,实际执掌日常审判刑狱工作。子城司是地方的另一种司法机构,其名称由来与其管辖的地域"子城"有关系。所谓"子城"是指州府驻地的内城③,是州府核心中的核心。子城司最初的职责应该是保卫子城或者是维持治安,所处地区的特殊性决定了其地位的重要性,因而子城司的长官"子城使"通常由主帅的亲将担任。当然,子城司在履行职责的过程中亦会接触大量的民事或刑事案件,因而也获取了司法的权力。④

宋太祖开国之后的各种措施都是在努力恢复常制,他当然不希望由武人继续执掌司法,于是在登基当年十月就开始着手实施改革,《长编》卷一载:

> 先是,两京军巡及诸州马步判官,皆以补将吏,于是诏吏部流内铨注拟选人。

粗看之下,这是一道很寻常的诏令,无非是把军巡院和马步院的判官选擢权收归吏部的"流内铨"⑤,实在是无甚要紧。但事实上这里面包藏着丰富的信息,且赖此信息,我们足以一窥太祖的执政艺术。首先,此次改革的对象并不是军巡院及马步院的"一把手"军巡使和马步都虞候,而是具体负责日常工作的军巡判官和马步判

---

① 《文献通考》卷63《职官考一七》。
② 此处的"马步军都指挥使"是地方各州的军队长官,有别于中央禁军的"侍卫亲军马步军都指挥使"。
③ 胡三省在《资治通鉴》卷25的注文中称:"罗城,外大城也;子城,内小城也。"例如白居易有诗言"子城阴处犹残雪,衙鼓声前未有尘"(《庾楼晚望》),诗中"子城"即是指内城。
④ 参见杜文玉:《五代十国制度研究》,人民出版社2006年版,第196页。
⑤ 流内铨是吏部下的官署名,掌中下层官员的任免、考课等权。

官。因为不是"一把手",所以其推行的阻力就小得多;因为军巡判官和马步判官在这两个机构中具体负责日常工作,所以改革之后就会快速看到效果。其次,他选用了一条循序渐进式的整改路径,并不裁汰现有的判官群体,只是针对未来新进人员作出限定。再次,他把这两个机构判官的任命权收归吏部,而众所周知,吏部主管文官任命,换言之即是用"文官"、"儒臣"替换"将吏",从而逐渐收夺武人手中的司法权。传统史家将"命宰相读书"、"以文臣知州"与"用儒臣典狱"列为太祖"文明之治"的三大标识①,很显然,宋太祖在推动军巡院和马步院判官的文职化方面是有通盘考虑,也颇费了一番心思,他力图把改革的阻力降到最低,既不着痕迹,又事半功倍。

《宋朝事实类苑》中的一段史料为我们提供了更多的细节:

> 建隆元年,始诏两京军巡、诸州马步院判官,令吏部流内铨择选人无遗阙者,听减两选补之,始用文吏也。②

这段文字至少有两点值得注意,其一是"择选人无遗阙者",其二是"听减两选补之"。所谓"无遗阙者",并非泛泛而指,而是宋代考核官吏的专用词汇,是对官员任职表现给出的一个较高的评价③,专指那些工作能力强且没有过失的精明干吏。"减两选"也是一个官员选授的专用词汇。由于人多职务少,下层官员任职期满之后,往往需要居家待选,少则一年,多则数年,至于待选的年数,则视其任职情况和工作资历而定。上文材料中的"减两选"即是减少两年待选期的意思。综合"择选人无遗阙者"和"听减两选

---

① 南宋吕中在《宋大事记讲义》卷3《太祖幸太学》中言:"我朝以儒立国,故命宰相读书,用儒臣典狱,以文臣知州,卒成一代文明之治。"
② (宋)江少虞:《宋朝事实类苑》卷28《军巡马步院用文吏》条。南宋李攸的《宋朝事实》卷9(中华书局1985年版,第155页。)也有类似记载,不过文字略异。
③ 宋仁宗天圣年间,翰林学士宋绶上书言:"锁厅举人既历仕途,复勤词业,非加奖激,恐难进修,而命官之内少有全无遗阙者,须至分别轻重"(《宋会要辑稿》选举一四之九)。"无遗阙者"是对官员一个比较高的考核评价,因而才"少有"。

补之"这两点要求,我们可以清楚地看出太祖用人"一严一宽"的两个取向,既要选择能臣干吏,又不拘条条框框。他可能是充分预估了这两个司法职务的特殊性——在武人的司法圈子里开展文官式的司法活动必然多有掣肘之处,所以才会要求选用"无遗阙"的干吏补缺;而给予"减两选"的破格待遇,则是为了提高优秀文官参与基层司法的积极性。

开宝四年(971),潘美率宋军攻入广州,南汉灭亡。同年,南唐国主李煜上表请求去掉南唐国号,改为江南国,自称江南国主。北宋初年的开疆拓土进程暂时告一段落,宋太祖把主要精力转移到内政的治理上。这一次他一改建隆元年的小心谨慎,尽显其雷厉风行的施政风格。他选定的第一个目标是子城司:

> 诏曰:颇闻诸州州司马步院置狱,外置子城司狱,诸司亦辄禁系人,甚无谓也,自今并严禁之,违者重议其罪,募告者赏钱十万。①

与子城司一同被整改的还有其他"诸司"。由于史料匮乏,我们已不知"诸司"还具体包括哪些司(当包括"巡检司"),但由此可以看出五代宋初的地方司法系统是比较混乱的,除了马步院之外,还有各种各样的"子城司"来分割司法权柄,形成了一个个小圈子、小山头。它们当然掀不起大风浪,不可能像军队中的殿前司那样再策划出个"陈桥兵变",但却无孔不入地败坏着帝国的底层生态——它们是体之癣疥,当宋太祖处理完肘腋之患后,自然地就会想到它们的存在。他的处理方式可谓干净利落——除马步院外,严禁子城司等再从事司法活动,违者从重处理,为了彻底刹住他们的司法活动,宋太祖还策划设置了"民众监督"机制,鼓励监督举报。

处理完子城司问题的次年,即开宝六年的六月,宋太祖重启搁

---

① 《长编》卷13开宝五年七月条。

置了十余年的军巡院和马步院的改革,不同于上一回,宋太祖这次采取了分而治之的策略。先看军巡院的改革:

> 京城左右军巡院,典司按鞫,开封府旧选牙校分掌其职。上哀矜庶狱,始诏改任士人。六月癸未朔,以前馆陶县令李萼为光禄寺丞兼左军巡检、安丰县令赵中衡为大府寺丞兼右军巡检。①

史料中既称"开封府旧选牙校分掌其职",可见此时的军巡院已经由侍卫马步军司划归开封府管辖。由于缺乏相关文字记载,我们不能确定这个变动是具体何时完成的,最有可能的时间段应该是建隆年间,正如前面一些章节中所述,在建隆年间(960—963),宋太祖对中央禁军将领进行了大换血,侍卫马步军司是他重点改造的对象。不难想象,在进行侍卫马步军大改造的同时,顺便将其下辖的司法机构划拨出去,由其一母同胞的兄弟,时任开封府尹的赵光义来管辖,则是一件再正常不过的事情了。

这里需要说明的一点是,在传统小说戏曲及现当代影视作品里,开封府的司法声誉甚高,尤其是仁宗朝名臣包拯治下的开封府。事实上,作为一级行政部门,开封府虽然具有司法职能,但并不是以司法为主,且重大案件一般也不会在开封府审理。北宋凡是官员犯罪,事体重大者,多下御史台狱审理;轻小者才归开封府或者大理寺。另,包拯权知开封府的时间也不长,前后大概一年有余。但他的确很有官声,史载:"拯立朝刚毅,贵戚宦官为之敛手,闻者皆惮之。人以包拯笑比黄河清。童稚妇女,亦知其名,呼曰'包待制'。京师为之语曰:'关节不到,有阎罗包老。'旧制,凡讼诉不得径造庭下。拯开正门,使得至前陈曲直,吏不敢欺。"②可见,民间的千年传颂,自有其道理所在。

---

① 《长编》卷14开宝六年六月条。
② 《宋史》卷316《包拯传》。

军巡院从组织关系上脱离了军队而归属开封府,可以说基本上实现了由军事化的司法机关向常规司法机关的转变,但依然还留有一个小尾巴,就是其长官继续由武官担任。开宝六年(973)六月初一(癸未日),宋太祖将这个遗留的小尾巴也割掉了,而任命两名县令(前馆陶县令李萼及安丰县令赵中衡)担任军巡院的长官,开辟了以"文官"、"儒臣"担任军巡使(军巡检即军巡使)的历史,并就此成为定制。至此,军巡院虽名曰"军巡",但已经变成一个地地道道的文官部门。

整顿完军巡院一个月之后,宋太祖又启动了对马步院的整改。《长编》卷十四载:

> 先是,诸道州府任牙校为马步都虞候及判官断狱,多失其中。秋七月壬子朔,诏罢之,改马步院为司寇院,以新及第进士、九经五经及选人资序相当者为司寇参军。

"诸道州府任牙校为马步都虞候及判官断狱"的说法,令人生疑,因为前文已述,建隆元年宋太祖已经下过诏令,命马步院判官之缺由吏部选派文臣补之,此处则称"诸道州府任牙校为……判官断狱",前后扞格。对此我们只能作一种推测:十余年之后,前次改革的风头已过,地方上的武人集团不甘心丧失司法权,再次回潮,马步院判官的任命又回到了五代老路。① 武人跋扈,司法"多失其中",这当然是宋太祖所不愿看到的,他决心对马步院进行彻底改革:一是改马步院为司寇院,清除机构名称中的军事色彩——这一点不同于军巡院;二是罢除原由"牙校"担任的马步都虞候及马步院判官;三是大量起用新科进士以及与其资序相当的待选官吏接

---

① 相关史料说明,马步院判官的确是宋初司法改革中很难啃的一块"硬骨头"。太祖亡后十年的太平兴国八年,当马步院判官已经改名为司理判官的时候,这个职位依然还是地方"牙校"与文职官员争夺的一个焦点。为此,宋太宗不得不再次下诏:"诸道州府司理判官,比来悉以牙校为之,在其本部必有亲党,自今各于邻近州府选强明历事者充"(见《长编》卷24太平兴国八年八月条)。

替"牙校"担任司寇参军。

宋太祖在对马步院进行人员替换调整的同时,对其职能权限也进行了分割。此前马步院是一个综合性的司法和执法机构,拥有抓捕、审讯和判刑等多种职权,此后则仅余审讯权。故《宋史·职官志》称其长官司寇参军"掌狱讼鞫勘之事,不兼他职"。至于抓捕和判决的权力则已移交其他部门管辖:侦查与逮捕嫌犯,由巡检与县尉负责;判决则分为两步操作,由司法参军根据司寇院的审理状况负责检索出相关法律,并拟出处理意见,州级长官再根据司法参军提交的意见作出判决。这即是宋代司法沿用三百年的"鞫谳分司"制度。

第六节 严肃司法程序与吏治

说过了宋太祖对司法机构的整改之后,再来看他对司法程序和审判机制的整顿。这直接与"吏治"有关。因为无论是法典还是司法机构,最终都是要通过各级官吏予以落实。这就要求各级官吏一是要奉公守法,严禁贪赃枉法,二是要在司法规定的程序和机制下处理政务,不能有法不依。

建隆二年(961)金州(在今陕西安康境内)发生了一桩杀人案。该州有个叫马从玘的老汉,为人忠厚。但马老汉却有个忤逆的儿子马汉惠,这是个十足的泼皮无赖,平日里为祸乡里,还谋害其族弟。儿子狂悖不肖,让马从玘十分气恼,便与妻子和次子商量共同杀死了马汉惠。① 案发后,金州防御使仇超将马从玘夫妇及其次子逮捕,并轻率地以谋杀罪处决了这一家三口。

在中国传统法律中,"子杀父"与"父杀子"是两种截然不同

---

① 《长编》卷2建隆二年五月条记载此事云:"金州民马从玘子汉惠无赖,尝害其从弟,又好为敦数,闾里患之。从玘与妻及次子共杀汉惠。"

的罪行,"子杀父"属于罪大恶极的"十恶不赦";而"父杀子"虽然也属犯罪,但惩罚则轻得多,所以《唐律疏议》中明确规定:"祖父母、父母殴杀违犯教令之子孙者,罪止徒一年半,刃杀者徒二年,故杀并未违犯教令者,各加一等,过失杀子孙均无罪。"① 前文已经交代过,《唐律疏议》在宋初依然行用,并且这条规定也收进了《宋刑统》,其法律效力并未丧失。根据这一法条,案件中的马家父母只应判处一年半到两年的徒刑,其次子属于从犯,也罪不至死。

既然如此,仇超却为何要判处马从玘一家三口死刑呢?其原因不外有二:一是仇超的头脑中根本不知道有此法律规定,二是明知有此规定而不遵守。文献中的记载是仇超"故入死罪",即"故意"处死马从玘一家三口。有法不依,执法犯法,这是"率意用法"的典型。此时,北宋开国刚刚一年,司法机制仍然遵循着五代时期的逻辑运行,这是宋太祖前半生所亲历且熟悉的逻辑,当年他打下滁州时,不也是抓到一批人,连审都不审就要当作盗匪处斩吗?但是现在已经变了时空,他自然要以强硬的手腕扭转这种有法不依、执法犯法的恶习。《宋史·刑法志》载:

> 时天下甫定,刑典弛废,吏不明习律令,牧守又多武人,率意用法。金州防御使仇超等坐故入死罪,除名流海岛,自是人知奉法矣。

强大的社会习惯不可能一朝而改变,史料中称"自是人知奉法矣",不免有所夸张,事实上,宋太祖还要做大量的工作来扭转五代官员"率意用法"的问题②。也是在建隆二年,宋太祖发布了

---

① (唐)长孙无忌等编,岳纯之点校:《唐律疏议》卷22《斗讼》,上海古籍出版社2013年版。
② 例如,仇超案一年后的建隆三年,河南府也出了一个官员因"率意用法"而招惩处的案子,《长编》卷3建隆三年三月条载:"河南府判官卢文翼除名,法曹参军桑植夺两任官。有尼法迁者,私用本师财物,准法不死,文翼以盗论,置于极典,故责之。"

《幕职州县官等雪活人命酬奖事诏》，诏书称：

> 自后凡雪活者，须元推勘官杻死已结案，除知州、系书官驳正本职不为雪活外，若检法官或转运但他司经历官举驳别勘，因此驳议从死得生，即理为雪活。若从初止作疑似不指事状，或因罪人翻异别勘雪活者，即覆推官理为雪活，仍勘元推官一案断遣。或逢赦，亦须招罪状其雪活得人者，替罢日刑部给与优牒，许非时参选。若雪活一人者，幕职循一资，州县官、幕职二人以上加章服；已有章服，加检校官；检校至五品以上，及合赐章服，并京朝官雪活，并许比附奏裁。或覆推官妄欲变移，希冀酬奖，却为元推勘官对众凭者，其元驳议及覆推官各以出入人罪论。①

所谓"雪活"，即昭雪冤狱、活人性命。仇超案发生在建隆二年（961）五月，而这份诏令是在当年九月发出的，对于这两者之间联系，我们只能做一个因果性的推测：由于仇超案的触发，地方州府出现了一批亟待纠正的冤狱。这就会产生很多问题，诸如"雪活人命"的标准如何界定，对于"雪活人命"的官员如何奖赏，对于冒功人员如何惩处等。为了对此类问题进行规范处理，宋太祖特地发布了上述诏令。这说明国家的司法状况正在向好发展，全国各地出现了不少"雪活人命"的司法平反案件，不然，宋太祖不会专门下发这样一道诏令。

建隆三年二月，宋太祖再发一份诏令——《非疑狱不得奏裁诏》②，诏中简明扼要地申明了四个问题：第一，国家养官设吏是为了为国分忧，各级官吏不得推卸分内案件；第二，审断案情要"依法断遣"，不得因循五代陋习，坐使刑狱"弛紊"；第三，如确属疑狱，可以申报中央；第四，如果办案不公，一经查实则按"朝典"处

---

① 《宋会要辑稿》刑法四之九三。
② 《宋大诏令集》卷200《刑法上》。

置相关责任人。为了督促地方官员依法断案,在该诏颁布后的第二天,宋太祖决定每五日于内殿接见百官转对,特别声明要重点关注"刑狱冤滥"的问题。宋太祖通过这些举动给各地官员传达了整肃司法工作的强硬信息,有力打压了地方官吏率意用法的行为和懒政情绪。

建隆三年三月,正是春光明媚的时节。初十日,太祖心情大好,游幸开封城内的太清观后,又到其弟赵光义的后花园举行宴会。可能是一个偶然的话题,涉及了司法中的死刑判决问题,太祖旋即命有司起草了一份在宋代司法史上具有重大意义的诏书——建隆三年三月丁卯诏。关于此诏,《燕翼诒谋录》卷八记载:

> 建隆三年三月已巳(当为丁卯)降诏,郡国断大辟,录案朱书格律、断词、收禁月日、官典姓名以闻,取旨行之。自后生杀之权,出于上矣。

《长编》卷三对此事亦有记载:

> 上谓宰臣曰:"五代诸侯跋扈,多枉法杀人,朝廷置而不问,刑部之职几废,且人命至重,姑息藩镇,当如此耶!"乃令诸州自今决大辟讫,录案闻奏,委刑部详覆之。

"大辟"就是死刑,从上述两则记载可以看出,宋太祖要求诸州在判决死刑案件时,必须将所有审判卷宗上报,经中央一级司法机关详细复核后,根据批复的意见实施。宋太祖此次的意图非常明显,所要收夺的是司法审判中分量最重的"生杀大权"——恢复死刑复核制度。之所以说"恢复",是因为这种制度其实早已存在。隋朝开皇十二年(592)即规定,死刑的决断权,都由大理寺复核[①]。唐代则规定地方州、县判处的死刑案件,由刑部移送大理寺

[①] 《隋书》卷2《帝纪第二》载:"(十二年)八月甲戌,制天下死罪,诸州不得便决,皆令大理覆治。"

复审,作出判决后还要报送刑部复核。五代时期这种制度遭到破坏,史称"近年以来,(大辟案件)全不覆奏,或蒙赦宥,已被诛夷"①。宋初的时候,地方官员依然握有司法生杀大权,甚至就连县级审判机关也可以决人生死。

宋太祖收夺死刑判决权采取了两步走的策略。建隆二年(961)八月,他将死刑判决权由县级上收至州级;建隆三年二三月间,又收夺地方州府的死刑判决权。至此,宋太祖将中央与地方的司法权限作了明确区分:第一,地方疑难案件可上报中央;第二,地方死刑案件必须要上报中央。②建隆四年八月颁布的《宋刑统》对州县之间的司法权限又作了具体规定,"杖罪以下县决之。徒以上县断定送州覆审讫"③。这就全面恢复了唐朝时期的中央、州、县三级司法审理机制:县级有判决执行笞刑、杖刑的权力;徒刑以上的罪行(徒刑、流刑、死刑)判决,经县级审断后,须送州复审,凡属徒刑、流刑范围的犯罪行为,州级有判决执行之权;若是死刑,则必须向中央司法机构申报复核。州县二级司法机构擅自判决应该"言上"的案件,都要受到相应的处分。

地方将案件上报中央,中央则必然有相应的机构来审断或复核这些案件。宋初的中央设立的司法机构有大理寺、刑部和御史台。其中御史台主要负责"纠察官邪,整肃纲纪"或主持朝廷命官

---

① 出自后唐天成二年大理寺少卿王郁的奏章,参见(宋)王溥:《五代会要》卷10《刑法杂录》。
② 戴建国对此有不同观点,他认为宋代"将死刑的复核分成两种:凡属有证有据,不难判决的死刑案,其判决执行权交地方掌管,执行前,无须报中央刑部核准,地方只是在死刑执行后将案情申报刑部,刑部进行事后覆审;如属证据不足或有疑难的死刑案件则申报中央裁决"(戴建国:《宋代法制初探》,黑龙江人民出版社2000年版)。之所以得出这个结论是基于他对《长编》关于建隆三年三月己巳降诏的不同理解,他认为此处"决大辟讫"之"决"并非"判决",而是"处决"之意。由于建隆三年三月己巳诏令的全文已佚,对于这一问题可以两说并存。
③ (宋)窦仪等撰,薛梅卿点校:《宋刑统》卷30《断狱律》,法律出版社1999年版,第549页。

所犯的重大案件,一般不会参与地方案件;负责对接地方上报案件的机构看来应该是大理寺和刑部了,但事实可能要更复杂一些,这可以从乾德二年(964)正月二十七日的《诸道公案下大理检断诏》中看出一些端倪,诏曰:

> 天下刑狱,皆须大理寺正断,刑部详覆,不得中书门下便即处分……刑法之重,政教所先,法寺当平断重轻,刑部在审量可否。洎乎近日,颇紊彝章,案牍每来,烦朕亲览。斯为旷职,何以责成?自今诸道公案,宜并下大理寺检断,刑部详覆,即须依限,无致稽迟。称职者必议转迁,无劳者并当退黜。庶令官局,得尽器能。其或断覆淹留,比附差舛,致中书门下提举改正者,重置其罪。①

"天下刑狱,皆须大理寺正断,刑部详覆,不得中书门下便即处分",说明在此之前地方上报的案件直接送到中书门下处理,而大理寺、刑部等专职司法部门却形同虚设;从"洎乎近日,颇紊彝章,案牍每来,烦朕亲览"更可以看出,此前有很多案件更是需要呈给宋太祖本人,由他亲自处理。②

《诸道公案下大理检断诏》的颁行是一个重要标志,它明确了司法审判中由大理寺负责"检断"③,由刑部负责"详覆",其基本程序是:地方疑难案件或死刑案件先报大理寺依法断决,再报刑部复核,确认无误后转呈中书门下裁决。

---

① 《宋大诏令集》卷200。
② 《诸道公案下大理检断诏》称"洎乎近日",显然不是确指,《长编》卷5中的记载是"比年以来,有司废职,具狱来上,烦于亲览",这应该更近于实际情况,推测宋太祖至少在建隆三年发布《非疑狱不得奏裁诏》时已经参与处理地方上报案件了。
③ 《宋史·职官志》记载大理寺职能为"凡狱讼之事,随官司决劾,本寺不复听讯,但掌断天下奏狱",则大理寺不再负责开庭审判案件,而专职于依法断决地方上奏的案件,成为慎刑机构,可能就是从乾德二年的《诸道公案下大理检断诏》开始的,其原来承担的"听讯"职能移交给开封府,此后京城案件"体大者"由御史台负责,一般案件则由开封府负责,宋神宗元丰元年有鉴于众囚犯皆集中于开封府而造成的留滞,又下令恢复了大理寺开庭断案的功能。

在《诸道公案下大理检断诏》下发之后的两三天里,宋太祖又接连下了三道诏书:《禁越诉诏》(正月二十八日)、《禁令簿尉无事下乡诏》(正月二十八日)和《滞狱行罚诏》(正月三十日)。

《禁越诉诏》是禁止百姓越级投诉,诏文称"设官分职,委任责成。俾州县以决刑,见朝廷之致理。若从越诉,是紊旧章"[①]。禁止百姓越级上诉的制度并非宋太祖的发明,而是创始于隋文帝,唐朝时将此制度法律化,《唐律疏议》规定:百姓越级上诉,不但越诉者会受到惩罚,就连受理越诉的官员也要受到同样的惩罚——"各笞四十",同时还规定,如果上诉合法(逐级上诉),官员就不能拒绝受理,否则处罚比受理越诉还要重——"笞五十"。[②] 宋太祖恢复了唐朝的此项规定,将其收入《宋刑统》的《斗讼·越诉》中,成为宋朝之定例。这项规定标志着地方司法状况已走向正轨,如果再任由无约束地"越诉",则势必干扰国家正常的管理秩序,增加社会治理的成本和难度。当然,禁止"越诉",并非禁止"上诉",如果百姓按照程序逐级上诉,各级机关是必须要受理的,"推抑而不受者,笞五十"。

经过正常的上诉程序,仍然不服判决者,还可以通过击登闻鼓的方式告"御状"。登闻鼓制度创建于魏晋时期[③],隋唐两朝皆有设,北宋接续了这一传统,将登闻鼓设在皇宫的大门前,"鼓在宣德门南街西廊"[④],负责管理登闻鼓的机构称为"鼓司",鼓司设判官二人,由内臣担任,"有申诉、请愿者,可到鼓院敲击登闻鼓,便有人接访,接收词状,经整理筛选后进呈皇帝。击登闻鼓没有身份

---

① 语出《禁越诉诏》,见《宋会要辑稿》刑法三之一〇。
② (唐)长孙无忌等编,岳纯之点校:《唐律疏议》卷 22《斗讼》,上海古籍出版社 2013 年版。
③ 正史中对登闻鼓的记载,最早见于《晋书》:始五年六月"西平人麹路伐登闻鼓,言多妖谤,有司奏弃市。帝曰:'朕之过也。'舍而不问"(参见张军胜:《登闻鼓源流略探》,《青海民族学院学报》2009 年第 3 期)。
④ 《宋会要辑稿》职官三之七四。

限制,不分高官还是平民……说明在一定程度上的平等与机会均等"①。《长编》中有六次宋太祖处理登闻鼓案件的记载,分别是:乾德二年(964)前开封户曹参军桑埙诉吏部案、乾德四年赵普亲信诉冯瓒案、开宝元年(968)董遵诲部下诉董遵诲案、开宝四年川班内殿直乞赏案、开宝五年郑伸诉李崇矩案、开宝六年徐士廉等科举士子诉李昉案,这些案件在其他章节多有介绍,此处不再赘言。由这些案件可知,击登闻鼓申诉的确是没有什么门槛,这些案件中的击鼓人均非达官显贵,但依然可以使自己的声音"上达天听",太宗朝甚至还出了一个"奇闻":淳化四年(993),京畿百姓牟晖因家奴丢失小猪,而击登闻鼓状告家奴。主仆因丢猪而打官司,并且还将官司打到了皇帝那里,这在其他朝代简直不可想象,宋太宗没有追究他二人的荒唐举动,当然也无心去判别个中的是非曲直,只是下诏赐千钱赔偿了牟晖的损失了事。

《禁令簿尉无事下乡诏》是严禁县级官吏无事下乡扰民,《滞狱行罚诏》则重申司法官员需要依法办案。不同的是,此时的所依之"法"更加具体,即依新颁的《刑统》办案,在诏书中一方面要求官吏依照新法《刑统》定罪量刑,另一方面则强调了办案的程序,不准地方官员敷衍塞责,拖延案件或推给中央:"如详断官避事,不便依法断遣,停滞刑狱,妄烦朝廷,量罪行罚。"②可以看出,这两道诏书的主旨都是针对办案官员的,意在强化吏治,防止各种形式的司法腐败。

吏治不修则法制不明。滥用权力、敷衍塞责与贪赃枉法是吏治腐败的三大表现。宋初严肃司法与吏治的一系列措施,对这三方面的吏治腐败都有治理,其中对"贪赃"的治理力度最大,故后人对宋初政治有"独于治赃吏最严"的说法。五代政治动荡,官僚

---

① 程民生:《宋代的诣阙上诉》,《文史哲》2012年第2期。
② 《滞狱行罚诏》,见《玉海》卷67。按:"量罪行罚"在《长编》卷3中记载为"量罪停罚",误。

监督系统难以运行,官场贪污腐败成风。宋以和平禅代开国,各级官僚一仍五代之旧,史载:

> 是时天下新定,法禁尚宽,吏多受民赂遗,岁时皆有常数,民亦习之,不知其非①。

建隆元年(960)宋太祖忙于平定二李和稳定政局,暂时没有整治官场,待到次年,局势稍稍稳定,他马上着手清理"赃吏"。其时恰逢棣州商河县令李瑶在检度民田时收受贿赂,为人告发。这也许是宋太祖登基以来接触到的第一个官员经济犯罪案件,经查实后宋太祖严厉惩治了涉事官员:

> 己未,杖杀商河县令李瑶,左赞善大夫申文纬除籍为民。文纬奉诏按田,瑶受赃,文纬不之察,为部民所诉故也。②

以李瑶案为起始,宋初逐渐形成了打击官员贪腐的高压态势:

> 宋兴,承五季之乱,太祖、太宗颇用重典,以绳奸慝。③

> 宋初,郡县吏承五季之习,黩货厉民,故尤严贪墨之罪。④

李瑶案之后,官吏因贪赃而被严惩乃至处死的案件多了起来,涉案人员"既有知县、知州、参军等地方官吏,也有大将军、员外郎、御史、知制诰等中央重要官员,而且还有朝廷重臣和皇亲国戚"⑤。仅就被处死的官员而言,《廿二史札记》中曾有过一个简单的统计:

> 太祖建隆二年,大名府主簿郭颢坐赃弃市。乾德三年,员外郎李岳、陈偃、殿直成德钧皆坐赃弃市。蔡河纲官王训等以糠土杂军粮,磔于市。太子中舍王治坐受赃杀人弃市。开宝三年,将军石延祚坐监仓与吏为奸赃弃市。四年,将军桑进

---

① (宋)司马光:《涑水记闻》卷1。
② 《长编》卷2建隆二年四月条。
③ 《宋史》卷199《刑法志一》。
④ (清)顾炎武:《日知录》卷13《除贪》。
⑤ 史旺成:《宋初对官吏贪污受贿的惩处》,《中州学刊》1985年第2期。

兴、洗马王元吉、侍御史张穆、左拾遗张恂皆坐赃弃市,刘祺赃轻,杖流海岛。六年,中允郭思齐、观察判官崔绚、录事参军马德林俱坐赃弃市。①

这只是依据《宋史·太祖本纪》中的记载而作的统计,显然并不全面。② 即便如此,也足以反映出宋太祖铁腕惩贪这一基本史实。赵翼言:"宋以忠厚开国,凡罪罚悉从轻减,独于治赃吏最严"③,这也是宋初政治的一个特点。

宋初的惩赃吏之"严"还可以从另一个方面体现出来——一般不赦免赃吏④。例如乾德六年(968)十一月改元"开宝"的赦令中即规定:"十恶、杀人、官吏受赃者不原(不予赦免)。"⑤类似的例子还有开宝四年(971)十一月的南郊大赦,在此赦令中,宋太祖重申了"十恶、故劫杀、官吏受赃者不原"的规定。将"贪赃"与"十恶"、"杀人"、"故劫杀"等性质十分恶劣的刑事犯罪等而视之,足见太祖对官吏贪赃处罚的严厉,他的这一态度还可以从与赵普等宰执的一段对话中反映出来:

> 辛丑,召宰相、枢密使、开封尹,翰林学士窦仪,知制诰王祐等,宴紫云楼下。因论及民事,上谓宰相赵普等曰:"下愚之民,虽不分菽麦,如藩侯不为抚养,务行苛虐,朕断不容之。"⑥

---

① (清)赵翼:《廿二史札记》卷24《宋初严惩赃吏》。
② 程涛对"宋太祖朝处死赃官"也有一个统计,其所依据的史料为《宋史》、《长编》、《续资治通鉴》,数据更为全面一些,他的结论是:"宋太祖时期(在位十七年),史书有记载的贪赃案件共五十一件,涉案官员七十四人。这其中,被处极刑——死刑(包括腰斩、杖杀、磔、绞、先流后赐死等方式)的三十三人,涉二十六案,平均每年近二人,另有一人畏罪自杀"(参见程涛:《宋初的惩贪与倡廉》,东北师范大学硕士学位论文,2006年)。
③ (清)赵翼:《廿二史札记》卷24《宋初严惩赃吏》。
④ 论者谓"宋太祖从不赦免赃吏",这有些绝对化了。《宋史》卷3记载:开宝六年(973)十月,宋太祖以"流星出文昌、北斗",下诏"特赦诸官吏奸赃"。
⑤ 《宋史》卷2《太祖本纪二》。
⑥ 《长编》卷7乾德四年八月条。

以"严惩赃吏"为核心，宋初对整个吏治的整顿作了以下两个方面的法律规定。

第一，不得玩忽职守。"祖宗留意民事，丁宁戒饬，虽州县小官未尝少怠。"①如果没有朝廷的命令而擅离治所，经宿不归，杖一百。遇事不决，稽留简慢，以及歪曲旨令，根据拖延日期的长短、后果的轻重，处以两年徒刑以下的惩罚。无故缺勤或不按时轮值，及受令到某地为官，超过规定的装束准备时间而不赴任者，要处以徒一年的刑罚。"诸事应奏不奏，不应奏而奏者，杖八十。应言上而不言上，不应言上而言上，及不由所管而越言上，应行下而不行下，及不应行下而行下者，各杖六十"②。举官、考察成绩失实，也要负法律责任，这在《宋刑统》中有详细的规定。

第二，严禁官吏以权谋私，严禁接受和索取馈赠。《宋刑统》中专列《职制律》，对官员的职务贪腐制定了严厉的处罚条例，如官员接受下级馈赠，与监守自盗同罪；官员借用公款，与盗窃同罪；官吏私自役使治所的人民、部属，或者借使牛马车辆及其他工具，都要按折合的价格定罪，即使用来营建公廨，也要以贪赃论。③ 另外，官吏经商，也在违法之列。

在中国传统王朝中，宋代的吏治相对廉洁，没有出现大的贪腐案件，士大夫也都比较注重名节和口碑。虽然也有"笑骂由汝，好官须我为之"的寡廉之辈，但没有形成官场主流。清代顾炎武称赞说，宋代"士大夫皆知饰篷篙而厉廉隅，盖上有以劝之矣"④。当代史家也认为："终宋一代，官吏比较廉洁，当然与优厚的俸禄、无尽的赐赏分不开，但宋初二君（太祖、太宗）几十年的整饬的效果

---

① （宋）王栐：《燕翼诒谋录》卷3。
② （宋）窦仪等撰，薛梅卿点校：《宋刑统》卷10《职制律》，法律出版社1999年版，第181页。
③ 《长编》卷5乾德二年三月条。
④ （清）顾炎武：《日知录》卷13《除贪》。

也是不容忽视的。"①

第七节　碑誓:不杀士大夫

相传宋太祖立国不久,便在石碑上刻下了一份秘密誓约,其身后历任皇帝登基,都要进入密室,默诵碑上的三条誓文,著为定例。此碑史称"宋太祖誓碑"或"碑誓"。

关于此事最为详细、完整的记载,是一部旧题为南宋陆游所撰的笔记《避暑漫抄》②。该书不但详细描绘了宋太祖密镌碑誓和北宋历代皇帝秘密拜读碑誓的过程,还记载了"靖康之难"中随同宋徽宗一起被俘的大臣曹勋逃归南宋前,宋徽宗托他向宋高宗报告碑誓的相关情节:

> 艺祖受命之三年,密镌一碑,立于太庙寝殿之夹室,谓之誓碑,用销金黄幔蔽之,门钥封闭甚严。因敕有司,自后时享及新天子即位,谒庙礼毕,奏请恭读誓词。是年秋享,礼官奏请如敕。上诣室前,再拜升阶。独小黄门不识字者一人从,余皆远立庭中。黄门验封启钥,先入焚香明烛,揭幔,亟走出阶下,不敢仰视。上至碑前再拜,跪瞻默诵讫,复再拜出。群臣及近侍,皆不知所誓何事。自后列圣相承,皆踵故事。岁时伏谒,恭读如仪,不敢漏泄。虽腹心大臣,如赵韩王、王魏公、韩魏公、富郑公、王荆公、文潞公、司马温公、吕许公、申公,皆天下重望,累朝最所倚任,亦不知也。
>
> 靖康之变,犬戎(金兵)入庙,悉取礼乐祭祀诸法物而去。门皆洞开,人得纵观。碑高七八尺,阔四尺余,誓词三行:
>
> 一云:"柴氏(周世宗柴荣)子孙,有罪不得加刑,纵犯谋

---

① 曹海科:《试论北宋初年的法制与吏治》,《兰州大学学报》1987年第4期。
② 《丛书集成新编》第86册,台湾新文丰出版公司影印本。

逆,止于狱中赐尽,不得市曹刑戮,亦不得连坐支属。"

一云:"不得杀士大夫及上书言事人。"

一云:"子孙有渝此誓者,天必殛之。"后建炎中,曹勋自虏中回,太上(宋徽宗)寄语云,"祖宗誓碑在太庙,恐今天子不及知"云云。

碑誓的真实性一直是学术界争议较大的问题①,近年来,学界的主流观点是将此事一分为二看待:即分为誓约和誓碑两部分,对誓约的内容大体认同其真实性,对于誓碑(实物及其附着的密室、仪轨等)的存在则持质疑态度。这种研究对进一步讨论宋太祖时代的文治、法制及其影响提供了极好的参照。

首先需要讨论一下关于此事的文献证据。《避暑漫抄》托名陆游所著,实际上是明代人所编,这在文献可信度上的确有些薄弱。但据张希清研究,《避暑漫抄》共辑录有二十六条史料,除两条有脱漏外,其余均出自宋代典籍,故关于宋太祖誓碑一事,"是有典籍根据的,不能轻易完全否定"②。

更重要的是,另有以下三条与曹勋有关的记载,也都明确提到了太祖的这一"碑誓"。

一是《宋史》卷三七九《曹勋传》:

艺祖有誓约藏之太庙,不杀大臣及言事官,违者不祥。

---

① 相关讨论文章主要有:张荫麟:《宋太祖誓碑及政事堂刻石考》,《文史杂志》1941年第7期;杜文玉:《宋太祖誓碑质疑》,《河南大学学报》1986年第1期;徐规:《宋太祖誓约辨析》,《历史研究》1986年第4期;邓小南:《"正家之法"与赵宋的"祖宗家法"》,《北京大学学报》2000年第4期;顾宏义:《岳飞之死与宋太祖"不杀大臣"誓约考》,《华东师范大学学报》2001年第1期;李峰:《论北宋"不杀士大夫"》,《史学月刊》2005年第12期;刘浦江:《祖宗之法:再论宋太祖誓约及誓碑》,《文史》2010年第3期;张希清:《宋太祖"不诛大臣、言官"誓约考论》,《文史哲》2012年第2期;杨海文:《"宋太祖誓碑"的文献地图》,《学术月刊》2010年第10期;李峰:《宋太祖誓约"不诛大臣、言官"新论》,《史林》2012年第6期;李峰:《北宋开国故事:众声喧哗中的造假与虚构》,《史学月刊》2015年第11期;等等。

② 张希清:《宋太祖"不诛大臣、言官"誓约考论》,《文史哲》2012年第2期。

二是南宋曹勋《松隐文集》卷二六《进前十事札子》：

> 艺祖有约,藏于太庙,誓不诛大臣、言官,违者不祥。故七祖相袭,未尝辄易。每念靖康年中诛罚为甚,今日之祸,虽不止此,然要当知而戒焉。

三是曹勋《北狩见闻录》：

> 艺祖有约,藏于太庙,誓不诛大臣、用宦官,违者不祥。故七圣相袭,未尝辄易。每念靖康中诛罚为甚,今日之祸,虽不止此,要知而戒焉。

这三条资料史源相同,都来自曹勋,但可信程度似无问题,而且找不出曹勋"编造"碑誓的任何动机。

曹勋(1098—1174),是北宋词人曹组的儿子。"靖康之难"(1126)时,他与宋徽宗一起被金兵掳掠北上,不久即怀揣徽宗御衣绢书自燕山逃归。第二年,也就是建炎元年(1127)秋,他回到南京(今河南商丘),向宋高宗上御衣书,报告了包括太祖誓碑在内的若干事项。

曹勋的《进前十事札子》,是在宋高宗与其谈话之后提交的正式公文文本,"谨条画事涉国体者"十事,其中第一条即为太祖誓约。而且,在传达誓约内容之前,还有一段前情：

> 臣顷离太上皇帝(宋徽宗)御前,得圣训曰："金人迫逐,令拜北塞。我对以朕昔谬与大金结约为兄弟之国,于义无拜礼。今日虽被囚掳,头可断,拜不能设。金人见予屈,亦(阙)。然予岂畏死也!归奏但有可清中原之谋,悉举行之,无以予为念,且保守取自家宗庙。"言讫呜咽,又语臣曰："艺祖有约,藏于太庙……"[①]

此处我们不难发现,宋徽宗所说的前后两段话,其一关乎自家性命,其二关乎社稷延绵,在"事涉国体"方面是同等重要的。从曹

[①] (宋)曹勋:《松隐文集》卷26《进前十事札子》,《嘉业堂丛书》本。

勋的角度来说,既然是"事涉国体"的重大主题,他本人自然没有信口胡言的胆量,况且,该文字是以奏章形式留存下来的,从文献上来说是可靠的;而纵观曹勋一生,文名、政绩皆不著,跟随徽宗被掳,又能归国传信,这一件事既是他千载难逢的政治机遇,也是他人生中最大的亮点。在此人生的关键点上,他实在没有必要冒着政治风险,编造一个与自己毫无关系的"碑誓谎言"。

其实,在曹勋之前的史料中,尽管没有提及"誓碑"这样具体的载体,但有关"碑誓"的内容却早在北宋时期就有广泛流传。

宋仁宗庆历三年(1043),有一小股盗匪路过高邮,当地官府不敢迎战,反以牛酒钱财犒赏,礼送其出境。朝廷得知后大怒,枢密副使富弼主张处死高邮知军,而参知政事范仲淹却认为"事有可恕",宋仁宗听从了范仲淹的意见,于是有了富、范两人的一段对话:

> 富公愠曰:"方今患法不举,方欲举法,而多方沮之,何以整众?"范公密告之曰:"祖宗以来,未尝轻杀臣下,此盛德事,奈何欲轻坏之?且吾与公在此,同僚之间,同心者有几?虽上意亦未知所定也,而轻导人主以诛戮臣下,它日手滑,虽吾辈亦未敢自保也。"①

此段记载表面上看是富、范二人为政宽严的分歧,实则关乎宋代的立国之本。范仲淹所提到的"手滑"典故,出自唐武宗会昌年间,当时宰相杨嗣复、李珏因牛李党争被贬,新皇帝受仇士良挑拨,意欲诛杀二人,户部尚书杜惊想通过李德裕救下二人,说:"天子年少,新即位,兹事不宜手滑!"李德裕随后运作一番,保下了二人的性命。②范仲淹的意思是:前代党争时,尚能虑及不能让皇帝在杀戮大臣这件事上"手滑",有祖宗家法约束的当代明君,更不应该

---

① (宋)苏辙:《龙川别志》卷下,中华书局1982年版;《长编》卷145庆历三年十一月条。
② 《资治通鉴》卷246会昌元年三月条。

轻开杀戮,因为一旦"手滑",受祸的将是整个士大夫阶层。

同样是在宋仁宗或宋英宗年间,理学家程颐在评论本朝成就时,说过一段著名的话:

> 尝观自三代而后,本朝有超越古今者五事:如百年无内乱;四圣百年;受命之日,市不易肆;百年未尝诛杀大臣;至诚以待夷狄。此皆大抵以忠厚廉耻为之纲纪,故能如此。盖睿主开基,规模自别。①

"百年未尝诛杀大臣",显然可归于"厚";而这种仁厚,在程氏看来,皆起源于宋太祖的"睿主开基,规模自别"。换言之,程颐认为太祖时的确立下了一些特别的政治规矩。所谓"四圣百年",即宋太祖、太宗、真宗、仁宗四朝,数代人的传承,足以令太祖时的规矩形成为有长久约束力的传统。

宋神宗时发生的一件事情,也颇能说明问题:

> 神宗时,以陕西用兵失利,内批出令斩一漕臣。明日,宰相蔡确奏事。上曰:"昨日批出斩某人,今已行否?"确曰:"方欲奏知。"上曰:"此人何疑?"确曰:"祖宗以来,未尝杀士人。臣等不欲自陛下始。"上沉吟久之,曰:"可与刺面,配远恶处。"门下侍郎章惇曰:"如此,即不若杀之。"上曰:"何故?"曰:"士可杀,不可辱。"上声色俱厉,曰:"快意事更做不得一件!"惇曰:"如此快意事,不做得也好。"②

这段材料中,君臣三人对"不杀大臣"这一政治原则都有明确认知:蔡确强调此为"祖宗以来"的传统;神宗的"沉吟久之",就是一个对祖宗家法妥协的过程;而章惇则是采用了较为激烈的反讽式提醒。这说明君臣之间对于具体案例的处置上或略有分歧,但对于"不杀大臣"这一"祖宗家法",却是有"你知我知"的默契。

---

① (宋)程颢、程颐:《二程集·河南程氏遗书》卷15,中华书局2004年版。
② (宋)侯延庆:《退斋笔录》,《丛书集成新编》本。

另外，如蔡确、章惇这般强硬做派，应当也是在"祖宗以来，未尝杀士人"庇佑下的一种"有恃无恐"。

再如，北宋哲宗元符元年（1098）三月，枢密院的长官曾布在与宋哲宗讨论案例，论及如何处罚前宰相梁焘时说："祖宗以来，未尝诛杀大臣，令焘更有罪恶，亦不过徙海外。"哲宗则回答说："祖宗未尝诛杀大臣，今岂有此？"①说明君臣二人在不轻易杀大臣这一点上，有深度共识。也是在同一个月，章惇、蔡京、蔡卞排陷元祐旧臣吕大防、刘挚等人，欲置其于死地，罗织了他们的罪名上奏给哲宗，"上曰：'元祐人果如此乎？'京、惇曰：'诚有是心，然反形未具。'上曰：'朕遵祖宗遗志，未尝戮大臣。其释勿治。'"②可见宋哲宗也是完全知晓并坚守祖训的。

以上宋仁宗、英宗、神宗、哲宗四朝的诸多明确记载，至少可以说明北宋时期，即在曹勋传达"太祖碑誓"之前，确实存在一项"不轻杀大臣（士大夫）"的政治传统。甚至"碑誓"中的另一项内容，即厚待周世宗柴荣的后代，也是早已被公认的历史事实。③"陈桥兵变"当日，后周宰相范质就提出："太尉（指宋太祖）既以礼受禅，则事太后当如母，养少主当如子，慎勿负先帝旧恩，太祖挥泪许诺。"《宋会要辑稿》中有明确记载：

> 太祖建隆元年正月四日，诏曰："封二王之后，备三恪之宾，所以示子传孙、兴灭继绝……其封周帝为郑王，以奉周嗣。正朔服色，一如旧制。务遵典礼，称朕意焉。"又尊帝太后为

---

① 《长编》卷495元符元年三月条。
② 《长编》卷495元符元年三月条。后一事，邵博《邵氏闻见后录》卷2记在元丰七年三月，《长编》该条注文有订正；《宋史》卷471《章惇传》亦载。
③ （清）赵翼：《廿二史札记》卷22专列《五代诸帝无后》一条，历数宋之前五个朝代的皇室子孙在朝代更迭时均惨遭杀戮，无一人幸免；而宋太祖对后周皇室的处置则是另外一番情景："……而恭帝逊位后，又十四年而殂。周子孙封崇义公，历宋三百余年，世袭不替，比于诸帝独幸矣。"赵翼所谓"独幸"，是将后周帝裔与后梁、后唐、后晋、后汉诸帝作比对而得出的结论。王夫之在《宋论》中也表彰宋太祖是"以忠厚养前代之子孙"。

周太后,并迁于西宫。所司供给,务令丰厚。①

曹勋之后,南宋文献中提到该誓约的就更多了,并且大多将之与"不杀士大夫"、"不以文字罪人"等联系起来。

一是南宋邵伯温(1055—1134)在回忆其先人言行时,转引过邵雍的一段话:

> 五事历将前代举,帝尧而下固无之。一事,革命之日,市不易肆;二事,以据天下,在即位后;三事,未尝杀一无罪;四事,百年方四叶;五事,百年无腹心患。②

二是绍兴年间曾应"博学鸿词科"的藏书家周煇(1126—1198)记载北宋哲宗君臣讨论"祖宗家法"的情况:

> 哲宗御迩英阁,召宰执暨讲读官讲《礼记》、读《宝训》……读毕,宰臣吕大防等进曰:"祖宗家法甚多,自三代以后,唯本朝百三十年中外无事,盖由祖宗所立家法最善。臣请举其略……前代多深于用刑,大者诛戮,小者远窜。唯本朝用法最轻,臣下有罪,止于罢黜,此宽仁之法也。"③

三是南宋孝宗年间史学家李焘的弟子、以详记史实著称的学者王明清(1127—1202),曾专门记有太祖"誓不杀大臣、言官":

> 明清尝谓,本朝法令宽明,臣下所犯,轻重有等,未尝妄加诛戮。恭闻太祖有约,藏之太庙,誓不杀大臣、言官,违者不祥。此诚前代不可跂及。虽卢多逊、丁谓罪大如此,仅止流窜,亦复北归。自晋公之后数十年,蔡持正始以吴处厚讦其诗有讥讪语贬新州。又数年,章子厚党论乃兴,一时贤者,皆投炎荒,而子厚迄不能自免,爰其再启此门。元祐间治持正事,二三公不无千虑之一失。使如前代,则奸臣借口,当喋血无穷

---

① 《宋会要辑稿》崇儒七之六九。
② (宋)邵伯温:《邵氏闻见录》卷18。
③ (宋)周煇:《清波杂志》卷1"祖宗家法"条,《全宋笔记》第5编第9册;《宋史》卷340《吕大防传》所记略同。

也。明清尝以此说语朱三十五丈希真,大以为然。太祖誓言,得之曹勋,云从徽宗在燕山,面喻云尔。勋南归,奏知思陵。①

四是史学家李心传(1167—1244)所记孝宗、光宗、宁宗三朝元老、名臣留正(1129—1206)总结本朝政治遗产的名言:

> 本朝自古所无者三,艺祖皇帝受命之日,市不改肆,一也;祖宗以来,传世厚,虽甚威怒,未尝妄杀,故论者谓不嗜杀人,惟本朝有之,二也;徽庙光尧两行内禅,皆出自睿断,三也。②

五是《宋史》中所记南宋理宗(1206—1264)时期宰相废立时所涉及的不轻戮大臣问题:

> 先是,理宗久未有子,以弟福王与芮之子为皇子,丞相吴潜有异论,帝已不乐。大元兵渡江,朝野震动,逐丞相丁大全,复起潜为相,帝问潜策安出,潜对曰:"当迁幸。"又问卿如何,潜曰:"臣当死守于此。"帝泣下曰:"卿欲为张邦昌乎?"潜不敢复言。未几北兵退,帝语群臣曰:"吴潜几误朕。"遂罢潜相。帝怒潜不已,(刘)应龙朝受命,帝夜出象简书疏稿授应龙,使劾潜,应龙谓:"潜本有贤誉,独论事失当,临变寡断。祖宗以来,大臣有罪未尝轻肆诛戮。欲望姑从宽典,以全体貌。"③

以上记录,其言其事皆凿凿有据,其史料来源,有实录、有总结、有追记、有亲历、有家传;从其内容来看,与曹勋所传达的"太祖碑誓"也大体一致。尤其如王明清、李心传二人,均以史才称世,在史学史上都有公认的地位,他们的记载应该是谨慎和可靠的。另外,很关键的一点是,整个南宋时期,也没有任何人对"不杀士大夫"的太祖碑誓的真实性提出怀疑。

---

① (宋)王明清:《挥麈后录》卷1,中华书局1961年版。
② 南宋名臣留正语,参见(宋)李心传:《建炎以来系年要录》卷200,中华书局2013年版。
③ 《宋史》卷425《刘应龙传》。

需要说明的是,"不杀士大夫"只是一种政治原则或传统,而不是"一律不杀"。而且,这种"不杀"更多的是表现为"政治"方面、"言论"方面,至于贪赃、枉法、投敌、造反等,就不全在"不杀"之列。① 如,宋太祖时对于刑事犯罪,尤其是贪赃罪处置得相对严厉,这在上一节已有详细讨论。尽管如此,"不杀士大夫"的政治原则也还是有所体现的,一般说来,中低级官吏,基本都被处以死刑,而高级官吏,即可以入"大臣"行列的则往往是罢官或流放,几乎没有判处死刑的。

就整个两宋时期而言,也很少有处死"大臣"和"士大夫"的记载。对处于所谓"政治罪"、"言论罪"和"刑事罪"之间的一些情况,即"可杀可不杀"的,往往是主张"不杀"的占上风,因为怕破坏了"不轻杀人(士大夫)"的成规。这应该与"太祖碑誓"所形成的政治原则和政治理念有关。

当然,"太祖碑誓"的存在方式显得略为神秘了一些,刻碑、密室、焚香等等,颇具宗教仪式感的做法,也让研究者怀疑其真实性:

---

① 据杜文玉研究,宋太祖在位17年,所杀的大臣不在少数,共有88人:谋反罪22人,坐赃罪25人,失职罪33人,其他8人(参见杜文玉:《宋太祖誓碑质疑》,《河南大学学报》1986年第1期)。就是在公布"太祖碑誓"的高宗一朝,也开了三次杀戒:第一次是诛杀张邦昌、宋齐愈等降金媚敌者,前者为进士出身的太宰,后者为以文辞举官的谏议大夫,均属标准的"士大夫";第二次是杀害直言敢谏的名士陈东和欧阳澈,二人的身份是太学生,也是"准士大夫";第三次是杀害岳飞、张宪和岳云,则是以"武将谋反"的莫须有罪名。其中,尤以枉杀岳飞影响最大。学界大都认为宋高宗违背了自太祖以来不杀大臣的传统,如台湾学者王德毅认为:"宋太祖有不杀大臣的誓约,宋朝士大夫颇津津乐道,岳飞位至枢密副使,是国之大臣,最后赐死于大理寺,乃高宗假秦桧之手而杀之,有背祖宗的圣训。"大陆学者王曾瑜、何忠礼等也持相同的看法(参见王曾瑜:《岳飞新传》,上海人民出版社1983年版,第295页;王德毅:《宋高宗评——兼论杀岳飞》、何忠礼:《岳飞遇害是宋高宗蓄谋已久的阴谋》,均载岳飞研究会编:《岳飞研究第三辑》,中华书局1992年版)。但也有学者认为,岳飞被杀与宋太祖"不杀大臣"之誓约实不相干,因从宋朝有关史料分析,此处所谓"大臣",实指文臣士大夫,而不包括武将在内,即使岳飞之类的曾建立殊勋、身居高位的大将也是如此(参见顾宏义:《岳飞之死与宋太祖"不杀大臣"誓约考》,《华东师范大学学报》2001年第1期)。

这本来是一件好事,为什么非要如此隐藏呢?甚至连最亲近的大臣也都不明就里。但如果深入探究的话,此事也大致可以理解。

"碑誓"这种皇室内部的约定,本来就是"天子家事",不但"不必"为外人道,也"不能"为外人道。因为它只对有"皇帝"身份的人有用,是皇帝本人把握的"内部原则",没有必要大张旗鼓地公开和讨论。① "内外有别"是古今中外的政治常规。

至于"碑誓"为什么会在南宋初年突然公之于世(这是学界讨论时一直忽视的问题),也有其合理的历史背景。

其一,是对北宋灭亡前后若干做法的反思。宋徽宗让曹勋向宋高宗转达"碑誓"时就说,"每念靖康年中诛罚为甚,今日之祸,虽不止此,然要当知而戒焉。"而建炎元年(1127)八月诛杀太学生陈东等人就是典型的"以文字罪人"②。宋徽宗在这时候特地嘱托曹勋向宋高宗传达"不杀士大夫"、"不以文字罪人"的"祖训",当是他在国破被掳后于一路颠簸时的某种反省,也应是当时赵宋君臣集体意识的某种觉醒。

其二,北宋灭亡,南宋初立,急需用祖宗以来仁泽宽厚的理念凝聚士大夫群体。宋高宗在即位诏书中说:"金贼乱华,二帝北狩,天支戚属混于穹居,宗社罔所依凭,中外罔知攸主。臣构以道

---

① 刘浦江即认为:"像这样一个似乎并没有什么内容可忌讳的誓约,为何要藏于太庙秘而不宣?以至于在北宋时代文献中竟找不到任何蛛丝马迹,就连高宗即位之前也对此一无所知。我的理解是,就太祖本意而言,此誓约应视为宋代君主的一种自我约束,是自律而非他律,不杀士大夫只是由君主掌握的一项施政原则……宋代的某些祖宗家法是只可意会的,属于'内部掌握'的原则,譬如太祖若是真的发过'子孙有渝此誓者,天必殛之'之类诅咒式的毒誓,又怎好公诸于世"(参见刘浦江:《祖宗之法:再论宋太祖誓约及誓碑》,《文史》2010年第3期)。

② 因为此事,后人才质疑高宗违背了太祖誓约,如明人陈汝锜说:"道君从燕中寄书,首以誓碑嘱之,虑高宗之不及见也。乃不数月,而遂以黄潜善潜杀大学士陈东、布衣欧阳澈,何耶?"(《甘露园短书》卷6"誓碑"条,明万历刻清康熙重修本)清代尤侗也说:"曹勋北回,徽宗寄语云:'祖宗誓碑在太庙,恐今天子不及知。'呜呼,高宗果未之见耶?何陈东、欧阳澈杀之不疑也!"(《看鉴偶评》卷4,清康熙刻本)

君皇帝之子,奉宸旨以总六师,握兵马(大)元帅之权,倡义旅以先诸将。冀清京邑,复两宫,而百辟卿士,万邦黎献,谓:人思宋德,天眷,宜以神器属于臣构……"①"宗社罔所依凭,中外罔知攸主",既是当时的实际情况,也是亟待解决的政治需求。"人思宋德,天眷赵宗",借重"祖宗德泽在人"的影响,将"碑誓"公之于众,是高宗君臣最好的策略。②

其三,公布"碑誓",也能起到稳定士大夫人心的作用。南北宋之际政局的大变动,造成了部分士大夫立场的错乱,如宣和七年(1125)金兵入侵时,朝廷上下的意见是以议和为主;等到金兵步步紧逼时,就不同了,"今京师闻金大入,人情震动,有欲出奔者,有欲守者,有欲因而反者";金军围太原之后,更是朝议纷纷,不知所从,"大臣愤眊,益犹豫,战避之议皆未决"。③如何对待说错话、站错立场,甚至"投金"而又"归正"的士大夫,也需要一种原则性的把握。"不杀士大夫"的"太祖碑誓"此时公开,无疑有其明显的现实意义。可以佐证这一点的是,宋高宗即位后,凡上书涉及士大夫过失短长者,"悉命焚之,以安反侧"④。

话题再回到"碑誓"的另一项内容,即"不杀言官"上来。不杀言官,就是不以思想罪、言论罪杀人。因为传统社会,只有士大夫阶层才掌握系统的知识和对知识的系统思考,也只有他们才有言论方面的话语权,可以上达天听。所以,"不杀言官"、"不以文字

---

① (宋)李心传:《建炎以来系年要录》卷5,参见《建炎以来朝野杂记》甲集卷5《朝事一·高宗即位册文》。
② 李心传在叙述"太祖碑誓"时,就特别清晰地看到了这一点。他先记载了宋徽宗在被俘的路上对曹勋说:"我梦四日并出,此中原争立之象。不知中原之民尚肯推戴康王(即宋高宗)否?"第二天,宋徽宗就出御衣三衬,在衣领中写了几句对康王的嘱托,随后就对曹勋说:"如见康王,第奏有清中原之策,悉举行之,毋以我为念。"又言:"艺祖有誓约藏之太庙,誓不杀大臣及言事官,违者不祥"参见《建炎以来系年要录》卷4"建炎元年四月"。
③ 《续资治通鉴》卷95宣和七年十二月条。
④ (宋)李心传:《建炎以来系年要录》卷4。

罪人",与"不杀士大夫"是同一件事情的不同表述。苏轼在论及本朝的言论自由时也说,"历观秦汉,以及五代,谏诤而死,盖数百人,而自建隆以来,未尝罪一言者,纵有薄责,旋即超升,许以风闻,而无官长",并认为这是"祖宗深虑"所致。①

在尊崇士大夫,不以文字罪人的同时,曹勋在《北狩见闻录》中还提到碑誓中有"誓不用宦官"一条,这也是有历史依据的,宋太祖对干扰士大夫政治的"宦官干政"问题曾有深刻的思考:

> 汉、唐宦者可谓盛矣,然官不至师保也。(南汉)刘铱有宦者七千余人,始有为师保者。艺祖既缚铱,以永鉴其祸。②

汉唐时期的宦官乱政都曾导致了王朝的最终覆灭,而五代后唐、南汉也都因宠信宦官,造成极大的政治危机。宋太祖的"永鉴其祸",显然是充分认识到了这类问题的严重性,"碑誓"中列出"誓不用宦官"的条约,也是有现实意义的。《宋史》卷四六六《宦者传》中记载,太祖时明文规定"掖廷给事不过五十人,宦寺中年方许养子为后",可见宋初对宦官势力的限制是很严格的。《宋史》中宦官入传者共有四十三人,虽有领兵打仗者、有监军者、有领皇城司者,也有参与到皇位废立、大臣党争中者,如太祖太宗时的王继恩、太宗时的王仁睿、仁宗时的阎文应、真宗时的周怀政等,但他们参政的范围不广、程度不深,没有形成"宦官干政"的弊政。就总体情况而言,从宋初宦官"止令掌宫掖中事,未尝令预政事"③开始,宦官的权势始终有限,故宋哲宗时,大臣曾肇称:"本朝政出于一……宦寺供扫洒而已。"④但北宋末年,即宋徽宗朝已有重用宦官的趋势,宦官人数剧增,"动以千数矣"⑤,而宦官童贯甚至官

---

① (宋)苏轼:《苏轼文集》卷25《上神宗皇帝书》,中华书局1999年版。
② (宋)邵博:《邵氏闻见后录》卷22。
③ (宋)邵伯温:《邵氏闻见录》卷7。
④ (宋)曾肇:《曲阜集》卷1《上哲宗论君道在立己知人》。
⑤ (宋)王栐:《燕翼诒谋录》卷5。

至枢密使。南宋初年,这种趋势似又有所强化。建炎三年(1129)宋高宗君臣仓皇渡江,士卒百姓妻离子散,身家性命不保,而皇室亲信和宦官康履等则得到最好的照顾,终于在当年三月引发了苗傅、刘正彦的兵变,迫使高宗退位。朱熹记载此事说:"渡扬州时……当时人骨肉相散失,沿路皆帖(寻找亲人)榜子,店中都满,树下都是。这边却放得几个宦者恁地!一日,康履与诸宦者出观潮,帐设塞街,军人皆愤惋不平,后成苗、刘之变。"①"太祖碑誓"在南宋初年的公开和流传,显然有效遏止了"宦官干政"的趋势,这是有积极意义的。宋理宗景定元年(1260)来使的元人郝经,对宋朝的政治传统有这样的评价:"宦官不典兵,而不杀大臣,此又汉唐之所不敢望,与三代可以比隆者也。"②

值得注意的是,《宋史·宦者传序》中,将宋朝无宦官专权的原因概括为"祖宗之法严,宰相之权重"。所谓"祖宗之法严",当与"太祖碑誓"有关,而"宰相之权重",正是士大夫群体力量的展示。对"宦官干政"始终保持着警惕,以维护士大夫政治的"纯正",是两宋政治的一个很大特色。所以,"太祖碑誓"中"不杀士大夫"、"不杀言官"和"不用宦官"的深层阐释和本质归纳,都指向了对士大夫群体的尊崇。王夫之在《宋论》中将"太祖碑誓"表述为"不杀士大夫之誓"③,正是一种直指核心,也是直指人心的判定。

---

① (宋)李道传编:《朱子语录》卷127《高宗朝》,上海古籍出版社2016年版。
② (元)郝经:《陵川集》卷39《上宋陈请归国万言书》,文渊阁四库全书本。张希清统计了北宋历朝诛杀臣僚的情况,结论是"其中没有一人可以称作'大臣'或属'言官'"(参见张希清:《宋太祖"不诛大臣、言官"誓约考论》,《文史哲》2012年第2期)。
③ 语见王夫之《宋论》卷1:"自太祖勒不杀士大夫之誓以诏子孙,终宋之世,文臣无欧刀之辟。张邦昌躬篡,而止于自裁;蔡京、贾似道陷国危亡,皆保首领于贬所。"

第九章 文伟:文化的成就与土壤

第一节 史学与散文

对宋太祖一朝的文化成就,学界一般关注不够,评价偏低。但南宋名臣周必大在为宋朝最优秀的文章选集《宋文鉴》作序时,则对"建隆、雍熙之间",即宋朝开国之初给予了"文伟"这样一种极高的评价:

> 天启艺祖,生知文武,取五代破碎之天下而混一之,崇雅黜浮,汲汲乎以垂世立教为事。列圣相承,治出于一。援毫者知尊周孔,游谈者羞称杨墨。是以二百年间,英豪踵武。其大者固已羽翼《六经》,藻饰治具,而小者犹足以吟咏情性,自名一家。盖建隆、雍熙之间其文伟,咸平、景德之际其文博,天圣、明道之辞古,熙宁、元祐之词达。虽体制互异,源流间出,而气全理正,其归则同。嗟乎!此非唐之文也,非汉之文也,实我宋之文也,不其盛哉![1]

"建隆、雍熙之间其文伟",这里的"伟",既可以用于形容太祖朝的文学,也可以用于描述当时的文化空间,即规模伟大、气象宏伟,所谓"海纳百川、有容乃大",足以包容各种各样的文体、各种各样的文化形态,其背后反映的是统治者的胸襟、气量。邓广铭说,北宋的最高统治者,"对于儒释道三家无所轻重于其间,对于思想、学术、文学、艺术领域的各个流派,也一概采取兼容并包

---

[1] (宋)周必大:《周益国文忠公集·省斋文稿》卷20,文渊阁四库全书本。

的态度"①。这一说法用来概括宋初的情况,特别合适。究其原因,一是与太祖宽厚豪迈的"铁衣士"风格,和对前朝以及"他国"文臣的豁达态度有关;二是与宋初"崇文"的大环境密不可分。二者合力,造就了有利于文化发展的良好土壤,也造就了太祖朝不可忽视的文化成就。

"中国史学莫盛于宋。"②这一点在宋初就有明显体现,多少也源自于宋太祖对史学的重视。

优秀的政治家没有不重视历史学的,政治家观察现实的眼光,很大程度上取决于他回望历史的纵深,"以史为鉴,可以知兴替"、"历史是人类最好的老师",这些至理名言,道尽了历史与政治家的关系。宋太祖对于历史的学习就十分重视,宋代的史料中,常有此类记载,说他"极好读书,每夜于寝殿中看历代史或至夜分"③等等。每部官修史书完稿后,他也会连夜阅读,他对皇子读书也要求甚严,认为应该重点读"经史"。宋太祖对"近代史",即宋朝之前的"五代史",尤为关注。受皇帝个人爱好的带动,北宋建国之初,就涌现出一批与五代历史有关的史学著作,其中部头较大的有:王溥《周世宗实录》四十卷,建隆二年(961)八月书成奏上;王溥《五代会要》三十卷,成书于建隆二年;范质《五代通录》六十五卷,成书于建隆年间,《旧五代史》即据此书为稿本。另外,《晋朝陷蕃记》、《桑维翰传》、《广梁朝画目》、《北梦琐言》、《唐末泛闻录》等也都是宋初完成的重要史书。④

---

① 邓广铭:《邓广铭自选集》,首都师范大学出版社 2008 年版,第 154 页。在其未刊稿《论宋学的博大精深(北宋篇)》一文中,邓广铭也曾强调:"北宋政权对于思想、文化、学术界的活动、研究,是任其各自自由发展而极少加以政治干预的"(参见《邓广铭全集》第 7 卷,河北教育出版社 2005 年版,第 434 页)。
② 陈寅恪:《陈垣〈明季滇黔佛教考〉序》,《金明馆丛稿二编》,生活·读书·新知三联书店 2001 年版,第 272 页。
③ (宋)马永卿:《元城语录》卷上。
④ 参见陈晓莹:《两宋时期关于五代十国史的研究》,山东大学博士学位论文,2010 年。

太祖时期,史学方面最大的成就莫过于《旧五代史》的修撰。

《旧五代史》原名《梁唐晋汉周书》,共一百五十卷,是由宋太祖诏令编修的官修史书,开宝六年(973)四月始修,历时十八个月,于次年十月成书,此时距北宋建国已有十四年。此书当时也被称为《五代史》,后因欧阳修重修"五代史",故改为《旧五代史》。

《旧五代史》修成进献的当天,宋太祖即开始翻阅,第二天便对宰相说:"昨观新史,见梁太祖暴乱丑秽之迹,乃至如此,宜其旋被贼虐也。"①一个注重从史事中吸取治国经验与教训的人,自然会积极推动史书的修撰。

后世王朝通常以修前代之史为手段来确立自己的正统地位。开宝年间,全国尚未统一,"南唐"尚自称唐朝后嗣,有一种"正统"的底气;"北汉"则是后汉之血胤。当年郭威黄袍加身,篡夺后汉天下,杀害了后汉嗣君刘赟。刘赟之父刘崇悲愤之下,称帝太原,建立北汉,与后周世代为敌。北宋篡夺的是后周的江山,面对北汉,虽然没有道理上的亏欠,但相较之下,北汉的"正统"地位似乎比北宋更胜一筹。因此,有些底气不足的北宋,先行为整个"五代"修史,的确是极大的政治智慧,这不但可以在王朝的正统性上抢得先机,更可在思想上为统一全国制造声势。

《旧五代史》为薛居正监修,卢多逊、扈蒙、李昉、张澹、刘兼、李穆、李九龄同修。他们都是五代入宋的文官或进士。其中李九龄后唐时期中过进士,宋初乾德二年又以进士第三名及第。他与扈蒙是《旧五代史》修撰的主要执笔人,"蒙、九龄实专笔削"。②

《旧五代史》基本延续了中国史学"秉笔直书"的优良传统,涉笔不避当朝勋贵。如张永德原为后周的皇亲国戚、殿前都点检,宋朝开国后,仍受礼遇,加兼侍中,授武胜军节度使,太祖"每呼附马

---

① 《长编》卷15开宝七年十月条。
② (宋)王辟之:《渑水燕谈录》卷6,中华书局1985年版。

而不称其名"。《旧五代史》却直书其父张颖"性下急峻刻,不容人之小过,虽左右亲信,亦皆怨之。部曲曹澄有处女,颖逼而娶之"。赵延寿之子赵廷赞仕宋为卢、延等州节度使,而《赵延寿传》却不讳赵延寿背晋附辽节操低劣一事。符彦卿为北宋重臣兼皇亲国戚,《旧五代史》记其父符存审曾犯罪被判处死刑,因为善歌而得妓者救免。崔协之子崔颂仕宋,官至左谏议大夫,《崔协传》不讳崔协父崔彦融"行止鄙杂",崔协"高谈虚论,多不近理,时人以为虚有其表",称为"没字碑"。史弘肇弟史福在宋初历诸卫将军,宋初执政大臣李崇矩为史弘肇之亲吏,与史弘肇关系密切,《史弘肇传》并不因此而对史弘肇的暴虐凶横有所隐讳。王继弘之子王永昌曾为相州节度使高唐英部将,仕宋为内诸司使,《王继弘传》亦据实载高唐英待王氏父子亲厚,王继弘却杀害高唐英自求富贵,称"吾侪小人也,若不因利乘便,以求富贵,毕世以来,未可得志也"①。尹晖子尹勋仕宋为防御使,而《尹晖传》不讳其反戈推戴唐末帝之事,直斥其非义士所为。如此等等,"足见其直笔,不以同官而稍有瞻拘也"②。

对于《旧五代史》的"秉笔直书",陶懋炳认为,"这不是作者们不畏权势,也不是他们蓄意贬抑,而是有其更重要的原因。细考《薛史》,所揭露者多是方镇,盖五代文士多受凌辱于武夫,不但施以种种虐待,甚至任情杀戮,残酷无伦"。北宋开国后,"文人地位的提高使得他们对方镇的一腔怨愤得以释放,这也适应了当时宋初剪除方镇的需要"。③ 这一论断值得重视,也在一定程度上反映了"崇文"的大环境对修史的深刻影响。

在宋初"崇文"的大气候下,无论是由"五代"入宋的"前朝文人",还是后蜀、南唐、吴越等与宋并立(甚至敌对)的"异国文化",

---

① (宋)薛居正:《旧五代史》卷129《张颖传》、卷58《崔协传》、卷125《王继弘传》。
② (清)赵翼:《廿二史札记》卷21"薛史亦有直笔",中华书局1984年版。
③ 陶懋炳:《新旧〈五代史〉评议》,《史学史研究》1987年第2期。

都得到了应有的礼遇与发展,文化根脉没有因政治风云的突变出现破坏与断裂。有学者指出,这是一种非常重要的文化延续和文化重塑,"形成后蜀、南唐等先进、成熟的文化地区,向汴京方面的输出,加速中央与地方融合的步伐"①。在这种融合中,文学作为文化的重要表现形式,在宋初取得了长足的进步,其中以散文、小说和词表现得尤为突出。

先看宋初的散文。范仲淹论及宋代散文的发展时说:

> 予观尧典舜歌而下,文章之作,醇醨迭变,代无穷乎。惟抑末扬本,去郑复雅,左右圣人之道者难之。近则唐贞元、元和之间,韩退之主盟于文,而古道最盛。懿、僖以降,寖及五代,其体薄弱。皇朝柳仲涂起而麾之,髦俊率从焉。仲涂门人能师经探道,有文于天下者多矣。②

文中所言柳仲涂即柳开,范仲淹视其为北宋散文的开创者。

柳开(947—1000),大名(今河北大名)人。原名肩愈,字绍先(一作绍元),后改名开,字仲涂,号东郊野夫、补亡先生,因官至如京使,世称柳如京。其父柳承翰,为太祖乾德初年监察御史。柳开本人是开宝六年(973)进士,与宋准、索湘同榜。柳开早年即有"文名",但开宝六年的进士考试却意外落榜。恰有落榜举子认为主考官舞弊击鼓上诉,宋太祖遂亲自主持重考(并以此为契机确立了殿试制度),柳开因此得中进士。他后来曾详细记录过当年宋太祖确立殿试的前因后果,对于自己最终通过首次"殿试"而成为本榜进士而深感荣幸。③ 入仕后,柳开历任宋州司寇参军,擢右赞善大夫,知常州、润州,拜监察御史、殿中侍御史。他在文学上推崇韩愈、柳宗元的散文,以复兴儒学道统、述作经典自命,影响和带

---

① 赵雨乐:《从寺院到市集:析唐宋时期的相国寺》,载张其凡、范立舟主编:《宋代历史文化研究(续编)》,人民出版社2003年版,第205页。
② (宋)范仲淹:《尹师鲁〈河南集〉序》,《全宋文》第18册。
③ (宋)柳开:《柳河东先生集》卷8《与郑景宗书》。

动了一批散文作家。所谓"建隆、雍熙之间其文伟",就是这一群体创作成果的直接表现。

柳开"以当世大儒从事古学(古文)"①,认为"儒之教,防乱也"②,作文章以韩愈为"宗尚",主张"文以载道"。这与宋初尊儒崇文、根除社会动乱的政治需求是一致的。如在《东郊野夫传》这篇文章中,他集中阐述了其君子资质与儒学修养的关系;《上言时政表》、《与张员外书》则阐发了儒学的修齐治平之道;《来贤亭记》、《上大名府王祐学士书》表达了宋初知识群体的共同理想:"欲举天下之人与吾同道者,悉相识而相知",共讲"君子笃道而育道,怀仁而合义";《代王昭君谢汉帝疏》更是一篇借古言今的散文佳作,表达了宋初青年知识精英"安国家,定社稷,息兵戈,静边戍"的壮志。与这篇散文并美的是他的一首名诗《塞上曲》:"鸣骹直上一千尺,天静无风声更干。碧眼胡儿三百骑,尽提金勒向云看。"这是一首极具画面感的好诗:塞上草原,天静无风,忽听半天里一声响箭,行军中的骑兵人人勒马仰视,机警矫健,英气逼人。这首诗在宋初传颂一时,"宋人盛称之,好事者多图于屏障"。③ 柳开是一位朝气勃勃的青年学者,他的诗像图画,而他的一些散文则更像诗,朗朗上口,流走如珠,如"解人患在深,解己患在浅"、"兵败如鼠,兵胜如虎"④等等。

时人对柳开的评价是,"拯五代之横流,扶百世之大教,续韩、孟而助周、孔……破昏荡疑,拒邪归正,学者宗信,以仰以赖","尚气自任,不顾小节,所交皆一时豪隽"⑤,从而引领和影响了宋初文

---

① (宋)陈亮:《龙川文集》卷11《变文法》,中华书局1985年版。
② (宋)柳开:《柳河东先生集》卷1《默书》。
③ 柳开的这首诗仅见于宋人江少虞所辑《宋朝事实类苑》卷35所引《倦游杂录》,柳开的诗文集中未收录。《倦游杂录》和明代的《升庵诗话》中还记载此诗"多图于屏障"(参见傅璇琮、倪其心、许逸民编:《宋人绝句选》,齐鲁书社1987年版,第1—2页)。
④ (宋)柳开:《柳河东先生集》卷1《默书》。
⑤ 《宋史》卷440《柳开传》。

坛。《宋史》则谓:"自五代文敝,国初柳开始为古文,其后杨亿、刘筠尚声偶之辞,天下学者靡然从之。"①这足以判定柳开在宋代文学史上的地位。

宋初与柳开同朝的老一辈文人,多为"前朝"旧臣或"他国"名流,如徐铉、陶穀、张昭、张洎、李昉、李至、宋白、吴淑等,他们在宋太祖"崇文"政策下皆得任用:或置之馆阁,或执掌文柄,成为宋代文学的奠基者。这些人大都担任过翰林学士,曾长期任职于宫廷,五代文风的熏染和辞臣职责的修炼使他们无一不精于骈体。入宋之后,"崇文"时风带来的礼遇使他们保持了显赫的政治地位,自身的修养加之奖掖后进的品德,又使得他们具有较强的号召力和凝聚力,团结、吸引并培养了一批追随者,形成了宋代散文发展史上的第一个流派——五代派。之所以被称为"五代派",原因主要体现在两个方面:一是作家多为五代旧人,二是作品沿用五代体式。②

"五代派"的散文,以致力教化为宗,主张以充实的内容为基础,辞采与艺术应是作家学养的自然流露。如徐铉认为做文章须"敦主泽、达下情,不悖圣人之道,以成天下之务","至于格高气逸,词约义微,音韵调畅,华采繁缛,皆其余力也";在强调内容的同时,肯定了音韵、华采的自然合理性,由此提出了"丽而有气,富而体要,学深而不僻,调律而不浮"、"词赡而理胜"③的为文原则。

"五代派"的重要作家都是宿学硕儒,因此在宋初颇得礼遇。如陶穀嗜学强记,博通经史,诸子佛老,咸所总览,太祖虽然对他的行事风格不无微词,但也不得不承认其文才实属一流;张昭家藏万

---

① 《宋史》卷442《穆修传》。
② "五代派"之概念及其详细论述,参见杨庆存:《论北宋前期散文的流派与发展》,《文学遗产》1995年第2期。
③ 徐铉:《骑省集》卷23《故兵部侍郎王公集序》、《广陵刘生赋集序》,文渊阁四库全书本。

卷，博通学术，书无不读，尤好纂述，在乾德初即拜吏部尚书，宋太祖平岭南，献俘之礼皆由他口授于病榻；张洎少有俊才，博通儒家经典，兼及禅寂之理，入宋前曾力劝李煜不降，太祖赞叹其忠君，礼拜为太子中允；宋白则是太祖开国第二年的进士甲科，因学问宏富而被推为"时彦宗师"……这些作家因学养深厚，故为文英华外溢，自然流丽，如陶穀《太祖登极赦》：

> ……汤武革命，发大号以顺人；唐汉开基，因始封而建国。宜国号大宋，改周显德七年为建隆元年。乘时抚运，既协于歌谣；及物推恩，宜周于华夏。可大赦天下，应正月五日昧爽以前，天下罪人所犯罪已结正、未结正、已发觉、未发觉、罪无轻重常赦所不原者，咸赦除之。应贬降责授及勒停等官，并与恩泽。诸配徒役男子女人等，并放逐便。其内外马步兵士，各与等第优给。诸军内有请分料钱者，特与加等第添给。中外见任前任职官，并与加恩。文武升朝官、内诸司使、副使、禁军都指挥使以上及诸道行军司马、节度副使、藩方马步军都指挥使，应父母妻未有官及未曾叙封者，并与恩泽；亡父母未曾封赠者，并与封赠。诸处逃亡军都限赦到百日内，仰于所在陈首，并与放罪，依旧军分收管。如出百日不来自首者，复罪如初。念彼愚民或行奸盗，属兹解网，咸许自新。诸军有草寇处，仰所在州府及巡检使臣，晓谕招唤，若愿在军食粮者，并与衣粮；如愿归农者，亦听取便。於戏！革故鼎新，皇祚初膺于景命；变家为国，鸿恩宜被于寰区。

起首仅二十个字，就把宋王朝的建立与"汤武革命"和"汉唐开基"关联起来，气象正大，文辞雄劲。文章主体虽然多为事务性的安排，但语势伟俊，疏密自洽，行文中有一种充沛的力量流贯其中；如言"天下罪人"时，谓"所犯罪已结正、未结正、已发觉、未发觉、罪无轻重常赦所不原者，咸赦除之"，用语细密，递进有力；而言"官员恩赏"时，仅"贬降责授及勒停等官，并与恩泽"一句话，尤为疏朗明达。又如张昭《请尊师傅讲论经义疏》：

> 臣闻江海不让于细流，所以成其大；山岳不让其撮土，所以成其高；王者不倦昌言，所以成其圣。臣历观前代乃至近朝，遍阅圣君无不好学。故楚灵王军中决胜，不忘倚相之书；汉高祖马上争衡，犹听陆生之说。

其构思严整，气韵通达，征史用喻，流畅自然。其他如李昉《黄帝庙碑序》、张洎《论北方兵事奏》等，均大气伟岸，辞采斐然，甚见"五代派"风格。应该说，五代派这种"伟岸"风格的出现，最重要的一个原因，就是宋初出现了一位立志统一、振兴文治的皇帝，而这位皇帝"以神武基王业，以文治兴斯文"的姿态，直接或间接地唤起了这些五代旧臣的担当意识和责任感。①

与"五代派"并重的是"他国"名流，代表性人物为徐铉。

徐铉曾为南唐翰林学士，三任知制诰，两拜中书，入宋特授直翰林院，拜给事中侍从。这是一位思维敏捷、下笔立成，却又懿文茂学，功力老成的文章大家，"虽丝篁金石无以均其雅，黼黻玄黄不足方其丽"②，时人推为"今世儒宗"、"后进宗师"、"文章之伯"。徐铉的散文一是重视儒家传统，"文以载道"的风格极其明显，如《洪州华山胡氏书堂记》，开篇即言"士君子承积善之庆，服圣人之道。治身修心，义之本也，风行于家，德之充也，教被于俗，仁之周也"；《质论》十四篇，人称"极刑政之要，尽君臣之际"。二是学术与文采并重，如《重修说文序》缕述文字的发展演变及重修《说文》的意义，博雅雄赡；《上说文解字表》中以"伏以振发人文，兴崇古道，考遗编于鲁壁，缉蠹简于羽陵，载穆皇风，允符昌运"为议论主线，阐释了宋初"振发人文"与文化复兴的关联，也是对宋太祖文化政策的一种肯定。

---

① 参见杨庆存：《宋代文学论稿》，复旦大学出版社2007年版，第53—54页。
② （宋）徐铉：《徐公文集·序》。

关于徐铉对宋代文化的其他贡献，以及他与宋太祖的关系，还可以多说几句。徐铉精小学，工书法，善写李斯小篆，能臻其妙，隶书亦工，与弟徐锴合称"二徐"。可惜的是，当年徐铉作为南唐使者出使北宋时，徐锴担心哥哥的安危，竟忧惧而卒。但徐氏兄弟对《说文》的共同研究，却为后来宋代的文字学与金石学起到了奠基作用：

> 徐锴，字楚金，铉弟，仕南唐内史舍人，因铉奉使入宋，忧惧而卒。锴亦善篆书，以许慎《说文》依四声谱次为十卷，目曰《说文解字韵谱》，铉序其首。锴又集《通释》四十篇，畅许氏之玄旨，正阳冰之新义，皆《说文》之羽翼也。①

徐铉要比弟弟徐锴幸运很多。他入宋后不但获得了很高的政治地位，而且赶上了"崇文"的大环境，这使得他在文学创作和古文字学研究方面都取得了非凡的成就。宋太祖去世后的第十个年头，徐铉校定的《说文解字》以全新的版本刊行，奠定了"说文学"在中国传统文化中的崇高地位。当时与徐铉共同编纂《说文》的句中正、孙逢吉，则是由后蜀入宋后受到优待和重用的古文字学家，他们在太祖朝工作长达十年之久。②

太祖重用徐铉，除敬重其学问之外，还有一个重要的原因，就是激赏他的忠臣品格。前面说到过，开宝七年(974)，宋太祖令大将曹彬伐南唐，徐铉曾于次年十月和十一月两次奉命使宋觐见太祖，以争取缓兵机会。没想到素以文名和口才著称的徐铉，却败在了宋太祖的帝王术下。但徐铉的忠诚和倔强，也给宋太祖留下了很深的印象。南唐亡后，徐铉随李煜以俘虏之身再次见到了宋太祖，也再次表现出强硬的骨气：

> 徐铉从煜至京师，帝责以不早劝煜归朝，声色俱厉。铉对

---

① （元）陶宗仪：《书史会要》卷6，上海书店1984年版。
② 《宋史》卷441《句中正传》。

曰:"臣为江南大臣。国灭,罪固当死,不当问其他。"帝曰:"忠臣也,事我当如李氏。"赐坐,慰抚之。

对徐铉的重用,与宋初的崇儒右文、重建政治纲纪的文化追求是一致的。对宋太祖来说,徐铉正是一个文人的典范。美国学者包弼德指出:"他(徐铉)曾是好尚文雅和文学的南唐朝廷中最有影响的大臣,他长期宣扬文学之学的价值……他描绘了这样一个社会:统治者与被统治者之间的政治联系,将通过对价值观和有说服力的文学表达来建立……他得出结论说,以文取士是选拔官员、宣扬国家的价值标准的最好方式。"[①]很明显,徐铉对"文"与"文治"的见解,十分符合宋太祖尊儒崇文、追求文治的政治需求。应该说,正是宋太祖和柳开、徐铉等散文家对"文以载道"的共同追求,造就了宋初的"文章"之"伟"。

第二节 词与小说

"词"在太祖时期也受到应有的关注。

词,是在五言、七言律诗和民歌的基础上,与乐曲配合而形成的一种依谱填字的新诗体,又称为"曲子词"、"曲子"、"倚声"、"小令"或"长短句"等。这种新诗体虽源于古乐府,但作为一种独立的文学体裁,则始于隋唐,到五代时期,小令词已经趋于成熟。五代词在地域上有两个中心,一为西蜀,一为南唐。西蜀有词史上最早的集子《花间集》,但南唐以李煜、冯延巳等为代表的词人成就则更高,如王国维评价李煜说:"词至李后主而眼界始大,感慨遂深,遂变伶工之词为士大夫之词。"[②]就美学特征而言,历来有"词善言情"、"诗庄词媚"的说法,其婉约妩媚、多情乃至色情的特

[①] [美]包弼德:《斯文:唐宋思想的转型》,刘宁译,江苏人民出版社2001年版,第163—164页。

[②] 王国维:《人间词话》,上海古籍出版社1998年版,第5页。

点,在词的早期发展中尤为明显。所以,唐末五代宋初的"曲子词"中,多见花前月下、酒余梦后,以及男欢女爱。正因如此,一般正统士大夫对于这种"伶工之词"是持排斥态度的,认为其难登大雅之堂。

宋太祖却对这种"伶工之词"的态度比较包容,他至少有三次谈到"词"。

其一为陈师道《后山诗话》所载,吴越王钱俶来朝,在欢迎宴会上,钱俶配着宴会的乐曲,吟咏了一首十分婉约妩媚的"情脉脉",宋太祖听完这首"曲子词"后,马上猜中了钱俶的心思:

> 吴越后王来朝,太祖为置宴,出内妓弹琵琶。王献词曰:"金凤欲飞遭掣搦,情脉脉,看取玉楼云雨隔。"太祖起,拊其背曰:"誓不杀钱王。"

其二为《宋史》卷四七九所载,太祖因喜好蜀中"曲子词",故常召原后蜀著名的花间派词人欧阳炯进见:

> 迥(《宋史》作"欧阳迥")性坦率,无检操,雅善长笛。太祖常召于偏殿,令奏数曲。御史中丞刘温叟闻之,叩殿门求见,谏曰:"禁署之职,典司诰命,不可作伶人之事。"上曰:"朕尝闻孟昶君臣溺于声乐,迥至宰司尚习此技,故为我所擒。所以召迥,欲验言者之不诬也。"

其三,北宋蔡絛《西清诗话》卷中,记叙了宋太祖对李煜词作所发表的见解和感慨:

> 南唐后主,围城中作长短句,未就而城破:"樱桃落尽春归去,蝶翻金粉双飞。子规啼月小楼西。曲栏金箔,惆怅卷金泥。门巷寂寥人去后,望残烟草低迷。"余尝见残稿,点染晦昧,心方危窘,不在书耳。艺祖云:"李煜若以作诗工夫治国事,岂为吾虏也。"

这三条记载,说明宋太祖对"词"有广泛的接触,也有他个人的理解和看法。总的说来,他对这种"伶工之词"是了解和包容的,似乎还有一些期许。希望"词"的创作不要一味沉溺于花前月下、酒余梦后,期待在"曲子词"的靡靡之音外听到一些更严肃、更重大、更深沉的内容。

"唐诗、宋词、元曲、明清小说"序列中的"宋词",无疑代表了宋代文学的最高成就。南唐、后蜀是宋词发展的两大源头,宋初太祖对"词"的这种包容和期许,使得南唐、后蜀的一众词人沐浴到新王朝的阳光,让他们成为宋代词坛的首批领军人物。

先看蜀中欧阳炯、鹿虔扆这两位代表人物。

欧阳炯(896—971),益州华阳(今四川成都)人,历经前、后蜀而入宋,累官至门下侍郎、兼户部尚书、同平章事、左散骑常侍,是宋太祖经常召见的文臣之一。其平生好文学、工诗词,其词多载于《花间集》,以《花间集序》最为有名,其中的"愁苦之音易好,欢愉之辞难工",被公认为是专文论词的先声,学术界一般据此立论,认为"欧阳炯作的《花间集序》标志着传统词体观念的形成。自此,长短句的形式、男欢女爱的内容、软媚艳丽的风格、歌筵舞席以佐娱乐,遂构成对这种新兴音乐文体的体性观念"[1]。欧阳炯以"短词"著称,多写风土人情、闺女怨男,朴俚兼具,抑且隽而有致。其《江城子》一阕云:"晚日金陵岸草平,落霞明,水无情。六代繁华,暗逐逝波声。空有姑苏台上月,如西子镜,照江城。"[2]伤今怀古,气象高远,为后世词家所称许。

鹿虔扆,生卒年不详。后蜀进士,曾为永泰军节度使,进检校太尉,加太保,蜀亡后"抗志高节",不仕宋朝,但未受到任何政治迫害,宋朝开国后的第八个年头(968)仍然在世。《古今词话》引元代倪瓒评价鹿氏之词说:"鹿公抗志高节,偶尔寄情倚声,而曲折尽变,有无限感慨淋漓处。"李冰若《栩庄漫记》则说:"鹿太保词

---

[1] 参见谢桃坊:《中国词学史》,四川人民出版社2015年版,第26页。
[2] (后蜀)赵崇祚编:《花间集》,浙江古籍出版社2013年版,第258页。

不多见,其在《花间集》中者约有二重风格,一为沉痛苍凉之词,一为秀美疏朗之词。不唯人品之高,其词格亦高;由此可知,虽处变乱之世,人格高尚者终有以自离。词虽小道,亦可表现之也。"①

再看一下南唐后主李煜在宋初的词。

南唐地区是五代、宋初文化最发达的区域。马令《南唐书》卷二十三《归明传下》说:

> 南唐跨有江淮,鸠集典坟,特置学官,滨秦淮,开国子监,复有庐山国学,其徒各不下数百,所统州县,往往有学……皇朝初离五代之后,诏学官训校九经,而祭酒孔维、检讨杜镐,苦于讹舛。及得金陵藏书十余万卷,分布三馆及学士舍人院,其书多雠校精审,编秩完具,与诸国本不类。

"鸠集典坟"、"藏书十余万卷"云云,从宏观上展示了南唐的文化底蕴。具体到李煜的词,则如李清照《词论》所说:"五代干戈,四海瓜分豆剖,斯文道熄,独江南李氏君臣尚文雅。"②

南唐是南方大国,与宋王朝整整对峙了十六年。开宝八年(975)灭南唐后,宋太祖对李煜这位文人皇帝施以尊重、保全的政策,这与三年后宋太宗毒杀李煜的做法形成鲜明对比。更为关键的是,入宋三年的生活使李煜的词风发生了巨大的转变,留下了文化价值最高的词作:"春花秋月何时了,往事知多少。小楼昨夜又东风,故国不堪回首月明中。雕栏玉砌应犹在,只是朱颜改。问君能有几多愁,恰似一江春水向东流。""独自莫凭栏,无限江山,别时容易见时难。流水落花春去也,天上人间。"正如王国维在《人间词话》中所评价的,"词至李后主而眼界始大,感慨遂深,遂变伶工之词而为士大夫之词。"

五代十国词人的创作,尤其是李煜、鹿虔扆、欧阳炯等第一流

---

① 史双元:《唐五代词纪事会评》,黄山书社1995年版,第899—900页。
② (宋)胡仔纂,廖德明校点:《苕溪渔隐丛话后集》卷33,人民文学出版社1962年版,第254页。

的词人在宋初的创作,为宋词的兴盛播下了种子,而所有这些,都与宋太祖对五代十国,尤其是对南唐、后蜀降王和文人的礼遇有着不可分割的关系。王夫之曾高度评价宋太祖对降王之厚遇:

> 李煜、孟昶、刘𬬮以降王而享国封,受宾恪之礼,非其所应得者也,宋之厚也。迹其先世,无积累之功,无巩固之守,存乎蓬艾之间,偷以自王,不足以当白马之淫威久矣。其降为皂隶,可无余憾。而优渥之礼加乎其身,故曰:宋之厚也……仁有不可施,义有不可袭,必如宋祖之优处降王,而后可曰忠厚。①

另外一个需要多说几句的问题是,宋太祖对"词"的推动,不仅仅局限于他对李煜、欧阳炯等词人的优待和宽厚,甚至也不局限于宋初"崇文"的政策环境。更重要的是,他本人对"词"也有独到的认识和期待。

宋词在今天被认为是宋代文学的重要成果,被看作是精致典雅、学养渊深的赵宋文化的缩影,在文学史上与唐诗并称。但在历史上却并非如此,由于"词的社会功能最初是为了娱乐消遣,侑酒助觞,它又充当着抒写幽约隐微的个人情愫的载体,这都与儒家'言志''载道'的文学要求异辙殊途。"②尤其是五代宋初的词,是"各类文体中地位极低的一种",其表现内容充斥着市井欢娱和放肆的情欲描写,前者如后蜀毛文锡《甘州遍·春光好》:"春光好,公子爱闲游。足风流。金鞍白马,雕弓宝剑,红缨锦襜出长楸。花蔽膝,玉衔头。寻芳逐胜欢宴,丝竹不曾休。美人唱,揭调是甘州。醉红楼。尧年舜日,乐圣永无忧。"后者如欧阳炯《浣溪沙》:"相见休言有泪珠,酒阑重得叙欢娱,凤屏鸳枕宿金铺。兰麝细香闻喘息,绮罗纤缕见肌肤。此时还恨薄情无。"清代况周颐的《蕙风词

---

① (清)王夫之:《宋论》卷1《太祖》,中华书局1964年版。
② 王水照:《"祖宗家法"的"近代"指向与文学中的淑世精神》,《王水照自选集》,上海教育出版社2000年版,第17页。

话》就评价欧阳炯此词说:"自有艳词以来,殆莫艳于此矣。"

从前面我们讨论的三条记载看,宋太祖对这些词应该是熟知的,他与欧阳炯有过"秉烛论词"的深度接触,对词的这种酒余梦后、花前月下的特点也有准确的理解和批评。但这种批评并未发展为钳制、排斥的文化政策,这是十分重要的。因为,即便是在"花蔽膝"、"醉红楼"、"足风流"这些十分艳情的词作当中,也包含着词人对理想政治和社会欢乐的解释——"尧年舜日,乐圣永无忧"。"尧年舜日",正是儒家描绘的理想社会,是士大夫追慕的富足、安定,当然也是闲适、欢乐、愉悦的社会。所以,重要的不是排斥和否定"曲子词"的存在,而是如何在享乐主义的艳情小曲中,注入"欢乐颂"式的宏大声响,这才是令人期待的。因而,在宋太祖看来,仅仅是花前月下的景致、酒余梦后的意趣,是有些缺憾的。他对李煜的评论"若以作诗词工夫治国事,岂为吾虏也",既是第一流政治家对第一流词家的认同与赞许,似乎也是对词的一种认真思考和朦胧期待:"词"是否可以有更宏大的主题?"词"作为儒家"斯文"不灭的载体,是否应当有助于"文治"的政治理想?这种伴随着批评和期许的暗示,为宋词发展提供了一个隐约的方向,使"宋人颇为强烈的儒家重教化的文学思想,渗透到了与封建伦理相违拗的词学领域","词从自娱娱人的功能转向力图有益于世道人心、道德教化,从内心世界的低回抒写转向对社会世间的一定关注"[①]。北宋中期,"豪放派"词风的形成,正是沿着这个方向发展形成的一个文化高峰。从此,"婉约派"与"豪放派"双峰并峙,成就了宋词的蔚然大观。

沐浴着同样的文化氛围,宋初的小说创作也得到了明显发展。北宋前期,由后蜀入宋的耿焕(作《野人闲话》、《牧竖闲

---

① 王水照:《"祖宗家法"的"近代"指向与文学中的淑世精神》,《王水照自选集》,上海教育出版社2000年版,第20页。

谈》)、黄休复(作《茅亭客话》)、勾延庆(作《锦里耆旧传》),由南唐入宋的吴淑(作《江淮异人录》、《秘阁闲谈》)、乐史(作《绿珠传》、《杨太真外传》等),以及由吴越入宋的陈纂(作《葆光录》),由马楚入宋的曹衍(作《湖湘神仙显异》、《湖湘灵怪实录》)等人都是宋初小说创作的"主力"。他们的作品大都是撷拾故国旧闻,间或记宋初事。北方秦再思《洛中纪异》、张齐贤《洛阳缙绅旧闻记》、张君房《乘异记》等也是这一时期重要的小说作品。太祖时期这些小说的作者们"处在改朝换代之际,因而作品中多有用天命观探究兴亡的内容,特别地颂美宋朝上应天命"①。同时,由于宽松的文化环境,故而作品中有关被宋朝所灭的那些"亡国之君"的正面描写,也并不犯忌。对后蜀国主孟昶的描写就是一个显例。在蜀人的小说中,关于"蜀中百姓富庶"、"蜀中久安,赋役俱省"、"边境不耸,国内阜安"、"时平俗阜"、"边陲无扰,百姓丰肥"②的描写并不鲜见,这与孟昶的治理自然是分不开的。《野人闲话》中曾对孟昶的治绩有过这样的赞美:

> 蜀后主孟氏,讳昶,字保元,尊号睿文英武仁圣明孝皇帝,道号玉霄子。承高祖纂业,性多明敏,以孝慈仁义,在位三纪已来,尊儒尚学,贵农贱商。
>
> 初用赵季良、毋昭裔知政事,李仁罕、赵廷隐等分主兵权,李昊、徐光浦掌笺檄,王处回为枢要。无何,政教壅滞,恩泽杂遝,一旦赫怒,诛权臣张业,出王处回,自命二相(李昊、徐光浦),开献纳院,创贡举场。不十余年,山西潭隐者俱起,肃肃多士,赳赳武夫,亦一方之盛事。
>
> 城内人生三十岁有不识米麦之苗者。每春三月、夏四月,有游浣花香锦浦者,歌乐掀天,珠翠阗咽,贵门公子,乘彩舫游

---

① 李剑国:《宋代志怪传奇叙录》前言,南开大学出版社1997年版,第10页。
② (宋)勾延庆:《锦里耆旧传》卷3,《全宋笔记》第1编第5册。《锦里耆旧传》这篇小说完成于宋太祖开宝六年,作者勾延庆曾为后蜀荣州应灵县令。

> 百花潭,穷奢极丽。诸王功臣已下,皆置林亭异果名花,小类神仙之境。兵部王尚书珪题亭子诗,其一联曰:"十字水中分岛屿,数重花外见楼台",皆此类也。
>
> 自大军(指宋军)收复,蜀主知运数有归,寻即纳款,识者闻之嘉叹。
>
> 蜀主能文章,好博览,知兴亡,有诗才。尝为箴诫颁诸字人,各令刊刻于坐隅,谓之《颁令箴》曰:"朕念赤子,旰食宵衣。托之令长,抚养惠绥。政在三异,道在七丝。驱鸡为理,留犊为规。宽猛得所,风俗可移。无令侵削,无使疮痍。下民易虐,上天难欺。赋与是切,军国是资。朕之赏爵,固不逾时。尔俸尔禄,民膏民脂。为民父母,莫不仁慈。勉尔为诫,体朕深私。"①

在这里,孟昶俨然一位治国有方、爱民如子的国君形象。《野人闲话》成书于乾德三年(965),此时后蜀灭亡不久,反映了蜀地遗民对"故主"的感情。在另一篇宋代的小说中,还描写了孟昶被俘虏北上时,"昶之行,万民拥道,哭声动地。昶以袂掩面而哭。自二江至眉州,沿路百姓恸绝者数百人"②。我们知道,北宋官方是将孟昶视为昏君典型的,其中的一个重要例证就是用多种珠宝装饰便溺器,即"七宝溺器"。但此事"仅见于体现宋朝朝廷立场的官方或半官方著述",如《两朝国史》、石介《三朝圣政录》、欧阳修《新五代史》等,而"并不见于反映蜀地民众意志的地方史乘",如张唐英的小说《蜀梼杌》、勾延庆的小说《锦里耆旧传》,甚至连《旧五代史》也没有孟昶"七宝溺器"一事。③ 姑且不论是何种原因出现这样的记载差异,但描述孟昶形象的正、负面文字皆得以存留下

---

① (宋)王明清:《挥麈后录·馀话》卷1。
② (宋)张唐英:《蜀梼杌》卷下。
③ 参见张邦炜:《昏君乎?明君乎?——孟昶形象问题的史源学思考》,《四川师范大学学报》2009年第1期。

来,至少说明当时的文化环境是宽松的。

宋太祖去世后的第三年,即太平兴国三年(978),大型小说笔记类书《太平广记》编成,这是"中国文言小说史上的大事",生活在太祖朝的李昉、扈蒙、徐铉、吴淑都是主要编纂成员,虽然这部书当时没有刊行,直至南宋初才有刻本流传,但对宋代文人小说创作以及话本小说的影响是极为巨大的。自此以后,"北宋很快出现了一个小说创作热潮并一直持续到南宋势头有增无减,和它的影响也显然有关"[①]。

第三节 "气运兴隆"的画苑

比史学、文学更兴盛的,是宋初的绘画。宋初的史学、文学尽管有着较高的成就,但实际上二者发展的巅峰却是出现在开国之后一百年左右,其代表人物为司马光、欧阳修、苏轼、柳永、王安石等人。而绘画则不同,无论是山水画还是工笔画,在宋初俱臻巅峰。以山水画为例,元代著名的画史著作《画鉴》曰:

> 山水之为物,禀造化之秀。阴阳晦暝,晴雨寒暑,朝昏昼夜,随形改步,有无穷之趣。自非胸中丘壑汪洋如万顷波者,未易摹写。如六朝至唐初,画者虽多,笔法位置,深得古意,自王维、张璪、毕宏、郑虔之徒出,深造其理,五代荆、关又别出新意,一洗前习。迨于宋朝,董源、李成、范宽三家鼎立,前无古人,后无来者,山水格法始备。三家之下,各有入室弟子二三人,终不逮也。[②]

董源、李成、范宽都是由五代入宋的画艺宗师,代表了宋代乃至整个中国传统山水画的最高成就,"前无古人,后无来者"。故

[①] 李剑国:《古稗斗筲录——李剑国自选集》,南开大学出版社2004年版,第183页。
[②] (元)汤垕:《画鉴》,《丛书集成初编》本。

陈师曾在《中国绘画史》中断言:"宋初之山水画可称古今绝响","宋朝三百年之艺苑,自国初以来,气运兴隆,名手巨擘接踵辈出。"①

宋初画苑的"气运兴隆",一方面是传统画艺自身的推演所致,另一方面,又与宋初太祖、太宗所采取的文化政策有着直接的关系:

> 宋朝画艺之盛况过于唐朝,而帝室奖励画艺,优遇画家,亦无有及宋朝者。南唐李后主既已设画院,以待诏、祗候之官优待画人。及至宋朝,更扩张其规模,设翰林图画院,集天下之画人,因其才艺而授以待诏、祗候、艺学、画学正、学生、供奉等官秩,常令画纨扇进献,最良者令画宫殿寺观……蜀之后主孟昶、南唐之李煜相继归顺。此等君主所搜集之名画多归宋之御府,而其待诏、祗候亦招入宋之画院,故画院益见隆盛。郭忠恕及周之亡,乃召为国子监主簿。黄居寀、高文进父子由蜀,董羽由南唐,并来归宋,为翰林院待诏,其他为祗候、艺学等者甚多。②

宋初"帝室奖励画艺,优遇画家",主要是通过吸纳优秀画家进入皇家图画院的方式。宋太祖时,尚无隶属于翰林院的翰林图画院,而只有直接服务于皇帝的图画院。③ 图画院的画家主要有两个来源,一部分是自后蜀、南唐入宋的画家,另一部分是搜罗自流散于四方的中原画家。太祖通过此种方式,既笼络了绘画人才,又体现了其"兴文治"的治国方针。

细检宋代郭若虚《图画见闻志》,我们不难发现,宋初的著名

---

① 陈师曾:《中国绘画史》,1925年翰墨缘美术院出版,载陈辅国主编:《诸家中国美术史著选汇》重印本,吉林美术出版社1992年版,第40页。
② 陈师曾:《中国绘画史》,第40页。
③ 宋初建隆元年(960)即有"图画院"之名号,但中国绘画史上真正有建制可考的"翰林图画院",则创设于雍熙元年(984)。参见韩刚:《北宋翰林图画院制度渊源考论》,河北教育出版社2007年版,第20页。

画家大多源自南唐和后蜀。其中一些画家被宋太祖关注已久,"旧知其名",此外还有一些通过"观其画而知其名"的画家。这些画家大都充实到了皇家图画院。其中,来自南唐的有:

董羽,毗陵人。有邓艾之疾,语不能出,俗号董哑子。善画龙水、海鱼。始事江南为翰林待诏。既归朝,领真命,为图画院艺学。钟陵清凉寺,有李中主八分题名、李箫远草书、羽画海水,为三绝。

蔡润,钟陵人,工画船水。始随李主至阙下,隶八作司彩画匠人。后因画《舟车图》进上,上方知其名,遂补画院之职。后令画《楚王渡江图》,藏于内府。以上各有图轴传于世。

钟陵僧巨然,工画山水,笔墨秀润。善为烟岚气象、山川高旷之景。但林木非其所长。随李后主之阙下。学士院有画壁,兼有画轴传于世。

厉昭庆,建康丰城人,工画人物。事江南为翰林待诏,后随李后主至阙下,授图画院祗候。

徐熙,钟陵人,世为江南仕族。熙识度闲放,以高雅自任。善画花木禽鱼、蝉蝶蔬果,学穷造化,意出古今。徐铉云:"落墨为格,杂彩副之,迹与色不相隐映也。"又熙自撰《翠微堂记》云:"落笔之际,未尝以传色晕淡细碎为功。"此真无愧于前贤之作,当时已为难得。李后主爱重其迹,开宝末归朝,悉贡上宸廷,藏之秘府。亦有寒芦野鸭、花竹杂禽、鱼蟹草虫、蔬苗果瓜,并四时折枝等图传于世。徐崇矩、徐崇嗣,并熙之孙,善继先志,克著佳声。

来自后蜀的著名画家有黄筌和黄居寀父子,高文进和高怀节父子,以及勾龙爽、石恪、王道真和夏侯延祐等:

勾龙爽,蜀人,国初为翰林待诏。工画佛道人物,善为古体衣冠,精裁密致,亦一代之奇笔也。有《功德》并故事人物传于世。

赵长元，蜀人。工画佛道人物，兼工翎毛。初随蜀主至阙下，隶尚方彩画匠人。因于禁中墙壁画雉一只，上见之嘉赏，寻补图画院祗候。

高文进，从遇之子。工画佛道，曹、吴兼备。乾德乙丑岁，蜀平，至阙下。时太宗在潜邸，多访求名艺，文进遂往依焉。后以攀附授翰林待诏……又敕令访求民间图画，继蒙恩奖……今画院学者咸宗之，然曾未得其仿佛耳。

高怀节，文进长子。太宗朝为翰林待诏，颇有父风。尝与其父同画相国寺壁。兼长屋木，为人称爱也。

高怀宝，怀节之弟，工画花竹、翎毛、草虫、蔬果，颇臻精妙。与兄怀节同时入仕，为图画院祗候。高氏自道兴至二子，凡四世，皆以画进。虽曰艺成，然而不坠家声，赏延于世。可佳矣。

王道真，蜀郡新繁人。工画佛道人物，兼长屋木。太宗朝因高文进荐引，授图画院祗候。

夏侯延祐，蜀郡人。工画花竹翎毛，师黄筌，粗得其要。始事孟蜀为翰林待诏，既归朝，拜真命，为国画院艺学。各有图轴传于世。

袁仁厚，蜀人，早师李文才。乾德中至阙下，未久，还蜀。因求得前贤画样十余本持归。平居以画自适，终老乡间，蜀川亦有遗迹。

后蜀入宋画家中，黄筌和黄居寀父子是其中的佼佼者。黄筌（约903—965），字要叔，成都人。十七岁即以画艺供奉前蜀内廷，任翰林待诏，一生任前后蜀宫廷画师四十余年。其绘画题材涉猎广泛，尤精花鸟草虫。因长期供奉内廷，其画多见奇花异石、珍禽瑞鸟，笔法细致，色彩绚丽典雅。黄筌与徐熙被并称为"黄徐"，又有"黄筌富贵，徐熙野逸"之说。

乾德三年（965）蜀主孟昶降宋，黄筌携家人随孟昶一同到汴梁,受到宋太祖礼遇,然黄筌年事已高,不久病故。其长子居实、次子居宝皆有画名,尤其小儿子黄居寀能传承家法,供职于北宋画院,为北宋绘画发展做出了极大贡献。黄居寀"画艺敏赡,不让其父",所画"怪石山景"又"过其父远甚",因而深受太祖和太宗赏识。黄氏父子的绘画形式与格调,也成为宋初画院花鸟画创作的标杆,"自祖宗以来,为一时之标准",盛行达百年之久。以下两则史料,清楚写明了宋太祖与黄居寀的关系,以及黄氏画风在宋代的影响:

> 乾德乙丑岁,(黄居寀)随蜀主至阙下,太祖旧知其名,寻赐真命……居寀状太湖石尤过乃父。①

> 黄居寀字伯鸾,蜀人也,筌之季子。筌以画得名,居寀遂能世其家。作花竹翎毛妙得天真,写怪石山景往往过其父远甚。见者皆争售之,唯恐后。故居寀之画,得之者尤富。初事西蜀伪主孟昶,为翰林待诏,遂图画墙壁屏障,不可胜纪。既随伪主归阙下,艺祖知其名,寻赐真命。太宗尤加眷遇,仍委之搜访名画,诠定品目,一时等辈,莫不敛衽。筌、居寀画法,自祖宗以来,图画院为一时之标准,较艺者视黄氏体制为优劣去取。自崔白、崔悫、吴元瑜既出,其格遂大变。今御府所藏三百三十有二。②

宋初图画院在宋太祖对画家的热情搜罗和礼聘中不断充盈,史称:"图画院,四方召试者源源而来,多有不合而去者。盖一时所尚,专以形似,苟有自得,不免放逸,则谓不合法度,或无师承,故所作止众工之事,不能高也。"③其实高低与否,自是各花入各眼,但所谓"法度"、"师承"等,恰恰说明了图画院对于传统风格和技法的重视。宋初图画院集中了一大批来自五代十国的画家,他们

---

① (宋)郭若虚:《图画见闻志》卷4。
② (宋)佚名:《宣和画谱》卷17,上海人民美术出版社1963年版。
③ (宋)邓椿:《画继》卷10,人民美术出版社1983年版。

分别带来了不同地域的画风,最终融汇形成了以"皇家富贵"为审美标准的绘画风格,同时也在很大程度上推进了传统工笔花鸟画的继承和发展,这是值得肯定的。

与工笔花鸟画的繁荣发展相并行,五代至北宋初也是写意山水画的成熟阶段。宋初有"三家山水"之说,三家即陕西长安人关仝、山东营丘人李成和陕西华原人范宽。

关仝(约907—960),画山水早年师法荆浩,以表现关陕山川的雄伟气势为擅长,被称为关家山水。

李成(919—967),字咸熙,先世是唐代宗室,祖父于五代时避乱迁家至营丘(今山东青州),故又称李营丘。其山水画师承荆浩、关仝,后自成一家,善平远画法,气象萧疏,好用淡墨,画山石如云,后人称"卷云皴",画寒林创"蟹爪"法,对北宋山水画的发展影响极大,当时被誉为"古今第一",《宣和画谱》收录其作品159件。

范宽(生卒年不详),又名中正,字中立,约生于五代后汉乾祐年间,宋仁宗天圣年间(1023—1032)尚健在,是山水画形成期北方画派之主流画家。范宽主要活动于北宋前期,早年师从荆浩、李成,后感悟"与其师人,不若师诸造化",始有成就。其皴法为"雨点皴",亦称"芝麻皴",《宣和画谱》收录其作品58件。

上述三位山水画名家都由五代入宋,他们虽然没有加入皇家图画院,但他们的作品大都被皇家图画院收藏。如关仝,虽然只在宋初生活了一年,但他的画作被"御府"即皇家书画院收藏了94件之多。

五代至宋初,是中国古代绘画艺术史上的一个重要转折期,也是第一个高峰期,造就了世人共知的辉煌成就,形成了鲜明的特点:气度开阔、富丽堂皇的皇家气派,如黄居寀之"黄家富贵";注重写意、形神兼备的文人画风,如"徐熙野逸";师化自然,恢宏与细致并存的审美气韵,如李成、关仝、范宽的山水画,"智妙入神,才高出类",为"百代标程"。①

宋初绘画的成就,与当时"崇文"、"文治"的大环境有关,与宋太祖对画家的尊重更是密不可分。宋太祖本人酷爱书画,称帝前曾命画师为他作"写真",对许多画家,包括远在南唐、后蜀的画家的艺术成就都有了解,对一些优秀画家的命运也很关心:

> 王霭,京师人。工画佛道人物,长于写貌,五代间以画闻。晋末与王仁寿皆为契丹所掠,太祖受禅放还,授图画院祇候。遂使江表,潜写宋齐丘、韩熙载、林仁肇真。称旨,改翰林待诏。今定力院太祖御容、梁祖真像,皆霭笔也(太祖御容潜龙日写,后改装中央服矣)。②

大致说来,宋初的画家可分为两大类。一类是如王霭等一大批与皇室关系密切的优秀画家,他们大都在皇家图画院中任职,是当时的主流画家。另外一类优秀画家,则始终坚持特立独行的风格,甚至拒绝到京城任职,但他们的个性和艺术创作同样受到了尊重。如李成,"气调不凡,而磊落有大志"③,他在太祖朝生活了近十年,坚持不入皇家画院;有富豪欲招揽他,他说:"吾儒者,粗识去就,性爱山水,弄笔自适耳,岂能奔走豪士之门,与工技同处哉!"④这样的性格,在宋初未曾受到任何压抑,自然成就了一代宗师。

与李成行事风格相近的另一位画家是石恪:

> 石恪,蜀人。性滑稽,有口辩。工画佛道人物。始师张南本,后笔墨纵逸,不专规矩。蜀平,至阙下,尝被旨画相国寺壁,授以画院之职,不就,坚请还蜀,诏许之。恪不乐都下风

---

① (宋)郭若虚:《图画见闻志》卷1,参见金维诺:《北宋时期的绘画史籍》,《美术研究》1979年第3期。
② (宋)郭若虚:《图画见闻志》卷3。
③ 《宣和画谱》。
④ (宋)刘道醇:《圣朝名画评》卷2"山水林木门第二",湖南美术出版社1999年版。

物,颇有讥诮杂言,或播人口。有《唐贤像》《五丁开山》《巨灵擘太华》《新罗人角力》等图传于世。①

> 恪性不羁,滑稽玩世,故画笔豪放,出入绳墨之外而不失其奇。所作形相或丑怪奇倔以示变,水府官吏或系鱼蟹于腰目,以侮观者。顷见恪所作《翁媪尝醋图》,塞鼻撮口,以明其酸。又尝见恪所作《鬼百戏图》,钟馗夫妇,对案置酒,供张果肴,乃执事左右,皆述其情态。前有大小鬼数十,合乐呈伎俩,曲尽其妙。②

石恪公开拒绝了宋太祖的聘任,其"玩世不羁"的个性和"怪诞"的画风则愈加张扬:"所作人物的诡形殊状,全是玩世佯狂的表现。历史、社会风尚、士林、蛮夷、释道、鬼神、星卜等,都是他的绘画题材。"日本京都正法寺收藏有他的《二祖调心图》,"用笔如斩钉截铁,坚劲无以复加。一种讥刺的精神,特别是促人注意"③。石恪的种种"佯狂"与"讥刺"能够淋漓尽致于当时,足以看出宋初文化环境的宽伟和文化土壤的温润。

第四节 "香孩儿"与建隆观:宗教

皇帝的生日是国家法定节日,④宋太祖的生日被称为长春节。

---

① (宋)郭若虚:《图画见闻志》卷3。
② (宋)李廌:《德隅斋画品》,中华书局1985年版。
③ 参见滕固:《唐宋绘画史》,1933年神州国光社出版,载陈辅国主编:《诸家中国美术史著选汇》重印本,吉林美术出版社1992年版,第1019页。石恪的《二祖调心图》,一说收藏于日本京都智积院。参见童书业:《童书业说画》,上海古籍出版社1999年版,第202页。
④ 以本朝皇帝的生日作为国家法定节日的习俗起于唐玄宗时期,据《唐会要》卷29"节日"载:"开元十七年八月五日,左丞相源乾曜、右丞相张说等上奏,请以是日(即李隆基之生日)为千秋节,著之甲令,布于天下。"此后历代帝王引为成例。因皇帝的生日不同,故该节日的称谓也不同,北宋有九位皇帝,生日依次被称为:长春节、乾明节、承天节、乾元节、寿圣节、同天节、兴龙节、天宁节、乾龙节。明清时期,将其称谓固定为"万寿节"。

建隆元年(960)二月十六日,是宋太祖的三十四岁生日,也是宋朝开国后的第一个长春节。此时距"陈桥兵变"才一个半月,黄袍加身的他在长春殿接受了百官的庆生与祝福,宰相范质领衔献上了《祝圣斋疏》:

> 素虹纪瑞,表觉帝之下生;绀马效灵,应轮王之出世。非夫威震四天,则不足感自然之宝;非夫位尊三界,则孰能致希有之祥。寿命同百亿须弥,德泽被三千世界。恒沙可算,天禄难穷;墨海虽干,皇基益固。

这里的"轮王出世"、"绀马(白马)效灵"、"三千世界"、"百亿须弥",以及"恒河之沙"等等,都是佛教典故,宋太祖的诞辰,俨然成了佛的降生和转世。

早春二月的这场皇帝庆生会,发出非同小可的信号:正在经历着第四次严酷"法难"的佛教,似乎迎来了冰雪消融。

在中国佛教史上,曾发生过四次严厉打击佛教的活动,佛教信众称之为"法难"。前三次"法难"分别发生在北魏太武帝、北周武帝和唐朝武宗时期,这就是著名的"三武灭佛"。在宋太祖的"前任"周世宗柴荣统治时期,又一次发动了大规模的"灭佛"运动,自显德二年(955)以来,先后废毁寺庙三万多座,强迫僧尼十万人还俗,无数的佛像被熔铸为铜钱,佛教遭到了极其沉重的打击。

周世宗的病逝,中断了正在进行的"灭佛"运动,而新王朝的建立,则使佛教有了复兴的机遇。于是关于周世宗的因病早逝,以及后周的国祚短促,就有了一种来自佛教界的"果报"解说:

> 周世宗悉毁铜佛像铸钱,谓宰相曰:"佛教以为头目髓脑有利于众生,尚无所惜,宁复以铜像为爱乎?"镇州铜大悲像甚有灵应,击毁之际,以斧镬自胸镬破之,太祖闻其事。后世宗北伐,病疽发胸间,咸谓其报应。太祖因重释教。[①]

---

① 《长编》卷8乾德五年七月条注引杨亿《杨文公谈苑》。

因果报应之说，自然纯属无稽，但宋太祖耳闻目睹之后，无疑对"佛"多了一层敬畏。另外，宋太祖本人在早年落魄时，即多次寄居在佛寺之中，同僧人多有接触，并得到过他们的资助和支持。宋太祖的母亲和妻子向来笃信佛教，有记载说，"陈桥兵变"的当天，杜太后正带着家人在寺院中设斋。① 还有记载说，宋太宗的妻子每天清晨都要诵读佛经。② 宋太祖身边的将相重臣，笃信佛教者也大有人在，如沈伦"好释氏，信因果"，吴廷祚"尤崇奉释氏"，李崇矩"信奉释氏，饭僧至七十万，造像建寺尤多"，石守信"尤信奉释氏，在西京建崇德寺，募民辇瓦木，驱迫甚急"③，韩重赟"好释氏，在相州凡六七年，日课部民采西山木造佛寺，未尝暂息，人皆苦之"，陈思让"酷信释氏，所至禁屠宰，俸禄悉以饭僧，众号为陈佛子"④等等。虽然目前尚无宋太祖信佛的直接记载，但其周围的信众，尤其是家人和战友对他的影响应该是很大的。

当然，作为周世宗曾经的爱将，后周的"灭佛"政策对太祖的影响也很大，下面这段文献就记载了他在宗教政策方面的一些波动：

> 艺祖始受命，久之阴计："释氏何神灵而患苦天下？今我抑尝之，不然废其教也。"日且暮，则微行出，徐入大相国寺。将昏黑，俄至一小院户旁，则望见一髡大醉，吐秽于道左右，方恶骂不可闻。艺祖阴怒，适从旁过，忽不觉为醉髡拦胸腹抱

---

① （宋）朱弁：《曲洧旧闻》卷2云："太祖皇帝在周朝，受命北讨，至陈桥为三军推戴，时杜太后眷属以下尽在定力院。有司将搜捕，主僧悉令登阁而固其扃。俄而大搜索，主僧绐曰：'皆走散不知所之矣。'甲士入寺登梯，且发钥，见虫网丝布满其上……若累年不曾开者……遂皆返去。有顷，太祖已践祚矣。"王明清《挥麈后录》卷5对此亦有记载，但细节有差异："太祖仕周，受命北伐，以杜太后而下寄于封禅寺。抵陈桥，推戴。韩通闻乱，亟走寺中访寻，欲加害焉。主僧守能者，以身蔽之，遂免。太祖德之。即位后极眷宠之。"其他如《涑水记闻》、《佛祖统纪》、《杨文公谈苑》也有类似记载。
② 《宋史》卷242《后妃上》。
③ 见《宋史》各本传。
④ 《长编》卷15开宝七年七月条、十二月条。

定,曰:"莫发恶心。且夜矣,惧有人害汝,汝宜归内。可亟去也。"艺祖动心,默以手加额而礼焉,髡乃舍之去。艺祖得促步还,密召忠谨小珰:"尔行往某处,觇此髡为在否,且以其所吐物状来。"及至,则已不见。小珰独爬取地上遗吐狼籍,至御前视之,悉御香也。释氏教因不废。

这段文字出自《铁围山丛谈》卷五,作者蔡絛是北宋末年宰相蔡京之子,主要活动于崇道抑佛的宋徽宗时期,他所说的宋太祖有意"废其教",可能有所夸张,但太祖确实在一段时间内继续坚持周世宗的部分"灭佛"政策,如建隆元年(960),"诏诸道寺院,经显德二年已废者,不得存留,其佛像许移至见存留处"①。

直到乾德、开宝之际,宋初的佛教政策才开始出现了明显变化。

乾德二年(964),宋太祖"诏沙门三百人入天竺求舍利及贝多叶书",这个人数庞大的僧侣团,由继业和尚领队②,这应该是中国历史上出访人数最多的一个僧侣团。乾德四年三月,宋太祖派遣行勤等一百五十余名僧人至西域求佛法,并"赐钱三万遣行"③。与两年前的僧侣团出访不同,此次僧人们需要长期留在天竺学习,故有学者说这不仅在佛教史上,而且在中国历史上,恐怕也是官派留学生最早、最多的一次④。

同年四月,宋太祖将河南府进士李霭处以杖刑,发配沙门岛。原因是"霭不信释氏,尝著书数千言,号《灭邪集》,又辑佛书缀为衾褥,为僧所诉,河南尹表其事,故流窜焉"⑤。

---

① (宋)曾巩:《隆平集》卷1"寺观"。
② (宋)范成大:《吴船录》卷上,中华书局1985年版。沙门继业在《涅槃经》(藏峨眉山白水寺)每页背后记录了西域行程,范成大游历至此,发现了该经文,以为所记虽不详细,但"地里大略可考,世所罕见",可"以备国史之缺"。参见漆侠:《辽宋西夏金代通史·伍·宗教风俗卷》,人民出版社2010年版,第3页。
③ 《长编》卷7乾德四年三月条。
④ 郭朋:《中国佛教简史》,福建人民出版社1990年版,第278页。
⑤ 《长编》卷7乾德四年四月条。

乾德五年（967）七月，宋太祖下诏停止销毁铜铸佛像，但已经于周世宗时期销毁的，也不准再重铸，"丁酉，诏勿复毁，仍令所在存奉，但毋更铸"①。

开宝三年（970）三月，开封的佛教寺院封禅寺扩建为开宝寺②：

> 又修旧封禅寺为开宝寺。前临官街，北镇五丈河，屋数千间，连数坊之地，极于巨丽。③

可知宋太祖为改造此寺，花费了巨资。今开封铁塔即为开宝寺遗物，其正式称谓是"开宝寺琉璃塔"，只不过该塔始建于宋仁宗皇祐元年（1049），并非太祖朝所建。

开宝四年七月，又耗巨资在正定府兴建龙兴寺铜像，《金石萃编》记载："帝乃倾心崇建，四众恳切皈依……至开宝四年七月二十日，下手修铸大悲菩萨，诸节度、军州差取到下军三千人工役。"④正定大悲菩萨，又称千手观音，是中国现存最大的佛教铜像之一。

开宝四年，宋太祖派专使到成都负责刻印佛教经典总汇《大藏经》。此次刻印，以唐代《开元释教录》所收经藏目录为底本，所刻佛经共计四百八十帙，五千又四十八卷⑤，直至十二年后的宋太宗太平兴国八年（983）方得以全部完成。宋太祖开宝年间下令刻印的这部《大藏经》，被称作《开宝藏》，是我国历史上第一部汉字

---

① 《长编》卷8乾德五年七月条。
② "开宝寺，《东京记》曰：北齐天保十年置，号独居寺。唐开元十七年明皇东封，改曰封禅寺。《宋朝会要》曰：开宝三年三月，改今名"（高承：《事物纪原》卷7《真坛净社部三十六》，上海古籍出版社1992年版）。
③ （宋）江少虞：《宋朝事实类苑》卷43《仙释道曾·建寺》引《杨文公谈苑》。
④ （清）王昶：《金石萃编》卷123《正定府龙兴寺铜像记》，陕西人民美术出版社1990年版。
⑤ 此为太平兴国八年的统计数字，其后又经过三次重要增补，遂形成三个不同的版本：咸平增订本、天禧增订本、熙宁增订本。其总量到北宋末年已积累到653帙，6628卷（参见田建平：《宋太祖与〈开宝藏〉》，《中国出版史研究》2016年第1期）。

木版印刷的《大藏经》，宋太祖以后的北宋统治者，曾应周边国家和地区的请求，多次赠送给他们《开宝藏》。《开宝藏》是后来中国一切官私刻藏以及高丽、日本刻藏的共同基础和依据，它的刻印，对佛教传播与中外文化交流都产生了深远影响。

开宝七年，在宋太祖的支持下，重新恢复了唐代元和六年（811）以来中断了一百六十余年的翻译梵文佛经的活动：

> 唐自元和以后，不复译经。江南始用兵之岁，有中天竺摩伽陀国僧法天者至鄜州，与河中梵学僧法进共译经义，始出《无量寿》《尊胜》二经、《七佛赞》，法进笔受缀文，知州王龟从润色之，遣法天、法进献经阙下。太祖召见慰劳，赐以紫方袍。法天请游名山，许之。①

在此基础之上，宋太宗太平兴国七年（982）在开封设立译经院，"阅乾德以来西域所献梵夹"②，开展了更大规模的翻译佛经活动。这里特别强调"乾德以来"，显然是一个值得重视的时间节点。整个北宋时期，新译佛教经典二百八十四部。③

宋太祖不仅积极支持佛经的翻译，据称他本人在晚年还曾手书《金刚经》，并时常诵读：

> 上自洛阳回京师，手书《金刚经》，常自读之。宰相赵普因奏事见之。上曰："不欲介胄之士知之，但言常读兵书可也。"④

上述一系列史实足以证明，至迟在乾德后期，宋太祖已经放弃了周世宗的废佛政策。至于个中原因，前揭《铁围山丛谈》归之于神佛显灵，当然不足征信。其实，周世宗的废佛政策，在很大程度

---

① 《长编》卷23太平兴国七年六月条。
② 《长编》卷23太平兴国七年六月条。梵夹，即佛书，古印度佛经以贝叶作书，贝叶重叠，用板木夹两端，以绳穿结，故称梵夹。
③ 参见杜继文：《佛教史》，江苏人民出版社2006年版。
④ （宋）释志磐：《佛祖统纪》卷43，江苏广陵古籍刻印社1992年版。

上本来就是为征讨南唐筹措战费的临时性举措,待宋初经济形势基本好转之后,再照搬沿袭实无必要。

另外一个十分重要的原因,是佛教界的主动靠拢与示好。

从"陈桥兵变"之后,这位大宋新君就成了佛教沙门始终关注并极力示好的对象。其中一个主要方式,就是积极地将宋太祖的诞生引申、塑造为"神佛"的降生,甚至明确称宋太祖是"定光佛"转世,称这位取代后周的新皇帝是"现在佛"。

前面曾经写过,宋太祖乳名"香孩儿",这样一个很温馨的名字浸透着父母对子女由衷的喜爱,毕竟此前他们已经夭折了两个孩子。或许与普通的信众一样,宋太祖的父母也有着燃香拜佛的习惯,余香袅袅中听到婴儿降生的啼哭,于是就有了"香孩儿"的乳名。一晃三十多年过去了,当年的"香孩儿"成为皇帝,这个几乎被人忘记的乳名,很快就被赋予了新的引申和发挥:

> 太祖生洛阳夹马营。生之夕,光照一室,胞衣如菡萏,营前三日香。至今人呼应天禅院为香孩儿营。[1]

> 后唐明宗即位,改元天成,每夕烧香祷天,愿早生圣人为中国主。二年二月十八日,帝生于洛阳,神光满室。[2]

> 艺祖载诞,营中三日香,人莫不惊异,至今洛中人呼应天禅院为香孩儿营。[3]

> 后唐天成二年二月十六日,生于洛阳夹马营,母昭宪皇后尝梦日如怀而娠,生之夕,光照室中,胞衣如菡萏,体被金色,三日不变。[4]

> 我太祖之生,盖天成二年丁亥岁也。祥光瑞采,流为精

---
[1] (宋)杨亿:《杨文公谈苑》,上海古籍出版社1993年版。
[2] 《太平宝训政事纪年》卷1引宋仁宗时大臣富弼语,《宋史资料萃编》第4辑,文海出版社1981年版。按:此处"二月十八日"当为"二月十六日"之误。
[3] (宋)孔平仲:《孔氏谈苑》,齐鲁书社2014年版。
[4] (宋)王偁:《东都事略》卷1《太祖本纪》。

英。异芳悠馥,郁为神气。①

唐明宗丁亥二月十六日,宋太祖生于洛阳夹马营,是夕,神光照室,胞如菡萏,异香馥郁,人因号其地为香孩儿营。②

后唐明宗于禁中焚香祷天曰:"臣本夷狄,不足以王中原,愿早生圣人,以安天下。"天成二年二月十六日,上降生于洛阳太内夹马营。神光满室,异香不散,体被金色,三日而变,人知其为应明宗祷云。③

后唐明宗每焚香祝天曰:"某胡人,因乱为众所推,愿天早生圣人。"是岁太祖皇帝生于洛阳,母昭宪皇后梦日入怀而孕,生之夕,光照室中,胞如菡萏,体被金色,三日不变。④

太祖生于洛阳夹马营。初,太祖母杜氏梦日入怀而孕,生之夕,神光照室,胞如菡萏,体被金色,三日不变,异香馥郁,经月不散,人因号其地为香孩儿营。⑤

后唐天成二年,生于洛阳夹马营,赤光绕室内,异香经宿不散,体有金色,三日不变。⑥

所有这些对宋太祖的神化,都带有极其鲜明的佛教特色,"神光、金体,佛、大士之瑞相也"⑦,尤其是香孩儿出生时的"体被金色",是"菩萨初生之时"⑧的场景。香孩儿出生时的"异香"与"胞衣如菡萏",更是典型的"二位一体"的佛教隐喻。"菡萏"即莲花,

---

① 《长编》卷1建隆元年正月条注引《龟鉴》。
② (清)康熙:《御定月令辑要》,书中明确言此条记事出自《长编》,然今本《长编》无载。
③ (宋)释志磐:《佛祖统纪》卷43引《皇朝景命录》,江苏广陵古籍刻印社1992年版。
④ (宋)佚名:《锦绣万花谷·后集》卷7,上海辞书出版社1992年版。
⑤ (明)陈耀文:《天中记》卷12,上海古籍出版社1991年版。
⑥ 《宋史》卷1《太祖本纪一》。
⑦ (宋)释志磐:《佛祖统纪》卷44。
⑧ (唐)释道世:《法苑珠林》卷9《出胎部第五》引《涅槃经》言:"菩萨初生之时……金色晃曜弥满虚空"(中华书局2003年版,第307—308页)。

是佛教的圣物;胞衣即婴儿出生时的胎衣,香孩儿的胞衣如同莲花,也就是说他出生前一直被"莲花"包裹,"莲花"也就是其降生的场所。这反映的正是佛教的"莲花化生"信仰。在佛教中,莲花化生就是指不经由生物的胞胎卵生,而由莲花中出生,这是往生极乐净土(佛国)的一种方式。莲池大师有《净土偈》云:"莲花为胞胎,永不作众生。"①在佛经中,观世音、大势至等菩萨,都是以莲花化生的方式出生的。

至于"香孩儿"出生时那种异香满室的现象,在佛教僧门中更是不胜枚举。如《净土往生传》记载唐代高僧灌顶圆寂时,"室有异香。顶喜曰:'此宝莲之香气,吾其乘之而去矣。'"②佛教徒认为,高僧圆寂就是往生净土,在净土中莲花化生,那么高僧圆寂时的异香,就是莲花化生之香。如此看来,宋太祖诞生时的"异香三日不散"、"经宿不散"等等,分明就是莲花化生时的"宝莲之香气"。

伴随着这些佛教的"诞生神话",再进一步就是把"香孩儿"的诞生演义成"定光佛"转世,朱弁《曲洧旧闻》卷一"定光佛出世得太平"条曰:

> 五代割据,干戈相寻,不胜其苦。有一僧虽佯狂,而言多奇中。尝谓人曰:"汝等望太平甚切,若要太平,须待定光佛出世始得。"至太祖一天下,皆以为定光佛后身者,盖用此僧语也。

无论是由"香孩儿"引申出的"胞衣如菡萏"、"异香三日不散"的佛教神话,还是"定光佛出世"的佛教预言,都出自佛教僧侣或信众之手,显示出佛教向新王朝的积极靠拢。面对佛教的这种

---

① (明)释真可:《紫柏尊者全集》卷200,《中华大藏经》第83册,中华书局1994年版,第549页。
② (宋)戒珠:《净土往生传》卷中《唐天台释灌顶》,《大正新修大藏经》第51册,第118页。

积极靠拢,宋太祖则以"微笑而颔之"的态度给予了积极的回应。欧阳修在《归田录》卷一中记载说:

> 太祖皇帝初幸相国寺,至佛像前烧香,问当拜与不拜,僧录赞宁奏曰:"不拜。"问其何故?对曰:"见(现)在佛不拜过去佛。"赞宁者,颇知书,有口辩,其语虽类俳优,然适会上意,故微笑而颔之,遂以为定制。至今行幸焚香,皆不拜也。议者以为得礼。

皇帝至寺院进香,这本身就是一种认同佛教的态度;而"当拜与不拜",更是一种友好协商。赞宁是宋初僧人的领袖,精通律藏,有"律虎"之称,他所著的《宋高僧传》与梁、唐《高僧传》,并列为佛教史上著名的三大《高僧传》。赞宁的"见(现)在佛不拜过去佛"圆满回答了宋太祖的问题,在佛教与世俗政权的关系上具有特别重大的意义,以此为主要标志,佛教终于放弃了最为历代帝王所忌讳的将教权凌驾于皇权之上的努力,僧侣与世俗政权之间的大规模抗争至此结束,故"适会上意"、"议者以为得礼"。与此同时,佛教既然承认了宋太祖"见在佛"的无上地位,也就改变了"沙门不拜王者"的传统,从此顺理成章地向皇帝称臣,如赞宁本人在上书时就向皇帝自称"臣僧",宋代寺院也都要首先祝"皇帝万岁,臣统千秋,天下太平"、"圣寿无穷",以报答"王臣荷戴之恩"[①]。

如此一来,北宋朝廷与佛教政教两方,就在"香孩儿"为"莲花化生"、"定光佛转世",以及"见在佛"这些节点上形成了默契。而这一默契对良性政教关系的推动作用是显而易见的。对宋太祖而言,既然对佛教奉上的"定光佛"桂冠半推半就(唐宋皇帝当中享有这一佛教"殊荣"的只有武则天和宋太祖两位),那么"兴教护法",改变周世宗的"灭佛"政策,也就顺理成章了;而对佛教而言,既然尊崇宋太祖为"见在佛",那么,改变"沙门不拜王者"的传统,

---

① (宋)宗赜:《禅院清规》卷9,中州古籍出版社2001年版。

向宋朝皇帝称臣,同样也是水到渠成之事。

良性政教关系的确立①,对佛教发展的意义十分明显:从宋初开始,像"三武一宗"那样大规模的"法难"一去不复返了,佛教由此赢得了宽松、平稳的发展空间。

对赵宋政权来说,获得佛教的拥戴和支持,其意义更是多方面的。

一是"香孩儿"诞生的佛教神话和"定光佛"转世的"普度众生",在一定程度上弥补了"陈桥兵变"给宋王朝带来的"惭负天地"的缺憾,在佛教信众,甚至一般民众中起到很好的宣传作用。

二是有外交上的意义。宋太祖毕竟是通过兵变上台的,迫切需要以"万国来朝"的方式加强自己的政治权威。而正是在这一点上,佛教僧侣往往发挥着不可替代的作用。因为当时的西域各政权,普遍以佛教为国教,僧人之间的往来就是保持双方政治联络的重要途径。如乾德三年(965)五月,"于阗国宰相因沙门善名等来京师,致书于枢密使李崇矩,愿结欢好。上(宋太祖)令崇矩报书,赐以器币";同年十二月,"戊午,甘州回鹘可汗与于阗国及瓜、沙州皆遣使来贡方物"。此次外交活动的成功,僧人道圆功不可没:

> 先是,沙门道圆出游西域二十余年,于是,与于阗朝贡使者俱还,献贝叶经及舍利。癸亥,上(宋太祖)召见之,问其山

---

① 关于宋初良性政教关系,可参见刘长东:《宋代佛教政策论稿》,巴蜀书社2005年版,第53—54页。刘长东主要讨论了三个佛教谶言,即"麻衣谶言:太祖神权的天意垂示"、"定光佛出世谶言:太祖教权的天意垂示"、"镇州龙兴寺铸像谶言:作为连接政教纽带的一个直接证据"。但他对"香孩儿"由此生发出的与宋太祖诞生有关的一系列佛教神话未予关注和讨论。日本学者竺沙雅章在《宋初政治与宗教》、《陈抟与麻衣道士》(译载于《宋代典籍研究》,华夏文化艺术出版社2005年版)也详尽梳理了佛教与太祖关系的文献,但也没有讨论"香孩儿"的宗教隐喻。有关"香孩儿"的宗教隐喻,参见王育济、范学辉:《宋太祖出生传言未揭之底蕴》,《文史知识》2010年第8期;尹承:《宋太祖诞生神话表微》,《东岳论丛》2015年第4期。

川道路及风俗,一一能记,上喜,赐以紫衣及金币。①

乾德四年三月,宋太祖官派行勤等一百五十余名僧人远赴西域求佛法,同时也担负着重要的外交使命,"上因赐大食国王书以招怀之"②。佛教僧侣积极参加国家外交事务,对其政治地位的提升甚有裨益,而宋太祖既然有意充分利用这条与西域各国的联系渠道,则改善国内佛教的境遇也势在必行。

三是结束了唐武宗"灭佛"以来长达一百二十余年政教关系持续紧张的局面。按照佛教的说法,制造法难的"三武一宗"皆不得善终,"魏太武毁寺,焚经像,坑沙门,故父子不得其死。周武帝毁佛寺,籍僧归民,未五年遽紫风疹,北伐,年三十六崩于乘舆,国亦寻灭。唐武宗毁天下佛寺,在位六年,年三十二,神器再传,而黄巢群盗并起"③;周世宗早死国亡,更是"毁佛"的报应。从唐武宗到周世宗,有一百余年,这种政教关系持续紧张的状态,对国家政权和社会的负面作用不可低估。道理其实也很简单,魏晋隋唐时期,佛教经过多年传播,已经成为一股植根于大众、不可轻视的社会力量,④与他们的关系长期处于紧张状态,显然不利于社会稳定发展。

宋太祖虽然摒弃了周世宗灭佛的做法,但对佛教仍然采取了把控的政策。

一是禁止滥建寺庙,寺庙的建造要由官府批准,并有数量和地区限制。⑤

---

① 《长编》卷6乾德三年五月条、十二月条。
② 《长编》卷9开宝元年十二月条。
③ 《续藏经》第87册,《佛法金汤编》第11卷。
④ 例如到了宋真宗时期,全国就已有"僧三十九万七千六百一十五人,尼六万一千二百三十九人"(《宋会要辑稿》道释一之一三),合计45万余人,如果再加上信教的民众,是一股十分强大的社会力量。
⑤ 如司马光就谈道:"国家明著法令,有创造寺观百间以上者,听人陈告,科违制之罪,仍即时毁撤"(《长编》卷197嘉祐七年九月条)。

二是把度僧权收归官府掌握,规定出家者必须得到官府的批准,领受官府特制的度牒之后,才有资格为僧。

三是强调僧尼从事佛教的资格,尤其是"经业"方面的文化资质。按照宋代的规定,凡欲出家为僧者,"限年二十已上,方得为童行①。若祖父母在,须别有亲兄弟侍养,方得出家"②,同时必须具备相当的佛学素养,"童行念经百纸,或读五百纸;长发念七十纸,或读三百纸",合格之后还需要等待缺额方可剃度。③ 宋太祖还颁布实施了专门的《限数度僧尼诏》,也称为"限度僧法":"限诸州度僧额,僧帐及百人者,每岁度一人,仍度有经业者。"④

终宋太祖一朝,两京诸州僧尼的总数大致保持在六万七千余人,岁度千人左右。这与周世宗显德二年(955)僧尼六万一千余人相比,要略多一点,但考虑到和平时期的人口增殖,这个数字显然是不高的。

在限制寺院和僧尼数量的同时,宋太祖也注重整治寺院风气。五代以来,佛教僧纪松弛,藏污纳垢每每有之。北宋开国后,一些僧人仍恶习不改,如皇建院的僧人辉文等"携妇人酣饮传舍"⑤,宋太祖闻知后断然下诏,令开封府当众杖杀辉文,同案十七人发配流放。开宝五年(972)又颁布实施了《禁尼与僧司统摄诏》,令僧尼各自修行,互不统属;当受戒者,分别于本寺受戒,不得混居。

为防范信徒销毁农具,影响生产,宋太祖还专门下令:"禁民铸铁为佛像浮屠及人物之无用者。上虑愚民多毁农器以徼福,故

---

① 童行指出家人入寺观但尚未取得度牒的少年。
② 《宋会要辑稿》道释一之二七。
③ 《永乐大典》卷14706引《宋会要》。
④ 《长编》卷14 开宝六年四月条。
⑤ 《长编》卷2 建隆二年闰三月条。

禁之。"①同时,宋太祖也改革了丧葬礼仪,禁止士庶之家滥用"僧道威仪前引"。②

总的来看,宋初对佛教的这些限制是温和的、规范性的,主要目的是更好地平衡世俗政治与宗教之间的关系;而强调剃度入僧的文化资格、整顿寺院风气等,对佛教的长远发展更是有益的。这些限制与"三武一宗"所实施的严酷的"灭佛"运动也是完全不同的。

说过宋初的佛教,我们再来看宋太祖的道教政策。

道教起源甚早,正如姜生所指出,"道教与中华文化传统的孕育是一个共生的过程,因而汉唐道教合乎逻辑地成为本土文化的'正统'代表"。③与佛教经历过严酷的"法难"而在宋初获得重生不同,道教此前倒是没有遭受过太大的政治性灾难。唐朝甚至在国家意识形态上采取了一项重要举措:在儒释道三家中,力推道教的领先作用。唐高祖李渊的《先老后释诏》云:"老教孔教,此土先宗,释教后兴,宜崇客礼。令老先、次孔,末后释。"④但"安史之乱"后,伴随着大唐帝国的衰败,"唐末五代的道人们深切感受到汉唐时代的雄风已经消失殆尽。他们感觉自己是那个光辉灿烂时代逝去以后的残留物,就如同一棵繁茂大树枯死之后飘落的片片黄叶。"⑤唐末五代时期的道教同样呈现出衰败的景象:"黄巢之乱,灵文秘轴,焚荡之余,散无统纪"⑥,"道教微弱,星弁霓襟,逃难解散,经籍亡逸,宫宇摧毁"⑦,以山东地区为例,此地"奉道者,千万

---

① 《长编》卷13开宝五年正月条。
② (宋)王栐:《燕翼诒谋录》卷3。
③ 姜生、汤伟侠:《中国道教科学技术史·南北朝隋唐五代卷》,中国科学出版社2010年版,第30页。
④ (唐)道宣《续高僧传》卷24。
⑤ 姜生、汤伟侠:《中国道教科学技术史·南北朝隋唐五代卷》,第100页。
⑥ 《道藏尊经历代纲目》,转引自唐大潮编著:《中国道教简史》,宗教文化出版社2001年版,第156页。
⑦ (宋)刘若拙:《三洞修道仪》,转引自任继愈主编:《中国道教史》下卷,中国社会科学出版社1999年版,第542页。

人中一二矣。"①这种惨淡局面直到宋太祖时期,才有所改观。

转机的出现总会伴随一些传奇色彩。

宋太祖年轻时,有过一段浪迹天涯的经历,后来又在后周军中从很不起眼的小校逐步干起,直到"陈桥兵变"夺取天下。在他未发迹之前,就有慧眼独具"风尘中识得英雄"之人,对落魄中的他施以援手。这其中,就有一些道教人物。史书记载比较集中的人物有三位。

其一是关河道士混沌。据《续湘山野录》记载:

> 祖宗潜耀日,尝与一道士游于关河,无定姓名,自曰混沌,或又曰真无。每有乏则探囊,金愈探愈出。三人者每剧饮烂醉。生善歌步虚为戏,能引其喉于杳冥间作清微之声,时或一二句,随天风飘下,惟祖宗闻之,曰:"金猴虎头四,真龙得真位。"至醒诘之,则曰:"醉梦语,岂足凭耶?"至膺图受禅之日,乃庚申正月初四也。

其二是崂山道士刘若拙。刘若拙,四川人,早年在四川罗浮山修道,后唐同光二年(924)来到崂山,自号华盖先生,是宋初崂山道教的重要人物。他与宋太祖交往的事迹,多种历史文献都有记载,如元代于钦所撰《齐乘》说:"大劳山有上清宫。五代末,华盖仙人(即刘若拙)识赵太祖于侧微,宋人为建此宫。"②元仁宗延祐四年(1317)朱悻所撰《重修上清宫记》也称:"宋初,昌陵(指宋太祖)与华盖真人际遇。"宋太祖即位之后的第七年,正式把刘若拙从崂山召至京城,任命他为主管全国道教事务的左街道录③。史称:"若拙蜀人,自号华盖先生,善服气养生,九十余岁不衰,步履轻捷。每水旱,必召于禁中致祷,其法精至,上甚重之。"开宝五年

---

① (宋)常崇道:《天庆观石幢题记》,见北京大学图书馆藏《柳风堂拓片》,载《全宋文》卷477。
② (元)于钦:《齐乘》卷1,中华书局1990年版。
③ (宋)李攸:《宋朝事实》卷7《道释》。

(972),宋太祖又委托刘若拙"集京师道士试验,其学业未至而不修饰者,皆斥之"。① 当刘氏执意返回崂山后,宋太祖还专门从国库拨巨资为他在崂山修建道场,这就是崂山著名的太平宫、太清宫和上清宫三座道观。太平宫原名"上苑宫",是"上赐道苑"的简称,意在铭记宋太祖的恩赐。由于工程浩大,直至宋太宗太平兴国初年才最后完工,故以竣工时的年号称"太平宫"。

史书中关于宋太祖称帝前与道士的交往,虚实参半,除上述两则记载外,两宋史书中记载最多的,是宋太祖与陈抟的交往。

陈抟,字图南,号希夷,自号扶摇子,我们在前面的章节中曾提到,他是中国道教史上名气最大的几名"高道"之一,人称"希夷先生"或"陈抟老祖"。陈抟比宋太祖年长,但基本上是同时代的人。据一则争议很大的记载说,太祖少年时就碰到陈抟,当时他的母亲杜氏正用扁担挑着两个儿子,也就是后来的宋太祖、宋太宗躲避兵祸:

> 初兵纷时,太祖之母,挑太祖、太宗于篮以避乱。陈抟之即吟曰:"莫道当今无天子,如今天子担上挑。"

太祖与太宗年龄相差十二岁,母亲应该挑不动这么大的儿子,所以这则记载基本可以肯定是后来编造的。另外的几则有关陈抟与宋太祖早年交往的记载,也是真伪难辨:

> 祖宗居潜日,与赵韩王游长安市。时陈抟乘一卫("卫"疑为"驴"之讹),遇之,下驴大笑,巾簪几坠。左手握住太祖,右手挽太宗:"可相从市饮乎"。太宗曰:"与赵学究三人并游,可当同之"。陈抟睥睨韩王甚久,徐曰:"也得,也得"。非渠不得预此席。既入酒舍,韩王足疲,偶坐席左。陈抟曰:"紫微帝垣一小星,辄据上次,不可!"斥之使居席右。②

---

① 《长编》卷13开宝五年十月条。
② (宋)释文莹:《续湘山野录》。

> 陈抟……自晋汉以后,每闻一朝变革,则颦蹙数日,人有问者,瞠目不答。一日方乘驴游华阴市,人相语曰赵点检作官家,抟惊喜大笑,人问其故,又笑曰:天下这回定矣也。太祖事周为殿前都点检,抟尝见天日之表,知太平自此始耳。①
>
> (陈抟)常乘白骡子,从恶少年数百欲入汴州,中途闻艺祖登极,大笑坠骡曰:天下于是定矣。遂入华山为道士。葺唐云台观居之。②
>
> (陈)抟负经纶之才,历五季乱离,游四方,志不遂。入山隐居,自晋汉以后,每闻一朝革命,颦蹙数日,人有问者瞑目不答。一日,方乘驴游华阴市,闻太祖登极,惊喜大笑,问其故又笑曰:"天下自此定矣。"太祖方潜龙时,抟尝见天日之表,知太平有日矣。③
>
> (陈抟)尝乘白驴欲入汴,中途闻太祖登极,大笑沦驴,曰:"天下于是定矣"。④

这些记载,在时间、地点、情节上相互错乱,文献来源也不太清晰,所记陈抟预测政局的能力更是离奇。但宋王朝在开国之初与道教的密切合作关系,从宋太祖与陈抟的这些真伪参半的交往中,还是可以得到充分反映的。

这种密切关系背后,当然还有着更直接、更真实的缘由,那就是宋太祖在起家过程当中,对道教在制造舆论、争取人心等方面的特殊作用有着极为切身的体会,例如"陈桥兵变"时,向士兵们鼓吹"天下复有一日"谶语的苗训,就是一位道教徒,在宋人所画"陈桥兵变图"中,此人完全是一身道士装束。如此种种,自然也就开

---

① (宋)魏泰:《东轩笔录》卷1。
② (宋)邵伯温:《邵氏闻见录》卷7。
③ (宋)朱熹:《五朝名臣言行录》前集卷10,引自(宋)邵雍著,郭彧等点校:《邵雍全集·易学辨惑》,上海古籍出版社2015年版。
④ (宋)王偁:《东都事略》卷118《隐逸传》。

启了宋初重视并扶持道教的政策。

开国的当年,宋太祖就派专使到老子的家乡真源(今河南鹿邑)祭祀老子,揭开了崇道的序幕。建隆三年(962),宋太祖又大规模扩建周世宗于开封修筑的太清宫道观,并以自己的年号更其名为"建隆观"。几年前周世宗在修建这座道观时,曾专门召见过陈抟,当时正担任禁军将领的宋太祖或许也在场。另外,《五代史补》卷五记载说:周世宗未做皇帝时,"常梦神人以大伞见遗,色如郁金,加《道经》一卷。其后,遂有天下",这是周世宗崇道的原因之一。这对宋太祖的道教政策,尤其是大规模扩建建隆观也会有一些影响。

建隆观是宋王朝建立的第一座以国家年号命名的官方宗教建筑①,也是宋初举行政治宗教活动最重要的场所之一:

> 太祖太宗时,凡京师水旱稍久,上亲祷者则有建隆观、大相国太平兴国寺、上清太一宫。②

建隆观排在第一位,说明这一道教宫观的重要性。另外,据汪圣铎研究,整个北宋时期,建隆观始终是政教活动的主要场所。如在宋仁宗时期担任知制诰的欧阳修的文集中,收有《建隆观开启追荐温成皇后道场青词》、《建隆观翊教院开启皇帝本命道场青词》等;在宋仁宗、英宗时期担任知制诰的王珪文集中,收有《建隆观三清殿开启消灾祝圣寿道场密表》、《建隆观翊教院开启皇帝本命道场青词二道》、《建隆观开启皇太后本命灵宝道场青词》、《建隆观开启中元节道场青词》、《建隆观翊教院开启太皇太后本命道场青词》、《建隆观等处开启圣寿道场一月密词》等。这种作品数量之多,充分反映了建隆观中官方举办的宗教活动之频繁。③

建隆观连同前文提到的开宝寺,都属于以皇帝年号命名的宗

---

① 参见汪圣铎:《宋代政教关系研究》,人民出版社2010年版,第510页。
② 《文献通考》卷77《郊社考》。
③ 参见汪圣铎:《宋代政教关系研究》,第510—511页。

教道场,这开启了宋朝命名寺观的一个独特传统,此后"太平兴国"、"大中祥符"、"雍熙"、"天圣"、"明道"、"治平"、"崇宁"等众多年号都曾用来命名过宗教寺观,出现了"数以百计"的年号寺观,①这无疑是政教关系良性互动的表征。

开宝二年(969)二月,宋太祖又下诏:"前代祠宇各兴崇修"②,各地遂陆续开始了重修或新建道观。是年五月,宋太祖亲征北汉不克,在返京的途中路过真定,专门拜访了真定隆兴观的高道苏澄,恳请他出任建隆观的道长。苏澄是一位很有气节的道士,契丹灭亡后晋时"求僧道有名称者加以爵命,惟澄不受"。他又以善养生著称,宋初时已八十余岁。

> 于是,上(宋太祖)召见之,谓曰:"朕作建隆观,思得有道之士居之,师岂有意乎?"对曰:"京师浩穰,非所安也。"上亦不强。壬申,幸其所居,谓曰:"师年踰八十而容貌甚少,盍以养生之术教朕?"对曰:"臣养生,不过精思炼气耳。帝王养生,则异于是。老子曰:'我无为而民自化,我无欲而民自正。'无为无欲,凝神太和。昔黄帝、唐尧享国永年,用此道也。"上悦,厚赐之。③

可以看出,宋太祖对道教的确有着一种自然的尊崇。

对道教的尊崇,同样包含对道教风气的关注。如前面已经说过的,乾德五年(967)宋太祖征召刘若拙出任左街道录,让他淘汰了一大批"学业未至"而又不知用功的道士。道教由来已久、影响

---

① 年号寺观,唐已有之。"(开元)二十六年六月一日,敕:每州各以郭下定形胜观寺改以开元为额"(《唐会要》卷50《尊崇道教》)。但是,此后唐代年号寺观不见再出现,因而唐代的年号寺观无论是数量还是在当时的影响,都无法同宋代相比。参见汪圣铎、马元元:《北宋的年号寺观》,《宋史研究论丛·第8辑》,河北大学出版社2007年版。
② 《宋会要辑稿》礼二〇之一。
③ 《长编》卷10开宝二年五月条。宋太祖还赐给了苏澄一个"颐素先生"的称号。事又见释文莹《玉壶清话》卷1、《宋史》卷461《苏澄隐传》。苏澄,《宋史》作苏澄隐,此从《长编》。

极坏的"寄褐"现象在宋太祖时期也得到了遏制。寄褐,是道教的一种陋俗,寄褐之人寄居道观,但"不奉其教,不诵经,惟假其冠服"①,都是些游惰无业者,他们甚至带着妻女老小长期混迹于道士群体中。针对这种情况,开宝五年闰二月,宋太祖颁发了道教史上著名的《禁寄褐道士诏》:

> 元妙之门,清静为本,迫于末俗,颇尚真风。或窃服冠裳,号为寄褐;或杂居宫观,曾不舍家。有黩宪章,所宜厘革。应两京及诸道州府,士庶称寄褐者,一切禁断。其道士,无得于宫观内蓄养妻妾;已有家者,速遣出外居止。仍自今不许私度人,如愿入道者,须本师与本观知事同诣长吏陈牒,请给公据,然后听习教法,度为道士。违者捕系抵罪。②

这道诏令颁布实施以后,"自是宫观不许停著妇女,亦无寄食者矣"③,宫观和道教的社会形象得以提升。

宋太祖的佛教和道教政策,既为佛道两教,尤其是经历了长期战乱和唐武宗、周世宗灭佛打击之后的佛教,提供了生存发展的宽松环境;又通过整顿寺观秩序,提升僧道素质,引导两教更加侧重于自身教理的研修。如道教方面,注重心性研修的道教内丹派在宋代蓬勃发展,取代注重炼制丹药的外丹派的主导地位,至北宋后期和金、元之际,遂在此基础上诞生了道教史上最著名的流派"全真道"。佛教方面,也发生了类似的变化。以宋代最活跃的禅宗临济宗为例,这一教派发端于唐中期,五代时期只是禅宗众多分支中的一支,影响有限。但随着该派的首山省念(926—993)及其弟子善昭(947—1024)等人提倡"文字禅",临济宗的命运出现了巨大的转机。本来禅宗最重要的主张就是"直指人心","不立文字"。省念和善昭师徒却提倡通过学习、研究"公案"(公案原本是

---

① (宋)王栐:《燕翼诒谋录》卷2。
② 《宋大诏令集》卷223《道释上·禁寄褐道士诏》。
③ (宋)王栐:《燕翼诒谋录》卷2。

指官府用来判别是非的案牍,禅宗用来特指前代禅师的言行范例)来理解佛教特别是禅宗的教义,进而达到"明心见性"的目的,形成了著名的"文字禅"。尤其是善昭,他专门编写了学习禅宗的《颂古百则》,以韵文形式阐释一百则公案,表明"禅理"是可以通过文字告知修行者,修行者也能用文字去悟解禅理。"文字禅"的出现,否定了唐代以来禅宗"不立文字"的传统,开创了宋朝禅学的崭新路径,这不但极大地促成了禅宗自身的发达,更拉近了佛教与儒学在文献传承方式上的距离,促进了彼此之间的交流与互鉴。省念和善昭的这一贡献与宋太祖尊崇佛教、提升僧侣文化资格的政策显然是有直接关联的。省念在北宋开国时已三十四岁,善昭则正是在太祖朝出家修行的,至开宝九年(976),善昭也已满三十岁,他们二人是宋初佛教政策的受惠者,更是宋太祖强调"经业"文化资质的实践者。

儒释道合流,是宋代思想文化发展的大趋势。由于宋太祖开放的宗教政策,从宋初开始,士大夫群体一般都能正视佛教、道教的社会影响及其思辨优势,主动"援佛入儒"、"援道入儒",反思和改造传统儒学;而佛、道也积极向儒学靠拢,极力拉近相互的距离。正是在儒释道的共存、交流与互鉴中,宋代才诞生出了以"理学"为中心的"新儒学",由此创造了中华文化的又一个辉煌。

第十章　金匮之盟与烛影斧声

第一节　宋太祖和他的家人

宋太祖的父亲赵弘殷在北宋开国前四年,即后周显德三年(956)就去世了,北宋建国后,追赠他为昭武皇帝,庙号宣祖,其陵寝称为安陵。由于文献的缺乏,我们无法对赵弘殷与儿子的关系作出更多的论述,但大致说来,父母是孩子的第一任启蒙老师,对男孩来说,父亲可能格外重要。在父亲身上,男孩们看到力量、冒险、坚强与果敢,并有意无意地模仿父亲。赵弘殷出身行伍,同时也"好儒事",有"访求书籍"的习惯。他的两个儿子皆擅武艺,也接受了较为正规的儒学教育,这些应该与赵弘殷有关。本书第一章对此已有叙述。

宋朝建立后,宋太祖的母亲杜氏(902—961)被尊奉为皇太后。四十多年前"风雪杜家庄"中的"杜四娘子"成为天下最尊贵的女人,她的子孙家人,也都成为皇亲国戚、天潢贵胄。杜氏在宋朝开国后的第二年就过世了,史书中一般根据其身后谥号,称其为"昭宪杜太后"、"昭宪太后"或"昭宪"。

历史上有关昭宪太后的记载要比赵弘殷多,《宋史·后妃上》就为其立有专篇:

> 太祖母昭宪杜太后,定州安喜人也。父爽,赠太师。母范氏,生五子三女,太后居长。既笄,归于宣祖。治家严毅有礼法。生邕王光济、太祖、太宗、秦王廷美、夔王光赞、燕国陈国二长公主。

周显德中,太祖为定国军节度使,封南阳郡太夫人。及太祖自陈桥还京师,人走报太后曰:"点检已作天子。"太后曰:"吾儿素有大志,今果然。"太祖即位,尊为皇太后。太祖拜太后于堂上,众皆贺。太后愀然不乐,左右进曰:"臣闻'母以子贵',今子为天子,胡为不乐?"太后曰:"吾闻'为君难',天子置身兆庶之上,若治得其道,则此位可尊;苟或失驭,求为匹夫不可得,是吾所以忧也。"太祖再拜曰:"谨受教。"

建隆二年,太后不豫,太祖侍药饵不离左右。疾亟,召赵普入受遗命。太后因问太祖曰:"汝知所以得天下乎?"太祖呜噎不能对。太后固问之,太祖曰:"臣所以得天下者,皆祖考及太后之积庆也。"太后曰:"不然,正由周世宗使幼儿主天下耳。使周氏有长君,天下岂为汝有乎?汝百岁后当传位于汝弟。四海至广,万几至众,能立长君,社稷之福也。"太祖顿首泣曰:"敢不如教。"太后顾谓赵普曰:"尔同记吾言,不可违也。"命普于榻前为约誓书,普于纸尾书"臣普书"。藏之金匮,命谨密官人掌之。

太后崩于滋德殿,年六十,谥曰明宪。葬安陵,神主祔享太庙。乾德二年,更谥昭宪,合祔安陵。①

有关昭宪太后的另外两份权威文献,是她逝世后官方发布的"遗诏"和"哀文"②,其中不乏有价值的内容,但对她的生平事迹很少涉及。

除此之外,宋代其他文献中对昭宪太后也有一些零碎的记载,都是非常正面的,例如司马光在他的私人笔记《涑水记闻》中,就对这位本朝太后有着特别的好感:

太祖之自陈桥还也,太夫人杜氏、夫人王氏方设斋于定力

---

① 《宋史》卷242《后妃上》。
② 分见《宋大诏令集》卷14《昭宪太后遗令》、卷16《明宪皇太后哀册》。

院。闻变,王夫人惧,杜太夫人曰:"吾儿平生奇异,人皆言当极贵,何忧也。"言笑自若。

昭宪太后聪明有智度,尝与太祖参决大政。

太祖初登极时,杜太后尚康宁,常与上议军国事,犹呼赵普为书记,尝抚劳之曰:"赵书记且为尽心,吾儿未更事也。"太祖宠待赵韩王如左右手。①

但当代史家却从司马光的这种赞美性记载中看出另外一些端倪。如"吾儿素有大志",显然可以理解为"陈桥兵变"是经过长期策划的,而且这种策划也有其家人参与其中。从后文叙述中我们还会看到,宋太祖的兄弟姐妹的确有人参与过"陈桥兵变"的谋划,而"聪明有智度,能断大事"的昭宪太后参与其中,也是可以推想的。不过,"吾儿素有大志",肯定也包含着母亲对儿子的喜欢和疼爱。天下的母亲都有"望子成龙"的宽泛期许,所以"吾儿素有大志"或许只是一句家常话语,过度解读,反倒消泯了人性的温情与美好。

宋太祖与母亲的感情很深。一般皇帝都是定期朝见母后,如汉武帝即"五日一朝长乐宫"。而宋太祖却无论如何繁忙,都坚持"朝夕见"②,承欢膝下。即使是在亲征李筠的戎马倥偬之中,他仍然不忘在七夕节前给母亲写信,并奉上三贯"节料钱"让母亲看戏:

今七夕节在近,钱三贯与娘娘充作剧钱,千五与皇后,七百与妗子,充节料③。

杜太后生辰的庆祝方式也很隆重,并成为后来宋代皇太后庆生的规制,如南宋绍兴二十八年(1158),韦太后八十寿诞,大臣们就上疏,请求"依建隆故事"为太后祝寿:

恭惟皇太后新岁八十,面奉圣训,以正月旦日于宫中行庆

---

① (宋)司马光:《涑水记闻》卷1。
② 《宋史》卷340《吕大防传》。
③ (宋)蔡絛:《铁围山丛谈》卷1。节料与一般的俸禄不同,属于例赐(指相沿成例已制度化的赏赐)。宋朝官员俸禄有正式俸禄、职务津贴、例赐三部分。

贺之礼。乞依建隆故事,率百寮诣文德殿拜表称贺,次率百寮拜皇太后笺表称庆,许臣等备上寿福物,于元日诣内东门拜笺表投进,使相亦许进奉。①

杜太后病重时,太祖"亲侍医药,衣不解带,涉于数旬"②,史家曾赞太祖"孝于太后,友爱兄弟,旷古未有"③,虽然稍嫌溢美,但基本上还是符合事实的。

就对宋朝的政治影响而言,昭宪太后可圈可点之处颇多。一是确立了"能立长君,社稷之福"的传位原则,并据此形成了著名的"金匮之盟",极大地稳定了宋初的政局,这一点在后面的章节中还会有详细讨论;二是强调皇帝身居万民之上,必须有所畏惧,审慎勤勉地用好无上的权力,"吾闻为君难,天子置身兆庶之上,若治得其道,则此位可尊;苟若失驭,求为匹夫不可得",这番教诲"对宋太祖以至有宋一代防弊之政的形成影响颇大"④。后妃的品性,向来被认为关系到王朝的治乱兴衰,"礼本夫妇,《诗》始后妃,治乱因之,兴亡系焉"⑤。而宋代的后妃,是历朝后宫中风气最好的,这在历史上是有定评的⑥。其中的一个重要原因,就是昭宪太后起了带头的作用:

> 她健在时,她的弟弟杜审肇、杜审进虽贵为国舅,仍住在老

---

① 《宋会要辑稿》后妃二之一一。
② 《宋大诏令集》卷14《昭宪太后遗令》。
③ 《长编》卷22太平兴国六年九月条注引。
④ 张邦炜:《宋代皇亲与政治》,四川人民出版社1993年版,第151页。
⑤ 《新唐书》卷76《后妃传序》。
⑥ 宋高宗曾言:"累朝母后之贤,非汉、唐所可拟议"(《宋会要辑稿》后妃二之五)。孝宗亦言:"本朝后妃,却是多贤"(《建炎以来朝野杂记》甲集卷1《上德·成恭夏皇后、太皇谢太后》)。后妃之贤,被宋人看作是祖宗家法的功劳,"本朝历世以来未有不贤之后,盖祖宗家法最严,子孙持守最谨也"(《续宋编年资治通鉴》卷10)。后人对宋代后妃之贤也深为赞叹,如明代张溥将"后妃仁贤"作为宋代"法高前代"的四大表现之一,胡应麟亦认为"宋之创业,中兴,其君皆弗汉、唐若也,而母后之贤独盛焉"(《少室山房笔丛》卷14《乙部·史书占毕二》)。

家,未曾授予官爵。到北宋后期,更是"杜氏之后,阀阅微替","子孙不在仕版"。无怪乎《宋史·后妃传序》要赞扬杜太后"母范之正"了。此后,不少后妃以杜太后为楷模。如宋真宗郭皇后,亲属"有以家事求言于上者,后终不许。兄子出嫁,以贫欲祈恩赉,但出装具给之"。宋真宗因此对她"尤加礼重"。宋真宗杨淑妃对宋仁宗从小"拥佑扶持,恩意勤奋",宋仁宗即位后,"尝召其侄永德见禁中,欲授以诸司副使"。杨淑妃一再推辞:"小儿岂胜大恩,小官可也。"杨永德仅仅做了个右侍禁。①

综观两宋后宫,虽然"宋代皇后自昭宪杜太后起都对政治有兴趣"②,后妃不乏参与政事乃至垂帘听政者,但"并未产生严重的政治危机,相反成了皇权顺利交接的保护者",多数时候,"后妃干政只是一种夫妻式的贤内助"③。这其中当然也有掺杂野心者,但并未对皇权造成大的危害。④ 总的来看,在两宋后妃中,不乏有政治能力者,甚至有政治野心者,但受"祖宗"成宪所限制,她们都有较为明显的宗法大局意识,真宗刘皇后、英宗高皇后等,都是如此⑤,这与昭宪杜太后开国之际的垂范作用是分不开的。

---

① 张邦炜:《宋代皇亲与政治》,四川人民出版社1993年版,第163—164页。
② 蒋复璁:《宋太祖孝章宋皇后崩不成丧考》,《珍帚斋文集》卷3《宋史新探》,台湾商务印书馆1985年版。
③ 朱瑞熙、祝建平:《宋代皇储制度研究》,《宋旭轩教授八十荣寿论文集》,台湾中国文化大学出版部2000年版,第113页。
④ 如宋太宗去世时,内侍王继恩、参知政事李昌龄、知制诰胡旦等与李皇后共同谋划,密谋废太子而立元佐。李皇后没有子嗣,她大约是想要以改立皇嗣的做法,为自己未来铺路,这一想法与太祖死后欲立德芳为帝的宋皇后有些相似。但这一谋划却遭到了宰相吕端的制止。"面对参政、内侍、殿帅与皇后既有的合谋,'大事不糊涂'的吕端独身一人,'岂容更有异议'一语,即得以挽狂澜于既倒"(邓小南:《祖宗之法——北宋前期政治述略》,第289页)。
⑤ 真宗刘皇后是宋朝第一位垂帘听政的皇后,被认为有汉代吕后、唐代武则天之才,而无二人之"恶"。她掌权日久,不愿还政于仁宗,但仍宣称自己绝不做武则天第二这种"负祖宗事",并"尽力"保护仁宗。英宗高皇后垂帘听政期间,"朝廷清明",被称为"女中尧舜"(《宋史》卷242《后妃上》)。她虽恋栈权势,但也宣称母后临朝非国家盛事。

杜太后一母而生两天子,在宋代地位尊贵:

> 本朝昭宪皇后,诞生二圣,艺祖之武功,太宗之文德,卓越焜燿,自经籍以来,未有如此之盛。①

这句话颇有母以子贵的味道。不过,细细品来,能够在乱世之中寒微起家,做到一母而育两天子者,绝非寻常女子。昭宪太后"治家严毅有礼法","聪明有智度,能断大事","绝不婆子气"②,有着不同于一般女子的高远眼光与冷静头脑。这样的母亲,对孩子的培养和影响大都是正向的。平心而论,若没有昭宪太后的这种培养和影响,两个儿子后来的"文治武功",怕是会逊色很多。

说过太祖的父母,再看一下他的妻妾和他的女人。

宋太祖一生共经历了三次正式婚姻。

元配贺氏(929—958),开封人,系后晋右千牛卫府率贺景思的长女,于后晋开运初年嫁到赵家。贺景思与赵弘殷是老战友,两家同居护圣营官舍。太祖与贺氏年纪相仿,又是少年夫妻,自然感情真挚。贺氏"温柔恭顺,动以礼法"③,对公婆十分孝敬,育有燕王德昭、昭庆公主与永庆公主,后周显德中受封会稽郡夫人。北宋建国的前一年,贺氏因病去世,年仅三十岁。太祖登基后,于建隆三年(962)四月追册贺氏为皇后,乾德二年(964)三月,谥孝惠。贺后去世较早,但至今仍然流传一出《贺后骂殿》的戏曲,大意是:太祖死后,宋太宗赵光义继位。贺皇后以太祖死因不明,命长子德昭上殿质问。光义大怒,欲斩德昭,德昭撞柱而死。贺皇后遂携次子德芳上殿,历数光义之过。光义理屈谢罪,赐贺后尚方宝剑,封为太后,且加封德芳为八贤王。这个故事自然纯属虚构,但却反映了民间对太祖这位元配皇后的好感。

贺皇后逝世当年,太祖迎娶十七岁的王氏(942—963)为继

---

① 《太常因革礼(四)》卷98,《丛书集成初编》,商务印书馆1937年版。
② (明)李贽:《史纲评要》卷27《宋纪》建隆元年,中华书局1974年版。
③ 《宋史》卷242《后妃上》。

室。王氏是邠州新平人,后汉、后周重臣彰德军节度使王饶第三女,建隆元年(960)八月被封为皇后。她"恭勤不懈,仁慈御下","常服宽衣,佐御膳,善弹筝鼓琴。晨起,诵佛书。事杜太后得欢心"。王皇后应该是与太祖感情最深的女人,成婚五年间,育有三名子女。可惜的是,这三个孩子都"早夭"①,她自己也于乾德元年(963)十二月初六病逝,年仅二十二岁。太祖悲痛之余,严斥宫廷御医王守愚"进药不精审"②,将其流放海岛。

太祖对王皇后感情之深,从他对待王继勋的态度也可见一斑。王继勋是王皇后的弟弟,任内殿供奉官都知,后升任龙捷右厢都指挥使,领彭州防御使,是一个"凶率无赖","所为多不法"的混世魔王。他与马仁瑀不和,便私下命部下准备好木棍,打算教训马仁瑀。太祖知道以后,将马仁瑀调出禁军,出任密州防御使,却又将王继勋升为保宁军节度观察留后,领虎捷左右厢都虞候、权侍卫步军司事。但王继勋并不收敛,他纵容部下掠人子女,后来"专以脔割奴婢为乐",前后有多人被害③,太祖"犹以孝章后(此处误,当为孝明王皇后)故,薄其责云"④,仅削夺官爵,勒归私第。后来又说是要将王继勋流放登州,但人还未到登州,太祖就将其召回,改任左监门率府副率,后又在洛阳为其成立一个机构,希望他能清享富贵。但没想到王继勋变本加厉,愈加残暴,强买民家子女以供役使,稍不如意,便杀死吃掉,四五年间共杀死一百多名婢女。直至太宗即位后,才将其处斩。

孝章宋皇后(952—995)是太祖的第三位妻子,左卫上将军宋偓的长女。宋家世居洛阳,为五代宋初最著名的望族之一。宋偓

---

① 此据《宋史》卷242《后妃上》。另据李攸《宋朝事实》卷1载,王皇后"生皇子、皇女二人,皆早世"。因史料所限,未知孰是。
② 《长编》卷4乾德元年十二月条。
③ 《宋史》卷463《王继勋传》。
④ 《长编》卷11开宝三年三月条。

是后唐庄宗的外孙、后汉高祖的女婿。后唐庄宗与后汉高祖皆是沙陀族,所以宋皇后有胡汉血统。① 宋氏幼年便随母亲觐见后周太祖,获赐冠帔。乾德五年(967),宋氏随母亲觐见太祖,贺长春节,获赐冠帔。出身名门、见多识广的宋氏,自有一番大家闺秀的气质,给太祖留下深刻印象。开宝元年(968)二月,宋氏入宫为后,时年十七,比皇子德昭小一岁。她少年老成,"柔顺好礼"②,每次太祖退朝回来,都穿戴整齐,候在门口迎接,礼数十分周全。

从现有资料来看,宋皇后并不是一位甘于相夫教子的寻常女子。宋家荣盛,子弟多富贵。宋后卧病时,曾对人说:"我瞑目无他忧,惟虑族属不敦睦,贻笑于人。"③由此可以看出她的家族责任感。真宗景德中,其幼弟果真闹着要分家析财,证实了宋皇后的忧虑。对于宫廷政治,宋皇后似乎也有参与的热情。她没有子女,在皇子中更加偏爱年幼的德芳,甚至在太祖死后急召德芳,欲立其为帝(后有详述)。这一举动,令太宗对她十分不满。

太祖死后,宋皇后被尊为开宝皇后。至道元年(995)四月十八日,即宋太祖去世后的第十七个年头,宋皇后去世,享年四十四岁,谥曰孝章。宋皇后死后,朝廷没有按照皇后的礼仪将其下葬。名臣王禹偁为其鸣不平,认为宋皇后曾母仪天下,当遵用旧礼,因而触怒太宗,被贬为知滁州。太宗对宋皇后的苛刻行为,也饱受后世非议。

除了三位皇后,太祖应还有其他妃嫔,但大多不见详载。例如他有的儿女,包括在宋初很活跃的皇子赵德芳,其生母的身份就没有可靠记载。太祖的后宫人数很少,不足三百人,后来又因久雨不止,以阴气太重为理由,将宫女放归五十余人:

---

① 邓小南:《祖宗之法——北宋前期政治述略》,第93页。
② 《宋史》卷242《后妃上》。
③ 《宋史》卷255《宋偓传》。

> 太祖开宝五年五月十六日,以久雨,帝谓宰相曰:"霖雨成灾,得非阙政使之然耶?朕恐宫掖中有所幽闭。"令编籍后宫,得二百八十余人,谕以愿归者以情言。其应命者五十余人,各赐以白金、帷帐,遣还其家。①

这与晋武帝后宫"至于万人"、唐玄宗"开元、天宝中,宫嫔大率至四万"②的情况大为不同。总的说来,太祖是一位不好女色的皇帝,这在历史上已有定评。而且,当美人与朝政出现冲突时,太祖的处理手段也是相当决绝的,花蕊夫人即是一例(详见第四章)。

另据史载,太祖还曾迷恋过一位不知名的宫女,因此耽误上朝而受到了臣下的批评。太祖便在这位宫女熟睡之际将其杀死,以断绝自己的任何念想。这件事一度被当做"圣德",由学者石介编入《三朝圣政录》,但却受到了与范仲淹并称"韩范"的名相韩琦的强烈反对,认为此事绝不可为后世所效法:

> 石守道(石介)编《三朝圣政录》,将上,求质于公,公指数事:其一,太祖惑一宫鬟,视朝晏,群臣有言,太祖悟,伺其酣寝刺杀之。公曰:"此岂可为万世法?已溺之,乃恶其溺而杀之,彼何罪?使其复有嬖,将不胜其杀矣!"遂去此等数事。守道服其清识。③

太祖处置宫女的手段如此无情,令人扼腕。同时也可看出,太祖对花蕊夫人也好,对这名宫女也好,都只是一时的迷恋。美人再美,一旦影响到朝政的稳定运行,就只有被杀而弃之的命运。江山与女人,孰轻孰重,太祖心中拎得非常清楚。

太祖与他的妻妾育有四子六女。

长子德秀(早亡)、次子德昭(951—979)、三子德林(早亡)、四子德芳(959—981),长女昭庆公主、次女延庆公主、三女永庆公

---

① 《宋会要辑稿》崇儒七"帝治出宫人"。
② (宋)洪迈:《容斋随笔》五笔卷3《开元宫嫔》。
③ (宋)强至:《韩忠献公遗事》,《全宋笔记》第1编第8册,大象出版社2003年版。

主，以及申国、成国、永国三位早亡的公主。其中德昭、昭庆、永庆为贺皇后所生，王皇后所生子女三人事迹史无明文，德林与早亡公主中的两位可能就是她的子女。长子德秀，早亡，生母不详。《宋史》《东都事略》《宋朝事实》等均记载太祖元配贺皇后生子德昭，并未提及德秀，而德秀却实为长子。其他的女子，当为妃嫔及宫女所出。

另据司马光记载，"苏王元偓，太祖遗腹子，太宗子养之"①。据《宋史》记载，元偓为太祖第六子，资容伟异，厚重寡言，通晓音律。宋真宗时期，他先后获封彭城郡王、宁王、相王、徐王。真宗天禧二年（1018）春，因王宫失火，受惊吓而死，时年四十二。追封邓王，后改封密王，又改苏王。元偓生于977年，而太祖死于976年，从日期上推断，遗腹子的可能性是存在的。但这一说法在正史中并无记载。据司马光在《涑水记闻》中的记载，遗腹子一说得自于"杨乐道"，即杨畋（1007—1062）。杨畋是保静军节度使杨重勋（北宋名将杨业的弟弟）的曾孙，出身将门，却以科举入仕，官至龙图阁直学士、吏部员外郎兼侍读，知谏院，嘉祐七年（1062）病逝。杨畋人脉广泛，与范仲淹、欧阳修、韩琦、司马光、王安石等名臣都有交往，又是皇帝的近侍朝臣。这样一个人对于元偓身世的指认当不至毫无根由。然而，由于史料所限，尚没有更多的证据来进一步确认元偓的身世。

由于德秀早亡，德昭成为实际上的长子。德昭字日新，贺皇后所出，为人谨重寡言，喜怒不形于色，喜爱读书，不好犬马之玩。乾德二年（964），德昭出阁，为贵州防御史。按惯例，皇子出阁即封王，然而太祖以其年幼，并未封王。太祖朝，德昭无多少功业可言，但"皇长子"的身份还是给他带来了不少的荣耀；在太宗朝，他也因此而备受压力，最终不堪重负，自杀而死，年仅二十九岁。德昭

---

① （宋）司马光：《涑水记闻》卷2。

死后被追封魏王,后改为吴王、越王,徽宗时改为燕王,宋代文献中一般称其为"燕王"。

德昭有子五人:惟正、惟吉、惟固、惟忠、惟和,而以惟吉最受太祖疼爱:

> 惟吉字国祥,母郑国夫人陈氏。惟吉生甫弥月,太祖命辇至内廷,择二女媪养视之,或中夜号啼,必自起抚抱。三岁,作弱弓轻矢,植金钱为的,俾之戏射,十发八中,帝甚奇之。五岁,日读书诵诗。帝尝射飞鸢,一发而中,惟吉从帝雀跃,喜甚,帝亦喜,铸黄金为奇兽、瑞禽赐之。常乘小乘舆及小鞍鞯马,命黄门拥抱,出入常从。①

即使是杀伐决断的君王,也会渴望子孙绕膝的天伦之乐。聪明伶俐、天真可爱的孙辈,给了政务缠身的宋太祖极大的安慰。只可惜美好的时光总是短暂,惟吉六岁时,太祖溘然长逝。太祖死后,惟吉日夜啼哭,宋皇后再三劝慰,才肯吃东西。后来,真宗将太祖与宋皇后的画像、服玩、器物等赐予惟吉。终其一生,惟吉都保持着对悉心抚育他的太祖与宋皇后的深厚感情。

德芳为太祖四子,其生母不详。宋人韩维在为德芳的孙儿赵从式作墓志铭时,提出"太祖孝明皇后生楚康惠王德芳"②。孝明皇后即王皇后。然而,史载王皇后子女皆早夭,故韩维此说恐不确。另,太祖死后,宋皇后曾急召德芳,而非太祖长子德昭,欲立德芳为帝,因此有人认为德芳乃宋皇后所生。对此,李焘专门作了考辨:

> 按:开宝皇后(宋皇后)以开宝元年二月入宫,德芳以开宝八年七月娶焦继勋女,出阁时年十七岁,德芳传不载母为开宝皇后,后传亦不言有子德芳,疑德芳非宋出也。当考。③

---

① 《宋史》卷244《宗室传一》。
② (宋)韩维:《南阳集》卷29《荣王从式墓志》。
③ 《长编》卷17开宝九年十月条。

宋皇后入宫为后时,年方十七,而德芳已经十岁,二人显然不会是母子。然而,七八年的养育之情,却可使他们情同母子。相比之下,德昭比宋皇后大一岁,且早已出阁,二人关系就有些疏远了。宋皇后本人没有子嗣,若让她在德昭与德芳中择一人为帝,显然她更为偏爱德芳。故有学者认为,太祖崩逝,或许"突然感到无助的宋皇后,希望抓住这稍纵即逝的时机,与未来的皇帝结成一种特殊的关系,权衡之下,选择了较她本人年轻、'母子'关系易处,而且可能较易控御的德芳"①。

德芳的岳父焦继勋在太祖晚年曾受到特别的重视,直接掌管宋朝的副都洛阳。而太祖一度也欲迁都洛阳,迁都的目的据说是为了摆脱皇弟赵光义在开封府已然形成的强大势力。② 由此看来,德芳的人生或许并非如史书记载中那般寡淡。在正史中寥寥数语的背后,不知蕴藏着多少不为人知的暗涛。太平兴国六年(981)三月德芳病逝,年二十三岁。他一生并无大的功业,但在民间传说中,他却成了手持金锏,上打昏君、下打奸臣的"八贤王",虽然是虚构的人物形象,却寄托了人们对太祖功业的怀念,以及对太宗苛待太祖诸子的质疑与不满。南宋绍兴三十二年(1162),德芳六世孙赵伯琮,也就是宋孝宗登基,皇位重回太祖一脉,这也是宋代政治史中的一件大事。

在太祖的六个女儿中,三位公主早亡,只有昭庆、延庆、永庆三位公主顺利成年。这三位公主以及太祖妹妹所嫁的驸马,都出自开国元勋,尤其是武将之家。这正与太祖"杯酒释兵权"时对王审琦、石守信等武将所说的"与尔曹约为婚姻,君臣之间,两无猜疑,

---

① 邓小南:《祖宗之法——北宋前期政治述略》,第 260 页。
② 蒋复璁在《宋太祖孝章宋皇后崩不成丧考》中对这件事有着详细考证,认为其中包含宋初政治,尤其是太祖、太宗传位过程的极大信息。另外,在个别文献记载中,德芳的孙儿赵从式手中有家藏的"皇帝信宝"。见韩维:《南阳集》卷29《荣王从式墓志》。

上下相安"许诺相一致。

第二节　皇亲：兄妹与外戚

父母、妻妾、子女是宋太祖的直系亲属,除此之外,最重要的皇室成员就是他的兄弟姐妹和外戚了。①

宋太祖共有兄弟姐妹七人,即长兄光济(早亡,宋朝建立后,追封邕王,后改为曹王)、二弟光义、三弟廷美、四弟光赞(幼亡,追封夔王,后改岐王)、姐姐陈国长公主(未笄而夭)、妹妹燕国长公主,皆为杜太后所出。开国后,宋太祖让弟弟、妹妹的子女同称皇子、皇女,以示骨肉无间。尽管有大臣认为这样体现不出差别,太祖却不以为然:"犹子(指侄子)即子也。新得天下便生分别,朕不欲为也!"②

赵光义(939—997),即后来的宋太宗,原名匡义,字廷宜,太祖赵匡胤即位后改名光义,即位后改"御名"为赵炅。宋朝人喜欢强调"祖宗家法",从最直观的意义上说,"祖"即太祖,"宗"即太宗,兄弟二人是宋皇室中交集最多,对赵宋王朝影响最大的两位皇帝。

赵光义比哥哥小十二岁,据说他出生时也是"赤光上腾如火,闾巷闻有异香",自幼便"不群,与他儿戏,皆畏服"③。父母对光义十分喜爱,也寄予厚望。父亲赵弘殷经常搜求古书送给光义,勉励他好好学习。杜太后于子女之中,"尤爱皇弟光义,然未尝假以颜

---

① 把宋太祖的父母、妻妾、子女作为一个群体,把他的兄弟姐妹和外戚作为另一个群体,大致符合中国传统"三纲六纪"的说法。君臣、父子、夫妇为"三纲",诸父(父亲的兄弟姐妹)、兄弟、族人、诸舅、师长、朋友为"六纪"。陈寅恪、季羡林都认为,"三纲六纪"是中国传统文化的核心,"把当时社会所有的人际关系都规定了"。参见季羡林:《略说中国传统文化及其特点》,《季羡林谈国学》,浙江人民出版社2016年版,第40页。
② (宋)李心传:《旧闻证误》卷1,中华书局1981年版,第6页。
③ 《宋史》卷4《太宗本纪一》。

色,光义每出,辄戒之曰:'必与赵书记(赵普)偕行乃可。'仍刻景以待其归,光义不敢违"①。光义喜爱读书,"工文业,多艺能"②,与"独喜观书"的太祖当有较多的共同语言。

兄弟二人成年后的长相也相近。

宋人王偁的《东都事略》卷一《太祖本纪一》在介绍太祖从出生到成年的经历时,涉及了他青年时的相貌:"及长,天姿雄伟,性沉厚有大度"。这实在是一句很笼统的话,也不乏美化的成分。但据此也不难推知,宋太祖此时应该是一个健壮魁伟、性格老成的青年。《宋史·太祖本纪》沿袭了《东都事略》中的内容,描画的也是宋太祖青年时的形象,但美化的成分更大了:"既长,容貌雄伟,器度豁如,识者知其非常人。"三十岁后,即"陈桥兵变"前后,宋太祖开始发福,用他自己的话说,已长成"方面大耳"的模样。《儒林公议》中言"太祖天表神伟,紫鬓而丰颐",大致也是此时的状貌,所谓"紫鬓"是指皮肤、胡须呈紫黑色;"丰颐",应该是指胖而出现了"双下巴"。《宋史·楚昭辅传》中记载"陈桥兵变"前夕的宋太祖为"奇表丰下",有"贵人"之相。这里的"丰下"也就是"丰颐"。《长编》中记载了有关宋太祖样貌的一则旁证,值得重视。宋仁宗时有一位叫王德用的名将,因战功不断得到重用,结果遭到很多人的反对,其中的一个理由就是他长得太像太祖皇帝了:"德用状貌雄毅,面黑,颈以下白晰,人皆异之。言者论德用貌类艺祖。"③《宋史·王德用传》中还记载了王的绰号为"黑王相公"。据此来看,宋太祖除了"状貌雄毅",即高高大大之外,其面部特征应该是"面黑颈白"。传为北宋王霭所作《宋太祖坐像横轴》(又称《宋太祖坐像》,原藏北京故宫南薰殿,今藏中国台北"故宫博物院")画像上的太祖也是脸色较深,身

---

① 《长编》卷2 建隆二年六月条。
② 《宋史》卷4《太宗本纪一》。
③ 《长编》卷123 宝元二年五月条。

体肥胖。宋太宗赵光义的状貌在文献记载中也是"面黔色而体肥"①,与哥哥显然十分相近。

另外,传世名画《蹴鞠图》(又称《宋太祖蹴鞠图》),描绘了宋太祖、宋太宗兄弟二人与赵普等人玩蹴鞠(古代"花式足球")时的场景。该画原作为北宋末年名画家苏汉臣(1094—1172),现传之图为宋末元初画家钱选(1239—1299)临摹,称《临苏汉臣〈宋太祖蹴鞠图〉》(上海博物馆藏),又有海外私人收藏文徵明《蹴鞠图》轴,与钱选之作相仿。图中共有六人:前排赵光义、赵普在踢球,旁边一年轻人为楚昭辅;后排中间为宋太祖,党进、石守信分立左右。从画中各人身材来看,党进最高。党进是朔州马邑(今山西朔州)人,属于"西北汉子",《宋史》本传更说他"以膂力隶军伍","形貌魁岸",身材显然高于一般人。宋太祖跟他比起来,也只略低一点。据此判断,太祖兄弟二人也应该是身材高大的,都是那种肤色黝深、高高大大的黑胖汉。② 本来,唐朝人喜胖,宋朝人好瘦,故有"唐肥宋瘦"之说。但"宋瘦"的开国"祖宗"却是两个黑胖汉,这也是一桩趣事。

兄弟二人"状貌"相近,但性格却相差很大。哥哥豪爽、豁达、宽厚,弟弟则细致、讲究、认真。日本学者竺沙雅章在《宋太祖与宋太宗》一书中说:"在各种各样的史书的评价中,都说他(宋太祖)'聪明豁达''神武英断''宽仁多恕''孝心友爱'等等,还说他头脑清晰,富有决断力,心地善良,对人宽大为怀。传说他的面貌像一般武将那样,黑里透红,现在留存下来的画像,面貌也很黑,在

---

① (明)沈德符:《万历野获编》卷28"果报"条云:"偶于友人处,见宋人画熙陵幸小周后图,太宗头戴幞头,面黔色而体肥……"。
② 张其凡说,宋太宗的状貌为"中等左右的个头,肥胖而略显臃肿的身体,方面大耳,一副黝黑的面孔"(《宋太宗》,吉林文史出版社1997年版,第216页),基本符合太祖、太宗兄弟二人的状貌特点,只是"中等左右的个头"一说,似乎有些"小看"这兄弟二人了。因为只有身材高大的人,才可能"状貌雄毅动人"。

丰满中露出慈祥的样子。"①虽然"各种各样的史书"中的这些评价,带有传统史书惯于美化帝王的倾向,但总的来说,这些评价还是有依据的,也不是毫无原则地美化。在宋代文献中,"祖、宗"二人虽然都是被充分尊崇的偶像,但他们性格上的差异,从宋人的夸赞中还是可以看得出来:

> 艺祖治大而不治细,任逸而不任劳。

> 艺祖皇帝经画天下之大略,盖将上承周汉之治,太宗皇帝一切律之于规矩准绳之内,以立百五六十年太平之基。②

> 盖太祖时规模广大,故(赵)普慨然以天下自任而敢于任事;太宗规模繁密,故普不免远嫌疑、存形迹,而救过之不暇。③

竺沙雅章说:"在太祖身上,则还没有完全脱去那种军阀武夫的习气……太宗则始终保持着自己是主宰天下的帝王的矜持态度"④,也同样反映出兄弟二人性格上的差异。与哥哥的豁达随性不同,弟弟严肃、矜持的背后是强大的意志力,凡是自己认准的事,无论大小,他都不会轻易撒手。当然,这也与哥哥的宽厚有关。

兄弟二人都喜欢读书,但哥哥很少表白,弟弟则经常提及。如"朕万几之暇,不废观书"、"朕每退朝,不废观书"⑤;"朕性喜读书,开卷有益,不为劳也"⑥,"朕每日所为有常度,辰巳间视事,既罢,即看书"⑦,"朕退朝未尝虚度光阴,读书外尝留意真草"⑧,"朕

---

① [日]竺沙雅章:《宋太祖与宋太宗》,第96—97页。
② (宋)陈傅良:《止斋集》卷20《转对札子》,(宋)陈亮:《陈亮集》卷1《上孝皇帝第三书》。
③ (宋)吕中:《宋大事记讲义》卷4"宰相"条。
④ [日]竺沙雅章:《宋太祖与宋太宗》,第147页。
⑤ 《宋朝事实》卷3。
⑥ 《长编》卷24太平兴国八年十一月条。
⑦ 《长编》卷25雍熙元年十月条。
⑧ 《长编》卷27雍熙三年十月条。

无他好,但喜读书"①。从文献记载来看,宋太宗确实年轻时候即喜读书,当了皇帝后时时强调自己好读书,也有为臣下、皇室和士人做一表率的用意,但从另外一个角度来说,也可以理解为"由于太宗有让自己的言行详细地流传于后世的强烈愿望,所以,常常尽量让史官多记录"②。

宋太祖性格方面也有一个大的缺陷,这就是对于酒的自制力很差。职业军人出身的他对酒有一种特殊的偏爱,虽然饮酒显示了他的豁达豪放,但几乎每饮必醉,这就是自制力的问题了。他自己也常为此自责,"朕每因宴会,乘欢至醉经宿,未尝不自悔也。"③但直到去世,他都没有改掉豪饮的毛病。事实上,不少史家认为,宋太祖五十一岁就壮年早逝,与其平日嗜酒有很大的关系。有意思的是,他的弟弟在喝酒这件事上的自制力就很强。光义应该是有些酒量的,但只是在必喝的场合下才喝。故史书多载光义说自己"居常罕饮"、"春夏以来,未尝饮酒"④等。

性格的不同,并未影响兄弟二人的感情。

太祖长光义十二岁,如兄亦如父。光义先后迎娶符、李二位夫人,便是太祖操办的。光义也为赵宋开国尽心竭力。"陈桥兵变"中,光义在前台积极活动,为太祖黄袍加身立下功劳;而太祖在登基为帝之后,待光义亦一如布衣昆弟之时。他不仅频频召见光义,还常常造访光义府邸。光义一次在宫中醉酒,不能乘马,太祖便亲自扶掖,送至殿阶。光义府邸地势高仰,水不能及,太祖遂自左掖门步行至光义府中,命工匠设法将金水河引入府中,并多次前往查看,直至注水成功。他对光义的赏赐不可胜纪,其中仅金银器一项即不下数万两。至道元年(995),已登基为帝的光义下令修建上

---

① 《宋史纪事本末》卷3。
② [日]竺沙雅章:《宋太祖与宋太宗》,第139页。
③ (宋)司马光:《涑水记闻》卷1。
④ 《长编》卷25雍熙元年正月条、卷27雍熙三年十二月条。

清宫,此宫一千二百四十二区,规模恢宏,其修建费用全部来自太祖以前赏赐的财物。关于兄弟二人的关系,在历史上还留有一段佳话:光义曾罹患重病,几乎人事不知。太祖忧心如焚,亲为护疗,甚至冒着灼伤的危险,将治病的艾条先放在自己的穴位上熏灼试验,以求得理想的艾灸效果。

太祖即位的第二年,就与昭宪杜太后拟定了"金匮之盟",确立光义为继承人。在此后的十余年间,二人虽然不无龃龉,但却还是大致维系了兄弟间的情谊,直到太祖去世,光义顺利即位。这在帝王之家实不多见。其中的部分原因,应该与太祖"孝心友爱"的个性有关,正如美籍华人历史学家黄仁宇所说:"(太祖)受母亲杜氏的盼咐,传位于弟赵光义(太宗),终其身没有因为继承问题而在他左右产生各项阴谋。虽然这种纪录在赵光义一朝就不能保持,宋朝宫闱间的纠纷究竟比各朝为少。"[①]

太祖的三弟赵廷美(947—984),字文化,本名光美,光义即位后改名廷美。他小太祖二十岁,仅比皇子德昭大四岁,因为年龄小的缘故,廷美在太祖朝并没有做过多少事。太宗即位后,由于他也是"金匮之盟"中规定的皇位继承人之一,反而遭受了一系列政治迫害,最后被流放至湖北房州。为否定廷美的继承人身份,太宗甚至声称他是赵家乳母耿氏与赵弘殷的儿子。在持续的高压之下,廷美于雍熙元年(984)因忧悸成疾而死,享年三十七岁。

除了光义、光美和早夭的光赞三个弟弟,太祖还有两个姊妹。其中一位早年夭折,另一位就是宋初很有影响的燕国长公主。她早年出嫁太祖的战友米福德,米福德去世后,寡居在家,建隆元年(960)受封燕国长公主,八月,再嫁殿前副都点检、忠武节度使高怀德,开宝六年(973)十月去世。太祖对这个妹妹十分关心,在她

---

① [美]黄仁宇:《赫逊河畔谈中国历史》,生活·读书·新知三联书店1992年版,第147页。

生病时，亲自探望；在她去世时，亲临吊唁，痛哭失声，朝廷停止办公五天。关于太祖的这个妹妹，还有一则轶事：

> 太祖英武有度量，多智略，屡立战功，由是将士皆爱服归心焉。及将北征，京师间宣言："出军之日，当立点检为天子。"富室或挈家逃匿于外州，独宫中不之知。太祖闻之惧，密以告家人曰："外间汹汹如此，将若之何？"太祖姊，或云即魏国长公主（此处误，当为太祖妹，燕国长公主），面如铁色，方在厨，引面杖逐太祖击之，曰："大丈夫临大事，可否当自决胸怀，乃来家间恐怖妇女何为邪！"太祖默然而出。①

宋代文献中关于燕国长公主的记载，寥寥无几，然而仅此一条，已足具华彩，大见性情！即使是豁达果敢的"大丈夫"，面对这最后一搏，也难免会忐忑不安，踌躇不前。在这关键时刻，家人义无反顾的支持将是他莫大的动力。燕国长公主以这种果决的方式表明了家人对宋太祖的支持。同时，这一"大丈夫临大事，可否当自决胸怀"的表述，亦隐约表明了赵家人对这一非同小可的"大事"是知情的。

除了太祖的弟妹等血缘皇亲之外，太祖的姻亲，也就是外戚，是皇朝政治中重要的一环。宋太宗的妻子是后周世宗符皇后的妹妹，太祖兄弟却将后周恭帝赶下了皇帝的宝座。"宋代起于外戚姻亲夺位，从此对于外戚加意防范"②，对外戚设立了诸多限制。

太祖有五位舅舅：杜审琦、杜审玉、杜审琼、杜审肇、杜审进。其中杜审琦、杜审玉已于后唐年间去世，只余杜审琼、杜审肇、杜审进三人。杜家世居常山，北宋建国后，遵照防范"外戚干政"的意

---

① （宋）司马光：《涑水记闻》卷1。书中认为杖逐太祖者为"太祖姊，或云即魏国长公主"。对此，《宋朝事实》卷8"宣祖女"条说："考魏国长公主，太祖女，即昭庆公主，非太祖姊也。据史云太祖姊皆早夭，则引面杖逐太祖者当为太祖妹秦国长公主。可知《涑水记闻》属传闻之误。"《锦绣万花谷》前集卷16、《说郛》卷9在记此事时皆把"太祖姊"写作"太祖娣"，即太祖妹。
② [美]刘子健：《宋太宗与宋初两次篡位》，《中国史研究》1990年第1期。

图,杜家兄弟依然住在常山,这期间唯有杜审琼曾进京朝拜。在这次难得的聚会中,也显示出家人的亲情与友爱。正式朝见后,宋太祖特地在万岁殿设家宴款待,率领光义等兄弟,按照家礼向舅舅跪拜祝酒,"前殿展君臣之礼,虎节朝天;后宫伸骨肉之情,龙衣拂地"①,一时传为美谈。家宴之后,杜审琼仍旧返回常山乡居。直至杜太后去世后,建隆三年(962)九月,杜家兄弟三人才被召至京师。但三位舅舅中,只有杜审进晚年获封节度使:

> 国初外戚罕有建节者,太祖时,杜审进以元舅之尊,穷老才得节度使。②

这都可以看出宋太祖在此类问题上的明智与清醒。

太祖朝有四位驸马:妹夫高怀德(926—982),女婿王承衍(952—1003)、石保吉(954—1010)、魏咸信(946—1014)。

高怀德是开国宿将,石、王、魏三人为功臣之子。建隆元年(960)八月,宋太祖将寡居在家的妹妹燕国长公主嫁与三十五岁的开国大将高怀德,加封高怀德为驸马都尉。第二年,杯酒释兵权,高怀德等大将的禁军职务被罢除,改为归德军节度使,并废除殿前都点检一职。高怀德不爱读书,喜欢作曲唱歌,尤好射猎,"尝三五日露宿野次,获狐兔累数百,或对客不揖而起,由别门引数十骑从禽于郊"③。这也是一种低调"自晦"的策略④。

王承衍是开国功臣王审琦的儿子,于开宝三年(970)娶太祖长女昭庆公主。其实在此之前他已有妻子乐氏,太祖竟出厚资将乐氏改嫁,坚持以王承衍为婿。这样做的目的,宋太祖说是为了让

---

① (宋)释文莹:《玉壶清话》卷3。但该书将杜审琼误作杜审琦,万岁殿误作福宁宫。
② (宋)李心传:《建炎以来朝野杂记》卷12《外戚节度使》。
③ 《宋史》卷250《高行德传》。
④ 《宋史》卷250"论曰"。

"杯酒释兵权"后的王审琦安心。① 石保吉是开国大将石守信的次子,开宝四年娶太祖次女延庆公主。魏咸信于开宝五年娶太祖小女永庆公主,他是宋初宰相魏仁浦之子,也是杜太后早就属意的驸马人选。②

与对待宗室的政策相似,宋太祖对外戚待遇优厚,但却不予实权。"祖宗家法最善,汉唐所不及,待外戚尤严"③,"不令预政,不令管军,不许通宫禁,不许接宾客"④,"养之以丰禄高爵,而不使之招权擅事"⑤。太祖时期,外戚成员依照惯例获授武职官位的当然不在少数,其地位特殊者还能获得高级官爵,"但真正掌军为将者却有限"⑥。

总的说来,在中国传统政治体制下,对后妃干政、兄弟阋墙、外戚乱国的风险在宋初都有明确的防范措施,这也奠定了两宋对待宗室皇亲的基本思路与政策:

> 天下无女宠,无宦官,无外戚,无权臣,无奸臣,随其萌蘖,寻即除治。⑦

> 宋朝之待宗室、戚属,其以大公之道守天下乎?虽三代未有及此!⑧

在历朝皇帝中,宋太祖是处理"家"、"国"关系最明智、最慎重的一位君主,这不但将宋王朝带出了"五代十国"短命的泥淖,也开创了帝制时代最为理性的政治。从某种意义上说,一个国运绵远的卓越朝代,往往是从"齐家"开始的。

---

① (宋)邵伯温:《邵氏闻见录》卷1。
② 据《宋史》卷249《魏咸信传》。
③ (宋)王应麟辑:《玉海》卷130《官制·戚里》。
④ (宋)彭龟年:《止堂集》卷5《论韩侂胄干预政事疏》。
⑤ (宋)赵汝愚编:《宋朝诸臣奏议》卷35《帝系门·外戚下》。
⑥ 陈峰:《北宋武将群体与相关问题研究》,中华书局2003年版,第53页。
⑦ (明)杨士奇等编:《历代名臣奏议》卷54《治道》。
⑧ (宋)吕祖谦:《历代制度详说》卷14《宗室·详说》。

第三节　皇位传立:时代习尚与家族利益

中国帝制时代,皇位传立的第一原则是"父死子继",即皇帝的子嗣,如皇嫡子、皇长子、皇子等具有无可争议的皇位继承权。只有在子嗣断绝这种十分特殊的情况下,才会在皇室内部选择与皇帝血缘较近的其他男性宗亲,尤其是在皇帝的兄弟中选择继承人,如所谓"兄终弟及"。

五代宋初,这种传立观念却发生了颠覆性的变化,而这种变化却又恰恰是"五代十国"所酿成的时代习尚。

在讨论这种习尚之前,我们先看一下宋代《建隆遗事》中所记载的一次皇家宴会。这次宴会的主角是昭宪太后和宋太祖。另外,宋太祖的弟弟赵光义、赵光美(后改名"廷美"),以及他的两个儿子赵德昭、赵德芳等,也都热热闹闹地参加了宴会:

> 酒酣,上(宋太祖)白太后曰:"臣百年后传位于晋王(指皇弟光义),令晋王百年后传位于秦王(指另一皇弟光美)。"后大喜曰:"吾久有此意而不欲言之,吾欲万世之下闻一妇人生三天子,不谓天生孝子成吾之志。"令晋王、秦王起谢之。既而后谓二王曰:"陛下自布衣事周室,常以力战图功,万死而遇一生,方致身为节度使。及受天命,将逾一纪,无日不征,无月不战,历尽艰危,方成帝业。汝辈无劳,安坐而承丕绪,岂不知幸乎!久后,各不得负陛下。吾不知秦王百年后将付何人?"秦王曰:"愿立南阳王德昭。"后又喜曰:"是矣!是矣!然则陛下有此意,吾料之亦天意也。他日各不得渝,渝者罪同大逆,天必殛之。"上又令皇子德昭谢太后。太后又谓上曰:"可与吾呼赵普来,令以今日之约作誓书,与汝兄弟传而收之,仍令择日告天地宗庙,陛下可以行之否?"上即时如太后旨,召赵普入宫,令制文,普辞以素不能文,遂召陶穀为文。别

日,令普告天地宗庙,而以誓书宣付晋王收之。①

《建隆遗事》是宋代流传很广的一份文献,虽然有关该书的作者存有争议,但书中的内容却一直为宋代学者所关注和讨论。②该书记载的此次皇室家宴是宋代史书中关于皇家私宴的唯一记载。因为其间涉及皇位传立这样重大的问题,这显然是一场引人注目的宴会,其意义不亚于"杯酒释兵权"。同样引人注目的是,宴会中所讨论的传位方案,与我们通常所理解的皇位传立十分不同:在传统"家天下"的政治模式中,皇位的传继似乎首先应该考虑的是现任皇帝的儿子,而文中记述的却是一个"太祖传位于皇弟赵光义,赵光义传位于另一皇弟赵光美,赵光美传于太祖之子赵德昭"的皇位传继思路。而最引人注意的则是,当事各方讨论这一问题时的那种坦然和自然,似乎没有任何不妥。

这里所反映的,正是五代宋初皇位传立观念的一种时代性的新变化。这种变化,可以概括为三点:

第一,五代十国时逢乱世,北方政权更迭频繁,政局不稳;南方则小国林立,互相对峙。在"天子,兵强马壮者为之"的乱世逻辑下,群雄纷纷逐鹿中原,"称王称帝者如春雨之蒸菌"。从朱温废唐建立后梁开始,至宋太祖(907—960)即位,短短五十四年,仅北方中原地区就走马灯般经历了五个王朝的更迭,换掉了八姓十三位君主。在这种大环境下,一国之君是否为一个成熟的领导人,直

---

① 《长编》卷22太平兴国六年九月条注引。
② 《建隆遗事》又名《篚中记》,题为王禹偁所撰,全书一卷,记录了宋初与太祖有关的十余条遗事。其书已佚,部分内容散见于《邵氏闻见录》、《长编》、《旧闻证误》、《齐东野语》等两宋文献。自南宋以来,关于该书作者是否为王禹偁的问题,一直存有争议。邵伯温《邵氏闻见录》以之为实;晁公武《郡斋读书志》、李焘《长编》、王明清《挥麈录》则以之为伪;徐规《王禹偁事迹著作编年》(中国社会科学出版社1982年版)亦以其为他人托名之伪作;顾宏义《王禹偁〈建隆遗事〉考——兼论宋初"金匮之盟"之真伪》(《中华文史论丛》2009年第3期)则认为《建隆遗事》虽然记事有讹误,亦有一些后人羼入的文字,但其作者确为王禹偁。无论该书作者是否王禹偁,作为最早并最为详尽地记录"金匮之盟"的史料,《建隆遗事》自有其不可忽视的价值。

接关系到其政权的安危和存亡,而成熟的一个首要标志,就是"精壮成年"。所以,"国家多事,议立长君"①成为时人共识。

第二,五代十国又是影响中国六七百年之久的门阀政治彻底终结的时期,门阀政治的一个最大特点,就是把人的门第、血缘和身世作为能否进入统治集团的首要标准,随着门阀政治的崩溃,这种价值标准逐渐为一种重视个人才能和功业的新价值标准所取代。五代十国作为门阀政治崩溃的初期,上述情形表现得尤为突出:旧族高门子弟大多懦钝无能,各国君主及王侯将相则多"黥髡盗贩"②之徒,有的甚至连自己的姓氏都不知道。这一新的统治群体在考虑政权的交接传承时,常常能在一定程度上突破血缘亲疏的局限,而更多地着眼于继承人的功业和才干、经验及阅历,表现出某种为后人所称羡的"大公之举"。

第三,五代十国时期,中原汉族地区受少数民族文化的影响比较大。自中唐"安史之乱"以来,周边大量"胡人"迁居河朔,进而入主中原,成为五代王朝的"中坚"③。当时北方的五个朝代中,有三个是沙陀人建立的,史称"沙陀三王朝"。这样,从一国之君到文臣武将,多有"胡人"血统。当诸多少数民族的习俗、制度与汉文化相结合,就形成了若干在当时习以为常,而于后世匪夷所思的现象,如"义儿"、"假子"、"儿皇帝"一类现象的大量出现,如忠孝、贞节观念的淡薄等等。这种影响在中原各政权内部的交接传承中亦有鲜明体现。那种早已为汉民族所放弃,但在当时少数民族仍然流行的"兄终弟及"制等,又在中原地区屡屡复现。

以上三个方面又会互相影响与带动,从而造就了五代十国时期皇(王)位传立观念的巨大变化。

---

① 《新五代史》卷17《晋家人传·石重睿》。
② 《新五代史》卷61《十国世家序》。
③ 荣新江:《安史之乱后粟特胡人的动向》,《暨南史学》第二辑,暨南大学出版社2003年版,第102—103页。

一是传立弟、侄而不传立幼年甚至成年亲子者屡见不鲜。如：后晋高祖立成年的侄子而不立其幼子为继位人；吴国两世皆兄终弟及；楚国统治者马殷去世，遗命诸子必须按兄弟辈分相继，故此后二十年间，其传立和争国者皆为马氏第二代同辈兄弟，而第三代众多成年宗室，竟无一人按照"父死子继"的原则被立为或挺身争夺继承人；吴越国主钱元瓘以子年幼（十四岁）而欲择宗室长者为储君；吴越国主钱佐以子年幼而以其弟钱倧袭位；南平高保融因长子继冲年轻，而立其弟保勖为继位人，保勖袭位后又传位于保融之子；南汉刘隐传弟而不传子；后汉太后立叔立侄而不立子。

二是传立"养子"而不传立幼年甚至成年"亲子"者不乏其人。如：朱温有六个亲子在世，且大都成年，但却始终坚持传位于年纪最长而有干才的养子友文（原名康勤），吕思勉因此称此事"颇见其大公"[1]；后唐明宗有三位亲子，但却传立骁勇、多战功的养子李从珂；吴国主徐温有成年亲子数人，但却以"才干皆不如"为理由，屡次回绝一众亲子的请求，而坚持传位于异姓养子徐知诰（原姓李。得位后废吴建南唐，复姓李，是为李昪）。[2]

以上所举各事，若分而观之，其本身或各有波澜、枝叶不同，但综而论之，则不能不承认，五代十国时期传立观念已有一流向、筋络大致相同的变化。门阀政治崩溃以后，代之而起的那种不注重血缘门第，而推崇个人才品的价值观念，与少数民族中存留的那种浓厚的早期原始民主遗存相互融合、相互激荡，适逢五代十国这种大多数社会规范都已失效的战乱环境，遂得以最大限度地作用于政治生活中。于是，也就有了上述传立观念的巨大变化。

宋王朝作为紧接"五代"之后的一个新王朝，在皇位的传立上，自然会延续五代十国时期的观念，并在这一观念的指导下，讨

---

[1] 吕思勉：《隋唐五代史》上，上海古籍出版社1984年版，第557页。
[2] 参见旷娟：《李昪及其时代》，山东大学硕士学位论文，2007年。

论和斟酌本朝皇位传立的基本方案。本节一开始提到《建隆遗事》中的这次热热闹闹的家宴，可能就是皇室内部对皇位传立的第一次讨论，由于与五代十国的传立习尚并无二致，因而也就很自然达成了一个皆大欢喜的方案。

应该说，这一方案也有着十分现实的考虑。宋王朝建国之初，如何避免成为五代之后的第六个短命王朝，尤其是如何避免因"主少国疑"而发生新的王朝更迭，这是昭宪太后、宋太祖，乃至整个皇室都会关心的问题。而解决这一问题的最好方案，就是尽快推出一位年长成熟的皇位继承人，这不但可以避免在未来的皇位传承中出现"主少国疑"的危险局面，而且可以震慑赵宋王朝眼前的各种敌对势力，杜绝他们潜在的觊觎之心。

固然，此时的太祖皇帝正当壮年，而且还有两个少年皇子在，似乎还不到为此事忧虑的地步。然而，杜太后却自有她的道理。五代五十多年间，仅中原地区就换了八姓十三君，且多半不寿。享国最长的后梁末帝朱友贞在位尚不到十年，而卒于五十岁以下的有八人之多。在这种情形下，极易出现"主少国疑"的情况。周世宗一代雄主，却于三十九岁的盛龄早逝，继任之主年方七岁，时人皆曰天下无主，最终难免亡国的命运。这些眼前的例子不能不引起赵宋皇室的警惕。太祖即位之初，最大的儿子德昭尚不过十岁。一旦发生周世宗式的变故，帝祚移人，则求为匹夫亦不可得，更遑论钟鸣鼎食、富贵荣华了。对整个家族来说，这才是生死攸关的大事。如何防患于未然，使帝祚永固，赵氏家族不能不反复斟酌，早作打算。

皇位的传立是王朝的头等大事，是帝国政治的"大关节"，一般不会一次讨论就能确定，尤其是皇家宴会那样热热闹闹的场合，也不适宜敲定皇位传立的最终方案。综合宋代的公私文献，可以知道，最终的传立方案是在建隆二年（961）六月确定的。当时昭宪太后病重，这位六十岁的老人，经历了五代时期所有的变乱，又

目睹了后周刚刚因"主少国疑"而江山易主的全过程,她希望临终前以"大家长"的身份定好儿孙们传承皇位的千秋大业:

> 昭宪太后聪明有智度,尝与太祖参决大政,及疾笃,太祖侍药饵,不离左右。太后曰:"汝自知所以得天下乎?"太祖曰:"此皆祖考与太后之余庆也。"太后笑曰:"不然,正由柴氏使幼儿主天下耳。"因敕戒太祖曰:"汝万岁后,当以次传之二弟,则并汝之子亦获安耳。"太祖顿首泣曰:"敢不如母教!"太后因召赵普于榻前,为约誓书,普于纸尾自署名云:"臣普书。"藏之金匮,命谨密宫人掌之。①

以上是司马光在《涑水记闻》中的记载,也是现存宋代史料中对"金匮之盟"最早的一份完整记录。在司马光这份记录的基础上,宋代另一位著名的历史学家李焘又综合了其他的一些史料,对"金匮之盟"订立时的最后场景,做了更细致、更生动的描述:

> 后聪明有智度,尝与上参决大政,犹呼赵普为书记,常劳抚之曰:"赵书记且为尽心,吾儿未更事也。"尤爱皇弟光义,然未尝假以颜色,光义每出,辄戒之曰:"必与赵书记偕行乃可。"仍刻景以待其归,光义不敢违。及寝疾,上侍药饵不离左右。疾革,召普入受遗命。后问上曰:"汝自知所以得天下乎?"上呜咽不能对。后曰:"吾自老死,哭无益也,吾方语汝以大事,而但哭耶?"问之如初。上曰:"此皆祖考及太后余庆也。"后曰:"不然。政由柴氏使幼儿主天下,群心不附故耳。若周有长君,汝安得至此?汝与光义皆我所生,汝后当传位汝弟。四海至广,能立长君,社稷之福也。"上顿首泣曰:"敢不如太后教。"因谓普曰:"'汝同记吾言,不可违也。'普即就榻前为誓书,于纸尾署曰'臣普记'。上藏其书金匮,命谨密宫

---

① (宋)司马光:《涑水记闻》卷1。

人掌之。"①

李焘这一细致生动的记载,突出了宋太祖的仁孝和昭宪太后"能断大事"的风格,与泪流满面、几度哽咽而不能语的儿子相比,母亲始终是清醒的、冷静的。这种叙述应该是中国传统史家从《史记》以来就形成的一种"场景化"的叙事模板——把更多的笔墨和"镜头"对准临终之前的昭宪太后。其实,昭宪太后的这次病危来得并不突然,五月之前病情时好时坏,五月中旬病情加重。此后的一个多月中,宋太祖"亲侍医药,衣不解带"②,几乎天天都在母亲身边,母子之间完全可以从容讨论"金匮之盟"的相关事宜。宋太祖作为一名成熟的政治家,在皇位传立这样的重大事情上,也肯定会深思熟虑、胸有成竹的。

果然,建隆二年(961)七月,昭宪太后去世后的次月,宋太祖就根据"金匮之盟"的约定,公布了皇弟赵光义的新职务:开封府尹、同平章事。"开封府尹"是光义的实职,"同平章事"是他的官阶或级别,意味着光义的级别等同于宰相。按照五代的政治惯例,皇亲出任开封府尹,这就等于基本明确了皇位继承人即"储贰"的地位:

> 后唐秦王从荣以长子为河南尹,又为天下兵马大元帅,故当时遂以尹京为储贰之位。至晋天福中郑王重贵、周广顺中晋王荣尹开封,用秦王故事也。③

可见,这是五代时期形成的政治惯例。

---

① 《长编》卷2建隆二年六月条。
② 《宋大诏令集》卷14《昭宪太后遗令》。
③ (宋)陆游:《渭南文集》卷22《记太子、亲王尹京故事》,四部丛刊初编本。今人对宋初沿袭五代这一政治惯例也都有明确的认识。如张其凡说:"宋初,光义、廷美尹开封亦沿用此例,称为'储贰'。"顾宏义说,太祖不按"秦、汉以来皇位传子不传弟之通例,而有意将皇帝宝座传给其弟,或者称宋太祖尊顺母命传位于赵光义,是有史实依据的,而非如人所言,是宋太宗为巩固自己皇位,而串通赵普一起伪造的"。参见张其凡:《宋太宗》,吉林文史出版社1997年版,第54页;顾宏义:《细说宋太祖》,上海人民出版社2014年版,第376页。

值得注意的是,在此之前,宰相范质上疏:"伏见皇弟泰宁军节度使光义,自居戎职,特负将材,及领藩维,尤积时望;嘉州防御使光美,雄俊老成,修身乐善,嘉誉日闻。乞并行封册,申锡命书。皇子皇女虽在襁褓者,亦乞下有司许行恩制。"①在这封奏疏里,范质着重强调应赐予皇弟官爵,而于皇子却轻轻带过,这与一般先皇子而后皇弟的顺序不符。当时,光义二十二岁,廷美十四岁,德昭十岁,德芳两岁,德昭并非"在襁褓者"。在这封奏疏中,"皇子"的地位显然不如"皇弟"重要。

光义出任开封府尹,整个王朝的权力格局,也开始围绕着太祖、赵普和赵光义三人运转。但此时的宰相、枢密使名义上还是后周留任的三位大臣担任(赵普只是枢密副使的身份掌控实权),而赵光义在百官之上的名分地位也并未确立。乾德二年(964),三位后周旧相于同日罢免,赵普独相十年,位在赵光义之上,形成了名实相符的"宋太祖—宰相赵普—开封府尹赵光义"为中轴的权力架构。开宝六年(973)八月,赵普罢相,九月赵光义进封晋王,尹开封府,诏晋王位居宰相之上。至此,以"宋太祖—赵光义"为中轴的新权力格局形成,赵光义得以居于一人之下,万人之上,有了准皇储的地位。

这一期间,太祖与光义的目标无疑是一致的。弟弟自然希望兄长帝位稳固,不为外姓旁族所颠覆,才可确保自己目前的荣华富贵和将来鲜花着锦般的前程;而兄长也需要弟弟这样一个"工文业,多艺能"、"隆准龙颜"、年富力强的成年储君以壮声威。太祖曾以炫耀的口吻对近臣讲:"晋王龙行虎步,且生时有异,必为太平天子,福德非吾所及也。"②这种炫耀无非是要向人们显示赵家皇业后继有人,赵宋王朝的前程远大。这对于新政权的稳固显然

---

① 《宋史》卷249《范质传》。
② 《长编》卷17开宝九年六月条。

是极有意义的。

冯友兰在谈到宋初"杯酒释兵权"和"金匮之盟"的意义时,曾有一段很精彩的话:"(宋朝之前)仅仅五十年间就换了五个朝代,后世称为五代。一个朝代中的第一号军阀,在前朝皇帝死了以后,从继位的小皇帝手中夺取了政权,自称为皇帝,建立了一个新的朝代……这样的循环直到宋朝的建立才停止。宋太祖赵匡胤也是从前朝的小皇帝手中夺取了政权,自称为皇帝,建立了宋朝。但他有办法使这个新朝代继续下去……这两种办法都是针对当时的情况而采取的。前一种办法('杯酒')是使军不成阀,没有可以夺去皇位的人;后一种办法('金匮')是使虽有这样的人而没有可以夺取皇位的可乘之机"。① 美国汉学家贾志扬在对宋代宗室史的研究中也有类似的评价:

> 起初,宋朝看起来只不过是北方一系列短命王朝中的第六代,当时几乎没有任何迹象表明它会比此前的五代成功。然而反观历史,我们还是可以找到一些使宋朝厕身于伟大朝代之列的因素:比此前的王朝重新加强了中央权力,这是太祖建立宋朝的基础;他采取强有力的动作,迅速加强了对武人,特别是禁军将领的控制;他以战争与外交笼络两手相结合,逐渐平定南方诸国;再有,宋初三十七年都是成年君主在位,这就使得宋朝绝无重蹈后周命运的可能,这一点也相当重要。宋朝自称得天命,这天命看起来也许还不是那么保险,但是,王朝的设计师——太祖却对历史教训心怀警惕,处处以子孙后代为计,采取了许多行动,要将宋朝带向长治久安。②

这里所提到的"宋初三十七年都是成年君主在位",正是宋太祖、昭宪太后设计"金匮之盟"的意义所在。

---

① 冯友兰:《中国哲学史新编》第5册,人民出版社1988年版,第26—27页。
② [美]贾志扬:《天潢贵胄:宋代宗室史》,赵冬梅译,江苏人民出版社2005年版,第20—21页。

当然,学术界对"金匮之盟"的真伪一直存有争议。其中一个最大的疑问,就是昭宪太后与宋太祖设计"金匮之盟"的动机是否合乎情理。二十世纪四十年代,张荫麟在其名作《宋太宗继统考实》就提出"金匮之盟"有五大破绽,"第一大破绽"就是设计"金匮之盟"的动机不合情理:

> 杜太后死时,太祖年仅三十五岁,而皇子德昭年已十一,假太祖以下寿,则尔时德昭年已三十六岁……即以太祖(实际)卒时,德昭已二十六岁,亦不谓幼弱。彼杜太后何能亦何忍,预断其……壮子命必远促于下寿,而他日能即位之子孙,必不如柴氏髫龄之幼儿乎?①

这一诘难影响较大,曾为后世学者反复称引发挥。但正如另一派学者所反驳的那样,我们若换一个角度看,宋太祖和杜太后这种不合"常理"的做法,却正是从现实政治需要考虑的"至理"。因为他们所经历的五代,是一个生命无保障的乱世,即使贵为帝王,也常遭不测。考五代君主十三人,能够享国超过十年的,绝无仅有;而死于非命的,却超过半数。我们凭什么推论,杜太后竟会盲目乐观地设想太祖可以打破"宿命",而不以周世宗英年早逝,嗣以幼主失国之事为鉴?杜太后与太祖设计"金匮之盟"时,宋立国才一年半,根基未稳,随时有可能成为短命的"第六代"。为安全计,相信不待杜太后提出,太祖自己也必定会以长弟为当然的继承人。谁不想长命百岁?谁不想父业子继?但主观愿望是一回事,现实又是另一回事。太祖后来享国十七年,不仅杜太后想不到,相信连太祖本人大概也始料未及。太祖在位十七年,在当时而言,不能不说是一个意外;倘以此批评杜太后之主张乖理,似乎有事后诸葛亮之嫌。为了赵家的整体长远利益,为了不重蹈周世宗的覆辙,宋太祖和昭宪太后设计出一套很现实的皇位传立方案,不但主观上无可

---

① 张荫麟:《宋太宗继统考实》,《文史杂志》1941年第1卷第8期。

厚非,而且从当时的环境时势来看,太祖以长弟为皇储,在客观上也是潮流所尚,势所必然。所以,"杜太后之金匮遗命,不为悖理,只是后人理解体会不同而已。假如太祖像周世宗一样,做不了六七年皇帝便死了,也许张荫麟的论断又会不同了"①。

从根本上说,有关学者之所以诘难和质疑"金匮之盟"的动机,还是与他们对五代宋初"传立习尚"的认识模糊有关。因为这种诘难恰恰是建立在一个虚假或想当然的前提之下,即在皇位的传继中,皇嫡子德昭"必须"处于优先地位。这些学者反复汲汲于"假太祖以下寿",皇子的年龄会如何如何,"假太祖以中寿",皇子的年龄又会如何如何,显然都是从这一前提出发的。然而,五代宋初皇位传立观念变化的事实告诉我们,当时德昭只是诸多皇位继承人中的一员,他可以被安排为太祖之后的皇位继承人,也可以不被安排,并无优先权可言。既然如此,那么太祖与太后生前提出"能立长君,社稷之福"的原则后,自然就应该依据几位继位人的实际年龄情况,安排出最能体现这一原则精神的传立次序(太祖—光义—廷美—德昭),无须考虑是否会因打破传子的传统习惯而引起皇室纷争,更不必考虑德昭成年以后如何安置的问题了。

而且,"长君"云者,并不单纯是一个年龄上的概念。年长与否,往往标志着一个人政治上是否成熟,阅历是否丰富,才干、威望、贡献是否孚众。换言之,只有把年龄与经验、贡献等结合起来,所谓"能立长君,社稷之福"才有意义。光义年长德昭十岁,工文业,多艺能,又曾出征带兵,有一定的文武才干和较丰富的社会阅历。更重要的是,在赵宋开基建国中,光义有策划缔造之功,这正是德昭无论如何也无法比拟的。所以,即便德昭能在太祖有生之年长大成人,从"国有长君,社稷之福"的原则看,仍应优先安排光义而不是德昭为继位人。

---

① 何冠環:《"金匮之盟"真伪新考》,《暨南学报》1993年第3期。

至于廷美,其阅历、贡献与德昭相比虽不占有很大优势,但是既然德昭并无优先继位权,而光义又在"立长君"的原则下可以兄终弟及,那么将同为皇弟的廷美安排为继位人之一,也就同样顺理成章了。这里有一件很凑巧的事情,在宋朝方面设计"金匮之盟"稍前一段时间,占据两广地区的南汉则发生了举措相反,内涵却相似的另一种安排:

> 南汉宦者陈延寿言于南汉主曰:"陛下所以得立,由先帝尽杀群弟故也。"南汉主以为然。丁巳,杀其弟桂王璇兴。①

这可以从另一个侧面反映出皇位传立观念在五代十国时期发生了怎样的变化。

总之,只要放下"皇子德昭应有优先继位权"这一习惯性认识,从五代宋初传立习尚的实际情况出发,就会发现宋太祖和昭宪太后根据"能立长君,社稷之福"的原则,定下"太祖传光义,光义传廷美,廷美传德昭"的继及次序,实属正常心态下的正常之举,并无多少离奇难解之处。

第四节　皇帝、宰相与储君

在传统政治的顶层架构中,皇帝与储君之间的关系始终很微妙:帝王总是希望自己"万寿无疆",即便不能像臣民祝福的那样"万万岁",至少也希冀比普通人活得长久一些,所谓"海上仙山""长寿仙丹"皆本于此。而作为皇位的继承者,虽然他们并不一定诅咒皇帝早日"殡天",但有"早获神器"、"速登大宝"之类的念头却是不可避免的,这就隐然构成了彼此之间的对立。如果双方年龄相差不大,这种对立就极有可能由隐伏而变为公开。"金匮之盟"的订立,使皇弟赵光义具备了储君地位。但光义仅比太祖

---

① 《长编》卷1建隆元年三月条。

小十二岁,这一年龄差与一般情况下皇帝与太子之间的年龄差相比显然不甚理想;况且太祖身强力壮,精力充沛,这对光义的"接班"都是不利的。

同时,随着宋初局势的稳定和统一事业的逐渐完成,赵宋皇族被外姓旁族颠覆的潜在危险越来越小,原来太祖与光义之间那种为家族的命运同心同德、共济险难的精神慢慢消失了,人性中的另一面就有可能随时显露出来。

历史上对太祖和光义后期不正常关系的记载,或闪烁其词、讳莫如深,或断为乌有、语多粉饰,其真相今已不能完全搞清楚。但一般说来,赵光义作为一个取代者的角色,其动作可能更为主动、更频繁些。

赵光义在"金匮之盟"订立后的第十六个年头顺利登上皇位后,曾给自己儿子写有一份手书,其中谈到了他十六年的经历和经验:

> 洎太祖即位,亲讨李筠、李重进,朕留守帝京,镇抚都城,上下如一,其年蒙委兵权。岁余,授开封尹。历十六七年,民间稼穑、君子小人、真伪,无不更谙。①

可以看出,十六年间,除了功业、民生之外,"君子小人"、"真诚虚伪"等人事方面的纠结,似乎更是他关注的重心。事实也正是如此。这一时期的赵光义,充分利用了他的储君地位,结交文武大臣,广纳豪俊于幕府,从而在宋初形成了一支举足轻重的政治势力。②

延揽人才于幕府,本为五代创业君主的惯例,刘知远、郭威等

---

① (宋)李攸:《宋朝事实》卷3。
② 据蒋复璁的考证,为光义罗致入开封府的文人幕僚及军校,不下66人之多(《宋太宗晋邸幕府考》,《珍帚斋文集》卷3《宋史新探》,台湾商务印书馆1985年版)。张其凡据之制成"光义幕府成员表",共有68位(《宋太宗》,吉林文史出版社1997年版,第25—31页),可见其实力。

皆是如此。宋太祖能抢得大位,也得益于赵普、李处耘等幕府旧僚。赵光义也不例外。以皇弟的身份尹京,本已官威煊赫,又有众多幕僚随侍左右,愈加如虎添翼,成为一股引人注目的政治势力。时人陶穀就曾以羡慕的眼光描述道:

> 本朝以亲王尹开封,谓之判南衙,羽仪散从,灿如图画,京师人叹曰:"好一条软绣天街。"①

光义的幕僚群虽然人数不少,且文武兼备,但在太祖朝大多未能得居要职。所以,光义若要扩大政治影响力,还是得结交在位的文臣武将。

例如,听说刘温叟为官清介,光义便派遣府吏赠与钱财。刘温叟不便拒绝,就将其堆放在西屋,让府吏贴上封条离开。第二年,光义又派同一人送他角黍与纨扇,那人发现去年存到西屋的钱财连封条都没有打开。光义由此感叹道:"我钱尚不用,况他人乎?"②

又如,光义欣赏名将田重进的忠勇,令使者赠其酒肉,田重进却不肯接受。使者质问他:"晋王以赐汝,汝安敢拒!"田重进回道:"我但知有陛下,不知晋王。"③

刘温叟是当时名臣,任御史中丞长达十二年,官声极佳。田重进任控鹤指挥使,是殿前司将领,也是后来雍熙北伐中唯一击败辽军、全师而归的名将。光义身为皇弟,对他们屈尊俯就,送钱送物,自然意在拉拢。孰料二人或委婉推脱,或严词拒绝,着实令他失了面子。不过,从使者"晋王以赐汝,汝安敢拒"的强硬语气来看,光义的影响力还是很大的,而且他当时赠礼联络的,也绝不止刘、田二人。

---

① (宋)陶穀:《清异录》卷上。
② 《宋史》卷262《刘温叟传》。
③ (宋)钱若水修,范学辉校注:《宋太宗皇帝实录校注》卷80,中华书局2012年版,第796页。

宰相赵普与晋王光义在太祖朝的关系,也经历了从亲密无间到激烈争斗,后竟至水火不容的演变过程。

当时,中枢文臣中的李崇矩、薛居正、吕余庆等都是赵普的姻亲故旧,故他们与光义的关系相对疏远。与光义过从甚密、素有交结的,主要有沈义伦、王仁赡、窦仪、卢多逊等人。他们都因种种原因与赵普关系不睦,故倒向光义是很自然的事。主管财政的"计相"楚昭辅则是另一种情况。史载,开宝五年(972)七月,三司上言,称仓库储备只能撑到明年二月。太祖大怒,立刻召来权判三司楚昭辅,严厉斥责这位"计相"办事不力。楚昭辅计无所出,径直前往开封府拜见光义,涕泪横流,乞求他在太祖面前加以解释。光义爽快答应,遂让幕僚代为筹划整顿漕运三策,奏明太祖。楚昭辅因此得免厄运,对光义的相助从此感恩戴德。"先帝(指太祖)晚年稍伤严急"[①],而光义则正好利用自己的特殊地位,频频解危扶困,施恩于人。解楚昭辅之困,不过是其中之一。

在军队方面,光义曾担任过殿前都虞候,在军中有一些根基,而一些将领对他也主动攀附,积极靠拢。从有关侍卫马军都指挥使党进的一则趣闻中,我们可以隐约看出赵光义当时的威势。党进负责京城治安时,曾严禁市民饲养奇禽异兽,一旦见到,立刻命令左右夺去放飞,还一边骂道:"不能买肉供父母,反以饲禽乎!"一日,党进突然发现有人手提鹰鹞,招摇过市,不由大怒,伸手去夺,不料那人竟是晋王府亲吏,手中鹰鹞乃是晋王光义的爱物。党进知情后大惊,赶紧掏出钱来,让他给鹰买肉吃,并且再三讨好地说:"汝当谨视此,无使为猫狗所伤。"[②]一员大将,前倨后恭竟至于此,在京师传为笑柄。

党进行伍出身,为人粗疏,但在这件事上他表现得却是相当精

---

① 《长编》卷24太平兴国八年三月条。
② (宋)江少虞:《宋朝事实类苑》卷64《党太尉》。

细。光义以晋王的身份兼任开封府尹,其储君的地位是明摆着的,认清这一点,并据此来决定自己待人处世的态度,对党进一类已经富贵,并希望能长保富贵的官员们来说,显然十分重要。当然,认清这一点,对那些尚不富贵,却希望将来能"发迹变泰"的臣僚们来说,就更为重要了。历史上常常有因早立太子或储君而形成所谓"第二权力中心"的现象,究其原因,也正在于此。

这样,从建隆二年(961)出任开封尹开始,至开宝九年(976)即位,经过十六年的苦心经营,晋王光义已经拥有了一个庞大的关系网络。他不仅有大批幕僚作为羽翼,而且中枢、军队等要害部门中的许多重要职位,也为光义的亲信所掌握,遂在一定程度上出现了王夫之所说"太宗威望隆而羽翼成,太祖且患其逼"①的态势。

但应着重说明的是,此种局面的形成,其实是太祖支持或至少是默许的结果,其根源则在于赋予光义皇位继承人地位的"金匮之盟"。对沈义伦、卢多逊、党进等人而言,既然光义本有储君之份,依附光义,并不妨碍他们忠于太祖,又可为今后预作打算,实属顺理成章的选择。从这一意义上讲,"太祖且患其逼",并不是指光义已经真正拥有足够的实力威胁到太祖皇位的稳固,而主要是指在光义的政治势力日渐增强的背景下,太祖在传位问题上选择的余地愈来愈小。此时若要改变光义的储君地位,强行传位于皇子德昭或德芳,则容易引发政治动荡,甚至会威胁到初生王朝的安全。这应该是太祖最不愿意看到的。

不过,光义扩张势力的过程也并非一帆风顺。

乾德元年(963)发生的殿前都虞候张琼自杀事件,就是在皇位继承问题上最早激起的政治波澜。张琼是太祖最为亲信的心腹大将之一,最终却不得善终,最重要的原因是"诬毁皇弟光

---

① (清)王夫之:《宋论》卷2《太宗》。

义"①,卷入到了皇位继承的旋涡之中。至于张琼所言何事,《长编》语焉不详,似有避讳,但在《玉壶清话》卷七中,却有详细披露:

> 开宝初(当是乾德初之误),太宗居晋邸,殿前都虞候(张琼)奏太祖曰:"晋王天日姿表,恐物情附之,为京尹,多肆意,不戢吏仆,纵法以结豪俊,陛下当图之。"上怒曰:"朕与晋弟雍睦起国,和好相保,他日欲令管勾天下公事,粗狂小人,敢离我手足耶?"亟令诛之。

张琼对光义的揭发,完全是出自对太祖的忠心,也大致符合事实,但却与太祖"他日欲令(光义)管勾天下公事"的根本安排冲突。太祖对张琼的严厉处罚,在某种意义上讲,等于公开确认了光义的特殊地位,但同时也使皇位继承问题的争议公开化了。

在这些争议中,最令光义头疼的,莫过于宰相赵普。

虽然是"金匮之盟"的知情人,但在皇位传立这一问题上,赵普一直有自己的看法:

> 世传太祖将禅位于太宗,独赵韩王密有所启,太祖以重违太母之约,不听。②

> ……普等曰:"储嗣未定,陛下尚有不讳,诸王中当立何人?"上曰:"可立晋王。"普等复曰:"陛下艰难创业,卒至升平,自有圣子当受命,未可议及昆弟也。臣等恐大事一去,卒不可还,陛下宜熟计之。"上曰:"吾上不忍违太后慈训,下为海内方小康,思得长君以抚之,吾意已决矣,愿公等善为我辅晋王。"……由是晋王闻普等有此奏议,大衔之。③

---

① 《长编》卷4乾德元年八月条。
② (宋)朱弁:《曲洧旧闻》卷1。
③ 《长编》卷17开宝九年十月条注引《建隆遗事》。《建隆遗事》系此事于宋太祖临终前,是错误的,李焘考辨说:"方太祖驾冕时,普不在相位,士大夫孰不知之。"但此前太祖、赵普曾就储嗣问题私下进行讨论,当无问题,《建隆遗事》所记两人所言应相当可靠。

身为太祖最为倚重的幕府旧僚、开国元勋,赵普的意见对太祖的各项决策无疑有着相当大的影响力。光义在嗣位后曾感叹,若是赵普继续担任宰相,自己就很难坐上皇位了。

赵普与赵光义的矛盾并非从一开始就存在。开国之初,赵普仅授枢密直学士之职,光义也不过是殿前都虞候,不但不存在利益冲突问题,还曾经有过一小段政治蜜月期。这其中不能忽视杜太后的作用,她于子女之中"尤爱皇弟光义",每次光义外出,就让他"必与赵书记偕行乃可",希望二人能够相提携、共进退。在她的安排下,二人常相过从,关系密切。如建隆元年(960)五月,太祖亲征李筠,原拟赵普留守京师,赵普通过光义请行,遂因功升任枢密副使;该年冬,光义又陪同太祖"雪夜访赵普",三人于杯酒谈笑之间定下了"先南后北"的统一方略。

杜太后去世以后,光义和赵普的政治地位均骤然上升,分别获得皇位实际继承人和宰相的高位。从此以后,两人的关系即急剧恶化,以至势同水火。光义登基后就曾对赵普说:"朕几欲诛卿。"①甚至在赵普死后,光义还对近臣表示:"普事先帝与朕,最为故旧,能断大事。向与朕尝有不足,众人所知。"②足见两人矛盾之深。个中原因自然是多方面的,但主要根源还是出在"金匮之盟"上。

"杯酒释兵权"以后,石守信、王审琦等功臣宿将淡出权力中心,赵普和光义遂成为开国功臣中仅有的两个强有力的政治人物,随着两人羽翼丰满,两大集团间的摩擦与争权夺利也是很自然的。至于赵普对"金匮之盟"持有异议,既是两人交恶的结果,更是促使矛盾进一步激化的关键性因素。

赵普之所以违背太后病榻前的约定,转而反对传位于光义,

---

① (宋)释文莹:《玉壶清话》卷3。
② 《长编》卷33淳化三年七月条。

其实也有个人权位方面的考虑。正如蒋复璁所言:"(赵普)进而谮说太宗,打击他的继统计划,表面上是忠于太祖,实际上陈桥兵变,赵普与太宗并立,他想专政,当然不愿太宗位居其上。"①进一步说,如果是太祖的儿子继位,则无论是德昭还是德芳,都既无功业亦无威望,必然要倚重赵普这样的开国老臣,赵普的地位只会继续上升。光义却不然。他与赵普同为开国元勋,资历、威望约略相当,又有自己的幕僚群作为羽翼,无须借重赵普。如若光义上台,一朝天子一朝臣,赵普难保执政高位是不言而喻的。

由此一来,宰相与储君就开始了持续十年的明争暗斗。赵普多以打击光义的亲信党羽,尤其是阻止光义一方掌握军权为主;光义则以攻击赵普贪财好利及专权独断为主。双方暗中角力,在宋初的政治舞台上演出了一幕幕互有输赢的历史活剧。

其中赵普占了上风的事件,一是坚决阻止了太祖对光义岳父符彦卿重掌兵权的任命②;二是将赵光义的资深幕僚开封府推官石熙载贬官外派③;三是多次从中作梗,使窦仪难以进入二府大臣

---

① 蒋复璁:《宋太祖时太宗与赵普之政争》,《珍帚斋文集》卷3《宋史新探》,台湾商务印书馆1985年版。
② 太祖曾欲使赵光义的岳父、天雄军节度使符彦卿典兵,遭到赵普的极力反对。太祖认为:"朕待彦卿至厚,彦卿岂能负朕耶?"赵普反问:"陛下何以能负周世宗?"成功阻止了对符彦卿的任命。蒋复璁在《宋太祖时太宗与赵普之政争》中认为,太祖对符彦卿并没有什么好感,且此时太祖正解去方镇的兵权,就连石守信等其社兄弟也不例外,何以要厚爱于旧藩镇的符彦卿,很可能是因为赵光义的推荐。光义在任开封府尹之后,殿前都虞候一职便由张琼接任,此时若能由岳父管军,对自己势力的扩大当然很有帮助。而赵普对这一点则十分敏感,因此不惜触犯忌讳,以"陈桥兵变"一事警醒太祖,促使他收回成命。
③ 屯田员外郎、知制诰高锡曾因弟弟高铣参加科举考试一事,请求开封府推官石熙载帮忙。由于高铣辞艺浅薄,石熙载没有答应,高为此在太祖面前多次诋毁石。虽然有赵光义力保,石熙载仍然被贬出开封府。这件事表面看来似乎只是高、石二人的私人恩怨,但是高锡党附赵普,以晋王光义的势力而言,若无宰相赵普做后台,高锡恐怕也不敢与开封府为敌。因此,此事赵普也脱不了借助高锡打击光义幕僚,削弱其势力的嫌疑。

之列(窦仪的弟弟是光义幕府中最重要的谋士之一)①;四是以黄河决口为罪名,处死了光义最为信任的原开封府幕僚姚恕;五是策划了冯瓒、刘鳌贪赃大案。

其中,后两次事件在宋初影响最大。姚恕是开封府幕僚,辅佐光义十分尽心。有一次,他去宰相府拜见赵普,恰逢赵普宴请宾客,看门人不愿通报,姚恕拂袖而去。赵普听说后,派人向他道歉,但姚恕却不屑一顾。赵普十分恼怒,便在太祖为舅舅杜审肇挑选助手赴澶州为官时,推荐了姚恕。光义虽然反对,但却未得太祖首肯。第二年,黄河在澶州决口,淹没无数民田。太祖震怒,命令严查。杜审肇被免职,姚恕因隐匿灾情被投尸黄河。关键是光义和姚家都不知姚恕已被处死。后来在河中发现了姚恕的尸体,依然可见他身着朝服的样子。这令光义十分难堪。姚恕被身着朝服抛尸黄河的处罚,曾在宋初官场引发了很大的震动。

冯瓒、刘鳌案的策划与处置也是宋初政治史上的一件大事。冯瓒时任枢密直学士、右谏议大夫,外派至四川梓州,宋太祖和皇弟光义都对他很赏识。赵普对此十分警惕,遂暗派亲信投奔冯瓒为奴,伺察其过。一年后,此人返回,击登闻鼓,上告冯瓒及监军绫锦副使李美、通判殿中侍御史李檥等人贪污受贿。太祖急召冯瓒进京审查,赵普又派人到潼关截获和检查冯瓒等人的行装,结果发现行装中有不少金带珍玩,全部贴有送交刘鳌的字样。问题是刘鳌官职卑小,冯瓒为何要向他献送珍宝呢?原来,刘鳌是光义府的幕僚。这下问题变得严重起来。赵普坚决主张将冯瓒处以死刑,最后太祖将冯流放到当时环境最为恶劣的沙门岛。在这座海中孤

---

① 太祖屡次称赏窦仪,欲任其为相。赵普忌其刚直,立即引荐薛居正及吕余庆参知政事,陶毂、赵逢、高锡等又互相党附,共同排挤窦仪,致使窦仪未能入相。窦仪与赵光义素相结交,窦仪之弟窦偶则在光义幕府中任开封府推官,深得光义信任。因此,赵普结党排斥窦仪为相,不仅是个人间的争权夺利,还包括有间接打击光义,限制其势力发展的因素。

岛上,冯瓒一待就是十年(耐人寻味的是,光义即位后,马上将其恢复官职),与此事有干系的李美、李榢、刘嶅也都受到了或罢官、或流放的处罚。

赵普的咄咄逼人自然使光义深为忌恨,他伺机而动,还以颜色。

开宝元年(968),宰相赵普受到朝臣雷德骧的公开弹劾。雷德骧是朝臣中公开弹劾赵普的第一人。他以下属附会宰相赵普为借口,径直闯入讲武殿,历数赵普的种种贪赃枉法之事。这突如其来的变故,令太祖十分难堪,他持玉斧击断了雷的两颗牙齿,险些判处其极刑。雷德骧被贬后,其子雷有邻日夜收集证据,誓报父仇。与此同时,早就同赵普不和的参知政事卢多逊,也加入了攻击赵普的行列。这两件事的详细过程在前面的章节都讨论过。

与权势显赫的赵普为敌,需要的不仅仅是勇气。雷、卢二人如此肆无忌惮,若没有强硬的后台支持,是很难想象的,而这个后台,只能是权势同样煊赫的皇弟光义。正是由于光义与多逊的关系非同一般,光义后来即位伊始,便将卢多逊擢为中书侍郎、平章事,使其跃居宰相。显而易见,雷、卢二人之所以与赵普结仇,个人恩怨还在其次,党附皇弟光义才是最主要因素。

宰相与储君的明争暗斗就这样愈演愈烈,宋太祖对此心知肚明。他的态度决定着这场斗争的结局。然而耐人寻味的是,他却长期态度暧昧,往往只是就事论事:如果赵普抓住了光义的把柄,就处罚光义方面的问题,反之亦然。

光义和赵普之间的"龙争虎斗",对太祖来说并非毫无益处。他不明确表态,意在维持现状,这也是政治家的一种权术。然而,太祖的回旋余地却并不很大,尤其是在他逐渐步入晚年的开宝年间,形势终将迫使他在光义与赵普之间作个决断。

在群臣之外,后宫中对于"金匮之盟"也有反对意见,宋皇后即是代表。从太祖死后她急召皇子德芳入宫即位一事,可以看出她对德芳的喜爱。史籍中虽无明文记载,但可以想见,在储君问题上,宋皇后的态度,很容易造成皇帝心绪上的波动。毕竟国家的秩序已日益安定,皇子们也都长大成人了。

以上这些问题,虽然并未能使太祖改变"金匮之盟"的既定安排,但是的确也让他深感困扰。太祖与光义手足情深,又共同为北宋王朝的巩固而殚精竭虑,确属不争的事实。在被作为储君培养的岁月里,光义也得到了太祖的多番回护。但是,兄弟二人也并非像旧史家所美化的那样,"始终无纤芥之隙"。身为专制体制顶层的政治人物,像普通兄弟那样亲密无间本来就是不可能的,个性的差异,政见的歧义,尤其是围绕着"金匮之盟"而发生的或明或暗的议论,都使得兄弟二人嫌隙渐生。

从宋人的野史笔记等各种民间记载来看,宋太祖对光义的不满和批评,主要集中在两个方面。

一是对光义生活作风不满。前面说过,光义性格内向,注重细节,行事严谨,生活上则讲究排场。一次,光义侍宴宫中,抱怨器皿简陋,太祖立刻正色道:"你难道忘记我们小时候的穷困了吗?"还有一次,晋王府要制造一批小器物,负责此事的下人毫不在乎地选了一根大木头做原料。太祖认为大材小用太浪费,是典型的败家子作风,便批示道:"破大为小,何若斩汝之头!"如此严厉的批评,自然是借题发挥。光义任开封尹时,一位青州人带着他十几岁的女儿来京,被他遇到,立刻喜欢上了这个粉雕玉琢的女孩。幕僚安习投其所好,强行将姑娘买进赵府。太祖知晓此事后大怒,严令缉捕安习。此举显然亦包含着对光义本人的警告。① 光义闻讯,赶紧将安习夫妇和姑娘都藏了起来,此事遂不了了之。光义登基为帝后,这位青州女子成为他的妃子。

二是在政见上有分歧。如太祖主张对契丹采取相对稳妥的外

---

① 张其凡:《宋太宗》,吉林文史出版社1997年版,第39页。

交政策,希望能用和平赎买的方式收回燕云失地;而光义却积极主张用兵作战,与太祖的思路大相径庭。兄弟二人在建都开封还是洛阳的问题上,也有争执。

这些分歧和冲突,有的是大事,有的是小事。对宋太祖来说,大事可以隐而不发,小事不妨小题大做,最终的目的,则是为了削弱光义在群臣中的声望,防止"储君"的影响力超过自己。这是皇帝处在类似的情况下都可能产生的一种正常反应,不足为怪。十几年后,已做皇帝多年的赵光义,看到东京臣民夹道欢呼自己选定的继承人、亲生儿子赵恒时,竟也有些恼火地说:"如此欢呼太子,欲置我于何地?"所以对太祖来说,他既不会允许身为接班人的赵光义在大臣中有过大的影响,也不会因为一些风吹草动就马上改变既定的传位方针,这是一个明智的政治家所应具有的起码素质。

然而,太祖终究是有些不能为外人道的苦恼。当年之所以订立"金匮之盟",主要基于四点考虑。一是母命难违;二是皇子德昭、德芳年龄尚小;三是赵宋王朝立脚不稳,随时可能为外姓旁人所颠覆,须在家族内部排出较为稳固的继位程序;四是要使皇室内部在开国奠基中的贡献与权力的分配相符,以免祸起萧墙。而如今,随着时间的推移和局势的稳定,情况已经有所不同。一方面,有些原因现在已经不成其为原因了,例如德昭与德芳都已长大,尤其德昭颇似太祖,"谨重寡言,左右未尝见其喜愠之色。喜读书,不好犬马之习"①,已经具备一名优秀帝王的潜质;德芳则深得宋皇后的爱重。对于亲子的前途,太祖不能不有所考虑。这就使得他未必不存有爽约寒盟,将皇位传子而不传弟的打算。赵普之所以敢于提出改变继承人的问题,当与此有关。但在另一方面,也并不是所有的因素此时都不起作用了。有些因素不但依然发挥作用,而且越发不容忽视了:光义一有太后遗嘱为凭据,二有开国功

---

① (宋)王偁:《东都事略》卷 15《世家三》。

勋为资本,三有开封府尹这一准储君的名分,四有经营了十余年的势力,其优势是显而易见的,这就使得太祖不敢轻易"毁约"。自以为早已找到了一条"雍睦起国"之路的宋太祖,此时应是陷入了少有的矛盾之中。

一方面,他不惜罢免赵普,以维护光义的储君之位。

关于赵普罢相的原因,《宋史》归因于他的为官不廉,《长编》归因于他的专权独断以及卢多逊的攻讦。这在前面的章节中都有叙及。传统文献中的这些说法虽不无道理,却都没有点明问题的关键。清代学者王夫之明确指出这是宋太祖为遵守"金匮之盟"而采取的一种"弗获已",即"不得已"的一种人事安排:

> 迨及暮年,太宗威望隆而羽翼成,太祖且患其逼,而知德昭之不保,(赵)普探志以献谋,其事甚秘,卢多逊窥见以摘发之。太祖不忍于弟,以遵母志,弗获已而出普于河阳,交相覆蔽,以消他日之衅隙。①

正因为太祖是迫不得已才罢免的赵普,所以在罢相诏书中,对那些不过是借口的贪财、专权等指责绝口未提,反而充分肯定了赵普的重大贡献,对罢相缘由仅仅以"均劳逸"一笔带过,同时还给予"异恩",让他以"使相"(枢密使)身份出镇(藩镇)。开宝九年(976)三月,太祖西巡洛阳,特在行宫召见赵普,君臣重逢甚欢,太祖将一匣珍贵的李氏墨②赐予赵普。太祖还特意造访了赵普在洛阳的宅院。赵普依然不改其奢华的老毛病:"外门皆柴荆,后苑亭榭制作雄丽,厅事有椅子十只,式样古朴,座次分列。"太祖进入柴荆制作的简陋大门,越往里走,景致越是不同,但见雕梁画栋、珠帘绣幕,甚是堂皇富丽,忍不住哂笑道:"此老子终

---

① (清)王夫之:《宋论》卷2《太宗》。
② 李氏墨,又名廷珪墨,为南唐墨工李廷珪所制,据说"其坚如玉,其纹如犀",为墨中精品,自宋以来推为第一,有"黄金可得,李氏墨不可得"之谓。

是不纯。"①太祖此语,早已没有了指责的意思,更多的倒像是老朋友间的相互调侃。而赵普也深知太祖苦衷,对自己被罢的原因心知肚明,所以,在罢相就镇时,他曾上章辩解说:"外人谓臣轻议皇弟开封尹,皇弟忠孝全德,岂有间然。矧昭宪皇太后大渐之际,臣实预闻顾命,知臣者君,愿赐昭鉴。"②赵普上疏也是一种政治智慧,以便为日后预留退路。他后来能够在太宗朝东山再起,与这道奏疏不无关系。

与赵普罢相形成鲜明对照的是,光义的皇储地位更为巩固。开宝六年九月初,太祖封光义为晋王兼侍中,并正式下诏命晋王位居宰相之上。按照五代惯例,皇室成员出任开封府尹,即意味着具有储君的地位;若再封王,则意味着这地位已基本明确。周世宗就是由开封尹、晋王、兼侍中而登上皇位的。太祖之意,已昭然天下。

然而,有时太祖又明显地想朝另一方向努力。

开宝九年二月,吴越国王钱俶来朝,这在当时可是朝野瞩目的大事。向来很少参与政治活动的二十五岁的皇子德昭,这次却突然受太祖委派,至睢阳迎宾。借这一机会,太祖巧妙地把一直默默无闻的皇子推到了臣民的面前。

三月,宋太祖巡视故乡洛阳,特令光义随行,而以前凡是太祖出京,都是让光义留守东京的。洛阳城此时刚刚大修了一次,恢复了往日帝都的风采,而主持大修的,是另一位皇子德芳的岳父焦继勋。焦继勋是读书人出身,却主动投身行伍:"大丈夫当立功异域,取万户侯,岂能孜孜事笔砚哉!"③显然是一个有政治抱负的军人。宋太祖到洛阳后,"见洛阳宫室壮丽,甚悦。召知河南府、右武卫上将军焦继勋面奖之,加彰德军节度使"④。在向焦继勋详细

---

① (宋)张舜民:《画墁录》。
② 《长编》卷14开宝六年八月条。
③ 《宋史》卷261《焦继勋传》。
④ 《长编》卷17开宝九年三月条。

了解了洛阳城大修后的状况后,宋太祖突然提出将国都由东京开封迁至洛阳或长安的建议。这一建议对在开封府经营多年的晋王光义来说,显然是不可接受的:

> 上生于洛阳,乐其土风,尝有迁都之意……晋王又从容言曰:"迁都未便。"上曰:"迁河南未已,久当迁长安。"王叩头切谏。上曰:"吾将西迁者无它,欲据山河之胜而去冗兵,循周、汉故事,以安天下也。"王又言:"在德不在险。"上不答。王出,上顾左右曰:"晋王之意固善,今姑从之。不出百年,天下民力殚矣。"①

关于迁都的理由,太祖口头上说是为了避免将来辽军一旦南下,会形成开封首当其冲的不利局面,但他真正的目的,却很可能是要借此摆脱赵光义已经形成了强大势力的东京开封府。光义自然不会不懂其中利害,因而对迁都一事作出了强烈的反应。二人见解孰是孰非,姑且不论,但从光义"从容言曰"、"叩头切谏"、"又言"等表现来看,他的言辞和态度都是很强硬,终使太祖的迁都之议不了了之。

无论如何,太祖总算暂时远离了京城的纷繁政务,可以在故乡的怀抱中一歇身心了。春日的洛阳城处处飞花,风华依旧,只是物是人非,昔日稚气未脱的香孩儿,如今已是华发催生。此时,对于这个曾经收藏过他儿时梦想的城市,太祖竟是如此依恋。自小出生和长大的旧居,似乎连空气中都隐约弥漫着儿时的甜香。他指着一条小巷说:"我小时候与伙伴们游戏时,曾在这里埋过一只石马,不知道还在不在?"按照他指示的方位,人们果然找到了这匹石马。几十年的光阴原来不过是倏忽一瞬,就一直停驻在这匹还带有新鲜泥土气息的石马上。太祖心中涌动着莫名的酸楚和悲哀,故居、石马、儿时的嬉戏……所有这些,反而使他更加强烈地体

---

① 《长编》卷17开宝九年四月条。

会到了目前的孤独、隔膜与痛苦。临别洛阳时,他来到父亲的陵墓前大恸失声,哭着说:"此生不得再朝于此矣。"①又取下弓箭,向北射去,指着箭头落下的地方说:"此处将是我的长眠之地。"悲凉之意,尽在其中。关于这些记载,旧史家曾从"谶语凶音"、"知命当终"的角度加以渲染,使其蒙上了一层荒诞迷信的色彩。其实,究其原委,应该说这正是太祖当时那种烦躁痛苦心境的外露。

一个月后,宋太祖离开洛阳旧居,向京城进发,长长的车辇鱼贯而行,似乎依依不舍。天边一轮血色夕阳正缓缓而下,黄昏,悄悄地近了。

第五节　烛影摇红,雪落人去

开宝九年(976)是宋太祖在位的第十七个年头。该年正月,南唐覆灭,后主李煜被俘入汴。二月,吴越王钱俶入朝。八月,太祖派大军再伐北汉。十月,宋朝大军直抵北汉首都太原城下。十月初十,大将党进列寨于汾河之南,首战击溃北汉军队,获马千余匹。十月十八日,郭进又领兵出忻、代路,俘获北汉山后诸州民众三万七千余口。捷报频传,"五代十国"的割据分裂局面行将结束。然而,就在胜利前夕,志在混一天下的宋太祖却赍志而殁,于十月癸丑(二十日)夜四鼓时分,在万岁殿撒手人寰,皇弟赵光义继承皇位,是为宋太宗。

关于太祖之死,据宋代《实录》、《国史》成书的《宋史·太祖本纪》,仅记有"帝崩于万岁殿,年五十"②一句话,但在宋代的其他文献中,却留下了包括"烛影斧声"在内的各种各样有关宋太祖去世

---

① (宋)释文莹:《玉壶清话》卷7。
② 《宋史》卷3《太祖本纪三》。

的"生动"记载,带给后人无尽的猜测,成为千古之谜。

在存世的宋代史料中,最早记载宋太祖去世详情的是一篇道教文献——《翊圣保德真君传》。[①] 这篇文献叙述了宋太祖、宋太宗与一名叫张守真的道士的神奇交往:张守真与皇弟赵光义早有交往,对光义继承皇位的时间也有所预言,宋太祖闻知此事后,高度关切,在召见张守真时,双方甚至发生过言语间的冲突。但张守真坚守上天的"神启",对宋太祖与宋太宗之间的传承,包括宋太祖即将过世的时间都言之凿凿,而宋太祖也在闻知其预言的当夜(第二天凌晨)死去:

> 乾德中,太宗皇帝方在晋邸,颇闻(张守真道士)灵应,乃遣近侍赍信币香烛,就宫致醮。使者斋戒焚香告曰:"晋王(赵光义。乾德年间,光义尚未封晋王)久钦灵异,欲备俸缗,增修殿宇。仍表乞敕赐宫名。"真君曰:"吾将来运值太平君,宋朝第二主修上清太平宫,建十二座堂殿,俨三界中星辰,自有时日,不可容易。而言但为吾启大王,言此宫观上天已定增建年月也,今犹未可。"使者归以闻,太宗惊异而止。太祖皇帝素闻之,未甚信。异(翌日),遣使赍香烛青词,就宫致祷,召守真诣阙,备询其事。守真具言之,且曰:"非精诚恳至,不能降其神。"仍以上圣降灵事迹闻奏。太祖召小黄门长啸于侧,谓守真曰:"神人之言若此乎?"守真曰:"陛下傥谓臣妖妄,乞赐按验,戮臣于市,勿以斯言亵黩上圣。"诏守真止于建隆观。翌日,遣内臣王继恩就观设醮,移时未有所闻。继恩再拜虔告,须臾,真君降言曰:"吾乃高天大圣,玉帝辅臣,盖遵符命,降卫宋朝社稷,来定遐长基业,固非山林魑魅之类也。今乃使小儿呼啸,以比吾言,斯为不可。汝但说与官家,言上

[①] 在当代学者中,顾宏义最先分析使用了这篇道教文献。参见《"晋王有仁心"说辨析——兼及宋初"斧声烛影"事件若干疑问之考证》,《杭州师范大学学报》2015年第3期。

天宫阙已成,玉锁开。晋王有仁心!晋王有仁心!"凡百余言,继恩惶惧不敢隐,具录以奏,因复面言神音历历,闻者兢悚,太祖默然异之。时开宝九年十月十九日之夕也。翌日,太祖升遐,太宗嗣位。①

这篇文献中,虽然有荒诞无稽的场景,但后来在史籍中出现过的几个关键人物——太宗赵光义、道士张守真、宦官王继恩等已悉数出场。太祖也是在闻知"上天宫阙已成,玉锁开。晋王有仁心!晋王有仁心!"的历历神音后,"默然异之",似是经历了巨大的心理震撼。显然,"上天宫阙已成,玉锁开",是暗示太祖即将升天成仙,而"晋王有仁心"是以神的口吻告知晋王可以继承皇位。天命已定,宋太祖果然于次日凌晨"升遐",而晋王赵光义则顺利即位登基。《翊圣保德真君传》成文于宋大中祥符九年(1016),收录在《云笈七签》中,该书是王钦若编纂而成,宋真宗作序。这显然代表了当时的官方"话语",其目的在于说明太宗的即位不仅仅是太祖的遗愿,而且也是"上合天意"的。值得注意的是,最早的这篇文献中并无"烛影斧声"的场景。

稍晚于这篇道教文献,北宋名臣杨亿在《杨文公谈苑》中也记载了宋太祖去世前后的具体过程:

> 开宝中,有神降于终南道士张守真,自言:我天之尊神,号黑杀将军,与玄武、天蓬等列为天之三大将。言祸福多验。每守真斋戒请之,神必降室中,风萧萧然,声如婴儿,独守真能晓之。太祖不豫,驿召守真至阙下,馆于建隆观,令下神。神曰:"上天宫阙已成,玉锁开。晋王有仁心。"言迄,不复降。太祖以其妖,将加诛,会晏驾。太宗即位,筑宫于山阴,将塑像,请于神。神曰:"我人形,怒目被发,骑龙按剑,前指一星。"如其

---

① (宋)张君房纂辑,蒋力生校注:《云笈七签》卷103《纪传部·传一》,华夏出版社1996年版,第626页。

言造之。太平兴国六年,宫成,封神为翊圣将军,每岁春秋,遣中使祈醮,立碑记其事。①

这应该是杨亿截取了上一篇文献的基本情节后的简化版。明显的不同有两处:一是太祖是因病而驿召张守真至京城的,这显然是一个最合情理的理由,与后面太祖的去世也能对得上茬口。二是太祖闻知了张守真"上天宫阙已成,玉锁开。晋王有仁心"后,认为这是妖言惑众,"将加诛,会晏驾",晋王自然也就即位为皇帝了。杨亿这里强化的是"神命不可违",但似乎也透露出太祖对传位于晋王赵光义的另一种态度。这篇文献中也没有出现"烛影斧声"的场景。

杨亿之后,记载太祖去世、太宗即位的北宋文献中,最重要的是司马光的《涑水记闻》。司马光的叙述,有着史学家的严谨与素净,明显荒诞不经的情节未被其采信,而对从太祖去世到晋王赵光义即位这几个时辰的事件经过,则记载得细致入微:

> 太祖初晏驾,时已四鼓,孝章宋后使内侍都知王继隆召秦王德芳。继隆以太祖传位晋王之志素定,乃不诣德芳,而以亲事一人径趋开封府召晋王。见医官贾德玄先坐于府门,问其故,德玄曰:"去夜二鼓,有呼我门者,曰'晋王召',出视则无人,如是者三。吾恐晋王有疾,故来。"继隆异之,乃告以故,叩门,与之俱入见王,且召之。王大惊,犹豫不敢行,曰:"吾当与家人议之。"入久不出,继隆趣之,曰:"事久将为他人有矣。"遂与王雪中步行至宫门,呼而入。继隆使王且止其直庐,曰:"王且待于此,继隆当先入言之。"德玄曰:"便应直前,何待之有?"遂与俱进。至寝殿,宋后闻继隆至,问曰:"德芳来邪?"继隆曰:"晋王至矣。"后见王,愕然,遽呼"官家",曰:"吾母子之命,皆托于官家。"王泣曰:"共

---

① (宋)杨亿:《杨文公谈苑》。

保富贵,无忧也。"①

在司马光的记载中,突出了宦官王继恩在赵光义即位过程中的作用。前面已说过,王继恩不是普通宦官,而是"初事太祖,特承恩顾"的内侍"行首"。他时任武德使,掌武德司,是太祖最为信任的"宫禁卫队长"②。身为太祖心腹,王继恩当最清楚太祖欲传位于谁,能得王继恩之助,光义的继位之路显然顺畅不少。

司马光之后(或同时),北宋僧人文莹在《续湘山野录》中也记载了太祖之死和太宗即位的过程。根据他的记载,宋太祖、太宗早年在关河结识了一位"无定姓名"的道士,三人经常在一起喝得"剧醉"。这位道士不但能变戏法般地囊中探金,而且还成功预言了太祖猴年正月初四的"真龙得真位"。这些情节我们在第九章的宗教一节中已有交代。在太祖登基后的十六年里,这位关河道士却未再现身御前。直到开宝九年(976)宋太祖巡视西京洛阳时,二人才再度重逢:

> 祖宗潜耀日,尝与一道士游于关河,无定姓名,自曰混沌,或又曰真无……(太祖)自御极不再见,下诏草泽遍访之,或见于辗辕道中,或嵩、洛间。后十六载,乃开宝乙亥岁也,上已祓禊,驾幸西沼,生醉坐于岸木阴下,笑揖太祖曰:"别来喜安。"上大喜,亟遣中人密引至后掖,恐其遁,急回跸与见之,一如平时,抵掌浩饮。

这位"自曰混沌,或又曰真无"的道士,显然与前面的张守真道士不是同一人,所以他也没有"上天宫阙已成,玉锁开。晋王有仁

---

① (宋)司马光:《涑水记闻》卷1。文献中"王继隆"应为"王继恩","贾德玄"应为"程德玄"。李焘在《长编》中已"依《国史》改定"。参见邓广铭、张希清点校:《涑水记闻》,中华书局1989年版。
② 蒋复璁:《宋太祖孝章宋皇后崩不成丧考》,《珍帚斋文集》卷3《宋史新探》,台湾商务印书馆1985年版。

心"这套说辞。他有他的一套预言:

> 上谓生(道士)曰:"我久欲见汝决疑一事,无他,我寿还得几多在?"生曰:"但今年十月廿日夜,晴,则可延一纪;不尔,则当速措置。"上酷留之,俾宿后苑。苑吏或见宿于木末鸟巢中,止数日不见。上常切切记其语。至所期之夕,上御太清阁四望气。是夕果晴,星斗明灿,上心方喜。俄而阴霾四起,天气陡变,雪雹骤降,移仗下阁。急传宫钥开端门,召开封王,即太宗也。延入大寝,酌酒对饮。宦官宫妾悉屏之,但遥见烛影下,太宗时或避席,有不可胜之状。饮讫,禁漏三鼓,殿下雪已数寸。帝引柱斧戳雪,顾太宗曰:"好做,好做!"遂解带就寝,鼻息如雷霆。是夕,太宗留宿禁内,将五鼓,伺庐者寂无所闻,帝已崩矣。

与前面的相关文献相比,在释文莹的记载中,除了道士的身份言行更为神秘荒诞之外,还有一个最大的不同:皇弟赵光义第一次现身于宋太祖临终的现场,兄弟二人"烛影下"酌酒对饮,哥哥"引柱斧戳雪"有声,嘱托弟弟"好做,好做!""烛影斧声"的场景首次在文献中出现。

南宋李焘在《长编》中纳入上述有关"烛影斧声"的部分记载,并进行了考证。他认为:"混沌、真无道士"一事,过于荒诞,不可采信,"太宗留宿禁内"的记载更是谬误。此外,太祖既然身体不适,又怎会于前庭戳雪?因此,李焘综合《国史》、《杨文公谈苑》等,作了如下记载:"上(太祖)不豫,驿召(张)守真至阙下。壬子,命内侍王继恩就建隆观设黄箓醮,令守真降神。"[①]"神"借张守真之口说"上天宫阙已成,玉锁开。晋王有仁心"。太祖遂夜召晋王,嘱以后事:

> 左右皆不得闻,但遥见烛影下晋王时或离席,若有所逊避

---

① 《长编》卷17开宝九年十月条。

> 之状,既而上引柱斧戳地,大声谓晋王曰:"好为之。"癸丑,上崩于万岁殿。

李焘采纳了"烛影""斧声"和"大声谓晋王曰:好为之"的场景,只是把太祖"引柱斧戳雪"改为"引柱斧戳地"①。另外,李焘认为,光义在听完太祖嘱托后,不可能留宿禁中,而只能回晋王府歇息。所以,后面发生的事情,他就全文采信了司马光在《涑水记闻》中的内容,描述了太祖死后太宗即位的完整过程:

> 太祖去世当日,宋皇后令宦官王继恩召皇子德芳入宫。但王继恩因素知太祖的传位安排,就直奔晋王府,传召光义。到达王府时,碰到了开封府左押衙程德玄正坐在府门口。王继恩十分奇怪,程德玄解释道:"我宿于信陵坊,乙夜有当关疾呼者曰:'晋王召'。出视则无人,如是者三。吾恐晋王有疾,故来。"于是二人一起叩门入府。赵光义"大惊,犹豫不敢行",推说要与家人商量,"入久不出"。王继恩催促道:"事久,将为他人有矣。"当时下着大雪,"遂与王于雪中步至宫"。宋皇后见到光义,"愕然,遽呼'官家',曰:'吾母子之命,皆托于官家。'"②

关于太祖崩逝当夜的情形,北宋的相关文献中本来就存在着相互歧义的记载,有些还是根本性的分歧。李焘删润之后,虽然将其"捏合"在一起,却并未消除任何疑问,反而还加重了许多疑点。"烛影斧声"遂成后世争论不休的一桩政治疑案。

元代学者陈桱、胡一桂、杨维桢,明代刘定之等人根据《长编》的"启示",直接认定宋太宗系"弑兄篡位"。杨维桢有诗云:"夜阑

---

① 关于"柱斧戳地",还有另一个版本,"太宗盛称花蕊夫人,蜀主薨,乃人太祖宫,有盛宠。太祖寝疾,中夜太宗呼之不应,乘间挑费氏。太祖觉,遽以玉斧斫地。皇后、太子至,太祖气属缕,太宗惶遽归邸。翌夕,太祖崩。"这一记录出自徐大焯所作《烬余录》甲编。该书成书于宋末元初,但在清朝光绪年间才开始刊行。这一记载突出了太宗"好色"的特点,但其行事如此急不可耐,事后又仓皇逃窜,似乎与一个老练政治家的风格完全不合。
② 《长编》卷17开宝九年十月条。

鬼静灯模糊,大雪漏下四鼓余;床前地,戳玉斧,史家笔,无董狐!"①但元代黄溍,明代宋濂、丘浚、程敏政、叶容、仇俊卿,清代毕沅、乾隆皇帝等,则力辩其诬,认为太宗绝无"弑兄"的恶行,其即位是正常的"兄终弟及"。应该说,在这两派中,认为宋太宗弑兄篡位的,大都是以诗文见长的文人,而认为宋太宗正常继位的,则大都是以史学见长的学者,其中,程敏政的《宋太祖太宗授受辨》,考据功力极深,完全是史家的路数;黄溍则长期担任元朝的国史院编修官,宋濂是《元史》总裁,毕沅则是《续资治通鉴》的主编,参与《续资治通鉴》编写、审读、修订的则有万斯同、阎若璩、胡渭、章学诚、钱大昕、邵晋涵等史学大家。另外,中国"隔代修史"的传统,使元明清三代的史家,尤其是明清时期的史家,已无需避讳历史真相。考虑到这些因素,认为太宗正常继位的观点显然应该得到更多的重视。但是由于"太宗弑兄篡位"的观点更符合一般民众对宫廷黑幕的"理解偏好",所以其在元明清时期的影响似乎更大。

当代史家在太祖之死和太宗即位这一问题上也是争论颇大。其中,二十世纪四十年代三位宋史名家的力作最值得重视。最先辨析这个问题的是谷霁光。他认为"金匮之盟"乃太祖兄弟心盟素定,"烛影斧声"不外是"烛影之下,夙诺重申,欲于金匮誓约之外,求得友爱与良心上保障是也","终望太宗永践约言,不负传位本意,此'好做好做'所以大声传出者也",认为"太宗篡弑之疑,亦可断其必无"②。谷霁光还根据《北行日录》、《萍洲可谈》、《清波杂志》中的记载,断定宋代柱斧有两种:一为武士所用战斧,一为文房用具。文房用具的柱斧又名玉斧,以水晶或铜铁为之。所谓"烛影斧声"之斧,就是玉斧,乃文房用具,难做

---

① (元)杨维桢:《铁崖先生集·咏史注》卷8《金匮书》,四部丛刊本。
② 谷霁光:《宋代继承问题商榷》,《清华学报》1941年第13卷第1期。

杀人凶器。① 与谷霁光的观点相反，邓广铭、吴天墀则认为"太宗弑兄篡位"可为定案。② 至于其"篡弑"的方式，邓文认为尚未"惨毒到灯下弄斧的程度"。谷、邓、吴三人虽然当时还都是青年学者，但这三篇力作却基本奠定了此后研究该问题的话语格局。

近三十年来，有关这一问题的争议和讨论仍在继续。除了邓广铭、吴天墀等仍坚持原来的观点，认为"这一案件纯属篡弑性质，已是毋庸置疑的结论"外，又有一些学者从不同侧面丰富了邓、吴的观点，如张其凡认为太祖之死系太宗酒中投毒所致③；王瑞来则认为太宗调戏太祖宠妃费氏败露后，慌不择器，用皇帝常用的柱斧弑杀了太祖。但另一派的阵容也很强大：朱瑞熙认为，"《续湘山野录》所载'烛影斧声'之谜，怀疑赵匡胤死于其弟赵光义之手，实际上是不经之谈"④。美国学者刘子健认为，《续湘山野录》的相关记载并无旁证，且如果太宗果真弑兄，当立即安排下一步行动，而不是返回王府。太祖的真正死因是疾病⑤。刘洪涛运

---

① 近年来，钱杭、胡绍文等也对这一问题有细致的研究。他们认为："烛影斧声"中的"斧"，是一种水晶、玉石材质的"柱斧"，这是一种礼仪把件，常规"大七八寸，五色如截肪，两旁藏波涛戏龙，文如屈发，制作极工妙"（叶梦得：《石林燕语》卷1）。故朱熹直接称之为"水精（晶）小斧头子"（《朱子语类》卷128）。在古代仪仗中，"斧""钺"是有区别的，斧小钺大，故《说文》释钺为"大斧"。足见朱熹称玉斧为"水晶小斧头子"是准确的。这种礼仪把件是皇帝的日常物件之一，即"寻常从驾，裹乾天角襆头，捧浑金纱罗、金洗漱、金提量、玉柱斧、黄罗扇之类"。这种把件，若用力挥舞，可以打碎瓷器，可以撞掉人齿，戳在雪地时，也会"戳雪有声"，但却很难穿真正的刀斧利刃那样，直取人的性命（若反复用力敲击，而对方又不反抗时，倒是可以取人性命）。所以，太祖在寝宫中有这种"斧"是正常的，夜晚出现"烛影斧声"并不突然，"视柱斧为杀人的斧头完全背离了柱斧的形制。""有些人对烛影斧声故事绘声绘色，甚至暗示宋太宗用玉（柱）斧杀了太祖而夺得大位，可以断定为必无之事。"参见胡绍文：《柱斧为仪仗器考——兼论"宋挥玉斧"与"斧声烛影"》，《史学集刊》2015年第1期；钱杭：《关于"烛影斧声"之"斧"》，《史林》2001年第4期；等等。
② 参见吴天墀：《烛影斧声传疑》，《史学季刊》1940年第1卷第2期；邓广铭：《宋太祖太宗皇位授受辨》，《真理杂志》1944年第1卷第2期。
③ 张其凡：《宋太宗论》，《历史研究》1987年第2期。
④ 朱瑞熙：《中国政治制度通史·宋代》，人民出版社1996年版，第10页。
⑤ ［美］刘子健：《宋太宗与宋初两次篡位》，《中国史研究》1990年第1期。

用医学、遗传学原理,剖析赵氏宗亲的家族病因,认为赵匡胤是由于躁狂忧郁病愈后,患脑动脉破裂(脑溢血)症而死[1]。侯杨方认为《续湘山野录》中的相关记载不见他证,且言语悖谬荒诞,属于典型的野史传闻,难以征信[2]。

近三十年来,相关史料的进一步发掘,深化但也激化了有关"烛影斧声"的讨论。

太宗害死太祖而篡位自立的"篡弑说",其曾经强调的最有力的论据就是,太宗即位没有宣布任何"遗诏",甚至连"编造的"遗诏都没有,"当太宗即位之初,想来正是群情危疑、众口悠悠之际,他却实在没有宣告任何一项遗命以杜众口而塞疑窦"。

从情理上说,"篡弑说"的这种论据是十分脆弱的。因为宋太宗若是正常继位,自有遗诏可以公布,若是通过"篡弑"而上位,也同样会编造出一纸遗诏以杜众口之疑,又何至于"诚实"到没有任何一项遗命可供宣示的地步呢?从文献记载来看,"篡弑说"的论据更有问题。文莹的《续湘山野录》最先述及"烛影斧声",但恰恰也是此书明白记下了"太宗受遗诏于柩前即位"十个大字:

> 宦官宫妾悉屏之,但遥见烛影下,太宗时或避席,有不可胜之状。饮讫,禁漏三鼓,殿下雪已数寸。太祖引柱斧戳雪,顾太宗曰:"好做,好做。"遂解带就寝,鼻息如雷。是夕,太宗留宿禁内,将五鼓,伺庐者寂无所闻,太祖已崩矣。太宗受遗诏于柩前即位。逮晓登明堂,宣遗诏罢,声恸,引近臣环玉衣以瞻圣体,玉色莹然如出汤沐。

可见,在"烛影斧声"之后,太宗不但有"受遗诏于柩前即位"的环节,更有"逮晓登明堂,宣遗诏"的过程,该有的"程序"一项都没少。这一记载并非野史叙事时信手拈来的"套路性笔法",因为不

---

[1] 刘洪涛:《从赵宋宗室的家族病释"烛影斧声"之谜》,《南开学报》1989年第6期。
[2] 侯杨方:《宋太宗继统考实》,《复旦学报》1992年第2期。

仅私史稗乘，官方正史也存在同样的记载，如《宋史》卷一二二《礼志二十五》载：

> 开宝九年十月二十日，太祖崩，遗诏："以日易月，皇帝三日而听政，十三日小祥，二十七日大祥。诸道节度使防御团练使、刺史、知州等，不得辄离任赴阙。诸州军府临三日释服。"群臣叙班殿庭，宰臣宣制发哀毕，太宗即位，号哭见群臣。

此处不但明确记载"十月二十日，太祖崩"时留有遗诏，而且收载了遗诏的部分内容，而宋太宗也正是在"群臣叙班殿庭，宰臣宣制（遗诏又称遗制）发哀毕"后，"奉遗诏即位"的。只不过这一记载不是在《宋史》的太祖、太宗本纪中，加之这里所载的太祖遗诏只有丧事从简的内容，而无传位于太宗的内容，因而长期以来未被论者所注意。

更为关键的是，宋代官方原始文件汇编《宋会要辑稿》中，还收载了太祖传位遗诏的全文，该书礼二九之一载：

> 开宝九年十月二十日，太祖崩于万岁殿，遗制曰："修短有定期，死生有冥数，圣人达理，古无所逃。朕生长军戎，勤劳邦国，艰难险阻实备尝之。定天下之袄尘，成域中之大业，而焦劳成疾，弥留不瘳，言念亲贤，可付后事，皇弟晋王，天钟睿哲，神授英奇，自列王藩，愈彰厚德，授以神器，时惟长君，可于柩前即皇帝位。丧制以日易月，皇帝三日听政，十三日小祥，二十七日大祥，诸道节度、观察、防御、团练、刺史、知州等，并不得辄离任赴阙，闻哀之日，所在军府三日出临释服。其余并委嗣君处分。更赖将相协力，中外同心，共辅乃君，永光丕祚。"

《宋大诏令集》卷七也收录了太祖这份遗诏的全文，唯系年有笔误。另，《宋会要辑稿》中的"定天下之袄尘"，依《宋大诏令集》应改为定天下之"妖尘"。这份遗诏中的"皇弟晋王，天钟睿哲，神授英奇，自列王藩，愈彰厚德，授以神器，时惟长君，可于柩前即皇帝位"这几句话,已经使太宗即位"有无"遗诏的问题水落石出了。以往论者所谓"宋太宗即位之际没有宣告任何一项遗命以杜众口之疑","正史中不曾记载太祖遗诏","从《宋史》、《长编》等书中看不出宋太宗即位时举行过任何仪式","赵光义抢位之际没顾得上编造遗诏,事后不便再去伪造太祖遗诏"等议论显然不能成立了。所以,随着相关史料的挖掘和讨论,持太宗"篡弑论"的学者,如邓广铭、张其凡等均开始修正原来的某些说法了。例如,张其凡在其力作《宋太宗论》中,曾明确认为"太祖死时没有传位遗诏"①,而后来将此文收为《宋太宗》一书的前言时,则于此句之下增补了一段话:"今见于《宋大诏令集》卷七和《宋会要辑稿》礼二九之一的所谓'太祖遗诏',显属事后伪造。"②也有学者刊发专文,力辨这份传位遗诏"系太宗伪造"。

显而易见,新史料的发掘,一方面促进了相关研究的深入,使相关学者程度不同地修正了原来的说法;但另一方面,原有的争论不但没有弥合,反而进一步激化。因为,宋太祖传位遗诏此时已经从"文献中有无记载"变为"是真是伪"了。持"篡弑说"的学者不得不承认宋太宗即位时宣读过一份"传位遗诏"的同时,又坚定地认为这份"遗诏"为事后伪造,所以遗诏的"发现"仍旧改变不了宋太宗"弑兄篡位"的性质。可见,新史料的发掘在促进相关研究深化的同时,又在一个新的层次上激化和扩大了双方的分歧。

可以预见,相关争论仍将继续下去。

烛影摇红,玉斧有声。没有人能确切地知道,在那个深不可测的雪夜,兄弟二人有过怎样的絮絮长谈,话头怎样开始与结束。究竟太祖是不是死于其胞弟之手?光义又是如何得到皇位的?答案从太祖辞世的那一刻起,便埋入茫茫雪夜,迷离扑朔,一如那漫天

---

① 张其凡:《宋太宗论》,《历史研究》1987年第2期。
② 张其凡:《宋太宗》,第10页。

纷飞的大雪。

然而,在这迷离扑朔中始终有一个确定不移的亮点,那就是无论当时是否发生过宫廷内部的风波,都没有影响到政治的平稳和社会的安定,皇位得以顺利交接,没有兵戎相见,没有宗室成员、朝廷大臣被捕或被杀,一切竟是那样的平静。这是历朝皇位交接史上,尤其是头两代皇位交接史上罕见的现象。太祖所开创的宋王朝,已经开始呈现出它的成熟、理性与自信。① 就这一点而言,太祖之死和太宗即位,似乎也很像那场漫天的飞雪,飘飘洒洒,又落地无声,静静堆积,为"安史之乱"以来动乱彻寒的大地铺上了一层温暖松暄的雪被……

第六节 "金匮之盟"的余波及意义

"金匮之盟"中约定的三位继承人——皇弟光义、廷美和皇子德昭在宋初的地位一直是引人注目的。

建隆二年(961)七月,即昭宪太后病逝之次月,光义即出任开封府尹,按惯例已取得了继位人的地位。同时,年仅十四岁的廷美封授兴元尹、山南西道节度使。开宝六年(973),光义封晋王兼开封尹,廷美为京兆尹、永兴军节度使,德昭则一项不落地接继了廷美的原职。整个太祖时期,其他宗室成员,包括十八岁的皇子德芳均未再有人得封节度使。光义、廷美、德昭不但在身份上明显高于其他宗室成员,且彼此之间在职位上也有递相传接的安排。

开宝九年十月癸丑,太祖去世,赵光义即位,是为太宗。七天后,皇弟赵廷美就被封为齐王,并接替了太宗即位前的开封府尹之职;皇子德昭于同一天接替了廷美原有的职务——永兴军节度使、

---

① 邓小南认为:尽管有"烛影斧声"的阴影,但赵光义即位,"却也使得整个王朝的命运趋于明朗,赵宋的政治局面有了稳定发展的更为切实的保证。"参见其《祖宗之法——北宋前期政治述略》,第258页。

兼侍中,封武功郡王;次日,又同叔父廷美一起获得"位于宰相之上"的政治身份,位极人臣。这种地位的传递,显然是基于"金匮之盟"所规定的传位顺序。

德昭性格内向,加之在皇位继承人中的位置尴尬,他在太宗朝很少参与军国大政,表现得极为谨慎。即使如此,德昭终究还是未得善终,于"太平兴国四年,暴薨"。而所谓"暴薨",不过是横死的婉辞而已。①

那是太平兴国四年(979)的五月,急欲建立旷世勋业的宋太宗被平定北汉的胜利所鼓舞,不顾馈饷且尽、军士疲乏的不利状况,执意攻打幽州,意欲一举收复后晋时割让给契丹的幽云十六州。然而,高梁河一役,宋军惨败,尸横遍野。太宗"仅以身免,至涿州,窃乘驴车遁去",腿上还中了两箭(之后箭伤年年复发,太宗之死据说也与箭伤复发有关)。宋军的溃败,导致险些发生拥立德昭为帝的大事:

> 魏王德昭,太祖之长子。从太宗征幽州,军中夜惊,不知上(太宗)所在,众议有谋立王者,会知上处乃止。②

根据漆侠的考证,此次拥立德昭为帝,主要是石守信、刘遇、史珪等东路军将领所为。③众将此举,相信大致出于随机应变的公心,唯恐太宗阵亡,致全军因无主而瓦解。但问题在于,石守信是太祖"义社十兄弟"之一,与太祖关系最为莫逆;史珪也是太祖亲信,素得太祖宠信。他们出面拥立德昭,则难免授人口实,置德昭于百口莫辩的窘境,也恶化了太宗、德昭之间原本已经相当脆弱的叔侄关

---

① 《东都事略》卷15《世家三·吴王德昭》。正如《铁围山丛谈》卷3所说:"国朝实录、诸史,凡书事皆备《春秋》之义,隐而显。若至贵者以不善终,则多曰无疾而崩,大臣亲王则曰'暴卒',或云'暴疾卒'。无疾者,如李毂是也。暴疾卒,如魏王德昭是也。"
② (宋)司马光:《涑水记闻》卷2。
③ 漆侠:《宋太宗与守内虚外》,《探知集》,河北大学出版社1999年版,第151—167页。

系。这件事在众将得知太宗下落后即告终止,但在太宗和德昭的心里却同时打上了一个难以解开的心结。

大军回朝以后,太宗心中不快,本应颁发的奖赏也迟迟不办,军士议论纷纷。德昭便找了个机会向太宗提起此事。太宗本来就已对德昭生出嫌隙之心,听后更是怒不可遏,对德昭说:"待汝自为之,赏未晚也!"德昭大惊失色,他失魂落魄地回到府中,问左右侍从说:"带刀乎?"左右回答说,禁中不敢带刀。德昭便推开茶果阁门,找到一把水果刀,仓促地结束了自己的生命。太宗闻讯"惊悔",匆匆赶来,抱着德昭的尸体大哭说:"痴儿,何至此邪!"①

这起悲剧,表面看来似乎是叔侄口角导致的偶然事件,但其真正的诱因却还是"金匮之盟"规定的皇位传递次序。如果德昭不在该序列中,太宗或许不会出此怒言;诸军拥立德昭一事使叔侄关系恶化,德昭本已忧惧不安,太宗此言一出,便成了德昭的催命符。有学者分析,赵宋皇室有躁狂忧郁之遗传性家族病,宗室诸子多半享年不永。在长期不利环境的刺激下,这种因子很容易使人走上绝路。所以,德昭"如有所想,不外是太宗怎样怀疑他,折磨他,最后怎样对他下毒手。与其受辱而死,不如早做决断。这就接近于被迫害妄想症了"②。

德昭死时年仅二十九岁。两年后,身体一直欠佳的另一位皇子德芳病逝,年仅二十三岁。对于德芳的死因,《宋史·宗室传》载为"寝疾薨"③,也就是卧病而亡。前面说过,太祖去世时,宋皇后曾令王继恩急召德芳入宫,但王继恩却径召赵光义入宫,光义得登大位。"故赵德芳的存在,也使宋太宗如鲠在喉。可以说,赵德芳死得颇为不明不白,但宋太宗的表面文章却做得十分到位,亲自前往灵堂吊唁,废罢上朝五天,追赠赵德芳为中书令、岐王,谥曰康

---

① (宋)司马光:《涑水记闻》卷2。
② 刘洪涛:《从赵宋宗室的家族病释"烛影斧声"之谜》,《南开学报》1989年第6期。
③ 《宋史》卷244《赵德芳传》。

惠;后又加赠太师,改封楚王、秦王。"①

关于德芳的身后之事,还有一则耐人寻味的记载,宋仁宗至和二年(1055),德芳之孙赵从式②曾向朝廷进献太宗所赐其祖上的"皇帝信宝":

>初,太宗以玉宝二钮赐太祖之子德芳,其文曰:"皇帝信宝"。至是(至和二年)德芳孙左屯卫大将军从式上之。③

依秦汉制,皇帝除传国玺外,尚有六玺,即"皇帝行玺"、"皇帝之玺"、"皇帝信玺"、"天子行玺"、"天子之玺"、"天子信玺"。唐朝增"神玺"与"受命玺"为八玺,武则天时改玺为宝。如此重要的皇帝专有之物,宋太宗却赐给了德芳,让人难以理解。后来赵从式进献此宝,虽然也得到了宋廷的重视,"但是宋室对从式重叠的优奖,并不提及'皇帝信宝'一事,这更是令人不解而怀疑其中有文章的了"。故台湾学者蒋复璁认为,太祖死后宋皇后急召德芳,很可能是太祖遗命。因为杜太后虽然与太祖立"金匮之盟",许诺帝位依太祖、光义与廷美之序,"三房轮传"。但多年以后,宋朝已立稳脚跟,德昭也已成年,"恐怕太祖的心也与宋初时不同。而太宗羽翼已成,不能轻动,所以迟疑不发,直至临终,才遗命孝章宋皇后召德芳继统。太宗抢先入宫,固然切断了德芳之召,但是孝章宋皇后负有遗命宣达之责,当时双方恐怕有过争执而以妥协结束,等将来再传德芳,所以太宗赐德芳以'皇帝信宝',以为保证"。④

德昭、德芳兄弟相继死后,皇弟"廷美的'储贰'地位,就成了

---

① 顾弘义:《细说宋太祖》,上海人民出版社2014年版,第400页。
② 赵从式是德芳次子惟宪的次子。他"仪状秀整,幼敏悟,于经史泛为疏,喜赋诗,尤精于笔翰,得虞世南之法为多⋯⋯历事四朝,逾五十年,非有疾,未尝废朝"(韩维:《南阳集》卷29《荣王从式墓志》),累迁至保康军节度使,熙宁中,封安定郡王。熙宁四年(1071)去世,追封荣王。
③ 《宋史》卷154《舆服志六》。
④ 蒋复璁:《宋太祖孝章宋皇后崩不成丧考》,《珍帚斋文集》卷3《宋史新探》,台湾商务印书馆1985年版。

太宗最大的心病"①。

果然,两年之后的太平兴国六年(981)九月,太宗任开封府尹时的亲信幕僚柴禹锡、赵镕等便出面状告现任开封府尹赵廷美骄纵不法,包藏祸心,宋太宗马上召元老重臣赵普讨论此事。

赵普是几年前为参加宋太祖的安葬仪式而请求回京的,宋太宗给他安排了一个"太子太保"的闲职。"郁郁不得志"的赵普此时被太宗召见,显然非同寻常。因为戴罪之身的赵廷美不但是太祖、太宗的亲弟,也是"金匮之盟"中约定的皇位继承人之一,太宗即位称帝后,他已接任了太宗即位前的全部职务,具备了储君的身份,这是廷美最重要的政治资本。如何合理合法地剥夺他的这一资本,此时就成了太宗面临的一大难题。正是在这种背景下,当年参与"金匮之盟"制定的老臣赵普被太宗请到了前台。经过两三次密谈,赵普给了太宗一个坚定的支持:"太祖已误,陛下岂可再误!"他还坦然直白地向太宗表示,只要自己能够重回权力的"枢轴",就可以替皇上处理好这一切:

> 太子太保赵普奉朝请累年,卢多逊益毁之,郁郁不得志。普子承宗,娶燕国长公主女。承宗适知潭州,受诏归阙成婚,礼未逾月,多逊白遣归任,普由是愤怒。会如京使柴禹锡等告秦王廷美骄恣,将有阴谋窃发。上召问普,普对曰:"臣愿备枢轴以察奸变。"退,复密奏:"臣开国旧臣,为权倖所沮。"因言昭宪顾命及先朝自愬之事。上于宫中访得普前所上章,并发金匮,遂大感寤,即留承宗京师,召普谓曰:"人谁无过,朕不待五十,已尽知四十九年非矣。"辛亥,以普为司徒、兼侍中。

> 始太祖传位于上,昭宪顾命也。或曰昭宪及太祖本意,盖欲上复传之廷美,而廷美将复传之德昭。故上即位,亟命廷美

---

① 张其凡:《宋太宗》,第54页。

尹开封,德恭授贵州使,实称皇子,皆缘昭宪及太祖意也。德昭既不得其死,德芳相继夭绝,廷美始不自安,浸有邪谋。他日,上尝以传国意访之赵普,普曰:"太祖已误,陛下岂容再误邪!"于是普复入相,廷美遂得罪。凡廷美所以得罪,则普之为也。①

可以看出,赵普是在太宗召见之后又有单独密奏。根据他的密奏,宋太宗在宫中"找到"了一直封存于金匮之中的密约,而密约内容只有"太祖传位于上(太宗)"这一项内容。从此以后,在宋代官方文献中,"金匮之盟"所约定的传位内容就由"三传约"(太祖传皇弟光义,光义传皇弟廷美,廷美传皇子德昭)变成了"独传约"(太祖传光义)。此时,宋太宗当皇帝已经六年之久,已不需要用"独传约"为自己的即位寻找合法的依据。他此时真正需要、真正关心的是,要用"独传约"否定廷美继承皇位的资格。赵普以元老重臣和"金匮之盟"唯一见证人的身份,帮助宋太宗达到了目的,他自己也如愿以偿地东山再起,第二次出任宰相。而"金匮之盟"也就由于这次政治风波,开始以"三传约"和"独传约"两种不同的版本,同时存留在了两宋时期的两大文献体系中。

"独传约"主要存在于官方文献的系统,即《太祖新录》、《太宗实录》和主要据《实录》而成书的官修《三朝国史》中②;而"三传约"的内容则存留于北宋时期的私史稗乘中,南宋李焘在编纂《长编》这一部体量最大的北宋编年史时,曾列举了《建隆遗事》《涑水记闻》、《嘉祐杂志》三书,同时又指出"盖当时多有是说(指'三传'之说)"。但李焘自己对"三传"与"独传"两说未敢作出孰是孰非之判断,两说在《长编》的正文中都有记载,但在《长编》卷二的"注文"中,李焘依据官方文献所记,强调"昭宪顾命,独指太

---

① 《长编》卷22 太平兴国六年九月条。
② 《长编》卷2 建隆二年六月条正文和注文,以及卷22 太平兴国六年九月条正文和注文有明确说明。

宗"；而在卷二十二"注文"中又强调对"三传"之说"不可全弃"，应"两存其说"。李焘的这两次强调，倒是把"独传约"和"三传约"的分属两说、不可混一的性质进一步明确了。

元人修《宋史》时，延续了李焘的态度。《宋史》卷二四四《魏王廷美传》：

> 昭宪太后不豫，命太祖传位太宗，因顾谓赵普曰："尔同记吾言，不可违也。"命普于榻前为约誓书……藏之金匮，命谨密官人掌之。或谓昭宪及太祖本意，盖欲太宗传之廷美，而廷美复传之德昭。故太宗即位，即令廷美尹开封，德昭实称皇子。

"太祖传位于太宗"，是谓"独传"；太祖传太宗，"太宗传之廷美，而廷美复传之德昭"，是为"三传"。"或谓"云云，说明"独传"与"三传"是记载相异的两种说法，而不是同一说法的记载详略之别；而"本意"云云，更表明了问题的严重性——如果"三传"是"昭宪及太祖本意"，那么"独传"岂不是对这一本意的改篡？如果以"三传"为内容的盟约是原始的"金匮之盟"，那么以"独传"为内容的盟约岂不成了一份伪造的文件？凡此种种都启示我们，对这两则内容不同的"金匮之盟"应缜密体察，认真对待。

前面我们已经提到，有关"金匮之盟"的真伪，曾是学术界争议极大的一个问题。其中认定"金匮之盟"系"宋太宗即位后与赵普共同伪造的文件"的学者，除了认为订立"金匮之盟"的动机（传弟而不传子）极不合理外，另一个最大的质疑是：若果真有"金匮之盟"，这也是太宗即位的"唯一证据"，所以赵普在太宗即位之际不应不献，太宗也不应不发而昭示天下，以明得位之正，但为何他们俩都要拖到太宗即位的第六个年头才将"金匮之盟"公示天下呢？张荫麟将此称之为"金匮之盟"的"第三大破绽"。这初看的确是一个"大破绽"，但在我们指出"三传约"和"独传约"的关系之后，这一"大破绽"也就不复存在了。原始的"金匮之盟"本为

"三传约",这对太宗并非完全有利,尤其是在他已经做了皇帝,并生过河拆桥之心时,更是如此。所以,太宗即位后对"金匮之盟"不予公开,实非难解之事。至于"金匮之盟"乃太宗继位之唯一证据问题,随着前述"太祖遗诏"的讨论,自然也就毋须多辩了。太宗早有真实的或编造的"太祖遗诏"为正式的法定依据,又何须再去公布对自己不完全有利的"金匮之盟"呢?当然"金匮之盟"若为"独传约",太宗亦不妨将其公诸天下,以锦上添花,但若为"三传约",自然就应另作考虑了。以太宗之个性和后来他对德昭、廷美的迫害看,其对"金匮之盟"一事知而不宣,实乃最合情理之事。至于赵普,他在"金匮之盟"一事的公开与否上显然难起决定作用:若太宗本为立约人之一,或虽未参与立约,但却早知此事,也就根本不存在一个赵普何以不献的问题;若太宗即位后对"金匮之盟"已生厌恶之心,赵普即便是不知趣地献上"金匮之盟",也会泥牛入海。

所以,分清"独传约"和"三传约"这两个不同性质的"金匮之盟",显然是判定"金匮之盟"真伪的一个重要环节。若"金匮之盟"确为"宋太宗即位后与赵普共同伪造的文件",那么他们共同伪造的只能是"太祖传位于太宗"的"独传约",而不可能是"太祖—太宗—廷美—德昭"的"三传约"。因为伪造"三传约"这样一份文件,对已经即位六年的宋太宗来说,不但无益,反而有害。正如美国学者贾志扬所分析的,"这样的传递顺序(指三传约)不会对太宗本人的帝位产生任何影响,但却有可能在实际运作中将他的亲生儿子们排除出继承顺序——这样看来,编造这么一个故事对他毫无意义"[①]。

至此,太平兴国六年(981)所发生的"金匮余波"就比较清晰了。在即位后的第六个年头,宋太宗与赵普联手抛出的这份"金

---

① [美]贾志扬:《天潢贵胄:宋代宗室史》,第25页。

匮之盟",并不是为自己六年前的即位再去补发什么证明,而是为了将赵廷美从皇室约定的传位程序中予以剔除。可是,原始的"金匮之盟"是一个巨大的客观存在。宋太宗即位之初,已不得不按"三传约"所预定的程序,给廷美以实际继位人的地位,"以廷美为开封府尹,并封齐王",使其按惯例成为"准皇储"。六年之后,当宋太宗欲除掉廷美这最后一块心病时,自然也就不能不正视廷美的身份以及与"三传约"的关系了。当然,此前官方并未公开过"三传约",但未公开不等于人皆不知,亦不等于舆论中无所传闻。所以,要除掉赵廷美,就必须考虑到舆论的影响,更要考虑到廷美及其同党可能依此而进行的抗争。在这种情况下,由当年参与订立"金匮之盟"的元老重臣出面公开"金匮之盟"(当然只能是修改后的"独传约"),正可以用假代真,暗否"三传约"的存在,以"正"舆论之视听,同时也就从法定依据上将赵廷美排除出了继位人的序列,为随后太宗对廷美的实际迫害创造了条件。

果然,太宗经赵普提示从宫中"找到"的"金匮之盟"中,昭宪太后只有一句话:

> 汝与光义皆我所生,汝后当传位于汝弟。

从表面看,这一"昭宪顾命"与迫害赵廷美似乎并无直接关系。然而我们再看《长编》所载太宗与宰相李昉等人的一席对答,就会了解其中奥妙:

> (太宗)从容谓宰相曰:"廷美母陈国夫人耿氏,朕乳母也。后出嫁赵氏……"李昉对曰:"涪陵(廷美)悖逆,天下共闻。而宫禁中事,若非陛下委曲宣示,臣等何由知之。"①

太祖、太宗、廷美兄弟三人皆昭宪皇太后所生,史有明证,且早成定论,已毋须再辩。但太宗为何一定要编造这样一则堪称"低俗"的

---

① 《长编》卷25雍熙元年正月条。

谎言呢？为什么还要将这样一则并非光彩的"宫禁中事"、"委曲宣示"于臣民呢？清代毕沅在《续资治通鉴》中论及此事时有云："父子有相隐之义。果如太宗言，则宣祖（指太宗之父）私其子之乳母，是淫也；杜后又不能容而使出嫁，是妒也。一言而两彰父母之失，乡党自好者耻之，身为天子而忍言之不顾，吾知斯言之必诬妄矣。"①然而究竟是什么原因使太宗宁肯"一言而两彰父母之失"也要编造这样一则谎言呢？究竟是什么原因使太宗非要切断赵廷美与昭宪太后的关系呢？答案只能是，廷美在昭宪太后处曾有过太宗所不能容忍的东西——"三传约"。于是，"汝与光义皆我所生，汝后当传位于汝弟"，这一则"独传约"出台的目的就一目了然了。

再后面的事情就变得简单而直接了。

在"独传约"公布后几天的时间里，六十岁的赵普重新出任宰相，并位列赵廷美之上。次年（太平兴国七年，982）三月，直接举报赵廷美"谋逆"大罪的告发接踵而至，宋太宗在"不忍公开其罪行"的原则下，一步一步地将廷美降职处理：先罢免了他的开封府尹，授西京留守；再"敕归私第"，令其闭门思过；最后将其降为涪陵县公，流放到房州编管。两年后的雍熙元年（984），三十八岁的廷美死于房州。

在不到十年的时间里，"金匮之盟"中约定的两位皇位继承人先后消失，宋太宗将来传位于"自家子孙"的障碍全部清除。

"金匮之盟"最终以"悲剧"落幕，其实也有必然性。

在传统"家天下"的帝制体系中，皇位只能在"自家"这个有限的范围内传承。宋朝初年，由于"五代十国"时期所形成的特殊背景，从"能立长君，社稷之福"的原则出发，在皇室内部的范围内排出了一个能够体现这一原则的皇位传递次序（太祖—皇弟光

---

① （清）毕沅：《续资治通鉴》卷12雍熙元年正月条。

义—皇弟廷美—皇子德昭)。这种方式虽然突破了"家庭传立"而拓展到了"家族传立",但仍然是在"皇室"这样一个有限的范围内运转的,而且其"设计"的最终落脚点,还是要将皇位回归到太祖之子德昭身上。这意味着"金匮之盟"最终还是要回归到"家庭传立"这个更小的范围内,同时也就意味着"金匮之盟"必然会依据传统"家天下"的一般轨迹运行。太祖时期,宋王朝作为"五代"之后的"第六代",还没有完全摆脱"短命"的潜在危机,因而要依赖"家族传立"的方式,同心协力应对危机。太宗时期,上述危机显然已经过去,这种历史场景的转化,也就决定了以"家族传立"为主线的"金匮之盟"极易中断,皇位的传立必然会依据"家天下"的一般规律,回归到"家庭传立"的常轨中。宋太宗完成了这种回归,也展示了回归过程中其个性的冷酷与无情。

尽管如此,"金匮之盟"的设计和实施(当然是部分实施)仍然具有非凡的意义。

首先,在宋朝始建的第二年,就依据"国有长君,社稷之福"的原则,按皇室成员的实际年龄情况,安排出了最能体现这一原则精神的传立次序,并很快落实到相应的人事安排中。这不但彻底避免了有可能出现的"主少国疑,江山易主"的局面,而且也在很大程度上杜绝了各种敌对势力的觊觎之心。宋朝能成功避免沦为五代之后"第六代"短命王朝的命运,宋太祖和昭宪太后对"金匮之盟"的设计和实施,发挥了很大作用。前文对此已有讨论,不再赘述。

其次,"能立长君,社稷之福"中的"长君",并非单纯年龄上的概念。年长与否,往往与成熟、阅历、经验,以及由此而来的才干、功业、贡献、实力和威望紧密相关。所以,"长君"云云,崇尚的是经验、才干、功业,而不仅仅是血缘上的远近。这也是对"亲疏"观念的一种突破。虽然这种突破只是表现在"皇室"内部,但与整个社会价值取向的强烈变动(如"读书中举",如"少提一剑去乡里,四十年后将相还")是互为关联的。回到"金匮之盟",我们就可以理解,首位皇位继承人是皇弟光义而不是皇子德昭的真正缘由:除了赵光义年长赵德昭十岁之外,这十岁之间光义所具有的阅历、经验,以及由此表现出的才干、贡献、威望和实力,都是德昭所不具备的。尽管赵光义在才干、个性上远不如太祖,但在宋初皇室的范围内,他仍是继承皇位的最佳人选。所以,"金匮之盟"的设计是明智的,也是公正的。光义依靠"金匮之盟"顺利上位后,以过河拆桥之举迫死廷美、德昭,使"金匮之盟"悲剧性落幕,其风云曲折,的确令人感慨唏嘘,但无碍其设计、实施的明智与公正。

第三,中国传统帝制的两千多年中,历朝开国之初的皇位传承,尤其是头两代皇位的交接,极易产生大的政治危机,究其原因,有相当一部分是皇室内部权力分配不公造成的。一般说来,开基奠国,往往是家族成员同心协力的结果,但皇位的传承,有时却很难在开国之后的权力分配与家族成员的贡献之间达成平衡,由此就会伏下危机爆发的祸根,如唐代的"玄武门之变",明代的"靖难之役",即其典型。赵宋开国,"太宗之力独多",然太祖却有嫡子在焉。兄终弟及?抑或父死子继?从去如何,关系匪浅。而"金匮之盟"的设计与实施,无疑选择了一条避免或减轻危机之路(当然,也只有在五代宋初的那种历史氛围中,这种选择才不会显得突兀,而易于为各方接受)。故太宗即位,尽管有所谓"烛影斧声"之议,但当时却未发生任何公开的政治波动,这在中国历代国初皇位交接史上是绝无仅有的。与唐初"玄武门之变"时的喋血宫门、明初"靖难之役"时的兵连祸结相比,宋初皇位传承平静是显而易见的。于是,赵宋王朝的巩固和统一大业的推进有了更大的保障,"百年无内乱"的基调也因此而确立。将"金匮之盟"与"陈桥兵变"的"兵不血刃,市不易肆"、"杯酒释兵权"的"杯酒论心,大将解印"相互参照,当能发现赵宋"开国启运"时期政治理性的积极力量。

南宋绍兴二年(1132),即"金匮之盟"落幕(以廷美之死为"落幕")的一百四十八年之后,宋代的皇位传承又发生了一次看似离奇,却又充满理性的变动。其时正值"靖康大难"之后,为稳定局势,"早立太子以安人心",刚刚即位又刚刚丧子,但仍在"春秋鼎盛"(仅二十三岁)的宋高宗即在大臣的劝说下,毅然选定太祖七世孙赵伯琮入宫,以备储嗣,二十年后,赵伯琮即位,是为宋孝宗,宋代皇位又重归太祖一脉。[①] 宋高宗一生不堪之处甚多,但此举却颇为可观,将其与"金匮之盟"所蕴含的政治理性联系起来考察,彼此也可以互增认识。

---

① (宋)李心传:《建炎以来朝野杂记》乙集卷1《壬午内禅志》。

第十一章 "官家"时代的宋太祖

第一节 官家与皇权的理性定位

官家,是宋代对皇帝的流行称谓。

称皇帝为"官家",最早见载于《晋书·石季龙载记上》:

> 官家难称,吾欲行冒顿之事,卿从我乎!①

但那时候,"官家"一词既不流行,也不是皇帝的专称。只是从五代十国时期开始,"官家"才成为对皇帝的流行称谓,如后蜀花蕊夫人《宫词》:"自教宫娥学打球,玉鞍初跨柳腰柔。上棚知是官家认,遍遍长赢第一筹。""明朝腊日官家出,随驾先须点内人。回鹘衣装回鹘马,就中偏称小腰身。"②尤其是到了宋代,"官家"一词最为流行,并且"成为皇帝之专称"③。

陈桥兵变的当日,"市人相语曰:'赵点检作官家。'"④此后,宋太祖就常常被他的臣民们在各种场合下呼为"官家"。如:

> (太祖)大宴,雨骤至,上不悦,少顷,雨不止,形于言

---

① 《资治通鉴》卷95咸康三年六月条引此文,胡三省注云:"称天子为官家,始见于此。"

② (清)彭定求等编:《全唐诗》第十一函第十册。

③ (宋)曾布《曾公遗录》卷7:"程奇者家有六岁小儿,因饮酒戏谑,自称官家,为乳母所告,其母亦有与之酬答之语。上以其年小,不足深罪,遂令开封府推治。"今人薛兆瑞认为:"小儿戏言,不足深罪,犹交开封府推治,可见'官家'已为皇帝之专称,绝对不许他人称之"(《释"官家"》,载《文史》第18辑,中华书局1983年版)。

④ (宋)魏泰:《东轩笔录》卷1。

色,以至叱怒左右。赵(普)近前奏曰:"外面百姓正望雨,官家大宴何妨!只是损得些少陈设,湿得些少乐人衣裳,但令乐人雨中做杂剧。此时雨难得,百姓得雨快活之际,正好吃酒娱乐。"上于是大喜,宣乐人就雨中奏乐入杂剧。①

太祖尝暑月纳凉于后苑,召翰林学士窦仪,草诏处分边事。仪至苑门,见太祖岸帻跣足而坐,仪即退立。阁门使督趣,仪曰:"官家方取便,未敢进。"②

诸如此类的记载不胜枚举,如皇后曰:"官家作天子日久"③;武臣曰:"要官家知我读书来"④;吴越国主曰:"官家独许我归,我何可负恩"⑤;皇太后曰:"官家万年千载之后,宝位当付与谁"⑥等等。在这些史料中,最奇异的一则记载是:宋太祖尚未称帝的某一天,突然有一个"青巾白衫"的人跑到后周宰相办公的政事堂,大呼曰:"宋州官家遣我来。"当时宋太祖的官衔就是归德军(治宋州)节度使⑦。另一则有趣的记载是,一个自称是"官家邻人"的囚犯向太祖求情,太祖以为他是河北老家的乡亲,一问才知道,这位"高邻"原来住在皇宫的东华门外⑧。宋代有关"官家"的最高评价,是说宋仁宗"百事不会,只会做

---

① (宋)丁谓:《丁晋公谈录》。
② (宋)王君玉:《国老谈苑》卷1。
③ (宋)江少虞:《宋朝事实类苑》卷1。
④ (宋)释文莹:《玉壶清话》卷8。
⑤ (宋)叶梦得:《石林燕语》卷4。
⑥ (宋)丁谓:《丁晋公谈录》。
⑦ (宋)张师正:《括异志》卷1。(元)陶宗仪《说郛》卷49亦曰:"先是,周末忽有一人,衣粗布衣,裹青巾,草履而入于中书省政事堂内,箕踞而坐。群吏见之,咸大惊,叱之:'何人也!'答曰:'官家教我来。'吏曰:'官家在甚处?'复答曰:'在宋州。'寻白于诸相,相曰:'此狂人尔,不须奏,恐累诸门守卫者,事非细尔。'乃寝。因卒逐之出外。今上移镇商丘,少主禅位,上开国为大宋。宋州官家,是天命已兆之也。"
⑧ (宋)范镇:《东斋记事》卷1。

官家"①。

"官家"的称谓是如此地流行,甚至于"官家"本人也常常把"官家"挂在嘴边,如《闻见近录》载:

> 太祖即位,方镇多偃蹇,所谓十兄弟者是也。上一日召诸方镇,授以弓剑,人驰一骑,与上私出固子门大林中。下马酌酒,上语方镇曰:"此处无人,尔辈要作官家者,可杀我而为之。"

《东原录》载:

> 艺祖尝留王仁赡语,赵普奏曰:"仁赡奸邪,陛下昨日召与语,此人倾毁臣。"艺祖一于奏札后亲翰,大略言:"我留王仁赡说话,见我教谁去唤来,你莫肠肚儿窄,妒他,我又不见是证见,只教外人笑我君臣不和睦,你莫恼官家。"赵约家见存此文字。

在中国古代历史上,君临天下者最为流行的称谓是"天子"和"皇帝"。"天子"这一称谓出现较早,如《尚书·洪范》曰:"天子作民父母,以为天下王。"秦王嬴政统一六国后,又合"三皇五帝之尊"称为"始皇帝"。此后,"皇帝"与"天子"一词并行,成为中国古代最高统治者独有的尊号。

虽然,皇帝和天子从称号上都显示出一种至高无上的尊贵,但细绎之下,二者之间似乎也有一些未为人们所注意的差别——天子,乃天帝之子②,这不单表明了其政权是神授的,"同时又表明了他是神种,原是不同于凡民的"③;而"皇帝"基本上是从道德、功业,"德兼三皇,功过五帝,故自号曰皇帝"的角度立意的,神化、天

---

① (宋)施德操:《北窗炙輠录》卷上,《全宋笔记》第3编第8册。
② (汉)董仲舒:《春秋繁露》卷10《深察名号》:"号为天子者,宜视天如父,事天以孝道也。"(汉)班固:《白虎通义》卷1《爵》:"天子者,爵称也。爵所以称天子者何?王者父天母地,为天之子也。"
③ 周良霄:《皇帝与皇权》,上海古籍出版社1999年版,第5页。

命的色彩显然要淡薄许多。①

这种微妙的变化,应该说是社会文明理性不断积累发展的一种曲折反映,而非秦始皇个人有意为之。按秦始皇个人的意愿,自己既然成就了千古无匹的大业,正应该有一个远迈千古的"名号",但他想不到的是,"皇帝"这个"德兼三皇,功过五帝"的名号比起"天子"来,反倒是有些等而下之了。人不可能随心所欲地创造历史,看来,再大的英雄在"运势"面前也是不自由的。

如果说"皇帝"与"天子"相比,已经有了些许理性的变化,那么"官家"一词的流行,就更有一些待揭的底蕴了。从文献记载看,宋人对"何故谓天子为官家"的问题是相当关注的,也不止一位"官家"向大臣们提出过类似的问题。如,僧文莹《湘山野录》卷下即记载了北宋的第三位皇帝宋真宗与侍读学士李仲容讨论"官家"含义的一段故事:

> 李侍读仲容,魁梧善饮……一夕,真宗命巨觥俾满饮,欲剧观其量。引数大醉,起,固辞曰:"告官家撤巨器。"上乘醉问之:"何故谓天子为官家!"遽对曰:"臣尝记蒋济《万机论》言:三皇官天下,五帝家天下。兼三五之德,故曰官家。"

---

① 《资治通鉴》卷七:"秦王初并天下,自以为德兼三皇,功过五帝,乃更号曰皇帝……"又,《史记·秦始皇本纪》记载"皇帝"这一称谓产生的过程如下:秦王嬴政曰:"寡人以眇眇之身,兴兵诛暴乱,赖宗庙之灵,六王咸伏其辜,天下大定。今名号不更,无以称成功,传后世。其议帝号。"廷尉李斯、丞相王绾等集公卿百官议:"昔者五帝地方千里,其外侯服夷服,诸侯或朝或否,天子不能制。今陛下兴义兵,诛残贼,平定天下,海内为郡县,法令由一统,自上古以来未尝有,五帝所不及。臣等谨与博士议曰:'古有天皇,有地皇,有泰皇,泰皇最贵。'臣等昧死上尊号,王为'泰皇'。命为'制',令为'诏',天子自称曰'朕'。"秦王嬴政最后的决定是:"去'泰'著'皇',采上古'帝'位号,号曰'皇帝'。他如议。"故司马迁明确提出,"始皇自以为功过五帝,地广三王,而羞与之侔",方自号为"皇帝"。足见"皇帝"的称谓,所突出的正是功业和道德,其天命、神授的色彩反而很淡薄。

上甚喜。①

这位侍读学士的解释,虽有"典故"为依据,但却基本上是为了讨"官家"欢心所作的附会。因为当时对皇帝,不仅称"官家",也有称"朝家"的。这个"朝"字,与"三皇官天下,五帝家天下"就完全扯不上关系了②。

一个流行词语的社会蕴涵,即它所反映的社会信息,不是一个"典故"所能解释的,在此类问题上,"身在此山中"的古人反倒不易道破其"庐山真面目"。那么,"官家"的确切含义到底是什么呢?今人薛瑞兆《释"官家"》一文中的解释最为确切:

> 当时称医者为"医家",宦者为"内家",僧侣为"禅家",诗人为"诗家",酒保为"酒家",田舍翁为"农家"等等。"朝家"、"官家"之"家",也是如此。

原来,所谓"官家",同"医家"、"农家"、"酒家"等等一样,是一种职业的分类,只不过皇帝是较为高贵的职业类别,而且这一称呼只能用于皇帝一人身上,如此而已。

这不能不说是一个很重要的变化。张分田认为"周朝之'天子',就其本义而言,是一个神化的称谓……秦朝之'皇帝'就其主要意义而言,是一个圣化的称谓"③,以此类推,宋朝之"官家",就其主要意义而言,可以认定为这是一种"职业化的称谓"。从"天子"到"皇帝",又到"官家",从"神化的称谓"到"圣化的称谓",又

---

① 类似的记载还见于王君玉《国老谈苑》卷2、田况《儒林公议》卷上、孔平仲《谈苑》卷4等。
② 宋人"朝家"之称,义同"官家"。吴自牧《梦粱录》卷20《百戏伎艺》载:"遇朝家大朝会、圣节,宣押殿庭承应。"又,宋人还称当代皇帝为"官里"。赵彦卫《云麓漫抄》卷3言:"今人曰官家,禁中又相语曰官里。"元杂剧亦用之,关汉卿《玉镜台》第四折外云:"老夫奏过官里,特设一宴,叫做水墨宴。"无名氏《鸳鸯被》楔子冲末云:"如今被左司家朦胧劾奏过,官里听信逸言,差金牌校尉拿我赴京问罪。"
③ 张分田:《中国帝王观念——社会普遍意识中的"尊君罪君"文化范式》,中国人民大学出版社2004年版,第180页。

到"职业化的称谓",称谓的变化,反映出历史的某种进步,反映出社会发展过程中理性因素的逐渐增加,反映出君权神授,即"天命"、"神种"色彩的消褪。

宋代的"官家",当然不可能清晰地意识到上述变化,但却会自觉不自觉地在言行上反映出上述变化。作为开国的"官家",宋太祖在这一点上就表现得特别明显。建隆元年四月,即昭义节度使李筠联合北汉起兵反宋前夕,刚刚做了四个月"官家"的宋太祖与李筠的儿子李守节有这样一段口舌上的"交锋":

> 筠遂遣守节入朝,且伺朝廷动静。上(宋太祖)迎谓曰:"太子,汝何故来!"守节矍然,以头击地曰:"陛下何言?此必有谗人间臣父也。"上曰:"吾亦闻汝数谏,老贼不汝听。不复顾藉,故遣汝来,欲吾杀汝耳。盍归语而父,我未为天子时,任汝自为之,我既为天子,汝独不能小让我耶?"守节驰归,具以告筠,筠谋反愈急。①

"老贼"指的是李筠。这是一个相当精彩的细节,尤其是后面几句,最为传神:我若没当天子,你李筠老贼自可为之,我既然已经抢先下手了,老贼为什么就不能"小让"我一把呢? 这一通话,可是当着满朝文武说出的。如此直白,哪里还有一丁点儿"君权神授"、"天命所归"的意味?

的确,除了极少数情况下,宋太祖这位官家似乎没有把自己看成"真龙天子",不但内心没有这种念头,公开场合他也是如此。如"陈桥兵变"时,他对众将和士兵们讲的就是"汝等自贪富贵,立我为天子";兵变成功,马上要做皇帝时,他竟当着后周宰相范质等人的面,呜咽流涕曰:"吾受世宗厚恩,为六军所迫,一旦至此,惭负天地,将若之何!"当然,这些举动都有些英雄欺人的"做戏"味道,但同属欺人做戏,汉唐时靠政变登基的"天子"们,却都口口

---

① 《长编》卷1建隆元年三月条。

声声是"祗畏天命"、"敢不钦受",何曾有过"惭负天地"这般气短之语?

学术界已经注意到,"历史发展到了宋代,神圣不可动摇的皇权,已产生了一些微妙的、潜在的变化",并将这种变化归因于五代十国时期皇位频繁更迭,"短短的五十三年中,中原更换了五个朝代,八姓十三君。唐末五代的动乱,猛烈地冲击了天子神圣的观念……给宋代君主士大夫留下了深刻印象,也在一定程度上影响和改变了人们的皇权观念"①。的确,五十三年间的"八姓十三君",还只限于北方中原地区,若将大致同一时间内"十国"中的帝王和其他偶发性的称帝称王者计算在内,就更可以看出,这的确是一个"称王称帝如春雨之蒸菌"的时代,是一个"如今天子用担挑"的时代。"春雨蒸菌"、"担挑车载"的结果是不言而喻的:"中国纷纷,孰为天子?"哪里有什么"真龙天子",又有什么"真命"可言!

除上述原因之外,还应该注意到,"天子"—"皇帝"—"官家"这种微妙推演所长期积累的理性因素。当这种理性因素达到一定程度,就会有明显的变化。宋代"官家"这一称谓的流行,正是这种变化的一个时代表征。这种时代表征,也会用另外一种方式表达出来:

天子,兵强马壮者当为之,宁有种耶!②

五代军阀安重荣的这句名言,并非毫无理性,因为天子的确不是"天生"的,而是"兵强马壮"的结果。将此类"豪言壮语"与其他时期做一个比较,也可以看出明显的"时代特色"。例如,秦汉之际的陈胜、吴广,也有"王侯将相,宁有种乎"的壮语,但"王侯将相"终究不是"天子";又如,汉高祖刘邦宣称"吾以布衣提三尺剑取天下,此非天命乎?命乃在天!"③这与"天子,兵强马壮者当为

---

① 王瑞来:《论宋代皇权》,《历史研究》1989年第1期。
② 《旧五代史》卷98《安重荣传》。
③ 《史记》卷8《高祖本纪》。

之"相比,虽然都是马上取天下的枭雄之语,但相似的内容,从不同时代的人口中讲出,其中的差异也是显而易见的:刘邦强调的是"命乃在天",即"三尺剑"之外的"天命",而安重荣则只论"兵强马壮"。

上述两个方面的原因,构成了宋太祖皇帝生涯的基本背景——他既要重振乾纲,振兴五代动乱中跌落的皇权,树立起一国之君的权威;又要顺应"君权神授"观念的逐步淡化,适应由"天子"到"皇帝"再到"官家"的变化,从而对皇权作出更为恰当的认知和定位。宋初的两个故事,可以对上述情形作出一些具体的说明。

故事之一,记载在北宋著名学者沈括的《梦溪笔谈》中。一天,太祖问赵普:"天下何物最大!"万乘之尊、亿兆之上的皇帝问到这样的问题,的确让身为臣子的赵普为难,他沉吟了好长一会儿,未作回答。可官家似乎非要搞明白这一点,又追问了一遍,赵普最终说出了影响深远的四个字:"道理最大。"我们知道,宋太祖平日并不十分满意赵普的学识和器量,他们君臣之间的许多讨论,也常常是以"卿无复言,朕已喻"而结束。但此次"道理最大"这四个字,却让太祖对赵普真正刮目相看了——"上屡称善"[①]。

故事之二,发生在"官家"与其家人之间。那是太祖做官家已有十余年的一天,他的三女儿永庆公主穿着一件贴绣铺翠的短袄来拜见父亲,太祖看到后很不高兴,告诫她不准穿这样奢华的衣服。公主反而笑着说:"一件短袄又用得了几根翠羽呢!"并同皇后一起指着宋太祖平常所乘的轿子说:"官家作天子日久,岂不能用黄金装肩舆,乘以出入?"结果引来宋太祖一段对后世很有影响的话:

> 我以四海之富,宫殿悉以金银为饰,力亦可办,但念我为

---

① (宋)沈括:《梦溪笔谈·续笔谈》,岳麓书社1998年版。

天下守财耳,岂可妄用。古称以一人治天下,不以天下奉一人。苟以自奉养为意,使天下之人何仰哉,当勿复言。①

这两个故事都反映出宋太祖对皇权的一种理性认知,反映出宋初君臣对皇权的一种理性定位。这种定位并不否定皇帝为"天下第一人"的尊崇和高大,这是一个基本的前提;但同时又明白无误地将皇权置于"道理"和"天下"的制约之中。包括皇帝在内的一切人,都要置身于"道理"之下,都要以"天下"而不是以"一人"为行事的准则。

诸如此类的认识,其实也不是宋初君臣所独具的,而是宋代一种较为普遍的观念。关于这一点,海内外学者已经有了相当深透的研究,如朱瑞熙在《中国政治制度通史·宋代》中论及"政治制度的新变化"时指出:

> 皇帝的地位虽然依旧至尊至贵,但皇权有时却要受到舆论和各种条法的制约。思想家们还提出了一套正确处理皇帝与国家,皇帝与百姓之间关系的理论。宋末元初人金履祥提出:"国,天下之国;家,天下之家也。君之者,长之而已,固非其所得私也,况可专其利以自私哉!"南宋人朱熹认为:"民富则君不至独贫,民贫则君不至独富。"表示了"君民一体之意"。叶适也说:"有民而后有君,有天下而后有国。有国有君,而后有君与国之用。"他们把国和家视为天下百姓所有,皇帝不过充当其"长"而已,皇帝要以公心对待,不能私专其利。皇帝与百姓"一体",密不可分。有了百姓而后有皇帝,有了"天下"而后有国家,有了国家和皇帝,而后有皇帝与国家的财用。这些理论对于不断完善宋朝的皇帝、官僚政治体制起了促进的作用。②

---

① 《长编》卷13开宝五年七月条。
② 朱瑞熙:《中国政治制度通史》第六卷《宋代》,人民出版社1996年版,第5页。

两宋时期,对皇帝与"天下"的关系,皇权与"道理""法度"的关系,的确有着相当的理性思考,诸如"天下,天下人之天下,非一人之私有"①,"天下者,中国之天下,群臣、万姓、三军之天下,非陛下之天下"②,"天下之法,当与天下共之……天子不得而私也"③,士之"道隆德骏者又不止此,虽天子北面而问焉,而与之迭为宾主"④等等言论,屡屡出自臣民之口。这些议论,与"官家"这一称谓的流行其实是互为表里的,都反映出宋代皇权的某种时代性变化。

宋太祖作为宋代的第一位"官家",应该说也是上述变化的倡导者。他的"道理最大"和"不以天下奉一人"的认知,无论从哪一个角度看,都与上述变化相通。

当他把"道理最大"和"不以天下奉一人"的理念落实到具体的政治行为之中时,当他以"官家"而不是"天子"的心态来行使一国之君的权力和创立一代制度时,当他以"官家"而不是"天子"或"皇帝"的"认知范式"来定位自己的权力时(在以往的研究中,人们所关注的往往只是宋代士大夫阶层对皇权的制约,而忽略了皇权在"官家"时代的"自我认知"和"自我定位"),必然会在瓦解传统皇权的专制文化方面,产生某种微妙的作用。

第二节 祖宗家法:官家时代的规制

推崇"祖宗家法",是宋代政治的一大特点。

在宋人心目中,"祖宗"的举措施为及其原则被认定为"祖宗之法",被奉扬为一个朝代神圣的政治号召,大到朝廷决策的理论依据,小到任用官员、确定则例……凡事举述"祖

---

① (宋)朱熹:《四书章句集注·孟子集注》卷9。
② 《皇宋中兴两朝圣政》卷24绍兴八年十二月。
③ (明)杨士奇等编:《历代名臣奏议》卷213。
④ (宋)王安石:《临川文集》卷82《虔州学记》。

宗之法"，成为赵宋突出的历史现象。对于"祖宗之法"的重视与强调，达到了前所未有的程度。①

中国古代，王朝的继志和守成之君常将开国者所颁布的具有本朝特色的律令规则，称为"祖宗故事"或"祖宗圣训"，作为裁断政事的准则。但将这种"故事"或"圣训"凝聚为至高无上的原则精神，称之曰"祖宗家法"，奉为当朝神圣的政治号召，则是宋朝最为突出。②

对"祖宗家法"的推崇，无疑就是对"祖宗"，即宋太祖及其政治修为的推崇。但是，敬祖尊宗，是中国古代社会一以贯之的传统，为什么宋代在这一点上特别突出呢？

简要地说，有三个原因。一是宋代朝野对"祖宗"所开创的太平基业有着由衷的骄傲与自豪；二是相对理性文明的开国政治，与宋代知识精英的价值理念和精神信仰高度吻合；三是"官家"时代淡化了"君权神授"、"奉天承运"的"神谕"之后，必须为王朝政治树立一个共同尊奉的基本规则。

我们知道，宋代是继"五代"之后的第六个王朝。此前的五个王朝更迭十分频繁，短短的五十三年间，经历了八姓十三君，平均每个皇帝在位不足四年，"国祚"最长的是后梁王朝，也只在藩镇骄横、"群情不附"的动乱中勉强维持了十七年。宋王朝建立时，人们尽管无不渴望安定太平，却没有充足的根据相信宋太祖能够稳固他所篡夺来的政权。"这个赵宋王朝很可能不过是继梁、唐、晋、汉、周'五代'之后的'第六代'，正像人们数十年来习见的那样，如过眼云烟一般，新建的政权转瞬间又会随风飘散。"③

但事实却给历史以最大的惊喜。太祖在位十七年，这个时间

---

① 邓小南：《祖宗之法——北宋前期政治述略》，第 42 页。
② 曹家齐：《赵宋当朝盛世说之造就及其影响——宋朝"祖宗家法"与"嘉祐之治"新论》，《中国史研究》2007 年第 4 期。
③ 邓小南：《祖宗之法——北宋前期政治述略》，第 184 页。

已超过了"五代"时期任何一个"王朝"的寿命;五代的五十三年间,只平定了南方的一个国家——"前蜀",但平定前蜀的统帅又很快建立了"后蜀"。宋太祖的十七年间,则不但平定了长江以南的几乎所有的"国家",而且卓有成效地确立了中央集权的强大权威,杜绝了军事兵变和地方藩镇跋扈。这些带有历史转折性的成就,正是宋太祖留给继任者的巨大财富,因而"谨遵先皇帝法度"就成为宋太宗的基本路线,《长编》卷十七开宝九年十月条记宋太宗即位时说:

> 先皇帝创业垂二十年,事为之防,曲为之制,纪律已定,物有其常。谨当遵承,不敢逾越。咨尔臣僚,宜体朕心。

此后,随着"大宋"国祚的日益延展,长治久安的"太平基业"更是使朝野上下充满了自豪感。饮水思源,"祖宗家法"就成为一切荣光的起点:

> 今天下太平八十年,物遂其生,人乐其业,我太祖、太宗、真宗忧勤养理之功欤!……若太祖之英武、太宗之圣神、真宗之文明,授受承承,以兴太平,可谓跨唐而逾汉,驾商周而登虞夏者也。①

> 国家受天明命,太祖、太宗拨乱反正,混一区夏,规模宏远,子孙承之,百有余年,四海治安,风尘无警,自生民以来,罕有其比,其法可谓善矣。②

> 祖宗家法甚多,自三代以后,惟本朝百三十年中外无事,盖由祖宗所立家法最善……③

从"今天下太平八十年",到"百有余年",到"百三十年",大宋王朝不但早已跳出"五代"之后第六个短命王朝的命运,而且也超越了汉唐盛世,创造了新的历史纪录,因为"三代(夏商周)以

---

① (宋)石介:《徂徕石先生文集》18《三朝圣政录序》。
② (宋)司马光:《司马光奏议》卷32《请更张新法札子》。
③ 《长编》卷480元祐八年正月条。

后,惟本朝百三十年中外无事"。巨大的历史成就感,彰显的正是"祖宗家法"的巨大动能。

与汉唐开国充斥着霸道和血腥不同,在宋人看来,本朝则是"以仁义开国","国初"人便知崇礼义,"已自胜如唐人"。应该说,宋太祖开国,依靠的同样是兵威和武力,但与其他朝代相比,的确有其文明与理性的一面。如"陈桥兵变"时军纪严明,创造了"市不易肆","不流血而建立一个大王朝的奇迹";如以"杯酒释兵权"而不是诛杀功臣的方式解决皇权与兵权的矛盾;如"不杀大臣""不以文字罪人"的碑誓;以及"宰相须用读书人"、"令武臣读书"等等。开国政治的这些特色,与宋代知识精英的价值理念和文化信仰高度吻合:

> 此皆大抵以忠厚廉耻为之纲纪,故能如此。盖睿主开基,规模自别。①

> 程珌进读《三朝宝训》,奏曰:"艺祖皇帝受禅之初,与三军约不许杀戮一人。自后圣圣相承,守为家法。"上曰:"祖宗以仁立国,朕当以仁守之。"②

这正是"祖宗"与"祖宗家法"在宋代受到特别推崇的原因,而这种推崇所体现的则又是对本朝体制的认同与自信。

"六年无限诗书乐,一种难忘是本朝。"③张载的这句诗,表达了早期理学家对"本朝"的爱恋与认同。与此同步,宋代前期的文学,也从"最初的专注于淡泊隐逸",而逐渐演变为"形容盛明","忠爱思想"成为文学创作的一个重要主题。"一个非常有趣的现象是,宋初的文学特别喜欢表现春天的景象,尤其是表现春天的和谐和惬意,有的甚至在其中融入了对君王的赞美,如田锡的《春色赋》等。这是文人的普遍心态,他们欣逢其时,如沐春风,他们对

---

① (宋)程颢、程颐:《二程遗书》卷15《伊川先生语一》。
② (宋)程颢、程颐:《二程遗书》卷15《伊川先生语·入关语录》。
③ (宋)张载:《张载集》之《文集佚存·杂诗·老大》,中华书局1978年版。

君王和朝廷的爱戴是发自内心的。尤其是,王朝使知识恢复了庄严的意义,国家彻底走出了五代以来武人拥兵作乱的局面,他们因此高度认同这个气象雍容的朝廷。文学作品中表现的对君王的忠爱,也是这种认同的具体反映。宋王朝从立国开始就致力于加强中央集权……这些举措,实现了读书人沉埋已久的一个梦想。"①这种对本朝的认同与热爱,在史学家司马光的表述中则有了更为深沉的历史自信:

> 臣窃观自周室东迁以来,王政不行,诸侯并僭,分崩离析,不可胜纪,凡五百有五十年而合于秦。秦虐用其民,十有一年而天下乱,又八年而合于汉。汉为天子二百有六年而失其柄,王莽盗之,十有七年而复为汉。更始不能自保,光武诛除僭伪,凡十有四年,然后能一之。又一百五十有三年,董卓擅朝,州郡瓦解,更相吞噬,至于魏氏,海内三分,凡九十有一年而合于晋。晋得天下才二十年,惠帝昏愚,宗室构难,群胡乘衅,浊乱中原,散为六七。聚为二三,凡二百八十有八年而合于隋。隋得天下,才二十有八年,炀帝无道,九州幅裂,八年而天下合于唐。唐得天下一百有三十年,明皇恃其承平,荒于酒色,养其疽囊,以为子孙不治之疾,于是渔阳窃发,而四海横流矣!肃、代以降,方镇跋扈,号令不从,朝贡不至,名为君臣,实为雠敌。凌夷衰微,至于五代,三纲颓绝,五常殄灭,怀玺未暖,处宫未安,朝成夕败,有如逆旅,祸乱相寻,战争不息,流血成川泽,聚骸成丘陵,生民之类,其不尽者无几矣!于是太祖皇帝受命于上帝,起而拯之,躬擐甲胄,栉风沐雨,东征西伐,扫除海内。当是之时,食不暇饱,寝不遑安,以为子孙建太平之基。大勋未集,太宗皇帝嗣而成之,凡二百二十有五年,然后大禹

---

① 刘培:《宋初学术思想与皇权专制的互动——辞赋创作视野下的重用文臣与道德重建》,《南京大学学报》2015年第1期。

之迹,复混而为一,黎民遗种始有所息肩矣! 由是观之,上下一千七百余年,天下一统者五百余年而已,其间时时小有祸乱,不可悉数。国家自平河东以来,八十余年内外无事,然则三代以来,治平之世,未有若今之盛者也。今民有十金之产,犹以为先人所营,苦身劳志,谨而守之,不敢失坠,况于承祖宗光美之业,奄有四海,传祚万世,可不重哉! 可不慎哉!①

司马光这篇题名为《保业》的奏议写于嘉祐六年(1061),距北宋开国恰过百年。宋王朝开国之际用近二十年的时间完成了统一,进而又开创了"八十余年内外无事"的长治久安。司马光以史家的纵深指出,东周以来的一千七百余年中,"天下一统者五百年而已,期间时时小有祸乱,不可悉数",由此可见宋代的长治久安是何等伟大的业绩。"祖宗光美之业",六字道尽了一位史学家对开国领袖、开国政治的崇敬与自豪,也道尽了宋代士大夫阶层的政治信仰。毋庸讳言,正是这种崇敬、自豪与信仰,使得赵宋王朝的内部统治异常稳固,在强邻环伺、冲击迭至的环境中,顽强生存了三百二十年,成为周秦之后国祚最为绵长的一个王朝。②

宋人推崇"祖宗家法",除了上述相关原因外,另外一个更重要的原因还应该与"官家时代"有关。

---

① (宋)司马光:《司马温公传家集》卷21《进五规状·保业》。
② 何忠礼认为:"宋朝立国时间长达320年,是中国自秦以来立国时间最长的一个朝代。有人以为,国祚最长的朝代当推两汉,其实这是一种误解。诚然,从表面上看,两汉立国时间共有426年,但西汉与东汉之间存在着一个王莽建立的新朝(8—23),历时16年,尽管后来的正统论者不承认它是一个名正言顺的朝代,但它将汉代一分为二却是不争的事实。这样一来,西汉和东汉两个朝代的国祚就大大短于宋代。且西汉与东汉除了皇帝都姓刘以外,从血缘关系、统治核心到政策措施,很少具有继承性。可两宋情况却大不相同:一是两宋之间并无别的朝代间隔;二是南宋第一个皇帝宋高宗赵构是宋徽宗的第九个儿子,也是宋钦宗的弟弟,从血缘关系来说,可谓一脉相承;三是南宋初年统治集团的主要成员几乎全是北宋末年的官员,军队主力也来自于北方;四是南宋的统治政策和政治措施基本上都沿袭北宋……所以南宋与北宋实际上是一个朝代——宋代。"《论宋朝政府对民变的非军事对抗性策略》,《浙江大学学报》2014年第3期。

前面已经讨论过,从"天子"到"皇帝",再到"官家",称谓的变化,反映出"君权神授"观念的松动,这一松动同时也就意味着"口含天宪"、"奉天承运"、"依天命以断人事"之类的"神谕"开始减效,而"神谕"减效后,必须要为王朝政治的运转树立起新的准则。宋代政治史上,虽然还是"天命"、"祖宗家法"并举,但"祖宗家法"的重要性已远远超过了"天命":

> 惟我祖宗继天立极,其于事亲教子之法、正家睦族之道、尊主御臣之方,大抵根本仁义。故先朝名臣或以为家法最善,或以为大纲甚正,或以为三代之下皆未之有。猗欤休哉!圣子神孙所当兢兢保持而勿坠也。①

这是南宋名臣真德秀在宝庆元年(1225)上书中的一段话,其中的"继天立极"显然只是一句空泛的套话,因为"天命"的神谕已没有多少威效,真正强调的重心则与寻常人家的"家法"十分相近,注重的是"事亲教子之法、正家睦族之道、尊主御臣之方"。

前面已经说过,"官家"这一称谓在宋代的流行,事实上表明舆论已多少把"官家"视为"职业分类",即"官家"与"农家"、"渔家"、"酒家"等在性质是上相近的,只是众多职业中的一种,并不具备与其他职业云泥之隔的"天命优势",这就意味着"官家"要治理好天下百家,必须要兢兢业业,"不敢有一毫易心":

> 本朝太祖皇帝尝谓近臣曰:"尔谓帝王可容易行事耶?"仁宗皇帝尝下诏曰:"当念守文之难,敢忘置器之重。"祖宗念为君之难,其形诸诏诰者,不敢一毫有易心,故能垂裕于万世。此又陛下之家法也。②

同样,当"官家"减失了"天命优势"之后,要治理好天下百姓,要成为天下百姓所拥戴的圣君,就首先要成为"百姓"的表率。所

---

① (宋)真德秀:《西山集》卷4《对越甲稿·召除礼侍上殿奏札一》。
② (宋)袁说友:《东塘集》卷12《君道状》。

以宋代的"祖宗家法",一定是以皇帝、皇室的修身、齐家为核心,逐步向治国、平天下延展的:

> 三代以还,本朝家法最正。一曰事亲,二曰齐家,三曰教子,此家法之大经也。①

> 本朝太祖皇帝以来,家道正而人伦明……自三代以来,未有如本朝家法也。②

以上简单分析了宋代推崇"祖宗家法"的原因,下面再看宋代"祖宗家法"形成、阐释的过程和影响。

宋代"祖宗家法"的基础,是宋太祖、太宗时所建立的,其中,太祖起着提纲挈领、经画大略的作用,太宗则进入继承发展、总结提升的时期。所以,"祖宗经制"的概念在太宗时期已经出现:"今四方无虞,与卿等谨守祖宗经制,最为急务。"③最值得注意的是,宋太宗对"祖宗经制"的总结与提炼,明显包含着两方面的内容,一是对宋初军政体制的推崇:"先皇帝创业垂二十年,事为之防,曲之为制,纪律已定,物有其常"④。这样在太祖太宗时期,以防止五代之弊为主要内容的"祖宗经制"大致成型;二是强调"祖宗经制"的重点是"先皇帝推诚损己",这正是从"修身、齐家"到"治国、平天下"的路数:

> 恭惟先皇帝推诚损己,焦思劳神。念将士之忠勤,知战伐之辛苦,衣粮禄赐,无非经手经心;土地官封,不惜酬功酬效。生灵是念,稼穑为忧,罢非理之差徭,去无名之侵耗。不贪游宴,尽去奢华,减后宫冗食之人,停诸司不急之务。方岳止甘鲜之贡,殿庭碎珠玉之珍。狱讼不冤,刑戮不滥。凡开物务,

---

① 宋光宗时郑湜语,见《续编两朝纲目备要》卷1淳熙十六年二月二日。
② 宋哲宗时范祖禹语,见《长编》卷451元祐五年十一月条。
③ 《长编》卷114景祐元年二月条引知制诰李淑奏言。
④ 《长编》卷17开宝九年十月条。

尽立规绳。①

宋真宗时,对"祖宗家法"总结的外部框架则包括了太祖太宗两朝:

> 朕每念太祖、太宗丕变衰俗崇尚斯文,垂世教人,实有深旨。朕谨遵圣训,绍继前烈,庶警学者。人君之所难,由乎听受,人臣之不易,在于忠直。其或君以宽大接下,臣以诚明奉上,君臣之心,皆归于正,上下之际,靡失厥中。直道而行,至公相遇,此天下之达理,先王之成宪,犹指诸掌,孰曰难哉?②

至宋仁宗时,君臣开始编纂太祖、太宗、真宗的《三朝宝训》。③《三朝宝训》的编纂,意味着"祖宗家法"的基本成型。以后,虽然又有《两朝(仁宗、英宗)宝训》、《神宗宝训》等的编纂,但作为"祖宗家法"的通行读本,还应是《三朝宝训》,如南宋时皇帝进读的仍是《三朝宝训》。

宋英宗、神宗时期,尤其是王安石变法时期,围绕着"祖宗之法"曾展开过激烈的争论。"祖宗不可法"的问题虽然被提了出来,但作为"变法派"的王安石强调更多的是"祖宗家法"的与时俱进,而另一派的司马光则更强调"谨守祖宗之成法"④。正是在这一大的背景下,哲宗时期,宋代出现了第一次对祖宗家法的完整总结,当时宰臣进读《礼记》、《宝训》,提及宋仁宗朝将"忧勤"二字概括为"祖宗家法",宰相吕大防接着说:

> 祖宗家法甚多,自三代以后,惟本朝百三十年中外无事,盖由祖宗所立家法最善。臣请举其略:
>
> 自古人主事母后朝见有时,如汉武帝五日一朝长乐宫,祖

---

① 《宋大诏令集》卷1宋太宗《即位大赦诏》。
② 《宋朝事实类苑》卷3《祖宗圣训三》。
③ (宋)王明清:《挥麈后录》卷1,《长编》111明道元年二月条。参见邓小南:《祖宗之法——北宋前期政治述略》,第374—375页。
④ (宋)司马光:《司马温公文集》卷18《进五规状》。

宗以来,事母后皆朝夕见,此事亲之法也。

前代大长公主用臣妾之礼,本朝必先致恭,仁宗以侄事姑之礼见献穆大长公主,此事长之法也。

……

前代宫闱多不肃,宫人或与廷臣相见,唐入阁图有昭容位,本朝宫禁严密,内外整肃,此治内之法也。

前代外戚多预政事,常致败乱,本朝皇后之族皆不预事,此待外戚之法也。

前代宫室多尚华侈,本朝宫殿止用赤白,此尚俭之法也。

前代人君虽在宫禁,出舆入辇,祖宗皆步自内廷,出御后殿,岂乏人力哉?亦欲涉历广庭,稍冒寒暑耳,此勤身之法也。

前代人主在禁中冠服苟简,祖宗以来,燕居必以礼,窃闻陛下昨郊礼毕,具礼服谢太皇太后,此尚礼之法也。

前代多深于用刑,大者诛戮,小者远窜,惟本朝用法最轻,臣下有罪,止于罢斥,此宽仁之法也。

至于虚己纳谏,不好畋猎,不尚玩好,不用玉器,饮食不贵异味,御厨止用羊肉,此皆祖宗家法,所以致太平者。陛下不须远法前代,但尽行家法,足以为天下。①

两宋虽然对"祖宗家法"的强调相当自觉,达到了前所未有的高度,但却并无一篇系统梳理"家法"内容的专文。吕大防的这番进言,则是对"祖宗家法"最详尽的内容总结。吕氏的总结多达十余类,其中大部分都是通常意义上的"家法",即皇帝、宗室、外戚的修身、齐家之法,只有少数可算作"国法"。足见宋代的"祖宗家法"的确是以皇帝的修身、律己、齐家为核心,由此向外拓展为治国平天下的"国法"。而且从吕大防所说来看,"国法"的重心也不在于王朝的建章立制,而在于王朝"宽仁"的价值取向,尤其是"惟

---

① 《长编》卷480元祐八年正月条。

本朝用法最轻"的政治传统。这都可以看出,"官家"时代皇权收敛的理性特征。另外,吕大防总结"祖宗家法"的个别内容,当时也曾引起一些争议:

> 大防奏对十余,有论"人主步自内庭,出御便殿,欲涉历广庭,稍冒寒暑,此勤身之法也"。览之扼腕。盖大防以腐儒之学,斗筲之器,循至台鼎,因事辄发,以邪说猥词钤制人主,愚玩而已,强悍跋扈,莫此为甚。①

"论者"不满吕大防"以邪说猥词钤制人主",倒是从另一个方面说明了"祖宗家法"对皇权的制约。所谓"猥词",是批评吕大防总结的"祖宗家法"过于琐碎,居然包括皇帝在宫内步行往来这样的"小事"。其实,"人主步自内庭,出御便殿,欲涉历广庭,稍冒寒暑",的确是一种科学合理的起居方式。与"前代人君,虽在宫禁,出舆入辇"相比,宋代皇帝的这种步行健身,与现代领导人的起居方式有些接近,这同样是"官家"时代值得关注的一些细节。

就中国传统社会而言,"天命"、"祖训"本是限制君权的两种方式,"人君所畏惟天,若不畏天,何事不可为者"②。宋代则突出了"祖训"对君权的约束,比单纯强调"天命"更为理性,也更为有效。所以,宋代的"祖宗家法",既是"家法"又是"国法",在基本模式上,是"由内而外",从"天子家事"出发,逐渐外化为整个治国体制。

"祖宗家法"首先是对历任"官家"的约束和自我约束。宋太宗总结的"祖宗经制",首先强调的就是"先皇帝推诚损己,焦思劳神",而他对自己的要求也是:

> 朕虽德不及往圣,然而孜孜求治,未尝敢自暇逸,深以畋游声色为戒。所冀上穹降鉴,亦为子孙长久计,使皇家运祚永

---

① 《长编》卷480元祐八年正月条。
② 《宋史》卷313《富弼传》。

久,而臣僚世袭禄位。①

其次是对宗室、外戚、宦官等的约束,吕大防所总结的八大类"祖宗家法",每一类都是针对"官家"和"官家"身边人的。修身齐家即包括调整"官家"与"皇族"的关系,设计出最符合家族利益的皇位传递方式,其中的典型事例,一是太祖时期的"金匮之盟",二是南宋高宗二十三岁即选立太祖九世孙为储君,并提前二十五年将皇位传给皇储。就宋代皇位传立的整体情况看,除了"烛影斧声"这一个似有似无的"阴影"外,其余的时期都是平静而明朗的,这很大程度上是皇室注重修身齐家的结果。

最后,由修身齐家推展到治国平天下。包括理顺"官家"与大臣的关系、朝廷与地方的关系,理顺"中国"与"外国"的关系。其中,官家与大臣的关系主要体现为"君权"与"相权"之间的相互制约,也体现为"二府三司三衙"之间的相互制约;朝廷与地方的关系主要体现在中央对地方权力的制约上,即"稍夺其权,制其钱谷,收其精兵",也体现为京城禁军与各地驻军的相互制约,体现为路、州各级权力的相互制约;"中国"与"外国"的关系,主要体现为放弃了"普天之下,莫非王土"、"日月所照,皆为臣妾"的传统思维,代之"不勤远略"的务实方针,显示出"官家"时代特有的理性与收敛。

第三节　宋太祖与宋朝政治

一个王朝的政治总是与其开国领袖的风格紧密相关。从前文有关宋代皇权的理性定位和祖宗家法的讨论中,已经可以看出宋太祖对两宋政治的深刻影响。《宋史·太祖本纪》对宋太祖也有一个"定论"性的"赞"文:

---

① （宋）杨亿:《杨文公谈苑》。

五季乱极,宋太祖起介胄之中,践九五之位,原其得国,视晋、汉、周亦岂甚相绝哉?及其发号施令,名藩大将,俯首听命,四方列国,次第削平,此非人力所易致也。建隆以来,释藩镇兵权,绳赃吏重法,以塞浊乱之源。州郡司牧,下至令录、幕职,躬自引对。务农兴学,慎罚薄敛,与世休息,迄于丕平。治定功成,制礼作乐。在位十有七年之间,而三百余载之基,传之子孙,世有典则。遂使三代而降,考论声明文物之治,道德仁义之风,宋于汉、唐,盖无让焉。呜呼,创业垂统之君,规模若是,亦可谓远也已矣![①]

这则赞文,从王朝政治着眼,肯定了宋太祖几个方面的重要贡献:削平四方列国,清除分裂动乱根源,注重法制文治,形成"仁义道德之风",以十七年的努力,夯实了两宋三百年的根基。传统史家的这些评价虽然与当代史学话语有异,但仍是我们认识相关问题的内容依据。

一、形成了相对理性温厚的政治传统

这主要是指其开国政治相对宽厚,由此带动形成了宋代无暴君、少酷吏、不杀士大夫、不以文字罪人,以及皇位传承中的"徐徐择贤而立"等理性传统。

宋朝开国于陈桥兵变,陈桥兵变的最大特点,就是开创了"不经过流血而诞生一个主要的朝代之奇迹"。这其中当然有兵权和实力威慑的因素。但是,兵权与实力只能保证兵变的成功,至于以什么方式成功,则很大程度上取决于决策者的谋划水平和政治良知。从陈桥兵变的整个过程看,宋太祖不仅一开始就反复"严敕军士,勿令剽劫",而且还通过若干具体细密的措施控制局势,最终保证了兵变入城时的纪律严明,并由此赢得了民心:

---

① 《宋史》卷3《太祖本纪第三》"赞曰"。

> 满城父老皆相贺曰:"五代天子皆以兵威强制天下,未有德治黎庶者。今上践祚未终日,而有爱民之心,吾辈老矣,何幸见真天子之御世乎?"[①]

陈桥兵变其实也是"以兵威强制天下",但与五代其他兵变相比,的确又有很大不同。它背后凝结着更多的理性和人道,蕴含着一种对社会、对百姓负责的政治良知,满城父老从开国的第一天中,就感受到了一种不同于以往的温厚气象。

这种温厚的政治理性也表现在如何处理开国功臣、如何处理"前朝君臣"等传统政治中最棘手的问题上。

"鸟尽弓藏,兔死狗烹"是开国之君加强皇权的惯用手法,故梁启超有"二十四史"为"相斫书"的感慨。宋太祖的处理方式却颇为独特,他选择了著名的"杯酒释兵权"这样一种相对理性的方式:"杯酒论心,大将解印。"虽然实际过程不像有些文献记载的那样简单和戏剧化,但其最终结果是清楚的:自建隆二年(961)七月后,绝大部分功高资深的禁军将帅既被解除了兵权,又保持了同皇帝的亲密关系,没有上演"相斫"的故事。

在如何对待"前朝君臣"的问题上,宋初也显现出政治上的成熟与理性。五代前四朝(后梁、后唐、后晋、后汉)的皇室子孙,在朝代更替时均惨遭杀戮,无一幸免,[②]但在周宋更迭时,不但后周的小皇帝柴宗训得到了优待,他的后世子孙也一直袭封"崇义公","历宋三百余年,世袭不替"。《水浒传》中的小旋风柴进就是以柴氏后人为原型的,书中交代柴进的身世和待遇时称:"他是大周柴世宗子孙。自陈桥让位,太祖武德皇帝敕赐予他誓书铁券在家中,谁敢欺负他?"[③]此类描写,也是有本而来的。

---

① (宋)邵伯温:《邵氏闻见录》卷7。
② (清)赵翼:《廿二史札记》卷22《五代诸帝无后》。
③ (明)施耐庵:《水浒传》第八回《柴进门招天下客　林冲棒打洪教头》,人民文学出版社1997年版。

宋初政治的温厚与理性,当时就产生了明显的影响,如宋太祖兴兵伐蜀期间,后蜀宰相李昊即对国主孟昶说:"臣观宋氏启运,不类汉、周,天厌乱久矣,一统海内,其在此乎。"① 此后,随着时间的推移,苏轼、范仲淹、朱熹等一众文化名家都对"宋氏启运"过程中的这种理性与人道予以推崇,认为"祖宗以仁义开国","受命之日,市不易肆,仁之至也",并明确地把"太祖皇帝能一天下者"归结于"陈桥兵变"时的"不嗜杀人","得天下以仁而民从之,故天下一于宋"。② 清初王夫之,由于摆脱了"本朝情结",因而又有了更为客观,也更为深刻的认识:

> 赵氏起家什伍,两世为裨将,与乱世相浮沉,姓字且不闻于人间……乃乘如狂之乱卒拥扶以起,弋获大宝……夫宋祖受非常之命,而终以一统天下,底于大定,垂及百年,世称盛治者,何也?唯其惧也。惧者,恻悱不容自宁之心,勃然而猝兴,怵然而不昧……人之能不忘此心者,其唯上哲乎!……惧以生慎,慎以生俭,俭以生慈,慈以生和,和以生文。而自唐光启以来,百年嚣陵噬搏之气,寖衰寖微,以消释于无形。盛矣哉!③

王夫之既不避讳赵氏起家低微和得国之际的"非常"手段,又能以达观豁朗的态度,烛照出宋朝开国时的理性、良知及其意义:惧、慎、慈、和、文,无一不是理性与良知的体现。起家什伍的赵氏,正是以这种理性与良知,在"百年嚣陵搏噬之气"中营造出一个宽仁宁谧的立国氛围,从而开启了唐宋之际天下由乱而治、由分而合的根本转机。

宋代历史上具有重要意义的"太祖碑誓"和"金匮之盟",同样是宋初开国政治理性化的标本。前者的"誓不诛大臣、言官"、"誓

---

① 《长编》卷4乾德元年五月条。
② 《长编》卷1建隆元年正月条引苏轼等人语。
③ 《宋论》卷1《太祖一》。

不用宦官",从不同侧面丰富、规范了宋代理性政治;后者则根据"能立长君,社稷之福"的理性原则,在皇室范围内安排出最有利于王朝巩固的传承次序,这对宋初局势和整个有宋一代的高层政治均产生了积极的影响。宋代皇位的继承以平稳著称,诸如秦胡亥的诈立、新莽代汉、东汉权臣变乱皇嗣、隋杨广弑父,以及唐代皇室的杀兄逼父、母后篡弑和宦官变易皇位如儿戏等等,所有这些前代的"皇权之痛"①在宋代都未曾发生。南宋谢维新论本朝皇位传递,有"上媲帝王(尧帝、舜帝及周文王、周武王),下陋汉唐,而为古今之冠冕"②的说法。清人在《钦定古今储贰金鉴》中专门对比了历朝皇位传承状况,而感叹宋代"于诸子中徐徐择贤而立,则亦必无屡易储之事"③。这种"徐徐择贤而立"的淡定与理性,正是宋初以来形成的传统。

在处理与周边少数民族政权关系方面,宋太祖基本放下了汉唐时期的那种"总率万国,日月所照,皆为臣妾"④的虚骄心理,也放平了"犯我强汉,虽远必诛"的强硬心态,代之以更为务实与理性的外交策略,与东北、西北、西南的辽、党项、大理等少数民族政权大致保持了和平共处的局面。对待边境上的武装冲突,也采取了"来则掩杀,去则勿追"⑤的原则;在处理宋辽之间有关"燕云十六州"的历史遗留问题时,宋太祖首选的不是战争,而是"和平赎买"的政策,这也同样是"官家"时代政治理性的逻辑延伸。

宋初的政治理性,最重要的一点,体现在对"皇权"的认知上。前文已经述及,太祖君臣曾很认真地讨论过"天下何物最大?"得出的结论是"道理最大",明白无误地将"皇权"置于"道理"之下。

---

① 参见宋云海:《中国皇权文化》,上海三联书店2014年版,第70—71页。
② (宋)马永卿:《元城语录》卷上,文渊阁四库全书本。
③ 清乾隆四十八年辑:《钦定古今储贰金鉴》卷1,文渊阁四库全书本。
④ 《后汉书》卷89《南匈奴列传》,中华书局1965年版。
⑤ (宋)钱若水:《答诏论边事》,见《宋朝诸臣奏议》卷130。

在"一人"(皇帝)与"天下"的关系上,太祖的答复也很明确,"不以天下奉一人"。著名的"薰笼的故事"①,则反映了皇权必须服从规定的程序,不能任性。在宋太祖看来,规定的办事程序是"自来条贯",即"理"所当然的,是"约束我(皇帝)"的,故"条贯"大,而"官家"的命令"甚小事也"。这正是"天下道理最大"在不同场合的应用。凡此种种,都反映出宋太祖对皇权的一种很理性的自我认知,反映出宋初君臣对皇权的一种理性定位。以往人们所关注的往往是宋代士大夫阶层对皇权的制约,其实还应该重视的是皇帝,尤其是这个王朝的开创者在"道理"、"条贯"面前放低身段后的自我约束。

"自古创业垂统之君,即其一时之好尚,而一代之规模可以预知矣"②。宋代开国时期的政治理性,随着时间的推移,大都演化、提升为两宋政治的基本原则与传统。如范仲淹、邵雍、苏轼、二程等,就将"受命之日,市不易肆"与"祖宗以来,未尝轻杀大臣""未尝杀一无罪"的政治原则联系在一起,称作"本朝超越古今"的"盛德之事";蔡确、吕大防等则把"百年不诛大臣"、"不杀谏官"、"不以文字罪人"等与"祖宗家法"和"本朝体统"联系起来,认为"三代之后,唯本朝所立家法最善"。南宋名臣留正更是以"自古所无者三"来标榜宋代的政治特色:

---

① (宋)马永卿《元城语录》卷上载:"太祖即位,尝令后苑作造薰笼,数日不至。太祖责怒左右,对以:'事下尚书省,尚书省下本部,本部下本曹,本曹下本局,覆奏。又得旨,复依,方下制造,乃进御。以经历诸处行遣,至速须数日。'太祖怒曰:'谁做这般条贯来约束我?'左右曰:'可问宰相。'上曰:'呼赵学究来!'赵相既至,上曰:'我在民间时,用十数钱可买一薰笼。今为天子,乃数日不得,何也?'普曰:'此是自来条贯,盖不为陛下设,乃为陛下子孙设。使后代子孙,若非理制造奢侈之物,破坏钱物。以经诸处行遣,须有台谏理会,此条贯深意也。'太祖大喜,曰:'此条贯极妙! 若无薰笼,是甚小事也?'"南宋刘克庄对这一故事总结道:"我朝家法最善,虽一薰笼之微,必由朝廷出令。列圣相承,莫之有改……此所以为极治之朝也"(《后村先生大全集》卷86《进故事》)。
② 《宋史》卷439《文苑传序》。

> 本朝自古所无者三：艺祖皇帝受命之日,市不易肆,一也;祖宗以来,传世仁厚,虽甚威怒,未尝妄杀,故论者谓不嗜杀人,惟本朝有之,二也;徽庙光尧两行内禅,皆出自睿断,三也。①

"自古所无"云云,自然不免夸张,但也的确道出了宋代政治动作中一些值得注意的变化："受命之日,市不易肆",较之于喋血城门,以暴登基,无疑多了一些理性和人道;威怒有度,不诛大臣,不嗜杀人,较之于"天子之怒,伏尸百里",无疑又少了一些蒙昧和野蛮;至于"内禅皆出自睿断"(即皇帝本人自愿让位),较之于惯常的皇位争夺,也多少显示出理性与蒙昧的分野……总之,在宋代的政治生活中,野蛮、蒙昧的因素在消减,人道、文明的色彩在增多,政治运作的文明化、理性化的程度大大提高。

这不是说它没有野蛮、暴戾、残酷、"相斫"的一面,更不是说它已经脱褪了王朝政治的"专制底色";而是说,与中国传统社会的其他王朝——无论是它之前的汉唐,还是它之后的元明清——相比,宋代的政治要更宽松、更温润一些。如宋神宗曾与程颢谈及"人才"问题,感到国家人才不足,程颢当即争论道："陛下奈何轻天下士?"宋神宗"耸然"连声道："朕不敢！朕不敢！"②类似于这种"朕不敢"的故事,在宋代十分常见,以至于皇帝感叹"快意事更做不得一件"③。所以,宋代官家中有明君,有昏君,但无暴君。钱穆说："(宋代)优假士人,不许开诛戮朝官之戒。而北宋诸帝,也没有暴虐、专擅的皇帝。宋代制度之缺点在散,在弱,不在专与暴。"④王曾瑜说："宋太祖立下(不杀士大夫)的秘密誓约,证明这位开国皇帝确有政治远见……体现了专制时代难能可贵的宽容

---

① (宋)李心传:《建炎以来系年要录》卷200。
② (宋)程颢、程颐:《河南程氏外书》卷7。
③ (宋)侯延庆:《退斋笔录》,《丛书集成新编》本。
④ 钱穆:《中国历代政治得失》,三联书店2001年版,第72页。

和政治文明的重大进步。与其他朝代相比,宋朝强调优礼士大夫,官员受到的最重的处罚不过是流放海南岛。"①美国学者伊佩霞说:"宋代皇帝中没有暴君,皇后个个心地善良,也没有宦官策划宫廷政变。不仅如此,宋朝君主一般都不独断专行。在作出决策之前,他们通常听取各种见解,经常依宰相之见行事。太祖发誓绝不因意见相左而处死任何人。"②日本学者宫崎市定说:"宋代的政治被人称为在历代政府中是最卓越的,就其达到的某一程度来说是真实的,《宋史》之所以有《循吏传》而没有《酷吏传》,不是纯粹的偶然和故意,而是确实表现了宋代政治的一个侧面"③。对这些论说,虽然都可以提出个例性的质疑,但就其总结的基本面而言,则是准确的,反映了宋代政治中理性化程度的显著提高。

上述这些问题,在本书的"兵变陈桥驿"、"杯酒释兵权"、"先南后北的统一战略"、"碑誓"、"京城、州府与边圉"、"金匮之盟"等章节中都有不同程度的涉及。现在集中起来讨论,大抵可以看出,由于"官家时代"皇权的理性收敛,宋初政治,尤其是宋初上层政治的某些值得注意的变化,以及这些变化对两宋政治的影响。

二、从体制上保障了国家的长时间统一与安定

中唐以来,从"安史之乱"到"藩镇割据",再到"五代十国",二百五十年间,中国曾长时间地陷入分裂割据的战乱状态,这不但严重地阻碍了社会发展和经济文化交流,也给社会各阶层带来深重的战争灾难。至五代十国末期,结束分裂,实现统一的历史趋势已经形成。周世宗、宋太祖、宋太宗、赵普等人就是在这一背景下

---

① 王曾瑜:《宋太祖的秘密誓约和政治文明》,《古今一理——王曾瑜读史杂感》,上海古籍出版社 2013 年版,第 90 页。
② [美]伊佩霞:《剑桥插图中国史》,赵世瑜、赵世玲、张宏艳译,山东画报出版社 2002 年版,第 99 页。
③ [日]宫崎市定:《从部曲到佃户》,《日本学者研究中国史论著选译》第 5 卷,中华书局 1993 年版,第 47 页。

踏入历史舞台的。早在后周时期,宋太祖作为周世宗的得力助手,曾在推进统一的军事斗争中作出了贡献。代周自立的第一年,宋太祖以"御驾亲征"的方式果断平定了李筠、李重进企图割据一方的军事对抗,遏止了长江以北地区进一步分裂的趋势。此后,即制定并大致依据"先南后北"的统一方略,先后"平荆南、平湖南、平蜀、征太原、平南汉、平江南",并与吴越、漳泉等两个南方割据政权达成了"和平统一"的共识。宋太祖去世后的次年,依据其既定方针,吴越、漳泉向宋朝"纳表献土",完成了两浙和福建地区的统一。在此基础上,宋太宗一鼓作气,平定了五代十国的最后一个割据政权北汉,使延续了两个多世纪的分裂割据局面终于结束,除了辽所控制的燕云十六州以外,汉族所聚居的广大区域重新获得了统一。这时离宋太祖去世刚刚三年。《宋史》卷四七八卷首语云:

  唐自安史之乱,藩镇专制,百有余年,浸成割据。及巢贼蹂躏,郡邑丘墟。降臻五季,豪杰蜂午,各挟智力,擅为封疆,自制位号,以争长雄。天厌祸乱,授宋大柄。太祖命将出师,十余年间,南平荆、楚,西取巴、蜀,刘铱既俘,李氏纳款。至于太宗,吴越请吏,漳泉来归,薄伐太原,遂馘北汉,而海内一矣!

"海内一矣"的伟业,首先是历史大势,即所谓"分久必合"的推演[①];其次是宋太祖果断修正了后周世宗"先北后南"的用兵方向,制定了"先南后北"、"先易后难"的战略方针;第三,宋太祖作为杰出的军事家,"常注意于谋帅",在选定和任用领兵将帅方面有过人之处,"以至命将出师,平西蜀,拓湖湘,下岭表,克江南,所

---

① 关于历史大势的推演,不是一句空泛的套话。"安史之乱"后,形成了大大小小百余个藩镇,"大者连州十数,小者犹领四五",唐王朝的"政令不出国门"。乾符五年(878)至中和四年(884),黄巢起义横扫了大半个中国,"所在雄藩,望风瓦解",黄巢起义后,只剩下十几个强大的藩镇,历史朝着"统一"的方向迈进了一大步;随后,北方的强大藩镇先后建立了"梁唐晋汉周"五个王朝,也相继完成了北方的统一;而长江以南的吴与南唐、前后蜀、南汉、吴越、闽等"国",也相继完成了区域性的统一。宋太祖的统一,就是在上述基础上完成的。

向遂志,盖能推赤心以驭群下之所致也";①第四,积极尝试以非战争的方式达成和平统一。所以,宋代"海内一矣"的进程相对顺利,负面影响也小。在宋初的历史上,基本不存在其他王朝建国初期的那种满目战争创伤的萧条景象。

在南北用兵,统一中国的同时,一系列巩固统一、确保长治久安的策略,也在宋太祖时期得到积极实施。一是从制度上清除了中唐五代以来政局动荡、分裂割据的不安定因素;二是对中唐五代以来社会结构的一系列变化加以规范和确认。

在军政体制上,一方面调整中央与地方的关系,针对中唐以来地方军人势力膨胀而造成的中央对地方的失控局面,实行"强干弱枝"的方针,收夺和限制地方的权力,"稍夺其权,制其钱谷,收其精兵",同时选派大批儒臣以朝臣的身份到各州县任职;另一方面,调整皇权与文武百官(尤其是高级文官和武将)的关系,针对中唐五代以来"君弱臣强"、"兵骄将悍"的局面,实行"分化事权"的方针,分散、限制、牵制文武百官的权力,以加强专制皇权。随着科举制度的完善和推广,官员的文化身份越来越受到重视,不但"宰相必用读书人",枢密院等军事机构也由文人执掌。

中唐以来土地占有关系、人身关系,以及兵役制度的变化等等,也在宋初得到了明确的规范。如中唐府兵制崩溃后的募兵制度,在宋太祖时期被规定为"百代之利"的基本国策而正式得以确立。中唐以来社会结构的若干复杂变化,在宋初的国家律敕中也都得到了不同程度的反映,如"不抑兼并"的土地政策,如肯定人口流动的合法性,如明确佃户的人身自由等。

上述制度在宋初所产生的积极作用十分显著。一方面,中唐五代以来中央对地方的失控局面为之改观,"天下之权悉归朝

---

① 《宋史》卷273"论曰"。关于宋太祖的军事才能,可参看薛春德、郭春宣:《赵匡胤》,军事科学出版社1992年版。

廷","四方万里之遥,奉尊京师",形成了两宋三百余年的"无内乱"、"无腹心之患"的安定局面;另一方面,由于中唐以来政治结构、生产关系的诸多变化得到了明确的规范,从更深层次上保证了社会的稳定。在中国历史上,宋朝是唯一一个没有发生诸如"七国之乱"、"八王之乱"、"安史之乱"、"靖难之役"、"三藩之乱"等大规模内乱的王朝。一般王朝常有的军阀跋扈、宦官专权、外戚干政的情形在宋代亦无显迹。"大抵宋三百年间,其家法严,故吕、武之变不生于肘腋;其国体顺,故莽、卓之祸不作于朝廷"①。这里所谓的"家法"、"国体",正是宋初所创立的一整套确保国家长治久安的体制。

三、开启了传统文治与法治的黄金时代

宋初的理性政治、统一安定局面的形成,以及儒学的复兴,是三位一体、互为表里的。"我太祖得天下以仁,而民从之,故天下一于宋"②,其中所彰显的正是儒家"仁治",即传统文治的强大逻辑。为削弱地方藩镇的权力,宋太祖选派大批儒臣到地方任职,这一策略,从制度的层面上讲,是为了"防止唐末以来强藩割据、武夫横行的局面再度出现",从文化层面讲,则"正是试图通过重用儒生振兴传统文化,恢复三纲五常为律条的儒家道德伦理以重整和安定社会秩序。综观其后来在北宋政治生活中所发生的客观社会效果,尤其是如此"③。关于这一点,古人也有很深刻的认识:

> 太祖皇帝起平祸乱,尽屈良、平、信、越之策,休牛马而弗用,慨然思得诸生儒士与议太平。而鲁之学者始稍稍自奋垅亩,大裾长绅,杂出戎马介士之间。父老见而指以喜曰:"此曹出,天下太平矣。"方时厌乱,人思复常,故士贵。盖不待其

---

① (明)陈邦瞻:《宋史纪事本末》附录1《叙》,中华书局1977年版。
② 《宋史全文》卷1。
③ 陈植锷:《北宋文化史述论》,中国社会科学出版社1992年版,第11页。

名实加于上下,见其物色士类而意已悦安之,此儒之效也。①可见,正因为"太祖皇帝起平祸乱",原来在乱世中被压抑的儒生才有可能"稍稍自奋埏甿";但另一方面,只有儒生出头,"天下太平"才能真正有望。二者互为表里,夯实了宋代"文治"的基础。

在二者的互动中,宋太祖的作用尤为关键。建隆三年,即北宋开国的第三个年头,"增葺"孔庙的工程开始启动,"塑绘先圣、先贤、先儒之像"。面对众多先儒圣贤,宋太祖选择亲自为孔子、颜回作"赞",同时"命宰臣、两制以下分撰余赞"。

他为孔子题写的"赞",准确提炼出孔子之道对于政治所具有的维系意义,指出在周王朝"下衰",周文王、周武王所开创的事业"将坠"的历史大变动时期,孔子"挺生"的意义——传承尧舜以来中国文化的根脉,为河海之间的中国照亮精神道德的方向。这就清晰凸显了"布衣素王"的孔子作为中国精神领袖的崇高地位,同时也包含了关于儒学与政治关系的深度思考,表达了以儒生、儒学改变宋初政治局面的期待。对孔子,他突出的是儒家"外王"的一面;对颜回的"赞"中,他强调的是箪食陋巷中的道德修为,即"内圣"的一面,这可以看出宋太祖对儒学的尊崇,已经有了"内圣外王"的逻辑架设。将孔颜"合赞",也是宋代对"孔颜之乐"的最先阐释,而"孔颜所乐何事",正是后来"宋明理学"的门槛,用冯友兰的话说,"从回答这个问题开始,就得到了进入道学(理学)的门径"。美国学者包弼德则认为:"道学(理学)是12世纪思想世界中最伟大的遗产,但是,要历述从初唐门阀文化到南宋新儒家文化的转变中思想生活的转变,这并非易事。"②包氏的意思是,从唐代到南宋朱熹集理学之大成,这之间有若干"思想生活的转变"环节需要发现和关注。宋太祖"合赞孔颜之乐"无疑是一个很重要的

---

① (宋)晁补之:《鸡肋集》卷34《张穆之触鳞集序》。
② [美]包弼德:《斯文:唐宋思想的转型》,刘宁译,江苏人民出版社2001年版,第5页。

环节。

与儒学复兴相辅而行的是宋初以来持之以恒的重文政策。"艺祖革命,首用文吏而夺武臣之权,宋之尚文,端本乎此"①。其实,武臣是国家治理中必不可少的群体,宋太祖所做的并非排斥武臣,而是改造武臣,他反复倡导"武臣读书","令武臣读经书",让武臣"识君臣父子之道,知忠孝悌顺之理",这才更具有"尚文"的正面意义。如果说"杯酒释兵权"以及"枢密院—三衙"体制只是着眼于防范武将和控制兵权,而"令武臣读书"则是从信仰的层面使武将明晰君臣大义,从而保证帝国的长治久安。

最能体现宋代重文政策和文治精神的是它的科举取士制度。与唐代相比,宋代科举制度发生了很多变化。一是科举内容规范化,基本上以诗赋和经义为主。二是"殿试"固定为制度,使考生直接成为"天子门生",既避免了考生与考官结成小集团,也提高了考生读书中举的荣耀感。三是考试规程更为完善,建立了一套严格的出题、评卷、定等办法和考场规则,形成了相对公平的竞争体制。四是取消了隋唐时期考生的身份限制,工商异类和僧道归俗之人也可以参加科举考试。五是录取名额大幅增长,北宋一代开科六十九次,取士总数约六万一千人,平均每年约为三百六十人。这不仅与唐代每次取士二三十人相比翻了十多倍,而且也为元明清所不及。② 大批"孤寒"之士由此进入官吏行列。六是进士授官十分优渥,科举得中即释褐授官。"自宰相以至令录,无不擢科",乃至形成"宰相必用读书人"的传统。

以上六个方面,并非完全起始于宋初,但其中最关键的"殿试"制度,却是宋太祖深思熟虑的结果:乾德五年(967)、开宝元年(968)两榜进士录取中,太祖曾连续命令由中书门下"覆试"礼部

---

① 《宋史》卷439《文苑传序》。
② 参见张希清、毛佩琦、李世愉主编:《中国科举制度通史·宋代卷》,上海人民出版社2015年版。

录取的合格举子,"覆试"之后方赐进士及第,这等于在原来的二级考试之外又增加了一个级别,这正是后来"殿试"的先声;开宝五年进士录取后,宋太祖"召对讲武殿,始下诏放榜,新制也。"①此前,"省试"即为终考,皇帝只是放榜后接见一下新科进士,而此次是在皇帝"面试"后,才放榜公布,这正是后来"殿试"的规制,故曰"新制也";开宝六年,省试结束后,宋太祖照例为"殿中面试",发现最差的两位不但气质"蕞陋",而且语无伦次,恰逢落榜考生击鼓鸣冤,于是有了宋太祖连夜召见、亲拟试题、讲武殿再考等一系列安排,"殿试"由此成为定制。

殿试最大限度地提高了科举考试的政治地位,"御前及第"成为令人艳羡的人生经历。殿试也推动科举制由二级制发展成为解试、省试和殿试三级制,科举考试程序更加完备,其公正性与科学性也大为提高。正如开宝八年殿试时太祖晓谕参试举人所言:"向者登科名级,多为势家所取,致塞孤寒之路,甚无谓也。今朕躬亲临试,以可否进退,尽革畴昔之弊矣。"②

这里有一个十分明显的对比:在宋代,举凡第一流的政治家、思想家、文学家、科学家,无一不是科举出身,而且往往是一举高中;而明清时期则几乎相反,举凡第一流的思想家、文学家、科学家几乎全都不是科举进士出身。明清时期的政治家由科举入仕者仍占主流,但其中最杰出的政治家也往往是在科举的道路上困顿多年方才得中,而宋代的名相如寇准、王旦、富弼、范仲淹、司马光、王安石等往往一试即中,两相对比,宋代科举制的完善、公正与合理性就十分明显了。就传统社会所能达到的限度而言,宋代科举的公正性、合理性可以说已臻极致,是中国科举史上的黄金时代。

成熟的科举制度造就了庞大的文官群体,彻底扭转了中唐五

---

① 《长编》卷13开宝五年闰二月条。
② 《长编》卷16开宝八年二月条。

代以来崇尚"长枪大剑"的风气,以科举文官为主体的士大夫阶层成为社会中坚,①中国传统文官政治达到了空前绝后的高度:

> 今世用人,大率以文词进。大臣,文士也;近侍之臣,文士也,钱谷之司,文士也边防大帅,文士也;天下转运使,文士也;知州,文士也。②

一言以蔽之,皇帝"左右前后,无非儒学之选"③。当然这种极端纯粹的文官政治在太祖时期并未形成,主要原因是当时科举取士的人数还不是很多,进士授官起点也较低,大多数人就此辗转于地方之职,很难有入朝执掌大政的机会。另外,宋太祖用人主要看重实际能力,并没有对科举及第者刻意提拔。从宋太祖两次殿试的考题中也可以看出这一点,这两次殿试的题目分别是:《未明求衣赋》、《悬爵待士诗》和《桥梁渡长江赋》、《龙舡习水战诗》,实用性很强。其实这也是宋代文治精神或文官政治的要义所在,文官不能只具备知识素养,还应该具备很强的政务素养,"文学止于润身,政事可以及物"④,"在布衣为名士,在州县为能吏,在边境为名将,在朝廷则又孔子之所谓大臣者"⑤。对这种综合能力的追求,极大提升了宋代士大夫与皇帝"共治天下"的能力,是中国传统"文治"的万山之巅。

与传统"文治"相并行,宋代同时也是中国传统"法治"的巅峰。

徐道邻说,"中国传统法律,到了宋代才发达到最高峰"⑥,这一判断,与陈寅恪关于华夏文化"造极于赵宋之世"的观点一样,

---

① 柳诒徵言:"盖宋之政治,士大夫之政治也。政治之纯出于士大夫之手者,惟宋为然。"(《中国文化史》下卷,东方出版中心1988年版,第516页)
② (宋)蔡襄:《蔡忠惠公文集》卷18,文渊阁四库全书本。
③ (清)顾炎武:《日知录》卷17,中华书局1976年版。
④ (宋)吴曾:《能改斋漫录》卷13《欧阳公多谈吏事》。
⑤ (金)元好问:《遗山先生文集》卷28,国家图书馆出版社2014年版。
⑥ [美]徐道邻:《中国法制史论集》,台湾志文出版社1975年版,第89页。

都是学术界公认的结论。与"文治"的高峰呈现于北宋中期不同,①"法治"在宋初就有极为突出的表现:

一是用了大约十五年的时间,纠正了由中央的军巡院、侍卫司狱,以及地方各州县的马步院、镇将等把持各级司法的畸形军事司法体系,将司法权重新归属到大理寺、刑部、御史台,以及各州县行政长官系统,使五代时期的"武将秉法"转变为宋朝的"文官执法"。

二是著名的《宋刑统》在建国的第四个年头就印行全国,这创造了传统社会的两个纪录:法典颁布进度最快的王朝,历史上第一部面向公众印刷发行的法典。

"五代乱世,本无刑章,视人命如草芥。"②宋太祖的两大举措,把中国传统法制从"低谷"拉向"高峰"。

宋太祖对司法的重视表现在方方面面。他读《尧典》而知"近代法网之密",于是宽简立法,对"犯大辟非情理深害者多贷其死",仅仅开宝二年(969)后的三年间,他就赦免死刑犯四千一百零八人。③ 但对罪大恶极者,他的法律立场又十分坚定:

> 民范义超,周显德中,以私怨杀同里人常古真家十二口,古真小子留留脱走得免,至是长大,擒义超诉于官。有司引赦当原,上曰:"岂有杀一家十二口而可以赦论?"即命斩之。④

范义超案是五代后周时期发生的一桩大案。改朝换代,大赦天下,故陕州官员援引赦例,对范义超不再追究。但"岂有杀一家十二口而可以赦论?"宋太祖的坚持使常家得报血海深仇,也显示了他

---

① 北宋"文治"的高峰出现于北宋中叶的仁宗时期,朱熹说:"国朝文明之盛,前世莫及。自欧阳文忠公、南丰曾公巩、与公(苏轼)三人,相继迭起,各以其文擅名当世,然皆杰然自为一代之文。"《楚辞后语》卷6《服胡麻赋》注,见《楚辞集注》,上海古籍出版社1979年版,第300页。
② (清)赵翼:《廿二史札记》卷22《五代滥刑》。
③ 《长编》卷16开宝八年三月条。
④ 《宋史》卷200《刑法志二》。

异常清晰的法律意识。

对帝王来说,立法令"禁民为非"固然重要,但更重要的是约束和控制自己的行为,在强调政治理性的时代,尤其如此。"薰笼的故事"、"天下何物最大的故事"、"朕不敢的故事",都是明证。另一则流传很广的故事,说明宋太祖也很怕臣民"讼我"。

> 太祖一日后苑挟弓弹雀。有臣僚叩殿,称有急事请见。上亟出见之,及闻所奏,乃常事耳。太祖曰:"此事何急?"对曰:"亦急于弹雀。"上怒,以斧钺柄撞其口,两齿坠焉。徐伏地取落齿,置怀中。上怒甚,曰:"汝将此齿去讼我也?"对曰:"臣岂敢讼陛下,自有史官书之。"上怒解,赐金帛慰劳而去。①

史学家总爱把这一"桥段"解释为皇帝惧怕史官,其实惧怕史官的皇帝很多,但害怕"去讼我也"的皇帝可能仅此一人。这也带动形成了宋代的三个好的传统。

一是"宋朝的皇帝,懂法律和尊重法律的,比中国任何其它的朝代都多"②。

二是官僚士大夫的法律素养普遍提升。建隆三年(962)的一道诏书曾要求"吏部流内铨选人,并试判三道,只于正律及疏内出判题,定为上、中、下三等",说明谙熟法条已经是为官的必备条件了。③ 两宋时期对针对士大夫的法律测试为历朝之最:"进士要考,选人要考,流外补选也要考。文官要考,武官要考,甚至国子监画学里的学生也要读律。"④而且,凡科举中之人,第一次授官往往都是派到地方做处理狱讼的幕职官,使之熟悉律令。这一官场成例起自太祖朝:开宝六年(973),宋太祖大幅提高科举录取

---

① 此事最早见载于石介所修的《三朝圣政录》。在司马光的《涑水记闻》中,更明确说那个被打落牙齿的臣僚是御史"张霭"。
② [美]徐道邻:《中国法制史论集》,第89—90页。
③ 《宋会要辑稿》选举二四之九。参见吴钩:《宋:现代的拂晓时辰》,广西师范大学出版社2015年版,第483页。
④ [美]徐道邻:《中国法制史论集》,第90页。

人数,其中很大一部分进士被派往地方,担任新设的"司寇参军"一职。所以,宋代的大文学家、大思想家,如欧阳修、王安石、司马光、苏轼、曾巩、朱熹等,无一不"娴熟于法律","文学法理,咸精其能"。① 妇孺皆知的"包青天"出现在宋代,也是士大夫阶层精熟于法律的缩影。

三是开始关注弱势群体的法律地位。宋代之前,普通民众是有所谓"良贱"之分的,如奴婢、部曲等在法律上低"良民"一等,这种状况在宋代发生了彻底的变化,无论是在法律条文上还是司法实践上,都不再有"良贱"之分。当然,奴婢、童仆一类的职业还存在,但从事这些职业的人,用宋真宗的话说,他们只是领取佣金,受人雇用而已,身份地位与"良民"无异:"今之僮使,本庸雇良民。"②宫崎市定特别强调宋代这一变化的伟大意义:"以前被从良民中划分出去的奴婢、部曲等贱民,已经不复存在了。这在东洋史上是前所未见的、无可比类的人权宣言。"③

第四节　宋太祖与宋代经济文化

中国传统社会经过汉唐时期的高度发展,至宋代已开始了某种结构性的变迁。法国汉学家谢和耐说:"11—13世纪期间,在政治社会或生活诸领域中没有一处不表现出较先前时代的深刻变化。这里不单单是指一种社会现象的变化(人口的增长、生产的全面突飞猛进、内外交流的发展……),而更是指一种质的变化。政治风俗、社会、阶级关系、军队、城乡关系和经济形态均与唐朝贵

---

① 《宋史》卷319《曾巩传》。参见陈景良:《文学法理,咸精其能——试论两宋士大夫的法律素养》,《南京大学法学评论》1996年秋季号。
② 《长编》卷54咸平六年四月条。
③ [日]宫崎市定:《从部曲到佃户》,《日本学者研究中国史论著选译》第5卷,中华书局1993年版,第57页。

族的和仍是中世纪中期的帝国完全不同。一个新的社会诞生了,其基本特征可以说已是近代中国特征的端倪了。"①

"应时动事,是维皇帝。"宋太祖有一个突出特点,就是经济文化方面的长远眼光和"近代"意识,这一点非常不同于传统帝王。他顺应时势,推动了传统社会的诸多变迁,从而为宋代农业、手工业、商业的高度发展和文化繁荣,奠定了厚实基础。

一、社会的结构性变迁与经济繁荣

传统社会的结构性变化反映在经济方面,最明显的就是工商业和商品经济空前发展。这主要表现为大都市数量的急剧增长(唐代十万人口以上的大城市十三个,宋代四十六个),城市商业性的变化(坊市制和日中为市制被冲破),草市镇大量涌现,手工业产品激增,纸币出现和铜钱铸造量猛增(唐代最高年铸造额为三十二万贯,宋代为六百万贯)等。工商经济的高度发展,造就了不容"贱视"的工商阶层。同时宋代国家税收中的商税额度也第一次超过了农业税②,显示了传统经济结构的巨大变化。

宋初并非宋代工商经济最繁荣的时期,但却是政策调整和制度确立最关键的时期:建隆元年(960)的《商税则例》,乾德三年(965)对京城夜市的开禁,开宝七年(974)对开封商人罢市的让步,以及"乡落墟市,贸易皆从民便"③的条令,都具有划时代意义。货币体系的调整在太祖时期也迅速完成。太祖末年,仅一个区域的"年铜币铸造量"就达到了三十万贯(唐代全国铜币铸造量的最

---

① [法]谢和耐:《中国社会史》,江苏人民出版社1997年版,第257页。中国学者吴钩则明确将宋朝概括为"一个站在近代门槛上的王朝。"参见其《宋:现代的拂晓时辰》自序。
② 根据漆侠的研究,北宋的商税是"递年增长"的,到宋仁宗皇祐初(1049),全国货币税收总额为3900万贯,商税收入为2200万贯,占56.4%。参见漆侠:《宋代经济史·下》,《漆侠全集》第4卷,第988—990页。
③ 《文献通考》卷14《征榷考一》。

高纪录发生在唐玄宗天宝年间,为三十一万七千贯);便于商人异地兑付铜币的"便钱务"在太祖时期设立和普及,在太祖去世后的第五个年头,世界上最早的纸币(交子)开始在四川发行。日本学者内藤湖南称宋代是"货币的时代",以别于宋代之前货币不发达的状况。这个时代显然开启于宋太祖,它的背后是商业的繁华、城市的扩张和商人阶层的崛起:

> 祖宗之朝,京师之民被德泽最深,居常无毫发之扰,故大姓数百家。庆历中,西鄙用兵,急于财用,三司患不足者数十万。议者请呼数十大姓计之,一日而足,曾不扰民而国家事办。祖宗养此京师之民,无所动摇者,正为如此。①

这里的京师"大姓数百家",无疑是当时商贾群体中最富有的一批,也是在宋初惠商政策下成长起来的新社会阶层,在"士农工商"的序列中,其财富、其社会地位,乃至社会形象,都有积极的变化。

宋太祖对商业的开放和鼓励态度还体现在丝路贸易上。一方面利用陆上丝绸之路,继续维持与西域各国的贸易往来,太祖时期,西北地区形成了以灵州为中心的一条新的陆上"丝绸之路",并保持了近二十年的通畅与繁荣;另一方面积极拓展海上丝绸之路,设立专门负责管理海上贸易的"市舶司",并制定了外贸管理规章和鼓励政策。唐代只有"市舶使",而无专门的职能部门,故宋太祖设置市舶司是中国海关的最早源头,历来被视为对外贸易史上的重大事件。市舶司根据宋太祖的旨意,对离境船舶的中外货主及所有随从人员,包括船工等,一例实施"犒宴送行",体现了政府对海商贸易的最大诚意和开放心态。两宋时期,中国生产的瓷器和丝绸,通过海上贸易源源不断地销往沿线五十多个国家和地区,遍及亚欧非三大洲,这些国家和地区第一次被整合到一个完

---

① 《宋朝诸臣奏议》卷47《乞勿以欠均月钱拘掠民产奏》。

整的国际贸易网络体系中来。中国是海上丝绸之路的起点,也是中心,美国学者贾志扬说:"尽管开罗的法蒂玛王朝、印度东南部的注辇国以及苏门答腊的三佛齐在印度洋海域有效地构成了一个贸易系统,但是'世界贸易体系'中占支配地位的无疑是宋代中国。"① 宋朝在政治军事上"不勤远略",但在经济文化上却做到了"辐射万邦",这也是两宋时期的一个显著特点。

至于手工业,包括冶矿业、造船业、印刷业、造纸业、纺织印染业,以及军工业的发展,更是在宋太祖时期奠定了基础。宋太祖是中国历代对"工艺"最用心的皇帝,他频繁视察各类"工厂",亲自甄选、考核各类技术人员和管理者。当代史家黄仁宇认为,宋人之所以喜欢称太祖为"艺祖",很大程度上是因为这位皇帝对技艺、工艺有着特别的兴趣。② 在很多场合,这位皇帝更像是一位"工程师"。例如,他亲自部署修建过长江浮桥,这是历史上的第一座长江大桥③;在他主持的科举殿试中,也是以"桥梁渡长江"和"龙船习水战"为考试题材。在位十七年,他有数十次视察各类"工厂"、观看各类科技实验的记录,南宋朱熹为此感叹"太祖皇帝"是做实事的人:"日日著实做,故事成。"④ 朱熹的好友陈傅良则因太祖重视工商业,从而减轻了农民的赋税负担,而盛赞其为"建隆圣人"。这都从侧面反映出宋太祖与传统帝王所不同的兴趣和眼光。

宋太祖对于手工业的重视,还表现在他的用人上。与历朝多用家奴、内臣不同,宋太祖更喜欢选用文化素养较高的士人管理官府手工业。绫锦院管理者原为内臣,宋太祖时改由"天下名士"梁周翰掌管。染院管理者刘蟠,为后汉乾祐二年(949)进士。更具

---

① [美]贾志扬:《宋代与东亚的多国体系及贸易世界》,《北京大学学报》2009年第2期。
② [美]黄仁宇:《赫逊河畔谈中国历史》,第147页。
③ 王曾瑜:《宋代横跨长江的大浮桥》,《社会科学战线》1983年第4期。
④ (宋)黎靖德编:《朱子语类》卷127《本朝一》,中华书局1985年版。

代表性的,是宋太祖任用魏丕掌军工作坊。魏丕学识渊博,"本以儒进",著有诗集《东亭集》六卷,"人多诵之"①,还曾与南唐后主李煜有过诗词唱和。魏丕以"副使"身份主掌国家军工作坊八年,使得"久积弊"的军工生产的面貌为之一新。提升为"正使"后,又做了十年,前后共计十八年。让这样一个标准的"士大夫"掌管兵器生产,而且一管就是十八年,这在历史上应该还没有第二例。这说明宋太祖对兵器生产是有非同寻常考量的。梁周翰、刘蟠、魏丕等知识精英直接从事手工业管理,这是宋初值得关注的一种新现象。

宋代农业方面的结构性变化也很明显,主要体现在三个方面。一是农业经济的重心由黄河流域转向长江流域,"苏湖熟,天下足"②,自"安史之乱"开始的中国经济重心的南移,到宋代最终完成。二是农作方式的革命性变化:双季稻和稻麦间作逐步普及,极大提升了单位亩产量。三是农作物的商品化程度明显提高,经济作物如茶叶、甘蔗、蔬果的栽培种植逐渐增多。

这三方面的变化,关乎国计民生,在宋太祖时期都得到了特别的关注与重视。

对经济重心南移的关注,主要体现在漕运、税收、征榷等诸多政策的制定方面。宋太祖在很多场合宣称自己有"三条宝带","汴河一条,惠民河一条,五丈河一条",此话道出了漕运在他心目中的特殊分量。宫崎市定说,隋朝开通了大运河,但"运河中心时代"却是从宋朝开始的③。

双季稻、稻麦间作在北宋尚未普及,但太祖本人对此却有着

---

① 《宋史》卷270《魏丕传》。
② (宋)高斯得:《耻堂存稿》卷5《宁国府劝农文》,《丛书集成初编》本。
③ [日]宫崎市定在《东洋的近世》中认为宋代可谓是运河中心时代。所谓运河中心时代,是以运河从事交通、搬运的事业发达,故运河时代亦可谓商业时代。中国的商业,到宋代以后,面目一新,对农业生产商品化有重大影响(《日本学者研究中国史论著选译》第1卷,中华书局1992年版)。

"农业技术员"般的兴趣,皇宫的后苑中,专辟有水稻种植试验区,并向京外推广。故在宋初才子杨侃的《皇畿赋》中,京郊颇似"辇下江南":"屈曲沟畎,高低稻畦"、"赵卒执耒,吴牛行泥"、"雪拥冬苗(麦),雨滋夏穗(稻)"。经济作物中,宋太祖最重视的是茶叶的种植、加工和专卖,在原产地设有专门的"园户"、"园区",京城则设有专门的"茶库"。文献中有他巡察"西茶库"的记载,自然,茶库管理人员也是由他亲自甄选的。国家实施茶叶专卖,"盐、茶、酒、税是宋代工商业税收中的四大支柱项目,在宋国家财政上占有举足轻重的地位"①。茶叶的产销成为与传统盐、酒并肩的新的大宗财政收入。

农作物的商品化在宋初的某些地区,已相当深入,如太祖朝翰林学士陶穀《清异录》所记载的两家蔬菜专业户,一家只用二十亩菜地便能养活三十口人,一家种植两种蔬菜就可以发家致富:

> 汴老圃纪生,一锄芘三十口。病笃,呼子孙戒曰:"此二十亩地,便是青铜海也。"

> 王庾善营度,子弟不许仕宦,每年止种火田玉乳萝卜、壶城马面菘,可致千缗。②

传统社会在宋代最重要的结构性变化,发生在土地关系和人身关系方面。随着唐代"均田制"的崩溃,土地私有权和买卖权获得了国家层面的认同,宋太祖提出的"(本朝)不抑兼并",成为宋代的基本国策。这一国策无疑加速了一般自耕小农的破产,农民的"佃农化"成为主流,社会成员之间,尤其是拥有大量土地的"田主"(主户)与无地佃农(客户、佃客)之间的贫富差距进一步拉大。但另一方面,"(本朝)不抑兼并"意味着国家放弃了"普天之下莫非王土"的过时思维,是对"田各有主"这一现实的理性认可。这

---

① 李华瑞:《试论宋代工商业税收中的租额》,《中国经济史研究》1999年第2期。
② (宋)陶穀:《清异录》卷上"青铜海"条、卷下"玉乳萝卜"条。

也是从"天子思维"向"官家思维"的转化,在"官家"时代,国家不再以"王田"、"限田"、"度田"、"均田"等方式剥夺"田主"的土地,一般也不再以政权的力量干预土地的分配、买卖与流转。民间以土地买卖的方式壮大家业,由此成为合法的经济行为。葛金芳、林文勋等认为,两宋社会经济的发展正是因此而有了更大空间和活力。①

与上述变化相表里的是,宋代居民的人身自由程度较前代亦大大提高,社会各阶层都取得了相对独立的社会地位。这种情况的发生,与土地私有制的日益深化、经济空间扩大有关,也与工商经济的广泛发展为社会各阶层提供了更为广阔的生活出路有关。

人身自由程度的提高,首先表现在募兵制度下的"兵农分离"。宋太祖把"募兵制度"作为"百代之利",定位为宋朝的重大国计,宋代百姓由此而告别了汉唐时期那种"毁灭性"的兵役负担:

> 民不知兵,兵不知农,农出谷帛以养兵,兵出性命以卫农,天下便之。虽圣人复起不能易也。②

其次表现为劳役征调的废止。官府于手工业的工匠,不再征调,而是采取"和雇"即招募的方式;其他临时性的劳役,一般也由募兵制下的厢军承担。《文献通考》曰:"宋朝凡众役多以厢军给之,罕调丁男。""自五代无政,凡国之役,皆调于民,民以劳敝。宋有天下,悉役厢军,凡役作、工徒、营缮,民无与焉,故天下民力全固,至今遵之。"③因为厢军都是经招募而来的,所以这实际上也是一种募役制度。募兵制度、募役制度的本质就在于招募,而不是强

---

① 参见林文勋:《商品经济与唐宋社会变革》(《中国经济史研究》2004年第1期);葛金芳:《宋代经济:从传统向现代转变的首次启动》(《中国经济史研究》2005年第1期)。
② (宋)苏轼:《经进东坡文集事略》卷31,《四部丛刊》本。
③ 分见《文献通考》卷12《职役考一》、卷156《兵考八》。

行征调,"既曰招募,须从人愿"①,广大的社会成员因此而获得了较大的人身自由。宋代的佃农与前代相比,也更加自由,以往那种半农奴性质的"部曲"制在宋代已基本被废止,佃农与田主之间只是劳动力的雇佣和被雇关系,"各取稳便",而不允许附加人身方面的奴役。

宋太祖在位十七年,黄河决口十二次,其中大的决口有五次,加之连续七年的其他自然灾害,以及统一战争带来的军费负担,因而宋初经济发展的环境并不优越。但宋初无论是农业、手工业还是商业,都在艰难中稳步向好。大约只用了七年的时间,即"粗为小康",与汉唐时期的"文景之治"、"贞观之治"相比,发展速度是很快的。这其中当然有很多具体措施,但土地关系和人身关系方面的变化,应该是最深层的动因。另外,"文景之治"、"贞观之治"主要表现为农业生产的恢复,而"建隆圣人"对工商经济的推动,则造就了一个更为繁华富足的帝国。②

二、良性的文化环境与文化、科技的发达

宋代是中国传统文化最辉煌的时代之一,中华文明的诸多华彩篇章中,如"唐诗宋词"、"唐宋八大家"、"唐宋传奇"、"宋明理学"、"宋元山水"等等,每每闪耀着"宋"的光芒;"史界两司马",代表了中国传统史学的最高成就;家喻户晓的"三百千",宋代贡献了两种;惠及人类的"四大发明",其中"三大发明"发展成熟并应用于宋代,故学界对宋代文化一直有着"登峰造极"、"空前绝

---

① (宋)李觏:《直讲李先生文集》卷28,《四部丛刊》本。
② 就经济的总体状况而言,宋代是中国传统社会的高峰。以下几个数字是为史学界所公认的,代表了宋代国计民生的水平:宋代的垦田面积约7.2亿亩,是中国传统社会的最高纪录;宋代至少有496项水利工程收到了效果,而唐代只有91项;宋代的人口突破1亿大关,是汉唐盛世的2倍;宋代的铜币铸造量最高纪录为600万贯,与唐代的最高纪录相比,提升了37倍。这些数字的背后,同样是以传统社会的结构性变迁为背景的。

后"的盛誉。①

毫无疑问,宋初所开创的"百年无内乱"的安定环境,以及由此而持续繁荣的社会经济,是宋代文化发展的坚实根基;而完备的科举取士制度和发达的文官政治,以及"不杀士大夫"、"不以文字罪人"的政治传统,则既是一种文化形态、意识形态方面的进步,也为宋代文化的发展营造了一个良性发展的活跃空间;同样,宋初传统社会结构的诸多变革,也产生了深刻的文化意义。②

宋代文化的繁荣,除了宋初政策、制度等等所造就的环境因素之外,也还深深打上了宋太祖这位"铁衣士"的个人烙印。

首先,宋太祖虽然是职业军人出身,仅接受过有限的文化教育,但他三十岁前就养成了喜欢读书、喜欢藏书和终身读书的良好习惯。就读书量而言,他也超过了一般的科举进士。在各类书籍中,他偏重于读史,重点留意历代兴亡之乱,对"近代史",即宋朝之前的"五代史"尤为关注,即位的头二三年间,就令人修撰完成了《周世宗实录》、《五代实录》等近十种"近代史"。不久,又督促编纂了著名的《旧五代史》,当时的名称是《梁唐晋汉周书》。书成的当天,他就捧读至"夜半"。他对"当下史"更为在意,曾亲自调阅史官的"起居注",说明他对史书的敬畏。他屡屡要求"武臣读

---

① 王国维说:"故天水一朝人智之活动与文化之多方面,前之汉唐,后之元明,皆所不逮也"(《王国维考古学文辑》,凤凰出版社2008年版,第112页)。陈寅恪认为:"华夏民族之文化,历数千载之演进,造极于赵宋之世"(陈寅恪:《邓广铭〈宋史职官志考正〉序》)。邓广铭说:"宋代是我国封建社会发展的最高阶段。两宋期内的物质文明和精神文明所达到的高度,在中国整个封建社会历史时期之内,可以说是空前绝后的"(《谈谈有关宋史研究的几个问题》,《社会科学战线》1986年第2期)。钱锺书也曾经说:"在中国文化史上有几个时代是一向相提并论的:文学就说'唐宋',绘画就说'宋元',学术思想就说'汉宋'——都得数到宋代"(《宋代文学的承先和启后》,中国社会科学院文学研究所中国文学史编写组:《中国文学史》第2册,人民文学出版社1985年版,第630—631页)。

② 参见王育济等:《中国文化发展史(宋元卷)》,山东教育出版社2013年版,第11—12页。

书"、"宗室读书"、"宰相读书",而且指定这些人要多读"经史"方面的书籍,以明晰君臣之伦和治平之道。

因为有了"官家"的这种带头作用和"祖宗"时的种种具体要求,宋代也就形成了三个很好的传统。一是武将喜欢读书。宋初,就有一字不识的名将努力"拽出"几句古语,"让官家知我读书来"。由此慢慢形成了武将好文的风尚:进士出身为武将者自不待言,单纯由士兵提升为将帅者,如狄青、燕达、岳飞等,也是"折节读书"、"手不释卷"、"恂恂如书生"①。二是皇帝普遍喜欢读书。"宋代天子不但教臣僚、百姓读书,自己也肯读书。"高宗对大臣说:"朕于宫中无嗜好,唯好观书。考古人行事,以施于政。"同时,重视延请饱学之士至宫中,为皇帝上课,"经筵制度较为健全,无一朝不设……定期定内容,讲解经、史、诗、宝训、时政记等,当代人所著的通史——《资治通鉴》也讲。如宋神宗请《资治通鉴》作者司马光进宫,为他读《通鉴》;高宗请讲读官为他讲解《资治通鉴》"。所以,"宋代皇帝文化素养普遍较高"②。前面曾经说过,宋代皇帝中有明君、昏君,但无暴君。高层政治不残暴,这也是文化素养高的体现。第三个文化传统,即"中国史学莫盛于宋"③,"宋代是中国古代史学的鼎盛期,各种官修史书卷帙庞大,一些史学新体裁先后创立,还有地理总志和方志的纂修,史学领域扩大到了金石学,宋人开创的金石学为近代考古学的嚆矢。凡此种种,加之鸿篇巨制之多,史学家成就之大,都足以凌驾汉唐,睥睨明清。"④这与太祖以来形成的重史风气显然有莫大关系。

第二,"铁衣士"对"士"、对"文化"显然是向往的,这种主动靠拢,使得他对"文化"更多的是欣赏,虽有臧否,但绝少打压。所

---

① 《宋史》卷290《狄青传》、卷365《岳飞传》;《东都事略》卷84《燕达传》。
② 龚延明:《中国古代制度史研究》,浙江大学出版社2013年版,第132页。
③ 陈寅恪:《金明馆丛稿二编》,上海古籍出版社1980年版,第240页。
④ 王曾瑜:《宋代文明的历史地位》,《河北学刊》2006年第5期。

以宋初的文化政策是:"对于儒释道三家无所轻重于其间",对赋文诗词曲等各种文化体裁,以及各式题材、流派、风格等等,"也一概采取兼容并包的态度"①。如佛教,在经历过第四次严酷"法难"(周世宗灭佛)之后的宋初,几乎与儒学同时复兴,不但民间佛事活动完全合法,官方的佛事也是"功德"连连:乾德二年(964),宋太祖"诏沙门三百人入天竺求舍利及贝多叶书",这是中国历史上出访人数最多的一个僧侣团。乾德四年三月,宋太祖遣行勤等一百五十人至天竺长期留学,又是中国留学史上一次成行人数最多的全新纪录。开宝三年(970),开封的禅兴寺更名为"开宝寺",这是宋代第一座以国家年号命名的佛寺,开启了宋朝命名寺观的一个特殊传统。唐代只偶然性地出现过一次以国家年号命名寺观,而宋代则出现了数以百计的"年号寺观"。② 开宝四年,宋太祖派专使到成都,负责雕版印刷《大藏经》工作。这项耗时十二年的工程,成就了著名的《开宝藏》,这是中国历史上第一部汉字雕版印制的《大藏经》,也是后来中国、高丽、日本等国翻刻、编印《大藏经》的共同母本,影响深远。另外,开宝七年,官方还恢复了中断一百六十余年的佛经翻译工作。"今上"的这些"无量功德"也得到了佛教方面的热烈回应:他的出生被"佛化"为托莲化生、"胞衣(胎盘)如菡萏(莲)"的"香孩儿",被尊崇为"定光佛"转世,皇帝还被直接礼敬为"现在佛",理顺了"现在佛不拜过去佛"的原则。政教关系的良性互动,巩固了宋初政权,也促进了儒释道在价值共识上的融合,这就为后来的儒释道融合和理学的产生铺平了道路。

再如,"唐诗宋词"中的"词",其在五代"是各类文体中地位最

---

① 邓广铭:《邓广铭自选集》,首都师范大学出版社2008年版,第154页。其未刊稿《论宋学的博大精深(北宋篇)》一文也曾强调:"北宋政权对于思想、文化、学术界的活动、研究,是任其各自自由发展而极少加以政治干预的"(《邓广铭全集》第7卷,河北教育出版社2005年版,第434页)。
② 参见汪圣铎、马元元:《北宋的年号寺观》,《宋史研究论丛》第8辑,河北大学出版社2007年版。

低的一种"，这种被称为"曲子词"的文体，因其浓烈的民间性、花间性，即对市井欢娱的放肆描写而常遭诟病。宋太祖对"曲子词"的这些内容是熟悉的，他曾与"花间派"的领袖欧阳炯"秉烛论曲"，对词的这种酒余梦后、花前月下的特点也有准确的理解和批评。但这种批评并未发展为钳制、排斥的文化政策。这十分重要，因为，即便是在"花蔽膝"、"醉红楼"、"足风流"这些十分艳情的词作当中，也包含着词人对理想政治和升平社会的追寻——"尧年舜日，乐圣永无忧"。① "尧年舜日"是富足、安定的，当然也是闲适、欢乐、愉悦的社会。所以，重要的不是排斥和否定"曲子词"的存在，而是如何在享乐主义的小曲中，注入"欢乐颂"式的宏大旋律，这才是令人期待的。因而，在宋太祖看来，仅仅是花前月下的景致、酒余梦后的意趣，是有些缺憾的。他评论李煜"若以作诗（词）工夫治国事，岂为吾虏也"，既是一流政治家对一流词家的认同与赞许，似乎也是对"曲子词"的一种极其朦胧的期待："词"是否可以有更宏大的主题？ "词"作为儒家"斯文"不灭的载体，应当有助于"文治"的政治理想。这种伴随着批评和期许的理性包容，为宋词发展提供了一个隐约的方向。北宋中期的"豪放派"词风，正是沿着这个方向发展形成的一个文化高峰。② 从此，"婉约派"

---

① 欧阳炯、毛文锡等是五代宋初"花间派"的代表人物。毛文锡词作如《甘州遍·春光好》："春光好，公子爱闲游。足风流。金鞍白马、雕弓宝剑，红缨锦襜出长楸。花蔽膝，玉衔头。寻芳逐胜欢宴，丝竹不曾休。美人唱，揭调是甘州。醉红楼。尧年舜日，乐圣永无忧。"欧阳炯则有《浣溪沙》："相见休言有泪珠，酒阑重得叙欢娱。凤屏鸳枕宿金铺。兰麝细香闻喘息，绮罗纤缕见肌肤。此时还恨薄情无。"清代况周颐的《蕙风词话》中评价欧阳炯此说"自有艳词以来，殆莫艳于此矣"。

② 王小舒认为，宋初的诗词"比五代要来得收敛、'干净'……与晚唐五代香奁体、宫词的盛行形成了鲜明对照"（《中国文学精神·宋元卷》，山东教育出版社 2003 年版，第 16 页）。徐安琪认为："是君王的喜好与实践，使宋初词坛在这看似沉寂的状态中缓缓地拉开了帷幕"（《唐五代北宋词学思想史论》，人民文学出版社 2007 年版，第 84 页）。这两个观点对我们理解宋太祖与宋词的发展不无启发。

与"豪放派"双峰并峙,成就了宋词的蔚然大观,宋词也成为"一代文学"的标识。

第三,也是最重要的,"铁衣士"对"技艺性"、"实用性"文化有着特别的兴趣。

在一般文化门类中,医药是他十分偏好的领域。宋太祖在称帝前就养成了医药方面的兴趣,他的小圈子中,也有著名的医家,如刘翰、马志等追随左右。当代考古工作者在研究唐宋雕版印刷时,曾特别注意到太祖时期的一个突出现象:"北宋肇建,最急切的是刊印安定社会秩序的法律文书和恢复人民健康的医药书籍。"①这就促使医药学在宋初开始突破"医者与病人之间的个体行为",而成为国计民生的一部分,宋初有"天下九福"之说,其中"病福"(看病方便)、"药福"(药品质量高)即名列其中。② 显然,这是宋初社会发展的一个全新标识。

著名的《开宝本草》,也是在宋太祖时期编撰完成的。《开宝本草》的第一个版本是开宝六年(973)的《开宝详定神农本草》,共载药物九百八十三种,比《唐本草》新增一百三十九种。太祖亲为制序,令"广颁天下,传而行焉"。次年,根据太祖的意见,在他的朋友、著名道教医学家马志的主持下又进行了一次严谨的修订,并在版面上创造了阴文翻白和墨文,以区别不同的内容:"白字为神农所说,墨字为名医所传,唐附、近附,各加显注,详其解释",③这一版定名为《开宝重定神农本草》。从"开宝本草"的编撰、印行情况,可以看出宋太祖对实用性文化和技术细节的重视,这也为宋代

---

① 宿白:《北宋汴梁雕版印刷考略》,《唐宋时期的雕版印刷》,文物出版社1999年版,第13页。
② (宋)陶穀:《清异录》卷上《人事门》"九福"条言:"天下有九福:京师钱福、眼福、病福、屏帷福,吴越口福,洛阳花福,蜀川药福,秦陇鞍马福,燕赵衣裳福。"病福,是谓医疗条件好;药福,是说四川产的中药质量好。
③ 《宋史》卷461《方技上》。

开了好头:"有宋一代,于医学最为留意"①,"中国历代政府重视医学者,莫过于宋"②。"综观中国医学发展史,在历代皇帝中,重视发展医药卫生并主要发挥积极影响者,当以宋代为最,而宋代又以北宋诸帝最为突出"③。梁启超说,"律学、医学等科,与经学并重"④一直是宋代官方文化的特点。

书画也是宋太祖拥有强烈兴趣的领域。他本人的书法带有晚唐颜体的风格,大书画家米芾曾为之倾倒。北宋开国之初就建立起皇家书画院,这是后来宋代著名的"翰林书画院"的前身。当时各地的名画家,尤其是后蜀、南唐的画家大都在书画院中得到了很好的安排:"宋朝画艺之盛况过于唐朝,而帝室奖励画艺、优遇画家,亦无有及宋朝者。"少数不入"体制"的书画家,如山水画名师李成、人物画名师石恪等,也同样受到尊重。在这种"宽伟"的环境下,无论是山水画还是花鸟画,在宋初俱臻巅峰,"前无古人,后无来者","可称古今绝响"⑤。

医药、书画之外,宋太祖对其他技艺文化,如印刷术、造船技术、火器制造等的兴趣也很大。

印刷术方面,宋太祖创下了若干纪录:中国历史上第一部大型法典、第一部大型医典都是他在位时期广为印发的;第一部《大藏经》,即著名的《开宝藏》也是由他亲自安排雕板的,全部印板多达十三万件,这"是近代印刷术发明之前,印刷界的最大印刷活动之一"。他还十分关注民间的印书机构,曾专门安排将后蜀战利品中的"印板"重新运回成都,归还给毋氏家族。毋氏

---

① 《四库全书总目》卷103"医家类一",中华书局2003年版,第866页。
② 谢观著,余永燕点校:《中国医学源流论》,福建科学技术出版社2003年版,第33页。
③ 李经纬:《北宋皇帝与医学》,《中国科技史料》1989年第3期。
④ 梁启超:《王荆公》第十二章,中华书局1936年版,第116页。
⑤ 陈师曾:《中国绘画史》,1925年翰墨缘美术院出版,载陈辅国主编:《诸家中国美术史著选汇》重印本,吉林美术出版社1992年版,第43页。

家族以印行经史著称,宋代大量的儒家经典及文史名著都经"毋公印书"而"风行海内"。李裕民说:"造纸、印刷术虽发明已久,但只有在大量使用时,才真正对国民经济和文化发挥重大作用。唐代主要是印刷佛经和历书,科技文化的书只有屈指可数的几种,到了宋代就完全不同了,各个学科的书无不大量印制,靠印刷生活的专业户纷纷出现,印刷事业的大发展,又使活字印刷术的发明成为现实。"[1]此后的一千多年,宋代形成的活字印刷、阴文翻白、宋体字、蝴蝶装等一直是中国印刷术的"标配",尤其是"宋体字"和"蝴蝶装",至今仍然对人类的文化生活产生着巨大的影响。

火药也在宋太祖时期开始应用于火器制造。李约瑟说:"(火药)是在唐代道观里不知名的实验室中开展起来的,现在(宋代)终于的确出了成果:火药成了有用的武器。"[2]

在中国火药兵器史上,最早的几条记载都发生在宋太祖时期,而且都与他本人有关。开宝三年(970),他参加了兵部官员冯继升、岳义方的"火箭"实验,这是人类历史上第一次有关火药武器的记录;开宝六年、七年,他连续两次下诏重修《神农本草》,在这部书中,第一次准确区分了"消石"(又做"硝石")与"朴消"、"芒消"的不同性质,"消石"的化学成分为硝酸钾,是火药爆炸的主料,而"芒消""朴消"等,则只有药用价值;开宝九年,他改编了第一支以"火箭军士"命名的军队;最重要的是开宝八年到九年,在征南唐时,他部署(是否用于战场,目前未发现相关记载)了历史上第一次使用"火砲"和"火箭"的战争,战后仅秘密封存的"火箭"、"火砲样"就有两万件之多,这说明,从开宝三年开始,大约五六年的时间里,火药武器的研发已经有了长足

---

[1] 李裕民:《宋代"积贫积弱"说商榷》,《陕西师范大学学报》2004年第3期。
[2] [英]李约瑟:《中国科学技术史》第一卷《总论》(第一分册),科学出版社1975年版,第288页。

的进步。另外,值得注意的是,百姓日常所用的"火柴"(时称"火寸")也出现在宋太祖时期,这是火药应用于民生的重要起点。

宋代发达的造船业也与太祖的重视有直接关系。在位十七年间,他至少十六次视察船厂和水军。造船业推动了宋代内河贸易、海外贸易以及航海技术的发达,历史上有关航海指南针的最早记载出现于北宋,也不是偶然的。

李约瑟说:"每当人们在中国的文献中查考任何一种具体的科技史料时,往往会发现它的主要焦点就在宋代。不管在应用科学方面或在纯粹科学方面都是如此。"[①]"在十一、十二世纪,中国的科学发展到了它的顶峰","保持一个西方所望尘莫及的科学知识水平"。也是在这一时期,中国的科学技术通过海上丝绸之路,直接、间接地涌入西方,有力地改变了人类历史的面貌。"要是没有这种贡献,就不可能有我们西方文明的整个发展历程。因为如果没有火药、纸、印刷术和磁针,欧洲封建主义的消失就是一件难以想象的事"[②]。"四大发明"中的印刷术、火药、指南针都集中在宋代成熟应用,代表着宋代科学文明的巅峰,也代表着当时人类文明的巅峰,在观察这一巅峰时,不能忽视宋太祖时期的这段历史。

第五节　囫囵官家:宋代的军事困局与机运

绍兴三十二年(1162)六月,南宋孝宗赵昚在绵绵细雨中即皇帝位。冒着冰凉的雨丝,他手扶龙辇,步行将太上皇(宋高宗赵构)送至德寿宫,也完成了新老官家的最后交接。赵昚是宋太祖

---

① [英]李约瑟:《中国科学技术史》第一卷《总论》(第一分册),科学出版社1975年版,第287页。
② [英]李约瑟:《李约瑟文集》,辽宁科学技术出版社1986年版,第123页。

的七世嫡孙,他的即位,意味着赵宋的皇位又回到了太祖一脉。两宋共十八位皇帝,南北各九。北宋的九位,除了开国的宋太祖之外,其余的八位俱属太宗一系;南宋的九位,除了起首的宋高宗之外,其余的八位则都是太祖血脉。这也是一个可以给人很多联想的巧合。

宋孝宗是南宋最想有所作为的官家,这是古今史家的定评。《中国历史大辞典·宋代卷》"宋孝宗"条,曾概括了他在位二十八年的志业:

> 即位之初,起用张浚,追复岳飞,锐志恢复。隆兴元年(1163),北伐之师溃于符离,遂与金人重订隆兴和议。其后,虽倚虞允文、王淮等以谋恢复,然终无成效。淳熙十六年(1189),传位于儿子赵惇(光宗)。在位二十八年。①

这里所说的"恢复",就是收复为金兵所侵占的北方领土,光复祖宗基业。然而从"锐志恢复"到"终无成效",其一生的悲凉也尽在其中。正是有了屡战屡败,以及屡败屡战的经历,使他对本朝的武力问题,有了很深的感触和思考。乾道七年(1171)之后的几年中,他多次向大臣提出同一个问题:

> 本朝家法,远过汉唐,惟用兵一事未及。②
>
> 本朝文物家法,远过汉唐,独用兵差为不及。③

大臣对此的应答是:

> 我宋立国大体,兵力虽不及于汉唐,而家法实无愧于三代。④
>
> 国家自艺祖开基,首以文德化天下,列圣相承,深仁厚泽,有以固结天下之心。盖治体似成周,虽似失之弱,然国祚绵

---

① 邓广铭、程应镠主编:《中国历史大辞典·宋代卷》,上海辞书出版社1984年版。
② 《中兴两朝圣政》卷50乾道七年正月条。
③ 《中兴两朝圣政》卷54淳熙三年十月条。
④ (宋)林駉:《古今源流至论》后集卷9。

远,亦由于此。汉、唐之乱,或以母后专制,或以权臣擅命,或以诸侯强大、藩镇跋扈,本朝皆无此等,可以见祖宗家法,足以维持万世。①

君臣的问答虽然各有重心,但在本朝的"武力"问题上,却都透着窘迫与无奈。这正是两宋三百年朝野上下的一个最大"痛点",也是自"艺祖开基"以来,始终未能突破的一大困局。

一、国力不武:三百年的痛点与困局

应该说,除了"国力不武"之外,宋代在其他方面都还是成功的。第一,三百年间,基本没有发生过宫廷内乱;第二,三百年间,君臣之间的秩序始终是稳定的;第三,三百年间,朝廷与地方的秩序始终是稳定的。确如孝宗君臣所讨论的,诸如"母后之乱"、"权臣擅权"、"诸侯强大,藩镇跋扈",所有这些汉唐王朝的痼疾,"本朝皆无"。甚至还可以列出其他几点,如经济文化的长期繁荣,如阶级矛盾相对缓和,三百年中未曾发生过全国规模的农民战争,等等。另外,在宋初的统一战争中,宋军的表现也差强人意。凡此种种,都是其"内治"成功的表现。宋朝的"国力不武",主要表现在开疆拓土和抵御周边少数民族政权,如辽、西夏、金、蒙的军事挑战与武力冲击方面。

一是始终无法重建汉唐时期以中原王朝统御周边少数民族政权的政治秩序。

两宋三百年间,无论是北境的契丹、女真、蒙古,还是西北的党项,西边的吐蕃,抑或西南的大理,几乎都是以"邻国"而不是"属国"的方式与宋并立,这些"邻国"自身的民族意识、自立意识,以及与中原王朝抗衡、争锋的意识显著增强,汉唐时期的那种以中原

---

① 《中兴两朝圣政》卷54淳熙三年十月条。

王朝为核心,统御周边各民族政权的政治格局不复存在。①

虽然在文化心理上,两宋朝野不乏"中国是尊的我族中心主义",而"以与外族建立平等关系为耻辱"②,但在国家外交政策上,宋朝的确没有汉唐帝国的那种"君临天下"的雄心。从宋太祖开始,宋朝就十分谨慎、十分务实地将治辖权限定在汉民族的主要积聚区内,成为"中国历代疆域最小的统一王朝",同时也成为一个"严阵以待的国家"③,无论在战时还是平时,始终面临着来自"邻国"的军事压力。

二是在应对少数民族政权的军事冲击时软弱无力,国防危机日甚一日。

宋太祖时期,宋辽之间大致维持了和平共处的局面。宋太宗之后,宋辽关系急剧紧张,爆发过多次规模不等的战争。北宋中期,据宋方的一个统计,宋辽之间先后"大小八十一战",宋军"才

---

① 较早关注并讨论这一变化的是日本的宫崎市定和西嶋定生,他们认为,"从唐末至宋初东亚的形势一变,中国周围'异民族'的活动变得活跃。北方游牧民族势力的兴盛的事,自古以来并不少见。可是,唐末崛起的辽凡二百一十年,灭辽后的金百二十年,与他们并存的西夏维持了近二百年的国运,以上这些现象是迄此的历史从未有过的事。此等诸国一方面极力输入中国的文明,另一方面则不断努力不失本国的国粹。辽、金、西夏各自发明了自己的文字,试书写自己的'国语',乃是这一政策的显著表现"(宫崎市定:《西夏的兴起与青白盐问题》,《亚细亚史研究一》,东洋史研究会1957年版);"宋代虽然出现了统一的国家,但是,燕云十六州被契丹所占有,西北方的西夏建国与宋对抗,契丹与西夏都对等地与宋同称皇帝,而且宋朝对辽每岁纳币,与西夏保持战争状态,这时的东亚国际关系,已经与唐代只有唐称君主、册封周边诸国成为藩国的时代大不一样了。从这一状态看,东亚从此开始了不承认中国王朝为中心的国际秩序"(西嶋定生:《中国古代国家与东亚世界》,东京大学出版会1983年版,第616页)。葛兆光则进一步指出,"这一转变相当重要,这使得传统中国的华夷观念和朝贡体制,在观念史上,由实际的策略转为想象的秩序,从真正制度上的居高临下,变成想象世界中的自我安慰;在政治史上,过去那种傲慢的天朝大国态度,变成了实际的对等外交方略"(葛兆光:《宋代"中国"意识的凸显》,《文史哲》2004年第1期)。
② 陶晋生:《宋辽关系史研究》,中华书局2008年版,第104、3页。
③ [美]伊佩霞:《剑桥插图中国史》,赵世瑜、赵世玲、张宏艳译,山东画报出版社2002年版,第98页。

一胜耳"。① 其中,雍熙(979)北伐,北宋总兵力三十余万的三路主力大军竟全部惨败,不但牺牲了号称"杨无敌"的名将杨业等一批将领,宋太宗本人也中箭负伤②,一度下落不明,太祖的长子在混乱中曾被提议为帝,成为他后来自杀身亡的导火索。

在宋辽大规模的主力决战中,双方唯一打成平手的是澶渊之战(1004)。这次战役,先是辽朝军队一路打到离北宋首都不到二百里的澶渊,后有寇准力促宋真宗"御驾亲征"。在澶渊对峙十余天之后,宋朝被迫签订了带有"弃地"、"赔款"性质的"澶渊之盟",辽军全线撤兵。据记载,宋朝君臣在讨论是否"御驾亲征"时,争论激烈,老臣毕士安虽然最后同意了寇准的方案,但要求这位新宰相必须确保官家的安全,交回一个"鹘崙官家"。"鹘崙"即"囫囵",意为完整无损:

> 寇准初相,仓猝奉上(真宗)以行,当时相传,毕士安有"相公交取鹘崙官家"之语。③

"澶渊之盟"后,虽然宋辽双方维持了较长时间的和平局面,但"城下之盟"的屈辱,④对北宋朝野的刺激很大。在后来双方的各种军事交锋中,辽朝也始终占据着上风。

与辽朝不同,建立西夏政权的党项族曾为北宋的藩属。宋太宗时,双方关系开始破裂,至北宋中期,党项领袖元昊"称帝,建大夏国"。北宋君臣对这种政治"叛逆"极其愤怒,"群臣争言小丑可即诛灭"。但在宋夏战争中,北宋竭尽全力,调动了"最强"的军

---

① (宋)陈师道:《后山谈丛》卷3。
② 979年的宋辽高梁河之战,宋军惨败,宋太宗"股上中两箭,岁岁必发。其弃天下竟以箭疮发云"。参见(宋)王铚:《默记》卷中。
③ (宋)叶适:《习学记言序目》卷48,又见(宋)罗大经《鹤林玉露》卷1。
④ "澶渊之盟"的主要内容是:1.宋辽双方维持国界不变,今后不再交战。这就意味着北宋放弃了收复五代时为契丹占领的长城以南的领土。2.宋方每年向辽交纳白银30万两、绢30万匹(后增加至50万)。王钦若对宋真宗说:"澶渊之役,(寇)准以陛下为孤注,与虏博耳。且城下之盟,古人耻之"(《涑水记闻》卷6)。"孤注一掷"和"城下之盟"是宋人对"澶渊之盟"的一种代表性看法。

队,选用了范仲淹、韩琦等当时公认的一流人才,却仍然无法取胜。《长编》记载宋、夏之战的基本情形是:北宋一方"师惟不出,出则丧败,寇惟不来,来必得志",北宋"大举即大败,小战辄小奔"、"屯二十万重兵,只守界壕,不敢与敌。中夏之弱,自古未有"①。宋神宗则说:"夏国自祖宗以来,为西方巨患,历八十年。朝廷倾天下之力,竭四方财用,以供馈饷,尚日夜惴惴然,惟恐其盗边也。"②

边防危机快速拉升了宋代军队的数量。宋太祖时,北宋军队总数为二十万人左右,太宗时上升到六十万人,宋真宗末年已经接近百万,至宋仁宗宋夏战争之际激增至一百二十五万,此时军费开支要占政府收入的六分之五。掌管财政的三司使蔡襄报告说:"天下六分之物,五分养兵,一分给郊庙之奉、国家之费,国何得不穷?民何得不困?"③"冗兵"带来的"冗费"成为朝野上下关注的焦点,宋王朝开始因财政上的"积贫"和军事上的"积弱"而深陷困局,同时也在"积贫积弱"中一路下滑,先遭"靖康之难"(1127),终为"崖山之亡"(1279),在女真和蒙元强大的军事冲击下,北宋与南宋先后亡国。宋王朝因此曾被史学家定位为"历史上怯懦可耻的一个朝代"④,宋代军队则被定位为历史上"最弱"的军队:"在历代王朝中,宋朝的禁军是最弱的。无论是开封还是临安,在少数民族军团面前,都脆若琉璃,一碰即碎。"⑤

二、"祖宗家法"与宋代军事困局的复杂关联

一个内政稳定、经济文化长期繁荣的王朝,为什么会在军事上如此不堪?全面研判这一问题,原非本书的任务,但讨论一下宋太

---

① 《长编》卷349元丰七年十月条。
② 《长编》卷131庆历元年二月条。
③ 《蔡忠惠公文集》卷18。
④ 范文澜主编:《中国通史简编》中册,新华书店1949年版,第636页。
⑤ [日]小岛毅:《讲谈社中国历史·中国思想与宗教的奔流·宋朝》,何晓毅译,广西师范大学出版社2014年版,第251页。

祖、宋初政治与这一问题的关系,则是十分必要的。

"自古创业垂统之君,即其一时之好尚,而一代之规模可以预知矣。"前文中我们曾两次引用过这句话,用以说明宋初政治对两宋王朝的积极影响;其实这句话,也可以用来说明宋初的军政体制、宋初的政治传统对宋代国力、国运的另外一些复杂影响。

可以肯定的说,宋朝"国力不武"的根源之一,恰恰就是为"本朝太平"奠定基础"祖宗家法"。例如,为了防止地方拥兵自重,宋初通过各种措施取消地方战斗部队,使所有的战斗部队,即"禁军"完全归中央调动和统属。在禁军的布防上,将一半以上的兵力集中在首都开封,其余一半根据需要分散调配至各地及边防。这样,可以保证首都与地方在兵力布防上内外相制。① 这种"内外相制"造成的结果,一是边防兵力不足,二是首都兵力闲置,三是边防紧急,必须增兵时,首都的兵力也必须随之增加,从而导致军队数量的迅速攀升。为防止禁军将领的拥兵作乱而实行的"更戍法"则规定:禁军各部每三年更换一次戍守的防区,更换时将领不动,这样,就可以使"兵不识将,将不识兵",将领和士兵之间形不成固定的关系和密切的感情。这种兵将互不相知,显然是以弱化军队的战斗力为代价的。例如宋太宗"雍熙北伐"时,三十万大军全军覆没,战后,大臣张洎沉痛地指出,"兵将互不相知"是导致此次惨败的重要原因。②

就宋初形成的整个军政体制而言,是以增设机构和分化职权,使官员(包括武将)彼此制约为原则的。中央禁军有三个系统,合称"三衙","三衙"互不统属,彼此制衡,各自分别对皇帝负责;但

---

① 《长编》卷327元丰五年六月条言:"艺祖养兵止二十二万,京师十万余,诸道十万余。使京师之兵足以制诸道,则无外乱;合诸道之兵足以当京师,则无内变。内外相制,无偏重之患,天下承平百余年,盖因于此。"
② 《长编》卷30端拱元年正月条载张洎上言曰:"臣顷闻涿州之战(雍熙北伐时宋辽双方主力决战的战役),元戎不知将校之能否,将校不知三军之勇怯,各不相管辖,以谦谨自任,未闻赏一效用,戮一叛命者。"

"三衙"只是"有领兵之权,而无发兵之权",发兵之权,即对禁军的调动布防权则归枢密院;枢密院又不是单纯的军事机构,枢密院的首长枢密使与宰相一样,是朝廷最高行政长官之一。宋代宰相所在的中书门下省与枢密院合称"二府","对掌文武二柄"。这种互相牵制的局面,不但造成了叠床架屋式的军政官僚体制,也使其军事决策的迅速性和准确性大为减弱。

上述军政体制的基本精神十分明晰,就是防范武将的权力过大。宋太祖因"陈桥兵变"而黄袍加身,又以"杯酒释兵权"的方式清除潜在的军事政变。二者场景不同,但都强化了宋代高层对武将的防范,也形成了猜忌武将的政治传统。这种传统,不但对宋代军事力量的发挥一直产生着消极影响,甚至还会在某些关键节点上导致"自毁长城"的灾难性后果,如岳飞被害就是一桩显例。

但应该指出的是,宋代的"积贫积弱"、国防危机,远在宋太祖之后多年。宋初的军政体制主要是针对五代时期的"藩镇跋扈""骄兵悍将"等军事势力的失控而制定的。就当时所必须解决的时代课题而言,宋太祖无疑是成功的。至于后来出现的诸多危机,其子孙后代显然应负更大的责任。他们只会感叹"祖宗家法最善",而全不思"祖宗"当年定立"家法"时的创造精神。结果宋太祖所手创的那一套曾经给宋朝带来兴盛和稳固的军政体制,反倒走向了反面,使这一王朝陷入了"积贫积弱"的困局。至于南宋高宗"自毁长城"的残忍作为,虽然与宋初所形成的防范武将的政治传统有关,但这更是一桩"天水朝绝无仅有"的恶行,也是对宋初"不杀大臣"这一"祖宗家法"的公然践踏。

任何制度都不会十全十美,更无放诸四海皆准的真理。宋初的军政体制是这样,宋初以来所形成的一些相对理性的政治传统也是这样。

如"不杀言官","不以文字罪人"等,也会演化为"秀才好立虚论"、"异论相搅"、"国是难定"等政治惰性。宋神宗曾与王安石讨论"先朝何以有澶渊之事?"王安石回答说:"臣读史书,见当时论说终无坚决,上下极为灭裂,如此何由胜敌?"①宋代决策的散漫是有名的:"宋臣于一事之行,初议不审,行之未几,既区区然较其失得,寻议废格。后之所议未有以愈于前,其后数人者,又复訾之如前。使上之为君者莫之适从,下之为民者无自信守,因革纷纭,非是贸乱,而事弊日益以甚矣。"②现代社会中"言论民主"与"决策效率"之间的矛盾,在宋代也有某种形式上的相似。王夫之批评说,宋代军事决策的常态是"空谈无实,坐废迁延","争论不决,于其争论而知宋之必亡也"③,就是指此立论的。

又如,宋初政治总体较为宽松,"不杀大臣"、"不杀士大夫"。虽然在宽松中也强调"惟贪赃不赦"、"治赃吏最严"、"治军最严",但循着"不杀大臣"的逻辑不断延展,其惩治力度很快就发生了变化,宋太宗时,"治军最严"即成空文,临阵败逃者多得宽免,"未闻戮一叛命"④。南宋吕中说:"国初赃吏有置极刑者,今以赃败者惟罢而已。国初赃吏有不复齿仕籍者,今则有赦原之而已。民之疮疾未瘳,而吏之罪恶已涤",最后他感慨道,"吏何惮而不贪耶?"⑤可见,文武官吏腐败已无所忌惮,这与"不杀大臣"的政治原则不能说没有关系。而吏治的这种松弛和腐败,也必然全面腐蚀军队,影响到整个军队的战斗力。

宋孝宗时,就讨论过"宰相误国"、"大将败军"是否应处以极刑的问题。有感于吏治的松懈和军事上的失利,宋孝宗曾在一份文件中批示说:

> 国朝以来,过于忠厚,宰相而误国,大将而败军,未尝诛

---

① 《长编》卷248熙宁六年十一月条。
② 《宋史》卷173《食货志上一》。
③ 《宋论》卷9《钦宗二》。
④ 《长编》卷30端拱二年正月条。
⑤ 《宋大事记讲义》卷4。

戮。要在人君必审择相,相必当为官择人,懋赏立乎前,诛戮设乎后,人才不出,吾不信也。①

这份批示一出,舆论哗然,"中外大耸",引起大臣一连串的批评:

> 唐虞之世,四凶极恶,止于流窜,三考之法,不过黜陟,未尝有诛戮之科。诛戮大臣,秦汉法也。太祖制治以仁,待臣下以礼,列圣传心,迨仁宗而德化隆洽。本朝之治,与三代同风,此祖宗家法也。圣训则曰"过于忠厚",夫为国而底于忠厚,岂有所谓过哉?臣恐议者以陛下自欲行刻薄之政,归过祖宗,不可不审也。②

在这次君臣博弈的风波中,皇帝认为"国朝以来,过于忠厚",而大臣认为"为国而底于忠厚,岂有所谓过哉?"若就事论事,孝宗所言极有道理;若就基本原则而言,大臣的坚持似乎也应肯定。"完美"的状况是:既应坚持"忠厚"的原则,不错杀一名好人,也应就事论事,不放过一名坏人。但这种"完美"事实上是不存在的。秦汉以来,专制君权(或"挟君权")的最大弊端就是"草菅人命"、肆意诛戮③,而宋太祖确立的"不杀大臣",作为"祖宗家法"为两宋社会所遵奉,则是"官家时代"君权理性收敛的结果,是一种政治进步。因而,坚持和维护这一"家法"的各种努力显然有其积极的意义,例如,南宋初年君臣上下若能坚守"不杀大臣"的祖训,岳飞被害这样惨烈的悲剧或许可以避免。④ 由此,正可以看出宋初

---

① (宋)李心传:《建炎以来朝野杂记》乙集卷3《孝宗论用人择相》。
② 《宋史》卷396《史浩传》。
③ 王曾瑜:《中国古代主流政治传统浅谈——以宋代为中心》,《宋史研究论文集》第11辑,巴蜀书社2006年版,第4—5页。
④ 岳飞时任枢密副使,是进入"二府大臣"之列的重量级官员,他以"莫须有"的罪名被害,是宋高宗公然违背"不杀大臣"祖训的暴行。参见王曾瑜《南宋初年的抗金斗争》(《古今一理:王曾瑜读史杂感》,上海古籍出版社2013年版)、王德毅《宋高宗评——兼论杀岳飞》,《岳飞研究》第3辑,中华书局1992年版。

政治传统与两宋国势、国运之间错综复杂的关系。

三、募兵制与"官家时代"的军事困局

就宋代的"国力不武"而言,除了上述军政体制和政治传统方面的原因外,募兵制度的影响则更为本质,也更为复杂。

如前所论,中国传统社会于唐宋之际最重要的结构性变迁,是以"本朝不抑兼并"为标志,完成了土地私有权和土地买卖的合法化。这一变迁,极大促进了土地拥有者的积极性,是宋代经济繁荣的基础。但伴随着这一过程,自耕农民不可避免地走上佃农化的道路。北宋初年,有些地方已经是"三分居民,二皆客户(佃户)",之后的发展趋势则更是"主户日益耗,客户日益多"。因而史学界普遍认为,汉唐时期以自耕农为主体的农民阶级,至北宋已经基本佃农化。汉唐时期以"兵农合一"为主要特征的征兵制,是以自耕农的广泛存在为基础的,宋代自耕农的佃农化,使征兵制所赖以存在的基本条件消失了。

但军队却必须存在。在以唐代"府兵制"为代表的征兵制崩溃以后,适应着变化了的土地占有关系,"募兵制"随之出现,并在宋太祖时期得以最终确立。

与"征兵制"是以全体适龄男性为征召对象不同,"募兵制"奉行的是"既曰招募,须从人愿"的原则,所谓"竖起招军旗,自有吃粮人"。在当时的社会观念中,有田产家业,或虽无田产家业,但身强力壮,可以另谋生计者,一般都不会把当兵作为第一选择。所以,宋初在募兵时,尽管宋太祖三令五申,严格体检标准,但实际招募时,却"多得怯懦不及等之人"。到了北宋中期,所募禁军"例非劲健"成为普遍现象。因为"稍有材力(指身材和体力),既已别营衣食",故禁军只能募得三四流"材力者"。仁宗庆历年间,苏辙等人考察宋辽、宋夏边防军时,都一致认为,禁军体能素质"多非强健",严重影响了军队的战斗力,以至于西夏士兵一听说是与宋禁

军作战,即欢呼相贺;若闻是边境民兵,反倒紧张戒备。宋朝禁军之所以"脆若琉璃,一碰即碎",最大的原因就是"应募入伍"者的体能素质普遍低下。

募兵制下的士兵一般无田产家园,又无能力"别营衣食",所以无论战时或平时,都只能以国家的军饷为生活来源;至于年老残弱而解甲归田,对于本无田产家园的大多数士兵来说,更无现实意义。于是,募兵制下士兵的"有进无出,累朝相积",就成为一种无奈的常态。军队数量的庞大冗杂、居高不下同时也就成为国家最大的负担——"兵以多为累而至于弱",这也从总体上拖累了宋朝的军事实力。

一般说来,军队规模的大小,常常是国家武力强盛与否的标志之一,一定的兵力优势,往往是夺取战争胜利,特别是战略性胜利的主要条件。从中国历史上看,由于周边游牧民族具有天资剽悍、骑射作战的优势,因而中原王朝在以武力解决所谓"边患"问题时,很少不是凭借兵力上的绝对优势。宋朝最多拥有百万左右的兵力(实际上的战斗兵种即禁军约六七十万),从数量上看,也并不具有平定"边患"的绝对优势。

然而,军队规模又受制于国家经济能力。汉唐时期,兵农合一,平时士兵就是农民,国家并无庞大的常备军,这就极大地减轻了全社会的负担,相应地也就提高了战时国家的承受能力,比较容易集结起庞大的军队,形成兵力上的绝对优势,通过一次或几次大规模的、进攻性的军事行动,而取得决定性胜利。在募兵制下,由于兵农分离、士兵的职业化和终身化,使得宋政府即使在和平时期也不得不保持着庞大兵额,负担着沉重的养兵费用,这样的后果,则正如南宋叶适所言:

> 夫所以养兵者,为其有事而战,不为其无事而备也。无事而备,则必有不养之兵而后可。今养之于无事,竭州郡之力以衣食之,固非所以战也。则虽有百万之兵,而不免贬为

至弱之国。①

北宋王安石主持变法时,曾设想变更募兵制度,恢复"兵农合一"的征兵制,以破解"积弱"的困局,这就是当时推行的"保甲法"。他明确表示,推行保甲法,一是解决募兵制下士兵体能素质过于低下的问题,二是解决募兵制下"兵多为累而至于弱"的问题。王安石作为执政的政治家,对于北宋军事实力的看法比其他人自然要实际和冷静一些。他认为"养兵虽多,及用则患少,以民与兵为两故也。"②也就是说,从战争实际需要看,北宋军队的数量并不见得充足,但由于募兵制下,国家需要支付的养兵之费过于沉重,再扩充部队显然已不可能。唯一的办法就是实行变革,废募兵而行保甲,使北宋像汉唐时期那样平时寓兵于农,战时则迅速扩充军队,以保证对外战争的兵力优势。

王安石的确抓住了问题的一个侧面。但征兵制的崩溃和募兵制的确立,既然是传统社会结构性变迁的必然结果,那么王安石变革兵制的失败也就是必然的。且不说恢复"兵农合一",是人身束缚的又一次加强,必然要遭到强烈反抗;即使是强制推行,又有多少自耕农可供役使,每个自耕农又有多少土地可以承受"兵费自备"这样的重负呢?③

这正是"官家时代"的一个巨大困局。

在"天子"和"皇帝"时代,所谓"普天之下,莫非王土,率土之滨,莫非王臣",尚有其充裕的现实依据:朝廷通过井田、屯田、营田、均田等方式,保证了大批自耕农的存在,进而也就为"兵农合一"的征兵制保证了物质("王土")和人员("王臣")基础。"官家时代"君权的理性收敛,不但表现在政治上,也表现在土地关系和

---

① 《水心别集》卷12《厢禁军弓手士兵》。
② (宋)朱熹:《跋进李邺侯遗事奏藁》引王安石《熙宁奏对日录》,《朱子大全集》卷83。
③ 参见王曾瑜:《王安石变法简论》,《中国社会科学》1980年第3期。

人身关系方面,如"(本朝)不抑兼并",如"既曰招募,须从人愿","莫非王土,莫非王臣"已是明日黄花,征兵制度的恢复也就只能沦为空想。这一点苏辙就有很透彻的说明:

> 议者又谓三代之盛,兵出于农,故团结伍保以寓军令(指王安石的"保甲法")。朝廷喜其近古,亦谓可行。然而三代之民,受田于官,官之所以养之者厚,故出身为兵而无怨。今民买田以耕,而后得食,官之所以养之者薄,而欲责(强行征调)其为兵,其势不可得矣。①

我们在前面章节中曾详细讨论过,募兵制度最积极的意义,就是使宋代社会基本上避免了由于兵役和徭役征调(厢军承担了宋代的绝大部分徭役)所造成的各种干扰,这是一种不可逆转的历史变迁,也为社会经济的持续繁荣提供了保障。另外,募兵制度使大部分社会成员"得保骨肉完聚之乐",这对人口的增长具有极其重要的意义。汉唐之间,以闺怨思夫为主题的反战文艺作品很多,"可怜闺里月,长在汉家营","少妇城南欲断肠,征人蓟北空回首","无食无儿一妇人……正思戎马泪盈巾",从汉代乐府到唐代五七言诗,此类描述比比皆是。自宋太祖将"募兵制"定为基本国策以来,以闺怨思夫为主题的反战文艺作品则很少见了。这应是募兵制有利于人口繁衍的一个有力旁证。募兵制实行的是"既曰招募,须从人愿"的方针,身强力壮、可"别营衣食"者一般不会应募入伍,这固然影响了军队的战斗力,但同时也为社会生产,尤其是农业生产留下大批强壮劳力。

正是上述诸多背景的合力,导致宋代出现了一种奇异的现象:

> 农桑不扰岁常登,边将无功吏不能。
> 四十二年如梦觉,春风吹泪过昭陵。②

---

① (宋)苏辙:《栾城集》卷35。
② (宋)吴曾:《能改斋漫录》卷11《记诗》,上海古籍出版社1979年版。

这是宋人题写在宋仁宗陵寝旁的一首诗。仁宗统治的四十二年,号为北宋"极盛之世",以农业为主的社会经济出现了空前繁荣。然而也是在这一时期,国防上却出现了令人"泣血而忧"的积弱局面,"言乎用兵,十出而九败"。这首诗形象地反映出当时经济繁荣与国力不武的巨大反差。这一巨大的反差,不独仁宗一朝,而是贯穿于两宋绝大部分时期,正如学术界所共识的:

> 晚唐时,中国社会开始加速变化。宋朝(960—1279)初年,工农业的发展,促进了经济的飞速增长。人口南移的频率和速度加快,长江流域像北方的黄河流域一样,终于成为中国的经济和文化中心。科举制度开始主宰士族的生活,儒学得到复兴。尽管种种迹象显示出勃勃生机,但宋朝再也未能像汉唐那样称霸东亚。对于强大的邻居,宋朝不能视之为藩臣,而要考虑如何阻止他们的入侵。①

这就产生了一个问题:既然"农桑不扰岁常登",那么经济繁荣所带来的雄厚财力是不是应该对宋代的军事实力有所加强呢?汉唐盛世,都是随着农业生产的恢复和发展,其武力也日臻强大,宋代为什么没有产生同样的成效呢?简单地说,经济所能影响于军事的,主要有两点,即人力和物力。在汉唐征兵制时代,"兵农合一",士兵需"自备衣粮",原则上有民则有兵,有兵则有兵费,形成了以全社会的人力物力为基础的统一而协调的军事经济:经济越发达,人口越昌盛,其兵源就越充足,其士兵自备衣粮的能力就越高,其国防实力就也越强。而募兵制则是以"兵农分离"和"须从人愿"为特征的,民众而未必兵多,有物力资产者必不应募;"稍有材力可别营衣食者",亦不必应募;好年景,很少有人投军;大战在即,应募之人常少。凡此种种都说明,募兵制远不能像征兵制那

---

① [美]伊佩霞:《剑桥中国插图史》,赵世瑜、赵世玲、张宏艳译,山东画报出版社2002年版,第98页。

样广泛而彻底地动员全社会的力量。

与此形成鲜明对比的是,辽、西夏、金的社会经济虽然不如宋朝雄厚,但是由于都实行兵农合一的征兵制,这使得他们不但可以广泛地动员整个社会的人力物力,而且可以征用最为优秀的人力,如辽朝"凡民年十五以上,五十以下隶兵籍","有调发,则丁壮从戎事,老弱居守"。① 所以,宋代朝野一直有"天兵(宋军)有数,而敌众无限"的说法,神宗朝大臣滕甫对此阐释道:

> 盖中国兵有定数,至于平民则素不使之知战。夷狄之俗,人人能斗击,无复兵民之别,有事则举国皆来,此所以取胜多也。②

宋朝以经济上、人口上的大国、强国,反而在军事上示弱于辽、西夏、金等经济上、人口上的小国？ 主要原因就是,募兵制不可能像征兵制那样广泛而彻底地动员和使用整个社会的人力物力。然而,从另一方面说,正是因为这种"不可能",才使得宋代经济的发展有了另外的保障。这也曲折反映出"官家时代"君权的收敛和谨慎,反映出这个王朝面对困局的理性选择:"既曰招募,须从人愿",不会以"死磕"的方式强行恢复汉唐时期的征兵制度,当然也不会发生隋炀帝征辽东那样极端任性的状态:"大索天下,扫地为兵"。

四、突破困局:机运与遗憾

"农桑不扰岁常登,边将无功吏不能。"经济文化的高度繁荣与军事国防的脆弱不武,的确给这一王朝造成了一个反差巨大的时代困局。

显然这也不是一个令人完全沮丧的困局。

---

① （元）脱脱等:《辽史》卷34《兵卫志上》,卷32《营卫志中》,中华书局1974年版。
② 《长编》卷217熙宁三年十一月条。

就每一场具体战役而言,"边将无功吏不能",而就宋辽夏金元之间的战略格局而言,北宋与辽夏对峙了一百七十余年,长期处于势均力敌的状态;南宋与金朝,除宋高宗统治的前十五年外,即"绍兴和议"后的长时期内,"双方的实力实际上不相上下"①。宋理宗端平元年(1234),宋、蒙联军攻灭金朝后,蒙古军乘机南下攻宋,直到南宋亡国,前后算来,南宋有四十多年的时间对蒙元这一劲敌进行了顽强的抵抗,以至于蒙古大汗蒙哥死于宋蒙战争,宋朝也成为蒙古征战世界诸国中花费时间最长的一个国家。支撑这一战略格局的真正实力,则恰恰是以"农桑不扰岁常登"为象征的社会经济和科学文化的发达。

站在这样的一个宏观背景下,再来理解史学界近十年来有关"宋朝的历史地位"的一些新论断,对宋太祖的评价则会引申出一些新的认识:

> 宋朝是中国历史上疆域最小的中原王朝,但它在经济、教育、科技、文化方面所达到的高度,在中国古代是空前的。同时,它还是当时的世界大国,在经济等方面的成就,在当时世界上居于领先地位,对人类文明作出重大贡献,产生深远影响。②

> 两宋虽然经济、文化、科技独领风骚……并在全球首先发明了火药武器。但先进的生产和雄厚的经济力量没有转化为强大的国防实力,火器这种巨大革命性技术的投入,也未能引发军事变革和应有的效用,因此长期被动挨打,亡于边患,终以"积弱"而为后世诟病。今天自应站在更高的平台上看待过往发生的一切,穿越宋代演进中的迷雾,探究其行程的路径与覆辙,都可以为今天提供历史经验和

---

① 朱瑞熙:《重新认识宋代的历史地位》,《河北学刊》2006年第5期。
② 朱瑞熙:《重新认识宋代的历史地位》,《河北学刊》2006年第5期。

教训。①

这两则论断所涵盖的内容并无差别,其立意的角度却是一正一反。而就在一正一反之间,使我们蓦然发现,破解时代困局的"机运"即深藏在这个时代之中。

宋代的募兵制度极大保障了社会经济的发展,这一顺应历史变迁的军事制度,也造就了一支虽不强大,但却是"全职业化"的国家军队。我们知道,世界范围内的职业兵制度是伴随着近代"热兵器"大规模使用而出现的,因为"热兵器"的掌握和使用难度大,需要专门的、长时间的军事训练。"冷兵器"时代,士兵"拼"的是气力和体能,"热兵器"时代,士兵的职业化、专业化训练,则是保证军队战斗力的前提。宋代建立了职业化军队,也最早发明了火药武器,因此加速火药武器的研究与应用,进而推进军队与热兵器的匹配性发展,就是破解上述时代性困局的最大机运。

不好说宋太祖对此已有清晰的认识,但综合前文所述相关史料可以看出,他已自觉不自觉地触碰到了这一机运。他高度重视兵部实施的"火箭"实验,亲临发射现场;他指令兵器作坊生产了数万枚"火箭",并计划了历史上第一次大规模实施"火箭"攻击的战役。此外,第一支以"火箭军士"命名的军队,第一门与火药相关的"火砲样"都是他关注的结果;甚至第一篇准确表达"消石"这一火药爆炸主料的文字,也是记存在由他两度指令编修的"神农本草"中。很可能也是出于新式兵器技术研发的需要,宋太祖多次强调,要在知识精英中选拔一批懂得军事的人才,他任命的兵器制作负责人魏丕就是一名"本以儒进"的精英式人物,魏丕主管兵器生产长达十八年之久,主持生产了大批"火箭",其中有两万余支,连同"火砲样"等,密封在兵器库中,保存了近一百

---

① 陈峰:《宋代主流意识支配下的战争观》,《历史研究》2009年第2期。

多年。

令人惋惜的是,开国者对火药武器的热情,在他的子孙中没有得到延续。此后的三百年间,只有一位官家(宋真宗)像他那样光临过一次火药武器的试验,而这次试验的主角,也是他生前培养出来的。① 太祖时"每造兵器,十日一进,谓之旬课,上亲阅之",这一传统,在后来的官家那里同样无人坚持。从现有文献记载看,两宋十八位皇帝中,只有宋太祖频繁地视察过兵器作坊。另外,火药武器的研制在太祖时期应该是国家机密,如"火箭"成品的封存都是极为秘密的。一〇四〇年印行的《东京记》中追溯说,"火药作"等,"皆有制度,作用之法,俾各诵其文,而禁其传"。但这一保密制度,在一〇四四年公开印行的《武经总要》中就被放弃了。由此可以看出,宋代高层在这一问题上的麻木和漫不经心。②

从宋太祖第一次参加"火箭"试射,到南宋灭亡,历史留给了两宋三百余年的充足时间。但三百年间,火药武器的研发未能像宋初那样引起高层政治的关注,军队与热兵器匹配性发展的顶层设计更是无从谈起。太祖之后,再也找不到一位像他那样对火药武器高度关注的帝王,甚至也找不到一位像魏丕那样愿意负责兵器生产的知识精英。这一王朝最终遗憾地丧失了发展火药武器、引领世界军事潮流的最好时机。

然而,在我们以遗憾的目光回望这一段历史时,却始终难以忘

---

① 这次实验的主角石普是太祖时期入职军队的一名"童子兵",真宗时为冀州团练使,史载:"石普自言能为火球火箭,上(宋真宗)召至便殿试之,与辅臣同观焉"(《长编》卷52咸平五年九月条)。参见程民生:《汴京对火药应用发展的贡献》,《军事历史研究》2016年第6期。
② 又,据漆侠研究,宋初"对武器的制造是比较重视的"。但是"至宋真宗、仁宗以后,情况一天天坏起来,主管武器制造的是三司胄案,由于三司事务蝟集,无暇顾及胄案的工作,主管胄案的官员要么根本不懂武器的制造,要么以胄案为跳板而频繁调动,'谨簿账而已',无任何作为"。尤其严重的是,从事火药武器生产的"八作司"中,"内有善工艺匠人",也多为本司监官抽调到自家中营生(《宋代经济史·下》,第601、606页)。

怀一个鲜活的身影:

> 太祖当时亦无秀才,全无许多闲说。只是今日何处看修器械,又明日何处看习水战,明日何处教阅。日日著实做,故事成。①

> 昔我艺祖,肇造区宇……今日幸造船池以习战也,明日幸飞山营以阅礮(炮)也。②

假设宋代每一位官家都能像"太祖当时"那样,今日看器械,明日看水战,今日幸造船池,明日幸飞山营,则两宋帝国或许会最早引领世界步入"船坚炮利"的时代,而宋朝以及此后的历史秩序,或许也都会因此而改写。

历史学当然不推崇假设,但放眼于长时段的宏观思考,我们仍然不能不对宋太祖,对他所创立的大宋王朝,以及这个王朝最终未能破解的时代困局,生发出一声长叹。

---

① (宋)黎靖德编:《朱子语类》卷127《本朝一·太祖朝》。
② (宋)真德秀:《西山文集》卷14《札子二》。

后　　记

  本书着笔于1994年。当时在人民出版社工作的侯样祥兄对我的宋史研究有一些了解，再加上杨向奎先生的推荐，人民出版社就把撰著《宋太祖传》的任务交给了我。对我来说，这本是一种莫大的荣幸，但此后的若干年中，由于种种原因，自己却没能把精力集中到这部传记的创作上。2003年，我邀约范学辉君共同完成这项任务。我们的这次合作持续了四五年，大致完成了前五章的内容，其中前两章还在中华书局的《文史知识》上做过连载。由于当时我们二人手头都有一些所谓"更急迫"的工作，《宋太祖传》的写作常常被中断，结果在"先放一放"的期许中，一拖又是若干年。拖到后来，面对不断推迟的交稿时间，愧疚和歉意已然压垮了信心：不了了之，也算一种了局吧？但惋惜和不舍又不时袭上心头，侯样祥兄最初的约稿函和另一位年轻责编陈鹏鸣博士（现为人民出版社的副总编辑）有关《宋太祖传》的几封来信，也一直珍藏在书柜中。

  2015年底，我突然接到乔还田先生的一个电话。乔先生是人民出版社历史编辑室的老主任，后又担任副总编辑多年，也是中国近代史领域的著名学者。他当时正以退休返聘的身份继续留在岗位上工作。在电话中乔先生讲了两层意思：一是说这套"中国历代帝王传记"丛书是由他主持的，已经出版了很多种，但遗憾的是直到退休也没看到《宋太祖传》，"非常希望在自己返聘期内，看到《宋太祖传》的出版"；二是说在你的学术论著中，你的家人、子女感兴趣的可能只有这本《宋太祖传》，"这是可以传给子孙读的。"乔先生的这些话朴实而深刻，也深深触动了我。

此后的几年中,这本《宋太祖传》的写作、讨论和修改成为我们同门师生的一项重要工作。其中范学辉君完成了第六章,以及第七章、第八章的部分内容,葛焕礼、杨加深、张荣波、何昭旭、宋世桢诸君帮助我起草了第八章、第九章的大部分内容;陈晓莹君帮助我起草了第十章;此外,董建德、白钢、何震,以及张瑞、尹承、陈劲、李萌、李书豪诸君也先后帮助做了许多工作。全书最后由我通改和定稿,学辉君负责对全书史料进行了通检与核实。

我随张维华、黄冕堂、乔幼梅诸先生学治宋史四十余年,故这部书稿的内容萦绕在自己脑海中的时间甚长。此番《宋太祖传》的完成,一方面坚持了自己多年来一以贯之的许多观点,但更多则是参考、综合了学术界其他师友的最新研究成果,其中也包括许多青年才俊的硕博论文。这些均在书稿中有所标注,在此就不一一致谢了。

全书定稿后60余万字。感谢乔还田等先生的审读与肯定,感谢人民出版社对本书顺利出版的大力支持。

这部《宋太祖传》从邀稿到交稿,虽历时长达25年,但却并没有"磨"成一把理想中的精品之"剑",这是我自己深感惭愧和遗憾的。另一个更大的遗憾是,范学辉君未及看到此书的出版即英年早逝。学辉君是我最早的博士研究生,也是一位很有才华且极勤奋的中青年学者,他过世时虚岁50,却已留下了3部独立的著作和90多篇有价值的论文,由其博士论文扩充而成的《宋代三衙管军制度研究》入选国家哲学社会科学成果文库。

学辉君病中曾玩笑说,"宋太祖也不过活了50岁"。其实,"秦皇汉武""唐宗宋祖"这些伟大帝王活过50岁的只有一人,但他们却是"帝王群体"中最杰出的几位,他们对中国历史的影响,是其他帝王难以企及的。这几句话,也算是本书的另一种"结语"吧。

王育济

2020年10月20日